Schiedsgutachtenverträge nach deutschem und New Yorker Recht

Augsburger Studien zum Internationalen Recht

Herausgegeben von

Volker Behr
Lehrstuhl für Bürgerliches Recht, Zivilprozeßrecht, Ausländisches und Internationales Privatrecht

Jörg Tenckhoff
Professor für Strafrecht, Strafprozeßrecht und Jugendstrafrecht

Christoph Vedder
Lehrstuhl für Öffentliches Recht, Völkerrecht und Europarecht sowie Sportrecht

Juristischen Fakultät der Universität Augsburg

Band 1

PETER LANG
Frankfurt am Main · Berlin · Bern · Bruxelles · New York · Oxford · Wien

Schiedsgutachtenverträge nach deutschem und New Yorker Recht

Eine rechtsvergleichende Untersuchung zur Sach- und Interessengerechtigkeit des deutschen Schiedsgutachtenrechts

Ramon Sieveking

PETER LANG
Europäischer Verlag der Wissenschaften

Bibliografische Information der Deutschen Nationalbibliothek
Die Deutsche Nationalbibliothek verzeichnet diese Publikation in der Deutschen Nationalbibliografie; detaillierte bibliografische Daten sind im Internet über <http://www.d-nb.de> abrufbar.

Zugl.: Augsburg, Univ., Diss., 2005

Layout
www.kumpernatz-bromann.de

Logo auf dem Umschlag:
Abdruck mit freundlicher Genehmigung der
Universität Augsburg.

D 384
ISSN 1861-664
ISBN-10: 3-631-54730-7
ISBN-13: 978-3-631-54730-4

www.peterlang.de

Meinen Eltern

und

meinen Großeltern Sieveking

gewidmet

Vorwort

„All is well that ends well."

Der Fachbereich Rechtswissenschaft der Universität Augsburg hat diese im Sommersemester 2004 eingereichte Arbeit im Wintersemester 2004/2005 als Dissertation angenommen. Für die Veröffentlichung wurde sie auf den Stand von September 2006 gebracht.

In erster Linie gebührt von Herzen Dank meinem Doktorvater Prof. Volker Behr, der mir über viele Jahre die Treue hielt und mir half, die eine oder andere Phase des Zweifels zu überstehen. Ihm und Herrn Prof. Vedder danke ich ferner für die Aufnahme dieser Arbeit als ersten Band der neuen Reihe „Augsburger Studien zum internationalen Recht". Dank gesagt sei auch Herrn Prof. Christoph Becker als Zweitkorrektor und dem Peter Lang Verlag für die freundliche Betreuung.

Weiterhin danken möchte ich

- der Harvard Law School für die Ermöglichung eines zweimonatigen Forschungsaufenthalts, der diese Arbeit erst möglich gemacht hat
- dem DAAD für die Förderung dieses Forschungsaufenthalts
- der Universität Augsburg und dem Freistaat Bayern für die Förderung dieser Arbeit durch ein Stipendium
- meiner früheren Kanzlei Cleary, Gottlieb, Steen & Hamilton für die großzügige Unterstützung der Fertigstellung dieser Arbeit sowohl während meiner Tätigkeit als auch danach.

Ganz besonders danken möchte ich aber auch meiner lieben Frau Bettina, meiner Familie, meinen Freunden Dr. Sebastian Zeeck, Carolin Streblow, Dres. Nicolas und Evelyn Sachsenberg und Dr. Andreas Timmermann sowie allen anderen, ohne deren Zutun, Zuspruch und Geduld diese Arbeit vielleicht nie vollendet worden wäre.

Im September 2006 *Ramón Sieveking*

Inhaltsübersicht

Inhaltsverzeichnis

Abkürzungsverzeichnis

A.A./a.A.	Anderer Ansicht
a.a.O.	am anderen Orte
AcP	Archiv für die civilistische Praxis
ADR	Alternative Dispute Resolution
AEB	Allgemeine Einbruchdiebstahlversicherungsbedingungen
AERB	Allgemeine Bedingungen für die Versicherung gegen Schäden durch Einbruchsdiebstahl und Raub
a.F.	alte Fassung
AFB	Allgemeine Feuerversicherungs-Bedingungen
affd.	affirmed
AGB	Allgemeine Geschäftsbedingungen
AGO	Allgemeine Gerichtsordnung für die Preußischen Staaten von 1794
AgrarR	Agrarrecht, Zeitschrift für das gesamte Recht der Landwirtschaft, der Agrarmärkte und des ländlichen Raums
AKB	Allgemeine Bedingungen für die Kraftverkehrsversicherung
ALR	Allgemeines Landrecht für die Preußischen Staaten von 1794
A.L.R.	American Law Reports Annotated
Alt.	Alternative
Anm.	Anmerkung
AP	Arbeitsrechtliche Praxis, Nachschlagewerk des BAG
App. Div.	Appellate Division
App.T.	Appellate Term des Supreme Court des Staates New York
ArbGG 1926	Arbeitsgerichtsgesetz von 1926
ArbGG	Arbeitsgerichtsgesetz i.d.F. vom 02.07.1979, BGBl. I S. 853
Arb. J.	Arbitration Journal
Arb. J. (N.S.)	Arbitration Journal (New Series)
ARS	Arbeitsrechts-Sammlung. Entscheidungen des Reichsarbeitsgerichts und der Landesarbeitsgerichte (1928–1944)
Art.	Artikel/Article
Assoc.	Associate[s]

Ass'n	Association
AStB	Allgemeine Bedingungen für die Versicherung gegen Sturmschäden
AUB	Allgemeine Unfallversicherungsbedingungen
Aufl.	Auflage
AuR	Arbeit und Recht, Zeitschrift für die Arbeitsrechtspraxis
Auth.	Authority
Auto.	Automobile
AVB	Allgemeine Versicherungsbedingungen
Ave.	Avenue
AWaB	Allgemeine Versicherungs-Bedingungen für Waldbrandversicherung
AWB	Allgemeine Bedingungen für die Versicherung gegen Leitungswasserschäden
Az.	Aktenzeichen
BAG	Bundesarbeitsgericht
BAGE	Entscheidungen des Bundesarbeitsgerichts (Amtliche Sammlung)
BArbBl.	Bundesarbeitsblatt
BauR	Baurecht
BB	Der Betriebs-Berater
Bd.	Band
Beil.	Beilage
BGB	Bürgerliches Gesetzbuch
BGBl.	Bundesgesetzblatt
BGH	Bundesgerichtshof
BGHZ	Entscheidungen des Bundesgerichtshofs in Zivilsachen (Amtliche Sammlung)
Bros.	Brothers
BTR	Der Bauträger
BVerfG	Bundesverfassungsgericht
BVerfGE	Entscheidungen des Bundesverfassungsgerichts (Amtliche Sammlung)
BVerwG	Bundesverwaltungsgericht
BVerwGE	Entscheidungen des Bundesverwaltungsgerichts (Amtliche Sammlung)
BVS	Bundesanstalt für vereinigungsbedingte Sonderaufgaben (vormals: Treuhandanstalt)

bzw.	beziehungsweise
Cal. L. Rev.	California Law Review
Cal. L. Rev. Com. Rep.	California Law Revision Commission Reports
Cal. Rptr.	Californian Reporter
Cent.	Central
Cir.	Circuit Court of Appeals
City Ct.	City Court
Cl. Ct.	Claims Court
Co.	Company
Colum. L. Rev.	Columbia Law Review
Constr.	Construction
Cornell L. Rev.	Cornell Law Review (vormals: Cornell Law Quarterly)
Corp.	Corporation
County Ct.	County Court
CPA	Civil Practice Act
CPLR	Civil Practice Law and Rules
Ctr.	Center
d.	der
DAR	Deutsches Autorecht
DB	Der Betrieb
D.C.	District Court
Dep't	Department
Dept.	Department der Appellate Division des Supreme Court im Staat New York
ders.	derselbe
Dev.	Development
Dig.	Digesten
Dist.	District
DÖffVers	Die öffentlich-rechtliche Versicherung
DÖV	Die Öffentliche Verwaltung
DR	Deutsches Recht
DRiG	Deutsches Richtergesetz i.d.F. vom 19.04.1972, BGBl. I S. 713
DRiZ	Deutsche Richterzeitung
Drs.	Drucksache
DStR	Deutsches Steuerrecht
Einl.	Einleitung
Elec.	Electric

Eng.Rep.	English Reports
Enter.	Enterprises
ErbbauVO	Verordnung über das Erbbaurecht vom 15.01.1919, RGBl. S. 72, berichtigt S. 122, BGBl. III 4 Nr. 403-6
Exch.	Exchange
EVB	Allgemeine Einheitsversicherungs-Bedingungen
EWiR	Entscheidungen zum Wirtschaftsrecht
EzA	Entscheidungssammlung zum Arbeitsrecht
F.	Federal Reporter
F.2d	Federal Reporter (2d)
F.3d	Federal Reporter (3d)
FBUB	Allgemeine Feuer-Betriebsunterbrechung-Versicherungsbedingungen
FGG	Gesetz über die Angelegenheiten der freien Gerichtsbarkeit vom 17.05.1898, RGBl. I S. 189, i.d.F. der Bekanntmachung vom 20.05.1898, RGBl. S. 369, 771, BGBl. III 3 Nr. 315-1
FIDIC	Fédération Internationale des Ingénieurs Conseils
Fordham L. Rev.	Fordham Law Review
FS	Festschrift
F.Supp.	Federal Supplement
F.Supp. 2d	Federal Supplement (2d)
Ga. L. Rev.	Georgia Law Review
GBl.	Gesetzblatt
Gen.	General
Gen.T.	General Term
GewA	Gewerbe-Archiv – Zeitschrift für Gewerbe- und Wirtschaftsverwaltungsrecht
GG	Grundgesetz für die Bundesrepublik Deutschland vom 23.05.1949, BGBl. I S. 1
GmbHG	Gesetz betreffend die Gesellschaften mit beschränkter Haftung i.d.F. der Bekanntmachung vom 20.05.1898, RGBl. S. 369, 846, BGBl. III 4 Nr. 4123-1
Gruch.	Beiträge zur Erläuterung des Deutschen Rechts, begründet von Gruchot
GrünhutsZ	Zeitschrift für das Privat- und öffentliche Recht der Gegenwart, begründet von Grünhut
GVBl.	Gesetz- und Verordnungsblatt
GVG	Gerichtsverfassungsgesetz i.d.F. vom 09.05.1975, BGBl. I S. 1077

Halbs.	Halbsatz
HansOLG	Hanseatisches Oberlandesgericht
HansRGZ	Hanseatische Rechts- und Gerichtszeitschrift; A = Teil A, B = Teil B
Harv. L. Rev.	Harvard Law Review
Hastings L.J.	Hastings Law Journal
HessFGG	Hessisches Gesetz über die freie Gerichtsbarkeit vom 12. April 1954, GVBl. S. 59
H.L.	Entscheidungen des House of Lords
h.M.	herrschende Meinung
Hosp.	Hospital
HRR	Höchstrichterliche Rechtsprechung
IBR	Immobilien- und Baurecht
i.d.F.	in der Fassung
i.e.S.	im engeren Sinne
IHK	Industrie- und Handelskammer
Inc.	Incorporated
Indem.	Indemnity
Indus.	Industries
Ins.	Insurance
i.S.	im Sinne
i.S.d.	im Sinne des (der)
i.V.m.	in Verbindung mit
i.w.S.	im weiteren Sinne
J.	Judge
J. Priv. Eq.	Journal of Private Equity
JRfPrV	Juristische Rundschau für die Privatversicherung
JuS	Juristische Schulung
JW	Juristische Wochenschrift
JZ	Juristenzeitung
KG	Kammergericht
KTS	Zeitschrift für Konkurs-, Treuhand- und Schiedsgerichtswesen
LAG	Landesarbeitsgericht
LFGG	Baden-Württembergisches Gesetz über die freie Gerichtsbarkeit vom 12. Februar 1975, GBl. S. 116
LG	Landgericht

LLP	Limited Partnership
LM	Lindenmaier-Möhring, Das Nachschlagewerk des BGH
LMK	Lindenmaier-Möhring, Kommentierte BGH-Rechtsprechung
LZ	Leipziger Zeitschrift für Deutsches Recht
MDR	Monatsschrift für das deutsche Recht
Mfg.	Manufacturing
MHG	Gesetz zur Regelung der Miethöhe (Art. 3 des 2. Wohnraumkündigungsschutzgesetzes vom 18.12.1974, BGBl. I S. 3063), aufgehoben durch das Gesetz zur Neugliederung, Vereinfachung und Reform des Mietrechts vom 19.6.2001, BGBl. I S. 1149
mem.	Memorandum Decision
Minn. L. Rev.	Minnesota Law Review
MittRhNK	Mitteilungen der rheinischen Notarkammer
Mot. II	Motive zu dem Entwurf eines Bürgerlichen Gesetzbuches für das deutsche Reich (Band II Recht der Schuldverhältnisse)
Mun. Ct.	Municipal Court
Mut.	Mutual
m.w.N.	mit weiteren Nachweisen
NdsFGG	Niedersächsisches Gesetz über die freie Gerichtsbarkeit in der Fassung vom 24. Februar 1971, GVBl. I, S. 43
N.E.	North Eastern Reporter
N.E.2d	North Eastern Reporter (2d)
N.J.	New Jersey
NJW	Neue Juristische Wochenschrift
NJW-RR	Neue Juristische Wochenschrift – Rechtsprechungsreport
Nr.	Nummer
N.Y.	New York/New York Reports
N.Y.C.R.R.	Official Compilations of Codes, Rules and Regulations of the State of New York
N.Y.Exec. Law	New York Executive Law (Mc Kinney's Consolidated Laws of New York)
N.Y. Gen. Bus. Law	New York General Business Law (Mc Kinney's Consolidated Laws of New York)

N.Y. Gen. Obl. Law	New York General Obligations Law (Mc Kinney's Consolidated Laws of New York)
N.Y. Ins. Law	New York Insurance Law (Mc Kinney's Consolidated Laws of New York)
N.Y. Jur. 2d	New York Jurisprudence (2d)
N.Y.L.J.	New York Law Journal
N.Y.Leg.Doc.	New York Legislative Documents
N.Y. Lexis	Sammlung der Entscheidungen New Yorker Gerichte in der Datenbank Lexis/Nexis
N. Y. Pers. Prop. Law	New York Personal Property Law (Mc Kinney's Consolidated Laws of New York)
N.Y.S.	New York Supplement
N.Y.S. 2d	New York Supplement (2d)
N.Y.St.B.J.	New York State Bar Journal
N.Y.Super.Ct.	New York Superior Court Reports
NZA	Neue Zeitschrift für Arbeits- und Sozialrecht
NZBau	Neue Zeitschrift für Bau- und Vergaberecht
NZG	Neue Zeitschrift für Gesellschaftsrecht
NZV	Neue Zeitschrift für Verkehrsrecht
OGHBrZ	Oberster Gerichtshof für die Britische Zone
OLG	Oberlandesgericht
OLGE	Die Rechtsprechung der Oberlandesgerichte auf dem Gebiet des Zivilrechts, hrsg. von *v. Mugdan* und *Falkmann* (1. 1900–46.1928; aufgegangen in HRR)
OLGR	OLG-Report
PaPkG	Preisangaben- und Preisklauselgesetz vom 03.12.1984, BGBl. I S. 1429
PrKV	Preisklauselverordnung vom 23.09.1998, BGBl. I, S. 3043
PrObT	Königlich Preußisches Ober-Tribunal
PrObTE	Entscheidungen des Königlich Preußischen Obertribunals (Amtliche Sammlung)
Prod.	Products
Prot. I/Prot. II	Protokolle der Kommission für die zweite Lesung des Entwurfs des BGB (Band I 1897, Band II 1898)
RAGE	Entscheidungen des Reichsarbeitsgerichts (Amtliche Sammlung)
RAG	Reichsarbeitsgericht
RdL	Recht der Landwirtschaft

Rdn.	Randnummer
Real Est. L. J.	Real Estate Law Journal
RG	Reichsgericht
RGBl.	Reichsgesetzblatt
RGRK-*Bearbeiter*	Das Bürgerliche Gesetzbuch, Kommentar, herausgegeben von den Mitgliedern des Bundesgerichtshofs
RGZ	Entscheidungen des Reichsgerichts in Zivilsachen (Amtliche Sammlung)
RIW	Recht der internationalen Wirtschaft
ROHG	Reichsoberhandelsgericht
ROHGE	Entscheidungen des Reichsoberhandelsgerichts
R.R.	Railroad
RT	Reichstag
RVG	Gesetz über die Vergütung der Rechtsanwältinnen und Rechtsanwälte vom 5.5.2004, BGBl. I S. 717, 788
RuS	Recht und Schaden
revd.	Reversed
S.	Seite/Satz
Sav.	Savings
Sch.	School
SchlHA	Schleswig-Holsteinische Anzeigen
S.D.N.Y.	Southern District of New York
SEGRZ	Sammlung sämtlicher Erkenntnisse des Reichsgerichts in Zivilsachen. Inhalt sämtlicher und Wiedergabe von unveröffentlichten Entscheidungen zum BGB (Jahrgang)
Serv.	Service[s]
SeuffA	Seufferts Archiv
Soc'y	Society
Sp.	Spalte
SP	Schadens-Praxis
St.	Street
Staudinger-*Bearbeiter*	Kommentar zum Bürgerlichen Gesetzbuch
St.John's L. Rev.	St. John's Law Review
StriethArch	Archiv für Rechtsfälle. Entscheidungen des Königlich Preußischen Ober-Tribunals. Hrsg. v. *Theodor Striethorst*. 1/2. 1851– 96/97. 1877/78
Syracuse L. Rev.	Syracuse Law Review
Sup. Ct.	Supreme Court des Staates New York
Sur.	Surety

Sys.	System
Tex. Int'l L.J.	Texas International Law Journal
Thl.	Teil (gebräuchliche Abkürzung im ALR und der AGO)
Tit.	Titel (gebräuchliche Abkürzung im ALR und der AGO)
Transp.	Transportation
Tul. L. Rev.	Tulane Law Review
TVG	Tarifvertragsgesetz i.d.F. vom 25.08.1969, BGBl. I S. 1323, BGBl. III 8 Nr. 802-1
UCC	Uniform Commercial Code
U. Miami L. Rev.	University of Miami Law Review (vormals: Miami Law Quarterly)
Univ.	University
U. Pa. L. Rev.	University of Pennsylvania Law Review
U.S.	Entscheidungen des Supreme Court der Vereinigten Staaten/Vereinigte Staaten
U.S. App. Lexis	Sammlung der Entscheidungen der Circuit Courts of Appeals in der Datenbank Lexis/Nexis
U.S.C.	United States Codes
U.S.C.A.	United States Codes Annotated
U.S. Dist. Lexis	Sammlung der Entscheidungen der District Courts in der Datenbank Lexis/Nexis
VA	Veröffentlichungen des Reichsaufsichtsamtes für das Versicherungswesen
VerBAV	Veröffentlichungen des Bundesaufsichtsamtes für das Versicherungswesen
Verf.	Verfasser
VersN	Der Versicherungsnehmer
VersPrax	Die Versicherungspraxis
VersR	Versicherungsrecht
VGB	Allgemeine Bedingungen für die Neuwertversicherung von Wohngebäuden gegen Feuer-, Leitungswasser- und Sturmschäden
vgl.	vergleiche
VHB	Allgemeine Bedingungen für die Neuwertversicherung des Hausrats gegen Feuer-, Einbruchsdiebstahl-,. Beraubungs-, Leitungswasser-, Sturm- und Glasbruchschäden
VIZ	Zeitschrift für Vermögens- und Investitionsrecht

VOB/B	Verdingungsordnung für Bauleistungen, Teil B: Allgemeine Vertragsbedingungen für die Ausführung von Bauleistungen
VVG	Gesetz über den Versicherungsvertrag vom 30.05.1908, RGBl. S. 263
VwVfG	Verwaltungsverfahrensgesetz vom 25.05.1976, BGBl. I S. 1253
WährG	Währungsgesetz vom 20.06.1948, BGBl. III Nr. 7600-1-a
Warn.	*Warneyer*, Die Rechtsprechung des Reichsgerichts (Jahr und Nr.)
W.D.N.Y.	Western District of New York
Wend.	Wendell's Reports
Wis. L. Rev.	Wisconsin Law Review
WiVerw	Wirtschaft und Verwaltung (Vierteljahresbeilage zum Gewerbearchiv)
WL	Westlaw
WM	Wertpapier-Mitteilungen
WRV	Wirtschaft und Recht der Versicherung
WuM	Wohnungswirtschaft und Mietrecht
Yale L. J.	Yale Law Journal
ZAkDR	Zeitschrift der Akademie für deutsches Recht
z.B.	zum Beispiel
ZfBR	Zeitschrift für deutsches und internationales Baurecht
ZfS	Zeitschrift für Schadensrecht
ZfV	Zeitschrift für Versicherungswesen
ZHR	Zeitschrift für das gesamte Handelsrecht und Wirtschaftsrecht
ZIP	Zeitschrift für Wirtschaftsrecht (vorher: Zeitschrift für Wirtschaftsrecht und Insolvenzrecht)
ZMR	Zeitschrift für Miet- und Raumrecht
ZPO	Zivilprozessordnung i.d.F. vom 12.09.1950, BGBl. S. 535, BGBl. III 3 Nr. 310-4
ZPO a.F.	Fassung der §§ 1025 ff. ZPO vor dem 31.12.1997
ZVersWiss	Zeitschrift für die gesamte Versicherungswissenschaft
ZZP	Zeitschrift für Zivilprozess

Einführung

Gegenstand der vorliegenden Untersuchung sind die Rechtsfolgen, die im deutschen und New Yorker Recht an einen „Schiedsgutachtenvertrag" geknüpft werden. Hierunter soll – in Anlehnung an *Schlosser*[1] – ein mit Vertragsschluss bindender Vertrag[2] zweier oder mehrerer Parteien[3] verstanden werden, in dem einer oder mehreren Stelle(n) bzw. natürlichen oder juristischen Person(en) die bindende Festlegung, Ermittlung, Feststellung oder Entscheidung bestimmter für das Rechtsverhältnis der Parteien erheblicher Punkte übertragen wird, und der nach Maßgabe der in der jeweiligen Rechtsordnung entwickelten Abgrenzungskriterien nicht als Schiedsvereinbarung anzusehen ist.

Schiedsgutachtenverträge spielen im deutschen Rechts- und Wirtschaftsleben eine wichtige Rolle. Der Schwerpunkt der Nutzung des vertragsrechtlichen Instruments des Schiedsgutachtenvertrags liegt dabei – ebenso wie im Falle des vertragsrechtlichen Instruments der Schiedsvereinbarung – auf dem Gebiet des Zivilrechts. Der Anwendungsbereich von Schiedsgutachtenverträgen umfasst dabei so unterschiedliche Anwendungsfälle wie die Bewertung von Grundstücken,[4] die Anpassung von Miet-, Pacht- oder Erbbauzinsen im Rahmen sog. Wertsicherungsklauseln,[5] die Feststellung der Schadenshöhe oder anderer Anspruchsvoraussetzungen bei Versicherungsfällen,[6] die Kaufpreisanpassung im Rahmen eines Unternehmenskaufvertrags,[7] die Aufstellung einer Abschichtungsbilanz zur Ermittlung des Abfindungsguthabens eines ausscheidenden Gesellschafters,[8] die im Überseehandel entwickelte Qualitätsarbitrage[9] und

---

1 *Schlosser*, S. 13 f.

2 Die sog. Common-Law-Schiedsvereinbarungen stellen keine Schiedsgutachtenverträge in dem hier zugrunde gelegten Sinne dar, da sie grundsätzlich jederzeit bis zur Erstattung des Schiedsspruchs widerrufbar sind; siehe dazu N.Y. Jur.2d, Bd. 5, Arbitration & Award, 1997, § 248.

3 Als Beispiel des Abschlusses eines Schiedsgutachtenvertrags durch mehr als zwei Parteien sei nur eine Bestimmung in einem Gesellschaftsvertrag genannt, nach der das Abfindungsguthaben eines ausgeschiedenen Gesellschafters durch einen Wirtschaftsprüfer als Schiedsgutachter ermittelt werden soll.

4 Z.B. BGH vom 17.05.1991, NJW 1991, 2698; vom 22.02.2002 (V ZR 251/00) (zu den sog. Nachbewertungsklauseln in den von der Treuhandanstalt abgeschlossenen Verträgen).

5 Z.B. BGH vom 26.04.1991, WM 1991, 1602; vom 03.11.1995, NJW 1996, 452; vom 01.10.1997, WM 1998, 628. Dazu: *Wedemeyer*, DB 1969, S. 1925 ff.; *Bulla*, DB 1975, S. 945 ff.; ders., BB 1976, S. 389 ff.; ders., JuS 1976, S. 19 ff. Siehe auch *Leo*, MDR 2004, S. 263.

6 §§ 64, 184 VVG.

7 Bruski, BB 2005, Beilage Nr. 17, S. 29; *Gross*, DStR 2000, S. 1959; *Ribbert*, DB 1978, S. 2085; besonders ausführlich *Sachs*, FS Schlosser, S. 805 f., und (rechtsvergleichend) *Kreindler/Zuber/Kautz/Inglis*, 8 J. Priv. Eq. (2005), S. 82 ff.

8 Z.B. BGH vom 03.10.1957, NJW 1957, 1834; vom 14.07.1986, NJW-RR 1987, 21; vom 16.11.1987, NJW-RR 1988, 506. Dazu z.B.: *Michalski*, ZIP 1991, S. 914 ff.

das beim Export von Wirtschaftsgütern aus Deutschland häufig vereinbarte Survey-Verfahren.[10]

Trotz der großen Bedeutung von Schiedsgutachtenverträgen in der Praxis ist das Schiedsgutachtenrecht in Deutschland bis heute ein „Stiefkind der Gesetzgebung"[11] geblieben. Das zeigt sich nicht nur darin, dass das Schiedsgutachtenrecht – trotz des seinerzeitigen Einsatzes von *Weismann* für eine umfassendere Regelung[12] – in den §§ 317 ff. BGB, 64, 184 VVG nur eine sehr kursorische Regelung erfahren hat. Der Gesetzgeber hat außerdem seit Inkrafttreten der ZPO 1877 das Schiedsverfahrensrecht zwar mehrfach reformiert, eine auch nur teilweise Reform des Schiedsgutachtenrechts – von einer Ausnahme abgesehen[13] – jedoch nicht einmal erwogen.

Aus dieser weitgehenden Untätigkeit des Gesetzgebers über einen Zeitraum von über einhundert Jahren könnte man den Schluss ziehen, dass die Ausgestaltung durch Rechtsprechung und Schrifttum, die das deutsche Schiedsgutachtenrecht in diesem Zeitraum erfahren hat, von Praxis und Lehre gleichermaßen als im Wesentlichen sach- und interessengerecht angesehen wird. Diese Annahme ist jedoch unzutreffend. So sind von Seiten des Schrifttums zu verschiedenen Zeiten Forderungen nach einer mehr oder weniger weitgehenden gesetzlichen Reform des Schiedsgutachtenrechts erhoben worden.[14] Auch stellte die rechtsberatende Praxis gerade in neuerer Zeit fest, dass der Zweck des Schiedsgutachtenvertrags, ein zeitraubendes und kostspieliges gerichtliches Verfahren zu vermeiden, häufig fehlschlage.[15] Vielmehr führe der Abschluss eines Schiedsgutachtenvertrags wegen der zahlreichen möglichen tatsächlichen und rechtlichen Schwierigkeiten bei der Durchführung des Schiedsgutachtenverfahrens häufig gerade zu dem Rechtsstreit, der durch

---

9 Z.B. LG Hamburg vom 22.02.1995, RIW 1995, 770 (mit Anmerkung von *Trappe*, RIW 1995, S: 771 f.). Dazu: *Straatmann*, FS Stödter, S. 109 ff.; ders., FS Reimers, S. 199 ff.

10 *Rauscher*, S. 40 f.

11 *Eckert*, S. 28. *Wedemeyer*, WRV 1913, S. 106, hat insoweit festgestellt, dass die praktische Bedeutung von Schiedsgutachtenverträgen und der Umfang der gesetzlichen Regelung in einem „krassen Missverhältnis" stehen.

12 *Weismann*, AcP 74 (1889), S. 431 f.

13 Die einzige Ausnahme war die Aufnahme der für Schiedsgutachtenverträge geltenden Sondervorschriften der §§ 106, 107 in das ArbGG 1926; diese Bestimmungen wurden aber in das ArbGG nicht übernommen.

14 *Rau*, ZVersWiss 1905, S. 291 f.; *Schneider*, LZ 1909, S. 903 ff.; *Prange*, DÖffVers 1934, S. 289 f.; *Bruck*, HansRGZ A 1935, S. 19 ff.; *Nicklisch*, BB 1971, S. 1208; ders., ZHR 136 (1972), S. 107 ff.; *Rauscher*, BB 1974, S. 632; *Sturmberg*, BauR 1992, S. 693; zuletzt wieder *Sachs*, FS Schlosser, S. 811. Am weitesten brachten es dabei die Forderungen von *Prange* und *Bruck* nach einer Revision der §§ 64, 184 VVG. Diese wurden immerhin im Ausschuss für Versicherungsrecht der damaligen Akademie für deutsches Recht diskutiert, aber aufgrund ihrer Ablehnung durch das Reichsaufsichtsamt für das Versicherungswesen und den Reichsverband der Privatversicherungen nicht weiterverfolgt; vgl. dazu *Sieg*, ZVersWiss 1941, S. 47.

15 *Raeschke-Kessler*, BB 1993, Beil. 17, S. 19.

den Schiedsgutachtenvertrag ursprünglich habe vermieden werden sollen.[16] Besonders starken Zweifeln begegnet die Sach- und Interessengerechtigkeit der von der Rechtsprechung vorgenommenen Ausgestaltung der gerichtlichen Kontrolle eines Schiedsgutachtens und des vorausgegangenen Verfahrens. Die ältere Rechtsprechung des Bundesgerichtshofs musste sich in den 60er- und 70er-Jahren des vorigen Jahrhunderts vorwerfen lassen, dass sie Anlass zu erheblichen verfassungsrechtlichen Bedenken gebe[17] und dass derjenige, der sich auf ein Schiedsgutachtenverfahren einlasse, „in punkto Rechtsschutz verraten und verkauft" sei.[18] Die Reaktion des Bundesgerichtshofs auf diese Fundamentalkritik folgte bald in Form einer erheblichen Ausweitung der gerichtlichen Kontrolle von Schiedsgutachten.[19] Diese veränderte Rechtsprechung führte jedoch ihrerseits dazu, dass in der rechtsberatenden Praxis den Vertragsparteien verschiedentlich empfohlen wurde, auf den Abschluss von Schiedsgutachtenverträgen ganz zu verzichten[20] oder jedenfalls die gerichtliche Kontrolle des Schiedsgutachtens vertraglich einzuschränken.[21]

Trotz dieser Zweifel an der Sach- und Interessengerechtigkeit der bisherigen Ausgestaltung der Rechtsfolgen eines Schiedsgutachtenvertrags und trotz der Vielzahl von Monographien und Aufsätzen, die zum deutschen Schiedsgutachtenrecht erschienen sind, fehlt es bisher an einer Arbeit, die gezielt und umfassend der Frage der Sach- und Interessengerechtigkeit des deutschen Schiedsgutachtenrechts nachgeht. Diese Lücke will die vorliegende Arbeit schließen. Dabei verfolgt sie einen rechtsvergleichenden Ansatz, da es Rechtsprechung und Schrifttum einer langjährigen rechtswissenschaftlichen und rechtspolitischen Diskussion zum Trotz bisher augenscheinlich nicht gelungen ist, sich auf eine allgemein als sach- und interessengerecht angesehene Ausgestaltung zu verständigen. Der rechtsvergleichende Ansatz schärft zum einen den Blick für die unabhängig vom Rechtssystem im Rahmen eines jeden Schiedsgutachtenrechts zu lösenden Sachprobleme. Zum anderen bietet das fremde Recht mögliche Ansätze zur sach- und interessengerechten Lösung dieser Probleme.[22] Auch wenn bereits einige rechtsvergleichende Untersuchungen zum Schiedsgutachtenrecht vorliegen,[23] fehlt es bisher an einer Ar-

---

16 *Wedemeyer*, DB 1969, S. 1931.

17 Grundlegend *Dütz*, S. 268; ebenso *Habscheid*, FS Laufke, S. 305 ff.; ders., KTS 1972, S. 219.

18 *Habscheid*, KTS 1971, S. 139.

19 Siehe hierzu die Rechtsprechungsanalysen von *Reichsgraf von Thun und Hohenstein*, S. 154 ff., sowie von *Bulla* (in JuS 1976, S. 19 ff., und NJW 1978, S. 397 ff.). Aufschlussreich auch *Nicklisch*, FS Bülow, S. 172.

20 So der Rat der Rechtsanwälte *Wedemeyer* (a.a.O.) und *Bulla* (in NJW 1978, S. 401), jeweils bezogen auf Schiedsgutachtenklauseln in Wertsicherungsabreden.

21 *Volmer*, BB 1984, S. 1013.

22 Zu den Vorteilen einer rechtsvergleichenden Analyse bestimmter Problemstellungen siehe beispielhaft *Kötz*, 50 Jahre BGH, S. 842.

23 Im deutschen Sprachraum insbesondere (in chronologischer Reihenfolge): *Horn*, S. 53 ff., S. 62 ff.; *Winter*, S. 169 ff.; *Weick*, FS Coing, S. 550 ff.; *Habscheid*, FS Kralik,

beit, die auf einer umfassenden und detaillierten Untersuchung der Rechtswirklichkeit des deutschen und des New Yorker Schiedsgutachtenrechts im Bereich des Zivilrechts fußt und die Frage nach der Sach- und Interessengerechtigkeit der Ausgestaltung in den jeweiligen Rechtsordnungen in den Mittelpunkt stellt.

S. 189 ff.; *Schlosser*, S. 13 ff.; *Kröll*, S. 248 ff., 260 ff.; *Borowsky*, S. 184 ff.; *Sachs*, FS Schlosser, S. 805 ff. Siehe auch die allerdings nicht im strengen Sinne rechtsvergleichende Arbeit von *Hartl*, „Das Schiedsgutachten im italienischen Recht", München 1992. Zu rechtsvergleichenden Untersuchungen im französisch- und englischsprachigen Raum siehe die Nachweise bei *Borowsky*, S. 184, Fußnote 893. Ergänzend genannt seien noch *De Vries*, 57 Tul. L. Rev. (1982), S. 48 f., und *Kreindler/Zuber/Kautz/Inglis*, 8 J. Priv. Eq. (2005), S. 83 ff.

Erster Teil

Gegenstand der Untersuchung, Begründung der Wahl des New Yorker Rechts und Gang der Arbeit

A. Gegenstand der Untersuchung

Die vorliegende Arbeit beschränkt sich auf die Untersuchung solcher Schiedsgutachtenverträge, die aus Sicht des deutschen Rechts dem Bereich des Zivilrechts zuzuordnen sind. Dahinter steht die Überlegung, dass Schiedsgutachtenverträge, hinsichtlich derer der Weg zu den Arbeitsgerichten eröffnet ist[24] oder die als öffentlich-rechtlich zu qualifizieren sind,[25] Sonderprobleme aufwerfen, und daher bei diesen Verträgen die Frage nach der Sach- und Interessengerechtigkeit der Ausgestaltung ihrer Rechtsfolgen ggf. anders zu beantworten ist als im Bereich des Zivilrechts.

Die vorliegende Untersuchung klammert ferner auch solche Schiedsgutachtenverträge aus, in denen der Schiedsgutachterstelle Fragen zur Entscheidung übertragen werden, die nach Maßgabe des deutschen bzw. des New Yorker Rechts auch zum alleinigen Gegenstand einer Klage gemacht werden könnten, hinsichtlich derer also im Prinzip der Rechtsweg eröffnet ist. Hier stellen sich aus Sicht des deutschen Rechts wiederum Sonderprobleme wie die Frage nach der Zulässigkeit des Ausschlusses des Rechtswegs durch Parteivereinbarung[26] und die Problematik der Zulässigkeit einer neben den §§ 1025 ff.

---

24 Zur umstrittenen Zulässigkeit von Schiedsgutachtenverträgen im Anwendungsbereich des ArbGG siehe u.a. *Dütz*, FS Müller, S. 138 ff., und die Nachweise aus der Rechtsprechung bei *Ahrens*, Anm. zu BAG vom 22.01.1997, EzA TVG § 4 Nr. 1 m.w.N. Allerdings sollte die grundsätzliche Zulässigkeit im Lichte zweier neuerer Entscheidungen des Bundesarbeitsgerichts (BAG vom 20.01.04, AP BetrVG 1972 § 87 Vorschlagwesen Nr. 3; vom 17.03.2005, AP Nr. 13 zu § 1 TVG Tarifverträge: Verkehrsgewerbe) jedenfalls für die Praxis heute als geklärt gelten. Eine andere Frage ist jedoch die Reichweite der Zulässigkeit; zur Frage des Umfangs der Dispositionsbefugnis der Parteien eines Schiedsgutachtenvertrags im Bereich des Arbeitsrechts siehe *Kohte*, BB 1998, S. 952 f., und BAG vom 20.01.04, AP BetrVG 1972 § 87 Vorschlagwesen Nr. 3.

25 Zur Frage der Qualifikation eines Schiedsgutachtenvertrags als zivil- oder öffentlich-rechtlich siehe nur die Entscheidungen des Bundesverwaltungsgerichts vom 19.01.1990 (BVerwGE 84, 257, 266) und des BGH vom 29.11.2002 (Az. V ZR 105/02). Zur Zulässigkeit von Schiedsgutachtenverträgen im Bereich des öffentlichen Rechts und den sich aus den §§ 54 ff. VwVfG des Bundes und der Länder insoweit ergebenden Einschränkungen siehe BVerwG vom 19.01.1990, BVerwGE 84, 257, 266.

26 Zulässigkeit im Ergebnis bejaht von *Habscheid*, FS Lehmann, S. 800; ders., KTS 1957, S. 135; ders., KTS 1963, S. 12; ders., KTS 1964, S. 88; *Sieg*, VersR 1965, S. 634; in der Tendenz ebenso BGH vom 17.05.1967, BGHZ 48, 25, 28 ff.; Zulässigkeit dagegen – im Lichte der §§ 1025 ff. ZPO bzw. §§ 4, 101 ArbGG – verneint von *Jonas*, JW 1937, S. 221, und von *Ahrens*, Anm. zu BAG vom 22.01.1997, EzA TVG § 4 Nr. 1 (mit umfangreichen Nachweisen zu der Rechtsprechung des Bundesarbeitsgerichts). Zu verfas-

ZPO existierenden „obligatorischen Schiedsgerichtsbarkeit“.[27] Diese Sonderprobleme führen dazu, dass eine als sach- und interessengerecht zu bezeichnende Ausgestaltung der Rechtsfolgen sich hier teilweise an anderen Kriterien orientieren muss als bei den typischen Schiedsgutachtenverträgen.

Weiterhin beschränkt sich die vorliegende Arbeit auf die Untersuchung der Rechtsfolgen solcher Schiedsgutachtenverträge, die entweder individualvertraglich zwischen Parteien mit gleicher oder annähernd gleicher Verhandlungsmacht vereinbart worden sind[28] oder die zwar durch die Einbeziehung von AGB zustande gekommen sind, hinsichtlich der ihnen zugrunde liegenden Interessenlage der Parteien aber dem Normalfall eines Schiedsgutachtenvertrags vergleichbar sind. Solche vergleichbaren Interessenlagen bestehen bei Schiedsgutachtenklauseln, die einem Handelsbrauch oder einer in den beteiligten Verkehrskreisen sehr weit verbreiteten Übung entsprechen. Hier ist nicht nur die Interessenlage des Verwenders, sondern auch die des Vertragspartners mit der Interessenlage der Parteien im Normalfall eines Schiedsgutachtenvertrags vergleichbar. Eine vergleichbare Interessenlage besteht ferner bei Schiedsgutachtenklauseln, die ein Recht des Vertragspartners des Verwenders vorsehen, zwischen der Durchführung eines Schiedsgutachtenverfahrens oder der Durchführung eines gerichtlichen Verfahrens zu wählen,[29] sowie bei Schiedsgutachtenklauseln, deren Inhalt gesetzlich vorgeschrieben oder behördlich genehmigt worden ist.[30]

---

sungsrechtlichen Bedenken gegenüber der Zulassung von Schiedsgutachtenverträgen, deren Inhalt sich – bei grundsätzlicher Beibehaltung des für Schiedsgutachtenverfahren generell kennzeichnenden informellen Verfahrens – auf alle zwischen den Parteien streitigen oder zukünftig streitig werdenden Punkte erstreckt, siehe die Ausführungen bei *Dütz*, S. 255. Bedenken gegenüber der Zulassung solcher Vereinbarungen vor dem Hintergrund des informellen Verfahrens finden sich auch bei *Marsilius*, BB 1959, S. 1016.

27 Siehe dazu rechtsvergleichend *Schlosser*, S. 20 ff.

28 Ein solcher Schiedsgutachtenvertrag stellt sowohl in der Praxis als auch aus Sicht des Gesetzgebers den Normalfall eines Schiedsgutachtenvertrags dar und wird daher im Folgenden entsprechend als „Normalfall eines Schiedsgutachtenvertrags“ bezeichnet.

29 Auch hier ist die mit dem Normalfall vergleichbare Interessenlage offensichtlich, denn es kommt zur Durchführung des Schiedsgutachtenverfahrens nur dann, wenn sich der Vertragspartner des Verwenders dazu entschließt.

30 Auch in den Fällen, in denen der konkrete Inhalt der fraglichen Schiedsgutachtenklausel gesetzlich vorgeschrieben oder jedenfalls behördlich genehmigt worden ist, ist die Interessenlage beider Parteien als der Interessenlage der Parteien im Normalfall eines Schiedsgutachtenvertrags im Wesentlichen vergleichbar anzusehen. Der gesetzlichen Regelung des Inhalts einer Schiedsgutachtenklausel geht ebenso wie seiner behördlichen Genehmigung eine umfassende Abwägung der Vor- und Nachteile einer solchen Schiedsgutachtenklausel für den Vertragspartner voraus, im Rahmen derer regelmäßig auch Verbände angehört werden, die die Interessen der jeweiligen späteren Vertragspartner repräsentieren. Wenn sich der Gesetzgeber oder eine Behörde nach sorgfältiger und umfassender Abwägung für die Durchführung eines Schiedsgutachtenverfahrens über die festgelegten Fragestellungen entschieden hat, dann sind sie zu dem Ergebnis gekommen, dass die Durchführung jedenfalls unter den in der Schiedsgutachtenklausel niedergelegten Voraussetzungen den Interessen *beider* Parteien entspricht. Dann ist

Schließlich erstreckt sich die Untersuchung nicht auf Verträge, denen eine „maritime transaction" oder ein „contract evidencing a transaction involving commerce" i.S.d. § 2 des Federal Arbitration Act (9 U.S.C. §§ 1–15) zugrunde liegt und die zwar aus Sicht des New Yorker Rechts als Schiedsgutachtenvertrag zu qualifizieren sind, zugleich aber – aus Sicht des Bundesrechts – auch als Schiedsvereinbarung i.S.d. § 2 des Federal Arbitration Act anzusehen sind. Zum einen ist unklar, in welchen Fällen ein nach New Yorker Recht als Schiedsgutachtenvertrag anzusprechender Vertrag zugleich als Schiedsvereinbarung im Sinne des Federal Arbitration Act anzusehen ist. Nicht nur ist strittig, ob angesichts einer im Federal Arbitration Act fehlenden Definition für die Frage der Qualifikation als Schiedsvereinbarung auf das anwendbare Vertragsstatut[31] oder auf originäre bundesrechtliche Kriterien abzustellen ist,[32] sondern es ist auch unklar, anhand welcher Kriterien eine originäre bundesrechtliche Qualifikation vorzunehmen[33] und in welchen Fällen eine Schiedsvereinbarung im Sinne des Federal Arbitration Act zu bejahen ist.[34] Zum anderen unterliegen solche Schiedsgutachtenverträge im Wesentlichen allein den Regelungen des Federal Arbitration Act, da diese materielles Bundesrecht darstellen[35] und daher einzelstaatliche Regelungen überlagern sowie entgegenstehendes einzelstaatliches Recht verdrängen.[36] Die Regelungen des Federal Arbitration Act sind aber in Deutschland schon hinreichend bekannt, sodass aus der Einbeziehung solcher Verträge kein wesentlich neuer Erkenntnisge-

---

aber auch davon auszugehen, dass in diesen Fällen nicht nur die Interessenlage des Verwenders, sondern auch die Interessenlage des Vertragspartners der im Normalfall bestehenden Interessenlage entspricht.

31 So im Grundsatz *Wasyl, Inc. v. First Boston Corp.* (9th Cir. 1987) 813 F. 2d 1579, 1582; *Hartford Lloyd's Ins. Co. v. Teachworth* (5th Cir. 1990) 898 F. 2d 1058, 1061 ff.; *Wailua Assoc. v. Aetna Casualty and Sur. Co.* (D.C. Hawaii 1995) 904 F. Supp. 1142, 1147; *Questrom v. Federated Dep't Stores, Inc.* (S.D.N.Y. 1999) 41 F. Supp. 2d 294, 305 f.; *Portland GE v. US Bank Trust* (9th Cir. 2000) 218 F.3d 1085, 1086; ebenso: *Kreindler/Zuber/Kautz/Inglis*, 8 J. Priv. Equity (2005), S. 83. Allerdings machen sowohl die Entscheidung *Wasyl, Inc. v. First Boston Corp.* (a.a.O.) als auch die Entscheidung *Hartford Lloyd's Ins. Co. v. Teachworth* (a.a.O.) die Einschränkung, dass der Rückgriff auf das Vertragsstatut nicht zu einem Ergebnis führen dürfe, das mit der hinter dem Federal Arbitration Act stehenden „public policy", Schiedsvereinbarungen zu fördern, unvereinbar ist.

32 So Tashima, J., Lay, J, und Mc Keown, J. (concurring), *Portland GE v. US Bank Trust* (9th Cir. 2000) 218 F. 3d 1085, 1091 f. (ersichtlich im Anschluss an die Kritik der vorgenannten Rechtsprechung in *McNeil/Speidel/Stipanowich*, § 2.3.1); *FIT Tech., Inc. et al. v. Bally Total Fitness Holding Corp.* (1st Cir. 2004) 374 F.3d 1, 6 f.; *Salt Lake Tribune Publishing Co., LLC v. Management Planning Inc.* (10th Cir. 2004) 390 F. 3d 684, 688 f.; *Scott Rau*, 40 Tex. Int'l L.J. (2005), S. 489 f. Diese Ansicht ist überzeugender und daher vorzugswürdig.

33 Siehe dazu die Entscheidungen *FIT Tech., Inc. et al. v. Bally Total Fitness Holding Corp.* (1st Cir. 2004) 374 F.3d 1, 6 f., und *Salt Lake Tribune Publishing Co., LLC v. Management Planning Inc.* (10th Cir. 2004) 390 F. 3d 684, 688 f.

34 Siehe dazu *Schmitz*, 37 Ga. L. Rev. (2002), S. 123 ff.

35 *Perry v. Thomas* (1987) 482 U.S. 483, 489.

36 *Southland Corp. v. Keating* (1984) 465 U.S. 1, 16.

winn für das deutsche (Schiedsgutachten-)Recht zu erwarten ist – gerade auch im Hinblick darauf, dass aus deutscher Sicht Schiedsvereinbarung und Schiedsgutachtenvertrag sowie die an diese Unterscheidung geknüpften Rechtsfolgen im Grundsatz „wesensverschieden" sind.[37]

B. Begründung der Wahl des New Yorker Rechts

Der Verfasser hat sich aus mehreren Gründen für einen Vergleich des deutschen mit dem New Yorker Schiedsgutachtenrecht entschieden:

Formen alternativer Streitbeilegung haben in den Vereinigten Staaten eine deutlich größere Bedeutung als in Deutschland,[38] was sich nicht zuletzt aus den Besonderheiten des U.S.-amerikanischen Zivilprozessrechts (u.a. pre-trial discovery und jury trial) erklärt, die starke Anreize für eine alternative Streitbeilegung schaffen.[39] Auf dem Gebiet der alternativen Streitbeilegung ist der Staat New York dabei seit Jahrzehnten eine „lead jurisdiction", mit einer vom Court of Appeals als dem höchsten New Yorker Gericht anerkannten „public policy" der besonderen Förderung aller Formen alternativer Streitbeilegung.[40] Diese „public policy" erfasst auch Schiedsgutachtenverträge.

Ein Vergleich der Ausgestaltung des deutschen Schiedsgutachtenrechts mit der Ausgestaltung im New Yorker Recht erscheint aber auch deshalb besonders interessant, weil der New Yorker Gesetzgeber auf Drängen der rechtsberatenden Praxis in der New Yorker Zivilprozessordnung eine Sondervorschrift für Schiedsgutachtenverträge (CPLR § 7601) vorgesehen und sich dabei ausdrücklich für die Beibehaltung der weitgehenden verfahrensrechtlichen Freiheit von Schiedsgutachterstellen entschieden hat. Im Gefolge dieses CPLR § 7601 haben die New Yorker Gerichte – allen voran der Court of Appeals – sich zunehmend der auch in vielen anderen Bundesstaaten zu beobachtenden Tendenz angeschlossen,[41] den Umfang und die Intensität der gerichtlichen Kontrolle eines Schiedsspruches und eines Schiedsgutachtens, aber auch andere Rechtsfolgen einer Schiedsvereinbarung und eines Schiedsgutachtenvertrags, einander anzugleichen.[42] Das New Yorker Schiedsgutachtenrecht erscheint daher in besonderem Maße geeignet, als mögliches Modell für eine verbesserte Ausgestaltung des deutschen Schiedsgutachtenrechts zu dienen.

---

[37] Dazu unten S. 46 f.

[38] Vgl. *Gottwald*, S. 1 ff.; *Sander*, S. 31 ff.; *Duve*, BB 1998, Beil. 9, S. 15 ff.

[39] Vgl. *Kautz*, Der Syndicus 1999, S. 61.

[40] *Westinghouse Elec. Corp. v. New York City Transit Auth.* (1993) 623 N.E.2d 531, 534.

[41] Vgl. *Williston*, § 57:10, und *Borowsky*, S. 169 ff., jeweils m.w.N.

[42] Vgl. *Penn Cent. Corp. v. Consolidated Rail Corp.* (1982) 436 N.E.2d 512, 517 f.; *Casolaro*, 65 N.Y.St.B.J. (1993), Part II, S. 46 ff.

C. Gang der Arbeit

Im nachfolgenden zweiten Teil werden – ausgehend von einem kurzen Abriss über die jeweilige rechtsgeschichtliche Entwicklung des deutschen und des New Yorker Schiedsgutachtenrechts, einem Überblick über die jeweilige Abgrenzung zwischen Schiedsgutachtenvertrag und Schiedsvereinbarung *in abstractu* und *in concreto* sowie einer Übersicht über die jeweiligen Rechtsquellen – die Rechtsfolgen dargestellt, die im deutschen und im New Yorker Recht an einen aus deutscher Sicht zivilrechtlich zu qualifizierenden Schiedsgutachtenvertrag geknüpft werden. Da es dem Verfasser insoweit vor allem auf die Rechtswirklichkeit ankommt, und sowohl das New Yorker Schiedsgutachtenrecht als auch, in etwas geringerem Umfang, das deutsche Schiedsgutachtenrecht im Wesentlichen richterliches Fallrecht sind, erfolgt die Darstellung der beiden Rechtsordnungen dabei aus dem Blickwinkel der jeweils zum Schiedsgutachtenrecht ergangenen Rechtsprechung.

Im dritten Teil werden zunächst die Rechtsfolgen, die das deutsche und das New Yorker Recht an einen solchen Schiedsgutachtenvertrag knüpfen, miteinander verglichen. Dabei beschränkt sich der Vergleich auf diejenigen Aspekte der Ausgestaltung, die Bedeutung für die Beantwortung der Frage haben, ob und inwieweit die Ausgestaltung des deutschen und des New Yorker Schiedsgutachtenrechts als sach- und interessengerecht anzusehen ist. Im Anschluss daran wird – nach Erarbeitung der entsprechenden Bewertungskriterien – die Ausgestaltung des Schiedsgutachtenrechts in beiden Rechtsordnungen einer Bewertung ihrer jeweiligen Sach- und Interessengerechtigkeit unterzogen.

Im vierten und letzten Teil der Arbeit werden die Kritikpunkte an der bisherigen Ausgestaltung des deutschen Schiedsgutachtenrechts zusammengefasst, die sich aus der Bewertung des deutschen und des New Yorker Rechts ergeben haben. Ferner werden Vorschläge für eine verbesserte Ausgestaltung erarbeitet. Den Abschluss bildet die mit einem Ausblick verbundene Zusammenfassung der Ergebnisse der vorliegenden Arbeit.

Zweiter Teil

Darstellung des deutschen und New Yorker Schiedsgutachtenrechts

I. Das deutsche Schiedsgutachtenrecht

A. Einführung

1. Überblick: Schiedsgutachtenverträge im deutschen Recht

Die Rechtsprechung[43] und die überwiegende Auffassung im Schrifttum[44] unterscheiden zwei Arten von Schiedsgutachtenverträgen:[45] den Schiedsgutachtenvertrag im weiteren oder uneigentlichen Sinne[46] und den Schiedsgutachtenvertrag im engeren oder eigentlichen Sinne.[47] Tendenzen, den Vertragstypus Schiedsgutachtenvertrag in drei[48] oder gar vier[49] Unterarten aufzuteilen, haben sich dagegen nicht durchsetzen können. Als Schiedsgutachtenvertrag i.w.S. wird dabei ein Schiedsgutachtenvertrag bezeichnet, der in den unmittelbaren Anwendungsbereich der §§ 317 ff. BGB fällt. Unter dem Begriff des Schiedsgutachtenvertrags i.e.S. werden die Schiedsgutachtenverträge zusammengefasst, die nicht in den unmittelbaren Anwendungsbereich der §§ 317 ff. BGB fallen.

---

[43] BGH vom 19.02.1957, VersR 1957, 253, 254; vgl. auch BGH vom 19.12.1975, WM 1976, 269, 270.

[44] *Bleutge*, GewA 1978, S. 147; *Bulla*, JuS 1976, S. 20; *Döbereiner*, VersR 1983, S. 712; *Gehrlein*, VersR 1994, S. 1010; *Gelhaar*, BB 1968, S. 743; *Gleiss/Bechthold*, BB 1973, S. 869 m.w.N.; MüKo-*Gottwald*, § 317 Rdn. 5; *Nicklisch*, ZHR 136 (1972), S. 5 f.

[45] Dieser Begriff geht zurück auf den Artikel von *Weismann*, AcP 72 (1888), S. 269 ff., und setzte sich im Gefolge einer Entscheidung des Reichsgerichts aus dem Jahre 1919 (RG vom 23.05.1919, RGZ 96, 57 ff.) und der Legaldefinition des Schiedsgutachtenvertrags in § 106 I ArbGG 1926 allgemein durch.

[46] Nachfolgend werden diese Schiedsgutachtenverträge als „Schiedsgutachtenverträge i.w.S." bezeichnet. Diejenigen Personen, die auf der Grundlage eines solchen Schiedsgutachtenvertrags i.w.S. tätig werden, werden nachfolgend als „Schiedsgutachter i.w.S." oder, zusammenfassend, als „Schiedsgutachterstelle i.w.S." bezeichnet, das von diesen erstattete Schiedsgutachten als „Schiedsgutachten i.w.S.".

[47] Diese Schiedsgutachtenverträge werden nachfolgend als „Schiedsgutachtenverträge i.e.S.", die auf ihrer Grundlage tätig werdenden Personen als „Schiedsgutachter i.e.S." oder zusammenfassend als „Schiedsgutachterstelle i.e.S." und die von diesen erstatteten Schiedsgutachten als „Schiedsgutachten i.e.S." bezeichnet.

[48] So etwa RG vom 23.05.1919, RGZ 96, 59 ff., und – dem Reichsgericht folgend – *Wittmann*, S. 9 ff.; ansatzweise ebenso *Gehrlein*, VersR 1994, S. 1010.

[49] So *Habscheid*, FS Lehmann, S. 789 ff.; ihm folgend: *Loewenheim*, S. 74 f.

Diese Unterscheidung geht zurück auf die Legaldefinition des Schiedsgutachtenvertrags in § 106 I ArbGG 1926[50] und auf die Gesetzesbegründung zu dieser Vorschrift.[51] Sie ist nicht nur begrifflicher Natur, sondern hat auch rechtliche Bedeutung, insbesondere für die gerichtliche Kontrolle des Schiedsgutachtens.[52]

Die Beantwortung der Frage, ob ein Vertrag als Schiedsgutachtenvertrag i.w.S. oder als Schiedsgutachtenvertrag i.e.S. zu qualifizieren ist, kann im Einzelfall schwierig sein.

Die Rechtsprechung stellt hier zunächst die Frage, ob die Schiedsgutachterstelle eine echte Leistungsbestimmung vornehmen soll, ob sie also einen hinsichtlich des Inhalts der fraglichen Leistungspflicht bisher nur unvollkommen zum Ausdruck gekommenen Parteiwillen[53] vervollständigt,[54] oder ob sie einen bereits relativ deutlich zum Ausdruck gebrachten, objektiv bestimmten Inhalt[55] der fraglichen Leistungspflicht klarstellen soll.[56] Die Rechtsprechung stellt also in einem ersten Schritt auf den Grad der Bestimmtheit der Leistung ab. Ist der Schiedsgutachterstelle in dem Vertrag eine Wertermittlung[57] oder z.B. die Ermittlung der „ortsüblichen Miete"[58] übertragen, erblickt die Rechtsprechung hierin stets einen Schiedsgutachtenvertrag i.e.S. In den Fällen, in denen der Inhalt der Leistungspflicht durch die Wortwahl der Parteien noch nicht so vollkommen zum Ausdruck gekommen ist, dass man von einer bloßen Klarstellung sprechen kann, und in denen folglich die Schiedsgutachterstelle eine Leistungsbestimmung vornehmen soll, prüft die Rechtsprechung in einem zweiten Schritt, ob die Wahl der für die Leistungsbestimmung heranzuziehenden Maßstäbe dem billigen Ermessen der Schiedsgutachterstelle überlassen ist,[59] diese insoweit also einen Ermessensspielraum[60] hat, oder ob der Schiedsgutach-

---

50 Diese lautete: „Soweit die Vertragsparteien [...] einen Schiedsvertrag in Arbeitsstreitigkeiten schließen können, können sie auch ohne Ausschluß der Arbeitsgerichtsbarkeit vereinbaren, dass Tatfragen, die für die Entscheidung des Rechtsstreits erheblich sind, durch ein Schiedsgutachten entschieden werden sollen (Schiedsgutachtenvertrag).".

51 RT-Drs. Nr. 2065, III. Wahlperiode 1924/26, S. 56.

52 Siehe z.B. BGH vom 26.04.1991, WM 1991, 1602, 1603.

53 BGH vom 19.02.1957, LM BGB § 317 Nr. 7; vom 19.12.1975, WM 1976, 269, 270.

54 Vgl. BGH vom 19.02.1957, LM BGB § 317 Nr. 7; vom 21.10.1964, WM 1964, 1239, 1240; vom 14.12.1967, BB 1968, 316; vom 20.02.1970, DB 1970, 827; vom 22.02.1974, NJW 1974, 896, 897.

55 BGH vom 23.01.1976, DAR 1976, 162, 163.

56 Vgl. BGH vom 14.12.1967, BB 1968, 316; vom 20.02.1970, DB 1970, 827; vom 22.02.1974, NJW 1974, 896, 897.

57 BGH vom 19.02.1957, LM BGB § 317 Nr. 7; vom 06.12.1974, WM 1975, 256; vom 20.11.1975, WM 1976, 251, 253; vom 19.12.1975, WM 1976, 269, 270.

58 BGH vom 21.10.1964, WM 1964, 1239, 1240 („ortsübliche Miete"); vom 21.09.1983, NJW 1984, 43, 44 („ortsübliche Miete nach billigem Ermessen"); HansOLG vom 22.06.1994, WuM 1995, 650, 651 („orts- und marktüblicher Mietzins").

59 Vgl. BGH vom 06.12.1974, WM 1975, 256, 257; vom 20.11.1975, WM 1976, 251, 253.

60 BGH vom 22.02.1974, NJW 1974, 896, 897; vom 26.04.1991, WM 1991, 1602, 1603.

tenvertrag relativ detaillierte Vorgaben zu den heranzuziehenden Maßstäben enthält.[61] In diesem zweiten Schritt stellt die Rechtsprechung also auf die relative Weite oder Enge des Ermessensspielraums der Schiedsgutachterstelle bei der Leistungsbestimmung ab. Im Zweifel tendiert die Rechtsprechung – trotz der Vorschrift des § 317 I BGB[62] – dazu, einen Schiedsgutachtenvertrag i.e.S. anzunehmen.[63]

2. Rechtsgeschichtliche Entwicklung des deutschen Schiedsgutachtenrechts

Die rechtliche und begriffliche Trennung von Schiedsvereinbarung und Schiedsgutachtenvertrag und die damit einhergehende Entwicklung des Schiedsgutachtenrechts zu einem selbstständigen Rechtsgebiet haben sich aus der Gegenüberstellung der Rechtsfiguren des *arbiter* und des *arbitrator* entwickelt.

Der arbiter geht auf das römische Recht zurück, das alle Personen, denen vertraglich die bindende Entscheidung über bestimmte rechtlich relevante Fragen übertragen worden war, als arbiter bezeichnete.[64] Dieser Rechtsfigur stellten die Glossatoren[65] und die Postglossatoren, anknüpfend an Dig. 17, 2, 76–80, die Rechtsfigur des arbitrator gegenüber. Den Unterschied zwischen arbiter und arbitrator sahen die Postglossatoren dabei darin, dass ein arbiter einen Rechtsstreit wie durch einen Richterspruch, also gebunden an geltendes materielles und Verfahrensrecht, entscheide.[66] Ein arbitrator hingegen sei zu einer Entscheidung nach Billigkeit ohne Bindung an geltendes materielles und Verfahrensrecht berufen.[67]

Die Pandektenwissenschaft übernahm die Unterscheidung zwischen *arbiter* und *arbitrator*. Sie versuchte jedoch, den Inhalt dieser beiden Rechtsfiguren unmittelbar und ausschließlich mit den Quellen des römischen Rechts zu erfassen. Der wesentliche Unterschied zwischen *arbiter* und *arbitrator* wurde

---

61 Vgl. BGH vom 20.10.1972, WM 1973, 102.

62 Der Anwendungsbereich dieser Vorschrift wird allgemein beschränkt auf „Leistungsbestimmungen", die unter Zugrundelegung des Bestimmtheitsgebots ohne die Übertragung der Leistungsbestimmung auf einen Dritten nicht als hinreichend bestimmbar anzusehen wären; siehe dazu nur RGRK-*Ballhaus*, § 317 Rdn. 1; Soergel-*Wolf*, § 317 Rdn. 4. Insofern greift diese Zweifelsregel erst dann ein, wenn feststeht, dass die vertragliche Bestimmung ohne die Schiedsgutachtenklausel mangels Bestimmbarkeit unwirksam wäre. Die Tendenz der Rechtsprechung, im Zweifel einen Schiedsgutachtenvertrag i.e.S. anzunehmen, fällt also noch in das Vorfeld der Entscheidung über die Anwendbarkeit der Zweifelsregel des § 317 I BGB.

63 *Gelhaar*, BB 1968, S. 744.

64 *Reichsgraf von Thun und Hohenstein*, S.39. – Zur Wortgeschichte des Begriffs *arbiter* siehe *Wenger*, S. 85.

65 Glossa in proposita ad. Dig. 17, 2, 78; *Weismann*, AcP 72 (1888), S. 269, Fußnote 1.

66 *Wenger*, S. 105.

67 *Wenger*, S. 112.

nun zum einen im unterschiedlichen Inhalt der Aufgabe und zum anderen im unterschiedlichen Grad der Bindungswirkung des Ausspruchs gesehen. Die Aufgabe des *arbiter* war es demnach, einen Rechtsstreit wie durch einen Richterspruch zu entscheiden.[68] Aufgabe eines *arbitrator* war es hingegen, Vertragsbestimmungen, über die sich die Parteien nicht hatten einigen können, zu ergänzen.[69] Dabei war der Ausspruch des *arbiter* auch im Falle von „*manifesta iniquitas*" für die Parteien und das Gericht bindend.[70] Der Ausspruch des *arbitrator* hingegen konnte für den Fall, dass keine Vertragsergänzung nach freiem Ermessen (*arbitrium merum*), sondern eine nach billigem Ermessen (*arbitrium boni viri*) vereinbart war, bei Vorliegen von „*manifesta iniquitas*" vom Gericht auf das *arbitrium boni viri* korrigiert werden.[71]

Die so verstandene Unterscheidung sowie die strikte gedankliche und begriffliche Trennung zwischen *arbiter* und *arbitrator* wurden sowohl vom gemeinen[72] als auch vom preußischen Recht[73] übernommen. Auf diesem Wege fanden sie Eingang in die Begründung des Entwurfs der Zivilprozessordnung,[74] der §§ 317 ff. BGB[75] und der §§ 64, 184 VVG.[76] Vor diesem Hintergrund haben sowohl das Reichsgericht[77] als auch der Bundesgerichtshof an der strikten gedanklichen und begrifflichen, aber auch der rechtlichen Trennung von Schiedsgutachtenvertrag und Schiedsvereinbarung festgehalten.

Auf dieser Grundlage hat die höchstrichterliche Rechtsprechung das Postulat der „Wesensverschiedenheit"[78] von Schiedsgutachtenvertrag und Schiedsvereinbarung,[79] von Schiedsgutachterstelle und Schiedsgericht,[80] von Schiedsgut-

---

68 *Glück*, S. 65.

69 *Glück*, S. 66.

70 *Glück*, S. 97.

71 *Glück*, S. 67.

72 Vgl. *André*, S. 41; ROHG vom 23.02.1872, ROHGE 4, 421, 428; vom 27.11.1872, ROHGE 8, 108, 110; vom 02.03.1875, ROHGE 16, 427; vom 01.06.1875, ROHGE 18, 337, 345; vom 26.08.1879, SeuffA 38, 24.

73 Siehe dazu §§ 167 ff. Thl. I Tit. 2 AGO und §§ 72, 73 Thl. I Tit. 5, 48 ff. Thl. I Tit. 11 ALR sowie die folgenden Entscheidungen des preußischen Obertribunals: PrObT vom 14.12.1844, PrObTE 11, 180, 183 ff.; vom 07.02.1854, PrObTE 27, 450, 456 f.; vom 24.09.1857, StriethArch 27, 59, 62; vom 13.01.1870, StriethArch 76, 348, 350.

74 RT-Drs. Nr. 6, 2. Legislaturperiode, II. Session 1874/1875, S. 588.

75 Mot. II, S. 194 f.

76 Siehe dazu den Bericht der VIII. Reichstags-Kommission zu § 64 VVG (RT-Drs. Nr. 602, 11. Legislaturperiode, II. Session 1905, S. 63) und die amtliche Begründung zu § 64 VVG (RT-Drs. Nr. 364, 12. Legislaturperiode, I. Session 1907, S. 79).

77 Vgl. nur RG vom 09.03.1882, RGZ 6, 190, 201; vom 27.10.1899, RGZ 45, 350, 352. Dazu auch *Winter*, S. 101 ff. m.w.N.

78 BGH vom 10.06.1976, WM 1976, 910, 911.

79 BGH vom 04.06.1981, VersR 1981, 882, 883; vgl. auch BGH vom 25.06.1952, BGHZ 6, 335, 338 f. (Anm. *Benkard*, LM Nr. 1 zu § 319 BGB).

80 Vgl. BGH vom 25.06.1952, BGHZ 6, 335, 340; vom 31.01.1957, VersR 1957, 122. Der BGH hat in diesen Entscheidungen die Wesensverschiedenheit von Schiedsgutachter

achten und Schiedsspruch[81] sowie von Art und Inhalt der gerichtlichen Kontrolle eines Schiedsgutachtens und eines Schiedsspruchs[82] aufgestellt. Vor allem aus dieser „Wesensverschiedenheit“, aber auch aus einem Vergleich des Regelungsgehalts der §§ 317 ff. BGB und der §§ 1025 ff. ZPO, haben die zur Rechtslage nach Inkrafttreten der §§ 317 ff. BGB und der §§ 64, 184 VVG ergangene Rechtsprechung des Reichsgerichts und die ältere Rechtsprechung des Bundesgerichtshofs die Schlussfolgerung gezogen, dass die Neutralität und Unabhängigkeit der Schiedsgutachter[83] ebenso wie die Art und Weise des von ihnen durchgeführten Verfahrens[84] der gerichtlichen Kontrolle grundsätzlich entzogen sei, und allein eine materielle Kontrolle des Schiedsgutachtens in Betracht komme.

Gegen diese höchstrichterliche Rechtsprechung wandte sich seit den 60er-Jahren des vorigen Jahrhunderts ein Teil des prozessrechtlichen Schrifttums mit einer zum Teil sehr harschen Kritik, die sowohl an der Begründung als auch an den Ergebnissen dieser Rechtsprechung ansetzte.[85] Wegbereiter dieser Kritik war *Habscheid*, der die Forderungen aufstellte, das Gebot der schiedsrichterlichen Unabhängigkeit und Überparteilichkeit auch im Schiedsgutachtenrecht zu verankern,[86] den Parteien im Verfahren vor den Schiedsgutachtern einen Anspruch auf rechtliches Gehör zu gewähren[87] und Schiedsgutachten einem Begründungszwang zu unterwerfen.[88] *Habscheid* beschränkte diese Forderungen jedoch auf Verfahren auf der Grundlage eines Schiedsgutachtenvertrags i.e.S., den er als prozessualen Vertrag ansah, im Gegensatz zu dem auch von ihm als materiell-rechtlich qualifizierten Schiedsgutachtenvertrag i.w.S. Seine Forderung nach Geltung des Gebots der Unabhängigkeit und Überparteilichkeit auch für Schiedsgutachter i.e.S. begründete er da-

---

und Schiedsrichter darin erblickt, dass nur der Schiedsrichter, nicht aber der Schiedsgutachter richterliche Funktionen wahrnehme.

81 Vgl. BGH vom 25.06.1952, BGHZ 6, 335, 340 (Anm. *Benkard*, LM Nr. 1 zu § 319 BGB); BGH vom 10.06.1976, WM 1976, 910, 911. Der BGH hat dabei in seiner Entscheidung vom 25.06.1952 die Wesensverschiedenheit von Schiedsgutachten und Schiedsspruch vor allem darin erblickt, dass sich das Schiedsgutachten – anders als der Schiedsspruch – nicht auf der prozessualen Ebene als Streitentscheidung zwischen den Parteien bewege, sondern in dem materiell-rechtlichen Bereich der gegebenen Rechtsbeziehungen der Parteien verbleibe.

82 Vgl. BGH vom 25.06.1952, BGHZ 6, 335, 340; BGH vom 14.06.1955, BGHZ 17, 366, 373.

83 Vgl. RG vom 21.08.1936, RGZ 152, 201, 205 ff.; BGH vom 31.01.1957, VersR 1957, 122.

84 Vgl. BGH vom 25.06.1952, BGHZ 6, 335, 341.

85 Ansatzpunkt der Kritik waren dabei die Ausführungen des BGH in seiner Entscheidung vom 25.06.1952, BGHZ 6, 335, 340 (Anm. *Benkard*, LM Nr. 1 zu § 319 BGB), dass sich ein Schiedsgutachten nicht auf der prozessualen Ebene der Streitentscheidung bewege und ein Schiedsgutachter keine richterlichen Funktionen ausübe; auf diese beiden Argumente hatte der BGH den Grundsatz gestützt, dass ein Schiedsgutachter nicht an die unabdingbaren Verfahrensgrundsätze richterlicher Streitentscheidung gebunden sei.

86 *Habscheid*, NJW 1962, S. 9 f.; ders., FS Domke, S. 115.

87 *Habscheid*, KTS 1964, S. 88; ders., FS Domke, S. 115; ders., KTS 1970, S. 146.

88 *Habscheid*, KTS 1963, S. 11 f.

bei vor allem mit der Wahrnehmung richterlicher[89] und schiedsrichterlicher[90] (Teil-)Funktionen durch einen solchen Schiedsgutachter. Ein weiteres Argument sah *Habscheid* – im Anschluss an *Rauscher*[91] – darin, dass von einem Schiedsgutachter i.e.S. zumindest die gleiche Unabhängigkeit gefordert werden müsse wie von einem gerichtlichen Sachverständigen.[92] Darüber hinaus gründete er seine Ansicht auch auf rechtsstaatliche Erwägungen angesichts der Bindung des staatlichen Richters an das erstattete Schiedsgutachten.[93] Die Forderung nach einem Anspruch auf rechtliches Gehör stützte er demgegenüber auf die Bindung des staatlichen Gerichts an das Schiedsgutachten, die die Möglichkeiten, das rechtliche Gehör vor dem staatlichen Gericht nachzuholen, ausschließe oder einschränke und dadurch den Gehalt des Art. 103 I GG verkürze.[94] Die Kritik von *Habscheid* an der damaligen Ausgestaltung der gerichtlichen Kontrolle eines Schiedsgutachtens gipfelte in der Behauptung, dass derjenige, der sich auf dieser Grundlage auf ein Schiedsgutachtenverfahren einlasse, keinen wirklichen Rechtsschutz genieße.[95] Noch schärfere Kritik übte *Dütz*, der sowohl die damalige Ausgestaltung der gerichtlichen Kontrolle von Schiedsgutachten i.e.S. als auch der von Schiedsgutachten i.w.S. wegen Verstoßes gegen das Gebot des effektiven Privatrechtsschutzes schlicht für verfassungswidrig erklärte.[96]

Auf diese Kritik reagierte der Bundesgerichtshof seit Mitte der 70er-Jahre des letzten Jahrhunderts zunächst durch eine nicht unerhebliche Ausweitung der materiellen Kontrolle von Schiedsgutachten und durch die Normierung eines strengen Begründungszwangs für Schiedsgutachten.[97] Darüber hinaus hat er in jüngerer Zeit jedenfalls in den Fällen eines Schiedsgutachtenvertrags i.e.S. vorsichtige Ansätze für eine zusätzliche formelle Kontrolle des Schiedsgutachtens erkennen lassen.[98]

3. Quellen des deutschen Schiedsgutachtenrechts

Der deutsche Gesetzgeber hat das Schiedsgutachtenrecht in den §§ 317–319 BGB und §§ 64, 184 VVG nur ansatzweise geregelt[99]. Selbst für die von den Vorschriften der §§ 317 ff. BGB, §§ 64, 184 VVG erfassten Fallgruppen hat er

---

89 So bereits *Habscheid*, FS Lehmann, S. 800 f.; ähnlich („Abnahme der richterlichen Beweiswürdigung") ders. in NJW 1962, S. 9.
90 *Habscheid*, FS Laufke, S. 314.
91 *Rauscher*, S. 213.
92 *Habscheid*, FS Laufke, S. 314.
93 *Habscheid*, FS Laufke, S. 315.
94 *Habscheid*, KTS 1964, S. 88; ders., KTS 1970, S. 146.
95 *Habscheid*, KTS 1971, S. 139; ders., FS Laufke, S. 304 (wenn auch mit der Einschränkung „weitgehend").
96 *Dütz*, S. 268; ebenso *Habscheid*, FS Laufke, S. 318.
97 Siehe dazu die Nachweise in Fußnote 19.
98 Siehe dazu z.B. *Nicklisch*, FS Bülow, S. 172; *Borowsky*, S. 207.
99 Dazu schon *Weismann*, AcP 74 (1889), S. 422 ff.

dabei keine abschließende und umfassende Regelung getroffen. Wie diese vom Gesetzgeber gelassenen Lücken des deutschen Schiedsgutachtenrechts zu schließen sind, ist umstritten.

Einigkeit besteht lediglich darüber, dass sich die Rechtsfolgen eines Schiedsgutachtenvertrags i.w.S. allein nach den §§ 317 ff. BGB richten.[100] Einig ist man sich auch darüber, dass jedenfalls diejenigen Vorschriften der §§ 1025 ff. ZPO, die sich auf die Rechtskraftwirkung und die Möglichkeiten der Vollstreckung des Schiedsspruchs beziehen, im Schiedsgutachtenrecht keine Geltung beanspruchen können.[101] Auch über den Umstand, dass der gerichtliche Kontrollumfang beim Schiedsgutachten im Ergebnis weiter ist als beim Schiedsspruch, besteht Einigkeit.[102]

Umstritten ist demgegenüber die Frage, ob sich – soweit die §§ 64, 184 VVG keine abschließende Regelung der Fragestellung enthalten – die Rechtsfolgen eines Schiedsgutachtenvertrags i.e.S. aus einer entsprechenden Anwendung der §§ 317 ff. BGB, der §§ 1025 ff. ZPO, der §§ 402 ff. ZPO oder aus einer Kombination dieser Vorschriften ergeben.

Nach fast einhelliger Auffassung der Rechtsprechung finden die für das Schiedsverfahrensrecht geltenden Vorschriften auf Schiedsgutachtenverträge i.e.S. insgesamt keine entsprechende Anwendung.[103] Ausdrücklich entschieden worden ist dies für die Vorschriften des § 1027 I ZPO a.F.[104] (nunmehr: § 1031 ZPO), des § 1032 I ZPO a.F.[105] (nunmehr: § 1036 ZPO) und des § 1034 I ZPO a.F.[106] (nunmehr: §§ 1042–1049 ZPO). Begründet wird diese Ansicht damit, dass die Voraussetzungen für eine entsprechende Anwendung der §§ 1025 ff. ZPO wegen der „Wesensverschiedenheit“[107] von Schiedsgutachtenvertrag und Schiedsvereinbarung[108] nicht vorlägen.[109] Demgegenüber finden die §§ 317 ff. BGB nach Ansicht der Rechtsprechung auf Schiedsgut-

---

100 Aus der Rechtsprechung: BGH vom 25.06.1952, BGHZ 6, 335, 340 f. (Anm. *Benkard*, LM Nr. 1 zu § 319 BGB); vom 10.06.1976, WM 1976, 910, 911; aus dem Schrifttum: *Habscheid*, FS Lehmann, S. 810 f.; *Nicklisch*, ZHR 136 (1972), S. 6 f.

101 Aus der Rechtsprechung: BGH vom 10.06.1976, WM 1976, 910, 911; aus dem Schrifttum: *Rauscher*, S. 177.

102 Aus dem Schrifttum (weitergehender gerichtlicher Kontrollumfang trotz entsprechender Anwendung der §§ 1025 ff. ZPO auf Schiedsgutachtenverträge i.e.S.): *Nicklisch*, ZHR 136 (1972), S. 100 ff.; *Rauscher*, S. 273; *Schwab/Walter*, S. 17 f.

103 RG vom 22.06.1891, JW 1891, 415; vom 02.10.1899, Gruch. 46, 422, 426; RG vom 27.10.1899, RGZ 45, 350, 352; BGH vom 31.01.1957, VersR 1957, 122; OLG München vom 30.04.1976, BB 1976, 1047.

104 BGH vom 19.06.1975, WM 1975, 1043; vom 04.06.1981, VersR 1981, 882, 884.

105 Vgl. RG vom 21.08.1936, RGZ 152, 201, 205 ff.; BGH vom 31.01.1957, VersR 1957, 122.

106 Vgl. BGH vom 25.06.1952, BGHZ 6, 335, 340 f. (Anm. *Benkard*, LM Nr. 1 zu § 319 BGB); vom 14.06.1955, BGHZ 17, 366, 373.

107 BGH vom 10.06.1976, WM 1976, 910, 911.

108 BGH vom 04.06.1981, VersR 1981, 882, 883; vgl. auch BGH vom 25.06.1952, BGHZ 6, 335, 338 f. (Anm. *Benkard*, LM Nr. 1 zu § 319 BGB).

109 Vgl. BGH vom 10.06.1976, WM 1976, 910, 911; vom 04.06.1981, VersR 1981, 882, 883.

achtenverträge i.e.S. insgesamt entsprechende Anwendung.[110] Darüber hinaus hat der Bundesgerichtshof in einigen neueren Entscheidungen – aufsetzend auf die in Teilen des Schrifttums behauptete Ähnlichkeit der Funktion eines gerichtlichen Sachverständigen und eines Schiedsgutachters i.e.S.[111] – erkennen lassen, dass er der Anwendung bestimmter Vorschriften[112] und Grundsätze[113] der §§ 402 ff. ZPO auf Schiedsgutachter i.e.S. zuneigt. Der Bundesgerichtshof hat in diesem Zusammenhang ausgesprochen, dass die §§ 402 ff. ZPO das gesetzliche Modell darstellten, von dem durch die Vereinbarung eines Schiedsgutachtenvertrags i.e.S. abgewichen werde.[114]

Demgegenüber werden im Schrifttum fast alle denkbaren Auffassungen vertreten. Zur Frage der entsprechenden Anwendung der §§ 317 ff. BGB auf Schiedsgutachtenverträge i.e.S., die in den Anwendungsbereich der §§ 64, 184 VVG fallen, will eine Auffassung alle Vorschriften der §§ 317 ff. BGB entsprechend anwenden, begrenzt lediglich durch den Grundsatz der Gesetzesspezialität.[115] Andere Ansichten bejahen die entsprechende Anwendbarkeit lediglich für einzelne Vorschriften der §§ 317 ff. BGB[116] oder lehnen eine entsprechende Anwendung der §§ 317 ff. BGB völlig ab.[117] Auch zu der Frage, ob und inwieweit eine entsprechende Anwendung der §§ 1025 ff. ZPO auf derartige Schiedsgutachtenverträge i.e.S. möglich oder gar geboten ist, gehen die Meinungen im Schrifttum auseinander.[118]

Entsprechend verhält es sich mit den Auffassungen, die zu Schiedsgutachtenverträgen i.e.S. außerhalb der §§ 64, 184 VVG vertreten werden. Das Meinungsbild reicht hier von einer entsprechenden Anwendung allein der

---

110 So für Schiedsgutachtenverträge i.e.S. im Anwendungsbereich der §§ 64, 184 VVG: RG vom 04.11.1930, JW 1931, 3194, 3195; OLG Königsberg vom 08.05.1931 (Az. 2 U 35/31/26), JRfPrV 1931, 292; OLG Hamm vom 31.05.1978, VersR 1979, 149, 150; OLG Düsseldorf vom 27.02.1996, NJW-RR 1996, 1117; für Schiedsgutachtenverträge i.e.S. außerhalb der §§ 64, 184 VVG: RG vom 23.05.1919, RGZ 96, 57, 59 ff.; BGH vom 22.04.1965, BGHZ 43, 374, 376; vom 26.10.1989, WM 1990, 399; OLG Zweibrücken vom 20.01.1971, NJW 1971, 943. – Im Anwendungsbereich der §§ 64, 184 VVG gilt dies natürlich nur mit der Maßgabe, dass die §§ 64, 184 VVG, soweit sie parallele (und abschließende) Regelungen zu den in den §§ 317 ff. BGB geregelten Fragestellungen enthalten, diesen vorgehen.

111 Vgl. *Nicklisch*, BB 1971, S. 1205; ders., ZHR 136 (1972), S. 11.

112 Vgl. BGH vom 30.11.1977, VersR 1978, 121, 124, und BGH vom 01.04.1987, VersR 1987, 601, 602 (jeweils zur Geltung des § 406 ZPO).

113 Vgl. BGH vom 21.09.1983, NJW 1984, 43, 44, und BGH vom 21.06.1995, WuM 1995, 651.

114 Vgl. BGH vom 10.10.1991, BGHZ 115, 329, 331.

115 *Bongartz*, S. 14 f.; *Asmus*, S. 51; *Döbereiner*, VersR 1983, S. 713; Bruck/Möller, § 64 Anm. 5; Honsell-*Beckmann*, § 64 Rdn. 7.

116 *Habscheid*, FS Lehmann, S. 811; Prölss/Martin-*Voit*/*Knappmann*, § 64 Rdn. 30 und 33.

117 *Heinrich*, S. 82; *Rauscher*, S. 177 (entsprechende Anwendung allein der §§ 1025 ff. ZPO). So im Ergebnis auch *Sieg*, VersR 1965, S. 634 f., der nur den § 318 I BGB für entsprechend anwendbar hält.

118 Ablehnend z.B. Honsell-*Beckmann*, § 64 Rdn. 28; bejahend z.B. *Rauscher*, S. 177.

§§ 317 ff. BGB[119] oder der §§ 64, 184 VVG[120] über die entsprechende Anwendung von Vorschriften sowohl der §§ 317 ff. BGB wie auch der §§ 1025 ff. ZPO[121] bis hin zu einer entsprechenden Anwendung allein der §§ 1025 ff. ZPO.[122]

Für die Zwecke der nachfolgenden Darstellung des deutschen Schiedsgutachtenrechts sowie des sich daran anschließenden Vergleichs des deutschen und New Yorker Rechts folgt der Verfasser aus den oben genannten Gründen der Auffassung der Rechtsprechung, wonach die §§ 317 ff. BGB auf alle Schiedsgutachtenverträge unmittelbare oder entsprechende Anwendung finden, die §§ 1025 ff. ZPO hingegen im Bereich des Schiedsgutachtenrechts in ihrer Gesamtheit keine Geltung beanspruchen können.

4. Vorliegen eines Schiedsgutachtenvertrags oder einer Schiedsvereinbarung

Gegenstand der vorliegenden Arbeit ist die Untersuchung der Rechtsfolgen, die im deutschen Recht an einen Schiedsgutachtenvertrag geknüpft werden. Nicht untersucht werden hingegen die Rechtsfolgen, die an eine Schiedsvereinbarung geknüpft werden. Dies erfordert die Beantwortung der Frage, wann eine Schiedsvereinbarung und wann ein Schiedsgutachtenvertrag vorliegt. Diese Frage ist auch von erheblicher praktischer Bedeutung, weil sich – wie dargelegt – nach Auffassung der Rechtsprechung und eines Großteils des Schrifttums die Rechtsfolgen eines Schiedsgutachtenvertrags nicht nach den §§ 1025 ff. ZPO, sondern nach eigenen (und von den §§ 1025 ff. ZPO häufig abweichenden) Regeln richten, insbesondere nach den Vorschriften der §§ 317 ff. BGB, §§ 64, 184 VVG.

a. *Abgrenzung*

Schiedsvereinbarung und Schiedsgutachtenvertrag werden sowohl von der Rechtsprechung als auch von der überwiegenden Meinung im Schrifttum grundsätzlich[123] nach dem Inhalt der Aufgabe abgegrenzt, die dem jeweiligen Dritten übertragen wird. Grundlage dieser Abgrenzung ist dabei die Vorstellung, dass sich einem Schiedsgericht und einer Schiedsgutachterstelle jeweils

---

119 *Reichsgraf von Thun und Hohenstein*, S. 106 f.; Erman-*Hager*, § 317 Rdn. 8; Palandt-*Grüneberg*, § 317 Rdn. 3 und 7; RGRK-*Ballhaus*, § 317 Rdn. 8 und 19.

120 *Habscheid*, KTS 1957, S. 134.

121 *Habscheid*, FS Laufke, S. 311; so im Ergebnis auch *Wittmann*, S. 84 ff. und S. 96 ff.; MüKo-*Gottwald*, § 317 Rdn. 42 f.

122 *Rauscher*, S. 177; *Schwab/Walter*, S. 12.

123 A.A. allerdings (Abgrenzung nach dem Umfang der richterlichen Nachprüfbarkeit) z.B. *Wittmann*, S. 171 f.; *Schlosser*, S. 15; MüKo-*Gottwald*, § 317 Rdn. 8; Staudinger-*Rieble*, § 317 Rdn. 21. *Wittmann* (a.a.O.) geht entgegen der h.M. (dazu *Kurth*, NJW 1990, S. 2038 ff.) davon aus, dass die möglichen Aufgabenbereiche von Schiedsgutachtern und Schiedsrichtern deckungsgleich sind. Gegen diese Ansicht ausdrücklich *Rauscher*, S. 173 ff.

typische Aufgabenstellungen zuordnen lassen, die sich im Regelfall nicht überschneiden. Insoweit gehen Rechtsprechung und Schrifttum davon aus, dass der typische Aufgabenkreis eines Schiedsgerichts mit dem eines staatlichen Gerichts deckungsgleich ist,[124] während der Aufgabenkreis einer Schiedsgutachterstelle typischerweise Aufgabenstellungen umfasst, die gerade nicht zum selbstständigen Gegenstand einer Klage bei einem staatlichen Gericht gemacht werden können. Allerdings stößt dieses Abgrenzungskriterium dort an seine Grenzen, wo es im Einzelfall doch zu Überschneidungen der möglichen Aufgabenbereiche kommt. Dies ist insbesondere bei der Bestimmung einer Leistung und bei nachträglichen Vertragsanpassungen der Fall.[125]

Innerhalb der Rechtsprechung, aber auch im Schrifttum, erfolgt die Abgrenzung beider Vertragstypen nach dem Inhalt der Aufgabe allerdings nicht immer einheitlich. Zwar werden Schiedsvereinbarung und Schiedsgutachtenvertrag überwiegend danach abgegrenzt, ob dem oder den Dritten die Entscheidung eines Rechtsstreits wie durch einen Richterspruch übertragen ist.[126] Ist dem oder den Dritten also insbesondere die vollständige oder, nach Maßgabe der für ein Grund-, Teil- oder Zwischenurteil geltenden Grundsätze, die teilweise Erschöpfung eines mit rechtlichen Argumenten geführten Streits über die Frage des Bestehens oder Nichtbestehens eines Anspruchs aufgegeben, so liegt nach diesem Abgrenzungskriterium eine Schiedsvereinbarung vor. Ist dem oder den Dritten hingegen lediglich die Feststellung bzw. Entscheidung von Tatsachen[127], Tatbestandselementen[128] oder Entscheidungselementen[129] (also von bestimmten Vorfragen einer gerichtlichen Entscheidung) oder die Entscheidung über das Bestehen oder Nichtbestehen bestimmter Anspruchsvor-

---

124 Dagegen *Wittmann*, S. 159 ff.

125 Zur Reichweite der möglichen Überschneidung der Aufgabenbereiche von Schiedsgericht und Schiedsgutachterstelle siehe Löwenstein, S. 81; *Heinrich*, S. 55 ff.; *Kurth*, NJW 1990, S. 2038 ff.

126 Vgl. z.B. aus der Rechtsprechung RG vom 16.10.1889, RGZ 24, 411, 412; vom 27.09.1899, JW 1899, 726, 727; vom 02.10.1899, Gruch. 46, 422, 425; vom 27.10.1899, RGZ 45, 350, 352; vom 24.10.1902, JW 1902, 636 Nr. 18; vom 22.06.1906, JW 1906, 573 Nr. 49; BGH vom 25.06.1952, BGHZ 6, 335, 338; vom 23.05.1960, LM ZPO § 1025 Nr. 15. Ebenso im Schrifttum: *Arens*, S. 57; *Heinrich*, S. 58; *Döbereiner*, VersR 1983, S. 712.

127 Aus der Rechtsprechung: RG vom 21.06.1910, Warn. 1910 Nr. 320; vom 16.04.1913, Warn. 1913 Nr. 356; vom 23.05.1919, RGZ 96, 57, 59; vom 15.11.1927, HRR 1928 Nr. 114; vom 23.11.1942, SeuffA 97, 40, 41; BGH vom 21.05.1975, NJW 1975, 1556 (Anm. *Bulla*, BB 1976, S. 391 f.); vom 19.06.1975, WM 1975, 1043; vom 26.10.1989, WM 1990, 399, 400; BAG vom 16.10.1957, BAGE 5, 38, 41. Aus dem Schrifttum: *Arens*, S. 57; *Heinrich*, S. 58; *Döbereiner*, VersR 1983, S. 712; *Rauscher*, S. 169; *Kornblum*, S. 103.

128 Aus der Rechtsprechung: BGH vom 25.06.1952, BGHZ 6, 335, 338; vom 17.05.1967, BGHZ 48, 25, 27; vom 30.10.1970, WM 1971, 39, 40. Aus dem Schrifttum: *Heinrich*, S. 58; *Kornblum*, S. 103.

129 Aus der Rechtsprechung: BGH vom 20.03.1953, BGHZ 9, 138, 144 f.; vom 28.01.1994, WM 1994, 1002, 1003; BAG vom 16.10.1957, BAGE 5, 38, 41; vom 31.01.1979, AuR 1979, 221, 222; vom 18.12.1980, BAGE 34, 365, 372.

aussetzungen[130] übertragen, so handelt es sich um einen Schiedsgutachtenvertrag. In Anlehnung an die frühere Legaldefinition des Schiedsgutachtenvertrags in § 106 I ArbGG 1926[131] und an die dieser Legaldefinition vorausgehende Rechtsprechung des Reichsgerichts[132] wird die Abgrenzung jedoch häufig auch anhand der Frage vorgenommen, ob dem oder den Dritten die Entscheidung einer Rechtsfrage (dann Schiedsvereinbarung) oder einer Tatfrage (dann Schiedsgutachtenvertrag) übertragen worden ist.[133] In Anknüpfung an die Vorschrift des § 256 Abs.1 ZPO wird ferner danach abgegrenzt, ob Gegenstand der Vereinbarung ein Rechtsverhältnis im Sinne dieser Vorschrift (dann Schiedsvereinbarung) oder lediglich ein Element eines Rechtsverhältnisses (dann Schiedsgutachtenvertrag) ist.[134] § 256 I ZPO soll außerdem den möglichen Aufgabenbereich eines Schiedsgerichts[135] und, insbesondere im Bereich des Arbeitsrechts,[136] einer Schiedsgutachterstelle begrenzen.

b. *Entscheidung im Einzelfall*

Bei der Beantwortung der Frage, ob im Einzelfall eine Schiedsvereinbarung i.S.d. §§ 1025 ff. ZPO oder ein Schiedsgutachtenvertrag vorliegt, geht die Rechtsprechung zunächst von den vorstehend dargelegten Kriterien für die Abgrenzung der beiden Vertragstypen aus. Ermöglichen diese Abgrenzungskriterien keine zweifelsfreie Entscheidung für oder gegen das Vorliegen einer Schiedsvereinbarung oder eines Schiedsgutachtenvertrags, weil die konkrete Aufgabenstellung sowohl einem Schiedsgericht als auch einer Schiedsgutachterstelle übertragen werden kann, so stellt die Rechtsprechung[137] auf den Parteiwillen ab. Ausgangspunkt ist dabei die Frage, ob nach dem Willen der Par-

---

[130] Aus der Rechtsprechung: RG vom 20.06.1916, Warn. 1916 Nr. 251; BAG vom 16.10.1957, BAGE 5, 38, 41; vom 31.01.1979, AuR 1979, 221, 222; vom 18.12.1980, BAGE 34, 365, 372; vom 22.01.1997, NZA 1997, 837; aus dem Schrifttum: *Bongartz*, S. 16; *Heinrich*, S. 58; *Rauscher*, S. 169; *Kornblum*, S. 103.

[131] Siehe dazu oben Fußnote 50.

[132] Den Begriff „Rechtsfrage“ verwendete das Reichsgericht in seinen Entscheidungen vom 16.04.1913, Warn. 1913 Nr. 356, und vom 09.03.1920, SeuffA 75, 283. Den Begriff der „Tatfrage“ zog es dagegen in seinen Entscheidungen vom 21.06.1910, Warn. 1910 Nr. 320, und – ähnlich – in seiner Entscheidung vom 09.03.1920, SeuffA 75, 283 („Vorfragen tatsächlicher Art“) heran.

[133] Kritisch insoweit *Rauscher*, S. 171.

[134] So schon *Kohler*, Gruch. 31 (1887), S. 305, Fußnote 55; dem folgend: RAG vom 23.11.1932, RAGE 12, 100, 104 f.; *Jonas*, JW 1936, S. 820.

[135] Dazu *Kurth*, NJW 1990, S. 2039 m.w.N.

[136] Die Arbeitsgerichte gehen davon aus, dass ein Schiedsgutachtenvertrag über eine Fragestellung, die als solche zum Gegenstand einer Feststellungsklage nach § 256 I ZPO gemacht werden könnte, unwirksam ist; vgl. dazu *Ahrens*, Anm. zu BAG vom 22.01.1997, EzA TVG § 4 Nr. 1 m.w.N.

[137] BGH vom 25.06.1952, BGHZ 6, 335, 339 ff.; vom 30.04.1959, NJW 1959, 1493, 1494; vom 17.05.1967, BGHZ 48, 25, 28 f.; vom 04.06.1981, VersR 1981, 882, 883 f. Ebenso: *Theisinger*, AgrarR 1973, S. 37.

teien der Ausspruch des Dritten nur nach Maßgabe des § 1059 I ZPO (§ 1041 I ZPO a.F.) oder nach Maßgabe von § 319 I 1 BGB, §§ 64 I 1, 184 I 1 VVG gerichtlich nachprüfbar sein soll.[138] Als Kriterien zur Feststellung des Parteiwillens stellt die Rechtsprechung dabei wiederum auf die dem oder den Dritten konkret übertragenen Aufgaben ab, sowie ferner auf die Inbezugnahme der §§ 1025 ff. ZPO bzw. der §§ 317 ff. BGB,[139] auf die Bezeichnung des oder der Dritten in der Vereinbarung, auf die übereinstimmende Auslegung der getroffenen Vereinbarung durch die Parteien und die Schiedsgutachter, wie sie sich in der Art und Weise des Ablaufs des Verfahrens manifestiert hat, und im Übrigen auf allgemeine Auslegungsgrundsätze.[140] Bleiben auch danach noch Zweifel, ob eine Schiedsvereinbarung oder ein Schiedsgutachtenvertrag vorliegt, ist im Zweifel ein Schiedsgutachtenvertrag als vereinbart anzusehen, da dieser die gerichtliche Kontrolle des Ausspruches weniger stark einschränkt.[141]

B. Die Regelungen des deutschen Schiedsgutachtenrechts im Einzelnen

1. Schiedsgutachtenvertrag

a. *Zulässigkeit*

Die Zulässigkeit von Schiedsgutachtenverträgen ist gesetzlich in den §§ 317–319 BGB, §§ 64, 184 VVG nur für bestimmte Fallgruppen ausdrücklich anerkannt. Nach dem das deutsche Zivilrecht beherrschenden Grundsatz der Vertragsfreiheit sind Schiedsgutachtenverträge aber auch außerhalb dieser Vorschriften grundsätzlich zulässig, soweit sich Beschränkungen der Freiheit zum Abschluss eines Schiedsgutachtenvertrags nicht aus Vorschriften des materiellen oder des Prozessrechts ergeben.

aa. *Zulässigkeit von Individualvereinbarungen*

aaa. Grenzen der Zulässigkeit nach Verfassungsrecht

Der Abschluss eines Schiedsgutachtenvertrags verstößt weder gegen Art. 92 GG[142] noch gegen Art. 101 GG[143], und zwar auch dann nicht, wenn der Schieds-

---

[138] Siehe hierzu die Nachweise in den beiden vorausgehenden Fußnoten.

[139] BGH vom 30.04.1959, NJW 1959, 1493, 1494; vom 17.05.1967, BGHZ 48, 25, 28 f.; vom 10.06.1976, WM 1976, 910, 911; vom 04.06.1981, VersR 1981, 882, 883 f.

[140] Vgl. z.B. OLG Zweibrücken vom 20.01.1971, NJW 1971, 943.

[141] OLG Düsseldorf vom 06.07.1998 (12 SchH 1/98); vgl. auch BGH vom 04.06.1981, VersR 1981, 882, 883.

[142] BGH vom 18.02.1955, NJW 1955, 665.

[143] BAG vom 23.08.1963, NJW 1964, 268, 269.

gutachterstelle nicht nur die Feststellung von Tatsachen, sondern auch die Entscheidung einzelner Rechtsfragen übertragen wird.[144]

Ein individualvertraglich vereinbarter Schiedsgutachtenvertrag verstößt aber auch nicht *per se* gegen das aus dem Justizgewährungsanspruch[145] und dem Rechtsstaatsprinzip[146] abgeleitete Gebot der Gewährung eines effektiven Rechtsschutzes.[147] Das ist unstreitig, wenn die Parteien im Schiedsgutachtenvertrag ausdrücklich die Geltung der §§ 1025 ff. ZPO vereinbart haben.[148] Die Aussage ist aber auch dann zutreffend, wenn es – wie im ganz überwiegenden Teil der Fälle – an einer ausdrücklichen Vereinbarung der Geltung der §§ 1025 ff. ZPO fehlt, oder wenn die Parteien sogar ausdrücklich die Durchführung des Schiedsgutachtenverfahrens als informelles Verfahren ohne vollumfängliche Gewährung rechtlichen Gehörs und ohne Geltung des Gebots überparteilicher Rechtspflege vereinbart haben.[149] Das Recht der Parteien zum Abschluss eines Schiedsgutachtenvertrags ist – ebenso wie das Recht zum Abschluss einer Schiedsvereinbarung[150] – durch die in Art. 2 I GG wurzelnde Privatautonomie gedeckt.[151] Grenzen dieser Privatautonomie ergeben sich nur aus dem Gebot der staatlichen Missbrauchskontrolle.[152] Danach muss der Rechtsstaat lediglich sicherstellen, dass keine Partei dem staatlichen Rechtsschutz ganz oder teilweise gegen ihren Willen entzogen wird, und dass die Entscheidung bzw. die Entscheidungsfindung der vereinbarten Stelle einer Missbrauchskontrolle unterliegt.[153]

Darüber hinausgehende staatliche (Eigen-)Interessen an der Einschränkung der Zulässigkeit von Schiedsgutachtenverträgen sind entgegen der von *Dütz* geäußerten Auffassung nicht ersichtlich; das gilt jedenfalls bei den in der vorliegenden Untersuchung betrachteten Schiedsgutachtenverträgen, die allein Fragestellungen betreffen, hinsichtlich derer der Rechtsweg zu den staatlichen Ge-

---

144 BGH vom 18.02.1955, NJW 1955, 665.

145 Dreier-*Schulze-Fielitz*, Art. 20, Rdn. 197 f.; *Jarass/Pieroth*, Art. 20, Rdn. 91 f.

146 *Waitz*, S. 41 ff.

147 Grundlegend BVerfG vom 11.06.1980, NJW 1981, 39, 41 (im Anschluss an *Dütz*, S. 133 ff.); zu den hieraus in der Rechtsprechung des Bundesverfassungsgerichts abgeleiteten Forderungen siehe *Echterhölter*, BArbBl. 11/1992, S. 10 f. m.w.N.

148 So selbst *Dütz*, S. 259 ff.; *Habscheid*, FS Laufke, S. 305 ff.

149 So – ausdrücklich oder jedenfalls der Sache nach – Soergel-*Wolf*, § 319 Rdn. 1; *Tanneberger*, S. 198; *Sieg*, FS Molitor, S. 350; einschränkend *Habscheid*, FS Laufke, S. 306 f.; a.A. aber *Dütz*, S. 268.

150 Dazu: BGH vom 03.04.2000, BGHZ 144, 146, 148 f.; Zöller/*Geimer*, vor § 1025 Rdn. 3 f.; *Stober*, NJW 1979, S. 2005 f. Im Ergebnis ebenso *Dütz*, S. 238 ff.

151 *Waitz*, S. 85.

152 Zöller/*Geimer*, vor § 1025 Rdn. 4; Maunz/Dürig-*Herzog*, Art. 92, Rdn. 166 ff.; Maunz/Dürig-*Schmidt-Aßmann*, Art. 19, Rdn. 17; *Stober*, NJW 1979, S. 2005 f.; *Waitz*, S. 85.

153 Siehe hierzu die Nachweise in der vorangegangenen Fußnote.

richten nicht eröffnet ist.[154] *Dütz* führt als insoweit maßgebliches staatliches (Eigen-)Interesse das staatliche Rechtsschutzmonopol und das damit einhergehende Verbot privater Selbsthilfe sowie das Ziel der Gewährleistung von Rechtssicherheit und Rechtsfrieden ins Feld.[155] Es ist jedoch nicht einzusehen, dass das staatliche Rechtsschutzmonopol und das Verbot privater Selbsthilfe so weit gehen sollen, selbst die Befugnis von Parteien mit annähernd gleich starker Verhandlungsmacht einzuschränken, sich einvernehmlich zur Lösung bestimmter Fragestellungen auf die Durchführung eines Schiedsgutachtenverfahrens zu einigen – mag dieses auch nach Verfahrensgrundsätzen ablaufen, die sich mit denen des staatlichen gerichtlichen Verfahrens nicht decken. Noch weniger nachvollziehbar ist die Auffassung von *Dütz*, dass der Abschluss eines Schiedsgutachtenvertrags *per se* mit dem staatlichen Ziel der Gewährleistung von Rechtssicherheit und Rechtsfrieden kollidieren soll.[156] Es überzeugt nicht, dass Rechtsfrieden in dem vom Grundgesetz gewollten Rechtsstaat nur richterlich und nicht auch durch autonome Parteivereinbarungen vermittelt werden können soll. Dem Rechtsfrieden ist es im Gegenteil sehr viel förderlicher, wenn Parteien bestimmte für ihr Rechtsverhältnis relevante Fragen nicht in einem konfrontativ ausgerichteten Gerichtsverfahren entscheiden lassen, sondern sich einvernehmlich auf eine außergerichtliche Entscheidung dieser Fragen einigen.[157] Aber auch die Ansicht, dass der Abschluss eines Schiedsgutachtenvertrags wegen der vereinbarten Bindungswirkung des Schiedsgutachtens mit dem staatlichen Ziel der Gewährleistung von Rechtssicherheit kollidiert, kann nicht gefolgt werden. Zum einen wäre auch hier fraglich, ob dem Ziel der Gewährleistung von Rechtssicherheit nicht auch, oder sogar besser, durch rechtliche Regelungen entsprochen werden kann, die die bindende Wirkung autonomer Vereinbarungen über die außergerichtliche Streitbeilegung – vorbehaltlich einer wirkungsvollen Missbrauchskontrolle – anerkennen und diesen Vereinbarungen notfalls zur Durchsetzung verhelfen. Aber selbst wenn man mit *Dütz* anerkennt, dass in dem vom Grundgesetz gewollten Rechtsstaat die Vermittlung und Gewährleistung von Rechtssicherheit ausschließlich Sache des Richters ist, ist nicht einleuchtend, warum es an einer solchen Vermittlung von Rechtssicherheit fehlen soll, wenn der staatliche Richter an das erstattete Schiedsgutachten gebunden ist und dieses Schiedsgutachten seiner Entscheidung zugrunde legt. Spätestens nach Ergehen der gerichtlichen Entscheidung auf der Grundlage des erstatteten Schiedsgutachtens ist Rechtssicherheit gegeben.

---

154 Zu den Bedenken gegenüber der Zulassung von Schiedsgutachtenvereinbarungen, deren Inhalt sich – bei grundsätzlicher Beibehaltung eines informellen Verfahrens – auf alle zwischen den Parteien streitigen Punkte erstreckt, siehe oben Fußnote 26.

155 *Dütz*, S. 240.

156 *Dütz*, S. 255.

157 Auch *Dütz*, S. 256, erkennt an, dass die Tätigkeit von Schiedsgutachtern aus „rechtspolitischen Gründen" zu begrüßen ist.

bbb. Grenzen der Zulässigkeit nach materiellem Recht

Schiedsgutachtenverträge sind unzulässig, wenn den Parteien zum Abschluss des konkreten Vertrags die Dispositionsbefugnis fehlt.[158] Das ist etwa der Fall, wenn die Parteien vereinbaren, dass eine Behörde innerhalb ihres gesetzlich oder aufgrund Gesetzes festgelegten Zuständigkeitsbereichs als Schiedsgutachter tätig werden soll[159]. Unzulässig ist ein Schiedsgutachtenvertrag aber auch dann, wenn er dahingehend auszulegen ist, dass das Schiedsgutachten auch bei unzutreffender Auslegung oder Anwendung zwingender Vorschriften verbindlich sein soll.[160]

Weiterhin ist der Abschluss eines Schiedsgutachtenvertrags nach § 134 BGB unwirksam, wenn sich das Verbot des Abschlusses eines Schiedsgutachtenvertrags aus besonderen Rechtsnormen ergibt. Ein solches gesetzliches Verbot wurde etwa den Vorschriften der §§ 10 I i.V.m. 10 II, 10 a MHG (heute: §§ 558 ff. BGB) entnommen.[161] Dagegen enthält § 9 a ErbbauVO in seinem Anwendungsbereich kein absolutes Verbot des Abschlusses eines Schiedsgutachtenvertrags, in dem einer Schiedsgutachterstelle die Anpassung des Erbbauzinses übertragen wird.[162] Das erstattete Schiedsgutachten ist allerdings nur insoweit verbindlich, als es sich innerhalb des Rahmens des § 9 a ErbbauVO hält. Auch die Vorschrift des § 2 PaPkG, die ab dem 01.01.1999 an die Stelle des § 3 S. 2 WährG[163] getreten ist, findet auf Schiedsgutachtenverträge i.w.S. gemäß § 1 Nr. 1 PrKV keine Anwendung.

Ebenso wenig ist ein individualvertraglich vereinbarter Schiedsgutachtenvertrag grundsätzlich schon deshalb nach § 134 BGB unwirksam, weil die Parteien vereinbart haben, dass als allein entscheidender Schiedsgutachter eine Person tätig werden soll, die den an die Neutralität eines allein entscheidenden Schiedsgutachters zu stellenden Anforderungen[164] nicht genügt. So ist von den Gerichten bisher weder die Vereinbarung des Tätigwerdens des Angestellten einer Partei[165] noch die Vereinbarung des Tätigwerdens der Partei selbst[166] als allein entscheidender Schiedsgutachter beanstandet worden. Dies

---

158 BGH vom 18.02.1955, NJW 1955, 665; vgl. auch BAG vom 18.12.1980, BAGE 34, 365, 374.

159 BGH vom 18.02.1955, NJW 1955, 665.

160 Vgl. BAG vom 16.10.1957, BAGE 5, 38, 42.

161 LG Hamburg vom 06.01.2000, WuM 2000, 193; vom 17.03.1981, MDR 1981, 848; offengelassen in BGH vom 02.02.1977, WM 1977, 418, 419.

162 OLG Bremen vom 03.07.1980, MittRhNK 1980, 178; allgemein zu § 9 a ErbbauVO auch BGH vom 14.07.1982, NJW 1983, 986, 987 f.

163 Zur Zulässigkeit von Schiedsgutachtenklauseln nach Maßgabe des § 3 S. 2 WährG vgl. aus der Rechtsprechung nur BGH vom 13.01.1978, BB 1978, 581; vom 23.02.1979, DB 1979, 1790; vom 31.10.1980, WM 1981, 16, 17 m.w.N.

164 BGH vom 06.06.1994, NJW-RR 1994, 1314.

165 LAG Frankfurt a.M. vom 01.08.1961, DB 1962, 574, 575.

166 RG vom 29.01.1937, JW 1937, 1401. Siehe insoweit auch den der Entscheidung BGH vom 30.10.1959 (Az. I ZR 188/57) zugrunde liegenden Fall, in dem der BGH es nicht

findet seine Rechtfertigung darin, dass nach Ansicht des Bundesgerichtshofs das Gebot überparteilicher Rechtspflege für Schiedsgutachter nicht gilt,[167] da diese keine richterlichen Funktionen[168] und auch keine Rechtsprechung im materiellen Sinne ausüben[169] und daher die unabdingbaren Grundsätze richterlicher Streitentscheidung für sie nicht gelten.[170] Allerdings hat der Bundesgerichtshof in einer neueren Entscheidung[171] – wenn auch ohne nähere Begründung – anklingen lassen, dass diese Frage heute im Falle eines Schiedsgutachtenvertrags i.e.S. möglicherweise anders zu beurteilen wäre.[172] Denkbar ist insoweit, dass sich der Bundesgerichtshof zukünftig auf den Standpunkt stellen wird, dass das für den staatlichen Richter geltende Gebot überparteilicher Rechtspflege auch auf Schiedsgutachter ausstrahlt. Denn er hat sich in dieser neueren Entscheidung auf den Standpunkt gestellt, dass ein allein entscheidender Schiedsgutachter unabhängig und überparteilich sein müsse,[173] und diesen Standpunkt – im Anschluss an *Habscheid*[174] und *Rauscher*[175] – damit begründet, dass der staatliche Richter an das Schiedsgutachten grundsätzlich gebunden sei.[176] Von diesem Ausgangspunkt ist es nur ein kleiner Schritt zu der Schlussfolgerung, dass das für den staatlichen Richter geltende Gebot überparteilicher Rechtspflege auch auf die Schiedsgutachterstelle ausstrahlt.[177]

In einer neueren Entscheidung hat der Bundesgerichtshof weiter angedeutet, dass die Vereinbarung des Tätigwerdens eines nicht hinreichend neutralen Dritten ggf. dann bedenklich wäre, wenn der gerichtliche Überprüfungsumfang

---

beanstandete, den Arbeitgeber als alleinigen Schiedsgutachter darüber entscheiden zu lassen, ob ein ausgeschiedener Arbeitnehmer Miterfinder bestimmter vom Arbeitgeber beanspruchter Patente sei und als solcher Ansprüche gegen den Arbeitgeber geltend machen könne.

167 Vgl. BGH vom 03.07.1975, BGHZ 65, 59, 61 f. – A.A. (jeweils beschränkt auf Schiedsgutachter i.e.S.) *Nicklisch*, BB 1971, S. 1207; ders., ZHR 136 (1972), S. 24; *Rauscher*, S. 213; *Habscheid*, NJW 1962, S. 9; ders., FS Laufke, S. 315. So auch *Wittmann*, S. 126 (allerdings sowohl für den Schiedsgutachter i.e.S. als auch den Schiedsgutachter i.w.S.).

168 BGH vom 25.06.1952, BGHZ 6, 335, 340 (Anm. *Benkard*, LM Nr. 1 zu § 319 BGB); vom 31.01.1957, VersR 1957, 122. A.A. z.B. *Habscheid*, FS Lehmann, S. 799 ff.; ders., NJW 1962, S. 9; ders., FS Laufke, S. 312; *Sieg*, VersR 1965, S. 630.

169 Vgl. BGH vom 03.07.1975, BGHZ 65, 59, 61 f. A.A. z.B. *Nicklisch*, BB 1971, S. 1207; ders., ZHR 136 (1972), S. 24; *Wittmann*, S. 124 f.

170 BGH vom 25.06.1952, BGHZ 6, 335, 340 (Anm. *Benkard*, LM Nr. 1 zu § 319 BGB); vom 31.01.1957, VersR 1957, 122.

171 BGH vom 26.05.1999, ZIP 1999, 1266, 1267.

172 Der BGH (a.a.O.) führt an dieser Stelle im Rahmen der Prüfung der Wirksamkeit einer als individualvertraglich vereinbart unterstellten Schiedsgutachtenklausel aus: „Daß die Klägerin (Bundesanstalt für vereinigungsbedingte Sonderaufgaben, d. Verf.) als ermächtigte Dritte nicht unparteiisch ist, ist *schon deshalb unschädlich, weil es sich nicht um eine Schiedsgutachtenabrede i.e.S. handelt*“ (Hervorhebung durch den Verfasser).

173 BGH vom 06.06.1994, NJW-RR 1994, 1314.

174 *Habscheid*, FS Laufke, S. 315.

175 *Rauscher*, S. 213.

176 BGH vom 06.06.1994, NJW-RR 1994, 1314.

177 Gegen die Zulässigkeit einer derartigen Argumentation allerdings *Wittmann*, S. 122 ff.

über das Maß des § 319 I 1 BGB hinaus eingeschränkt werde.[178] Darüber hinaus hat er in einer weiteren neuen Entscheidung eine Vereinbarung, in der die Bestimmung der in einem Vertrag zugunsten Dritter vorgesehenen Leistung dem begünstigten Dritten übertragen worden war, nicht als Schiedsgutachtenvertrag i.S.d. §§ 317 ff. BGB, sondern als Vereinbarung eines Leistungsbestimmungsrechts i.S.d. § 315 BGB angesehen.[179]

Ein Schiedsgutachtenvertrag ist weiterhin unwirksam, wenn der Schiedsgutachtenvertrag gegen § 138 BGB verstößt. Dies ist nach Auffassung des OLG Rostock, dem offenbar die Vorschrift des § 1025 II ZPO a.F. vorschwebte, der Fall, wenn eine Partei ihre wirtschaftliche Machtposition dazu ausgenutzt hat, die andere Partei zum Abschluss eines Schiedsgutachtenvertrags zu bewegen, der ihr eine übermäßige Machtstellung einräumt.[180]

ccc. Grenzen der Zulässigkeit nach Prozessrecht

Grenzen der Zulässigkeit von Schiedsgutachtenverträgen können sich auch aus dem Prozessrecht ergeben. Schiedsgutachtenverträge, in denen der Schiedsgutachterstelle Aufgabenstellungen übertragen werden, die als solche nicht zum Gegenstand einer Klage zum staatlichen Gericht gemacht werden können[181] (und hinsichtlich derer daher der Rechtsweg nicht eröffnet ist), begegnen aber nach einhelliger Meinung jedenfalls im Geltungsbereich der Zivilprozessordnung keinen aus dem Gesichtspunkt der Unzulässigkeit des Ausschlusses des Gerichtszuständigkeit[182] abgeleiteten Bedenken.[183] Auch sind derartige Schiedsgutachtenverträge nicht als aus Sicht der Rechtsprechung unzulässige[184] Verträge über die freie Beweiswürdigung des Richters anzusehen, sondern entweder als rein materiell-rechtlich wirkende Verträge[185] oder

---

178 BGH vom 26.05.1999, ZIP 1999, 1266, 1267: „Überdies ist die gerichtliche Nachprüfung ihrer Entscheidung (d.h. der Entscheidung der BVS, d. Verf.) – abgesehen von dem gesetzlichen Prüfungsrahmen des § 319 I BGB – nicht eingeschränkt.

179 BGH vom 30.05.2003, NJW-RR 2003, 1355.

180 OLG Rostock vom 25.07.1996, OLGR 1996, 265, 268.

181 Im Bereich der rechtsgestaltenden Leistungsbestimmung nach billigem Ermessen (§ 317 I BGB) ist der ordentliche Gerichtsweg nicht originär, sondern nur subsidiär (§ 319 I 2 BGB) eröffnet. In den Fällen, in denen einer Schiedsgutachterstelle die Klarstellung des vertraglich vereinbarten Leistungsinhalts (z.B. die Ermittlung der „ortsüblichen Miete") oder die Feststellung von Tatsachen (einschließlich der Subsumtion dieser Tatsachen unter Rechtsbegriffe) übertragen ist, liegt in aller Regel insoweit kein nach § 256 I ZPO feststellungsfähiges Rechtsverhältnis vor.

182 Dazu: *Rathmann*, S. 5 ff.

183 Ständige Rechtsprechung, z.B. BGH vom 20.03.1953, BGHZ 9, 138, 144; vom 18.02.1955, NJW 1955, 665.

184 RG vom 23.05.1919, RGZ 96, 57, 59. Gegen die Auffassung von der Unzulässigkeit solcher Verträge wenden sich z.B.: *Habscheid*, FS Lehmann, S. 803 f.; *Rauscher*, S. 133 ff.

185 Die materiell-rechtliche Qualifikation eines Schiedsgutachtenvertrags i.w.S. ist allgemein anerkannt; siehe dazu nur *Habscheid*, FS Lehmann, S. 794 f. Dagegen ist die Qualifikation eines Schiedsgutachtenvertrags i.e.S. in Rechtsprechung und Literatur umstritten;

als nach den Regeln des Prozessrechts jedenfalls grundsätzlich zulässige Verträge,[186] in denen die Parteien die Beweismittel für den Beweis der von der Schiedsgutachterstelle festzustellenden Tatsachen beschränken und vereinbaren, dass diese Tatsachen nur durch das erstattete Schiedsgutachten bewiesen werden können.[187]

bb. Zulässigkeit von Schiedsgutachtenklauseln in AGB

Schiedsgutachtenklauseln, die in AGB enthalten sind, unterliegen grundsätzlich[188] in allen Fällen der richterlichen Inhaltskontrolle, und zwar auch dann, wenn der Schiedsgutachterstelle im konkreten Fall eine Leistungsbestimmung i.S.d. § 317 I BGB übertragen ist.[189] Solche Schiedsgutachtenklauseln sind nur eingeschränkt zulässig. So sind Schiedsgutachtenklauseln, die gegenüber Verbrauchern verwendet werden und die hinsichtlich der maßgeblichen Fragestellungen kein Wahlrecht des Verbrauchers zwischen der Durchführung eines gerichtlichen Verfahrens und der Durchführung eines Schiedsgutachtenverfahrens vorsehen, unabhängig von ihrer inhaltlichen Ausgestaltung als unwirksam anzusehen, wenn die mit dieser Klausel für den Vertragspartner des Verwenders verbundenen Risiken unangemessen hoch sind.[190] Ob dies der Fall ist, beurteilt sich danach, ob sich ein verständiger Vertragspartner auf die zu prüfende Klausel im Einzelfall eingelassen hätte.[191] Auch außerhalb dieses Bereichs eines generellen Verbots der Verwendung von Schiedsgutachtenklauseln gegenüber Verbrauchern kann sich die Unzulässigkeit der konkreten Schiedsgutachtenklausel aber aus einer unzureichenden Sachkunde[192] oder Neutralität[193] der

---

siehe dazu nur *Heinrich*, S. 60 ff. m.w.N. Die Rechtsprechung steht insoweit auf dem Standpunkt, dass auch Schiedsgutachtenverträge i.e.S. als materiell-rechtlich zu qualifizieren sind; vgl. *Heinrich*, S. 60 m.w.N.; *Reichsgraf von Thun und Hohenstein*, S. 76 m.w.N. Ebenso (auf der Grundlage einer umfassenden Analyse der Argumente für und wider eine materiell-rechtliche oder prozessuale Qualifikation auf den S. 76 ff.): *Reichsgraf von Thun und Hohenstein*, S. 106. – Ein wesentlicher Grund für das bisherige Festhalten der Rechtsprechung an der Qualifikation eines Schiedsgutachtenvertrags als eines rein materiell-rechtlichen Vertrags wird in der Auffassung von der Unzulässigkeit von Verträgen über den Ausschluss der freien Beweiswürdigung gesehen; siehe dazu *Rau*, ZVersWiss 1905, S. 277; *Sieg*, FS Molitor, S. 348; *Thorens*, KTS 1968, S. 196 f.

186 Dazu BGH vom 30.11.1972, DB 1973, 1451.

187 RG vom 23.05.1919, RGZ 96, 57, 59.

188 Eine Ausnahme soll allerdings nach Ansicht des BGH – entgegen der zuvor ganz allgemeinen Meinung der Obergerichte, vgl. dazu die Nachweise in der Entscheidung des OLG Koblenz vom 15.07.2002, VIZ 2002, 651 – für die sog. Nachbewertungsklauseln in Privatisierungsverträgen der Treuhandanstalt gelten. Siehe dazu zuletzt nur die Entscheidung des BGH vom 22.02.2002 (Az. V ZR 251/00).

189 BGH vom 09.07.1981, BGHZ 81, 229, 232; vom 18.05.1983, NJW 1983, 1854, 1855.

190 BGH vom 10.10.1991, BGHZ 115, 329, 332.

191 BGH a.a.O.

192 OLG Frankfurt a.M. vom 29.04.1993, NJW-RR 1993, 1390, 1391.

193 BGH vom 09.07.1981, BGHZ 81, 229, 232; vom 18.05.1983, NJW 1983, 1854, 1855; OLG Naumburg vom 09.12.1997, VIZ 1998, 412, 415.

Schiedsgutachterstelle, fehlenden Verfahrensgarantien[194], Regelungen über die Kostentragungspflicht[195] oder einem Verstoß gegen das Transparenzgebot[196] ergeben. Für die Zulässigkeit der Verwendung von Schiedsgutachtenklauseln gegenüber Kaufleuten gelten hingegen geringere Anforderungen.[197]

In jedem Fall begegnen diejenigen in AGB enthaltenen Schiedsgutachtenklauseln, die in den Gegenstand der Untersuchung einbezogen sind, keinen durchgreifenden AGB-rechtlichen Bedenken. Gänzlich unbedenklich sind insoweit Schiedsgutachtenklauseln, die ein Wahlrecht des Vertragspartners des Verwenders vorsehen[198] oder einem Handelsbrauch (oder jedenfalls innerhalb der betroffenen Verkehrskreise einer Handelsübung) entsprechen. Aber auch die vom früheren Bundesaufsichtsamt für das Versicherungswesen genehmigten AVB sind bisher von der Rechtsprechung – mit einer Ausnahme[199] – nicht beanstandet worden.

b. *Voraussetzungen*

aa. *Inhaltliche Anforderungen*

Der Schiedsgutachtenvertrag muss wie jeder andere Vertrag auch inhaltlich hinreichend bestimmt sein. Ihm muss sich die Aufgabe entnehmen lassen, die die Parteien den Schiedsgutachtern übertragen wollen.[200] Ebenso muss sich aus der getroffenen Vereinbarung mit hinreichender Deutlichkeit der Wille der Parteien entnehmen lassen, dass der Ausspruch der vorgesehenen Stelle für

---

194 Vgl. dazu OLG Celle vom 26.01.1995, NJW–RR 1995, 1046; *Gottwald/Reichenberger/Wagner*, NZV 2000, S. 9. So im Ergebnis auch *Altschwager*, BauR 1991, S. 157.

195 BGH vom 03.03.1982, BGHZ 83, 169, 174, zu einer in AVB enthaltenen – und nach Auffassung des BGH mit § 66 VVG nicht in Einklang zu bringenden – Kostenregelung für den Fall, dass der Versicherer die Durchführung des Schiedsgutachtenverfahrens einseitig verlangen könne; ebenso BGH vom 26.09.1984, VersR 1984, 1161, 1162. Die vom BGH in der Entscheidung vom 03.03.1982 beanstandete Klausel legte fest, dass jede Partei die Kosten ihres Schiedsgutachters selbst und die Kosten eines Obmanns hälftig tragen sollte. Die AVB der meisten Sachversicherungszweige geben daher heute (im Anschluss an VerBAV 1984, S. 389 ff.; 1986, S. 100 ff.; 1987, S. 178 ff.) dem Versicherer nicht mehr die Möglichkeit, die Durchführung des Schiedsgutachtenverfahrens einseitig zu verlangen.

196 BGH vom 14.07.1987, NJW 1987, 2818, 2820; vom 18.05.1983, NJW 1983, 1854, 1855.

197 Dazu: BGH vom 27.11.2003, BGHZ 157, 102, 117 (Anm. *Schulze-Hagen*, IBR 2004, S. 239); vom 20.07.2005, NJW-RR 2005, 1496, 1501; OLG Frankfurt a.M. vom 23.06.1987, VersR 1987, 1197, 1198; vom 24.01.1989, NJW-RR 1989, 435; vom 29.04.1993, NJW-RR 1993, 1390, 1391; OLG Celle vom 26.01.1995, NJW–RR 1195, 1046. Speziell für den Bereich von Bauverträgen so im Ergebnis auch *Wagner*, BTR 2004, S. 69 ff.; *Wiesel*, IBR 2004, S. 427.

198 BGH vom 07.11.1990, VersR 1991, 90, 91; OLG Celle vom 26.01.1995, OLGR 1995, 81.

199 Dazu oben Fußnote 195.

200 BGH vom 15.07.2004 (Az. III ZR 103/03); *Gelhaar*, LM BGB § 317 Nr. 12.

beide Seiten verbindlich sein soll.[201] Darüber hinaus muss der Schiedsgutachtenvertrag auch Bestimmungen über die Anzahl der Schiedsgutachter und ihre Auswahl enthalten.[202]

Soll den Schiedsgutachtern eine Leistungsbestimmung nach billigem Ermessen übertragen werden, müssen sich aus der getroffenen Vereinbarung wenigstens Anhaltspunkte entnehmen lassen, von welchen Gesichtspunkten sich die Schiedsgutachterstelle bei der Ausübung ihres billigen Ermessens leiten lassen soll.[203] Lassen sich der Vereinbarung solche Anhaltspunkte nicht entnehmen, ist der Schiedsgutachtenvertrag mangels hinreichender Bestimmbarkeit unwirksam.[204]

bb. Formelle Anforderungen

Für Schiedsgutachtenverträge besteht grundsätzlich kein besonderes Formerfordernis.[205] Daher ist auch ein mündlich getroffener Schiedsgutachtenvertrag wirksam.[206] Für die Vorschrift des § 1027 ZPO a.F. haben sowohl das Reichsgericht[207] als auch der Bundesgerichtshof[208] entschieden, dass diese Vorschrift auf Schiedsgutachtenverträge weder unmittelbare noch entsprechende Anwendung findet. Da die §§ 1025 ff. ZPO an der für Schiedsgutachtenverträge geltenden Rechtslage nichts geändert haben,[209] findet auch § 1031 ZPO auf Schiedsgutachtenverträge keine Anwendung.

---

201 OLG Zweibrücken vom 29.07.1994, NJW-RR 1995, 260, 261. Ist dies nicht der Fall, stellt die von den Parteien getroffene Vereinbarung keinen Schiedsgutachtenvertrag, sondern allerhöchstens einen Vertrag über die Einholung eines Gutachtens und die Beweislastumkehr für die in dem vorgesehenen Gutachten festgestellten Tatsachen dar; LG Frankfurt vom 25.07.1988, NJW-RR 1988, 1132. Es ist jedoch auch möglich, einen Vertrag, in dem die Parteien einer Stelle bestimmte Aufgaben übertragen, dahingehend auszulegen, dass diese Stelle lediglich einen Schlichtungsvorschlag unterbreiten soll; vgl. dazu OLG Zweibrücken a.a.O.

202 Vgl. BGH vom 15.07.2004 (Az. III ZR 103/03); a.A. *Rauscher*, S. 200, der sich aber auf eine – von der Rechtsprechung abgelehnte – mögliche Analogie zu § 1028 ZPO a.F. (§ 1035 III ZPO) stützt.

203 Ist die Vereinbarung dahingehend auszulegen, dass der oder die Dritte[n] nach freiem Belieben (vgl. § 319 II BGB) entscheiden sollen, bedarf es solcher Anhaltspunkte hingegen nicht.

204 BGH vom 27.01.1971, BGHZ 55, 248, 250, 251 mit Anm. *Gelhaar*, LM BGB § 317 Nr. 12; vgl. zu diesem Fragenkomplex auch BGH vom 26.05.1999, ZIP 1999, 1266, 1267 f.

205 LG Kiel vom 14.04.1965, MDR 1966, 150.

206 BGH vom 19.06.1975, WM 1975, 1043.

207 RG vom 28.11.1935, JW 1936, 820 (Anm. *Jonas*, JW 1937, 820 f.); vom 21.08.1936, RGZ 152, 201, 204 (Anm. *Jonas*, JW 1937, 221 f.).

208 BGH vom 20.03.1953, BGHZ 9, 138, 145; vom 21.05.1975, NJW 1975, 1556, 1557 (Anm. *Bulla*, BB 1976, S. 391 f.); vom 19.06.1975, WM 1975, 1043.

209 Vgl. dazu *Gottwald/Reichenberger/Wagner*, NZV 2000, S. 7.

Ist dem Schiedsgutachten jedoch eine Leistungsbestimmung übertragen, die als solche, wäre sie im Hauptvertrag selbst vereinbart, formbedürftig wäre,[210] muss auch die Schiedsgutachtenklausel dieser Form genügen.

c. *Wirkungen*

aa. *Einzelne Wirkungen*

aaa. Wirkungen zwischen den Parteien

(1) Recht auf und Pflicht zur Durchführung des Schiedsgutachtenverfahrens

Ein Schiedsgutachtenvertrag begründet grundsätzlich schon mit seinem Abschluss das Recht einer jeden Partei, von der anderen Partei die Durchführung des Schiedsgutachtenverfahrens zu verlangen[211] und die der vorgesehenen Stelle übertragene Aufgabe auch durch diese erledigen zu lassen.[212] Anders ist es nur dann, wenn diese Rechte nach der von den Parteien getroffenen Vereinbarung nur einer Partei zustehen sollen.[213] Dieses Recht zur Durchführung des Schiedsgutachtenverfahrens und die damit korrespondierende Pflicht der jeweils anderen Partei zur Durchführung des Schiedsgutachtenverfahrens kann jede Partei vom Gericht im Rahmen einer Feststellungsklage nach § 256 I ZPO feststellen lassen.

Haben die Schiedsgutachter ein bewusst unvollständiges Schiedsgutachten erstattet, hat jede Partei das Recht, die Wiederaufnahme des Schiedsgutachtenverfahrens zum Zwecke der Ergänzung des Schiedsgutachtens zu verlangen.[214]

(2) Begründung von Mitwirkungspflichten

Jeder Schiedsgutachtenvertrag begründet für die Parteien, die ihn abgeschlossen haben, bestimmte – einklagbare[215] – Mitwirkungspflichten[216], deren

---

[210] So schreiben z.B. § 311 b S. 1 BGB, § 15 IV GmbHG vor, dass der Vertrag über den Verkauf eines Grundstücks oder den Verkauf von Gesellschaftsanteilen einer GmbH der notariellen Beurkundung bedarf. Der notariellen Beurkundung bedarf daher auch der jeweils vereinbarte Kaufpreis, weil es sich hierbei um eine der *„essentialia negotii"* des Kaufvertrags handelt.

[211] BGH vom 16.04.1986, VersR 1986, 675.

[212] BGH vom 30.03.1979, NJW 1979, 1543.

[213] So z.B. nach den §§ 15 Nr. 1 S. 3 AFB 87, 5 Nr. 1 S. 3 AEB, 15 Nr. 1 S. 3 AERB 87, 14 Nr. 1 S. 3 AWB 87, 14 Nr. 1 S. 3 AstB 87, 14 Nr. 1 S. 1 AWaB, 17 Nr. 1 S. 3 VGB 88, 23 Nr.1 VHB 84, 23 Nr.1 VHB 92, 34 Nr.1 VHB 2000, 10 Nr. 1 S. 3 EVB und 12 Nr. 1 S. 3 FBUB, nach denen nur der Versicherungsnehmer einseitig die Durchführung des Schiedsgutachtenverfahrens verlangen kann.

[214] BGH vom 21.12.1964, VersR 1965, 332, 334.

[215] BGH vom 11.06.1976, VersR 1976, 821, 823.

Umfang je nach der den Schiedsgutachtern übertragenen Aufgabe unterschiedlich sein kann. Mitwirkungspflichten können sich dabei aus ausdrücklichen Bestimmungen im Schiedsgutachtenvertrag selbst, aber auch aus der Auslegung des Schiedsgutachtenvertrags unter Berücksichtigung der Grundsätze von Treu und Glauben (§§ 157, 242 BGB) und etwaigen Verkehrssitten oder Handelsbräuchen ergeben.[217]

Jede Partei ist nach Treu und Glauben verpflichtet, die Tätigkeit der Schiedsgutachter zu fördern[218] und alles zu unterlassen, was ihre Ermittlungen stören könnte.[219] Die Pflicht der Parteien, die Tätigkeit der Schiedsgutachter zu fördern, bedeutet, dass jede Partei das Erforderliche tun muss, um den Schiedsgutachtern die Erfüllung ihrer Aufgaben zu ermöglichen.[220]

Darüber hinaus trifft aber jede Partei auch eine Beschleunigungspflicht.[221] Die Parteien sind daher einander verpflichtet, die sich aus ihren Mitwirkungspflichten ergebenden erforderlichen Maßnahmen innerhalb einer objektiv angemessenen Zeit zu treffen.[222] Welche Frist objektiv angemessen ist, bestimmt sich nach den Grundsätzen von Treu und Glauben (§ 242 BGB) sowie den Umständen des Einzelfalls.[223]

Aus den den Schiedsgutachtern übertragenen Aufgaben können sich nach dem Grundsatz von Treu und Glauben für die Parteien auch Auskunfts- und Informationspflichten ergeben, die gegenüber der jeweils anderen Partei bestehen, aber nicht nur gegenüber der anderen Partei, sondern auch gegenüber den Schiedsgutachtern zu erfüllen sind.[224]

Erweist sich das von den Parteien vorgesehene Schiedsgutachtenverfahren in der vereinbarten Art und Weise als nicht durchführbar, ist keine Partei verpflichtet, sich vor der Verfolgung ihrer Rechte im Klagewege um eine Einigung mit der anderen Partei zu bemühen.[225] Ebenso wenig ist sie verpflichtet, im Falle der Verletzung von Mitwirkungspflichten der anderen Partei zunächst de-

---

216 BGH vom 22.11.1991, NJW 1992, 1454, 1455. Unter „Mitwirkungspflichten" soll nachfolgend die Gesamtheit der Pflichten verstanden werden, die sich aus der Pflicht einer Partei ergeben, im Zusammenwirken mit der anderen Partei die Voraussetzungen für die Durchführung des Vertrags (hier: die Durchführung des Schiedsgutachtenverfahrens) zu schaffen und die Hindernisse für die Erfüllung der eingegangenen (Haupt-)Leistungspflichten zu beseitigen.

217 RG vom 21.08.1936, RGZ 152, 201, 206 (Anm. *Jonas*, JW 1937, 221 f.); BGH vom 06.10.1978, MDR 1979, 298.

218 Z.B. BGH vom 11.06.1976, VersR 1976, 821, 823; vom 26.10.1989, WM 1990, 399, 400.

219 Z.B. BGH vom 11.06.1976, VersR 1976, 821, 823.

220 BGH vom 17.03.1971, NJW 1971, 1455, 1456.

221 BGH vom 30.03.1979, NJW 1979, 1543, 1544; vom 26.10.1989, WM 1990, 399, 400; OLG Hamm vom 26.04.1982, MDR 1982, 933.

222 BGH vom 30.03.1979, NJW 1979, 1543, 1544; vom 26.10.1989, WM 1990, 399, 400.

223 RG vom 29.10.1929, HRR 1930 Nr. 205.

224 Z.B. BGH vom 20.11.1975, WM 1976, 251, 253; vom 11.06.1976, VersR 1976, 821, 823; vom 14.07.1986, NJW-RR 1987, 21, 22.

225 BGH vom 14.07.1971, NJW 1971, 1838; vom 06.06.1994, NJW-RR 1994, 1314, 1315.

ren Erfüllung im Klagewege durchzusetzen.[226] Der Bundesgerichtshof hält die Bejahung einer solchen Pflicht für mit den Geboten der Prozessökonomie und der Sicherheit im Rechtsverkehr unvereinbar[227] und verneint eine solche Pflicht auch aus dem Grunde, dass die Bejahung einer solchen Pflicht bei dem Anspruchsteller zu einer erheblichen und diesem nicht zumutbaren Verzögerung der Durchsetzung seines Anspruchs führen würde.[228]

Fällt ein Partei-Schiedsgutachter vor Erstattung des Schiedsgutachtens weg, ist die ernennende Partei verpflichtet, an seiner Stelle einen neuen Schiedsgutachter zu ernennen.[229] Der neue Schiedsgutachter muss dabei innerhalb einer objektiv angemessenen Zeit ernannt werden.[230] Welche Frist objektiv angemessen ist, bestimmt sich dabei auch hier nach den Grundsätzen von Treu und Glauben unter Berücksichtigung der Umstände des Einzelfalls.[231]

bbb. Wirkungen im Prozess

Klagt der Anspruchsteller aus dem dem Schiedsgutachtenvertrag zugrunde liegenden Anspruch auf Leistung, ohne dass das vereinbarte Schiedsgutachten bereits erstattet worden ist, wird der Schiedsgutachtenvertrag im Prozess von den Gerichten nicht von Amts wegen,[232] sondern nur auf Einrede des Anspruchsgegners berücksichtigt.[233] Auch bei Erhebung einer Feststellungsklage wird eine etwaige Zuständigkeit der Schiedsgutachterstelle für bestimmte im Rahmen der Feststellungsklage zu entscheidende Fragestellungen nur auf Einrede berücksichtigt.[234]

Die Erhebung der Einrede des Schiedsgutachtenvertrags führt im Falle einer Leistungsklage nicht zur Unzulässigkeit der Klage.[235] Zum einen wird in den Fäl-

---

226 Z.B. BGH vom 17.03.1971, NJW 1971, 1455, 1456; vom 14.07.1971, NJW 1971, 1838; vom 30.03.1979, NJW 1979, 1543, 1544; vom 06.06.1994, NJW-RR 1994, 1314, 1315.

227 BGH vom 14.07.1981, NJW 1971, 1838.

228 BGH vom 06.06.1994, NJW-RR 1994, 1314, 1315.

229 OLG Hamm vom 10.07.1981, VersR 1982, 57.

230 OLG Hamm a.a.O.

231 RG vom 29.10.1929, HRR 1930 Nr. 205. Das OLG Hamm (a.a.O.) ging davon aus, dass in dem zu entscheidenden Fall eine Frist „von etwa sechs Wochen" angemessen sei.

232 OLG Frankfurt vom 12.05.1981, VersR 1982, 759. So vom Reichsarbeitsgericht (RAG vom 21.02.1931, ARS 11, 242, 246; vom 25.03.1931, ARS 12, 19, 21; vom 23.11.1932, RAGE 12, 100, 102) selbst entschieden unter der Geltung der §§ 106, 107 ArbGG 1926, obwohl § 106 II ArbGG 1926 bestimmte, dass ein Schiedsgutachtenvertrag i.S.d. § 106 I ArbGG 1926 die Wirkung habe, dass die durch das Schiedsgutachten zu entscheidenden Tatfragen der Sachprüfung und Beweiserhebung im arbeitsgerichtlichen Verfahren entzogen seien.

233 Z.B. OLG Bremen vom 16.12.1958, VersR 1960, 842, 844; OLG Frankfurt vom 12.05.1981, VersR 1982, 759, 760 m.w.N.; vom 25.09.1984, MDR 1985, 150.

234 Vgl. BGH vom 03.03.1982, NJW 1982, 1878, 1879; vom 03.11.1995, NJW 1996, 452, 454.

235 Z.B. OLG Düsseldorf vom 15.11.1955, VersR 1956, 587; OLG Bremen vom 16.12.1958, VersR 1960, 842, 843. Die Gerichte begründen dies damit, dass ein Schiedsgutachtenvertrag – anders als ein Schiedsvertrag – nicht den Ausschluss des Rechtswegs zum Inhalt

len einer Leistungsklage der Rechtsweg jedenfalls durch einen den Untersuchungsgegenstand der vorliegenden Arbeit bildenden Schiedsgutachtenvertrag[236] nicht ausgeschlossen, und zum anderen findet die für Schiedsvereinbarungen geltende Vorschrift des § 1032 ZPO (§ 1027 a ZPO a.F.) auf Schiedsgutachtenverträge weder unmittelbare noch entsprechende Anwendung.[237] Vielmehr ist eine unter Missachtung des Schiedsgutachtenvertrags erhobene Leistungsklage dann, wenn sich der Anspruchsgegner auf den Schiedsgutachtenvertrag beruft, als verfrüht[238] und „zur Zeit unbegründet“[239] abzuweisen.[240] Die Abweisung als „zur Zeit unbegründet“ kann dabei darauf beruhen, dass der geltend gemachte Anspruch vor Erstattung des Schiedsgutachtens noch nicht fällig ist,[241] dass bestimmte anspruchsbegründende Tatsachen nach der Vereinbarung der Parteien nur durch das Schiedsgutachten bewiesen werden können,[242] dass die Parteien – wie im Regelfall[243] – mit dem Schiedsgutachtenvertrag zugleich für die Dauer des Schiedsgutachtenverfahrens implizit einen *pactum de non petendo* vereinbart haben[244] oder dass die Voraussetzungen von § 319 BGB, §§ 64, 184 VVG für das subsidiäre Leistungsbestimmungsrecht des Gerichts noch nicht vorliegen. Allerdings können die Gerichte nach ihrem pflichtgemäßen Ermessen von einer sofortigen Abweisung absehen und stattdessen dem Anspruchsteller zunächst in entsprechender Anwendung der §§ 356, 431 ZPO eine Frist zur Beibringung des Schiedsgutachtens setzen.[245] Zur Aussetzung des Klageverfahrens nach § 148 ZPO sind sie jedoch nicht befugt.[246]

---

hat; BGH vom 20.03.1953, BGHZ 9, 138, 145; vom 03.03.1982, NJW 1982, 1878, 1879; BAG vom 16.10.1957, NJW 1957, 315. A.A. allerdings OLG Frankfurt vom 03.06.1992, OLGR 1992, 111.

236 Dazu oben S. 37.

237 So zu § 1027 a ZPO: BGH vom 03.03.1982, NJW 1982, 1878, 1879; OLG Frankfurt vom 12.05.1981, VersR 1982, 759, 760. Für die Vorgängervorschrift des § 1027 a ZPO, § 274 Nr. 3 ZPO, ebenso entschieden von RAG vom 23.11.1932, RAGE 12, 100, 102; BGH vom 30.10.1970, WM 1971, 39, 40; OLG Düsseldorf vom 15.11.1955, VersR 1956, 587; OLG Bremen vom 16.12.1958, VersR 1960, 842, 843.

238 BGH vom 08.06.1988, WM 1988, 1500, 1503 (Anm. *Walter*, JZ 1988, S. 1083); OLG Hamm vom 26.04.1982, MDR 1982, 933.

239 Z.B. BGH vom 08.06.1988, WM 1988, 1500, 1503 (Anm. *Walter*, JZ 1988, S. 1083); vom 15.10.1993, WM 1994, 351, 353; OLG Frankfurt vom 25.09.1984, MDR 1985, 150.

240 Dazu: *Walchshöfer*, FS Schwab, S. 525 ff.

241 So im Anwendungsbereich des § 64 VVG im Falle der Feststellung der Höhe des Schadens wegen der Vorschrift des § 11 I VVG; vgl. dazu BGH vom 21.04.1955, VersR 1955, 805; vom 10.02.1971, VersR 1971, 433, 435; OLG Düsseldorf vom 15.11.1955, VersR 1956, 587; OLG Bremen vom 16.12.1958, VersR 1960, 842, 843.

242 Vgl. BGH vom 08.06.1988, WM 1988, 1500, 1503.

243 BGH vom 26.10.1989, WM 1990, 399, 400; vom 26.10.1994, NJW-RR 1995, 290, 292; OLG Hamm vom 26.04.1982, MDR 1982, 933 m.w.N.

244 Vgl. BGH vom 26.10.1989, WM 1990, 399, 400; vom 26.10.1994, NJW-RR 1995, 290, 292.

245 Z.B. BGH vom 08.06.1988, WM 1988, 1500, 1503; vom 26.10.1994, WM 1994, 351, 353.

246 So schon die amtliche Begründung zum ArbGG 1926 (RT-Drs. Nr. 2065, III. Wahlperiode, 1924/26, S. 61); dazu *Funke*, LZ 1926, S. 83. Ebenso OLG Düsseldorf vom 01.03.1962, VersR 1962, 705.

Ist im Rahmen einer Feststellungsklage auch über Fragestellungen zu entscheiden, die in den Zuständigkeitsbereich der Schiedsgutachterstelle fallen, so ist die Feststellungsklage bei Erhebung der Einrede des Schiedsgutachtenvertrags durch den jeweiligen Anspruchsgegner nicht als unzulässig,[247] sondern als teilweise unbegründet abzuweisen.[248] Eine teilweise Abweisung als „zur Zeit unbegründet" kommt in diesen Fällen nicht in Betracht.[249]

bb. Entfallen der Wirkungen

aaa. Entfallen der Wirkungen im Prozess

Nach § 319 I 2 Halbs. 2 BGB, §§ 64 I 3, 184 I 3 VVG tritt der Schiedsgutachtenvertrag grundsätzlich immer dann außer Kraft, wenn ein allein entscheidender (§ 319 I 2 BGB) oder alle ernannten Schiedsgutachter (§§ 64 I 3, 184 I 1 VVG) die ihnen übertragene Aufgabe nicht erfüllen können, nicht erfüllen wollen oder die Erfüllung verzögern.[250] Die Rechtsprechung entnimmt § 319 I 2 Halbs. 2 BGB, §§ 64 I 3, 184 I 3 VVG darüber hinaus den allgemeinen Grundsatz, dass die Wirkungen des Schiedsgutachtenvertrags im Prozess immer dann entfallen, wenn sich das von den Parteien vereinbarte Schiedsgutachtenverfahren als nicht mehr durchführbar erweist.[251]

---

247 Vgl. BGH vom 03.11.1995, NJW 1996, 452, 454.

248 Vgl. BGH a.a.O.

249 In dem Urteil vom 03.03.1982, NJW 1982, 1878, 1879, hat der BGH ausgesprochen, dass für den Fall, dass die festzustellende Frage *nicht* in den Zuständigkeitsbereich der vorgesehenen Schiedsgutachterstelle fällt, dem Anspruchsteller „der Weg vor das ordentliche Zivilgericht" nicht versperrt (BGH a.a.O.) und er an den „Anrufung" der Gerichte nicht gehindert sei (BGH a.a.O.). In seinem Urteil vom 03.11.1995, NJW 1996, 452, 454 ist der BGH hingegen davon ausgegangen, dass für den Fall, dass der berufenen Schiedsgutachterstelle ein Ermessen hinsichtlich der nach dem Klägerantrag vom Gericht vorzugebenden Kriterien eingeräumt ist, die erhobene Feststellungsklage unbegründet ist.

250 Nach den Motiven zum BGB (Mot. II, S. 193) ist Hintergrund dieses Grundsatzes die Überlegung, dass die Wirksamkeit des Schiedsgutachtenvertrags nach dem Willen der Parteien davon abhängen soll, dass der Schiedsgutachter die Leistungsbestimmung treffen kann und will und sie auch nicht verzögert. Dabei gehen die Motive (a.a.O.) davon aus, dass der Dritte in der Regel aufgrund eines besonderen Vertrauens seitens der Parteien ernannt werde. Dies entspricht allerdings nicht der Lebenswirklichkeit, wie sich z.B. darin zeigt, dass die Ernennung eines allein entscheidenden Schiedsgutachters häufig einer IHK (oder einer anderen Stelle) für den Fall übertragen wird, dass sich die Parteien nicht einigen können. In diesem Fall fehlt es an einem besonderen Vertrauensverhältnis der Parteien zu dem Schiedsgutachter. Auch die Annahme, dass nach dem regelmäßigen Willen der Parteien eines Schiedsgutachtenvertrags dieser im Falle des „Nichtkönnens", des „Nichtwollens" oder der Verzögerung unwirksam sein soll, ist unzutreffend.

251 BGH vom 14.07.1971, NJW 1971, 1838, 1839; vom 06.06.1994, NJW-RR 1994, 1314, 1315 (jeweils zu § 319 I 2 BGB).

Ein Fall des „Nichtkönnens" i.S.d. § 319 I 2 Halbs. 2 BGB, §§ 64 I 3, 184 I 3 VVG liegt insbesondere dann vor, wenn ein im Schiedsgutachtenvertrag benannter und allein entscheidender Schiedsgutachter vor Erstattung des Schiedsgutachtens wegfällt.[252] Diesem Fall hat der Bundesgerichtshof den Fall gleichgestellt, dass der allein entscheidende Schiedsgutachter in derselben Sache bereits ein Privatgutachten für eine Partei[253] oder ein Gutachten erstattet hat, das als Privatgutachten zu werten ist, weil die den Schiedsgutachter beauftragende Partei diesem gegenüber nicht offengelegt hat, dass er ein Schiedsgutachten und kein Parteigutachten erstatten soll.[254] Die Wirkungen des Schiedsgutachtenvertrags entfallen auch dann, wenn die im Schiedsgutachtenvertrag mit der Auswahl des Schiedsgutachters betraute Stelle die Ernennung eines Schiedsgutachters verweigert.[255] Die Wirkungen des Schiedsgutachtenvertrags bleiben in diesen vorgenannten Fällen nur dann bestehen, wenn die Parteien in ihrer Vereinbarung für diese Fälle Vorsorge getroffen,[256] etwa einen Ersatzschiedsgutachter bestimmt haben.[257]

Ein „Nichtkönnen" i.S.d. § 319 I 2 Halbs. 2 BGB, §§ 64 I 3, 184 I 3 VVG liegt aber auch dann vor, wenn eine Mehrzahl von Schiedsgutachtern berufen ist und diese sich bei bestehendem Einstimmigkeitserfordernis[258] nicht einigen können.[259] Ein „Nichtkönnen" liegt dagegen nicht schon dann vor, wenn ein Partei-Schiedsgutachter vor Erstattung des Schiedsgutachtens stirbt[260] oder sein Amt aufgrund von Krankheit oder Arbeitsüberlastung niederlegt.[261] In diesen Fällen ist die ernennende Partei vielmehr verpflichtet, innerhalb objektiv angemessener Zeit einen neuen Schiedsgutachter zu ernennen.[262] Nimmt sie innerhalb dieser Frist keine Ernennung vor, liegt darin eine Verzögerung des Schiedsgutachtenverfahrens,[263] die grundsätzlich dazu führt, dass der Schieds-

---

252 BGH vom 14.07.1971, NJW 1971, 1838, 1839 („erst-recht-Schluss"); vom 06.06.1994, NJW-RR 1994, 1314, 1315.

253 BGH vom 06.06.1994, NJW-RR 1994, 1314, 1315.

254 BGH a.a.O.; anders der BGH allerdings in seiner Entscheidung vom 16.04.1999, DB 1999, 1449, der in diesem Fall (lediglich) annimmt, dass ein auf solcher Grundlage erstattetes „Schiedsgutachten" nicht die notwendigen Voraussetzungen eines Schiedsgutachtens erfüllt.

255 Vgl. OLG Frankfurt vom 25.09.1984, MDR 1985, 150.

256 Prot. II, S. 194.

257 BGH vom 06.06.1994, NJW-RR 1994, 1314, 1315.

258 Nach der Vorschrift des § 317 II Halbs. 1 BGB gilt für eine Mehrheit von Dritten, denen eine Leistungsbestimmung nach billigem Ermessen übertragen worden ist, „im Zweifel" der Grundsatz der Einstimmigkeit. Diese Zweifelsregel wird von der Rechtsprechung entsprechend auch auf Schiedsgutachtenverträge i.e.S. angewandt; siehe dazu oben S. 49 f.

259 BAG vom 29.01.1969, BB 1969, 579; vom 08.12.1976, AP Nr. 3 zu § 112 BetrVG.

260 OLG Hamm vom 10.07.1981, VersR 1982, 57.

261 LG Berlin vom 24.02.1964, VersR 1964, 649.

262 OLG Hamm vom 10.07.1981, VersR 1982, 57.

263 BGH vom 30.03.1979, NJW 1979, 1543, 1544; vom 26.10.1989, WM 1990, 399, 400.

gutachtenvertrag in entsprechender Anwendung von § 319 I 2 Halbs. 2 BGB, §§ 64 I 3, 184 I 3 VVG außer Kraft tritt.[264]

Ebenso tritt ein Schiedsgutachtenvertrag grundsätzlich außer Kraft, wenn der im Vertrag benannte, allein entscheidende Schiedsgutachter die Annahme des Schiedsgutachtenauftrags[265] oder später die Erstattung des Schiedsgutachtens[266] verweigert. In diesen Fällen liegt ein „Nichtwollen" i.S.d. § 319 I 2 Halbs. 2 Alt. 2 BGB, §§ 64 I 3 Alt. 2, 184 I 3 Alt. 2 VVG vor. Verweigert dagegen ein Partei-Schiedsgutachter die (weitere) Ausführung des ihm erteilten Auftrags, begründet dies, wie auch im Falle seiner Amtsniederlegung, grundsätzlich nur die Pflicht der ernennenden Partei, innerhalb objektiv angemessener Frist einen neuen Schiedsgutachter zu ernennen.[267] Der Schiedsgutachtenvertrag tritt in diesem Fall nur dann im Zeitpunkt der Verweigerung der weiteren Ausführung außer Kraft, wenn zu diesem Zeitpunkt bereits eine „Verzögerung" i.S.d. § 319 I 2 Halbs. 2 Alt. 3 BGB, §§ 64 I 3 Alt. 3, 184 I 3 Alt. 3 VVG eingetreten ist.[268] Liegt zu diesem Zeitpunkt noch keine Verzögerung im dargelegten Sinne vor, tritt der Schiedsgutachtenvertrag erst dann außer Kraft, wenn die ernennende Partei nicht innerhalb objektiv angemessener Zeit einen neuen Schiedsgutachter ernennt.

Eine „Verzögerung" des Schiedsgutachtenverfahrens i.S.d. § 319 I 2 Halbs. 2 Alt. 3 BGB, §§ 64 I 3 Alt. 3, 184 I 3 Alt. 3 VVG durch den oder einen Schiedsgutachter setzt kein Verschulden des betreffenden Schiedsgutachters voraus.[269] Für die Annahme einer Verzögerung reicht es vielmehr aus, wenn ein Schiedsgutachter nicht innerhalb einer objektiv angemessenen Zeit nach seiner Ernennung mit dem Ziel tätig wird, die ihm übertragene Aufgabe zu erfüllen.[270] Eine „Verzögerung" kann daher auch dann vorliegen, wenn ein Schiedsgutachter die ihm übertragene Aufgabe nur deshalb nicht innerhalb einer angemessenen Frist erfüllen kann, weil er krank oder durch zu viel Arbeit überlastet ist.[271] Welche Zeit objektiv angemessen ist, beurteilt sich dabei nach den Umständen des Einzelfalles.[272] Für Schiedsgutachtenverfahren im Bereich des Versicherungsrechts, die in besonderem Maße einem Beschleunigungsgebot unterliegen, ist entschieden worden, dass eine „Verzögerung" spätestens dann vorliegt, wenn seit der Ernennung des Schiedsgutachters mehr als ein Jahr vergangen ist, ohne dass dieser tätig geworden ist.[273] Liegt es nahe, das Nichttätigwerden

---

264 BGH vom 30.03.1979, NJW 1979, 1543, 1544.

265 Vgl. BGH vom 18.10.1968, WM 1969, 62.

266 Vgl. BGH vom 21.12.1977, NJW 1978, 631, 632.

267 LG Berlin vom 24.02.1964, VersR 1964, 649.

268 LG Berlin a.a.O.

269 BGH vom 30.03.1979, NJW 1979, 1453, 1544; vom 26.10.1989, WM 1990, 399, 400.

270 BGH vom 30.03.1979, NJW 1979, 1453, 1544, bejaht eine „Verzögerung" i.S.d. § 319 I Halbs. 2 Alt. 3 BGB, §§ 64 I 3 Alt. 3, 184 I Alt. 3 VVG, wenn die gebotene Handlung nicht innerhalb objektiv angemessener Zeit vorgenommen wird.

271 LG Berlin vom 24.02.1964, VersR 1964, 649.

272 Prot. II, S. 194.

273 LG Berlin vom 24.02.1964, VersR 1964, 649.

des oder der Schiedsgutachter[s] durch andere Umstände als die Annahme einer Verzögerung zu erklären, kann sich eine Partei auf das Vorliegen einer Verzögerung allerdings nur dann berufen, wenn sie nachweisen kann, dass sie ohne Erfolg auf die Erstattung des Schiedsgutachtens gedrängt hat.[274]

Erfüllt eine Partei die sie treffenden Mitwirkungspflichten nicht innerhalb objektiv angemessener Zeit, liegt darin stets, in entsprechender Anwendung von § 319 I 2 Halbs. 2 BGB, §§ 64 I 3, 184 I 3 VVG, eine „Verzögerung" des Schiedsgutachtenverfahrens,[275] die dazu führt, dass jedenfalls die Pflicht der anderen Partei zur weiteren Durchführung des Schiedsgutachtenverfahrens mit Eintritt der Verzögerung außer Kraft tritt.[276] In einem solchen Fall kann sich diejenige Partei, die ihre Mitwirkungspflichten nicht innerhalb objektiv angemessener Zeit erfüllt hat, nach § 242 BGB grundsätzlich auch nicht mehr einredeweise auf den Schiedsgutachtenvertrag berufen,[277] es sei denn, dass für eine derartige Verzögerung ein sachlicher Grund vorliegt, der die Verzögerung des Schiedsgutachtenverfahrens ausnahmsweise rechtfertigt.[278]

Darüber hinaus bejaht die Rechtsprechung einen Verzicht des Versicherers auf sein Recht, vom Versicherungsnehmer die Durchführung des Schiedsgutachtenverfahrens zu verlangen, wenn der Versicherer die Erfüllung der vom Versicherungsnehmer behaupteten Ansprüche ablehnt,[279] ohne sich das Recht zur Durchführung des Schiedsgutachtenverfahrens ausdrücklich vorzubehalten.[280] Ein Verzicht des Versicherers liegt nach der Rechtsprechung auch dann vor, wenn nach den AVB einer Sachversicherung eine Schiedsgutachterstelle auf Verlangen einer Partei die Höhe des dem Versicherungsnehmer entstandenen Schadens feststellen soll, der Versicherer aber vor Prozessbeginn weder die Höhe des Schadens bestritten noch eine Durchführung des Schiedsgutachtenverfahrens verlangt hat.[281] Dasselbe gilt, wenn sich der Versicherer erst nach erfolgter mündlicher Verhandlung zur Hauptsache[282] oder erst in der Berufungsinstanz auf den Schiedsgutachtenvertrag beruft.[283]

---

274 OLG München vom 15.11.1957, VersR 1959, 302, 303.

275 BGH vom 02.02.1977, BB 1977, 619, 620; vom 30.03.1979, NJW 1979, 1543, 1544; vom 26.10.1989, WM 1990, 399, 400.

276 RG vom 29.10.1929, HRR 1930 Nr. 205; vom 19.01.1934, JRfPrV 1934, 53; vom 15.11.1935, RGZ 149, 215, 223. Die Verletzung einer Mitwirkungspflicht kann auch zur Kündigung des Schiedsgutachtenvertrags berechtigen, jedoch erst nach vorangegangener Abmahnung; BGH vom 15.07.2004 (III ZR 103/03).

277 BGH vom 22.11.1991, NJW 1992, 1454, 1455; OLG Hamm vom 26.04.1982, MDR 1982, 933.

278 BGH vom 26.10.1989, WM 1990, 399, 400.

279 OLG Frankfurt vom 09.02.1965, VersR 1966, 179, 180.

280 OLG Frankfurt vom 09.02.1965, VersR 1966, 179, 180.

281 LG Köln vom 21.09.1981, VersR 1982, 796.

282 OLG Bremen vom 06.11.1997, OLGR 1998, 35.

283 OLG Düsseldorf vom 15.11.1955, VersR 1956, 587 (Verstoß gegen § 242 BGB); OLG Bremen vom 16.12.1958, VersR 1960, 842, 844 (Verzicht).

bbb. Entfallen der Wirkungen zwischen den Parteien

Nach dem oben Gesagten entfällt die Pflicht einer Partei zur Durchführung oder Fortsetzung des Schiedsgutachtenverfahrens, wenn die andere Partei ihre jeweiligen Mitwirkungspflichten nicht innerhalb einer angemessenen Frist erfüllt. Das Recht einer Partei, von der anderen Partei die (weitere) Durchführung des Schiedsgutachtenverfahrens zu verlangen, und die korrespondierende Pflicht der anderen Partei entfallen aber auch im Falle des Verzichts, der Verwirkung oder der rechtsmissbräuchlichen Ausübung dieses Rechts.

Dagegen ist in den klassischen Fällen des „Nichtkönnens", des „Nichtwollens" und der Verzögerung nach Maßgabe von § 319 I 2 Halbs. 2 BGB, §§ 64 I 3, 184 I 3 VVG innerhalb des Schrifttums[284] umstritten, ob in diesen Fällen nur das Recht einer Partei entfällt, sich gegenüber einer in Verletzung des getroffenen Schiedsgutachtenvertrags erhobenen Klage einredeweise auf den Schiedsgutachtenvertrag zu berufen, oder ob – weitergehend – auch die genannten Wirkungen zwischen den Parteien entfallen. Diese Frage spielt etwa in den Fällen eine Rolle, in denen eine Partei (ausnahmsweise) beabsichtigt, trotz einer eingetretenen Verzögerung ihr Recht auf Durch- oder Fortführung des Schiedsgutachtenverfahrens im Wege der Klage gegen die jeweils andere Partei (oder einen Schiedsgutachter[285]) zu erzwingen. Die mehrheitliche Auffassung im Schrifttum, die sich auf den Wortlaut von § 319 I 2 Halbs. 2 BGB, §§ 64 I 3, 184 I 3 VVG, aber auch auf die Gesetzesbegründung[286] stützen kann, steht insoweit auf dem Standpunkt, dass in diesen Fällen nicht nur das

---

284 Die Rechtsprechung hat sich, soweit ersichtlich, zu dieser Frage noch nicht geäußert.

285 Aufgrund des zwischen den Parteien des Schiedsgutachtenvertrags und den Schiedsgutachtern abgeschlossenen Schiedsgutachtervertrags ist jeder Schiedsgutachter grundsätzlich beiden Parteien gegenüber (RG vom 18.06.1915, RGZ 87, 190, 194; BGH vom 18.06.1962, VersR 1962, 803, 804) zur Erstattung des Schiedsgutachtens verpflichtet. Die Erstattung des Schiedsgutachtens kann daher auch, gestützt auf den Schiedsgutachtervertrag, klageweise durchgesetzt werden; a.A. allerdings *Meyer*, S. 90 f., deren Argument eines stillschweigenden Ausschlusses des Klagerechts durch Abschluss des Schiedsgutachtervertrags aber nicht überzeugt. Ein Schiedsgutachtervertrag ist regelmäßig als Werkvertrag zu qualifizieren (so OLG Schleswig vom 28.09.1988, VersR 1989, 487, 488; *Bleutge*, GewA 1978, S. 149; *Döbereiner*, VersR 1983, S. 714; *Wolf*, ZIP 1981, S. 242; allgemein zur Frage der Qualifizierung: *Meyer*, S. 22 ff.); teilweise wird er aber auch als Dienstvertrag angesehen (so z.B. von *Meyer*, S. 41). Der BGH hat diese Frage in seiner Entscheidung vom 22.04.1965, BGHZ 43, 374, 376, ausdrücklich offengelassen. Zur Frage der Vollstreckbarkeit eines obsiegenden Urteils nach § 888 III ZPO siehe *Meyer*, S. 90 f. (verneinend) und *Wangner*, S. 45 f. (verneinend), die allerdings beide den Schiedsgutachtervertrag als Dienstvertrag qualifizieren. Aber auch im Falle eines Werkvertrags erscheint die Möglichkeit der Zwangsvollstreckung wegen der grundsätzlichen Höchstpersönlichkeit des Amts als Schiedsgutachter zweifelhaft; vgl. dazu *Thomas/Putzo*, § 888 Rdn. 4.

286 Mot. II, S. 193 f. Die Motive begründeten die in § 319 I 2 Halbs. 2 BGB angeordnete Rechtsfolge zum einen damit, dass der Schiedsgutachtenvertrag in den genannten Fällen unwirksam werde, zum anderen aber auch damit, dass diese Rechtsfolge der regelmäßigen Intention der Parteien entspreche.

Einrederecht der beklagten Partei entfällt, sondern der Schiedsgutachtenvertrag insgesamt außer Kraft tritt.[287] Eine Mindermeinung steht demgegenüber auf dem – in der Sache zwar wünschenswert erscheinenden, aber sowohl mit dem Wortlaut[288] von § 319 I 2 Halbs. 2 BGB, §§ 64 I 3, 184 I 3 VVG als auch mit der Gesetzesbegründung nur schwer zu vereinbarenden – Standpunkt, dass den Parteien durch die Vorschriften der § 319 I 2 Halbs. 2 BGB, §§ 64 I 3, 184 I 3 VVG lediglich das Recht eingeräumt werde, die Leistungsbestimmung durch das staatliche Gericht vornehmen zu lassen, diese Vorschriften hingegen im Prinzip das Recht der Parteien unberührt ließen, die Durchführung des Schiedsgutachtenverfahrens durch eine Klage gegenüber der anderen Partei oder den betreffenden Schiedsgutachter zu erzwingen.[289] Vereinzelt wird auch die vermittelnde Auffassung vertreten, dass der Schiedsgutachtenvertrag in den genannten Fällen nur „im Zweifel" außer Kraft trete.[290]

2. Schiedsgutachter

a. *Taugliche Schiedsgutachter*

aa. *Allgemein*

aaa. Natürliche Personen

Grundsätzlich kann jede natürliche Person zum Schiedsgutachter bestellt werden. Die Parteien können jedoch vereinbaren, dass die als Schiedsgutachter tätig werdenden Personen nur aus einer bestimmten Personengruppe ausgewählt werden dürfen[291] oder dass Mitglieder bestimmter Personengruppen nicht zum Schiedsgutachter bestellt werden dürfen.[292]

---

287 MüKo-*Gottwald*, § 319 Rdn. 20; Palandt-*Grüneberg*, § 319 Rdn. 8; RGRK-*Ballhaus*, § 319 Rdn. 13; Bruck/Möller, § 64 Anm. 47; *Buchdahl*, S. 36 f.; *Kisch*, S. 46.

288 So auch *Buchdahl*, S. 37.

289 *Wedemeyer*, WRV 1913, S. 124; *Wedemeyer*, DB 1969, S. 1929; *Eckert*, S. 33; *Döbereiner*, VersR 1983, S. 713; in diesem Sinne ersichtlich auch Soergel-*Wolf*, § 319 Rdn. 21; vgl. auch Staudinger-*Rieble*, § 319 Rdn. 24 f.

290 *Kisch*, S. 49.

291 Siehe dazu z.B. die der Entscheidung des BGH vom 03.03.1982, NJW 1982, 1878, zugrunde liegende Schiedsgutachtenklausel („vereidigte Sachverständige") und § 14 Nr. 4 AKB („Sachverständige für Kraftfahrzeuge").

292 So sehen beispielsweise die AVB bestimmter Sachversicherungszweige (z.B. § 15 Nr. 2 c) AFB 87) vor, dass der Versicherer als Schiedsgutachter weder Mitbewerber des Versicherungsnehmers noch Personen benennen darf, die bei ihm angestellt sind oder in einem ähnlichen Verhältnis zu ihm stehen.

bbb. Juristische Personen

Zu der Frage, inwieweit eine juristische Person des Privatrechts oder eine juristische Person des öffentlichen Rechts als Schiedsgutachter tätig werden kann, hat die Rechtsprechung bisher noch nicht ausdrücklich Stellung genommen.[293] Die Rechtsprechung geht jedoch allgemein davon aus, dass juristische Personen des Privatrechts generell[294] und juristische Personen des öffentlichen Rechts jedenfalls dann als Schiedsgutachter tätig werden können, wenn die Tätigkeit der betreffenden juristischen Person als Schiedsgutachter allgemein und auch bezogen auf den Einzelfall in ihre Zuständigkeit fällt.[295] Dementsprechend hat der Bundesgerichtshof das Tätigwerden einer IHK als zulässig angesehen,[296] da diese aufgrund ihrer Satzungen in aller Regel befugt sind, als Schiedsgutachter tätig zu werden.[297] Liegt das Tätigwerden einer juristischen Person des öffentlichen Rechts hingegen außerhalb ihrer Zuständigkeit („ultra vires"), kann sie nicht als Schiedsgutachter tätig werden, weil sie insoweit nicht rechtsfähig ist.[298]

ccc. Behörden

Grundsätzlich können auch Behörden[299] als Schiedsgutachter tätig werden.[300] Eine Behörde kann jedoch dann nicht als Schiedsgutachter tätig werden, wenn ihre Zuständigkeit für die zu treffende Entscheidung bereits gesetzlich festge-

---

293 Zum Meinungsstand im Schrifttum siehe *Meyer*, S. 75 f., und *Heinrich*, S. 88.

294 Siehe dazu beispielhaft die Entscheidungen des BGH vom 20.11.1975, WM 1976, 251, (AG) und vom 23.01.1976, DAR 1976, 162, 163 (Verband des Verkehrsgewerbes Nordrhein e.V.).

295 Vgl. RG vom 28.11.1918, RGZ 94, 172, 175; BGH vom 18.02.1955, NJW 1955, 665; *Meyer*, S. 76 m.w.N. – Ein Beispiel ist die Vorschrift des § 4 III 1 RVG, nach der die Bestimmung des Honorars eines Rechtsanwalts für von diesem übernommene Tätigkeiten dem billigen Ermessen des Vorstands der zuständigen Rechtsanwaltskammer überlassen werden kann.

296 Siehe dazu nur die Entscheidungen des BGH vom 13.05.1974, NJW 1974, 1235, und vom 21.12.1977, NJW 1978, 631.

297 Vgl. schon RG vom 28.11.1918, RGZ 94, 172, 175.

298 *Meyer*, S. 76 m.w.N.

299 Unter „Behörde" soll hier entsprechend der Legaldefinition in § 1 IV VwVfG des Bundes und der Länder jede Stelle verstanden werden, die Aufgaben der öffentlichen Verwaltung wahrnimmt.

300 BGH vom 18.02.1955, NJW 1955, 665. Der BGH (a.a.O.) stellte ausdrücklich fest, dass die in der Entscheidung des Reichsgerichts vom 14.10.1940 (RG ZAkDR 1941, 115) geäußerte gegenteilige Auffassung einen Sonderfall betraf. *Habscheid* (MDR 1954, S. 393) hat jedoch nachgewiesen, dass der vom Reichsgericht seiner Entscheidung vorangestellte Leitsatz, dass „eine Behörde als solche nicht zur Preisfestsetzung berufen werden dürfe", durch die Entscheidungsgründe nicht gedeckt ist. – Allgemein zur Zulässigkeit eines Schiedsgutachtenvertrags, in dem eine Behörde als Schiedsgutachter bestellt wird, siehe *Habscheid*, MDR 1954, S. 392 ff. m.w.N. aus der Rechtsprechung des Reichsgerichts; siehe dazu auch *Meyer*, S. 78 f.; *Heinrich*, S. 88 f.

legt ist,[301] wenn sie also über die ihr zur Entscheidung angetragene Frage bereits kraft Gesetzes – gleichgültig ob von Amts wegen oder auf Antrag[302] – zu entscheiden hat.[303] Dies gilt entsprechend, wenn die Parteien vereinbaren, dass eine Behörde nicht nach Maßgabe der §§ 317 ff. BGB, sondern als Trägerin staatlicher Gewalt tätig werden soll.[304] In beiden Fällen fehlt es an einer Dispositionsbefugnis der Parteien.[305]

Soweit danach eine Dispositionsbefugnis der Parteien gegeben ist, kann eine Behörde dennoch nicht als Schiedsgutachter tätig werden, wenn die Gefahr einer Interessenkollision besteht.[306] Diese besteht insbesondere dann, wenn die Möglichkeit besteht, dass die ernannte Behörde zu einem späteren Zeitpunkt über das von einem ihrer Mitarbeiter erstattete Schiedsgutachten entscheiden muss.[307]

ddd. Richter

Richter können in ihrer amtlichen Funktion nicht als Schiedsgutachter tätig werden, wenn sie für die Entscheidung der maßgeblichen Fragen bereits kraft Gesetzes zuständig sind.[308] Die ganz überwiegende Rechtsprechung steht aber weitergehend auf dem Standpunkt, dass ein Richter auch außerhalb seines gesetzlich festgelegten Zuständigkeitsbereichs nicht in seiner amtlichen Funktion als Schiedsgutachter tätig werden könne.[309] Dies wird damit begründet, dass der Zuständigkeitsbereich der staatlichen Gerichte das Tätigwerden eines Richters als Schiedsgutachter nicht vorsehe, dieser Zuständigkeitsbereich

---

301 BGH vom 18.02.1955, NJW 1955, 665; vom 26.04.1961, LM BGB § 317 Nr. 8; BVerwG vom 19.01.1990, BVerwGE 84, 257, 266.

302 BGH vom 26.04.1961, LM BGB § 317 Nr. 8.

303 BGH a.a.O.; *Habscheid*, MDR 1954, S. 393.

304 BGH vom 18.02.1955, NJW 1955, 665.

305 BGH a.a.O. – Im Grunde genommen wird hier die Frage nach der Unwirksamkeit des Schiedsgutachtenvertrags wegen fehlender Dispositionsbefugnis der Parteien mit der Frage vermengt, ob die Behörde als solche als Schiedsgutachter tätig werden kann. Letzteres ist jedenfalls immer dann zu bejahen, wenn die Tätigkeit als Schiedsgutachter in den Zuständigkeitsbereich der Behörde fällt, vgl. *Meyer*, S. 79.

306 BGH vom 18.02.1955, NJW 1955, 665; BVerwG vom 19.01.1990, BVerwGE 84, 257, 266; *Habscheid*, MDR 1954, S. 394.

307 *Habscheid*, MDR 1954, S. 394, auf den der BGH in seiner Entscheidung vom 18.02.1955, NJW 1955, 665, ausdrücklich Bezug nimmt.

308 Ständige Rechtsprechung, z.B. RG vom 25.06.1942, RGZ 169, 232, 237; BGH vom 05.01.1955, LM BGB § 317 Nr. 3; vom 18.02.1955, NJW 1955, 665; vom 14.10.1977, MDR 1978, 202; OLG Bamberg vom 22.09.1949, NJW 1950, 917; OLG Karlsruhe vom 14.10.1954, MDR 1955, 47. Dazu auch: *Meyer*, S. 77 f. – Zu den Möglichkeiten, einem staatlichen Gericht – nicht als Schiedsgutachter, sondern als Gericht – unmittelbar die Bestimmung einer Leistung zu übertragen, siehe die Entscheidung BGH vom 06.11.1997 (III ZR 177/96).

309 Vgl. RG vom 28.11.1918, RGZ 94, 172, 176 f.; OLG Karlsruhe vom 14.10.1954, MDR 1955, 47; OLG München vom 30.04.1976, BB 1976, 1047.

der Dispositionsbefugnis der Parteien entzogen sei und daher auch nicht durch Vertrag erweitert werden könne.[310] Lediglich vereinzelt wird auch innerhalb der Rechtsprechung die Auffassung vertreten, dass ein Richter außerhalb seines Zuständigkeitsbereichs auch in seiner amtlichen Funktion als Schiedsgutachter tätig werden kann.[311] Selbst wenn man aber davon ausgeht, dass ein Richter in seiner amtlichen Funktion als Schiedsgutachter tätig werden kann, muss eine Ausnahme von diesem Grundsatz dann gelten, wenn die Gefahr einer Interessenkollision besteht, die z.B. darin liegen kann, dass ein Richter später über das von ihm selbst erstattete Schiedsgutachten entscheiden muss.[312]

Richter als Privatpersonen können dagegen grundsätzlich ohne Weiteres als Schiedsgutachter tätig werden.[313] Insoweit sind aber die Vorschrift des § 40 DRiG[314] und Bestimmungen des Beamtenrechts über das Genehmigungserfordernis von Nebentätigkeiten zu beachten.

bb. Sachkunde

Die §§ 317 ff. BGB enthalten keine Vorschriften über die Notwendigkeit einer gewissen oder hinreichenden Sachkunde der im Rahmen der §§ 317 ff. BGB als Schiedsgutachter tätig werdenden Personen. Auch im Anwendungsbereich der §§ 64, 184 VVG ist eine gewisse oder hinreichende Sachkunde der als Schiedsgutachter tätig werdenden Personen nicht zur rechtlichen Voraussetzung ihres Tätigwerdens als Schiedsgutachter erhoben, obwohl diese Vorschriften von der Feststellung durch „Sachverständige" sprechen.[315] Da sich auch aus der „Natur der Sache" keine rechtlichen Mindestanforderungen hinsichtlich der gebotenen Sachkunde eines Schiedsgutachters ableiten lassen[316]

---

310 Siehe dazu die Nachweise in der vorangegangenen Fußnote.

311 Vgl. BayObLG vom 12.01.1950, NJW 1950, 909, 910.

312 *Habscheid*, MDR 1954, S. 393 f.; *Meyer*, S. 78; a.A. aber BayObLG vom 12.01.1950, NJW 1950, 909, 910.

313 Bay ObLG vom 08.12.1950, ZZP 64 (1951), 307, 310.

314 *Meyer*, S. 77.

315 OLG Hamm vom 25.06.1928, JRfPrV 1929, 149, 150; *Kisch*, S. 65; *Prölss*, VersPrax 1935, S. 119; a.A.: *Asmus*, S. 58 f.

316 So *Meyer*, S. 72, die zu Recht darauf hinweist, dass diejenigen Autoren, die einem Sachkundeerfordernis kraft Natur der Sache (gemeint ist: des Umstands, dass schiedsgutachterliche Aufgabenstellungen typischerweise eine gewisse, über normales Alltagswissen hinausgehende Sachkunde erfordern und demzufolge in der Praxis regelmäßig auch *a priori* nur hinreichend sachverständige Personen zu Schiedsgutachtern ernannt werden; dazu *Rauscher*, S. 212) das Wort reden, nicht in der Lage sind, das sich aus der „Natur der Sache" ergebende gebotene Mindestmaß der Sachkunde abstrakt zu umschreiben. Dass sich ein solches Sachkundeerfordernis nicht wirklich auf die „Natur der Sache" stützen lässt, zeigt sich aber auch darin, dass innerhalb der Stimmen im Schrifttum, die sich für rechtliche Mindestanforderungen kraft Natur der Sache aussprechen, unklar ist, ob insoweit das gebotene Mindestmaß eine „gewisse Sachkunde" (so *Eckert*, S. 20), die „erforderliche Sachkunde" (so *Gehrlein*, VersR 1994, S. 1013) oder gar eine

und sich hinsichtlich des rechtlich gebotenen Mindestmaßes an Sachkunde auch noch kein Gewohnheitsrecht herausgebildet hat, müssen Schiedsgutachter daher grundsätzlich[317] von Rechts wegen keinen besonderen Anforderungen an ihre Sachkunde genügen.[318]

Die Parteien können jedoch Anforderungen an die Sachkunde vertraglich vereinbaren. Insoweit gehen Rechtsprechung[319] und Schrifttum[320] jedenfalls im Ergebnis[321] ganz überwiegend davon aus, dass zumindest eine im Hinblick auf die konkrete Aufgabenstellung „gewisse Sachkunde"[322] stets als eine im Schiedsgutachtenvertrag stillschweigend mitvereinbarte Voraussetzung des Tätigwerdens der zu Schiedsgutachtern ernannten Personen anzusehen ist. Allerdings hat die ältere Rechtsprechung hier keine besonders strengen Anforderungen gestellt. So ist in älteren Entscheidungen die hinreichende Sachkunde einer Schiedsgutachterstelle, der die Bewertung einer Vielzahl von Sachen übertragen war, nicht schon deshalb verneint worden, weil die Schiedsgutachterstelle in Einzelfragen andere Sachverständige hinzugezogen hat.[323] Auch der Umstand, dass ein Schiedsgutachter, dem neben der Entscheidung

„besondere Sachkunde" ist (so *Rauscher*, S. 211). A.A. allerdings (neben den bereits Zitierten) *Kahn*, S. 16, und die bei *Meyer*, S. 72, Genannten.

317 Für den Sonderfall der Bestellung des Schiedsgutachters durch das Prozeßgericht auf der Grundlage eines Prozessvergleichs geht das OLG Brandenburg in einer Entscheidung vom 18.05.2004 (Verg W 3/04) offenbar von dem rechtlichen Erfordernis einer hinreichenden Sachkunde des Schiedsgutachters aus, allerdings ohne nähere Begründung. I.ü. ist nach Auffassung des OLG Frankfurt a.M. (OLG Frankfurt a.M. vom 29.04.1993, NJW-RR 1993, 1390) eine in AGB vereinbarte Schiedsgutachtenklausel i.e.S. unwirksam, wenn die bereits in der Schiedsgutachtenklausel benannte Schiedsgutachterstelle nicht ausreichend sachkundig ist.

318 OLG Hamm vom 25.06.1928, JRfPrV 1929, 149, 150.

319 RG vom 21.06.1910, Warn. 1910 Nr. 320; vom 23.05.1919, RGZ 96, 57, 61; vom 19.10.1932, JW 1933, 217; BGH vom 21.09.1983, NJW 1984, 43, 44; vom 21.06.1995, WuM 1995, 651; a.A. allerdings OLG Hamm vom 25.06.1928, JRfPrV 1929, 149, 150.

320 So *Kisch*, S. 65 f.; *Eckert*, S. 20; *Prölss*, VersPrax 1935, S. 134; *Asmus*, ZVersWiss 1962, S. 245 f.; *Rauscher*, S. 211 f.; *Heinrich*, S. 90; a.A. aber beispielsweise *Meyer*, S. 72.

321 Der BGH (BGH vom 21.09.1983, NJW 1984, 43, 44; vom 21.06.1995, WuM 1995, 651) hat – jeweils bezogen auf einen allein entscheidenden Schiedsgutachter i.e.S. – ausgesprochen, dass sich die Parteien der bindenden Wirkung des Schiedsgutachtens regelmäßig nur unter der Voraussetzung seiner Sachkunde unterwerfen. Auch wenn der BGH insoweit mit einer Einschränkung des Bindungswillens argumentiert, bedeutet dies sachlich nichts anderes, als dass der BGH davon ausgeht, dass die Sachkunde des allein entscheidenden Schiedsgutachters stets ein vertraglich vereinbartes Erfordernis seines Tätigwerdens ist.

322 RG vom 19.10.1932, JW 1933, 217.

323 Vgl. BGH vom 31.01.1957, VersR 1957, 122; vgl. auch die Entscheidung des OLG Hamm vom 25.06.1928, JRfPrV 1929, 149, 150, in der das OLG Hamm zu Recht ausführt, dass von einem Schiedsgutachter, dem im Rahmen der Schadensregulierung in den Zweigen der Schadensversicherung die Ermittlung der Höhe des Schadens an den versicherten Gegenständen übertragen sei, oft nicht erwartet werden könne, dass dieser hinsichtlich der Bewertung aller Schadenspositionen hinreichend sachkundig sei.

rein tatsächlicher Fragen die Entscheidung bestimmter Fragen der Auslegung des Schiedsgutachtenvertrags übertragen worden war, keine juristische Ausbildung durchlaufen hatte, ist in der älteren Rechtsprechung unbeanstandet geblieben.[324] Demgegenüber hat der Bundesgerichtshof die als stillschweigend anzusehenden Mindesterfordernisse[325] in einer neueren Entscheidung verschärft und sich im Ergebnis auf den Standpunkt gestellt, dass jedenfalls der allein entscheidende Schiedsgutachter die im Hinblick auf die konkrete Aufgabenstellung „erforderliche Sachkunde“[326] besitzen müsse.[327]

cc. Neutralität

Die Vorschriften der §§ 317–319 BGB, §§ 64, 184 VVG unterwerfen Schiedsgutachter keinerlei Neutralitätsanforderungen. Auch das Gebot überparteilicher Rechtspflege, das vor allem für die Tätigkeit der staatlichen Gerichte (Art. 97 I GG) gilt, aber nach der Rechtsprechung des Bundesgerichtshofs[328] auch im Bereich der Schiedsgerichtsbarkeit Geltung beansprucht, findet auf Schiedsgutachterstellen nach bisheriger Rechtsprechung keine Anwendung. Dies wird damit begründet, dass die unabdingbaren Verfahrensgrundsätze richterlicher Streitentscheidung nach Auffassung der Rechtsprechung für Schiedsgutachter nicht gelten und Schiedsgutachterstellen auch keine Rechtsprechung im materiellen Sinne ausüben. Es ist aber nicht auszuschließen, dass der Bundesgerichtshof dies zukünftig anders sehen wird.[329]

Dies bedeutet jedoch nicht, dass Schiedsgutachter von Rechts wegen keinerlei Anforderungen an ihre Neutralität unterliegen. Vielmehr hat die Rechtsprechung auf der Grundlage allgemeiner Rechtsprinzipien gewisse Mindestanforderungen entwickelt, die an die Neutralität von Schiedsgutachtern zu stellen sind. Um diesen Rechtszustand zu verdeutlichen, ist ein kurzer Blick auf die Entwicklung der Rechtsprechung zur Frage der an die Neutralität von Schiedsgutachtern zu stellenden Anforderungen notwendig, der zeigt, dass die im Schrifttum nicht selten anzutreffende Annahme, dass unter Zugrundelegung der bisher ergangenen höchstrichterlichen Rechtsprechung Schiedsgutachter keinerlei rechtlichen Mindestanforderungen an ihre Neutralität unterlägen, jedenfalls heute unzutreffend ist.

---

[324] Vgl. BGH vom 17.05.1967, BGHZ 48, 25, 28 ff.

[325] BGH vom 21.09.1983, NJW 1984, 43, 44.

[326] So *Gehrlein*, VersR 1994, S. 1013 (zum Zeitpunkt der Veröffentlichung des Artikels wissenschaftlicher Mitarbeiter beim BGH).

[327] Vgl. BGH vom 21.06.1995, WuM 1995, 651; ebenso: HansOLG vom 22.06.1994, WuM 1995, S. 650.

[328] BGH vom 19.12.1968, BGHZ 51, 255, 262; vom 05.11.1970, BGHZ 54, 392, 395; vom 03.07.1975, BGHZ 65, 59, 62; vom 15.05.1986, BGHZ 98, 70, 72 f. Siehe dazu zusammenfassend und rechtsvergleichend *Schlosser*, 50 Jahre BGH, S. 421 ff.

[329] Siehe dazu oben S. 58.

aaa. Entwicklung der Rechtsprechung

Den Ausgangspunkt der Entwicklung der höchstrichterlichen Rechtsprechung zu den an Schiedsgutachter zu stellenden Neutralitätsanforderungen bildeten ältere Entscheidungen des Reichsgerichts zum preußischen und gemeinen Recht. In diesen Entscheidungen stellte sich das Reichsgericht auf den Standpunkt, dass sowohl der allein entscheidende Schiedsgutachter[330] wie auch der Obmann einer Schiedsgutachterkommission[331] unabhängig und überparteilich sein müsse, gewisse Mindestanforderungen aber auch an die Neutralität eines Partei-Schiedsgutachters zu stellen seien.[332] Das Reichsgericht stellte dabei auch den Grundsatz auf, dass eine Person, die in einer Sache bereits als Gutachter für eine Partei tätig geworden sei, nicht als Obmann der in derselben Sache berufenen Schiedsgutachterkommission tätig werden könne.[333] Das Erfordernis der Unabhängigkeit und Überparteilichkeit des Obmanns einer aus zwei Partei-Schiedsgutachtern und einem Obmann bestehenden Schiedsgutachterkommission begründete das Reichsgericht dabei zum einen mit dem „Zweck und Wesen" einer solchen Schiedsgutachterstelle[334] und zum anderen mit dem notwendigen Schutz der Parteien.[335] Diese Auffassung entsprach zunächst auch der deutlich überwiegenden Auffassung der mit Schiedsgutachtenklauseln in AVB befassten Gerichte[336] und des versicherungsrechtlichen Schrifttums.[337] Dies zeigt sich darin, dass im Bereich des Versicherungsrechts lange Zeit die Auffassung vorherrschte, dass die Parteien im Grundsatz ein Recht hätten, befangene Schiedsgutachter abzulehnen,[338] und die Berufung auf das Vorliegen eines statthaften Ablehnungsgrundes in

---

330 RG vom 27.09.1899, JW 1899, 726, 727.

331 RG vom 27.10.1899, RGZ 45, 350, 352; vom 06.12.1904, JW 1905, 90; vom 12.06.1908, RGZ 69, 167, 169 f.

332 Vgl. RG vom 12.06.1908, RGZ 69, 167, 169.

333 RG vom 27.10.1899, RGZ 45, 350, 352; vom 12.06.1908, RGZ 69, 167, 169 f.; vom 17.06.1919, VA 1919, 62 Nr. 1103.

334 RG vom 06.12.1904, JW 1905, 90. Gemeint ist mit dieser Formulierung wohl, dass die Unabhängigkeit des Obmanns stillschweigend vorausgesetzt wird – zum einen kraft seiner Stellung und zum anderen, weil eine „gewisse Subjektivität" auf Seiten der Partei-Schiedsgutachter unvermeidbar ist (RG a.a.O.).

335 Vgl. RG vom 12.06.1908, RGZ 69, 167, 170.

336 KG vom 01.02.1930, JRfPrV 1930, 155, 156; OLG Nürnberg vom 05.02.1934, JRfPrV 1934, 168, 169; vgl. auch KG vom 25.11.1933, JRfPrV 1934, 75; vom 06.06.1934, JRfPrV 1934, 347, 348; LG Zweibrücken vom 07.06.1913, VA 1914, 55 Nr. 814; vom 06.10.1913, VA 1914, 29 Nr. 798; ausdrücklich offengelassen wurde die Frage des Bestehens eines Ablehnungsrechts aber in der Entscheidung des Hanseatischen Oberlandesgerichts vom 02.11.1927, HansRGZ B 1928, 38 Nr. 2.

337 Vgl. nur *Clasen*, JRfPrV 1927, S. 341; *Hannes*, JRfPrV 1928, S. 242; *Do.*, JRfPrV 1935, S. 198 f.; *Bruck*, HansGRZ A 1935, S. 22; *Raiser*, § 16, Anm. 22.

338 Vgl. etwa KG vom 01.02.1930, JRfPrV 1930, 155, 156: „Daß eine solche Ablehnung eines Schiedsgutachters zulässig ist, hat die Rechtsprechung allgemein angenommen [....]".

der Person eines Schiedsgutachters einen selbstständigen Unverbindlichkeitsgrund darstelle.[339]

Dieser Auffassung wurde jedoch durch zwei Entscheidungen des Reichsgerichts aus den Jahren 1936[340] und 1937[341] die Grundlage entzogen. In der ersten Entscheidung stellte sich das Reichsgericht zunächst auf den Standpunkt, dass bei einer dreiköpfigen, aus einem Obmann und zwei Partei-Schiedsgutachtern zusammengesetzten Schiedsgutachterstelle selbst gegen das Tätigwerden eines parteiischen Partei-Schiedsgutachters im Grundsatz keine Bedenken bestünden. In der zweiten Entscheidung sah das Reichsgericht dann auch das Tätigwerden einer Partei als allein entscheidender Schiedsgutachter als unbedenklich an.

Die zunächst noch gemachten Versuche verschiedener Obergerichte, die Auswirkungen dieser beiden Entscheidungen jedenfalls im Versicherungsrecht zu begrenzen und hier zumindest den Grundsatz der notwendigen Unabhängigkeit und Überparteilichkeit des Obmanns einer Schiedsgutachterkommission[342] wie auch ein bestimmtes Mindestniveau für die an die Neutralität von Partei-Schiedsgutachtern zu stellenden Anforderungen aufrechtzuerhalten,[343] wurden durch eine Entscheidung des Bundesgerichtshofs aus dem Jahre 1957[344] hinfällig. In dieser Entscheidung bestätigte der Bundesgerichtshof ausdrücklich die erste der vorgenannten Entscheidungen des Reichsgerichts und ging noch über diese Entscheidung hinaus, indem er unter Hinweis auf die zum preußischen und gemeinen Recht ergangenen älteren Entscheidungen des Reichsgerichts die Anerkennung eines Ablehnungsrechts – im Gegensatz zur Vorinstanz[345] – selbst für den Fall eines „völligen Abhängigkeits- und Unterordnungsverhältnisses" eines Partei-Schiedsgutachters zu der ihn ernennenden Partei und für den Fall der Befangenheit eines allein entscheidenden Obmanns[346] in Frage stellte.[347] Diese weitreichende Ablehnung, Schiedsgut-

---

339 Siehe dazu die drei vorhergehenden Fußnoten.

340 RG vom 21.08.1936, RGZ 152, 201 (Anm. *Jonas*, JW 1937, 221 f.).

341 RG vom 29.01.1937, JW 1937, 1401.

342 Vgl. OLG Schleswig vom 28.10.1953, VersR 1954, 506.

343 Vgl. OLG Königsberg vom 08.07.1941, HansRGZ B 1941, 223, 224; OLG Schleswig vom 28.10.1953, VersR 1954, 506; OLG Frankfurt a.M. vom 16.06.1955, VersR 1956, 641.

344 BGH vom 31.01.1957, VersR 1957, 122.

345 Die Vorinstanz hatte die Unzulässigkeit der Mitwirkung eines solchen Partei-Schiedsgutachters noch als unabdingbaren wesentlichen Verfahrensgrundsatz angesehen; vgl. dazu OLG Frankfurt a.M. vom 16.06.1955, VersR 1956, 641.

346 Das Reichsgericht hatte in diesem Fall strenge Neutralitätsanforderungen und ein korrespondierendes Ablehnungsrecht noch zum Schutz der Parteien für erforderlich gehalten; vgl. dazu RG vom 12.06.1908, RGZ 69, 167, 169 f.

347 Auch das damalige Bundesaufsichtsamt für das Versicherungswesen hat die zitierte Entscheidung des BGH ersichtlich in diesem Sinne verstanden und im Gefolge dieser Entscheidung – gegen den Widerstand einiger Versicherungen – durchgesetzt, dass dem Versicherungsnehmer in den AUB 61 ein Wahlrecht zwischen der Anrufung der Ärztekommission und der Anrufung des Gerichts eingeräumt wurde; vgl. dazu die Entscheidung BVerwG vom 22.11.1960, VersR 1961, 145.

achter rechtlichen Mindestanforderungen an ihre Neutralität zu unterwerfen, begründete der Bundesgerichtshof im Anschluss an das Reichsgericht zum einen damit, dass die Grundsätze der §§ 1025 ff. ZPO auf Schiedsgutachter keine Anwendung fänden[348] und die Parteien im Regelfall auch durch die §§ 317 II, 318 II BGB, §§ 64 I 1, 184 I 1 VVG hinreichend geschützt seien,[349] aber auch mit der – in seiner Entscheidung vom 26.06.1952 entwickelten[350] – Ansicht, dass ein Schiedsgutachter keine richterlichen Funktionen ausübe und daher auch nicht an die unabdingbaren Verfahrensgrundsätze richterlicher Streitentscheidung gebunden sei.[351]

Seit dieser Entscheidung des Bundesgerichtshofs aus dem Jahre 1957 ist die Rechtsentwicklung jedoch nicht stehen geblieben. Vielmehr ist der Bundesgerichtshof – sicherlich nicht zuletzt aufgrund der harschen Kritik des Schrifttums an dieser seiner Rechtsprechung[352] – von dieser Entscheidung inhaltlich nach und nach immer weiter abgerückt und hat nach und nach jedenfalls in der Tendenz einen Richtungswechsel vollzogen.

Den Beginn dieses tendenziellen Richtungswechsels markieren zwei zu Schiedsgutachterstellen im Bereich des Versicherungsrechts ergangene Entscheidungen aus den Jahren 1976 und 1977. In der ersten Entscheidung stellte der Bundesgerichtshof erstmalig fest, dass eine Schiedsgutachterstelle eine neutrale, über den Parteien stehende Instanz sei,[353] und rückte damit vorsichtig von dem Standpunkt seiner älteren Rechtsprechung ab, dass sich ein Schiedsgutachten nicht auf der prozessualen Ebene der Streitentscheidung zwischen den Parteien bewege und ein Schiedsgutachter keine dem (Schieds-)Richter vergleichbare Stellung habe. Zugleich zog er aus dieser Prämisse Schlussfolgerungen für das Verhalten auch von Partei-Schiedsgutachtern, die der bis dahin in der Rechtsprechung vorherrschenden Wahrnehmung von Partei-Schiedsgutachtern als Interessenvertretern der sie ernennenden Partei zuwiderliefen. In der zweiten Entscheidung[354] ließ der Bundesgerichtshof erkennen, dass er der Möglichkeit, „die Unverbindlichkeit eines Gutachtens gem. den §§ 64 I S. 1 VVG, 15 I S. 3 AEB auch mit dem Beweis schwerwiegender Gründe für die Befangenheit eines Sachverständigen zu erreichen",[355] heute keineswegs mehr so ablehnend gegenüber stehe wie noch in seiner 1957 ergangenen Entscheidung. Diese Tendenz hat er in einer 1987 ergangenen Entscheidung[356] bestätigt.[357]

---

348 BGH vom 31.01.1957, VersR 1957, 122, im Anschluss an RG vom 21.08.1936, RGZ 152, 201, 204 ff.

349 BGH a.a.O., im Anschluss an RG vom 21.08.1936, RGZ 152, 201, 207 f.

350 BGH vom 25.06.1952, BGHZ 6, 335, 340 (Anm. *Benkard*, LM Nr. 1 zu § 319 BGB).

351 Vgl. BGH vom 31.01.1957, VersR 1957, 122.

352 Dazu oben S. 47 f.

353 BGH vom 11.06.1976, VersR 1976, 821, 823.

354 BGH vom 30.11.1977, VersR 1978, 121.

355 BGH vom 30.11.1977, VersR 1978, 121, 123.

356 BGH vom 01.04.1987, NJW-RR 1987, 917.

Besonders deutlich tritt dieser tendenzielle Richtungswechsel in den Entscheidungen zu Tage, die zu allein entscheidenden Schiedsgutachtern i.e.S. ergangen sind. Zunächst hat der Bundesgerichtshof in einer 1979 ergangenen Entscheidung[358] den Parteien das Recht zugesprochen, im Falle einer berechtigten Besorgnis der Befangenheit den mit einem allein entscheidenden Schiedsgutachter geschlossenen Schiedsgutachtervertrag fristlos aus wichtigem Grunde zu kündigen. In zwei Entscheidungen aus den Jahren 1981[359] und 1983[360] hat er sodann den Grundsatz aufgestellt, dass die Benennung eines allein entscheidenden, aber nicht vollkommen unabhängigen und neutralen Schiedsgutachters in einer in AGB enthaltenen Schiedsgutachtenklausel den anderen Vertragsteil unangemessen benachteilige und daher unwirksam sei. Dieser Grundsatz lässt sich nur schwer mit der Ansicht seiner 1957 ergangenen Entscheidung vereinbaren, dass eine Partei durch die Bestimmungen der §§ 318 II, 319 I 1 BGB und der §§ 64 I 1, 184 I 1 VVG im Regelfall hinreichend geschützt und vor diesem Hintergrund ein innerer Grund für die Anerkennung eines Ablehnungsrechts selbst bei Befangenheit eines allein entscheidenden Obmanns zweifelhaft sei.[361] Ebenfalls in einer 1983 ergangenen Entscheidung[362] hat der Bundesgerichtshof – in tendenziellem Widerspruch zu der vom Bundesgerichtshof 1957 ausdrücklich bestätigten Entscheidung des Reichsgerichts[363] – ausgesprochen, dass sich die Parteien der bindenden Wirkung des von einem allein entscheidenden Schiedsgutachter erstatteten Schiedsgutach-

---

357 BGH vom 01.04.1987, NJW-RR 1987, 917, 918. Die in dieser Entscheidung gemachte Aussage, dass der BGH bisher nicht zu der Frage Stellung genommen habe, ob ein Schiedsgutachten im Geltungsbereich der §§ 64, 184 VVG der bindenden Wirkung schon beim bloßen Nachweis der Mitwirkung eines befangenen Schiedsgutachters entbehre, erscheint im Lichte der Entscheidung des BGH vom 31.01.1957, VersR 1957, 122, als unzutreffend und lässt sich nach Ansicht des Verfassers nur dadurch erklären, dass der BGH sich die Möglichkeit eröffnen wollte, ohne Auseinandersetzung mit der Begründung seiner Entscheidung vom 31.01.1957, VersR 1957, 122, die von ihm aufgeworfene Frage zu bejahen.

358 BGH vom 05.12.1979, DB 1980, 967, 968.

359 BGH vom 09.07.1981, BGHZ 81, 229, 236.

360 BGH vom 18.05.1983, NJW 1983, 1854, 1855.

361 Dieser Grundsatz lässt sich nur schwer mit der Ansicht seiner 1957 ergangenen Entscheidung vereinbaren, dass eine Partei durch die Bestimmungen der §§ 318 II, 319 I 1 BGB und der §§ 64 I 1, 184 I 1 VVG im Regelfall hinreichend geschützt und vor diesem Hintergrund ein innerer Grund für die Anerkennung eines Ablehnungsrechts selbst bei Befangenheit eines allein entscheidenden Obmanns zweifelhaft sei. Allerdings hat der BGH diesem Gedanken auch heute noch nicht abgeschworen; siehe dazu nur BGH vom 26.05.1999, ZIP 1999, 1266, 1267.

362 BGH vom 21.09.1983, NJW 1984, 43, 44.

363 Das Reichsgericht hatte in dieser Entscheidung – gestützt auf das Argument des hinreichenden Schutzes der Parteien durch die §§ 318, 319 BGB – der Auffassung widersprochen, dass ein Ablehnungsrecht entsprechend § 1032 ZPO a.F. und eine korrespondierende Versagung der Bindungswirkung des Schiedsgutachtens bei Vorliegen eines statthaften Ablehnungsgrundes für den Regelfall als stillschweigend vereinbart anzusehen sei.

tens nur unter den Voraussetzungen seiner Objektivität, Neutralität und Unabhängigkeit unterwerfen würden.[364] Damit hat er sich die Möglichkeit geschaffen, in Zukunft Schiedsgutachten allein entscheidender Schiedsgutachter bei Besorgnis ihrer Befangenheit unter Hinweis auf den eingeschränkten Bindungswillen der Parteien für nicht bindend zu erklären. Korrespondierend dazu hat er in einer 1987 ergangenen Entscheidung[365] die Frage ausdrücklich offengelassen, wie sich die Befangenheit eines allein entscheidenden Schiedsgutachters auf das von diesem erstattete Schiedsgutachten auswirke. Den – vorläufigen – Abschluss dieses Richtungswechsels bildet die bereits zuvor erwähnte, 1994 ergangene Entscheidung des Bundesgerichtshofs, in der er entschied, dass ein allein entscheidender Schiedsgutachter unabhängig und überparteilich sein müsse[366], und darüber hinaus – bezeichnenderweise unter Bezugnahme auf eine der frühen, noch zum gemeinen und preußischen Recht ergangenen reichsgerichtlichen Entscheidungen – feststellte, dass jemand, der bereits als Gutachter im Interesse einer Partei tätig geworden sei, nicht mehr zum allein entscheidenden Schiedsgutachter tauge.[367]

Festzuhalten ist damit, dass die Tendenz der neueren Rechtsprechung des Bundesgerichtshofs eindeutig dahin geht, auch Schiedsgutachter gewissen Mindestanforderungen an ihre Neutralität zu unterwerfen und insoweit wieder an die frühen, zum gemeinen und zum preußischen Recht ergangenen reichsgerichtlichen Entscheidungen anzuknüpfen. Inwieweit sich dabei – im Anschluss an eine Reihe von Stimmen im Schrifttum[368] – auch in der Rechtsprechung eine Differenzierung zwischen Schiedsgutachtern i.e.S. und Schiedsgutachtern i.w.S. durchsetzen wird, bleibt abzuwarten.[369]

---

364 Ebenso: BGH vom 03.11.1995, NJW 1996, 452, 454; HansOLG vom 22.06.1994, WuM 1995, 650.

365 BGH vom 16.11.1987, NJW-RR 1988, 506, 507.

366 BGH vom 06.06.1994, NJW-RR 1994, 1314. So auch schon *Wolf*, ZIP 1981, S. 241, der zum Zeitpunkt der Veröffentlichung Richter am BGH war: „Die Verpflichtung zur Neutralität haben Schiedsgutachter und Schiedsrichter gemein." Dieser Grundsatz gilt allerdings nicht für den Sonderfall des sog. Stichentscheids in der Rechtsschutzversicherung; siehe dazu OLG Hamm vom 03.11.2004, VersR 2005, 1280, 1281.

367 BGH vom 06.06.1994, NJW-RR 1994, 1314, 1315.

368 Vgl. hierzu *Nicklisch*, BB 1971, S. 1207; ders., ZHR 136 (1972), S. 24; *Rauscher*, S. 213; *Habscheid*, NJW 1962, S. 9; ders., FS Laufke, S. 315; *Schwab/Walter*, S. 16; ebenso Soergel-*Wolf*, § 319, Rdn. 25 ff. Gegen eine derartige Differenzierung spricht sich aus *Wittmann*, S. 141.

369 Alle oben erwähnten neueren Entscheidungen des BGH, die zu den für Schiedsgutachter geltenden Neutralitätsanforderungen ergangen sind, sind zu Schiedsgutachtern i.e.S. ergangen. Das Argument, mit dem der BGH die an einen allein entscheidenden Schiedsgutachter zu stellenden rechtlichen Mindestanforderungen begründet hat, spricht allerdings *a priori* gegen eine solche Differenzierung, da auch das Schiedsgutachten i.w.S. für das staatliche Gericht bindend ist.

bbb. Geltende Rechtslage

Ein allein entscheidender Schiedsgutachter muss nach der neueren Rechtsprechung des Bundesgerichtshofs den Parteien des Schiedsgutachtenvertrags, aber auch dem Streitgegenstand selbst gegenüber unabhängig sein. Unter Zugrundelegung der vorstehend dargelegten Entwicklung der höchstrichterlichen Rechtsprechung, insbesondere der zustimmenden Bezugnahme des Bundesgerichtshofs auf die frühe, zu Neutralitätsanforderungen im gemeinen und preußischen Recht ergangene reichsgerichtliche Rechtsprechung, muss weiterhin davon ausgegangen werden, dass nach geltendem Recht auch der Obmann einer aus drei Personen bestehenden Schiedsgutachterkommission, bei der die Parteien je einen Schiedsgutachter ernennen, jeweils von beiden Parteien des Schiedsgutachtenvertrags unabhängig sein muss und keiner der beiden Parteien gegenüber befangen sein darf.[370] Das gilt nicht nur für den allein entscheidenden[371] oder den als Mehrheitsbeschaffer fungierenden Obmann,[372] sondern auch für den Obmann einer (aufgrund ausdrücklicher Vereinbarung oder nach der Zweifelsregel des § 317 II BGB) einstimmig entscheidenden dreiköpfigen Schiedsgutachterkommission.[373]

Weniger eindeutig beantworten lässt sich demgegenüber die Frage, welche Anforderungen das geltende Recht an die Neutralität eines Partei-Schiedsgutachters stellt. Hintergrund der Problematik ist dabei die bisher noch ausstehende übereinstimmende Lösung des in der Funktion des Partei-Schiedsgutachters angelegten Spannungsverhältnisses, das darin besteht, dass ein Partei-Schiedsgutachter zwar einerseits Mitglied eines „unabhängige[n], über den Parteien stehenden“[374] Gremiums (und daher nicht im strengen Sinne Parteivertreter der ihn ernennenden Partei[375]), andererseits aber – ebenso wie der von einer Partei ernannte Schiedsrichter[376] – unausgesprochen stets auch Interessenwahrer der ihn ernennenden Partei ist.

Einigkeit besteht innerhalb der Rechtsprechung aber immerhin im Grundsatz darüber, dass bei der Bestimmung der an die Neutralität eines Partei-Schiedsgutachters zu stellenden Anforderungen der Stellung eines Partei-Schiedsgut-

---

370 RG vom 06.12.1904, JW 1905, 90 f.; vom 12.06.1908, RGZ 69, 167, 169 f.; OLG Schleswig vom 28.10.1953, VersR 1954, 506; vgl. auch die Entscheidung des Reichsgerichts vom 17.06.1919, VA 1919, 62 Nr. 1103, und die Entscheidung des Reichsgerichts vom 27.10.1899, RGZ 45, 350, 352, die vom BGH in seiner Entscheidung vom 06.06.1994 (NJW-RR 1994, 1314, 1315) zur Stützung seiner Aussage herangezogen wurde, dass ein Sachverständiger, der bereits in derselben Sache für eine der Parteien ein Privatgutachten erstattete habe, nicht mehr als allein entscheidender Schiedsgutachter tätig werden könne.

371 RG vom 12.06.1908, RGZ 69, 167, 169 f.

372 RG vom 06.12. 1904, JW 1905, 90 f.

373 OLG Schleswig vom 28.10.1953, VersR 1954, 506.

374 BGH vom 11.06.1976, VersR 1976, 821, 823.

375 So ausdrücklich *Do.*, JRfPrV 1940, S. 186.

376 Vgl. dazu die Ausführungen in BGH vom 28.02.1972, NJW 1972, 827.

achters als Interessenwahrer grundsätzlich ein stärkeres Gewicht zukommt als seiner Stellung als Mitglied eines unabhängigen, über den Parteien stehenden Entscheidungsgremiums.[377] Dies ist auch der Standpunkt der überwiegenden Meinung im Schrifttum.[378] Daher steht die Rechtsprechung auch bisher übereinstimmend auf dem Standpunkt, dass in eine Schiedsgutachterkommission entsandte Partei-Schiedsgutachter einerseits nicht denselben Neutralitätsanforderungen unterliegen wie der staatliche Richter[379] und andererseits auch geringeren Neutralitätsanforderungen unterliegen als der Obmann.[380]

Unterschiedlich wird in der Rechtsprechung jedoch die rechtliche Grenze gezogen, bis zu der eine Lösung des dargelegten Spannungsverhältnisses zugunsten der Stellung des Partei-Schiedsgutachters als Interessenwahrer als noch rechtlich zulässig angesehen wird. Das Reichsgericht hat sich in einer frühen Entscheidung auf den Standpunkt gestellt, dass in der Person eines Partei-Schiedsgutachters grundsätzlich keine erheblichen, für eine Befangenheit zugunsten der ihn ernennenden Partei sprechenden Gründe vorliegen dürften,[381] und festgestellt, dass ein Partei-Schiedsgutachter jedenfalls nicht in einem „besonderen Abhängigkeits- und Unterordnungsverhältnis" zu der ihn

---

377 Diese Auffassung wird vom BGH (BGH vom 31.01.1957, VersR 1957, 122; ähnlich auch RG vom 12.06.1908, RGZ 69, 167, 169) vor dem Hintergrund der üblichen Verfahrenspraxis im Bereich der Sachversicherung damit begründet, dass eine Schiedsgutachterkommission zu dem Zweck gebildet werde, zwischen den entgegengesetzten Auffassungen der Parteien einen gerechten Ausgleich zu finden. Der BGH geht insoweit davon aus, dass jede Partei naturgemäß erwarte, dass der von ihr ernannte Schiedsgutachter ihren Standpunkt im Rahmen des sachlich Vertretbaren gebührend zur Geltung bringe, und auch die ernannten Partei-Schiedsgutachter es naturgemäß als ihre Aufgabe ansähen, die Interessen der sie ernennenden Partei zu wahren (vgl. insoweit die Ausführungen des BGH zum Aufgabenverständnis von Partei-Schiedsrichtern in BGH vom 28.02.1972, NJW 1972, 827). Nach Ansicht des OLG Frankfurt a.M. (OLG Frankfurt a.M. vom 16.06.1955, VersR 1956, 641) liegt es sogar „*auf der Hand*, dass von den Persönlichkeiten, die von den Parteien als Sachverständige in die Kommission entsandt werden, nicht die Unbefangenheit etwa des Mitglieds eines ordentlichen Gerichts verlangt werden kann" (Hervorhebung durch den Verfasser).

378 In diesem Sinne: *Josef*, ZVersWiss 1911, S. 805; *Jacobi*, VersR 1959, S. 405 f.; *Kallfelz*, VersR 1959, S. 586; *Sieg*, VersR 1965, S. 632; *Volze*, VersR 1996, S. 1339; Prölss/Martin-*Voit/Knappmann*, § 64 Rdn. 50 (jeweils bezogen auf den Bereich des Versicherungsrechts); *Bruns*, RdL 1966, S. 67 (für Schiedsgutachter, die auf der Grundlage der Schätzungsordnung für das landwirtschaftliche Pachtwesen tätig werden); a.A. aber *Jonas*, JW 1937, S. 221; *Rauscher*, S. 237 f.; im Ergebnis ebenso *Theisinger*, AgrarR 1973, S. 37 f. (für Schiedsgutachter, die auf der Grundlage der Schätzungsordnung für das landwirtschaftliche Pachtwesen tätig werden); *Klocke*, ZfV 1984, S. 509 f. (für den Bereich des Versicherungsrechts). A.A. auch (allerdings ohne Differenzierung zwischen allein entscheidendem Schiedsgutachter, Obmann und Partei-Schiedsgutachter): *Habscheid*, FS Laufke, S. 314; *Wittmann*, S. 112.

379 Vgl. OLG Schleswig vom 28.10.1953, VersR 1954, 506; OLG Frankfurt a.M. vom 16.06.1955, VersR 1956, 641.

380 Vgl. RG vom 06.12.1904, JW 1905, 90 f.; vom 12.06.1908, RGZ 69, 167, 168 ff.; OLG Schleswig vom 28.10.1953, VersR 1954, 506; LG Hamburg vom 30.05.1986, ZfS 1987, 27.

381 RG vom 12.06.1908, RGZ 69, 167, 169.

ernennenden Partei stehen dürfe.[382] Im Anschluss an die oben erwähnte Entscheidung des Reichsgerichts aus dem Jahre 1936[383] haben aber die Obergerichte die von Rechts wegen an die Neutralität eines Partei-Schiedsgutachters zu stellenden Anforderungen deutlich enger gefasst. Nach der hinsichtlich der zu stellenden Neutralitätsanforderungen strengsten Auffassung des OLG Schleswig[384] darf ein Partei-Schiedsgutachter nicht in einem „ständigen festen Abhängigkeits- *oder* Unterordnungsverhältnis“[385] zu der ihn ernennenden Partei stehen. Das OLG Königsberg[386] hat noch geringere Anforderungen an die Neutralität eines Partei-Schiedsgutachters aufgestellt und lediglich verlangt, dass ein Partei-Schiedsgutachter nicht in einem „ständigen festen Abhängigkeits- *und* Unterordnungsverhältnis“[387] zu der ernennenden Partei stehen dürfe. Das OLG Frankfurt a.M.[388] ist noch einen Schritt weiter gegangen und hat ausgesprochen, dass ein Partei-Schiedsgutachter nur dann ungeeignet sei, als Schiedsgutachter tätig zu werden, wenn er in einem „*völligen* Abhängigkeits- *und* Unterordnungsverhältnis“[389] zu der ihn ernennenden Partei stehe. Das Bestehen eines derartigen Abhängigkeits- und Unterordnungsverhältnisses hat das OLG Frankfurt a.M. dabei nur für den Fall bejaht, dass dem Partei-Schiedsgutachter eine eigene Entschließungsfreiheit praktisch völlig genommen sei.[390] In der zu der letztgenannten Entscheidung ergangenen Revisionsentscheidung hat der Bundesgerichtshof dagegen selbst die vom OLG Frankfurt a.M. bejahte Frage offengelassen, ob im Falle des Vorliegens eines „völligen Abhängigkeits- und Unterordnungsverhältnisses“ zwischen einem Partei-Schiedsgutachter und der ihn ernennenden Partei ein rechtlicher Grund anzuerkennen sei, der Gegenpartei ein Recht zur Ablehnung dieses Partei-Schiedsgutachters zuzugestehen.[391]

Die oben dargelegte neuere Rechtsprechung des Bundesgerichtshofs zeigt jedoch ein weitgehend anderes Bild. Diese neuere Rechtsprechung lässt nämlich mit hinreichender Deutlichkeit die Tendenz des Bundesgerichtshofs erkennen, nicht nur der Frage der Neutralität des allein entscheidenden Schiedsgutachters, sondern auch der Frage der Neutralität der Partei-Schiedsgutachter zunehmende Bedeutung beizumessen[392] und sich insoweit wieder auf die frühe reichsgerichtliche Rechtsprechung zuzubewegen.

---

382 RG a.a.O.

383 RG vom 21.08.1936, RGZ 152, 201. Dazu oben S. 79.

384 OLG Schleswig vom 28.10.1953, VersR 1954, 506.

385 Hervorhebung durch den Verfasser.

386 OLG Königsberg vom 08.07.1941, HansRGZ B 1941, 223, 224.

387 Hervorhebung durch den Verfasser.

388 OLG Frankfurt a.M. vom 16.06.1955, VersR 1956, 641.

389 Hervorhebungen durch den Verfasser.

390 OLG Frankfurt vom 16.06.1955, VersR 1956, 641.

391 BGH vom 31.01.1957, VersR 1957, 122.

392 Vgl. BGH vom 11.06.1976, VersR 1976, 821, 823; vom 30.11.1977, VersR 1978, 121, 123; vom 01.04.1987, NJW-RR 1987, 917, 918.

Insgesamt festzuhalten ist daher, dass sich zwar nach geltendem Recht die an die Neutralität von Partei-Schiedsgutachtern zu stellenden Mindestanforderungen nicht eindeutig bestimmen lassen, die Tendenz der Rechtsprechung des Bundesgerichtshofs aber ersichtlich dahin geht, die Mindestanforderungen an die Neutralität von Partei-Schiedsgutachtern gegenüber der Entscheidung des Reichsgerichts aus dem Jahre 1936 und der erwähnten Entscheidung des OLG Frankfurt a.M. wieder zu verschärfen. Allerdings unterliegen im Ergebnis nach geltendem Recht Partei-Schiedsgutachter geringeren Anforderungen an ihre Neutralität als Partei-Schiedsrichter.[393]

All diese Neutralitätsanforderungen sind nach bisheriger Rechtsprechung verzichtbar,[394] denn das Gebot überparteilicher Rechtspflege gilt, wie bereits oben erwähnt,[395] unter Zugrundelegung der bisherigen höchstrichterlichen Rechtsprechung nicht für Schiedsgutachter. Die Unverzichtbarkeit der rechtlichen Neutralitätserfordernisse folgt auch nicht daraus, dass der staatliche Richter an das Schiedsgutachten gebunden ist.[396] Allerdings ist im Lichte der neueren Rechtsprechung[397] nicht auszuschließen, dass diese zukünftig bestimmte Neutralitätsanforderungen als unverzichtbar ansehen wird.

Unabhängig von diesen Mindestanforderungen steht es den Parteien frei, über die Mindestanforderungen hinaus weitergehende Neutralitätsanforderungen zu vereinbaren.[398] Ebenso sind die Parteien aber auch als befugt anzusehen, die vorstehend dargelegten Mindestanforderungen einzuschränken, denn diese Neutralitätsanforderungen sind nach h.M. verzichtbar. Die im Schrifttum vertretene Auffassung, dass bestimmte Mindestanforderungen an die Neutralität von Schiedsgutachtern stets als stillschweigend vereinbart anzusehen seien,[399] hat sich die Rechtsprechung dabei bisher noch nicht zu eigen gemacht – auch wenn der Bundesgerichtshof auf der Grundlage seiner neueren Rechtsprechung die Unabhängigkeit, Unparteilichkeit und Objektivität jedenfalls des allein entscheidenden Schiedsgutachters im Ergebnis stets als stillschweigend vereinbart ansieht.[400]

---

393 Zu den an Partei-Schiedsrichter gestellten Anforderungen siehe *Albers*, S. 150 ff.

394 So auch: *Rauscher*, S. 241. A.A.: *Wittmann*, S. 128, und *Nicklisch*, BB 1971, S. 1207, die die Unverzichtbarkeit der Geltung jedenfalls bestimmter rechtlicher Mindesterfordernisse allerdings auf die – von der Rechtsprechung bisher abgelehnte – Geltung des Gebots überparteilicher Rechtspflege auch im Schiedsgutachtenrecht stützen.

395 Dazu oben S. 77.

396 So im Ergebnis auch *Wittmann*, S. 122 f.; a.A.: *Habscheid*, FS Laufke, S. 315.

397 Dazu oben S. 58.

398 Vgl. BGH vom 28.02.1972, NJW 1972, 827; vom 05.12.1979, DB 1980, 967, 968.

399 So insbesondere *Kisch*, S. 62 ff.

400 Vgl. BGH vom 21.09.1983, NJW 1984, 43, 44 (für einen Schiedsgutachter i.e.S.); vom 03.11.1995, NJW 1996, 452, 454 (für einen Schiedsgutachter i.e.S.); ebenso HansOLG vom 22.06.1994, WuM 1995, 650.

b. *Ernennung der Schiedsgutachter*

Die Parteien sind in der Ausgestaltung des Ernennungsverfahrens grundsätzlich frei.

Da das Gebot überparteilicher Rechtspflege zwar für Schiedsgerichte, bisher aber nicht für Schiedsgutachterstellen gilt, bestehen im Grundsatz keine rechtlichen Bedenken gegenüber der Zulässigkeit eines Ernennungsverfahrens, das einer Partei ein Übergewicht bei der Zusammensetzung der Schiedsgutachterstelle gibt.[401] Allerdings ergeben sich Grenzen ggf. aus den für AGB geltenden Sonderregeln[402] und aus der Auffassung des OLG Rostock, dass ein Schiedsgutachtenvertrag gegen § 138 BGB verstößt, wenn eine Partei ihre wirtschaftliche Machtposition dazu ausgenutzt hat, die andere Partei zum Abschluss eines Schiedsgutachtenvertrags zu bewegen, der ihr eine übermäßige Machtstellung einräumt.[403] Auch kann die originäre oder subsidiäre Ernennung der Schiedsgutachter grundsätzlich von den Parteien verschiedenen Personen oder Stellen übertragen werden.[404] Juristischen Personen des öffentlichen Rechts[405] und Behörden[406] kann die Ernennung von Schiedsgutachtern allerdings wirksam nur dann übertragen werden, wenn die Ernennung von Schiedsgutachtern in den Zuständigkeitsbereich der betreffenden juristischen Person des öffentlichen Rechts fällt („ultra vires"); das ist bei Industrie- und Handelskammern regelmäßig der Fall.[407]

---

401 Sieht allerdings eine in AGB enthaltene Schiedsgutachtenklausel ein Recht des Verwenders vor, einseitig die Person des allein entscheidenden Schiedsgutachters zu bestimmen, so kann die vom Verwender getroffene Auswahl entsprechend § 315 III BGB vom Gericht kontrolliert werden. Hat der Verwender als allein entscheidenden Schiedsgutachter eine ihm nahe stehende oder von ihm abhängige Person ernannt, so ist das von diesem erstattete Schiedsgutachten unverbindlich; OLG Frankfurt vom 23.06.1987, VersR 1987, 1197, 1198.

402 Vgl. OLG Düsseldorf vom 28.04.1999, NJW-RR 2000, 279, 281 (Unwirksamkeit der Kombination des Rechts einer Partei, einen allein entscheidenden Schiedsgutachter ohne Mitwirkung der anderen Partei zu ernennen, und der Bindung lediglich der anderen Partei durch den so ernannten Schiedsgutachter „liegt nahe"); siehe aber demgegenüber OLG Frankfurt vom 23.06.1987, VersR 1987, 1197, 1198.

403 OLG Rostock vom 25.07.1996, OLGR 1996, 265, 268.

404 Vgl. die Entscheidung BGH vom 30.10.1970, WM 1971, 39 (Ernennung durch den Regierungspräsidenten); vom 20.11.1975, WM 1976, 251 (Ernennung durch den Präsidenten der IHK); vom 30.03.1979, NJW 1979, 1543 (Ernennung durch den Landgerichtspräsidenten). In der Vertragspraxis wird am häufigsten die Ernennung durch eine IHK vereinbart; vgl. z.B. die Entscheidungen BGH vom 21.10.1964, WM 1964, 1239; vom 03.03.1982, NJW 1982, 1878; vom 26.10.1989, WM 1990, 399; vom 26.04.1991, WM 1991, 1602. Siehe dazu auch *Swoboda*, WiVerw 1987, S. 214 f.: „Die Benennung von Schiedsgutachtern und die Unterstützung der Parteien bei der Durchführung eines schiedsgutachterlichen Verfahrens nimmt bei der Schieds- und Schlichtungstätigkeit der Industrie- und Handelskammern breiten Raum ein.

405 RG vom 28.11.1918, RGZ 94, 172, 175.

406 Vgl. RG vom 28.11.1918, RGZ 94, 172, 175.

407 RG a.a.O.

Die Ernennung von Schiedsgutachtern kann auch Richtern übertragen werden, soweit diese bei der Ernennung als Privatpersonen tätig werden.[408] Noch nicht abschließend geklärt ist dagegen die Frage, inwieweit die Parteien – außerhalb des Anwendungsbereichs der §§ 64 II, 184 II VVG – die Ernennung eines Schiedsgutachters vertraglich einem Richter oder einem Kollegialgericht in dessen amtlicher Funktion übertragen können. Zwar gilt der Grundsatz, dass der Zuständigkeitsbereich der Gerichte gesetzlich festgelegt ist und durch Parteivereinbarung nicht erweitert werden kann.[409] Danach wäre die vertragliche Begründung eines Ernennungsrechts eines Richters oder Kollegialgerichts in seiner amtlichen Funktion unzulässig,[410] da die Gesetze – außerhalb des Anwendungsbereichs der §§ 64 II, 184 II VVG – keine Befugnis der Gerichte zur Ernennung von Schiedsgutachtern vorsehen, und sich eine derartige Befugnis auch nicht auf eine entsprechende Anwendung der Vorschrift des § 164 FGG[411] oder des § 1035 III-V ZPO[412] stützen lässt.[413] Allerdings hat das Reichsgericht die Frage ausdrücklich offengelassen, ob die Parteien im Rahmen eines als Prozessvergleich abgeschlossenen Schiedsgutachtenvertrags nicht zumindest wirksam die Befugnis des Prozessgerichts zur Ernennung des allein entscheidenden Schiedsgutachters vereinbaren können.[414]

c. *Abberufung und Ablehnung eines Schiedsgutachters*

aa. *Abberufung*

Die Frage, ob und inwieweit eine Partei an die Ernennung eines Schiedsgutachters der jeweils anderen Partei gegenüber gebunden ist, oder inwieweit sie das Recht hat, einen von ihr oder an ihrer Stelle durch einen Dritten ernannten Schiedsgutachter abzuberufen und durch einen anderen Schiedsgutachter zu

---

408 RG vom 28.11.1918, RGZ 94, 172, 174.

409 RG vom 28.11.1918, RGZ 94, 172, 174 f.; OLG München vom 30.04.1976, BB 1976, 1047.

410 RG vom 28.11.1918, RGZ 94, 172, 174 f.

411 RG vom 28.11.1918, RGZ 94, 172, 176.

412 Vgl. OLG München vom 30.04.1976, BB 1976, 1047.

413 Im Einzelfall ist es jedoch denkbar, dass die Gerichte eines Bundeslandes auf der Grundlage von Vorschriften des Landesausführungsgesetzes zum FGG auf Antrag einer Partei oder auf übereinstimmenden Antrag aller Parteien befugt sind, Schiedsgutachter zu ernennen; vgl. insoweit die Ausführungen des Reichsgerichts (RG vom 28.11.1918, RGZ 94, 172, 176 f.) zu Art. 34 Nr. 2 des preußischen Gesetzes über die freiwillige Gerichtsbarkeit. Vergleichbare landesrechtliche Vorschriften finden sich etwa in Hessen (Art. 41 S. 3 HessFGG), Baden-Württemberg (§ 12 S. 1 LFGG) und Niedersachsen (Art. 23 S. 2 NdsFGG).

414 RG vom 23.11.1942, SeuffA 97, 40, 41. Das Reichsgericht führt an gleicher Stelle aus, dass sich eine Partei jedenfalls dann nicht mehr auf eine möglicherweise unwirksame Ernennung des Schiedsgutachters durch das Prozessgericht berufen könne, wenn sie dem Tätigwerden des vom Prozessgericht ernannten Schiedsgutachters nicht widerspreche.

ersetzen, wird in der Rechtsprechung uneinheitlich beantwortet. Dabei geht aber die Tendenz der Rechtsprechung dahin, die Möglichkeit zur Abberufung eines Schiedsgutachters einzuschränken.

Nach überwiegender Auffassung findet die Vorschrift des § 1035 II ZPO (§ 1030 ZPO a.F.) auf Schiedsgutachter keine entsprechende Anwendung.[415] Vielmehr richtet sich das Recht einer Partei, einen Schiedsgutachter abzuberufen, im Wesentlichen nach Treu und Glauben.[416]

Das Reichsgericht[417] stand ursprünglich auf dem Standpunkt, dass jede Partei bis zur Erstattung des Schiedsgutachtens das Recht habe, den von ihr ernannten Schiedsgutachter durch einen anderen Schiedsgutachter zu ersetzen, wenn sie die Überzeugung gewinne, dass der von ihr zunächst ernannte Schiedsgutachter ihr Vertrauen nicht verdiene. Dies begründete das Reichsgericht damit, dass ein Schiedsgutachtenvertrag, nach Maßgabe dessen jede Partei einen Schiedsgutachter ernennen darf, jede der Parteien das Recht gebe, einen Mann ihres Vertrauens als Schiedsgutachter zu ernennen. Dagegen ist das OLG Nürnberg[418] der Auffassung, dass eine Partei nach Treu und Glauben und unter Berücksichtigung des Beschleunigungszwecks des Schiedsgutachtenverfahrens dann nicht mehr zur Abberufung eines Schiedsgutachters befugt ist, wenn die Abberufung des Schiedsgutachters und seine Ersetzung durch einen anderen Schiedsgutachter zu einer ins Gewicht fallenden Verfahrensverzögerung des Schiedsgutachtenverfahrens führt.[419] Die Gefahr einer derartigen Verzögerung des Schiedsgutachtenverfahrens besteht jedoch dann nicht, wenn der abberufene Schiedsgutachter als solcher noch gar nicht tätig geworden ist.[420] Noch einen Schritt weiter geht – auf der Grundlage einer entsprechenden Anwendung des § 1035 II ZPO (§ 1030 ZPO a.F.) – das OLG Hamm.[421] Nach Auffassung des OLG Hamm ist eine Partei gegenüber der anderen Partei nicht mehr zur Abberufung befugt, sobald sie oder die an ihrer Stelle tätig gewordene Stelle der anderen Partei den Namen des ernannten Schiedsgutachters mitgeteilt hat.

Der Bundesgerichtshof hat zu dieser Frage bisher noch nicht Stellung genommen. Allerdings hat er in einer neueren Entscheidung ausgesprochen, dass es Ziel eines Sachverständigenverfahrens i.S.d. §§ 64, 184 VVG sei, die Frage der Höhe des Schadens möglichst schnell mit Sachverständigenhilfe zu klären. Zugleich hat er deutlich gemacht, dass ein „unnötiger Leerlauf" wäh-

---

[415] RG vom 21.08.1936, RGZ 152, 201, 205 (Anm. *Jonas*, JW 1937, 221 f.); OLG Nürnberg vom 28.07.1994, NJW-RR 1995, 544; a.A. offenbar OLG Hamm vom 22.06.1993, ZfS 1994, 255.

[416] RG vom 21.08.1936, RGZ 152, 201, 206 (Anm. *Jonas*, JW 1937, 221 f.); OLG Nürnberg vom 28.07.1994, NJW-RR 1995, 544.

[417] RG vom 21.08.1936, RGZ 152, 201, 206 (Anm. *Jonas*, JW 1937, 221 f.).

[418] OLG Nürnberg vom 28.07.1994, NJW-RR 1995, 544.

[419] OLG Nürnberg a.a.O.

[420] OLG Nürnberg vom 28.07.1994, NJW-RR 1995, 544, 545.

[421] OLG Hamm vom 22.06.1993, ZfS 1994, 255.

rend eines solchen Schiedsgutachtenverfahrens so weit wie möglich vermieden werden sollte.[422] Ferner hat er in dieser Entscheidung das grundsätzliche Recht einer Partei „unterstellt", den von ihr ernannten Schiedsgutachter im Falle der Besorgnis seiner Befangenheit auch ohne Zustimmung der jeweils anderen Partei bis zur Erstattung des Schiedsgutachtens „abzulösen".[423]

bb. Ablehnung

aaa. Bestehen eines Ablehnungsrechts

Auf der Grundlage einer Auswertung der Entscheidungen, die bisher zu der Frage ergangen sind, ob und inwieweit die Parteien das Recht haben, einen Schiedsgutachter wegen Befangenheit abzulehnen, muss man zu dem Ergebnis kommen, dass nach geltendem Recht die Parteien weiterhin grundsätzlich kein solches Recht haben.[424]

Während die frühe, zu Schiedsgutachtern im Bereich des Versicherungswesens ergangene Rechtsprechung des Reichsgerichts,[425] der Obergerichte[426] und der Untergerichte[427] überwiegend[428] auf dem (allerdings nie wirklich näher begründeten[429]) Standpunkt stand, dass die Parteien grundsätzlich das Recht

---

422 BGH vom 01.04.1987, VersR 1987, 601, 602.

423 BGH a.a.O.

424 A.A. mit unterschiedlichen Begründungen: *Rauscher*, S. 237 (entsprechende Anwendung der für Schiedsrichter geltenden Bestimmungen auf Schiedsgutachter i.e.S.); *Wittmann*, S. 112 (entspricht der Interessenlage der Parteien, und Wertung der §§ 406 ZPO, 1032 ZPO a.F. ist auch auf Schiedsgutachter i.e.S. und i.w.S. übertragbar). In der Tendenz ebenso *Nicklisch*, BB 1971, S. 1205 f., und ZHR 136 (1972), S. 16 f., der sich wegen der Vergleichbarkeit der Funktion eines Schiedsgutachters i.e.S. mit den Funktionen eines Schiedsrichters und eines gerichtlichen Sachverständigen für eine entsprechende Anwendbarkeit der §§ 402 ff. ZPO und des § 1035 III ZPO (§ 1032 ZPO a.F.) ausspricht.

425 RG vom 27.09.1899, JW 1899, 726, 727 (allein entscheidender Schiedsgutachter); vom 06.12.1904, JW 1905, 90 f. (Obmann); vom 12.06.1908, RGZ 69, 167, 169 (Partei-Schiedsgutachter).

426 KG vom 01.02.1930, JRfPrV 1930, 155, 156; OLG Nürnberg vom 05.02.1934, JRfPrV 1934, 168, 169; vgl. auch KG vom 25.11.1933, JRfPrV 1934, 75; KG vom 06.06.1934, JRfPrV 1934, 347, 348.

427 LG Zweibrücken vom 07.06.1913, VA 1914, 55 Nr. 814; vom 06.10.1913, VA 1914, 29 Nr. 798.

428 Ausdrücklich offengelassen wurde die Frage des Bestehens eines Ablehnungsrechts etwa in der Entscheidung des Hanseatischen Oberlandesgerichts vom 02.11.1927, HansRGZ B 1928, 38 Nr. 2.

429 Lediglich der Entscheidung vom 12.06.1908 (RGZ 69, 167, 168 ff.) ist zu entnehmen, dass das Reichsgericht der Auffassung war, dass im Bereich des Versicherungsrechts das Recht einer Partei zur Ablehnung eines befangenen Schiedsgutachters seine Grundlage im Grundsatz von Treu und Glauben habe, von dem gerade das Versicherungsrecht im besonderen Maße beherrscht werde. In den anderen in Fußnote 324 zitierten Entscheidungen zog das Reichsgericht offenbar aus dem Bejahen bestimmter Neutralitätsanforderungen den Schluss, dass einer Partei auch das Recht zustehen

hätten, einen Schiedsgutachter wegen Befangenheit abzulehnen, hat das Reichsgericht in der bereits an anderer Stelle erörterten Entscheidung[430] das Bestehen eines derartigen Ablehnungsrechts mit ausführlicher Begründung[431] bereits dem Grunde nach verneint. Dem haben sich die Obergerichte[432] und, in einer älteren Entscheidung, auch der Bundesgerichtshof[433] angeschlossen. Dieser Grundsatz gilt im Prinzip bis heute unverändert fort – auch wenn der Bundesgerichtshof in zwei neueren Entscheidungen[434] (mit einer bejahenden Tendenz) diese Frage ausdrücklich offengelassen hat, ob ein solches materielles Ablehnungsrecht der Parteien nicht doch anzuerkennen ist.

Ob und inwieweit von diesem Grundsatz Ausnahmen anzuerkennen sind, ist dagegen unklar. So haben sich zwar das OLG Schleswig[435] und das LG Hamburg[436] auf den Standpunkt gestellt, dass jedenfalls der Obmann einer Schiedsgutachterkommission im Grundsatz wegen Befangenheit abgelehnt werden könne.[437] Der Bundesgerichtshof hat diese Frage in seiner 1957 ergangenen Entscheidung jedoch ausdrücklich offengelassen.[438] Ebenso hat der Bundesgerichtshof in dieser Entscheidung die – vom OLG Schleswig[439] ebenfalls im Grundsatz bejahte – Frage offengelassen, ob eine Ausnahme von diesem Grundsatz mit Blick auf einen Partei-Schiedsgutachter nicht jedenfalls dann zuzulassen ist, wenn der betreffende Partei-Schiedsgutachter in einem besonders engen Abhängigkeits- und Unterordnungsverhältnis zu der ihn ernennenden Partei stehe.[440]

---

müsse, einen Schiedsgutachter, der diesen Anforderungen nicht genüge, abzulehnen. Demgegenüber gingen die Obergerichte (vgl. etwa KG vom 01.02.1930, JRfPrV 1930, 155, 156) und das Schrifttum (vgl. z.B. *Clasen*, JRfPrV 1927, S. 341; *Hannes*, JRfPrV 1928, S. 242; *Do.*, JRfPrV 1935, S. 198 f.; *Raiser*, § 16, Anm. 22) ersichtlich von einer bis zum Ergehen der erwähnten Entscheidung des Reichsgerichts vom 21.08.1936 bestehenden gewohnheitsrechtlichen Geltung eines Ablehnungsrechts jedenfalls im Bereich des Versicherungsrechts aus; zweifelnd insoweit allerdings *Sieg*, ZVersWiss 1941, S. 44.

430 RG vom 21.08.1936, RGZ 152, 201.

431 Dazu oben S. 80. Zu ergänzen wäre insoweit nur noch die vom Reichsgericht (RG vom 21.08.1936, RGZ 152, 201, 205) gegebene weitere Begründung, dass die Vorschriften der §§ 317 ff. BGB ein derartiges Ablehnungsrecht nicht vorsehen.

432 OLG Breslau vom 20.09.1937, JRfPrV 1938, 92, 93; OLG Königsberg vom 08.07.1941, HansRGZ B 1941, 223, 224; LAG Baden-Württemberg vom 09.05.1978, AuR 1979, 59; vgl. auch OLG Schleswig vom 28.10.1953, VersR 1954, 506.

433 BGH vom 31.01.1957, VersR 1957, 122.

434 BGH vom 30.11.1977, VersR 1978, 121, 123; vom 01.04.1987, NJW-RR 1987, 917, 918.

435 OLG Schleswig vom 28.10.1953, VersR 1954, 506.

436 LG Hamburg vom 30.05.1986, ZfS 1987, 27.

437 Im Ergebnis ebenso: Prölss/Martin-*Voit/Knappmann*, § 64 Rdn. 52.

438 BGH vom 31.01.1957, VersR 1957, 122.

439 OLG Schleswig vom 28.10.1953, VersR 1954, 506.

440 BGH vom 31.01.1957, VersR 1957, 122.

Selbst im Falle eines allein entscheidenden Schiedsgutachters ist unklar, ob ein Recht zur Ablehnung des Schiedsgutachters wegen Befangenheit schon von Rechts wegen anzuerkennen ist.[441] Zwar hat das Reichsgericht in einer frühen Entscheidung ein derartiges Ablehnungsrecht bejaht,[442] und auch das OLG München neigt dieser Sichtweise zu.[443] Auch die Rechtsprechung des Bundesgerichtshofs, der zufolge jede Partei grundsätzlich das Recht hat, jedenfalls den mit einem allein entscheidenden Schiedsgutachter geschlossenen Schiedsgutachtervertrag bei Vorliegen von Umständen i.S.d. § 42 II ZPO in entsprechender Anwendung des § 626 BGB fristlos zu kündigen,[444] spricht für die Zuerkennung eines Ablehnungsrechts wegen Befangenheit im Falle eines allein entscheidenden Schiedsgutachters – auch wenn ein Recht zur Kündigung des Schiedsgutachtervertrags rechtlich etwas anderes ist als ein Ablehnungsrecht,[445] und der Kreis der Umstände, die eine solche Kündigung rechtfertigen und einen statthaften Ablehnungsgrund begründen, nicht notwendig identisch sein muss.[446] Auf der anderen Seite hat der Bundesgerichtshof in seiner älteren Entscheidung die Frage ausdrücklich offengelassen, ob im Falle eines allein entscheidenden Obmanns ein Recht zur Ablehnung we-

---

441 Im Ergebnis bejahend: MüKo-*Gottwald*, § 317 Rdn. 43; ebenso (aus allgemeinen Erwägungen): *Rauscher*, S. 237 (für Schiedsgutachter i.e.S.); *Wittmann*, S. 112 (für Schiedsgutachter i.e.S. und i.w.S.); vgl. auch *Nicklisch*, BB 1971, S. 1205 f., und ZHR 136 (1972), S. 16 f. (für Schiedsgutachter i.e.S.).

442 RG vom 27.09.1899, JW 1899, 726, 727.

443 Vgl. OLG München vom 30.04.1976, BB 1976, 1047.

444 BGH vom 05.12.1979, DB 1980, 967, 968; vgl. insoweit auch die Entscheidung des BGH vom 02.04.1990, BB 1990, 1310.

445 Das Recht zur außerordentlichen Kündigung des Schiedsgutachtervertrags wegen Befangenheit ist von der Frage eines Rechts zur Ablehnung des betreffenden Schiedsgutachters wegen Befangenheit deutlich zu trennen. Die berechtigte Kündigung des Schiedsgutachtervertrags erfasst grundsätzlich weder den Schiedsgutachtenvertrag (OLG Braunschweig vom 26.03.1982, AgrarR 1982, 220; *Meyer*, S. 42 ff.; a.A.: MüKo-*Gottwald*, § 317 Rdn. 44) noch die Ernennung (*Meyer*, S. 156), sodass die Kündigung des Schiedsgutachtervertrags grundsätzlich keinerlei Auswirkungen auf die Bindungswirkung des Schiedsgutachtens hat. Demgegenüber führt ein bestehendes Ablehnungsrecht, soweit die betreffende Partei hierauf nicht verzichtet hat und der von ihr geltend gemachte statthafte Ablehnungsgrund nicht präkludiert ist, dazu, dass das erstattete Schiedsgutachten die Parteien nicht bindet; vgl. nur RG vom 21.08.1936, RGZ 152, 201, 208; BGH vom 31.01.1957, VersR 1957, 122.

446 Hierauf weist *Meyer*, S. 155, zutreffend hin. Das gilt insbesondere vor dem Hintergrund der neueren Entscheidung des OLG Frankfurt a.M. vom 14.02.2002, OLGR Frankfurt 2002, 328, in der das Gericht ausführt: „[An eine außerordentliche Kündigung des Schiedsgutachtervertrags wegen Befangenheit] sind [....] in materiell-rechtlicher Hinsicht hohe Anforderungen zu stellen. Der Gutachter muss vorwerfbar einen Grund gesetzt haben, ihm während der Erarbeitung des Gutachtens den Auftrag zu entziehen, etwa wenn er nunmehr in einseitige Verbindung mit einer der Parteien tritt, ohne die andere Partei zu informieren [...]. Sein Verhalten muss mit der laufenden Begutachtung rechtlich schlechterdings nicht zu vereinbaren und eine weitere Bearbeitung für die Beteiligte(n) unzumutbar sein".

gen Befangenheit anzuerkennen ist.[447] Hinzu kommt, dass der Bundesgerichtshof, wie eine neuere Entscheidung zeigt,[448] auch bisher dem Gedanken noch nicht völlig abgeschworen hat, dass selbst beim Tätigwerden eines befangenen, allein entscheidenden Schiedsgutachters aus Sicht des Schutzinteresses der Parteien grundsätzlich schon deshalb keine Bedenken bestehen, weil ein Schiedsgutachten einer inhaltlich sehr weit gezogenen gerichtlichen Kontrolle unterliegt.

Trotz dieser Unklarheiten, ob und inwieweit Ausnahmen von dem Grundsatz anzuerkennen sind, dass den Parteien von Rechts wegen kein Recht zur Ablehnung eines Schiedsgutachters wegen Befangenheit zusteht, und trotz der deutlichen Tendenz der neueren Rechtsprechung des Bundesgerichtshofs, der Frage der Neutralität der Schiedsgutachter zunehmend größere Bedeutung beizumessen, ist für die Zwecke dieser Arbeit davon auszugehen, dass nach bisher noch geltendem Recht auch in den genannten möglichen Ausnahmefällen ein solches Ablehnungsrecht nicht besteht. Dies folgt daraus, dass sowohl das Reichsgericht als auch der Bundesgerichtshof in zwei Entscheidungen ausführlich begründet haben, warum ein solches Ablehnungsrecht schon dem Grunde nach nicht anzuerkennen sei, und der Bundesgerichtshof diese Frage in den genannten neueren Entscheidungen bisher nicht gegenteilig entschieden, sondern ausdrücklich offengelassen hat.

Auch wenn danach die Parteien nicht als berechtigt anzusehen sind, einen Schiedsgutachter wegen Befangenheit abzulehnen, steht es den Parteien nach allgemeiner Ansicht frei, ein derartiges Ablehnungsrecht vertraglich zu vereinbaren.[449] Ein solches Ablehnungsrecht kann nicht nur ausdrücklich, sondern auch stillschweigend vereinbart werden.[450] Es ist aber nach Auffassung des Reichsgerichts nicht stets als stillschweigend vereinbart anzusehen.[451] Der Bundesgerichtshof hat sich dagegen in zwei neueren Entscheidungen der Sache nach auf den Standpunkt gestellt, dass ein derartiges Ablehnungsrecht jedenfalls im Falle des Tätigwerdens eines allein entscheidenden Schiedsgutachters stets als stillschweigend vereinbart anzusehen sei.[452] Ebenfalls hat der Bundesgerichtshof in zwei Entscheidungen festgestellt, dass ein Recht zur Ablehnung eines allein entscheidenden Schiedsgutachters im Regelfall als stillschweigend vereinbart anzusehen ist.[453]

---

[447] BGH vom 31.01.1957, VersR 1957, 122.

[448] BGH vom 26.05.1999, ZIP 1999, 1266, 1267; siehe zu dieser Entscheidung die Ausführungen oben auf S. 58 f.

[449] RG vom 21.08.1936, RGZ 152, 201, 207; BGH vom 31.01.1957, VersR 1957, 122; vom 28.02.1972, NJW 1972, 827; OLG München vom 30.04.1976, BB 1976, 1047.

[450] BGH vom 31.01.1957, VersR 1957, 122.

[451] RG vom 21.08.1936, RGZ 152, 201, 207.

[452] BGH vom 21.09.1983, NJW 1984, 43, 44; vom 03.11.1995, NJW 1996, 452, 454.

[453] BGH vom 21.09.1983, NJW 1984, 43, 44; vom 21.06.1995, WuM 1995, 651.

bbb. Statthafte Ablehnungsgründe

Auch wenn die Parteien grundsätzlich kein Recht haben, einen Schiedsgutachter wegen Befangenheit abzulehnen, soll dennoch kurz auf die Frage der im Falle des Bestehens eines Ablehnungsrechts statthaften Ablehnungsgründe eingegangen werden. Zum einen ist es angesichts der Tendenz der neueren Rechtsprechung des Bundesgerichtshofs wahrscheinlich, dass der Bundesgerichtshof das Bestehen eines derartigen Ablehnungsrechts demnächst bejahen wird, und zum anderen ist eine solche Übersicht auch für den Vergleich des deutschen und des New Yorker Schiedsgutachtenrechts erforderlich.

Innerhalb der Rechtsprechung, besteht, soweit ersichtlich, im Wesentlichen[454] Einigkeit darüber, dass in der Person eines allein entscheidenden Schiedsgutachters ein statthafter Ablehnungsgrund dann gegeben ist, wenn Umstände vorliegen, die die Besorgnis seiner Befangenheit begründen.[455] Dies ist z.B. dann der Fall, wenn der allein entscheidende Schiedsgutachter während der Erstellung des Schiedsgutachtens von einer der Parteien des Schiedsgutachtenvertrags in einer anderen Streitigkeit als Partei-Schiedsrichter ernannt wird,[456] aber auch ganz allgemein dann, wenn er sich während der Erstellung des Schiedsgutachtens durch Aufnahme rechtsgeschäftlicher Beziehungen mit den Interessen einer der Parteien des Schiedsgutachtenvertrags verbindet, ohne die andere Partei davon zu unterrichten und deren Zustimmung einzuholen.[457] Die Besorgnis der Befangenheit besteht bei einem allein entscheidenden Schiedsgutachter auch dann, wenn dieser bereits in derselben Sache für eine der Parteien ein Privatgutachten erstattet hat.[458] Darüber hinaus kann sich eine Besorgnis der Befangenheit auch aus dem Verhalten des allein entscheidenden Schiedsgutachters während des Schiedsgutachtenverfahrens ergeben.[459]

Weitgehende Einigkeit herrscht innerhalb der Rechtsprechung, aber auch innerhalb des Schrifttums darüber, dass bei einem allein oder gemeinsam mit einem Partei-Schiedsgutachter entscheidenden Obmann ebenfalls ein Ablehnungsgrund gegeben ist, wenn Umstände vorliegen, die – unter Zugrundelegung der für Richter, Schiedsrichter und gerichtliche Sachverständige entwickelten Kriterien – die Besorgnis seiner Befangenheit begründen.[460]

---

[454] Der Sache nach offengelassen wurde diese Frage in BGH vom 31.01.1957, VersR 1957, 122.

[455] So ausdrücklich RG vom 27.09.1899, JW 1899, 726, 727; vgl. insoweit aber auch die Entscheidungen BGH vom 05.12.1979, DB 1980, 967, 968, und BGH vom 06.06.1994, NJW-RR 1994, 1314, 1315.

[456] Vgl. BGH vom 28.02.1972, NJW 1972, 827.

[457] Vgl. BGH vom 05.12.1979, DB 1980, 967, 968.

[458] Vgl. BGH vom 06.06.1994, NJW-RR 1994, 1314, 1315.

[459] Vgl. BGH vom 16.11.1987, NJW-RR 1988, 506, 507, der im Grundsatz davon ausgeht, dass eine Anhörung lediglich einer Partei eine Besorgnis der Befangenheit begründet. Siehe dazu auch die Entscheidung OLG Celle vom 26.01.1995, OLGR 1995, 81.

[460] Vgl. RG vom 06.12. 1904, JW 1905, 90 f.; vom 12.06.1908, RGZ 69, 167, 169 f.; vom 17.06.1919, VA 1919, 62 Nr. 1103; OLG Schleswig vom 28.10.1953, VersR 1954, 506;

Einigkeit besteht innerhalb der Rechtsprechung[461] weiterhin darüber, dass ein statthafter Ablehnungsgrund in der Person eines Partei-Schiedsgutachters grundsätzlich nicht schon dann gegeben ist, wenn Umstände vorliegen, die – unter Zugrundelegung der zu § 42 II ZPO ergangenen Rechtsprechung – eine Besorgnis seiner Befangenheit begründen.[462] So kann etwa der von der Gegenpartei ernannte Partei-Schiedsgutachter bei bestehendem Ablehnungsrecht nicht schon deshalb abgelehnt werden, weil er eine der ihn ernennenden Partei günstige Auffassung vertritt und diese auch der anderen Partei gegenüber bereits kundgetan hat.[463] Ebenso wenig kann der Versicherungsnehmer den vom Versicherer in eine Ärztekommission berufenen Arzt allein mit der Begründung ablehnen, dass es sich bei diesem Arzt um einen Vertrauensarzt des Versicherers handelt.[464] Die Ablehnung eines Partei-Schiedsgutachters kann auch nicht allein darauf gestützt werden, dass dieser für die ihn ernennende Partei bereits Gutachten in anderen Fällen[465] oder gar ein Parteigutachten in derselben Sache erstattet hat.[466]

Uneinheitlich beantwortet die Rechtsprechung demgegenüber die Frage, welche Art von Umständen einen statthaften Grund für die Ablehnung eines Partei-Schiedsgutachters begründet. Auch im Schrifttum ist diese Frage stark umstritten.[467] Während das Reichsgericht in einer frühen Entscheidung ausgesprochen hat, dass ein statthafter Ablehnungsgrund in der Person eines Partei-Schiedsgutachters bereits dann vorliege, wenn „erhebliche Gründe für dessen Befangenheit“ sprächen,[468] hat es sich in einer späteren Entscheidung im Ergebnis auf den Standpunkt gestellt, dass selbst die erwiesene Parteilichkeit eines Partei-Schiedsgutachters keinen statthaften Ablehnungsgrund darstelle.[469]

LG Hamburg vom 30.05.1986, ZfS 1987, 27; offengelassen allerdings in BGH vom 31.01.1957, VersR 1957, 122.

461 In der Literatur ist diese Frage dagegen umstritten. Für die Möglichkeit einer Ablehnung aus den in §§ 41, 42, 406, 1036 II ZPO genannten Gründen sprechen sich u.a. aus: *Jonas*, JW 1937, S. 221; *Asmus*, S. 69 ff.; *Rauscher*, S. 237 f.; im Ergebnis ebenso *Theisinger*, AgrarR 1973, S. 37 f. Die überwiegende Meinung folgt dieser Ansicht allerdings nicht; vgl. *Josef*, ZVersWiss 1911, S. 805; *Jacobi*, VersR 1959, S. 405 f.; *Kallfelz*, VersR 1959, S. 586; *Sieg*, VersR 1965, S. 632; *Volze*, VersR 1996, S. 1339; Prölss/Martin-*Voit/Knappmann*, § 64 Rdn. 50; *Bruns*, RdL 1966, S. 67.

462 Vgl. RG vom 12.06.1908, RGZ 69, 167, 168 f.; vom 21.08.1936, RGZ 152, 201, 206 ff. (Anm. *Jonas*, JW 1937, 221 f.); BGH vom 31.01.1957, VersR 1957, 122; OLG Königsberg vom 08.07.1941, HansRGZ B 1941, 223; OLG Schleswig vom 28.10.1953, VersR 1954, 506; OLG Frankfurt a.M. vom 16.06.1955, VersR 1956, 641.

463 RG vom 12.06.1908, RGZ 69, 167, 169; OLG Königsberg vom 08.07.1941, HansRGZ B 1941, 223.

464 RG a.a.O.; OLG Königsberg a.a.O.

465 BGH vom 31.01.1957, VersR 1957, 122; vgl. auch den Fall HansOLG vom 02.11.1927, HansRGZ B 1928, 38 Nr. 2.

466 RG vom 06.12.1904, JW 1905, 90; BGH vom 31.01.1957, VersR 1957, 122.

467 Siehe dazu die Nachweise in Fußnote 371.

468 RG vom 12.06.1908, RGZ 69, 167, 169.

469 RG vom 21.08.1936, RGZ 152, 201, 207 f.

Auch der vom Reichsgericht in seiner frühen Entscheidung aufgestellte Grundsatz, dass ein statthafter Ablehnungsgrund in der Person eines Partei-Schiedsgutachters jedenfalls dann zu bejahen sei, wenn der fragliche Partei-Schiedsgutachter zu der ihn ernennenden Partei in einem „besonderen Abhängigkeits- und Unterordnungsverhältnis" stehe,[470] ist von den Gerichten nach und nach inhaltlich immer mehr eingeschränkt worden. Ein derartiges Verhältnis des Partei-Schiedsgutachters zu der ihn ernennenden Partei wurde von der älteren Rechtsprechung, wie oben bereits dargelegt,[471] nur unter sehr engen Voraussetzungen angenommen. Auch wenn in der neueren Rechtsprechung des Bundesgerichtshofs eine Tendenz zu beobachten ist, auch die Anforderungen an die Neutralität eines Partei-Schiedsgutachters zu verschärfen und so den Kreis statthafter Ablehnungsgründe zu erweitern,[472] nötigt die dargelegte Entwicklung der älteren Rechtsprechung zu der Schlussfolgerung, dass jedenfalls bisher ein enges freundschaftliches, verwandtschaftliches oder berufliches Verhältnis[473] zwischen dem Partei-Schiedsgutachter und der ihn ernennenden Partei grundsätzlich keinen statthaften Ablehnungsgrund begründet und das Bestehen eines statthaften Ablehnungsgrundes auch im Falle eines Angestelltenverhältnisses zwischen Partei-Schiedsgutachter und ernennender Partei zumindest zweifelhaft ist.[474]

Demgegenüber besteht innerhalb der Rechtsprechung weitgehende Einigkeit darüber, dass die Parteien zur Ablehnung eines Schiedsgutachters berechtigt sind, wenn dieser nicht hinreichend sachkundig ist[475] oder vertraglichen Anforderungen an seine Qualifikation nicht genügt.[476]

---

470 RG vom 12.06.1908, RGZ 69, 167, 169.

471 Siehe dazu oben S. 85.

472 Vgl. nur BGH vom 30.11.1977, VersR 1978, 121, 123.

473 Siehe dazu exemplarisch den von *Habscheid* in FS Laufke, S. 303 f. geschilderten Fall, der vom OLG Hamm entschieden wurde. – Einen statthaften Ablehnungsgrund in diesem Falle bejahen: *Clasen*, JRfPrV 1927, S. 341; *Hannes*, JRfPrV 1928, S. 241; *Do.*, JRfPrV 1935, S. 198; *Volze*, VersR 1985, S. 223. Hingegen wird ein statthafter Ablehnungsgrund in diesen Fällen in der Tendenz verneint von *Do.*, JRfPrV 1940, S. 187; *Sieg*, VersR 1965, S. 632.

474 Während unter Zugrundelegung der Rechtsprechung des OLG Schleswig (OLG Schleswig vom 28.10.1953, VersR 1954, 506) das Bestehen eines statthaften Ablehnungsgrundes im Falle eines solchen Anstellungsverhältnisses wohl zu bejahen wäre, weil ein solches Anstellungsverhältnis als „ständiges festes Abhängigkeitsverhältnis" zu qualifizieren ist, wäre ein statthafter Ablehnungsgrund unter Zugrundelegung der zitierten Entscheidungen des Reichsgerichts (RG vom 21.08.1936, RGZ 152, 201, 207 f.) und des OLG Frankfurt a.M. (OLG Frankfurt a.M. vom 16.06.1955, VersR 1956, 641) zu verneinen. – Im Schrifttum ist die Frage ebenfalls umstritten. Verneint wird ein statthafter Ablehnungsgrund in dem genannten Falle von: *Do.*, JRfPrV 1940, S. 187; *Jacobi*, VersR 1959, S. 406; so im Ergebnis auch *Sieg*, VersR 1965, S. 632. Dagegen wird ein statthafter Ablehnungsgrund bejaht von: *Kallfelz*, VersR 1959, S. 586 (der sich zur Stützung seiner Auffassung jedoch zu Unrecht auf OLG Frankfurt a.M. vom 16.06.1955, VersR 1956, 641 beruft); *Bruns*, RdL 1966, S. 67; *Do.*, JRfPrV 1935, S. 198.

475 Vgl. BGH vom 21.06.1995, WuM 1995, 651.

476 Vgl. z.B. BGH vom 28.02.1972, NJW 1972, 827.

cc. Offenlegungspflichten der Schiedsgutachter

Schiedsrichter sind nach § 1036 I ZPO zur Offenlegung aller Umstände verpflichtet, die Zweifel an der Unparteilichkeit und Unabhängigkeit des Schiedsrichters wecken können. Diese Vorschrift findet unter Zugrundelegung der Rechtsprechung im Schiedsgutachtenrecht keine entsprechende Anwendung. Inwieweit dennoch eine Pflicht der Schiedsgutachter zur Offenlegung statthafter Ablehnungsgründe besteht, ist unklar. Im Schrifttum wird eine derartige Pflicht der Schiedsgutachter teilweise – gestützt auf Pflichten im Vorfeld des Abschlusses des Schiedsgutachtervertrags – bejaht.[477]

d. Zuständigkeitsbereich

Die Frage nach dem Zuständigkeitsbereich der Schiedsgutachterstelle, also die Frage nach dem Kreis der Fragestellungen, über die die Schiedsgutachterstelle mit für die Parteien und das (staatliche oder Schieds-)Gericht grundsätzlich bindender Wirkung entscheiden kann, richtet sich allein nach dem Schiedsgutachtenvertrag.[478] Insoweit ist im Regelfall eine Auslegung des Schiedsgutachtenvertrags erforderlich. Diese Auslegung und damit – indirekt – die Entscheidung über den Zuständigkeitsbereich der Schiedsgutachterstelle obliegt dem staatlichen Gericht oder dem Schiedsgericht,[479] nicht hingegen der Schiedsgutachterstelle. Die Frage der – für Schiedsrichter gemäß § 1040 ZPO grundsätzlich zu bejahenden – Kompetenz-Kompetenz der Schiedsgutachterstelle wird im deutschen Recht nicht einmal diskutiert.

Im Grundsatz geht die Rechtsprechung davon aus, dass der Zuständigkeitsbereich einer Schiedsgutachterstelle nach dem Willen der Parteien typischerweise auf die Auswahl und Gewichtung von Leistungsbestimmungsmaßstäben bzw. die Feststellung und Ermittlung von Fragen tatsächlicher Art beschränkt ist, und nur ein sehr eingeschränkter Kreis von Fragen der Auslegung des Schiedsgutachtenvertrags oder des Hauptvertrags in den typischen Zuständigkeitsbereich einer Schiedsgutachterstelle fällt. Zu diesen typischerweise in den Zuständigkeitsbereich einer Schiedsgutachterstelle fallenden Auslegungsfragen zählt etwa die sich im Rahmen einer Vertragsanpassung häufig stellende Vorfrage, ob sich die wirtschaftlichen Verhältnisse grundlegend oder wesentlich geändert haben,[480] aber z.B. auch die Subsumtion der festgestellten kündigungsrelevanten Tatsachen unter den vertraglich vorgesehenen Begriff des „wichtigen Grundes".[481] Demgegenüber geht die Rechtsprechung im Grund-

---

477 So *Meyer*, S. 105.

478 BGH vom 26.10.1967, VersR 1967, 1141.

479 Vgl. BGH vom 08.02.1984, VersR 1984, 429, 431 (zur Auslegung einer Mehrzahl von AVB); vom 01.04.1953, BGHZ 9, 195, 200 ff.; vom 17.05.1967, BGHZ 48, 25, 27; vom 03.03.1982, NJW 1982, 1878, 1879.

480 BGH vom 17.05.1967, BGHZ 48, 25, 29.

481 BGH vom 20.03.1953, BGHZ 9, 138, 144 f.

satz davon aus, dass – vorbehaltlich einer abweichenden Vereinbarung der Parteien – weitergehende Fragen der Vertragsauslegung (wie etwa die Frage, ob und inwieweit der Schiedsgutachtenvertrag die Einbeziehung oder Außerachtlassung bestimmter Leistungsbestimmungsmaßstäbe[482] oder bestimmter Bewertungsmaßstäbe[483] vorschreibt, oder die Frage, ob im Rahmen einer Grundstücksbewertung ein auf dem Grundstück lastendes Erbbaurecht[484] oder ein für das Grundstück existierender Mietvertrag[485] zu berücksichtigen ist) typischerweise nicht in den Zuständigkeitsbereich der Schiedsgutachterstelle fallen, und zwar auch dann nicht, wenn diese Auslegung des Hauptvertrags oder des Schiedsgutachtenvertrags der Aufgabenerfüllung durch die Schiedsgutachterstelle notwendig vorauszugehen hat.[486] Die Entscheidung derartiger Fragen der Auslegung obliegt demnach grundsätzlich nicht der Schiedsgutachterstelle, sondern dem (staatlichen bzw. Schieds-)Gericht,[487] und eine hinsichtlich derartiger Fragen von der Schiedsgutachterstelle vorgenommene Auslegung ist daher für das über die Verbindlichkeit des Schiedsgutachtens entscheidende (staatliche oder Schieds-)Gericht vorbehaltlich einer abweichenden Vereinbarung der Parteien auch nicht bindend. Allerdings folgen die Gerichte in diesen Fällen regelmäßig einer aus ihrer Sicht zutreffenden Auslegung des Haupt- oder Schiedsgutachtenvertrags durch die Schiedsgutachterstelle.[488]

e. Spielraum und Pflichten der Schiedsgutachter bei der Entscheidungsfindung

Ein „echter“ Spielraum im Sinne einer „Freiheit der Wahl“[489] bei der Entscheidungsfindung wird von der Rechtsprechung im Ergebnis nur einer Schiedsgutachterstelle i.w.S.[490] zugestanden, nicht aber einer Schiedsgutachterstelle i.e.S.[491] Der sich aus dem sachlichen Gehalt der bisherigen Entscheidungen

---

482 Vgl. BGH vom 13.05.1974, NJW 1974, 1235, 1236; vom 03.11.1995, NJW 1996, 452, 454.

483 Vgl. BGH vom 17.05.1991, NJW 1991, 2698.

484 BGH vom 19.05.1989, NJW-RR 1989, 1037, 1038.

485 Vgl. BGH vom 13.05.1974, NJW 1974, 1235, 1236.

486 Vgl. BGH vom 19.05.1989, NJW-RR 1989, 1037, 1038; vom 03.11.1995, NJW 1996, 452, 453.

487 Siehe dazu die Nachweise in Fußnote 479.

488 Vgl. etwa BGH vom 11.01.1980, WM 1982, 767, 768, und BGH vom 01.10.1997, WM 1998, 628, 629.

489 *Reichsgraf von Thun und Hohenstein*, S. 247, unterscheidet zutreffend zwischen einem Spielraum, der der Schiedsgutachterstelle eine „Freiheit der Wahl" einräumt, und einem – zutreffender als Toleranzbereich zu bezeichnenden – Spielraum, der der Schiedsgutachterstelle lediglich eine „Freiheit vor der Kontrollinstanz" gewährt. Siehe zu dieser Unterscheidung auch *Reichsgraf von Thun und Hohenstein*, S. 202 f.

490 Vgl. BGH vom 03.11.1995, NJW-RR 1996, 452, 453 f.

491 Vgl. BGH vom 21.10.1964, WM 1964, 1239, 1240. Ebenso die Kommentarliteratur: MüKo-*Gottwald*, § 317 Rdn. 18; Soergel-*Wolf*, § 317 Rdn. 22; ders., § 319 Rdn. 5; in der Tendenz anders allerdings Staudinger-*Rieble*, § 317 Rdn. 16, der den der Schiedsgut-

ergebende Grundsatz, dass der Schiedsgutachterstelle i.e.S. im Gegensatz zu einer Schiedsgutachterstelle i.w.S. kein echter Spielraum bei der Auswahl des methodischen Vorgehens und der Auswahl und Gewichtung der dem Schiedsgutachten zugrunde zu legenden Kriterien zukommt, wird dabei vor allem auf die Ansicht gestützt, dass den Schiedsgutachtern i.e.S. die relevanten Entscheidungsmaßstäbe[492] (und hier insbesondere das methodische Vorgehen[493]) entweder bereits durch den Schiedsgutachtenvertrag[494] oder jedenfalls durch die einschlägigen Regeln des Fachs[495] vorgegeben seien.[496] Trotz dieses Grundsatzes erkennt allerdings die Rechtsprechung an, dass auch einem Schiedsgutachter i.e.S. in Ausnahmefällen ein „echter" Spielraum hinsichtlich der Art und Weise des methodischen Vorgehens zukommen kann[497] – allerdings nur dann, wenn sich hinsichtlich des in der konkreten Aufgabenstellung angebracht erscheinenden methodischen Vorgehens noch keine einschlägige Regel des Fachs herausgebildet hat.[498]

Der einer Schiedsgutachterstelle i.w.S. eingeräumte Spielraum bei der Auswahl des methodischen Vorgehens und der Auswahl und Gewichtung der zugrunde zu legenden Kriterien gründet sich darauf, dass dieser bei der Leis-

---

achterstelle i.e.S. eingeräumten Spielraum als einen Beurteilungsspielraum begreift und wertungsmäßig dem Spielraum der Schiedsgutachterstelle i.w.S. gleichstellt. A.A. (keine Wahl zwischen verschiedenen Möglichkeiten): *Kornblum*, AcP 168 (1968), S. 469, der allerdings in dem Spannungsverhältnis der Begriffskombination „billiges Ermessen" dem Aspekt der Billigkeit die maßgebliche Bedeutung beimisst. Dagegen zu Recht *Reichsgraf von Thun und Hohenstein*, S. 226 f.

492 BGH vom 04.06.1975, NJW 1975, 1557 (Anm. Bulla, BB 1976, S. 392 f.).

493 BGH vom 01.04.1953, BGHZ 9, 195, 199.

494 Vgl. BGH vom 01.04.1953, BGHZ 9, 195, 199; vom 21.10.1964, WM 1964, 1239, 1240.

495 Vgl. BGH vom 20.11.1975, WM 1976, 251, 253; vom 23.11.1984, WM 1985, 174; vom 17.05.1991, NJW 1991, 2698; *Straatmann*, FS Stödter, S. 120; *Nicklisch*, BB 1971, S. 1207; ders., ZHR 136 (1972), S. 28.

496 Dass diese Vorstellungen allerdings rein fiktiv und daher unzutreffend sind, hat – für die hier vor allem im Vordergrund stehenden Bewertungen von Vermögensgegenständen – *Reichsgraf von Thun und Hohenstein* (S. 236 ff.) überzeugend nachgewiesen.

497 BGH vom 20.11.1975, WM 1976, 251, 253 (Schiedsgutachter, dem die Bewertung von Kommanditanteilen übertragen worden war, oblag die „Auswahl einer geeigneten (Bewertungs-)Methode").

498 Vgl. BGH vom 17.05.1991, NJW 1991, 2698. – Zu dem Zeitpunkt, zu dem die in der vorangegangenen Fußnote zitierte Entscheidung des BGH erging, hatte sich innerhalb der Rechtsprechung und des Kreises der Wirtschaftsprüfer noch nicht die Erkenntnis durchgesetzt, dass das Ertragswertverfahren bei der Bewertung von Unternehmen und der Anteile an einer Gesellschaft, die ein Unternehmen betreibt, grundsätzlich Vorzug verdient; siehe dazu *Sieben*, EWiR 1987, S. 228 m.w.N. aus der höchstrichterlichen Rechtsprechung. Das ist heute anders; siehe dazu *Gross*, DStR 2000, S. 1961 m.w.N. Demzufolge ist davon auszugehen, dass einer Schiedsgutachterstelle heute in den genannten Fällen praktisch kein wirkliches Auswahlermessen mehr zukommt; so im Ergebnis auch *Sieben*, EWiR 1987, S. 228; *Gross*, DStR 2000, S. 1961. Etwas anderes gilt lediglich dann, wenn besondere Umstände vorliegen, die das Ertragswertverfahren nicht als erste Wahl erscheinen lassen; siehe dazu z.B. BGH vom 14.07.1986, NJW-RR 1987, 21, 22.

tungsbestimmung ein „billiges Ermessen" eingeräumt ist.[499] Dieses „billige Ermessen" gewährt der Schiedsgutachterstelle i.w.S. allerdings keinen besonders weiten Entscheidungsspielraum.[500] Ein weiter Entscheidungsspielraum kommt der Schiedsgutachterstelle i.w.S. nur dann zu, wenn ihr ein solcher – ausnahmsweise[501] – vertraglich eingeräumt worden ist.[502] Im Rahmen der Ausübung ihres „billigen Ermessens" bei der Auswahl der methodischen Vorgehensweise und der Auswahl und Gewichtung der dem Schiedsgutachten zugrunde zu legenden Faktoren[503] muss die Schiedsgutachterstelle nicht nur die in vergleichbaren Fällen üblichen Inhalte einer Leistungsbestimmung[504], sondern auch die Interessen beider Parteien[505] berücksichtigen, wobei die (regelmäßig divergierenden) Interessen der Parteien unter Berücksichtigung der Umstände des konkreten Falls (und mit dem Ziel eines weitgehenden Ausgleichs dieser Interessen[506]) gegeneinander abzuwägen sind.[507] Dieser Spielraum wird dabei begrenzt durch ausdrückliche oder implizite Vorgaben (oder, bei Fehlen solcher Vorgaben, durch den Sinn und Zweck) des Schiedsgutachtenvertrags[508], durch einschlägige Regeln des Fachs[509], durch die Parteien des Schiedsgutachtenvertrags bindende Vorgaben eines staatlichen Gerichts[510] sowie durch die Pflicht, im Rahmen der Entscheidungsfindung nicht gesetzes-[511]

---

499 Zur – umstrittenen – Auslegung dieses Begriffs siehe *Reichsgraf von Thun und Hohenstein*, S. 206 ff.

500 Vgl. BGH vom 02.02.1977, NJW 1977, 801 (Anm. *Bulla*, NJW 1978, S. 397 ff.); vom 03.11.1995, NJW 1996, 452, 453 f.; so auch *Wittmann*, S. 23, der auf der Grundlage einer Analyse der zum Begriff des „billigen Ermessens" ergangenen Rechtsprechung ebenfalls zum Ergebnis kommt, dass einer Schiedsgutachterstelle i.w.S. lediglich ein „gewisser Ermessensspielraum" zustehe. Soweit demgegenüber im Schrifttum einer Schiedsgutachterstelle i.w.S. ein „großer Spielraum" (so z.B. *Laule*, DB 1966, S. 770) bescheinigt wird, bezieht sich diese Aussage auf einen heute so nicht mehr geltenden Grundsatz der älteren Rechtsprechung (dazu unten S. 93 ff.), wonach eine Unverbindlichkeit des Schiedsgutachtens auch bei Fehlern grundsätzlich nur dann in Betracht kommt, wenn das Ergebnis des Schiedsgutachtens um einen erheblichen Prozentsatz von dem Ergebnis abweicht, das das erkennende Gericht für zutreffend erachtet.

501 Die Rechtsprechung stellt insoweit strenge Anforderungen; vgl. BGH vom 02.02.1977, NJW 1977, 801, 802 (Anm. *Bulla*, NJW 1978, S. 397 ff.).

502 BGH vom 05.02.1971, WM 1971, 356, 357 f.

503 Dazu zusammenfassend *Wittmann*, S. 21 ff.

504 Vgl. BGH vom 18.10.1968, WM 1969, 62, 64.

505 BGH vom 13.05.1974, NJW 1974, 1235, 1235 f.

506 *Gelhaar*, LM Nr. 12 zu § 317 BGB: „Die Interessen der Parteien sind notwendig gegensätzlich. Aufgabe des Sachverständigen soll es ersichtlich sein, einen Ausgleich zwischen den nicht gleichlaufenden Interessen zu schaffen."

507 BGH vom 19.01.2001, WM 2001, 636, 637.

508 BGH vom 03.11.1995, NJW 1996, 452, 453.

509 Vgl. BGH vom 26.04.1991, WM 1991, 1602, 1604.

510 In Betracht kommen insoweit vor allem Vorgaben hinsichtlich der Art und Weise der Entscheidungsfindung, die ein Gericht in einem Feststellungsurteil festgelegt hat; siehe dazu nur BGH vom 03.11.1995, NJW 1996, 452, 454.

511 Vgl. BGH vom 21.10.1964, WM 1964, 1239, 1240; vom 23.01.1976, DAR 162, 163.

oder sachwidrig[512] vorzugehen. Allgemein gilt insoweit, dass eine Schiedsgutachterstelle i.w.S. grundsätzlich alle in Frage kommenden Kriterien in Betracht ziehen und hieraus eine sachgerechte Auswahl treffen sowie innerhalb der getroffenen Auswahl eine sachgerechte Gewichtung[513] vornehmen muss.[514] Ob und inwieweit die von der Schiedsgutachterstelle vorgenommene Auswahl und/oder Gewichtung „sachgerecht" war, unterliegt dabei der vollen inhaltlichen Kontrolle durch das erkennende Gericht.[515] Im Ergebnis wird damit der Spielraum einer Schiedsgutachterstelle i.w.S. bei der Entscheidungsfindung – trotz anders lautender *dicta* in älteren Entscheidungen[516] – jedenfalls heute[517] relativ eng gezogen. Das zeigt auch die Rechtsprechung zu der Frage, welche Vorgaben ein Gericht einer Schiedsgutachterstelle i.w.S. im Rahmen einer von den Parteien zur Klärung maßgeblicher Entscheidungskriterien angestrengten Feststellungsklage machen kann.[518]

Auch einer Schiedsgutachterstelle i.e.S. kommt ein gewisser Spielraum bei der Entscheidungsfindung zu – allerdings nicht, wie dargelegt, im Sinne einer „Freiheit der Wahl", sondern nur im Sinne einer „Freiheit vor der Kontrollinstanz". Dieser von Rechtsprechung und Schrifttum anerkannte[519] Spielraum gründet sich im Wesentlichen darauf, dass bei den typischen Aufgabenstellungen, die einer Schiedsgutachterstelle i.e.S. übertragen werden, unterschiedliche Sachverständige regelmäßig zu unterschiedlichen Ergebnissen kommen können und nicht immer einschlägige Regeln des Fachs existieren, an denen sich die Schiedsgutachterstelle i.e.S. orientieren kann. So werden

---

512 Vgl. BGH vom 21.10.1964, WM 1964, 1239, 1240; vom 14.07.1986, NJW-RR 1987, 21, 22; vom 03.11.1995, NJW 1996, 452, 454.

513 BGH vom 03.11.1995, NJW 1996, 452, 454.

514 BGH vom 12.01.2001, WM 2001, 631, 633. – Ob und inwieweit die von der Schiedsgutachterstelle vorgenommene Auswahl und/oder Gewichtung der dem Schiedsgutachten zugrunde gelegten Kriterien „sachgerecht" ist, unterliegt grundsätzlich der vollen inhaltlichen Kontrolle durch das (Schieds-)Gericht; vgl. BGH vom 13.05.1974, NJW 1974, 1235, 1235 f.; vom 02.02.1977, NJW 1977, 801, 801 f. (Anm. *Bulla*, NJW 1978, S. 397 ff.); vom 03.11.1995, NJW 1996, 452, 454.

515 Vgl. BGH vom 13.05.1974, NJW 1974, 1235; vom 02.02.1977, NJW 1977, 801, 802 (Anm. *Bulla*, NJW 1978, S. 397 ff.); vom 03.11.1995, NJW 1996, 452, 454.

516 Z.B. BGH vom 15.11.1974, BB 1975, 64 („[I]nnerhalb der [durch § 319 I 1 BGB] gezogenen Grenzen hat der bestimmende Dritte freien Bestimmungsspielraum; das Gericht hat nicht sein eigenes billiges Ermessen walten zu lassen, sondern nur nachzuprüfen, ob der Dritte jene äußerste Grenze überschritten hat.").

517 Ursache hierfür dürfte der seit der Mitte der 70er-Jahre zu beobachtende Wandel der höchstrichterlichen Rechtsprechung im Hinblick auf die gebotene Intensität der gerichtlichen Kontrolle eines Schiedsgutachtens und seiner Entscheidungsgrundlagen sein. Dazu oben S. 48.

518 Vgl. insoweit BGH vom 03.11.1995, NJW-RR 1996, 452, 454; vom 19.01.2001, WM 2001, 636, 637.

519 RG vom 19.10.1932, JW 1933, 217; BGH vom 22.04.1965, BGHZ 43, 374, 377; MüKo-*Gottwald*, § 317 Rdn. 18; Staudinger-*Rieble*, § 317 Rdn. 16; enger Soergel-*Wolf*, § 317 Rdn. 22 (Schiedsgutachterstelle i.e.S. „kann" einen Beurteilungsspielraum haben).

Schiedsgutachterstellen i.e.S. etwa als berechtigt angesehen, ihr Schiedsgutachten auf Schätzungen und Erfahrungswerte zu stützen, soweit wissenschaftlich fundierte Aussagen im Hinblick auf die konkret zu treffenden Feststellungen nicht möglich sind.[520] Auch ist anerkannt, dass eine Schiedsgutachterstelle, die den Umfang und Ursachenzusammenhang eines Schadens festlegen soll, grundsätzlich an keine strengeren Anforderungen gebunden ist als der staatliche Richter (§ 287 ZPO) – es sei denn, die Parteien haben etwas Abweichendes vereinbart.[521] Dieser Spielraum wird allerdings durch die Pflicht der Schiedsgutachter begrenzt, nicht gesetzes- oder (im Lichte der konkreten Aufgabenstellung) sachwidrig[522] vorzugehen. Im Gegensatz zu Schiedsgutachterstellen i.w.S. sind Schiedsgutachterstellen i.e.S. aber weder verpflichtet noch befugt, bei ihrer Entscheidungsfindung die Interessen der Parteien zu berücksichtigen und so weit als möglich zu einem Ausgleich zu bringen.[523] Im Ergebnis wird damit der Spielraum einer Schiedsgutachterstelle i.e.S. bei der Art und Weise der Entscheidungsfindung – trotz teilweise anders lautender *dicta*[524] – relativ eng gezogen.[525] Das ergibt sich nicht nur daraus, dass eine Fehlerhaftigkeit der Entscheidungsfindung einer Schiedsgutachterstelle i.e.S. schon dann bejaht wird, wenn diese unter Zugrundelegung relativ geringer Anforderungen aus Sicht des erkennenden Gerichts oder eines anderen Sachverständigen „offenbar unrichtig“ ist,[526] sondern auch daraus, dass sich die Gerichte im Falle eines Schiedsgutachtens, das die Bewertung eines Grundstücks unter Heranziehung von Vergleichsobjekten vorgenommen hat, für befugt erachten, auch die von der Schiedsgutachterstelle zugrunde gelegten Vergleichsmaßstäbe auf ihre „Richtigkeit“ zu überprüfen.[527]

---

520 Vgl. OLG Braunschweig vom 26.03.1982, AgrarR 1982, 220, 221.

521 BGH vom 19.06.1975, WM 1975, 1043.

522 BGH vom 21.10.1964, WM 1964, 1239, 1240.

523 Vgl. BGH vom 21.10.1964, WM 1964, 1239, 1240; *Straatmann*, FS Stödter, S. 120 (bezogen auf die Fälle der Qualitätsarbitrage); a.A. bezogen auf eine im Rahmen eines Unternehmenskaufvertrags vorzunehmende Bewertung des erworbenen Unternehmens *Ribbert*, DB 1978, S. 2085 ff.

524 RG vom 19.10.1932, JW 1933, 217; BGH vom 22.04.1965, BGHZ 43, 374, 377. Bezeichnenderweise handelt es sich in beiden Fällen um Entscheidungen, die sich um die Frage der Haftung eines Schiedsgutachters für Pflichtverletzungen bei der Entscheidungsfindung drehen. Daraus kann man schließen, dass die Rechtsprechung den Spielraum einer Schiedsgutachterstelle i.e.S. etwas weiter zieht, wenn es um die Frage einer Pflichtverletzung (und damit die Frage der Haftung) geht, hingegen enger zieht, wenn es um die gerichtliche Kontrolle des Schiedsgutachtens geht.

525 A.A. für Unternehmensbewertungen *Gross*, DStR 2000, S. 1962 („nicht unerhebliche[r] Ermessensspielraum"), der aber insoweit nicht auf die Reichweite des Spielraums im Rahmen der Entscheidungsfindung (dazu *Gross*, DStR 2000, S. 1961), sondern vielmehr auf die aus seiner Sicht geringe Wahrscheinlichkeit der Unverbindlichkeit eines Schiedsgutachtens über eine Unternehmensbewertung abstellt.

526 Vgl. insoweit nur BGH vom 25.01.1979, NJW 1979, 1885, 1886.

527 BGH vom 23.11.1984, WM 1985, 174.

3. Schiedsgutachtenverfahren

a. *Verfahrensgrundsätze*

An gesetzlichen Vorschriften über die im Schiedsgutachtenverfahren geltenden verfahrensrechtlichen Grundsätze fehlt es; die §§ 317–319 BGB, §§ 64, 184 VVG enthalten insoweit keinerlei Regelung.

Die unabdingbaren Verfahrensgrundsätze richterlicher Streitentscheidung[528] gelten im Schiedsgutachtenverfahren vorbehaltlich einer abweichenden Vereinbarung der Parteien ebenso wenig wie die für das Schiedsverfahren geltenden Verfahrensgrundsätze[529] und die Verfahrensgarantien einer gerichtlichen Beweisaufnahme.[530] Die Nichtgeltung dieser Verfahrensgrundsätze hat der Bundesgerichtshof dabei zum einen mit der rein materiell-rechtlichen Qualifikation der Tätigkeit eines Schiedsgutachters und dem daraus abgeleiteten Fehlen richterlicher und auch schiedsrichterlicher Funktionen bei einem Schiedsgutachter,[531] zum anderen aber auch mit der – letztlich auf einen Vergleich des § 1041 ZPO a.F. mit dem § 319 I 1 BGB gestützten – rechtlichen Verschiedenartigkeit der Wirkungen und Bestandskraft eines Schiedsspruchs und eines Schiedsgutachtens[532] und am Rande mit einer abweichenden Verfahrenspraxis[533] begründet. Da auch die §§ 317 ff. BGB, §§ 64, 184 VVG im Gegensatz zu den §§ 1025 ff. ZPO keine Vorgaben für das Schiedsgutachtenverfahren enthalten,[534] ist sowohl die Schiedsgutachterstelle insgesamt als auch jeder einzelne Schiedsgutachter verfahrensrechtlich im Grundsatz völlig frei.[535] Die Ausgestaltung des Schiedsgutachtenverfahrens steht daher grundsätzlich im freien Ermessen der Schiedsgutachterstelle und der einzelnen Schiedsgutachter.[536]

---

528 BGH vom 25.06.1952, BGHZ 6, 335, 340 (Anm. *Benkard*, LM Nr. 1 zu § 319 BGB).

529 BGH vom 25.06.1952, BGHZ 6, 335, 341 (weder unmittelbare noch entsprechende Anwendung); ebenso bereits RG vom 21.08.1936, RGZ 152, 201, 205 f.

530 BGH vom 24.11.2005, NJW-RR 2006, 212, 213.

531 BGH vom 25.06.1952, BGHZ 6, 335, 340.

532 BGH vom 25.06.1952, BGHZ 6, 335, 340 f.

533 BGH vom 25.06.1952, BGHZ 6, 335, 341: „Der Erstattung eines Schiedsgutachtens geht kein Gerichtsverfahren und kein gerichtsähnliches Verfahren voraus."

534 RG vom 01.12.1903, VA 1904, 73 Nr. 2.

535 BGH vom 25.06.1952, BGHZ 6, 335, 340 f. (Anm. *Benkard*, LM Nr. 1 zu § 319 BGB); vom 31.01.1957, VersR 1957, 122; so auch schon RG vom 01.12.1903, VA 1904, 73 Nr. 2; enger hingegen RG vom 21.08.1936, RGZ 152, 201, 206: „Für das auf Grund eines Schiedsgutachtenvertrags stattfindende Verfahren besteht – soweit nicht, wie z.B. für Arbeitsstreitigkeiten die §§ 106, 107 ArbGG (1926, d. Verf.), bestimmte gesetzliche Vorschriften eingreifen – größere Vertragsfreiheit (als für das Schiedsverfahren, d. Verf.); der Umfang der Rechte und Pflichten der Vertragsteile bestimmt sich wesentlich nach Treu und Glauben."

536 A.A.: *Asmus*, ZVersWiss 1962, S. 205 („Die Sachverständigen haben das Sachverständigenverfahren nach pflichtgemäßem Ermessen der individuellen Natur des Schadensfalls anzupassen und ihre Ermittlungen in einer mit Treu und Glauben, den guten Sitten und den Gesetzen zu vereinbarenden Weise vorzunehmen); MüKo-*Gottwald*, § 317

Auf dieser Grundlage steht die Rechtsprechung ganz überwiegend auf dem Standpunkt, dass Schiedsgutachter grundsätzlich nicht verpflichtet sind, den Parteien des Schiedsgutachtenvertrags rechtliches Gehör zu gewähren.[537] Das Schrifttum ist bei dieser Frage gespalten, und zwar nicht nur hinsichtlich der Frage des „ob" der Gewährung rechtlichen Gehörs,[538] sondern auch hinsichtlich Art und Umfang des zu gewährenden rechtlichen Gehörs.[539] Daraus folgt insbesondere, dass den Parteien vor Erstattung des Schiedsgutachtens grundsätzlich keine Gelegenheit zur Äußerung gegeben werden muss, dass die Schiedsgutachter dem Schiedsgutachten grundsätzlich auch solche Tatsachen zugrunde legen dürfen, hinsichtlich derer den Parteien keine Gelegenheit zur Stellungnahme gegeben wurde, und dass etwaige Hinweise, Stellungnahmen und Erklärungen der Parteien grundsätzlich weder zur Kenntnis genommen noch bei der Entscheidungsfindung berücksichtigt werden müssen.[540] Eine Pflicht, den Parteien rechtliches Gehör zu gewähren, besteht – vorbehaltlich einer abweichenden Parteivereinbarung[541] – auch dann nicht, wenn den

---

Rdn. 42; Soergel-*Wolf*, § 317 Rdn. 28 (Verpflichtung zur Ausgestaltung des Verfahrens nach „billigem Ermessen"); Staudinger-*Rieble*, § 317 Rdn. 65 (Schiedsgutachter muss Verfahren im Zweifel nach „billigem Ermessen" durchführen); in der Tendenz einschränkend auch *Clasen*, JRfPrV 1927, S. 338.

537 RG vom 01.12.1903, VA 1904, 73 Nr. 2; BGH vom 25.06.1952, BGHZ 6, 335, 341 (Anm. *Benkard*, LM Nr. 1 zu § 319 BGB); vom 06.12.1978, VersR 1979, 173, 174; KG vom 27.11.1940, JRfPrV 1941, 100; OLG Königsberg vom 08.07.1941, HansRGZ B 1941, 223, 225; OLG Nürnberg vom 18.12.1962, MDR 1963, 498, 499; OLG Frankfurt vom 23.06.1987, VersR 1987, 1197, 1199; OLG Schleswig-Holstein vom 09.06.1999, SchlHA 1999, 236, 237. Die Frage im Ergebnis offenlassend BGH vom 30.10.1959 (Az. I ZR 188/57); a.A. BGH vom 14.02.1968, DB 1968, 751 („Pflicht zur Gewährung rechtlichen Gehörs"); OLG München vom 20.09.1973, VersR 1974, 279, 280 („Pflicht zur Gewährung eines Mindestmaßes an rechtlichem Gehör"); LG Frankfurt vom 25.07.1988, NJW-RR 1988, 1132, 1133 (Anm. *Graf v. Westphalen*, EWiR § 9 AGBG 16/88, S. 843 f.) (ausdrücklich gegen den BGH); so auch die bei *Altschwager*, BauR 1991, S. 159 genannte Entscheidung des BGH.

538 Die Pflicht zur Gewährung rechtlichen Gehörs wird u.a. verneint von: *Rau*, ZVersWiss 1905, S. 278; *Wangner*, S. 53 ff.; *Marsilius*, BB 1959, S. 1016; *Thorens*, KTS 1968, S. 201; *Volze*, VersR 1996, S. 1339. Bejaht wird sie dagegen u.a. von: *Habscheid*, KTS 1964, S. 88; ders., KTS 1970, S. 146; *Rauscher*, S. 250 (jeweils nur für Schiedsgutachtenverfahren i.e.S.); *Wittmann*, S. 133; *Meyer*, S. 116 (jeweils für Schiedsgutachtenverfahren i.w.S. und i.e.S.). Siehe zum Meinungsstand auch *Asmus*, ZVersWiss 1962, S. 205 f., und *Heinrich*, S. 194 ff. m.w.N.

539 Eine Pflicht zur Gewährung rechtlichen Gehörs in demselben Umfang wie bei einem Schiedsverfahren bejahen u.a.: *Sieg*, VersR 1962, S. 633; *Habscheid*, FS Laufke, S. 317 f.; *Heinrich*, S. 197; *Meyer*, S. 116. Im Grundsatz ebenso, aber mit Einschränkungen: *Rauscher*, S. 250 ff. („Der Umfang der Anhörung wird durch den Verfahrensgegenstand bestimmt."); *Nicklisch*, ZHR 136 (1972), S. 27 („Art und Umfang des rechtlichen Gehörs werden durch den Verfahrensgegenstand bestimmt."); *Wittmann*, S. 132 f.

540 Zum Inhalt des Gebots der Gewährung rechtlichen Gehörs siehe beispielhaft *Thomas/Putzo*, Einl. I, Rdn. 12 ff. A.A. z.B. *Meyer*, S. 116, die allerdings von einer entsprechenden Anwendbarkeit des § 1042 I ZPO (§ 1034 I ZPO a.F.) ausgeht.

541 Vgl. BGH vom 06.12.1978, VersR 1979, 173, 174.

Parteien dies seitens der Schiedsgutachterstelle zugesagt worden ist.[542] Dasselbe muss im Grundsatz auch für den Fall gelten, dass eine Partei die Gewährung rechtlichen Gehörs ausdrücklich verlangt.[543] Allerdings steht es den Schiedsgutachtern selbstverständlich frei, den Parteien rechtliches Gehör zu gewähren. Ebenso steht es den Parteien frei, eine Pflicht der Schiedsgutachter zur Gewährung rechtlichen Gehörs vertraglich zu vereinbaren.[544] Haben die Parteien vereinbart, dass eine „Anhörung" stattfinden soll, so reicht im Regelfall eine schriftliche Anhörung aus.[545] Nach einer neueren Entscheidung des OLG Schleswig-Holstein kann die Schiedsgutachterstelle hingegen in einem solchen Falle auch verpflichtet sein, einen Ortstermin durchzuführen und den Parteien bei diesem Ortstermin relativ umfassend rechtliches Gehör zu gewähren.[546]

Auch der Obmann einer Schiedsgutachterkommission, der innerhalb der Grenzen der von den Partei-Schiedsgutachtern getroffenen Feststellungen zur alleinigen Entscheidung befugt ist, muss den von den Parteien ernannten Schiedsgutachtern grundsätzlich kein rechtliches Gehör gewähren.[547] Eine Ausnahme hiervon gilt allerdings dann, wenn sich die von den Partei-Schiedsgutachtern getroffenen Feststellungen, innerhalb derer der Obergutachter entscheiden soll, aus den dem Obergutachter vorliegenden Gutachten nicht zweifelsfrei entnehmen lassen. In diesem Fall ist der Obergutachter verpflichtet, beide Partei-Schiedsgutachter anzuhören.[548]

Zu den unabdingbaren Verfahrensgrundsätzen richterlicher Streitentscheidung gehören neben dem Gebot der Gewährung rechtlichen Gehörs auch das Gebot des fairen Verfahrens und das Gebot der Gleichbehandlung der Parteien. Da aber unter Zugrundelegung der älteren Rechtsprechung des Bundesgerichtshofs diese Verfahrensgrundsätze im Schiedsgutachtenverfahren keine Geltung beanspruchen können, ist davon auszugehen, dass nach geltendem Recht nicht nur das Gebot der Gewährung rechtlichen Gehörs, sondern auch das Gebot des fairen Verfahrens und das Gebot der Gleichbehandlung der Parteien im Schiedsgutachtenverfahren grundsätzlich keine Geltung beanspruchen können[549] – auch wenn der Bundesgerichtshof in zwei jüngeren Ent-

---

542 Vgl. BGH vom 25.06.1952, BGHZ 6, 335, 337 und 341.

543 A.A. OLG Celle vom 26.01.1995, OLGR 1995, 81. Diese Auffassung lässt sich aber mit den oben im Text dargelegten Grundsätzen schwerlich vereinbaren. Ebenfalls a.A.: *Asmus*, ZVersWiss 1962, S. 206.

544 BGH vom 14.02.1968, DB 1968, 751; vom 06.12.1978, VersR 1979, 173, 174.

545 BGH vom 14.02.1968, DB 1968, 751.

546 OLG Schleswig-Holstein vom 09.06.1999, SchlHA 1999, 236, 237.

547 KG vom 25.11.1933, VA 1933, 435, 436.

548 KG a.a.O.

549 A.A. allerdings LG Frankfurt vom 25.07.1988, NJW-RR 1988, 1132, 1133 (Anm. *Graf v. Westphalen*, EWiR § 9 AGBG 16/88, S. 843 f.), das sich zur Stützung dieser Auffassung unter anderem auf die Entscheidung BGH vom 16.11.1987, NJW-RR 1988, 506 (siehe dazu die nachfolgende Fußnote) berief. – Eine davon zu trennende Frage ist diejenige, ob ein Schiedsgutachter aufgrund des Schiedsgutachtervertrags den Parteien gegen-

scheidungen[550] hat anklingen lassen, dass er zumindest der Gleichbehandlung der Parteien im Schiedsgutachtenverfahren zunehmend Bedeutung beimisst. Ob sich die Geltung des Gleichbehandlungsgebots der Parteien für das Schiedsgutachten innerhalb der Rechtsprechung tatsächlich (und, wenn ja, in welchem Umfang) durchsetzen wird, bleibt aber abzuwarten.

Auch der den deutschen Zivilprozess beherrschende Verhandlungsgrundsatz gilt im Schiedsgutachtenverfahren nicht. Die Beibringung des Tatsachenstoffes, auf dessen Grundlage das Schiedsgutachten erstattet werden soll, obliegt trotz der die Parteien treffenden Mitwirkungspflichten in erster Linie nicht den Parteien, sondern den Schiedsgutachtern.[551] Dabei stehen Inhalt und Umfang der Ermittlung der für die konkreten Fragestellungen relevanten Tatsachen als Ausfluss des Grundsatzes, dass die Schiedsgutachterstelle verfahrensrechtlich völlig frei ist, im Ermessen der Schiedsgutachterstelle.[552] Da die Schiedsgutachter nicht zur Gewährung rechtlichen Gehörs verpflichtet sind, sind sie hierbei auch nicht zur Herstellung von Parteiöffentlichkeit verpflichtet.[553] Allerdings hat die Rechtsprechung mehrfach entschieden, dass die Schiedsgutachterstelle den Inhalt und Umfang der Tatsachenermittlung nicht nach freiem Ermessen bestimmen kann, sondern nach pflichtgemäßem Ermessen bestimmen muss[554], und daraus (als Ergebnis einer längeren Rechtsprechungsentwicklung) die Schlussfolgerung gezogen, dass Schiedsgutachter im Regelfall eine Sachaufklärungspflicht treffe,[555] nämlich die Pflicht, die für die Entscheidungsfindung maßgeblichen Tatsachen in dem Umfang und mit der Sorgfalt zu ermitteln, in dem bzw. mit der ein unbefangener, sorgfältig vorgehender Sachverständiger den maßgeblichen Sachverhalt oder die relevanten Tatsachen ermittelt hätte.[556] Im Ergebnis ist damit von dem behaupteten Ermessen

---

über zur Durchführung eines fairen Verfahrens oder zur umfassenden Gleichbehandlung der Parteien verpflichtet ist. Zu dieser Fragestellung hat die Rechtsprechung bisher, soweit ersichtlich, nicht Stellung genommen.

550 In der Entscheidung vom 11.06.1976, VersR 1976, 821, 823, hat der BGH ausgesprochen, dass Schiedsgutachter grundsätzlich nicht mit einer Partei hinter dem Rücken der anderen Partei verhandeln und, soweit sie eine mündliche Erörterung für erforderlich hielten, hierzu nicht nur eine Partei, sondern beide Parteien einladen sollten; alles andere sei eine „Unkorrektheit" (BGH a.a.O.). In einer späteren Entscheidung (BGH vom 16.11.1987, NJW-RR 1988, 506, 507) hat der BGH die von ihm aufgeworfene Frage ausdrücklich offengelassen, ob, und, falls ja, wie es sich auf die Verbindlichkeit des Schiedsgutachtens auswirke, wenn ein allein entscheidender Schiedsgutachter nur eine Partei anhöre.

551 Siehe dazu z.B. *Asmus*, ZVersWiss 1962, S. 213 ff.

552 RG vom 01.12.1903, VA 1904, 73 Nr. 2.

553 Zum Inhalt des Gebots der Herstellung von Parteiöffentlichkeit im gerichtlichen Verfahren siehe *Schnapp*, FS Menger, S. 561.

554 Vgl. RG vom 17.11.1905, JW 1906, 35 f. (noch zum preußischen Recht); vom 20.03.1906, Gruch. 50, 828, 830; vom 20.10.1908, SeuffA 65, 433, 434.

555 OLG Schleswig vom 16.06.1987, VersR 1987, 1001.

556 Vgl. RG vom 15.10.1912, VA 1913, 66 Nr. 744; vom 20.12.1912, SeuffA 68, 224; BGH vom 31.01.1957, VersR 1957, 122, 123; vom 21.10.1964, WM 1964, 1239, 1240; vom

der Schiedsgutachterstelle und der einzelnen Schiedsgutachter bei der Festlegung von Inhalt und Umfang der Tatsachenermittlung kaum noch etwas übrig geblieben, vielmehr gilt im deutschen Recht heute eine Untersuchungsmaxime.

b. Stellung der Schiedsgutachter im Schiedsgutachtenverfahren

Die Schiedsgutachter haben im Rahmen des Schiedsgutachtenverfahrens grundsätzlich die Stellung von unabhängigen, über den Parteien stehenden Gutachtern.[557] Andererseits sind die von den Parteien ernannten Partei-Schiedsgutachter aber auch berechtigt, sich im Rahmen des sachlich Vertretbaren um die Wahrung der Interessen der sie ernennenden Partei zu bemühen.[558]

Auch wenn der Grundsatz der Unmittelbarkeit im Schiedsgutachtenverfahren grundsätzlich nicht gilt, darf ein Schiedsgutachter seine Entscheidungsbefugnis grundsätzlich nicht vollständig an eine andere Person delegieren.[559] Er ist jedoch nicht (ebenso wenig wie das ordentliche Gericht) gehindert, sich der Hilfe eines oder mehrerer Sachverständiger zu bedienen, wenn seine eigene Sachkunde zur Beurteilung von Einzelfragen nicht ausreicht.[560]

Im Rahmen ihrer Sachaufklärungspflicht[561] sind die Schiedsgutachter verpflichtet, die für die konkrete Fragestellung relevanten Tatsachen aufgrund eigener Initiative[562] zumindest so umfassend und sorgfältig zu ermitteln, dass das Schiedsgutachten auf einer ausreichend sicheren Tatsachengrundlage ruht.[563] Dazu müssen sich die Schiedsgutachter zwar grundsätzlich nicht aller Erkenntnisquellen bedienen, die für die konkrete Fragestellung von Bedeutung sind,[564] aber doch zumindest all der Erkenntnisquellen, derer sich ein unbefangener Sachverständiger angesichts der konkreten Aufgabenstellung bei ver-

---

01.04.1965, VersR 1965, 505; vom 14.12.1967, WM 1968, 307, 308; vom 02.02.1977, NJW 1977, 801 f.; vom 30.11.1977, VersR 1978, 121, 124.

557 BGH vom 11.06.1976, VersR 1976, 821, 823.

558 Vgl. BGH vom 31.01.1957, VersR 1957, 122.

559 HansOLG vom 18.03.1908, OLGE 17, 378, 379.

560 BGH vom 31.01.1957, VersR 1957, 122; OLG Köln vom 27.08.1999, OLGR Köln 2000, 39.

561 Im Einzelfall können die Schiedsgutachter durchaus verpflichtet sein, bestimmte Tatsachen als gegeben zugrunde zu legen; ob dies der Fall ist, ist durch Auslegung des Schiedsgutachtenvertrags zu ermitteln. So kann sich z.B. die Frage stellen, ob eine Schiedsgutachterstelle, der die Feststellung des Abfindungsguthabens eines ausscheidenden Gesellschafters unter Berücksichtigung des Unternehmenswerts übertragen ist, an die (ggf. von einem Abschlussprüfer bestätigten) Bilanzansätze der betreffenden Gesellschaft gebunden oder berechtigt ist, diese Bilanzansätze nochmals selbst (eventuell anhand anderer Bilanzierungsgrundsätze) zu überprüfen und gegebenenfalls abzuändern.

562 BAG vom 16.10.1957, NJW 1958, 315; BGH vom 20.11.1975, WM 1976, 251, 253.

563 RG vom 15.10.1912, VA 1913, 66 Nr. 744.

564 Zutreffend BGH vom 02.02.1977, NJW 1977, 801; a.A. offenbar BGH vom 21.10.1964, WM 1964, 1239, 1240.

ständiger Würdigung offensichtlich bedient hätte,[565] insbesondere der klar auf der Hand liegenden Erkenntnisquellen.[566] Allerdings dürfen Schiedsgutachter dabei ebenso wenig wie Schiedsrichter die Vorlage von Urkunden oder das Erscheinen von Zeugen anordnen. Auch können sich die Schiedsgutachter bei ihrer Tatsachenermittlung – anders als Schiedsrichter – nicht der Hilfe staatlicher Gerichte bedienen, da die Vorschrift des § 1050 ZPO auf die Schiedsgutachtertätigkeit nicht entsprechend anwendbar ist.[567] Schiedsgutachter sind jedoch befugt,[568] bestimmte Fragen tatsächlicher Art nach Beweislastgrundsätzen zu Lasten der beweisbelasteten Partei zu entscheiden, wenn diese trotz Aufforderung der Schiedsgutachterstelle die angeforderten Informationen nicht zur Verfügung stellt[569] – sei es, weil diese Informationen der beweisbelasteten Partei nicht zur Verfügung stehen, sei es, weil die beweisbelastete Partei diese Informationen willentlich zurückhält.

c. Stellung der Parteien im Schiedsgutachtenverfahren

Während Inhalt und Umfang der die Parteien treffenden Mitwirkungspflichten weitgehend rechtlich normiert sind, sind die Rechte der Parteien im Schiedsgutachtenverfahren nach geltendem Recht im Wesentlichen der Vereinbarung der Parteien oder, im Falle des Fehlens einer solchen Vereinbarung, dem Ermessen der Schiedsgutachter überlassen. Allerdings sind die Parteien auch dann, wenn sie (wie häufig) keine Vereinbarung über ihre verfahrensmäßigen Rechte im Schiedsgutachtenverfahren getroffen haben, berechtigt, sich mit Hinweisen, Stellungnahmen und Erklärungen gegenüber der Schiedsgutachterstelle (oder den einzelnen Schiedsgutachtern) an dem Schiedsgutachtenverfahren zu beteiligen.[570] Dieses (Verfahrens-)Recht geht jedoch unter Berücksichtigung der oben dargelegten Grundsätze im Regelfall nicht so weit, dass eine Partei, die sich mit Hinweisen, Stellungnahmen oder Erklärungen an dem Schiedsgutachtenverfahren beteiligt, von der Schiedsgutachterstelle oder den einzelnen Schiedsgutachtern verlangen kann, diese Hinweise, Stellungnahmen und Erklärungen zur Kenntnis zu nehmen und bei ihrer Entscheidungsfindung zu berücksichtigen. Eine entsprechende Pflicht zur Kenntnisnahme und Berücksichtigung dieser Eingaben kann sich allerdings möglicherweise aus dem Schiedsgutachtervertrag ergeben.

---

565 Siehe dazu die Nachweise in Fußnote 556.

566 RG vom 27.11.1931, VA 1932, 2 Nr. 2367.

567 Dazu oben S. 49.

568 Nach OLG Koblenz vom 20.09.1996, RuS 1997, 73, 74, sind Schiedsgutachter hierzu sogar verpflichtet.

569 Vgl. BGH vom 11.06.1976, VersR 1976, 821, 823; OLG Koblenz vom 20.09.1996, RuS 1997, 73, 74.

570 OLG Frankfurt vom 23.06.1987, VersR 1987, 1197, 1199.

4. Schiedsgutachten

a. *Quorum*

Nach § 317 II 1 Halbs. 1 BGB muss eine Mehrzahl von Schiedsgutachtern, denen eine Leistungsbestimmung nach billigem Ermessen übertragen ist, im Zweifel einstimmig entscheiden. Ist dagegen einer Mehrzahl von Schiedsgutachtern die Bestimmung einer Summe übertragen, ist im Zweifel die Durchschnittssumme maßgebend, wenn die jeweiligen Schiedsgutachter unterschiedliche Summen bestimmen, § 317 II Halbs. 2 BGB. Die Bestimmung des § 317 II BGB gilt auch für Schiedsgutachtenverträge i.e.S.[571] und damit auch für Schiedsgutachtenverträge i.S.d. §§ 64, 184 VVG.[572]

Da § 317 II BGB nur Zweifelsregeln enthält, sind die Parteien ohne Weiteres befugt, andere Vereinbarungen zu treffen. So können sie vereinbaren, dass die Schiedsgutachter mit Mehrheit entscheiden sollen.[573] Teilweise wird von den Obergerichten angenommen, dass eine Mehrheitsentscheidung bereits dann als vereinbart anzusehen ist, wenn die Parteien das Tätigwerden einer Schiedsgutachterkommission mit einer ungeraden Zahl von Schiedsgutachtern vereinbart haben.[574] Ebenso können sie vereinbaren, dass einer der genannten Schiedsgutachter als Obmann allein entscheiden soll.[575]

b. *Formelle und inhaltliche Anforderungen*

Ein Schiedsgutachten wird grundsätzlich nicht erst mit Zugang (§ 130 BGB) bei allen Parteien des Schiedsgutachtenvertrags wirksam, sondern bereits mit dem Zugang bei einer Partei, § 318 I BGB. Diese Vorschrift des § 318 I BGB gilt mangels anderer Vereinbarung auch für Schiedsgutachten i.e.S.[576] und damit auch für Schiedsgutachten i.S.d. §§ 64, 184 VVG.[577] Haben die Parteien im Schiedsgutachtenvertrag eine Bekanntmachung[578] oder gar Zustellung[579] gegenüber allen Parteien des Schiedsgutachtenvertrags vereinbart, so ist durch Auslegung zu

---

571 Vgl. RG vom 18.06.1915, RGZ 87, 190, 195; vom 28.11.1935, Warn. 1936 Nr. 29; vgl. auch RG vom 23.05.1919, RGZ 96, 57, 61.

572 Vgl. RG vom 04.11.1930, HRR 1931 Nr. 443; OLG Königsberg vom 08.05.1931, JRfPrV 1931, 292.

573 RG vom 18.06.1915, RGZ 87, 190, 195; vom 28.11.1935, Warn. 1936 Nr. 29; OLG Königsberg vom 08.05.1931, JRfPrV 1931, 292.

574 OLG Königsberg vom 08.05.1931, JRfPrV 1931, 292 m.w.N. – A.A. aber RG vom 21.08.1936, RGZ 152, 201, 208; in dieser Entscheidung stellte das Reichsgericht auch für den Fall einer dreiköpfigen Schiedsgutachterkommission unter Hinweis auf § 317 II BGB das grundsätzliche Einstimmigkeitserfordernis fest.

575 So vor allem in vielen AVB, z.B. § 15 Nr. 4 AFB 87.

576 BGH vom 14.07.1986, NJW-RR 1987, 21, 22.

577 Vgl. RG vom 04.11.1930, HRR 1931 Nr. 443.

578 So z.B. in § 15 Nr. 4 S. 1 AFB 87, § 5 Nr. 4 S. 1 AEB, § 15 Nr. 4 S. 1 AERB 87.

579 OLG München vom 15.11.1957, VersR 1959, 302.

ermitteln, ob das Schiedsgutachten erst dann als wirksam erstattet gelten soll, wenn es allen Parteien in der vereinbarten Weise bekannt gemacht worden ist.

Für ein Schiedsgutachten bestehen keinerlei gesetzliche Formerfordernisse. Ein Schiedsgutachten ist daher grundsätzlich formlos gültig.[580] Das gilt auch dann, wenn das Schiedsgutachten an die Stelle einer vertraglichen Bestimmung treten soll, die ihrerseits formbedürftig wäre.[581] Das Reichgericht hat darüber hinaus entschieden, dass die Vorschrift des § 1039 ZPO a.F. auf Schiedsgutachten keine entsprechende Anwendung fand.[582] Dasselbe muss aus den oben dargelegten Gründen auch für die Vorschrift des § 1054 ZPO gelten.

Die Parteien können jedoch Anforderungen an die Form und den Inhalt[583] des zu erstattenden Schiedsgutachtens vereinbaren. Teilweise nehmen die Gerichte an, dass in bestimmten Fällen Schriftform des Schiedsgutachtens als stillschweigend vereinbart anzusehen ist.[584] Haben die Parteien vertraglich für das Schiedsgutachten Schriftform vereinbart, so folgt daraus, dass das Schiedsgutachten von allen Schiedsgutachtern, die an dem Schiedsgutachten mitgewirkt haben, unterschrieben werden muss, § 126 BGB.[585] Nach Auffassung des Reichsgerichts ist in diesem Fall das vereinbarte Schiedsgutachten so lange rechtlich nicht existent, wie auch nur eine der Unterschriften eines der Schiedsgutachter fehlt, die an dem Schiedsgutachten mitgewirkt haben.[586] Unklar ist allerdings, ob dieses Ergebnis aus § 125 S. 2 BGB[587] oder aus einer entsprechenden Einschränkung des Bindungswillens der Parteien folgt.

c. *Begründungserfordernisse*

Es existiert keine gesetzliche Vorschrift, die Schiedsgutachten einem Begründungserfordernis unterwirft. Das sich aus § 1054 II ZPO (§ 1041 I Nr. 5 ZPO a.F.) ergebende Begründungserfordernis für Schiedssprüche findet auf Schiedsgutachten keine entsprechende Anwendung.[588] Die Rechtsprechung

---

580 Vgl. *Asmus*, ZVersWiss 1962, S. 230.

581 Palandt-*Heinrichs*, § 311 b, Rdn. 17 m.w.N.

582 RG vom 02.10.1899, Gruch. 46, 422, 425; vgl. auch RG vom 28.02.1911, JW 1911, 459, 460.

583 Siehe dazu z.B. *Asmus*, ZVersWiss 1962, S. 234 ff.

584 RG vom 18.06.1915, RGZ 87, 190, 194; OLG Celle vom 23.01.1915, SeuffA 70, 218. Weitergehend z.B. *Asmus*, ZVersWiss 1962, S. 231 (Schriftform ist regelmäßig als gewollt anzusehen).

585 RG vom 21.02.1911, JW 1911, 412.

586 RG a.a.O.

587 Die Anwendbarkeit der Vorschrift des § 125 S. 2 BGB auf diese Fälle würde voraussetzen, dass es sich bei dem Schiedsgutachten um ein Rechtsgeschäft handelt. Das ist für ein Schiedsgutachten i.w.S. in jedem Fall zu bejahen, da dieses – wie sich aus § 318 BGB ergibt – die Rechtsnatur einer Willenserklärung hat. Ob dagegen auch Schiedsgutachten i.e.S. als Willenserklärung zu qualifizieren sind, ist umstritten; siehe dazu nur *Kisch*, S. 99 ff.; *Asmus*, ZVersWiss 1962, S. 224 f.

588 A.A.: *Sieg*, VersR 1965, S. 633 f.; *Habscheid*, KTS 1963, S. 11 f. (jeweils zu § 1041 I Ziff. 5 ZPO a.F.).

des Reichsgerichts[589] sowie die ältere Rechtsprechung des Bundesgerichtshofs[590] und der Obergerichte[591] ist daher im Grundsatz davon ausgegangen, dass ein Schiedsgutachten ohne eine dahingehende vertragliche Vereinbarung nicht begründet werden müsse.[592] Soweit die Parteien im Schiedsgutachtenvertrag, etwa in AVB für die Unfallversicherung, das Erfordernis einer Begründung des Schiedsgutachtens vereinbart hatten, stellte die ältere Rechtsprechung darüber hinaus grundsätzlich keine hohen Anforderungen an die Begründung des Schiedsgutachtens.[593]

In seiner jüngeren, zur Frage der offenbaren Unbilligkeit eines Schiedsgutachtens i.w.S. und zur offenbaren Unrichtigkeit eines Schiedsgutachtens i.e.S. ergangenen Rechtsprechung hat der Bundesgerichtshof jedoch in inzwischen ständiger Rechtsprechung entschieden, dass ein Schiedsgutachten i.w.S. und ein Schiedsgutachten i.e.S., das nicht in den Anwendungsbereich der §§ 64, 184 VVG fällt, grundsätzlich so umfassend begründet sein müssen, dass einem Fachmann aus diesen Ausführungen heraus die Nachprüfung des Gesamtergebnisses des Schiedsgutachtens möglich sei.[594] An entsprechenden Entscheidungen des Bundesgerichtshofs zu Schiedsgutachten i.S.d. §§ 64, 184 VVG fehlt es dagegen bisher, sodass insoweit weiterhin die Grundsätze seiner älteren Rechtsprechung Platz greifen – auch wenn im Lichte einer neueren Entscheidung des Bundesgerichtshofs[595] und neuerer Entscheidungen verschiedener Obergerichte[596] nicht auszuschließen ist, dass zukünftig die für Schiedsgutachten i.w.S. und Schiedsgutachten i.e.S. außerhalb der §§ 64,

---

589 RG vom 06.12. 1904, JW 1905, 90, 91 f.

590 Vgl. BGH vom 09.12.1951,VersR 1952, 35 (Anm. *Haidinger*, VersR 1952, 35); vom 14.10.1958, NJW 1958, 2067.

591 Vgl. OLG Hamm vom 25.06.1951, VersR 1951, 258 (Anm. *Dern*, VersR 1951, 259); OLG Celle vom 07.06.1962, MDR 1962, 900.

592 So auch noch OLG Celle vom 07.06.1962, MDR 1962, 900. Ebenso: *Asmus*, ZVersWiss 1962, S. 232 m.w.N.

593 Vgl. OLG Hamm vom 25.06.1951, VersR 1951, 258, 259 (mit Anm. *Dern*, VersR 1951, 259); bestätigt durch BGH vom 09.12.1951, VersR 1952, 35 (mit Anm. *Haidinger*, VersR 1952, 35); BGH vom 14.10.1958, NJW 1958, 2067.

594 BGH vom 21.05.1975, NJW 1975, 1556, 1557 (Anm. *Bulla*, BB 1976, S. 391 f.); vom 02.02.1977, NJW 1977, 801, 802 (Anm. *Bulla*, NJW 1978, S. 397 ff.); vom 25.01.1979, NJW 1979, 1885, 1886; vom 23.11.1984, WM 1985, 174; vom 16.11.1987, NJW-RR 1988, 506, 507; vom 24.09.1990, NJW-RR 1991, 228; vom 15.04.1994, WM 1994, 1344; vom 21.06.1995, WuM 1995, 651; vom 01.10.1997, WM 1998, 628, 630; vom 21.01.2004, WM 2004, 1487, 1488.

595 BGH vom 06.12.1978, VersR 1979, 173, 174. In dieser Entscheidung hat der BGH die „offenbare Unrichtigkeit" einer von mehreren Schadenspositionen eines Schiedsgutachtens mit der Begründung bejaht, dass der Wertansatz dieser Schadensposition nach der vom Tatrichter getroffenen Feststellung erstaunlich niedrig war und es an jedweder Begründung für diesen erstaunlich niedrigen Wertansatz fehlte.

596 OLG Oldenburg vom 15.06.1994, RuS 1994, 385; OLG Frankfurt vom 13.01.1995, SP 1995, 306, 308; OLG Koblenz vom 20.09.1996, RuS 1997, 73 f.

184 VVG geltenden Begründungserfordernisse auch auf Schiedsgutachten im Anwendungsbereich der §§ 64, 184 VVG erstreckt werden.[597]

In den Entscheidungen, in denen er dieses Begründungserfordernis normiert hat, hat der Bundesgerichtshof ausgesprochen, dass ein Schiedsgutachten i.w.S., dessen Gesamtergebnis nicht aus dem Schiedsgutachten heraus nachprüfbar sei, als „offenbar unbillig" zu werten sei.[598] Darüber hinaus hat er diese Rechtsprechung für Schiedsgutachten i.e.S. außerhalb des Anwendungsbereichs der §§ 64, 184 VVG mit einem – unzutreffenden – „erst-recht-Schluss" begründet.[599] In einer späteren Entscheidung hat der Bundesgerichtshof diese neue Rechtsprechung dagegen mit nicht näher erläuterten „rechtlichen Überlegungen" begründet.[600] Es ist aber davon auszugehen, dass die „rechtlichen Überlegungen", auf die sich der Bundesgerichtshof stützt, dahin gehen, dass durch die Pflicht zur Begründung des Schiedsgutachtens die tatsächliche Möglichkeit der gerichtlichen Kontrolle der Entscheidungsfindung der Schiedsgutachter sichergestellt und den Parteien zur Erfüllung ihrer jeweiligen Darlegungslast und – pflicht die tatsächliche Möglichkeit substantiierter Einwände gegen das Schiedsgutachten gegeben werden soll. Hierfür sprechen nicht nur eine frühe Entscheidung des Obersten Gerichts der Britischen Zone[601] und Stellungnahmen des Schrifttums,[602] die den Bundesgerichtshof er-

---

597 Zu bedenken ist insoweit aber, dass die vom BGH für ein umfassendes rechtliches Begründungserfordernis ins Feld geführten „rechtlichen Überlegungen" (dazu sogleich) bei Schiedsgutachten im Anwendungsbereich der §§ 64, 184 VVG regelmäßig insoweit nicht Platz greifen, als praktisch alle AVB ausdrückliche und für den Regelfall auch im Lichte der neueren Rechtsprechung des BGH als hinreichend anzusehende Begründungserfordernisse enthalten; siehe zu diesen Begründungserfordernissen etwa *Heinrich*, S. 213 ff.

598 BGH vom 21.05.1975, NJW 1975, 1556, 1557 (Anm. *Bulla*, BB 1976, S. 391 f.); vom 02.02.1977, NJW 1977, 801, 802.

599 BGH vom 25.01.1979, NJW 1979, 1885, 1886.

600 BGH vom 16.11.1987, NJW-RR 1988, 506, 507.

601 OGHBrZ vom 25.05.1950, NJW 1950, 781, 782: „Schutzzweck dieser Vorschrift (§ 319 I 1 BGB, der Verf.) ist es, eine Partei vor solchen Auswirkungen der Schiedsgutachtenvereinbarung zu bewahren, die entgegen der getroffenen Abrede offenbar nicht mehr im Rahmen der Billigkeit liegen. Der § 319 I BGB selbst genügt zu diesem Schutz, wenn der betroffene Teil die Sachlage zum mindesten insoweit überschauen kann, dass er etwaige erhebliche Fehler oder Unbilligkeiten in substantiierter Form unter Beweis zu stellen vermag. Dagegen versagt der Schutz des § 319 I BGB in den Fällen, in denen der betroffene Teil ohne eigenes Verschulden einem Schiedsgutachten gegenübersteht, das ihm keine überprüfbare Auskunft zu den zu begutachtenden Fragen gibt und damit die Unterwerfung unter ein für ihn unkontrollierbares, *möglicherweise offenbar unbilliges* Schiedsgutachten bedeutet." (Hervorhebung im Originaltext).

602 Grundlegend *Sieg*, VersR 1962, S. 633 f., und vor allem *Habscheid*, KTS 1963, S. 12: „So muss m.E. auch der Schiedsgutachter seine Entscheidung mit Gründen versehen (vgl. § 1041 Nr.5 ZPO [a.F.]). Denn nur dann ist eine Nachprüfung des Gutachtens auf seine Richtigkeit hin möglich. Erkennt man hingegen keinen Begründungszwang an, so kann der Schiedsgutachter die Prüfung unmöglich machen, indem er – was zudem sehr bequem ist – auf eine Erläuterung seines Spruchs verzichtet. Damit aber wäre der Will-

sichtlich beeinflusst haben, sondern auch eine neuere, im Jahre 1997 ergangene Entscheidung des Bundesgerichtshofs,[603] der sich entnehmen lässt, dass der Bundesgerichtshof hier auch Regeln auf das Schiedsgutachten übertragen hat, die er – gestützt vor allem auf Art. 103 I GG[604] – für das Gutachten eines gerichtlichen Sachverständigen entwickelt hat.[605]

Nach dieser jüngeren Rechtsprechung des Bundesgerichtshofs muss ein Schiedsgutachten i.w.S. (ebenso wie ein Schiedsgutachten i.e.S. außerhalb des Anwendungsbereichs der §§ 64, 184 VVG) aus sich heraus verständlich[606] und nachprüfbar[607] sein. Dazu muss sich dem Schiedsgutachten entnehmen lassen, welche Erkenntnisquellen dem Schiedsgutachten zugrunde gelegt worden sind. Dabei müssen die Angaben über die herangezogenen Erkenntnisquellen so detailliert sein, dass auf ihrer Grundlage eine sachgerechte Überprüfung dieser Angaben möglich ist.[608] Ist der Schiedsgutachterstelle etwa eine Bewertung eines Grundstücks anhand von Vergleichswerten übertragen, müssen sich die Vergleichsobjekte, ihre Wertmerkmale und die erzielten Preise aus dem Schiedsgutachten entnehmen lassen,[609] und zwar grundsätzlich ohne Rückgriff auf außerhalb des Schiedsgutachtens liegende Erkenntnisquellen. Auch Gutachten anderer Sachverständiger, auf die sich die Schiedsgutachterstelle gestützt hat, müssen dem Schiedsgutachten grundsätzlich beigefügt werden.[610] Bedient sich der Schiedsgutachter einer Erkenntnisquelle nicht, derer er sich offensichtlich hätte bedienen müssen, muss er darüber hinaus begründen, warum er diese Erkenntnisquelle außer Acht gelassen hat.[611] Damit geht die für Schiedsgutachten außerhalb der §§ 64, 184 VVG geltende Begründungspflicht weit über den Begründungsumfang hinaus, der gemäß § 1054 II ZPO bei Schiedssprüchen gefordert wird.[612]

Unklar ist, inwieweit sich Begründungsmängel des Schiedsgutachtens heilen lassen. Zwar haben sich ältere Entscheidungen auf den Standpunkt gestellt,

---

kür von Schiedsgutachtern der Weg geebnet [....]." Daran anknüpfend: *Nicklisch*, ZHR 136 (1972), S. 98 ff.

603 BGH vom 01.10.1997, WM 1998, 628, 630.

604 Vgl. BGH vom 12.06.1963, LM ZPO § 144 Rdn. 4; vom 12.11.1991, BGHZ 116, 47, 58; vom 15.04.1994, WM 1994, 1344, 1345.

605 Allerdings ist festzustellen, dass das vom BGH für Schiedsgutachten normierte Begründungserfordernis deutlich über die Begründungserfordernisse hinausgeht, die bei Gutachten gerichtlicher Sachverständiger von Verfassungs wegen gefordert werden; siehe dazu die nachfolgende Darstellung der Anforderungen des BGH und – zum Vergleich – die Entscheidung des BVerfG vom 11.10.1994, NJW 1995, 40 f.

606 BGH vom 16.11.1987, NJW-RR 1988, 506, 507.

607 BGH vom 23.11.1984, WM 1985, 174; OLG Düsseldorf vom 28.04.1999, NJW-RR 2000, 279, 281.

608 BGH vom 21.06.1995, WuM 1995, 651.

609 BGH vom 23.11.1984, WM 1985, 174.

610 BGH vom 16.11.1987, NJW-RR 1988, 506, 507.

611 BGH vom 17.05.1991, NJW 1991, 2698, 2699.

612 Dazu: *Thomas/Putzo*, § 1054 Rdn. 7.

das sich Lücken in der Begründung eines Schiedsgutachtens durch Auslegung schließen lassen[613] und das erstattete Schiedsgutachten dabei wie eine Vertragsurkunde ausgelegt werden kann.[614] Auch hat das OLG Hamm[615] in einer neueren Entscheidung ausgesprochen, dass etwaige Begründungsmängel auch noch nach Zugang des Schiedsgutachtens bei einer Partei (§ 318 I BGB) und sogar noch in dem gerichtlichen Verfahren geheilt werden können, in dem über die bindende Wirkung des Schiedsgutachtens entschieden wird. Ob sich allerdings die Rechtsprechung (und hier insbesondere der Bundesgerichtshof) dieser Auffassung anschließen wird, bleibt abzuwarten,[616] denn eine solche Heilungsmöglichkeit widerspricht jedenfalls tendenziell dem vom Bundesgerichtshof aufgestellten Grundsatz, dass das Schiedsgutachten für einen Sachverständigen aus sich heraus nachprüfbar sein muss.

d. Wirkungen

Ein Schiedsgutachten ist nach seiner wirksamen Bekanntmachung grundsätzlich unwiderruflich.[617] Erstattet die Schiedsgutachterstelle nach erfolgter und wirksamer Bekanntmachung des Schiedsgutachtens, d.h. – mangels einer anderen Vereinbarung der Parteien – nach Zugang (§ 130 BGB) des Schiedsgutachtens bei einer Partei (§ 318 I BGB), ein Nachtragsgutachten, so ist dieses grundsätzlich ohne jede Wirkung.[618] Etwas anderes gilt nur dann, wenn die Parteien dies im Schiedsgutachtenvertrag oder nach Erstattung des Schiedsgutachtens vereinbart haben.

Nach allgemeiner Auffassung bindet ein Schiedsgutachten innerhalb des Zuständigkeitsbereichs der Schiedsgutachterstelle[619] sowohl die Parteien als auch das Gericht.[620] Voraussetzung dieser bindenden Wirkung ist allerdings, dass der Schiedsgutachtenvertrag wirksam abgeschlossen[621] und bei Erstattung des Schiedsgutachtens noch nicht außer Kraft getreten ist, dass die Schiedsgutach-

---

[613] OLG Hamm vom 25.06.1951, VersR 1951, 258 (Anm. *Dern*, VersR 1951, 259); HansOLG vom 22.06.1994, WuM 1995, 650.

[614] BGH vom 14.10.1958, NJW 1958, 2067; vom 21.10.1964, WM 1964, 1239, 1240.

[615] OLG Hamm vom 22.01.2001, NZG 2001, 652, 653.

[616] Die von der Beklagten gegen die Entscheidung des OLG Hamm eingelegte Revision beim BGH (Az.: II ZR 71/00) ist nach Auskunft der Geschäftsstelle des II. Zivilsenats zurückgenommen worden.

[617] RG vom 16.04.1913, Warn. 1913 Nr. 356; BGH vom 14.07.1986, NJW-RR 1987, 21, 22; *Asmus*, ZVersWiss 1962, S. 228; *Altschwager*, BauR 1991, S. 160.

[618] RG vom 16.04.1913, Warn. 1913 Nr. 356; BGH vom 14.07.1986, NJW-RR 1987, 21, 22; OLG Köln vom 25.07.1991, RuS 1991, 382, 383.

[619] RG vom 21.06.1910, Warn. 1910 Nr. 320; BGH vom 26.10.1967, VersR 1967, 1141, 1142.

[620] RG vom 02.10.1899, Gruch. 46, 422, 425; BAG vom 16.10.1957, BAGE 5, 38, 41; LAG Baden-Württemberg vom 09.05.1978, AuR 1979, 59.

[621] Vgl. BAG vom 16.10.1957, NJW 1958, 315, 316; BGH vom 18.05.1983, NJW 1983, 1854, 1855.

ter, die an der Erstattung des Schiedsgutachtens mitgewirkt haben, wirksam ernannt worden sind,[622] und dass das Schiedsgutachten unter Berücksichtigung der rechtlichen und vertraglichen Anforderungen[623] an Quorum, Form und Inhalt des Schiedsgutachtens wirksam erstattet worden ist. Liegt eine dieser Voraussetzungen nicht vor, ist das Schiedsgutachten unwirksam.

Soweit das Schiedsgutachten die Parteien und das Gericht bindet, darf das Gericht über die Fragen, die der Schiedsgutachterstelle zur Entscheidung übertragen und von dieser auch entschieden worden sind, nicht selbst entscheiden.[624] Eine Beweisaufnahme zu diesen von der Schiedsgutachterstelle entschiedenen Fragen ist grundsätzlich erst dann statthaft, wenn zuvor eine Beweisaufnahme die Unverbindlichkeit des Schiedsgutachtens ergeben hat. Solange das Schiedsgutachten wirksam und die Unverbindlichkeit des Schiedsgutachtens nicht erwiesen ist, können die Parteien mit eigenem Sachvortrag zu den von der Schiedsgutachterstelle entschiedenen Fragen nur insoweit gehört werden, als sie damit gerade die Unverbindlichkeit des Schiedsgutachtens dartun wollen.[625]

Ein Schiedsgutachten hat nicht die Wirkungen eines rechtskräftigen Urteils gemäß § 1055 ZPO (§ 1040 ZPO a.F.)[626] und begründet daher nicht die Unzulässigkeit der auf den zugrunde liegenden Anspruch gestützten Klage wegen entgegenstehender Rechtskraft.[627]

5. Gerichtliche Kontrolle des Schiedsgutachtens

a. *Anfechtbarkeit*

Die Möglichkeit der Anfechtung eines Schiedsgutachtens hat der Gesetzgeber in § 318 II BGB nur für die nach billigem Ermessen zu treffende Leistungsbestimmung geregelt. Danach können nur Schiedsgutachten i.w.S. angefochten werden. Die Rechtsprechung wendet die Vorschrift des § 318 II BGB jedoch entsprechend auch auf Schiedsgutachten i.e.S. an – einschließlich Schiedsgutachten, die nach Maßgabe der §§ 64, 184 VVG erstattet worden sind.[628]

---

622 RG vom 03.03.1905, VA 1905, 63 Nr. 131. – Die Ernennung ist eine einseitige empfangsbedürftige Willenserklärung und daher unwirksam, wenn die den betreffenden Schiedsgutachter ernennende natürliche oder juristische Person insoweit nicht rechtsfähig ist. Das ist z.B. dann der Fall, wenn eine juristische Person des öffentlichen Rechts mit der Ernennung eines Schiedsgutachters außerhalb ihres Zuständigkeitsbereichs handelt oder nicht geschäftsfähig (RG a.a.O.) ist.

623 Dazu oben S. 109 f.

624 Dies gilt unabhängig von der Qualifikation des Schiedsgutachtens. Zu der umstrittenen Frage der Qualifikation siehe die Nachweise in Fußnote 587.

625 RG vom 23.05.1919, RGZ 96, 57, 62.

626 BGH vom 10.06.1976, WM 1976, 910, 911.

627 BGH vom 04.06.1981, VersR 1981, 882, 883.

628 OLG Hamm vom 31.05.1978, VersR 1979, 149, 150; OLG Düsseldorf vom 27.02.1996, NJW-RR 1996, 1117; vgl. insoweit auch RG vom 04.11.1930, JW 1931, 3194, 3195. So

aa. Anfechtungsberechtigte

aaa. Parteien des Schiedsgutachtenvertrags

Nach § 318 II 1 BGB ist jede Partei des Schiedsgutachtenvertrags zur Anfechtung des Schiedsgutachtens berechtigt.

bbb. Schiedsgutachter

Nach § 318 II 1 BGB steht die Anfechtung eines Schiedsgutachtens i.w.S. „nur den Vertragschließenden" zu. Eine Anfechtung durch Schiedsgutachter ist daher ausgeschlossen.[629] Das gilt aufgrund der entsprechenden Geltung der §§ 317 ff. BGB auch im Falle eines Schiedsgutachtens i.e.S., und zwar sowohl für ein Schiedsgutachten außerhalb wie auch innerhalb des Anwendungsbereichs der §§ 64, 184 VVG.[630] Die einzelnen Schiedsgutachter sind allerdings im Falle der Kenntniserlangung von einem möglichen Anfechtungsgrund verpflichtet, die Parteien hierauf hinzuweisen.[631] Das gilt auch bei Partei-Schiedsgutachtern.[632]

bb. Anfechtungsgegner

Die Anfechtung des Schiedsgutachtens durch eine Partei muss nach § 318 II 1 Halbs. 2 BGB gegenüber der anderen Partei oder den anderen Parteien des Schiedsgutachtenvertrags erklärt werden.

cc. Anfechtungsfrist

Die Anfechtung des Schiedsgutachtens i.w.S. muss der Anfechtungsberechtigte in allen Fällen unverzüglich, also ohne schuldhaftes Zögern (§ 121 I 1

---

auch die überwiegende Auffassung im Schrifttum; siehe dazu *Asmus*, ZVersWiss 1962, S. 229 m.w.N.

629 Vgl. RG vom 23.11.1942, SeuffA 97, 40, 42, und die Protokolle zum BGB (Prot. II, S. 947). Der Ausschluss des Anfechtungsrechts derjenigen Personen, denen die Leistungsbestimmung übertragen worden ist, wurde damit begründet, dass diese lediglich ein „ideales Interesse" an der Anfechtung des Schiedsgutachtens hätten.

630 Vgl. RG vom 04.11.1930, JW 1931, 3194, 3195; OLG Hamm vom 31.05.1978, VersR 1979, 149, 150; *Döbereiner*, VersR 1983, S. 714. A.A. allerdings Prölss/Martin-*Voit/Knappmann*, § 64 Rdn. 33.

631 *Döbereiner*, VersR 1983, S. 715; Palandt-*Grüneberg*, § 318 Rdn. 2.

632 Der entgegengesetzten Ansicht von *Döbereiner*, VersR 1983, S. 715, liegt ersichtlich die – von der höchstrichterlichen Rechtsprechung nicht geteilte; vgl. RG vom 18.06.1915, RGZ 87, 190, 194, und BGH vom 18.06.1962, VersR 1962, 803, 804 – Auffassung zugrunde, dass ein Partei-Schiedsgutachter grundsätzlich nur ein Vertragsverhältnis mit der ihn ernennenden Partei hat. Auch die Differenzierung zwischen Pflichten bei der Entscheidungsfindung (die gegenüber beiden Parteien bestehen) und nachwirkenden Pflichten (die nur gegenüber der ernennenden Partei bestehen) erscheint nicht überzeugend; vgl. insoweit auch RG vom 18.06.1915, RGZ 87, 190, 194.

BGB), nach Erlangung der Kenntnis vom Anfechtungsgrund erklären, § 318 II 2 BGB. Dies gilt auch für die Anfechtung eines Schiedsgutachtens i.e.S.[633] Unabhängig von dem Zeitpunkt der Erlangung der Kenntnis ist die Anfechtung in jedem Fall ausgeschlossen, wenn seit dem Zugang des Schiedsgutachtens bei einer Partei (§ 318 I BGB) 30 Jahre verstrichen sind, § 318 II 3 BGB.

dd. Anfechtungsgründe

aaa. Anfechtung wegen Irrtums

Nach § 318 II 1 Halbs. 1 BGB kann ein Schiedsgutachten „wegen Irrtums" angefochten werden. Nicht jeder Irrtum eines Schiedsgutachters oder der Schiedsgutachterstelle insgesamt berechtigt jedoch zur Anfechtung des Schiedsgutachtens.[634] Ein Schiedsgutachten kann vielmehr nur dann „wegen Irrtums" angefochten werden, wenn in der Person des allein entscheidenden Schiedsgutachters, aller Schiedsgutachter oder eines von mehreren Schiedsgutachtern[635] zum Zeitpunkt der Erstattung des Schiedsgutachtens einer der in § 119 BGB[636] genannten Irrtümer vorliegt.

Von vornherein unbeachtlich ist daher ein Motivirrtum, der nicht unter § 119 II BGB fällt. Ein solcher liegt insbesondere vor, wenn die Schiedsgutachter von einem unzutreffenden Sachverhalt ausgegangen oder ihnen Schätzungs- und Bewertungsfehler unterlaufen sind.[637] Ein unbeachtlicher Motivirrtum liegt – entsprechend den allgemeinen Grundsätzen – auch vor, wenn das Ergebnis des Schiedsgutachtens ganz oder auch nur teilweise auf Rechenfehlern beruht.[638]

Ein Anfechtungsgrund liegt jedoch vor, wenn sich auch nur einer der Schiedsgutachter, die an der Erstattung des Schiedsgutachtens mitgewirkt haben, über den Inhalt des Schiedsgutachtens geirrt hat und nach verständiger Würdigung anzunehmen ist, dass das Schiedsgutachten auf diesem Irrtum beruht, § 119 I 1. Alt. BGB.[639] Ein Schiedsgutachten kann auch dann „wegen Irrtums" angefochten werden, wenn der oder einer der Schiedsgutachter das Schiedsgut-

---

[633] OLG Hamm vom 31.05.1978, VersR 1979, 149, 150; vgl. auch RG vom 04.11.1930, JW 1931, 3194, 3195.

[634] OLG Hamm vom 31.05.1978, VersR 1979, 149, 150.

[635] Soergel-*Wolf*, § 318 Rdn. 9; Palandt-*Grüneberg*, § 318 Rdn. 2. A.A. (nur, wenn die Willenserklärung oder der Willensmangel eines von mehreren Schiedsgutachtern für das Schiedsgutachten kausal geworden ist): Staudinger-*Rieble*, § 318 Rdn. 11; Erman-*Hager*, § 318 Rdn. 3.

[636] RG vom 23.11.1942, SeuffA 97, 40, 42; vgl. auch OLG Hamm vom 31.05.1978, VersR 1979, 149, 150.

[637] Prölss/Martin-*Voit/Knappmann*, § 64 Rdn. 34.

[638] Staudinger-*Rieble*, § 318 Rdn. 8; Prölss/Martin-*Voit/Knappmann*, § 64 Rdn. 34.

[639] Da es sich bei den Schiedsgutachtern in aller Regel um sachverständige Personen handelt, dürfte ein solcher Inhaltsirrtum in der Praxis allerdings nur selten vorkommen.

achten in seinem konkreten Inhalt gar nicht erstatten wollte, § 119 I 2. Alt. BGB.[640]

Ein im Rahmen des § 318 II 1 BGB beachtlicher Irrtum liegt darüber hinaus auch immer dann vor, wenn sich der oder ein Schiedsgutachter bei seiner Entscheidungsfindung über verkehrswesentliche Eigenschaften einer Person oder Sache geirrt hat, § 119 II BGB.[641] Legt man die in der Vertragspraxis vorkommenden Schiedsgutachtenklauseln zugrunde, kommen hier z.B. Irrtümer über wertbildende Faktoren einer Sache, z.B. eines zu bewertenden Grundstücks, in Betracht. Begründet ein Eigenschaftsirrtum nach Maßgabe der §§ 318 II 1 i.V.m. 119 II BGB zugleich eine Unverbindlichkeit i.S.d. § 319 I 1 BGB, § 184 I 1 VVG, so schließt das eine Anfechtung des Schiedsgutachtens nach § 318 II 1 BGB nicht aus. Vielmehr haben die Parteien insoweit ein Wahlrecht, ob sie das Schiedsgutachten nach § 318 II 1 BGB anfechten oder dessen Unverbindlichkeit nach § 319 I 1 BGB, §§ 64 I 1, 184 I 1 VVG geltend machen wollen.[642]

Nicht ausdrücklich Stellung genommen hat die Rechtsprechung dagegen bisher zu der Frage, ob eine auf §§ 318 II 1 i.V.m. 119 II BGB gestützte Anfechtung des Schiedsgutachtens auch dann statthaft ist, wenn der geltend gemachte Eigenschaftsirrtum nicht zugleich eine Unverbindlichkeit des Schiedsgutachtens nach § 319 I 1 BGB, §§ 64 I 1, 184 I 1 VVG begründet.[643] Diese Frage ist aber zu bejahen.[644] Unklar ist demgegenüber, ob und inwieweit einer Partei die Anfechtung des Schiedsgutachtens wegen eines Irrtums i.S.d. § 119 BGB verwehrt ist, wenn sie den Irrtum verursacht hat[645] oder sich der Irrtum nicht zu ihren Lasten ausgewirkt hat, also das Schiedsgutachten ohne den Irrtum für sie nicht günstiger ausgefallen wäre. Jedenfalls die letztgenannte Frage ist zu bejahen.[646]

---

640 Ein Beispiel für einen solchen Erklärungsirrtum bietet das Urteil des OLG Hamm vom 31.05.1978, VersR 1979, 149, 150; dazu auch *Döbereiner*, VersR 1983, S. 714.

641 Vgl. RG vom 23.11.1942, SeuffA 97, 40, 42.

642 RG a.a.O. (allgemein bejaht für das Verhältnis von § 318 II 1 BGB und § 319 I 1 BGB); ebenso: Staudinger-*Rieble*, § 318 Rdn. 18; Soergel-*Wolf*, § 318 Rdn. 12.

643 Vgl. zu dieser Problematik *Döbereiner*, VersR 1983, S. 714.

644 *Bongartz*, S. 45; *Buchdahl*, S. 39. Entgegen der Auffassung von *Döbereiner* (vorhergehende Fußnote) kann die Vorschrift des § 319 I 1 BGB nicht als „Spezialvorschrift" angesehen werden, da die Rechtsfolgen einer Anfechtung und einer Unverbindlichkeit unterschiedlich sind; RG vom 23.11.1942, SeuffA 97, 40, 42. Eine solche Verdrängung des § 318 II 1 BGB würde auch der *ratio legis* widersprechen, da es dem Gesetzgeber gerade darum ging, mit der Vorschrift des § 318 II 1 BGB den Schutz der Parteien über § 319 I 1 BGB hinaus zu erweitern; Prot. I, S. 471. Daher ist die aufgeworfene Frage zu bejahen.

645 So *von Blociszewski*, S. 52.

646 Vgl. *Buchdahl*, S. 39; siehe auch BGH vom 14.07.1986, NJW-RR 1987, 21, 22, wonach sich eine Partei auf die Unverbindlichkeit eines Schiedsgutachtens wegen einer Verletzung von Informationspflichten durch die andere Partei (und eine daraus resultierende arglistige Täuschung der Schiedsgutachterstelle) nur dann berufen kann, wenn das Schiedsgutachten auf der Grundlage der zurückgehaltenen Informationen für die betref-

bbb. Anfechtung wegen Drohung oder arglistiger Täuschung

Ein Schiedsgutachten kann nach § 318 II 1 Halbs. 1 BGB auch „wegen Drohung oder arglistiger Täuschung" angefochten werden. Damit nimmt § 318 II 1 Halbs. 1 BGB auf die Anfechtungsgründe des § 123 I BGB Bezug.[647]

Das Schiedsgutachten kann daher grundsätzlich mit Erfolg angefochten werden, wenn der oder ein Schiedsgutachter zur Erstattung des Schiedsgutachtens durch eine widerrechtliche Drohung oder durch arglistige Täuschung bestimmt worden ist. Das erfordert insbesondere Kausalität zwischen der arglistigen Täuschung bzw. der widerrechtlichen Drohung und dem Ergebnis, zu dem die Schiedsgutachterstelle gekommen ist. Eine Anfechtung des Schiedsgutachtens wegen arglistiger Täuschung kommt insbesondere bei einer arglistigen Täuschung der Schiedsgutachterstelle seitens einer Partei in Betracht.

Die arglistige Täuschung des oder eines Schiedsgutachters durch einen Dritten oder einen anderen Schiedsgutachter berechtigt unabhängig davon zur Anfechtung, ob die Gegenpartei als Anfechtungsgegner (§ 318 II 1 BGB) diese arglistige Täuschung kannte oder kennen musste. Zwar hat die Rechtsprechung zur Geltung des § 123 II BGB im Rahmen des § 318 II 1 BGB bisher nicht Stellung genommen.[648] Das Schrifttum steht aber überwiegend auf dem Standpunkt, dass die Bestimmung des § 123 II BGB insoweit nicht anwendbar ist.[649]

Ist das Schiedsgutachten, das auf einer arglistigen Täuschung des oder eines Schiedsgutachters beruht, zugleich unverbindlich nach Maßgabe von § 319 I 1 BGB, §§ 64 I 1, 184 I 1 VVG, so haben die Parteien ein Wahlrecht, ob sie das Schiedsgutachten wegen arglistiger Täuschung anfechten oder sich auf dessen Unverbindlichkeit berufen wollen.[650] Das gilt auch für ein Zusammentreffen der Unverbindlichkeit des Schiedsgutachtens mit einer widerrechtlichen Drohung gegenüber dem oder einem Schiedsgutachter. Liegen nur die Voraussetzungen einer Anfechtung wegen arglistiger Täuschung oder widerrechtlicher Drohung vor, nicht aber zugleich die Voraussetzungen einer Unverbind-

---

fende Partei günstiger ausgefallen wäre. Diese Überlegung muss erst recht gelten, wenn es sich lediglich um eine Anfechtung wegen Irrtums handelt.

647 RG vom 23.11.1942, SeuffA 97, 40, 42; OLG Hamm vom 31.05.1978, VersR 1979, 149, 150.

648 Zwar führt das Reichsgericht in seiner Entscheidung vom 23.11.1942 (SeuffA 97, 40, 42) aus, dass die Leistungsbestimmung eines Dritten „wie jedes andere Rechtsgeschäft unter den Voraussetzungen der §§ 119 und 123 BGB" anfechtbar sei, aber dieser allgemein gehaltenen Formulierung lässt sich zu der aufgeworfenen Frage kaum etwas entnehmen. Auch das OLG Hamm beschränkt sich in seiner Entscheidung vom 31.05.1978 (VersR 1979, 149, 150) auf die allgemeine Aussage, dass ein Sachverständigengutachten nach § 15 AFB als Willenserklärung „nach § 123 BGB wegen arglistiger Täuschung" anfechtbar sei.

649 MüKo-*Gottwald*, § 318 Rdn. 3; Palandt-*Grüneberg*, § 318 Rdn. 2; RGRK-*Ballhaus*, § 318 Rdn. 2; a.A. allerdings Staudinger-*Rieble*, § 318 Rdn. 10; Erman-*Hager*, § 318 Rdn. 3.

650 RG vom 23.11.1942, SeuffA 97, 40, 42.

lichkeit des Schiedsgutachtens, so bleibt das Anfechtungsrecht der Parteien dennoch bestehen.[651]

Derjenigen Partei, der eine arglistige Täuschung oder eine widerrechtliche Drohung[652] zur Last fällt, ist allerdings die Anfechtung des Schiedsgutachtens aus diesem Grunde verwehrt.[653] Ob die Geltendmachung eines Anfechtungsrechts wegen arglistiger Täuschung oder widerrechtlicher Drohung dagegen auch dann ausgeschlossen ist, wenn sich die arglistige Täuschung oder die widerrechtliche Drohung nicht zum Nachteil der anfechtenden Partei ausgewirkt hat, ist unklar. Ein Ausschluss des Anfechtungsrechts ist aber jedenfalls dann zu bejahen, wenn die arglistige Täuschung Ergebnis der Verletzung einer Informationspflicht der Gegenpartei ist und das Schiedsgutachten unter Berücksichtigung der zurückgehaltenen Informationen für die anfechtende Partei nicht günstiger ausgefallen wäre.[654]

ee. Abdingbarkeit

Die Vorschrift des § 318 II BGB stellt nach einer älteren Ansicht zwingendes Recht dar, sodass eine Abdingbarkeit oder Einschränkung der den Parteien eingeräumten Anfechtungsrechte ausscheidet.[655] Dem steht jedoch entgegen, dass jedenfalls der § 119 BGB abdingbar ist und insoweit nicht einzusehen ist, warum die in § 318 II BGB vorgesehenen Anfechtungsrechte nicht ebenfalls jedenfalls insoweit abdingbar sein sollten.

b. Unverbindlichkeit

Nach § 319 I 1 BGB ist ein Schiedsgutachten i.w.S. unverbindlich, wenn es „offenbar unbillig" ist. Ein Schiedsgutachten i.e.S., das in den Anwendungsbereich der §§ 64 I 1, 184 I 1 VVG fällt, ist dagegen unverbindlich, wenn die von den Schiedsgutachterstelle getroffene Feststellung „offenbar von der wirklichen Sachlage erheblich abweicht". Demgegenüber ist ein Schiedsgutachten i.e.S., das nicht in den Anwendungsbereich der §§ 64 I 1, 184 I 1 VVG fällt, unverbindlich, wenn es „offenbar unrichtig" ist.[656]

---

651 Vgl. oben S. 118.

652 RGRK-*Ballhaus*, § 318 Rdn. 2; Palandt-*Grüneberg*, § 318 Rdn. 2; Erman-*Hager*, § 318 Rdn. 3.

653 Soergel-*Wolf*, § 318 Rdn. 9; RGRK-*Ballhaus*, § 318 Rdn. 2; Palandt-*Grüneberg*, § 318 Rdn. 2; Erman-*Hager*, § 318 Rdn. 3.

654 Vgl. BGH vom 14.07.1986, NJW-RR 1987, 21, 22.

655 *Oppler*, Das Recht 1906, S. 435.

656 Allgemein zur gerichtlichen Kontrolle eines Schiedsgutachtens anhand von § 319 I 1 BGB, §§ 64 I 1, 184 I 1 VVG siehe – außer den gängigen Kommentaren zu den §§ 317 ff. BGB, §§ 64, 184 VVG – die folgenden Nachweise, die sich in aller Regel auf eine Darstellung der ergangenen Entscheidungen beschränken: *Kisch*, S. 128 ff.; *Clasen*, JRfPrV 1928, S. 49 ff.; *Raiser*, § 16 Rdn. 8 ff.; *Schweighäuser*, VersN 1953, S. 99 f.; *Asmus*, S. 154 ff.; ders., ZVersWiss 1962, S. 239 ff.; *Krebs*, VersR 1966,

aa. Rechtsnatur der Unverbindlichkeit

Innerhalb der Rechtsprechung und des Schrifttums werden hinsichtlich der Frage nach der Rechtsnatur der in § 319 I 1 BGB, §§ 64 I 1, 184 I 1 VVG unter den genannten Voraussetzungen angeordneten Unverbindlichkeit praktisch alle denkbaren Standpunkte vertreten.

Teilweise wird, im Anschluss an die Gesetzgebungsmaterialien zu § 319 BGB, §§ 64, 184 VVG,[657] davon ausgegangen, dass es sich bei der Unverbindlichkeit der Sache nach um eine Anfechtung handelt.[658] Dieser Standpunkt hat zur Folge, dass es zur Herbeiführung der Unverbindlichkeit einer entsprechenden (auch außergerichtlichen) Erklärung der mit dem Schiedsgutachten unzufriedenen Partei bedarf, die zur Konsequenz hat, dass das Schiedsgutachten als von Anfang an nichtig zu behandeln ist, § 142 I BGB. Ebenso wird häufig der Standpunkt vertreten, dass es sich bei der Unverbindlichkeit um eine besondere Form der Unwirksamkeit handele.[659] Diese Auffassung führt dazu, dass es keiner Parteierklärung zur Herbeiführung der Unverbindlichkeit bedarf, sondern diese von Gesetzes wegen im Zeitpunkt der Erstattung eintritt. Eine dritte Meinung geht dagegen dahin, dass es sich bei der Unverbindlichkeit weder um eine Anfechtbarkeit noch um eine Sonderform der Unwirksamkeit handele, sondern um eine Rechtsnatur *sui generis.*[660] Unter Zugrundelegung dieser Auffassung bedarf es zur Herbeiführung der Unverbindlichkeit stets der gerichtlichen Geltendmachung,[661] und im Gegensatz zu den beiden vorgenannten Auffassungen tritt die Wirkung der Unverbindlichkeit grundsätzlich erst in dem Zeitpunkt ein, in dem das Schiedsgutachten durch die in § 319 I 2 Halbs. 1

S. 411 ff.; *Laule*, DB 1966, S. 770 f.; *Gelhaar*, BB 1968, S. 743 f.; *Theisinger*, AgrarR 1973, S. 39 f.; *Wittmann*, S. 29 ff., S. 37 f., S. 89 ff.; *Bulla*, NJW 1978, S. 397 ff.; *Bleutge*, GewA 1978, S. 147 f.; *Nicklisch*, FS Bülow, S. 172; *Moser*, AgrarR 1984, S. 272 f.; *Vollmer*, BB 1984, S. 1013; *Volze*, VersR 1985, S. 223 f.; *Reichsgraf von Thun und Hohenstein*, S. 135 ff.; *Gehrlein*, VersR 1994, S. 1009 ff.; *Heinrich*, S. 236 ff.; *Gottwald/Reichenberger/Wagner*, NZV 2000, S. 7 f.; *Gross*, DStR 2000, S. 1961 f. – Teilweise wird einer Kontrolle eines Schiedsgutachtens i.e.S. lediglich anhand der in § 1059 ZPO (§ 1041 ZPO a.F.) festgelegten Maßstäbe das Wort geredet; siehe dazu *Wittmann*, S. 85 ff. m.w.N. Zu Recht hat jedoch *Wittmann* (S. 87) festgestellt, dass auch diese Stimmen im Schrifttum im Ergebnis eine Überprüfung des Schiedsgutachtens unter Zugrundelegung der Maßstäbe von § 319 I 1 BGB, §§ 64 I 1, 184 I 1 VVG zulassen.

657 Mot. II, S. 195 („Anfechtung wegen Unbilligkeit"); RT-Drs. Nr. 602, 11. Legislatur-Periode, II. Session 1905/1907, S. 63 („Anfechtung bei offenbarer Unbilligkeit"/„Anfechtung der Sachverständigenentscheidung"); RT-Drs. Nr. 364, 12. Legislatur-Periode, I. Session 1907 („vor Gericht angefochten werden kann"). Entsprechende Formulierungen finden sich auch in den Sitzungsprotokollen der ersten mit der Ausarbeitung des BGB beauftragten Kommission; siehe dazu *Jakobs/Schubert*, S. 434 f.

658 RG vom 23.05.1919, RGZ 96, 57, 61; *Eckert*, S. 32; ähnlich Soergel-*Wolf*, § 319 Rdn. 16 („Parallelen zur Anfechtung").

659 *Kisch*, S. 142; *Bongartz*, S. 43; *Buchdahl*, S. 44; *Sieg*, ZVersWiss 1942, S. 52; *Asmus*, S. 136; Bruck/Möller, § 64 Anm. 59; Staudinger-*Rieble*, § 319 Rdn. 16 f.

660 *Reichsgraf von Thun und Hohenstein*, S. 134.

661 OLG Frankfurt a. M. vom 03.12.1998, NJW-RR 1999, 379, 380.

BGB, §§ 64 I 2, 184 I 2 VVG vorgesehene rechtsgestaltende gerichtliche Entscheidung ersetzt wird.[662] Bis dahin entfaltet das Schiedsgutachten zwischen den Parteien grundsätzlich[663] bindende Wirkung.[664]

Der letztgenannten Auffassung ist zuzustimmen. Gegen die beiden erstgenannten Auffassungen sprechen nicht nur rechtliche Erwägungen,[665] sondern vor allem auch praktische Überlegungen, die Auswirkungen auf eine an der Teleologie von § 319 I 1 BGB, §§ 64 I 1, 184 I 1 VVG orientierte Auslegung haben müssen. So spricht gegen die erste, aber auch gegen die zweite Auffassung, dass das erstattete Schiedsgutachten in beiden Fällen als von Anfang an nichtig anzusehen wäre. In Fällen, in denen das Schiedsgutachten zur Bestimmung der Höhe eines Zahlungsanspruchs eingeholt worden ist, würde dies aber dazu führen, dass diejenige Partei, die auf die Verbindlichkeit des Schiedsgutachtens vertraut, im Falle der Feststellung der Unverbindlichkeit auf den vom Gericht für zutreffend erachteten Betrag Verzugszinsen ab dem Zeitpunkt der Erstattung des Schiedsgutachtens zahlen müsste. Dies kann nicht sein.[666] Hinzu kommt, dass es bei der Annahme einer Unverbindlichkeit kraft Gesetzes im Prinzip keine Möglichkeit gäbe, die mit dem Schiedsgutachten unzufriedene Partei zu zwingen, die Unverbindlichkeit innerhalb einer gewissen zeitlichen Frist geltend zu machen. Denn da es in diesem Fall bei der Geltendmachung der Unverbindlichkeit nicht um ein Gestaltungsrecht geht, sondern um die Geltendmachung einer kraft Gesetzes angeordneten Form der Unwirksamkeit, kommt eine Verwirkung der Geltendmachung der Unverbindlichkeit im Prinzip nicht in Betracht. Dieses aber wäre ein Ergebnis, das sich nur schwer mit der Bestimmung des § 318 II 2 BGB vereinbaren lässt, wonach die Anfechtung des Schiedsgutachtens unverzüglich nach Erlangung der Kenntnis von dem maßgeblichen Anfechtungsgrund erfolgen muss.

---

662 OLG Frankfurt a. M. a.a.O.; LG Frankfurt a. M. vom 02.12.1997, ZMR 1999, 244.

663 Diese Einschränkung bezieht sich darauf, dass es einem Schiedsgutachten von vornherein ganz oder teilweise an der bindenden Wirkung fehlen kann, und zwar dann, wenn das Schiedsgutachten von vornherein unwirksam ist; siehe dazu die Ausführungen oben auf S. 115.

664 OLG Frankfurt a. M. vom 03.12.1998, NJW-RR 1999, 379, 380; LG Frankfurt vom 02.12.1997, ZMR 1999, 244. In diese Richtung geht auch die Auffassung von *von Blociszewski*, S. 50, der sich für eine Bindungswirkung bis zu dem Zeitpunkt ausspricht, in dem die mit dem Schiedsgutachten unzufriedene Partei die Unverbindlichkeit nachweist.

665 *Reichsgraf von Thun und Hohenstein*, S. 131 ff. Weitere Argumente gegen das Verständnis der Unverbindlichkeit als einer Art von „Anfechtbarkeit" des Schiedsgutachtens finden sich bei *Kisch*, S. 141, *Bongartz*, S. 43, und *Buchdahl*, S. 44.

666 Zu anderen praktischen Problemen, die sich aus einem insoweit denkbaren Verzug der auf das Schiedsgutachten vertrauenden Partei ergeben, siehe beispielhaft OLG Frankfurt a. M. a.a.O. und LG Frankfurt a.M. a.a.O. (Möglichkeit des Vermieters, den Mietvertrag wegen Zahlungsverzugs zu kündigen, obwohl die Unverbindlichkeit des Schiedsgutachtens noch gar nicht feststeht).

bb. Unverbindlichkeitsgründe

Im Anschluss an die Bestimmung der Rechtsnatur der Unverbindlichkeit eines Schiedsgutachtens ist nunmehr der Frage nachzugehen, welche Umstände zur Unverbindlichkeit eines Schiedsgutachtens führen. Dabei sollen die Gründe, die zur Unverbindlichkeit eines Schiedsgutachtens führen, getrennt für das Schiedsgutachten i.w.S., das nicht in den Anwendungsbereich der §§ 64, 184 VVG fallende Schiedsgutachten i.e.S. und das in den Anwendungsbereich der §§ 64 I 1, 184 I 1 VVG fallende Schiedsgutachten i.e.S. untersucht werden. Diese getrennte Untersuchung ist nicht nur deshalb geboten, weil sich die Voraussetzungen der Unverbindlichkeit eines Schiedsgutachtens in allen drei Fällen schon sprachlich unterscheiden, sondern auch deshalb, weil sich innerhalb der Rechtsprechung[667], aber auch innerhalb des Schrifttums[668], häufig Aussagen des Inhalts finden, dass sich die Voraussetzungen einer Unverbindlichkeit in allen drei Fällen unterscheiden – ebenso wie die gegenteiligen Aussagen.[669]

Hierzu ist zunächst in allen drei Fällen der Kreis der Schiedsgutachten zu bestimmen, die anhand des in Rede stehenden Überprüfungsmaßstabs auf ihre Verbindlichkeit hin zu überprüfen sind. Im Anschluss hieran soll sodann jeweils der begriffliche Gehalt der drei Überprüfungsmaßstäbe herausgearbeitet werden, wie er sich aus der Rechtsprechung ergibt. Hieran schließt sich eine Darstellung der Entwicklung der Rechtsprechung zu den drei Überprüfungsmaßstäben an. Dies ist deshalb geboten, weil – wie bereits erwähnt – seit etwa Mitte der 70er-Jahre des zwanzigsten Jahrhunderts ein Rechtsprechungswandel zu beobachten ist, der den Kreis der zur Unverbindlichkeit eines Schiedsgutachtens führenden Umstände nicht unwesentlich erweitert hat, sodass sich insoweit die Frage stellt, ob und inwieweit ältere Entscheidungen heute noch Geltung beanspruchen können. Auf dieser Grundlage soll sodann für alle drei Fallgruppen der Kreis der zur Unverbindlichkeit eines Schiedsgutachtens führenden Umstände dargestellt werden.

aaa. Anwendungsbereiche der jeweiligen Überprüfungsmaßstäbe

Nach der Vorschrift des § 319 I 1 BGB findet der Überprüfungsmaßstab der „offenbaren Unbilligkeit“ Anwendung, wenn einem Dritten die Bestimmung einer Leistung nach billigem Ermessen – und nicht nach freiem Belieben[670] oder

---

667 Vgl. BGH vom 26.04.1991, WM 1991, 1602, 1603; OLG Schleswig-Holstein vom 09.06.1999, SchlHA 1999, 236, 237.

668 Z.B. *Asmus*, ZVersWiss 1962, S. 243; *Gelhaar*, BB 1968, S. 743.

669 Vgl. RG vom 23.05.1919, RGZ 96, 57, 61 f.; BGH vom 21.01.1963, VersR 1963, 390, 391; vom 02.02.1977, NJW 1977, 801 f.; *Bleutge*, GewA 1978, S. 148.

670 Im Falle einer Leistungsbestimmung nach freiem Belieben (vgl. § 318 II BGB) richtet sich die Frage der Verbindlichkeit der Leistungsbestimmung des Dritten nicht nach § 319 I 1 BGB. Vielmehr ist eine Leistungsbestimmung nach freiem Belieben nur bei nachweisbarer Sitten- (§ 138 BGB) oder Gesetzeswidrigkeit (§ 134 BGB) unverbindlich; OGHBrZ vom 25.05.1950, NJW 1950, 781, 782. Ist zweifelhaft, ob Schiedsgutachtern eine Leis-

anhand im Prinzip feststehender und durch die Schiedsgutachter lediglich klarzustellender Kriterien[671] – übertragen worden ist. Er gilt mithin nur im Falle eines Schiedsgutachtens i.w.S.

Dagegen findet der Überprüfungsmaßstab „offenbares erhebliches Abweichen von der wirklichen Sachlage" Anwendung auf Schiedsgutachten i.e.S. im Bereich der Sach- und Unfallversicherung, die sich unter die Vorschriften der §§ 64 I 1, 184 I 1 VVG subsumieren lassen. Soweit es sich hingegen um ein Schiedsgutachten i.e.S. handelt, das nicht in den Anwendungsbereich der §§ 64, 184 VVG fällt, ist ein solches Schiedsgutachten anhand des Maßstabs der „offenbaren Unrichtigkeit" (§ 319 I 1 BGB analog) zu überprüfen.

bbb. Zugrunde liegendes Begriffsverständnis

(1) Begriffsverständnis der „offenbaren Unbilligkeit", § 319 I 1 BGB

Eine Leistungsbestimmung ist unter Zugrundelegung der höchstrichterlichen Rechtsprechung i.S.d. § 319 I 1 BGB „unbillig", wenn sie aus Sicht eines sachkundigen, unbefangenen Beobachters unrichtig[672], mit Fehlern behaftet[673] oder unbillig[674] ist. Eine derartige „Unbilligkeit" einer Leistungsbestimmung ist jedenfalls dann „offenbar", wenn sich die Unrichtigkeit, Fehlerhaftigkeit oder Unbilligkeit der Leistungsbestimmung aus Sicht eines sachkundigen und unbefangenen Beobachters unter Zugrundelegung des Sach- und Kenntnisstands im Zeitpunkt der Leistungsbestimmung[675] „sofort" aufdrängt.[676] Allerdings genügt es – entgegen vielfach anderslautenden Urteilen[677] – für die Bejahung ei-

---

tungsbestimmung nach „billigem Ermessen" oder nach „freiem Belieben" übertragen ist, gilt nach der Auslegungsregel des § 317 I BGB eine Leistungsbestimmung nach billigem Ermessen als vereinbart.

671 Zur Abgrenzung dieser Fälle von einer Leistungsbestimmung nach billigem Ermessen siehe die Ausführungen oben auf S. 44 f.

672 RG vom 20.10.1908, SeuffA 65, 433, 434; vom 02.04.1909, Warn. 1909 Nr. 395; vom 16.04.1913, Warn. 1913 Nr. 356; vom 21.05.1913, Warn. 1913 Nr. 357; vom 20.06.1916, Warn. 1916 Nr. 251; vom 12.05.1920, RGZ 99, 105, 106; vom 09.02.1935, RGZ 147, 58, 63; vom 17.10.1935, Warn. 1935 Nr. 176; vom 23.11.1942, SeuffA 97, 40, 44; BGH vom 14.10.1958, NJW 1958, 2067, 2068; vom 26.04.1961, LM BGB § 317 Nr. 8; vom 20.02.1970, DB 1970, 827; vom 05.02.1971, WM 1971, 356, 357.

673 BGH vom 21.01.1963, VersR 1963, 390, 391.

674 BGH vom 03.11.1995, NJW 1996, 452, 454.

675 RG vom 16.04.1913, Warn. 1913 Nr. 356; vom 20.06.1916, Warn. 1916 Nr. 251; vom 27.11.1931, Warn. 1932 Nr. 21.

676 RG vom 20.10.1908, SeuffA 65, 433, 434; vom 02.04.1909, Warn. 1909 Nr. 395; vom 16.04.1913, Warn. 1913 Nr. 356; vom 21.05.1913, Warn. 1913 Nr. 357; vom 20.06.1916, Warn. 1916 Nr. 251; vom 12.05.1920, RGZ 99, 105, 106; BGH vom 14.10.1958, NJW 1958, 2067, 2068; vom 26.04.1961, LM BGB § 317 Nr. 8; vom 20.02.1970, DB 1970, 827; vom 05.02.1971, WM 1971, 356, 357; vom 03.11.1995, NJW 1996, 452, 454.

677 Siehe dazu die Nachweise in der vorhergehenden Fußnote.

ner „offenbaren Unbilligkeit" auch, wenn sich dem Beurteilenden die „Unbilligkeit" der Leistungsbestimmung erst nach eingehender Prüfung (etwa nach einer erfolgten Beweisaufnahme) aufdrängt.[678]

Teilweise wird für die Bejahung einer „offenbaren Unbilligkeit" weitergehend gefordert, dass der Umfang der festgestellten Unrichtigkeit der Leistungsbestimmung nach Treu und Glauben erheblich ist[679] oder die betreffende Leistungsbestimmung die Grundsätze von Treu und Glauben in erheblichem Maße verletzt.[680]

(2) Begriffsverständnis der „offenbaren Unrichtigkeit", § 319 I 1 BGB analog

Ein Schiedsgutachten i.e.S. ist „unrichtig", wenn es im Ergebnis unrichtig ist[681] oder Fehler aufweist, die das (Gesamt-)Ergebnis des Schiedsgutachtens verfälschen.[682] Eine derartige „Unrichtigkeit" des Schiedsgutachtens ist „offenbar", wenn diese sich unter Zugrundelegung des Sach- und Kenntnisstands im Zeitpunkt seiner Erstattung einem sachkundigen, unbefangenen Beobachter aufdrängt.[683] Hierfür genügt es – trotz teilweise anderslautender Urteile[684] – auch, wenn sich die „Unrichtigkeit" des Schiedsgutachtens nicht sofort, sondern erst nach erfolgter Beweisaufnahme mit Deutlichkeit ergibt.[685]

Auch im Hinblick auf den Überprüfungsmaßstab der „offenbaren Unrichtigkeit" wird für die Bejahung einer solchen „offenbaren Unrichtigkeit" in der höchstrichterlichen Rechtsprechung teilweise gefordert, dass das Schiedsgutachten die Grundsätze von Treu und Glauben in grober Weise verletzt.[686]

---

678 RG vom 20.10.1908, SeuffA 65, 433, 434; vom 27.03.1911, Warn. 1911 Nr. 319; BGH vom 21.01.1963, VersR 1963, 390, 391.

679 RG vom 09.02.1935, RGZ 147, 58, 63; vom 17.10.1935, Warn. 1935 Nr. 176; vom 23.11.1942, SeuffA 97, 40, 44.

680 BGH vom 14.10.1958, NJW 1958, 2067, 2068; vom 26.04.1961, LM BGB § 317 Nr. 8; vom 20.02.1970, DB 1970, 827; vom 05.02.1971, WM 1971, 356, 357; vom 26.04.1991, WM 1991, 1601, 1603.

681 BGH vom 06.12.1974, WM 1975, 256, 257; vom 25.01.1979, NJW 1979, 1885; vom 21.04.1993, NJW-RR 1993, 1034, 1035.

682 BGH vom 23.11.1984, WM 1985, 174; vom 16.11.1987, NJW-RR 1988, 506; vom 24.09.1990, NJW-RR 1991, 228; vom 17.05.1991, NJW 1991, 2698; vom 01.10.1997, WM 1998, 628, 630.

683 BGH vom 21.01.1963, VersR 1963, 390, 391; vom 06.12.1974, WM 1975, 256, 257; vom 25.01.1979, NJW 1979, 1885; vom 23.11.1984, WM 1985, 174; vom 16.11.1987, NJW-RR 1988, 506; vom 24.09.1990, NJW-RR 1991, 228; vom 17.05.1991, NJW 1991, 2698; vom 21.04.1993, NJW-RR 1993, 1034, 1035; vom 01.10.1997, WM 1998, 628, 630.

684 BGH vom 06.12.1974, WM 1975, 256, 257; vom 25.01.1979, NJW 1979, 1885; vom 21.04.1993, NJW-RR 1993, 1034, 1035.

685 BGH vom 21.01.1963, VersR 1963, 390, 391; vom 23.11.1984, WM 1985, 174; vom 16.11.1987, NJW-RR 1988, 506; vom 24.09.1990, NJW-RR 1991, 228; vom 17.05.1991, NJW 1991, 2698.

686 BGH vom 14.12.1967, BB 1968, 316.

(3) Begriffsverständnis des „offenbar erheblichen Abweichens von der wirklichen Sachlage", §§ 64 I 1, 184 I 1 VVG

Nach §§ 64 I 1, 184 I 1 VVG ist ein Schiedsgutachten, dessen Verbindlichkeit nach Maßgabe dieser Vorschriften zu beurteilen ist, unverbindlich, wenn die „getroffene Feststellung" „offenbar erheblich von der wirklichen Sachlage abweicht". Enthält die „getroffene Feststellung" mehrere Positionen, z.B. bei der Feststellung der Höhe eines Gesamtschadens an einer Vielzahl von Sachen, ist unter der „getroffenen Feststellung" das Gesamtergebnis, also die Summe der Einzelpositionen, zu verstehen.[687]

Die „getroffene Feststellung" weicht von der wirklichen Sachlage ab, wenn sie im Ergebnis unrichtig[688] oder falsch[689] ist. Die Abweichung von der wirklichen Sachlage ist dabei nicht nur dann „offenbar" i.S.d. §§ 64, 184 VVG, wenn sich die Unrichtigkeit des (Gesamt-)Ergebnisses aus Sicht eines sachkundigen, unbefangenen Beobachters unter Zugrundelegung des Sach- und Kenntnisstands bei Erstattung des Schiedsgutachtens[690] sofort aufdrängt, sondern bereits dann, wenn sich diese Unrichtigkeit nach gewissenhafter Prüfung mit Deutlichkeit ergibt[691] bzw. offen zutage liegt.[692] Ob eine festgestellte offenbare Abweichung der getroffenen Feststellung von der wirklichen Sachlage „erheblich" ist, ist grundsätzlich eine Frage des Einzelfalls[693]. In den Fällen, in denen einer Schiedsgutachterstelle die Feststellung der Höhe des vom Versicherer zu ersetzenden Schadens übertragen ist, ist aber eine „erhebliche" Abweichung der getroffenen Feststellung von der wirklichen Sachlage regelmäßig zu verneinen, wenn die von der Schiedsgutachterstelle ermittelte Höhe des Schadens um weniger als 15%[694] von der vom Tatrichter festgestellten Schadenshöhe[695] abweicht.

---

[687] BGH vom 01.04.1987, VersR 1987, 601; Prölss/Martin-*Voit/Knappmann*, § 64 Rdn. 37.

[688] RG vom 14.05.1929, HansRGZ A 1929, 413; BGH vom 06.12.1978, VersR 1979, 173, 174.

[689] BGH vom 01.04.1953, BGHZ 9, 195, 198.

[690] RG vom 14.05.1929, HansRGZ A 1929, 413; vom 27.11.1931, SeuffA 86, 109.

[691] RG vom 16.11.1928, JRfPrV 1928, 369; vom 14.05.1929, HansRGZ A 1929, 413; vom 23.06.1931, Warn. 1931 Nr. 158; vom 09.04.1935, Warn. 1935 Nr. 87; vom 15.11.1935, RGZ 149, 215, 223.

[692] BGH vom 01.04.1953, BGHZ 9, 195, 198; vom 31.01.1957, VersR 1957, 122, 123; vom 06.12.1978, VersR 1979, 173, 174.

[693] RG vom 16.11.1928, JRfPrV 1928, 369; BGH vom 01.04.1987, VersR 1987, 601; *Raiser*, § 16, Rdn. 12 m.w.N.

[694] BGH vom 01.04.1987, VersR 1987, 601.

[695] Vgl. BGH vom 06.12.1978, VersR 1979, 173, 174.

ccc. Entwicklung der Rechtsprechung zu den drei Überprüfungsmaßstäben

(1) Offenbare Unbilligkeit

(a) Ausgangspunkt: Entscheidung des BGH vom 25.06.1952

Den Ausgangspunkt der älteren Rechtsprechung des Bundesgerichtshofs zu der inhaltlichen Konkretisierung des Überprüfungsmaßstabs der „offenbaren Unbilligkeit" bildete eine Entscheidung aus dem Jahre 1952.[696]

Dieser Entscheidung lag der folgende Sachverhalt zugrunde: Die Parteien waren die alleinigen Gesellschafter einer offenen Handelsgesellschaft in Liquidation, die sich in einem Liquidationsvergleich über die Aufteilung der Sachwerte dahingehend geeinigt hatten, dass jede Partei Gegenstände im gleichen Gegenwert erhalten sollte. Die Aufteilung der Sachwerte wurde einem Sachverständigen übertragen. Nach Erstattung des Gutachtens dieses Sachverständigen klagte der Kläger auf Herausgabe der ihm zugesprochenen Sachwerte, während der Beklagte Widerklage erhob mit dem Antrag auf Feststellung, dass das Gutachten des Sachverständigen als Schiedsgutachten offenbar unbillig und daher unverbindlich sei.

Der Beklagte trug zur Begründung vor, dass der Sachverständige ihm zum Teil gar nicht vorhandene Gegenstände zugeteilt und daher dem Kläger und dem Beklagten nicht, wie von diesen im Liquidationsvergleich vereinbart, Gegenstände im gleichen Gesamtwert zugewiesen habe. Diese Zuteilung nicht vorhandener Gegenstände sei darauf zurückzuführen, dass der Sachverständige sein Versprechen, den Parteien vor Erstattung seines Gutachtens eine Gesamtliste mit den zu verteilenden Gegenständen zu übersenden, nicht eingehalten und dem Beklagten daher die Möglichkeit genommen habe, weitere Einwendungen gegen die Liste mit den zu verteilenden Gegenstände vorzubringen.

Das Berufungsgericht gab der Widerklage durch Teilurteil statt. Es beurteilte die von den Parteien getroffene Vereinbarung als Schiedsgutachtenvertrag i.w.S. und erblickte eine offenbare Unbilligkeit des vom Sachverständigen erstatteten Schiedsgutachtens schon allein darin, dass der Sachverständige entgegen seiner Zusage die Liste mit den Gegenständen den Parteien nicht übersandt und daher das rechtliche Gehör in unzulässiger Weise beschränkt habe. Der Kläger machte hiergegen geltend, dass es für die offenbare Unbilligkeit eines Schiedsgutachtens i.S.d. § 319 I 1 BGB allein auf das Ergebnis des Schiedsgutachtens und nicht auf das eingeschlagene Verfahren ankomme.

Der Bundesgerichtshof entschied, dass der Umstand allein, dass die Schiedsgutachterstelle einer Partei nicht in dem gebotenen Umfang rechtliches Gehör gewährt habe, ein Schiedsgutachten i.w.S. nicht offenbar unbillig mache.[697] Vielmehr sei vom Berufungsgericht zu prüfen gewesen, ob der Schiedsgutach-

---

[696] BGH vom 25.06.1952, BGHZ 6, 335.

[697] BGH vom 25.06.1952, BGHZ 6, 335 (Leitsatz).

ter dem Beklagten tatsächlich nicht vorhandene Gegenstände zugeteilt habe und das Schiedsgutachten dadurch offenbar unbillig sei.[698] In den Entscheidungsgründen stellte er fest, dass ein Schiedsgutachter in verfahrensrechtlicher Hinsicht völlig frei und der Weg seiner Ergebnisfindung für die Bindungswirkung des Schiedsgutachtens ohne wesentliche Bedeutung sei, es für die Frage der offenbaren Unbilligkeit vielmehr allein entscheidend auf das Ergebnis ankomme.[699]

(b) Grundzüge der älteren Rechtsprechung des BGH

Die ältere Rechtsprechung des Bundesgerichtshofs zog aus den dargelegten Grundsätzen zunächst die Schlussfolgerung, dass der bloße Umstand der Fehlerhaftigkeit der Grundlagen des Schiedsgutachtens oder der Mangelhaftigkeit des Schiedsgutachtenverfahrens für sich allein nicht ausreiche, um die offenbare Unbilligkeit eines Schiedsgutachtens i.w.S. zu bejahen.[700] Sie stellte sich also auf den Standpunkt, dass fehlerhafte Grundlagen des Schiedsgutachtens oder Mängel des Schiedsgutachtenverfahrens keine hinreichende Voraussetzung für die Feststellung einer offenbaren Unbilligkeit seien.[701] So entschied der Bundesgerichtshof, dass der Umstand allein, dass der Schiedsgutachterstelle ein grober Rechenfehler unterlaufen sei[702] oder sie einen unzutreffenden Leistungsbestimmungsmaßstab zugrunde gelegt habe,[703] nicht ausreiche, um die offenbare Unbilligkeit des Schiedsgutachtens zu bejahen. Derartige Fehler der Grundlage des Schiedsgutachtens seien vielmehr nur dann von Bedeutung, wenn sie bewirkt hätten, dass das Schiedsgutachten in seinem Ergebnis offenbar unbillig sei.[704]

Diese Entscheidung illustriert eine zweite Schlussfolgerung, die die ältere Rechtsprechung des Bundesgerichtshofs aus den Grundsätzen seiner im Jahre 1952 ergangenen Entscheidung zog. Der Bundesgerichtshof stellte sich auf den Standpunkt, dass – entsprechend der Formulierung des § 319 I 1 BGB – die offenbare Unbilligkeit des Ergebnisses des Schiedsgutachtens i.w.S. eine notwendige Voraussetzung für die Bejahung seiner Unverbindlichkeit nach Maßgabe des § 319 I 1 BGB sei. Dabei beantwortete er die Frage nach der offenbaren Unbilligkeit des Ergebnisses des Schiedsgutachtens durch einen

---

698 BGH vom 25.06.1952, BGHZ 6, 335, 341 a.E.

699 BGH vom 25.06.1952, BGHZ 6, 335, 340 f. (Anm. *Benkard*, LM Nr. 1 zu § 319 BGB). – Zu der Begründung der im Grundsatz völligen verfahrensrechtlichen Freiheit siehe oben S. 103.

700 Vgl. BGH vom 25.06.1952, BGHZ 6, 335, 341; vom 26.04.1961, LM BGB § 317 Nr. 8; vom 21.01.1963, VersR 1963, 390, 391; vom 14.02.1968, DB 1968, 751, 752.

701 Siehe dazu die Zusammenfassung der bis 1968 ergangenen Rechtsprechung des BGH zur gerichtlichen Nachprüfbarkeit eines Schiedsgutachtens bei *Gelhaar*, BB 1968, S. 743 f.

702 BGH vom 14.02.1968, DB 1968, 751, 752.

703 BGH a.a.O.

704 BGH a.a.O.

Vergleich des Ergebnisses des Schiedsgutachtens mit dem Ergebnis, zu dem der Tatrichter unter Zugrundelegung des Gutachtens eines gerichtlichen Sachverständigen gelangt war, das nach Ansicht des erkennenden Gerichts auf fehlerfreien Grundlagen beruhte.[705] Eine offenbare Unbilligkeit bejahte der Bundesgerichtshof dabei nur dann, wenn die Differenz zwischen dem Ergebnis des Schiedsgutachtens und dem vom Tatrichter auf fehlerfreier Grundlage ermittelten Ergebnis erheblich war.[706]

Die ältere Rechtsprechung des Bundesgerichtshofs zog jedoch aus seiner oben erörterten (Grundsatz-)Entscheidung noch eine weitere Schlussfolgerung. In einer Entscheidung aus dem Jahre 1963[707] ging der Bundesgerichtshof – ausdrücklich[708] gegen eine im Jahre 1909 ergangene Entscheidung des Reichsgerichts[709] – davon aus, dass der Nachweis fehlerhafter Grundlagen des Schiedsgutachtens keine notwendige Voraussetzung für die Bejahung einer offenbaren Unbilligkeit sei, sondern dass die Überzeugung des Gerichts von der offenbaren Unbilligkeit des Schiedsgutachtens auch schon aus einer ganz erheblichen Differenz des Ergebnisses des Schiedsgutachtens und des Ergebnisses, zu dem der Tatrichter bei fehlerfreiem Vorgehen gelangt war, entnommen werden könne.[710]

(c) Grundzüge der neueren Rechtsprechung des BGH

Die Grundzüge der neueren Rechtsprechung des Bundesgerichtshofs weichen erheblich von den Grundzügen seiner älteren Rechtsprechung ab. Zwar steht der Bundesgerichtshof auch in seinen neueren Entscheidungen formal weiterhin auf dem Standpunkt seiner 1952 ergangenen (Grundsatz-)Entscheidung, dass es für die Frage der offenbaren Unbilligkeit eines Schiedsgutachtens i.w.S. maßgeblich allein auf das Ergebnis ankomme[711] und der Art und Vorgehensweise der Schiedsgutachterstelle (und hier insbesondere den von der

---

705 Vgl. BGH vom 26.04.1961, LM BGB § 317 Nr. 8; vom 21.01.1963, VersR 1963, 390, 391; vom 28.09.1964, NJW 1964, 2401.

706 BGH vom 26.04.1961, LM BGB § 317 Nr. 8; vom 28.09.1964, NJW 1964, 2401; vom 20.02.1970, DB 1970, 827.

707 BGH vom 21.01.1963, VersR 1963, 390 f.

708 BGH vom 21.01.1963, VersR 1963, 390, 391; vgl. auch BGH vom 28.09.1964, NJW 1964, 2401.

709 RG vom 02.04.1909, Warn. 1909 Nr. 395.

710 Dem lag ersichtlich die Überlegung zugrunde, dass aus einer erheblichen Ergebnisabweichung zwischen dem Ergebnis des Schiedsgutachtens und dem Ergebnis eines gerichtlichen Sachverständigen, der nach Ansicht des erkennenden Gerichts bei seiner Entscheidungsfindung fehlerfrei vorgegangen ist, auf die Fehlerhaftigkeit der Grundlagen des Schiedsgutachtens geschlossen werden kann. Ob ein solcher Rückschluss statthaft ist, darf allerdings bezweifelt werden, denn die Praxis zeigt, dass Sachverständige selbst dann zu erheblich abweichenden Ergebnissen kommen können, wenn sie nach derselben Methodik vorgehen und dieselben Entscheidungskriterien zugrunde legen.

711 BGH vom 02.02.1977, NJW 1977, 801; vom 03.11.1995, NJW 1996, 452, 454; vgl. auch BGH vom 26.04.1991, WM 1991, 1602, 1603.

Schiedsgutachterstelle herangezogenen Entscheidungsparametern) grundsätzlich keine Bedeutung zukomme.[712] Ebenso geht er im Grundsatz weiterhin davon aus, dass der bloße Nachweis fehlerhafter Grundlagen des Schiedsgutachtens i.w.S. nicht ausreiche, um die offenbare Unbilligkeit eines Schiedsgutachtens i.w.S. zu bejahen, sondern im Grundsatz vielmehr der Nachweis hinzutreten müsse, dass das Schiedsgutachten in seinem Ergebnis offenbar unbillig sei.[713] Er hat jedoch die Anforderungen an eine Bejahung der „offenbaren Unbilligkeit" des Ergebnisses eines Schiedsgutachtens i.w.S. modifiziert und die genannten Grundsätze – als vermeintliche Ausnahme von der vermeintlichen Regel – um den Grundsatz ergänzt, dass als „schwerwiegend"[714] anzusehende Begründungs- und Verfahrensmängel[715] auch für sich genommen die offenbare Unbilligkeit eines Schiedsgutachtens i.w.S. begründen könnten.[716]

Auf dieser geänderten rechtlichen Grundlage ist der Bundesgerichtshof nicht nur von den Schlussfolgerungen abgerückt, die er in seiner älteren Rechtsprechung aus den genannten zwei Grundsätzen gezogen hat, sondern auch zu Ergebnissen gelangt, die sich mit diesen Grundsätzen – jedenfalls unter Zugrundelegung des Verständnisses des Inhalts dieser Grundsätze in seiner älteren Rechtsprechung – nicht vereinbaren lassen. So hat der Bundesgerichtshof Abstand von dem Ansatzpunkt seiner älteren Rechtsprechung genommen, dass die offenbare Unbilligkeit des Ergebnisses eines Schiedsgutachtens i.w.S. nur durch einen Vergleich des Ergebnisses des Schiedsgutachtens mit dem vom Tatrichter für „richtig" oder „billig" erachteten Ergebnis festgestellt werden könne, und hat sich stattdessen auf den Standpunkt gestellt, dass das Ergebnis eines Schiedsgutachtens i.w.S. bereits dann als offenbar unbillig anzusehen sei, wenn die von der Schiedsgutachterstelle getroffene Leistungsbestimmung aufgrund offenbarer Fehler erheblich von dem Ergebnis abweiche, zu dem die Schiedsgutachterstelle unter Zugrundelegung fehlerfreier Grundlagen gekommen wäre,[717] oder wenn die getroffene Leistungsbestimmung als offenbar unbillig zu werten[718] oder evident unbillig sei.[719]

---

[712] BGH vom 03.11.1995, NJW 1996, 452, 454.

[713] Vgl. BGH vom 02.02.1977, NJW 1977, 801; vom 26.04.1991, WM 1991, 1602, 1603; vom 03.11.1995, NJW 1996, 452, 454.

[714] BGH vom 12.01.2001, WM 2001, 631, 633.

[715] Mit dieser Formulierung bezieht sich der BGH bisher vor allem auf Mängel und Fehler bei der Entscheidungsfindung (insbesondere auf „schwerwiegende" Mängel bei der Auswahl und Gewichtung der herangezogenen Entscheidungskriterien), aber auch auf Mängel bei der Ermittlung des dem Schiedsgutachten zugrunde gelegten Sachverhalts; siehe dazu BGH vom 03.11.1995, NJW 1996, 452, 454, und BGH vom 12.01.2001, WM 2001, 631, 633.

[716] BGH vom 12.01.2001, WM 2001, 631, 633.

[717] BGH vom 26.04.1991, WM 1991, 1602, 1603.

[718] BGH vom 21.05.1975, NJW 1975, 1556, 1557 (Anm. *Bulla*, BB 1976, S. 391 f.); vom 02.02.1977, NJW 1977, 801, 802; vom 16.11.1987, NJW-RR 1988, 506, 507; vom 01.10.1997, WM 1998, 628, 630.

Auf der Grundlage dieses veränderten Verständnisses von den notwendigen Voraussetzungen für die Bejahung einer offenbaren Unbilligkeit des Ergebnisses eines Schiedsgutachtens i.w.S. bejaht der Bundesgerichtshof eine offenbare Unbilligkeit eines Schiedsgutachtens i.w.S. nunmehr bereits dann, wenn die Grundlagen, insbesondere die Auswahl und Gewichtung der von der Schiedsgutachterstelle herangezogenen Leistungsbestimmungsmaßstäbe,[720] mit erheblichen und zumindest für einen anderen Sachverständigen auch offenbaren Mängeln oder Lücken behaftet sind[721] oder das Schiedsgutachten schwerwiegende Begründungsdefizite aufweist[722] – und zwar teilweise auch dann, wenn die Schiedsgutachterstelle zu dem aus Sicht des Tatrichters „richtigen" Ergebnis gekommen ist.[723] Ob die festgestellten Mängel oder Lücken der Grundlagen des Schiedsgutachtens i.w.S. dabei als erheblich oder „schwerwiegend" anzusehen sind, wird vom Bundesgerichtshof wertend festgestellt, wobei die potentielle Eignung der festgestellten Mängel und Lücken für die Beeinflussung des Ergebnisses und ihre denkbare Kompensation bei der Beeinflussung des Ergebnisses ersichtlich im Vordergrund stehen.[724] Bei Vorliegen derartiger erheblicher oder schwerwiegender Mängel oder Lücken der Grundlagen eines Schiedsgutachtens i.w.S. wird die offenbare Unbilligkeit des Ergebnisses nur noch im Wege einer logischen gedanklichen Schlussfolgerung[725] oder einer Wertung[726] festgestellt.

(d) Zusammenfassung

Die neuere Rechtsprechung des Bundesgerichtshofs steht – anders noch als seine ältere Rechtsprechung – auf dem Standpunkt, dass jedenfalls die Feststellung erheblicher (oder schwerwiegender[727]) und zumindest für einen anderen Sachverständigen evidenter Fehler oder Lücken der Grundlagen eines Schiedsgutachtens i.w.S. zur Bejahung einer offenbaren Unbilligkeit eines solchen Schiedsgutachtens hinreichend ist. Dagegen ist die erhebliche Abweichung des Ergebnisses des Schiedsgutachtens von dem Ergebnis, das das

---

719 BGH vom 03.11.1995, NJW 1996, 452, 454.

720 BGH vom 13.05.1974, NJW 1974, 1235 f.; vom 02.02.1977, NJW 1977, 801, 802; vom 03.11.1995, NJW 1996, 452, 454; vgl. auch BGH vom 26.04.1991, WM 1991, 1602, 1603.

721 Besonders deutlich BGH vom 02.02.1977, NJW 1977, 801 f.

722 BGH a.a.O.

723 Vgl. BGH a.a.O. und die in derselben Sache ergangene Entscheidung des BGH vom 11.11.1981, WM 1982, 102, aus der sich ergibt, dass das betreffende Schiedsgutachten wegen erheblicher Lücken und Begründungsdefizite für „offenbar unbillig" erklärt wurde, obwohl der gerichtliche Sachverständige zu genau demselben Ergebnis gekommen war wie die Schiedsgutachterstelle.

724 Siehe dazu die Nachweise in Fußnote 720.

725 BGH vom 03.11.1995, NJW 1996, 452, 454.

726 Siehe dazu die Nachweise in Fußnote 594.

727 BGH vom 12.01.2001, WM 2001, 631, 633.

erkennende Gericht für zutreffend erachtet, im Prinzip[728] nicht länger notwendige Voraussetzung für die Bejahung einer „offenbaren Unbilligkeit". Allerdings beanspruchen die älteren Entscheidungen des Bundesgerichtshofs auch heute noch insoweit Geltung, als ein Schiedsgutachten i.w.S. auch unter Zugrundelegung der neueren Rechtsprechung stets in den Fällen als „offenbar unbillig" anzusehen ist, in denen die ältere Rechtsprechung eine „offenbare Unbilligkeit" bejaht hat.[729]

(2) Offenbare Unrichtigkeit

(a) Ausgangspunkt: Entscheidung des BGH vom 30.10.1959

Ausgangspunkt der älteren Rechtsprechung des Bundesgerichtshofs zu den Umständen, die eine offenbare Unrichtigkeit eines Schiedsgutachtens i.e.S. begründen, war ebenfalls die im Jahre 1952 ergangene Grundsatzentscheidung des Bundesgerichtshofs zu den Voraussetzungen einer offenbaren Unbilligkeit.[730] Die in dieser Entscheidung niedergelegten Grundsätze wurden vom Bundesgerichtshof in einer nicht veröffentlichten Entscheidung aus dem Jahre 1959 auch für die offenbare Unrichtigkeit eines Schiedsgutachtens i.e.S. übernommen.[731]

(b) Grundzüge der älteren Rechtsprechung des BGH

Der Bundesgerichtshof zog in seinen älteren Entscheidungen aus den in seiner Ausgangsentscheidung niedergelegten Grundsätzen weitgehend die gleichen Schlussfolgerungen wie in seiner zur Frage der offenbaren Unbilligkeit eines Schiedsgutachtens i.w.S. ergangenen älteren Rechtsprechung.

So stellte sich der Bundesgerichtshof auf den Standpunkt, dass selbst erhebliche Fehler der Schiedsgutachterstelle bei der Ergebnisfindung für sich allein nicht ausreichten, um die offenbare Unrichtigkeit eines Schiedsgutachtens i.e.S. darzutun, mithin fehlerhafte Grundlagen des Schiedsgutachtens allein grundsätzlich keine hinreichende Voraussetzung für die offenbare Unrichtigkeit

---

728 Siehe aber BGH vom 26.04.1991, WM 1991, 1602, 1603 f. – eine Entscheidung, die sich nur schwer mit der oben dargelegten neueren Rechtsprechung vereinbaren lässt.

729 Vgl. BGH a.a.O. – Der Entscheidung BGH vom 03.11.1995, NJW 1996, 452, 453 f. ist insoweit nichts Gegenteiliges zu entnehmen. Auch wenn man unter Zugrundelegung dieser Entscheidung davon ausgeht, dass Lücken oder anderweitige Mängel der Entscheidungsfindung nunmehr *notwendige* Voraussetzung einer „offenbaren Unbilligkeit" sind, kann das erkennende Gericht ohne Weiteres (wie schon die ältere Rechtsprechung des BGH) aus dem bloßen Umstand der erheblichen Ergebnisdifferenz Rückschlüsse auf die Mangelhaftigkeit der Grundlagen des Schiedsgutachtens ziehen.

730 BGH vom 25.06.1952, BGHZ 6, 335.

731 BGH vom 30.10.1959 (Az. I ZR 188/57); bestätigt in BGH vom 21.01.1963, VersR 1963, 390, 391.

eines Schiedsgutachtens i.e.S. seien.[732] Das zeigt sich darin, dass unter Zugrundelegung der älteren Rechtsprechung des Bundesgerichtshofs festgestellte Mängel der Grundlagen des Schiedsgutachtens die „offenbare Unrichtigkeit" dieses Schiedsgutachtens nur dann begründen konnten, wenn über die Feststellung dieser Mängel der Entscheidungsfindung hinaus entweder feststand, dass das Ergebnis des Schiedsgutachtens aufgrund der festgestellten Mängel[733] in der Entscheidungsfindung der Schiedsgutachter erheblich von dem Ergebnis abwich, das der Tatrichter auf der Grundlage des Gutachtens eines Sachverständigen als das „richtige" Ergebnis ansah,[734] oder aber jedenfalls feststand, dass sich die festgestellten Mängel der Entscheidungsfindung erheblich auf das Ergebnis ausgewirkt hatten und aufgrund dieser Mängel der Ergebnisfindung festgestellt werden konnte, dass jedenfalls das Ergebnis, zu dem die Schiedsgutachterstelle gekommen war, aus Sicht eines Sachverständigen evident und in erheblichem Maße unrichtig sei.[735]

Andererseits sah der Bundesgerichtshof die Feststellung mangelbehafteter Grundlagen eines Schiedsgutachtens i.e.S. auch nicht als eine notwendige Voraussetzung für die Feststellung der offenbaren Unrichtigkeit des betreffenden Schiedsgutachtens an, sondern bejahte die offenbare Unrichtigkeit eines solchen Schiedsgutachtens schon dann, wenn dessen Ergebnis ganz erheblich von dem Ergebnis abwich, zu dem der gerichtliche Sachverständige gekommen war.[736]

Dagegen sah der Bundesgerichtshof die Feststellung der offenbaren Unrichtigkeit des Ergebnisses des Schiedsgutachtens sehr wohl als notwendige Voraussetzung[737] für die Bejahung der offenbaren Unrichtigkeit eines Schiedsgutachtens i.e.S. an.[738] Anders als im Falle der „offenbaren Unbilligkeit" eines Schiedsgutachtens i.w.S. bejahte er die „offenbare Unrichtigkeit" des Ergebnisses dabei allerdings nicht nur dann, wenn dieses Ergebnis erheblich von dem Ergebnis abwich, das der Tatrichter auf der Grundlage des Gutachtens

---

[732] Vgl. BGH vom 30.10.1959 (Az. I ZR 188/57); vom 21.01.1963, VersR 1963, 390, 391; vom 14.12.1967, WM 1968, 307, 308; vom 14.02.1968, WM 1968, 617, 618; vom 04.06.1975, NJW 1975, 1557 (Anm. *Bulla*, BB 1976, S. 392 f.); vom 19.12.1975, WM 1976, 269, 270.

[733] Vgl. BGH vom 14.12.1967, WM 1968, 307, 308; vom 14.02.1968, WM 1968, 617, 618; vom 20.11.1975, WM 1976, 251, 253.

[734] Durch einen derartigen Ergebnisvergleich wurde die offenbare Unrichtigkeit des betreffenden Schiedsgutachtens festgestellt in den Entscheidungen BGH vom 14.12.1967, WM 1968, 307, 308, und BGH vom 19.12.1975, WM 1976, 269, 270.

[735] Vgl. BGH vom 03.10.1957, NJW 1957, 1834; vom 21.10.1964, WM 1964, 1239, 1241; vom 20.11.1975, WM 1976, 251, 253; vgl. auch BGH vom 14.12.1967, WM 1968, 307, 308.

[736] So im Ergebnis BGH vom 21.01.1963, VersR 1963, 390, 391.

[737] BGH vom 30.10.1959 (Az. I ZR 188/57); vom 21.01.1963, VersR 1963, 390, 391; vom 14.12.1967, WM 1968, 307, 308; vom 14.02.1968, WM 1968, 617, 618.

[738] Vgl. hierzu insbesondere die Entscheidungen des BGH vom 06.12.1974, WM 1975, 256, 257, und vom 19.12.1975, WM 1976, 269, 271.

eines gerichtlichen Sachverständigen als das „richtige“ Ergebnis ansah,[739] sondern auch dann, wenn aufgrund festgestellter evidenter Mängel der Ergebnisfindung feststand, dass jedenfalls das Ergebnis, zu dem die Schiedsgutachterstelle gekommen war, aus Sicht eines Sachverständigen als evident und in erheblichem Maße unrichtig anzusehen sei.[740]

(c) Grundzüge der neueren Rechtsprechung des BGH

In seiner neueren Rechtsprechung hat der Bundesgerichtshof – anders als einige Obergerichte[741] – den Ausgangspunkt seiner älteren Rechtsprechung, dass es für die Frage der offenbaren Unrichtigkeit eines Schiedsgutachtens entscheidend allein auf dessen Ergebnis ankomme und die Art und Weise seines Zustandekommens grundsätzlich ohne Bedeutung sei, nur noch vereinzelt[742] wiederholt und diese Grundsätze stattdessen durch die Formel ersetzt, dass eine „offenbare Unrichtigkeit“ immer dann vorliege, wenn sich einem unbefangenen und sachkundigen Beobachter Fehler im Schiedsgutachten[743] oder Fehler der Leistungsbestimmung[744] aufdrängten, die das Gesamtergebnis verfälschten, aber auch dann, wenn die Ausführungen der Schiedsgutachterstelle i.e.S. so lückenhaft seien, dass selbst der Fachmann das Gesamtergebnis aus dem Zusammenhang des Schiedsgutachtens nicht überprüfen könne.[745] Zugleich ist der Bundesgerichtshof – ebenso wie in seiner neueren, zu Schiedsgutachten i.w.S. ergangenen Rechtsprechung – in teilweise erheblicher Weise von den Schlussfolgerungen abgewichen, die er in seiner älteren Rechtsprechung aus diesen Grundsätzen gezogen hatte.

So steht der Bundesgerichtshof nicht mehr uneingeschränkt auf dem Standpunkt, dass mangelhafte Grundlagen eines Schiedsgutachtens i.e.S. allein keine hinreichende Voraussetzung für die Bejahung der offenbaren Unrichtigkeit eines Schiedsgutachtens i.e.S. sind. Vielmehr bejaht er die offenbare Unrichtigkeit eines Schiedsgutachtens i.e.S. nunmehr im Prinzip schon dann, wenn in dem Schiedsgutachten niedergelegte Erwägungen von einem Fach-

---

739 Siehe dazu die Nachweise in den Fußnoten 705 und 706.

740 Vgl. BGH vom 03.10.1957, NJW 1957, 1834; vom 21.10.1964, WM 1964, 1239, 1241; vom 20.11.1975, WM 1976, 251, 253; vgl. auch BGH vom 14.12.1967, WM 1968, 307, 308.

741 So etwa OLG Düsseldorf vom 07.05.1999, BauR 2000, 1229, 1230; OLG Düsseldorf vom 26.07.2000, BauR 2000, 1771, 1773.

742 BGH vom 14.07.1986, NJW-RR 1987, 21, 22: „[F]ür die Beurteilung [der offenbaren Unrichtigkeit eines Schiedsgutachtens i.e.S.] kommt es auf das vom Schiedsgutachter gefundene Endergebnis an."

743 BGH vom 23.11.1984, WM 1985, 174; vom 17.05.1991, NJW 1991, 2698; vom 01.10.1997, WM 1998, 628, 630 (in dieser Entscheidung wird diese Begriffsbestimmung allerdings nur als ein Beispiel einer offenbaren Unrichtigkeit angesehen).

744 BGH vom 16.11.1987, NJW-RR 1988, 506; vom 24.09.1990, NJW-RR 1991, 228; vom 21.01.2004, WM 2004, 1487, 1488.

745 Siehe die Nachweise in den beiden vorhergehenden Fußnoten.

mann auf den ersten Blick als unrichtig erkannt werden[746] oder die Grundlagen des Schiedsgutachtens in erheblichem Maße und evident lückenhaft sind.[747]

Weiterhin hat sich der Bundesgerichtshof jedenfalls für bestimmte Fälle von dem Standpunkt seiner älteren Rechtsprechung verabschiedet, dass die Feststellung der offenbaren Unrichtigkeit des Ergebnisses des Schiedsgutachtens notwendige Voraussetzung für die Bejahung der offenbaren Unrichtigkeit eines Schiedsgutachtens i.e.S. sei. Das zeigt sich nicht nur in den Entscheidungen, in denen der Bundesgerichtshof die offenbare Unrichtigkeit eines Schiedsgutachtens bereits bei Vorliegen einer erheblichen und aus Sicht eines Sachverständigen evidenten Lückenhaftigkeit der Grundlagen des Schiedsgutachtens bejaht hat, sondern auch in den Entscheidungen, in denen er erhebliche Lücken in der Begründung als im Prinzip ausreichend angesehen hat, um das Vorliegen einer offenbaren Unrichtigkeit des betreffenden Schiedsgutachtens zu bejahen.[748] In beiden Fällen steht nämlich die offenbare Unrichtigkeit des Ergebnisses des Schiedsgutachtens gerade nicht notwendig fest.[749]

Darüber hinaus verlangt der Bundesgerichtshof in den Fällen, in denen die Grundlagen eines Schiedsgutachtens nicht lückenhaft, sondern mit Fehlern im eigentlichen Sinne behaftet sind, auch nicht mehr uneingeschränkt, dass die festgestellten Fehler zu einem in erheblichem Maße falschen Ergebnis oder zu einem Ergebnis geführt haben müssen, das erheblich von dem Ergebnis abweicht, das der Tatrichter für zutreffend erachtet.[750] Vielmehr sieht er es nunmehr jedenfalls teilweise als ausreichend an, wenn die festgestellten Fehler das Ergebnis, zu dem die Schiedsgutachterstelle gekommen ist, nur überhaupt irgendwie verfälscht haben.[751] Allerdings müssen diese Fehler zumindest schwerwiegend sein.

---

746 BGH vom 25.01.1979, NJW 1979, 1885, 1886.

747 BGH vom 25.01.1979, NJW 1979, 1885, 1886; vom 16.11.1987, NJW-RR 1988, 506, 507; vom 17.05.1991, NJW 1991, 2698 f.

748 Vgl. BGH vom 23.11.1984, WM 1985, 174; vom 16.11.1987, NJW-RR 1988, 506, 507; vom 15.04.1994, WM 1994, 1344; vom 21.06.1995, WuM 1995, 651; vom 01.10.1997, WM 1998, 628, 631.

749 Vgl. in diesem Zusammenhang nur die Entscheidung OLG Köln vom 29.11.1996, NJW-RR 1997, 1412, 1413, in der das Gericht die neuere Rechtsprechung des BGH dahingehend zusammenfasst, dass schwerwiegende Begründungsmängel auch bei Richtigkeit des Ergebnisses zur „offenbaren Unrichtigkeit" des Schiedsgutachtens führen könnten.

750 So aber BGH vom 14.07.1986, NJW-RR 1987, 21, 22; im Ergebnis ebenso: BGH vom 09.06.1983, NJW 1983, 2244, 2245; vom 24.09.1990, NJW-RR 1991, 228, 229.

751 So BGH vom 25.01.1979, NJW 1979, 1885, 1886, der die offenbare Unrichtigkeit eines Schiedsgutachtens bereits dann bejaht, wenn dem Schiedsgutachten Erwägungen zugrunde liegen, die aus Sicht eines Sachverständigen evident unrichtig sind. Auch die vom BGH in seiner neueren Rechtsprechung verwendete Formel, dass ein Schiedsgutachten offenbar unrichtig ist, wenn es für einen Sachverständigen evidente Fehler enthält, die das Gesamtergebnis verfälscht haben, verlangt lediglich eine Verfälschung des Gesamtergebnisses, nicht jedoch die *erhebliche* Verfälschung des Gesamtergebnisses.

(d) Zusammenfassung

Unter Zugrundelegung der neueren Rechtsprechung des Bundesgerichtshofs genügt im Prinzip bereits der bloße Umstand der Feststellung evidenter und – bei wertender Betrachtung – „schwerwiegender" Lücken oder anderweitiger Mängel der Grundlagen des Schiedsgutachtens für die Bejahung der „offenbaren Unrichtigkeit". Das gilt selbst dann, wenn das Ergebnis des Schiedsgutachtens richtig ist.[752] Es finden sich jedoch auch in der neueren Rechtsprechung noch Entscheidungen, die mit diesem Grundsatz nicht ohne Weiteres vereinbar sind.[753] Ebenso genügt es für die Bejahung einer „offenbaren Unrichtigkeit" grundsätzlich, wenn das zu prüfende Schiedsgutachten aus Sicht des erkennenden Gerichts mit schwerwiegenden Begründungsdefiziten oder -mängeln behaftet ist. Solche Defizite führen auch dann zur Unverbindlichkeit des Schiedsgutachtens, wenn eine Mangelhaftigkeit der Grundlagen des Schiedsgutachtens oder die „offenbare Unrichtigkeit" des Ergebnisses selbst nicht festgestellt worden ist.[754] Allerdings ist die „offenbare Unrichtigkeit" eines Schiedsgutachtens i.e.S. weiterhin auch dann zu bejahen, wenn eine solche „offenbare Unrichtigkeit" unter Zugrundelegung der älteren Rechtsprechung des Bundesgerichtshofs zu bejahen wäre.[755]

(3) Offenbar erhebliche Abweichung von der wirklichen Sachlage

An einer vergleichbaren Entwicklung der höchstrichterlichen Rechtsprechung zu der Frage, unter welchen Voraussetzungen eine offenbare erhebliche Abweichung der von der Schiedsgutachterstelle getroffenen Feststellung von der „wirklichen Sachlage" zu bejahen ist, fehlt es bisher. Allerdings ist in der neueren Rechtsprechung einiger Obergerichte die Tendenz zu beobachten, die neuere Rechtsprechung des Bundesgerichtshofs zu der gerichtlichen Kontrolle eines Schiedsgutachtens i.w.S. und eines Schiedsgutachtens i.e.S., das nicht in den Anwendungsbereich der §§ 64, 184 VVG fällt, auch auf Schiedsgutachten im Anwendungsbereich der §§ 64, 184 VVG auszudehnen. Daher werden nachfolgend die wesentlichen Grundsätze der bisherigen höchstrichterlichen Rechtsprechung und im Anschluss daran die neueren Entscheidungen der Obergerichte dargestellt. Anschließend wird untersucht, inwieweit die neueren Entscheidungen der Obergerichte mit den Grundsätzen der höchstrichterlichen Rechtsprechung in Einklang zu bringen sind.

---

[752] Vgl. OLG Köln vom 29.11.1996, NJW-RR 1997, 1412, 1413; OLG Koblenz vom 15.07.2002, EWiR 2002, 1027.

[753] Vgl. BGH vom 14.07.1986, NJW-RR 1987, 21, 22; vom 09.06.1983, NJW 1983, 2244, 2245; vom 24.09.1990, NJW-RR 1991, 228, 229.

[754] Dass Begründungsmängel nicht immer notwendig auch einen Rückschluss auf tatsächlich mangelhafte Grundlagen der Entscheidungsfindung tragen, hat das OLG Hamm in seiner Entscheidung vom 22.01.2001, NZG 2001, 652, 653, anerkannt. Im Ergebnis ebenso OLG Düsseldorf vom 28.04.1999, NJW-RR 2000, 279, 281.

[755] Vgl. BGH vom 14.07.1986, NJW-RR 1987, 21, 22; vom 09.06.1983, NJW 1983, 2244, 2245; vom 24.09.1990, NJW-RR 1991, 228, 229.

(a) Grundzüge der höchstrichterlichen Rechtsprechung

Sowohl die Rechtsprechung des Reichsgerichts als auch die Rechtsprechung des Bundesgerichtshofs stimmen darin überein, dass der bloße Umstand mangelhafter, also fehlerhafter oder unzureichender, Grundlagen eines Schiedsgutachtens für sich allein nicht hinreichend ist, um die Voraussetzungen der §§ 64 I 1, 184 I 1 VVG zu bejahen, mangelhafte Grundlagen des Schiedsgutachtens allein mithin keine hinreichende Voraussetzung für die Bejahung der Voraussetzungen der §§ 64 I 1, 184 I 1 VVG sind. Für die Frage, ob ein Schiedsgutachten offenbar und erheblich von der wirklichen Sachlage abweicht, kommt es vielmehr sowohl nach Auffassung des Reichsgerichts[756] als auch nach Ansicht des Bundesgerichtshofs[757] maßgeblich allein darauf an, ob das (Gesamt-)Ergebnis selbst, zu dem die Schiedsgutachterstelle gekommen ist, offenbar und erheblich von der wirklichen Sachlage abweicht. Insoweit ist also das „offenbar erhebliche Abweichen" des (Gesamt-)Ergebnisses des Schiedsgutachtens von der „wirklichen Sachlage" notwendige Voraussetzung für die Bejahung einer Unverbindlichkeit nach Maßgabe der §§ 64 I 1, 184 I 1 VVG. Dabei wird eine derartige Abweichung nicht nur dann bejaht, wenn das Schiedsgutachten aufgrund festgestellter Mängel seiner Grundlagen erheblich von dem Ergebnis abweicht, das der Tatrichter als „richtiges" Ergebnis festgestellt hat,[758] sondern auch dann, wenn aus den festgestellten Mängeln der Grundlagen des Schiedsgutachtens unter Heranziehung weiterer Umstände[759] oder aus den festgestellten Mängeln allein[760] die Schlussfolgerung zu ziehen ist, dass das (Gesamt-)Ergebnis des Schiedsgutachtens in erheblichem Maße „falsch" ist.

Ebenso stimmen die Rechtsprechung des Reichsgerichts und des Bundesgerichtshofs auch darin überein, dass es für die Bejahung der Voraussetzungen der §§ 64 I 1, 184 I 1 VVG grundsätzlich nicht ausreicht, wenn andere sachverständige Personen zu einem (Gesamt-)Ergebnis kommen, das (und sei es auch erheblich) von dem (Gesamt-)Ergebnis abweicht, zu dem die Schiedsgutachterstelle gekommen ist.[761] Vielmehr muss zu diesem Umstand zumindest die weitere Feststellung hinzutreten, dass die Grundlagen des Schieds-

---

756 Vgl. nur RG vom 20.12.1912, SeuffA 68, 224; vom 15.10.1912, VA 1913, 66 Nr. 744; vom 12.01.1917, LZ 1917, 733 Nr. 14; vom 23.06.1931, Warn. 1931 Nr. 158.

757 BGH vom 01.04.1953, BGHZ 9, 195, 198; vom 31.01.1957, VersR 1957, 122, 123.

758 So in den Fällen RG vom 20.12.1912, SeuffA 68, 224; vom 15.10.1912, VA 1913, 66 Nr. 744; vom 12.01.1917, LZ 1917, 733 Nr. 14; vom 23.06.1931, Warn. 1931 Nr. 158; BGH vom 06.12.1978, VersR 1979, 173, 174.

759 Vgl. RG vom 01.12.1936, Warn. 1937 Nr. 23; BGH vom 30.11.1977, VersR 1978, 121, 124.

760 Vgl. BGH vom 01.04.1953, BGHZ 9, 195, 198 f.

761 RG vom 21.05.1913, Warn. 1913 Nr. 357; vom 16.11.1928, JRfPrV 1928, 369; BGH vom 31.01.1957, VersR 1957, 122, 123. A.A. aber im Ergebnis OLG Düsseldorf vom 03.08.1993, RuS 1994, 384, 385 f. (Abweichung von 28,5% reicht aus); LG Bielefeld vom 15.07.1976, RuS 1977, 251 (Abweichung von 70% reicht aus).

gutachtens mängelbehaftet sind.[762] Die Feststellung mangelhafter Grundlagen des Schiedsgutachtens ist also grundsätzlich notwendige Voraussetzung für das Bejahen der Voraussetzungen der §§ 64 I 1, 184 I 1 VVG.[763]

Darüber hinaus hat die höchstrichterliche Rechtsprechung bisher noch keinen Grundsatz des Inhalts aufgestellt, dass ein Schiedsgutachten i.S.d. §§ 64 I 1, 184 I 1 VVG schon bei Vorliegen erheblicher Lücken oder Mängeln in der Begründung unverbindlich sei[764] – auch wenn der Bundesgerichtshof in einer neueren Entscheidung bei einem Schiedsgutachten über die Höhe eines Schadens eine einzelne Schadensposition als „offenbar unrichtig" angesehen hat, weil der Wertansatz dieser Schadensposition nach der vom Tatrichter getroffenen Feststellung erstaunlich niedrig war und es an jedweder Begründung für diesen erstaunlich niedrigen Wertansatz fehlte.[765]

(b) Grundzüge der neueren Rechtsprechung einiger Obergerichte

Von dieser einheitlichen höchstrichterlichen Rechtsprechung sind in neuerer Zeit einige Oberlandesgerichte abgewichen – ersichtlich[766] gestützt auf einen Leitsatz einer Entscheidung des Bundesgerichtshofs aus dem Jahre 1986[767] und die neuere höchstrichterliche Rechtsprechung, die zu der Frage der „offenbaren Unrichtigkeit" eines nicht in den Anwendungsbereich der §§ 64, 184 VVG fallenden Schiedsgutachtens i.e.S. ergangen ist. Sie haben sich auf den Standpunkt gestellt, dass ein nach Maßgabe der §§ 64 I 1, 184 I 1 VVG zu

---

762 So ausdrücklich RG vom 02.04.1909, Warn. 1909 Nr. 395; so im Ergebnis auch BGH vom 30.11.1977, VersR 1978, 121, 124.

763 Eine Ausnahme gilt allerdings dann, wenn das Ergebnis, zu dem die Schiedsgutachterstelle gekommen ist, ganz außerordentlich von dem Ergebnis abweicht, das der Tatrichter auf der Grundlage des Gutachtens eines fehlerfrei vorgegangenen Sachverständigen ermittelt hat. In diesem Fall steht bereits aufgrund dieses Umstands allein fest, dass das Ergebnis des Schiedsgutachtens offenbar und erheblich von der wirklichen Sachlage abweicht. So hat der BGH in seiner Entscheidung vom 06.12.1978, VersR 1979, 173, 174, die offenbare Unrichtigkeit einer einzelnen Schadensposition schon allein deshalb bejaht, weil der für diese Position vom Tatrichter festgestellte Schaden achtmal so groß war wie der von der Schiedsgutachterstelle festgestellte Schaden.

764 Dies dürfte zum einen daran liegen, dass AVB regelmäßig als hinreichend anzusehende Vorgaben hinsichtlich des Umfangs der Begründung des Schiedsgutachtens enthalten (siehe dazu bereits die Ausführungen in Fußnote 597) und eine Unverbindlichkeit allein aufgrund von Mängeln und Lücken in der Begründung sich mit dem Wortlaut der §§ 64, 184 VVG nur schwer vereinbaren lässt.

765 BGH vom 06.12.1978, VersR 1979, 173, 174.

766 Vgl. OLG Koblenz vom 20.09.1996, RuS 1997, 73.

767 BGH vom 26.02.1986, VersR 1986, 482: „Ob ein Sachverständigengutachten als offenbar unrichtig anzusehen ist, richtet sich nicht danach, inwiefern die Beurteilung getroffener Bau- oder Sanierungsmaßnahmen einer tatsächlichen Übung im Baugewerbe entspricht. Vielmehr ist ein auf seine Verbindlichkeit hin zu prüfendes Gutachten daran zu messen, ob es für einen sachgerecht vorgehenden fachkundigen Dritten offenbare Unrichtigkeiten enthält.

überprüfendes Schiedsgutachten bereits dann unverbindlich sei, wenn es offenbar unrichtig sei,[768] und haben, gestützt auf diese Gleichsetzung der Unverbindlichkeitsgründe der „offenbaren Unrichtigkeit“ und des „offenbar erheblichen Abweichens [der getroffenen Feststellung] von der wirklichen Sachlage“, die Unverbindlichkeit eines Schiedsgutachtens nach Maßgabe der §§ 64 I 1, 184 I 1 VVG bereits für den Fall erheblicher Begründungsmängel oder evident und erheblich fehlerhafter bzw. lückenhafter Grundlagen bejaht.[769]

(c) Unvereinbarkeit mit den Grundzügen der höchstrichterlichen Rechtsprechung

Vergleicht man diese von einigen Oberlandesgerichten aufgestellten Grundsätze mit den oben dargelegten Grundsätzen der höchstrichterlichen Rechtsprechung, so muss man zu dem Ergebnis kommen, dass diese neuere Rechtsprechung einiger Oberlandesgerichte mit diesen Grundsätzen unvereinbar ist. So steht die neuere Rechtsprechung der Oberlandesgerichte im Grundsatz auf dem Standpunkt, dass der bloße Umstand schwerwiegend mangelhafter Grundlagen eines Schiedsgutachtens ausreicht, um die Unverbindlichkeit nach Maßgabe der §§ 64, 184 VVG zu bejahen. Dieser Grundsatz steht in einem direkten Gegensatz zu dem Grundsatz der höchstrichterlichen Rechtsprechung, dem zufolge Mängel in der Entscheidungsfindung nicht hinreichend sind, um die Voraussetzungen der §§ 64, 184 VVG zu bejahen, sondern notwendige Voraussetzung für die Bejahung der Unverbindlichkeit eines am Maßstab der §§ 64, 184 VVG zu prüfenden Schiedsgutachtens darüber hinaus die Feststellung des „offenbar erheblichen Abweichens“ des (Gesamt-)Ergebnisses von der „wirklichen Sachlage“ ist.

Die dargelegte neuere Rechtsprechung der Oberlandesgerichte kann sich auch nicht auf die erwähnte Entscheidung des Bundesgerichtshofs aus dem Jahre 1986 stützen. Zwar hat der Bundesgerichtshof nicht nur in einem der Leitsätze zu dieser Entscheidung, sondern auch in den Entscheidungsgründen dieser Entscheidung festgestellt, dass „ein auf seine Verbindlichkeit gem. § 64 Abs. 1 S. 1, 17 Nr. 3 VGB zu prüfendes Gutachten daran zu messen [sei], ob es für einen Dritten, der sachgerecht vorgeht, offenbare Unrichtigkeiten enthält“.[770] Aus den weiteren Entscheidungsgründen ergibt sich jedoch, dass der Bundesgerichtshof die offenbare Unrichtigkeit des betreffenden Schiedsgutachtens keinesfalls als hinreichend ansah, um die Voraussetzungen des § 64 I 1 VVG zu bejahen. Vielmehr ging er auch in dieser Entscheidung – entsprechend dem in der Entscheidung vom 30.11.1977[771] eingenommenen Standpunkt – davon aus, dass die Voraussetzungen des § 64 I 1 VVG nur dann vor-

---

[768] OLG Oldenburg vom 15.06.1994, RuS 1994, 385; OLG Frankfurt vom 13.01.1995, SP 1995, 306, 308; OLG Koblenz vom 20.09.1996, RuS 1997, 73 f.

[769] Siehe dazu die Nachweise in der vorhergehenden Fußnote.

[770] BGH vom 26.02.1986, VersR 1986, 482, 483.

[771] BGH vom 30.11.1977, VersR 1978, 121, 124.

lägen, wenn aus den festgestellten offenbaren Unrichtigkeiten die Schlussfolgerung zu ziehen sei, dass das Schiedsgutachten von der wirklichen Sachlage erheblich abweiche.[772] Dementsprechend stellte der Bundesgerichtshof in dieser Entscheidung auch ausdrücklich fest, dass die von ihm festgestellten offenbaren Unrichtigkeiten des Schiedsgutachtens das (Gesamt-)Ergebnis des Schiedsgutachtens erheblich beeinflusst hatten.[773]

Ebenso wenig lässt sich die Übertragung der zur Frage der „offenbaren Unbilligkeit" oder der „offenbaren Unrichtigkeit" ergangenen höchstrichterlichen Rechtsprechung auf den Grundsatz stützen, dass die §§ 317 ff. BGB auch auf Schiedsgutachten i.e.S. entsprechend anzuwenden sind, die in den Anwendungsbereich der §§ 64, 184 VVG fallen. Denn zum einen kann die hier maßgebliche Vorschrift des § 319 I 1 BGB auf Schiedsgutachten i.e.S., die in den Anwendungsbereich der §§ 64, 184 VVG fallen, schon nach allgemeinen Grundsätzen keine entsprechende Anwendung finden,[774] und zum anderen sind die §§ 64 I 1, 184 I 1 VVG gegenüber der Vorschrift des § 319 I 1 BGB (und dem Unverbindlichkeitsgrund der „offenbaren Unbilligkeit", aus dem sich der von der Rechtsprechung[775] für Schiedsgutachten i.e.S. außerhalb des Anwendungsbereichs der §§ 64, 184 VVG entwickelte Unverbindlichkeitsgrund der „offenbaren Unrichtigkeit" ableitet) nach überwiegender Auffassung *lex specialis*.[776]

---

772 BGH vom 26.02.1986, VersR 1986, 482, 483.

773 BGH a.a.O.

774 Das folgt schon aus allgemeinen Grundsätzen. Eine analoge Anwendung der §§ 317 ff. BGB kommt nicht in Betracht, wenn es an einer Gesetzeslücke fehlt; siehe dazu *Larenz/Canaris*, S. 202. Da es im Regelungsbereich der §§ 64, 184 VVG wegen der Vorschriften der §§ 64 I 1, 184 I 1 VVG an einer Gesetzeslücke fehlt, ist die Vorschrift des § 319 I 1 BGB auf Schiedsgutachten i.e.S., die in den Anwendungsbereich der §§ 64, 184 VVG fallen, nicht anwendbar.

775 RG vom 23.05.1919, RGZ 96, 57, 61 f.

776 Bruck/Möller, § 64, Anm. 9; *Reichsgraf von Thun und Hohenstein*, S. 113; im Ergebnis ebenso *Habscheid*, KTS 1957, S. 134; vgl. auch die Entscheidung RG vom 07.02.1936, VA 1936, 187 Nr. 2875, in der das Reichsgericht das Schiedsgutachten einer Ärztekommission, die aufgrund einer nach Eintritt des Versicherungsfalls getroffenen Vereinbarung zwischen dem Versicherer und dem Versicherungsnehmer über Fragen entschieden hatte, die nach der ursprünglichen Schiedsgutachtenabrede nicht in den Zuständigkeitsbereich der Ärztekommission fielen, nicht – wie die Vorinstanz – am Maßstab des § 184 I 1 VVG überprüfte, sondern – unter ausdrücklicher Ablehnung der Auffassung der Vorinstanz – am Maßstab der „offenbaren Unbilligkeit" in § 319 I 1 BGB. A.A. im Ergebnis allerdings *Kisch*, S. 130 („Unter der angeführten Wendung des § 64 VVG ist sachlich nichts anderes gemeint als unter der (offenbaren) „Unbilligkeit" des BGB § 319 [....]. Die „Unbilligkeit" des BGB ist nichts anderes als die „Unrichtigkeit" des § 64 VVG.") Der Sache nach offengelassen wurde die Frage in RG vom 17.06.1919, VA 1919, 62 Nr. 1103.

(d) Zusammenfassung

Nach bisher noch geltender Rechtslage ist innerhalb des Anwendungsbereichs der §§ 64, 184 VVG ein Schiedsgutachten nicht schon dann als unverbindlich anzusehen, wenn die Grundlagen des Schiedsgutachtens mit „schwerwiegenden" und evidenten Mängeln behaftet sind oder das Schiedsgutachten schwerwiegende Begründungsdefizite aufweist. Auch der Umstand, dass das Ergebnis des Schiedsgutachtens erheblich von dem Ergebnis abweicht, das der Tatrichter für zutreffend oder angemessen erachtet, genügt im Anwendungsbereich der §§ 64 I 1, 184 I 1 VVG grundsätzlich nicht, um die Unverbindlichkeit des erstatteten Schiedsgutachtens zu bejahen.

ddd. Konkrete Unverbindlichkeitsgründe

(1) Vorliegen einer offenbaren Unbilligkeit

Ist einer Schiedsgutachterstelle – aufgrund ausdrücklicher vertraglicher Bestimmung oder nach der Zweifelsregel des § 317 I BGB – eine Leistungsbestimmung nach „billigem Ermessen" übertragen, so steht der betreffenden Schiedsgutachterstelle, wie bereits an anderer Stelle ausgeführt,[777] ein gewisser Spielraum bei der Auswahl und Gewichtung der heranzuziehenden Leistungsbestimmungsmaßstäbe zu.[778] Demzufolge kann ein solches Schiedsgutachten – im Anschluss an *Reichsgraf von Thun und Hohenstein*[779] – nach einer neueren Entscheidung nur darauf überprüft werden, ob die Schiedsgutachter von einem unzutreffenden Sachverhalt ausgegangen sind, ob sie das ihnen eingeräumte Ermessen ausgeübt haben und ob sie hierbei von den Grundsätzen und Maßstäben ausgegangen sind, die im Schiedsgutachtenvertrag vereinbart wurden oder sich aus dem ihm zugrunde liegenden Zweck ergeben.[780] Darüber hinaus ergibt sich aus § 319 I 1 BGB eine weitergehende Beschränkung der gerichtlichen Überprüfungsmöglichkeit. Daher ist der gerichtliche Überprüfungsmaßstab der „offenbaren Unbilligkeit" i.S.d. § 319 I 1 BGB, wie sich im Übrigen schon aus der Gesetzgebungsgeschichte ergibt,[781] enger als der Überprüfungsmaßstab der Unbilligkeit in § 315 III 2 BGB. Das Vorliegen einer „offenbaren Unbilligkeit" verlangt daher grundsätzlich mehr, als dass sich ein Schiedsgutachten i.w.S. nicht mehr in dem – im Ergebnis von dem entscheidenden Gericht festgelegten – Rahmen des „billigen Ermessens" i.S.d. § 317 I BGB[782] hält.[783]

---

777 Oben S. 98 ff.

778 Siehe dazu beispielhaft nur BGH vom 05.02.1971, WM 1971, 356, 357 f.

779 *Reichsgraf von Thun und Hohenstein*, S. 275 ff.

780 BGH vom 03.11.1995, NJW 1996, 452, 453 f.

781 Vgl. *Jakobs/Schubert*, S. 438.

782 Nach BGH vom 20.10.1972, NJW 1973, 142, 143, liegt eine Leistungsbestimmung nach billigem Ermessen i.S.d. § 317 I BGB nur dann vor, wenn die Leistungsbestimmung die Interessen beider Parteien berücksichtigt, sich im Rahmen des in vergleichbaren Fällen

Offenbar unbillig i.S.d. § 319 I 1 BGB ist ein Schiedsgutachten i.w.S. aber dann, wenn die Schiedsgutachterstelle bei der Leistungsbestimmung ausschließlich einen „unbrauchbaren" Leistungsbestimmungsmaßstab zugrunde gelegt hat.[784] Der von der Schiedsgutachterstelle allein zugrunde gelegte Leistungsbestimmungsmaßstab ist dabei als unbrauchbar anzusehen, wenn dieser Leistungsbestimmungsmaßstab im Ergebnis dazu führt, dass ausschließlich die Interessen einer Partei berücksichtigt werden,[785] oder wenn dieser Leistungsbestimmungsmaßstab dem Inhalt[786] oder dem Zweck[787] des Schiedsgutachtenvertrags widerspricht, wie er sich aus der Auslegung des Schiedsgutachtenvertrags durch den Tatrichter[788] ergibt. Unbrauchbar ist ein Leistungsbestimmungsmaßstab aber auch dann, wenn er schlechthin sachwidrig ist.[789] Darüber hinaus liegt eine offenbare Unbilligkeit auch dann vor, wenn die Schiedsgutachterstelle einen schlechthin sachwidrigen Leistungsbestimmungsmaßstab zwar nicht ausschließlich, aber doch maßgeblich berücksichtigt hat[790], also zwar mehrere Leistungsbestimmungsmaßstäbe herangezogen, dabei aber einen schlechthin sachwidrigen Leistungsbestimmungsmaßstab zu stark gewichtet hat.

Ebenso zu bejahen ist eine offenbare Unbilligkeit dann, wenn die Schiedsgutachterstelle Leistungsbestimmungsmaßstäbe unberücksichtigt gelassen hat, die nach Maßgabe des Schiedsgutachtenvertrags in der vom Tatrichter vorge-

---

Üblichen hält und nach Lage der besonderen Umstände des Falls als angemessen, sachlich begründet und persönlich zumutbar erscheint.

783 RG vom 23.11.1942, SeuffA 97, 40, 44; BGH vom 14.10.1958, NJW 1958, 2067; vom 26.04.1961, LM BGB § 317 Nr. 8.

784 KG vom 28.01.1985, ZMR 1986, 194, 195 (mit kritischer Anm. *Schultz*, ZMR 1986, S. 196 f.). *A.A* noch die Entscheidung des BGH vom 14.02.1968, DB 1968, 751, 752, die zusätzlich den Nachweis verlangte, dass das Ergebnis, zu dem die Schiedsgutachterstelle gekommen ist, erheblich von dem Ergebnis abweicht, zu dem der Tatrichter bei fehlerfreiem Vorgehen gekommen ist.

785 BGH vom 13.05.1974, 1235 f. (Anm. *Bulla*, JuS 1976, S. 19 ff.).

786 BGH vom 13.05.1974, 1235 (Anm. *Bulla*, JuS 1976, S. 19 ff.); vom 03.11.1995, NJW 1996, 452, 454; KG vom 28.01.1985, ZMR 1986, 194, 195 (mit kritischer Anm. *Schultz*, ZMR 1986, S. 196 f.).

787 BGH vom 03.11.1995, NJW 1996, 452, 453; KG vom 28.01.1985, ZMR 1986, 194, 195 (mit kritischer Anm. *Schultz*, ZMR 1986, S. 196 f.).

788 Vgl. BGH vom 13.05.1974, NJW 1974, 1235 (Anm. *Bulla*, JuS 1976, S. 19 ff.); vom 26.04.1991, WM 1991, 1602, 1604; KG vom 28.01.1985, ZMR 1986, 194, 195 (mit kritischer Anm. *Schultz*, ZMR 1986, S. 196 f.).

789 BGH vom 03.11.1995, NJW 1996, 452, 454.

790 Vgl. z.B. BGH vom 13.05.1974, 1235, 1236 (Anm. *Bulla*, JuS 1976, S. 19 ff.) (bei der Anpassung eines Mietzinses für ein gemietetes Grundstück nach billigem Ermessen ist neben der Entwicklung der Bodenwerte auch die Entwicklung gewerblicher Mieten (einschließlich solcher für Vergleichsobjekte) und die Entwicklung des Kaufkraftschwunds zu berücksichtigen); vom 02.02.1977, NJW 1977, 801 (bei Anpassung oder Neufestsetzung eines Miet- oder Pachtzinses für gewerbliche Räume nach billigem Ermessen hat die Schiedsgutachterstelle grundsätzlich auch die Entwicklung der Miet- oder Pachtzinsen für Vergleichsobjekte mit heranzuziehen); vom 11.11.1981, WM 1982, 102, 103.

nommenen Auslegung[791] notwendig zu berücksichtigen waren.[792] Unklar ist demgegenüber, ob eine offenbare Unbilligkeit schon dann zu bejahen ist, wenn die Schiedsgutachterstelle einen aus Sicht des erkennenden Gerichts unter Zugrundelegung „billigen Ermessens“ notwendig zu berücksichtigenden Leistungsbestimmungsmaßstab unberücksichtigt gelassen hat.[793] Maßgeblich dürfte insoweit sein, ob die Nichtberücksichtigung des betreffenden Maßstabs aus Sicht des entscheidenden Gerichts bei wertender Betrachtung als „schwerwiegend“ anzusehen ist. Die Gerichte stellen hier ersichtlich unterschiedlich strenge Anforderungen.[794]

Unter Zugrundelegung der neueren Rechtsprechung des Bundesgerichtshofs kann grundsätzlich auch bereits die bloße Tatsache, dass die Schiedsgutachterstelle von einem unzutreffenden Sachverhalt ausgegangen ist, zu einer offenbaren Unbilligkeit führen.[795] Anders als in der älteren Rechtsprechung ist insoweit grundsätzlich[796] nicht mehr erforderlich, dass das Ausgehen von einem unzutreffenden Sachverhalt dazu geführt hat, dass das Schiedsgutachten erheblich von dem Ergebnis abweicht, zu dem der Tatrichter unter Zugrundelegung des richtigen Sachverhalts gelangt ist. Allerdings ist bisher, soweit er-

---

791 BGH vom 03.11.1995, NJW 1996, 452, 454.

792 Vgl. BGH vom 03.11.1995, NJW 1996, 452, 453.

793 So im Ergebnis BGH vom 02.02.1977, NJW 1977, 801, 802 (Anm. *Bulla*, NJW 1978, S. 397 ff.).

794 Vgl. hierzu einerseits BGH a.a.O. und andererseits BGH vom 03.11.1995, NJW 1996, 452, 454.

795 So, ersichtlich beeinflusst von den Ausführungen von *Reichsgraf von Thun und Hohenstein*, S. 276, BGH vom 03.11.1995, 452, 453. Unklar ist, ob hierunter nur die Fälle fallen, in denen die Schiedsgutachterstelle einem Irrtum erlegen war, also einen nicht zutreffenden Sachverhalt unterstellt hat, oder ob hierunter auch die Fälle fallen, in denen die von der Schiedsgutachterstelle zur Ermittlung der relevanten Tatsachen angestellten Nachforschungen unvollständig waren oder die Schiedsgutachterstelle falsche tatsächliche Schlussfolgerungen gezogen hat.

796 Siehe aber die Entscheidung des BGH vom 26.04.1991, WM 1991, 1602, 1604 f. In dem dieser Entscheidung zugrunde liegenden Schiedsgutachtenvertrag war einem Schiedsgutachter unter bestimmten Voraussetzungen die Neufestsetzung eines Erbbauzinses nach billigem Ermessen übertragen. Der Schiedsgutachter legte der Festsetzung des Erbbauzinses eine 6,5%ige Verzinsung des Bodenwerts des Erbbaugrundstücks zugrunde. Dieser Leistungsbestimmungsmaßstab wurde vom BGH nicht beanstandet. Der Schiedsgutachter hatte bei der Ermittlung des Bodenwerts des Erbbaugrundstücks jedoch nicht beachtet, dass das Erbbaugrundstück durch Einbeziehung in ein Sanierungsgebiet im Wert gemindert worden war, war also von einem unzutreffenden Sachverhalt ausgegangen. Entgegen der Auffassung des HansOLG als Berufungsgericht erachtete der BGH diesen Umstand allein jedoch nicht als ausreichend, um die offenbare Unbilligkeit der Neufestsetzung des Erbbauzinses zu bejahen. Vielmehr betonte er, dass die erfolgte Neufestsetzung nur dann als offenbar unbillig anzusehen sei, wenn sie erheblich von der vom Tatrichter für zutreffend erachteten Neufestsetzung abweiche. Die im zu entscheidenden Fall bestehende Abweichung von 16,79% sah der BGH generell nicht als erheblich an.

sichtlich, noch kein Schiedsgutachten i.w.S. allein aus diesem Grunde für unverbindlich erklärt worden.

Im Lichte der neueren Rechtsprechung des Bundesgerichtshofs ist auch davon auszugehen, dass heute bereits der bloße Umstand eines der Schiedsgutachterstelle unterlaufenen groben Rechenfehlers genügt, um die offenbare Unbilligkeit eines Schiedsgutachtens i.w.S. zu bejahen, denn ein solcher Rechenfehler ist ein „schwerwiegender" Mangel der Grundlagen des Schiedsgutachtens.[797] Das in der älteren Rechtsprechung noch aufgestellte weitere Erfordernis, dass die fragliche Leistungsbestimmung zugleich erheblich von dem Ergebnis abweichen muss, zu dem der Tatrichter bei fehlerfreier Vorgehensweise gekommen ist,[798] gilt heute nicht mehr. Allerdings ist auch unter Zugrundelegung der neueren Rechtsprechung des Bundesgerichtshofs weiterhin zu prüfen, ob der Rechenfehler möglicherweise durch andere Rechenfehler kompensiert worden ist.[799] Ist dies der Fall, so kann die Wertung des Schiedsgutachtens als „offenbar unbillig" im Einzelfall möglicherweise vermieden werden.

Darüber hinaus kann sich die offenbare Unbilligkeit eines Schiedsgutachtens i.w.S. auch schon aus dem bloßen Umstand ergeben, dass das Ergebnis des Schiedsgutachtens von demjenigen Ergebnis, welches der Tatrichter für zutreffend erachtet, erheblich abweicht.[800] Auch ist das Ergebnis eines Schiedsgutachtens, das nach § 317 II Halbs. 2 BGB im Wege der Durchschnittssumme zweier Gutachten zu bestimmen ist, offenbar unbillig, wenn die beiden diesem Ergebnis zugrunde liegenden Gutachten so erheblich voneinander abweichen, dass entweder eines der beiden oder beide Gutachten offenbar unbillig sein müssen, und darüber hinaus auch die Durchschnittssumme der beiden Gutachten erheblich von dem Ergebnis abweicht, das der Tatrichter für zutreffend erachtet.[801]

Als offenbar unbillig „zu werten"[802] ist ein Schiedsgutachten i.w.S. im Übrigen grundsätzlich auch immer schon dann, wenn das Schiedsgutachten in seinem Gesamtergebnis nicht aus sich heraus nachprüfbar ist.[803] Dies gilt selbst dann, wenn der gerichtliche Sachverständige zu demselben Ergebnis gekommen ist

---

797 Siehe dazu nur die Entscheidung des BGH vom 02.02.1977, NJW 1977, 801, in der der BGH eine „offenbare Unbilligkeit" für den Fall eines „groben Irrtums" bejaht hat.

798 BGH vom 14.02.1968, DB 1968, 750, 751.

799 Vgl. BGH vom 03.11.1995, NJW 1996, 452, 454; ebenso – unter Zugrundelegung der älteren Rechtsprechung des BGH – BGH vom 28.09.1964, NJW 1964, 2401.

800 Vgl. BGH vom 21.01.1963, VersR 1963, 390, 391; OLG Schleswig vom 17.05.1983, AgrarR 1984, 276 f.; OLG Stuttgart vom 23.06.1960, MDR 1961, 230, 231.

801 BGH vom 28.09.1964, NJW 1964, 2401. Der Durchschnitt der beiden Gutachten wich hier um rund 23,5% von dem Ergebnis ab, das der Tatrichter für zutreffend erachtete.

802 BGH vom 21.05.1975, NJW 1975, 1556, 1557 (Anm. *Bulla*, BB 1976, S. 391 f.); vom 02.02.1977, NJW 1977, 801.

803 BGH vom 21.05.1975, NJW 1975, 1556, 1557 (Anm. *Bulla*, BB 1976, S. 391 f.); vom 02.02.1977, NJW 1977, 801 (Leitsatz 3); vom 16.11.1987, NJW-RR 1988, 506, 507; vom 01.10.1997, WM 1998, 628, 630.

wie die Schiedsgutachterstelle.[804] Eine solche als unzureichend anzusehende Nachprüfbarkeit ist z.B. gegeben, wenn die dem Schiedsgutachten zugrunde gelegten Leistungsbestimmungsmaßstäbe[805] und Faktoren[806] aus dem Schiedsgutachten nicht hervorgehen und daher aus dem Schiedsgutachten heraus nicht nachprüfbar sind, aber auch dann, wenn das Schiedsgutachten Feststellungen zu einem notwendig zu berücksichtigenden Leistungsbestimmungsmaßstab enthält, die aus dem Schiedsgutachten heraus nicht überprüfbar sind.[807] Ob die fehlende Nachprüfbarkeit durch Nachreichung einer Begründung geheilt und eine Unverbindlichkeit des Schiedsgutachtens so vermieden werden kann, ist dabei unklar, aber wohl zu verneinen.[808]

(2) Vorliegen einer offenbaren Unrichtigkeit

Allgemein sind an die Bejahung einer „offenbaren Unrichtigkeit" strenge Anforderungen zu stellen.[809] Diese Anforderungen dürfen aber andererseits auch nicht überspannt werden.[810] Jedenfalls die von der neueren Rechtsprechung gestellten Anforderungen sind nicht besonders streng.

Eine offenbare Unrichtigkeit eines Schiedsgutachtens i.e.S. ist grundsätzlich nicht schon dann zu bejahen, wenn die Grundlage des Schiedsgutachtens oder dessen Ergebnis irgendwie fehlerhaft ist,[811] denn das staatliche Gericht ist an das erstattete Schiedsgutachten grundsätzlich gebunden und daher – anders als im Falle des Gutachtens eines gerichtlichen Sachverständigen – im Prinzip nicht berechtigt, das Schiedsgutachten in vollem Umfang auf seine Richtigkeit zu überprüfen.[812]

Eine offenbare Unrichtigkeit kann sich daraus ergeben, dass die Schiedsgutachterstelle ihr Schiedsgutachten unter Zugrundelegung eines unrichtigen[813]

---

804 So im Ergebnis die im Nachgang zu der Entscheidung des BGH vom 02.02.1977, NJW 1977, 801 in derselben Sache ergangene Entscheidung des BGH vom 11.11.1981, WM 1982, 102, 103. Siehe dazu schon oben Fußnote 723.

805 BGH vom 21.05.1975, NJW 1975, 1556, 1557 (Anm. Bulla, BB 1976, S. 391 f.).

806 BGH vom 02.02.1977, NJW 1977, 801 (Leitsatz 2).

807 BGH vom 02.02.1977, NJW 1977, 801, 802.

808 Siehe dazu oben S. 113 f.

809 BGH vom 26.10.1972, BB 1973, 65; vom 30.11.1977, VersR 1978, 121, 124; vom 09.06.1983, NJW 1983, 2244, 2245; OLG Hamm vom 22.01.2001, NZG 2001, 652, 653.

810 BGH vom 30.11.1977, VersR 1978, 121, 124.

811 BGH vom 09.06.1983, NJW 1983, 2244, 2245; ebenso RG vom 17.10.1935, Warn. 1935 Nr. 176 (zur Frage der offenbaren Unbilligkeit eines Schiedsgutachtens, aber ausgesprochen für ein Schiedsgutachten i.e.S.); im Ergebnis ebenso BGH vom 03.10.1957, NJW 1957, 1834.

812 RG vom 23.05.1919, RGZ 96, 57, 61 f.; BGH vom 25.01.1979, NJW 1979, 1885, 1886; vom 09.06.1983, NJW 1983, 2244, 2245; OLG Braunschweig vom 26.03.1982, AgrarR 1982, 220, 221.

813 BGH vom 14.12.1967, WM 1968, 307, 308; vom 04.06.1975, NJW 1975, 1557 (Anm. *Bulla*, BB 1976, S. 392 f.).

oder eines schlechthin ungeeigneten[814] Entscheidungsmaßstabs erstattet hat. Dabei genügt unter Zugrundelegung der neueren höchstrichterlichen Rechtsprechung heute – anders als früher[815] – bereits der bloße Umstand, dass die Schiedsgutachterstelle einen unrichtigen oder ungeeigneten Entscheidungsmaßstab zugrunde gelegt hat, um die offenbare Unrichtigkeit eines Schiedsgutachtens zu bejahen. Insoweit leiden die Grundlagen des Schiedsgutachtens unter einem „schwerwiegenden" Mangel.[816] Ob der von der Schiedsgutachterstelle zugrunde gelegte Entscheidungsmaßstab richtig oder geeignet ist, bestimmt sich dabei vor allem nach den im Schiedsgutachtenvertrag getroffenen Vereinbarungen[817] oder der mit dem Schiedsgutachtenvertrag verfolgten Zielvorstellung der Parteien,[818] also der konkreten Aufgabenstellung der Schiedsgutachterstelle.

Ebenso kann sich die offenbare Unrichtigkeit eines Schiedsgutachtens auch daraus ergeben, dass die Schiedsgutachterstelle methodisch falsch vorgegangen ist, z.B. dem Schiedsgutachten eine unrichtige oder ungeeignete (Bewertungs-)Methode[819] zugrunde gelegt hat. Ob dies der Fall ist, beurteilt sich dabei vor dem Hintergrund der konkreten Aufgabenstellung der Schiedsgutachterstelle vor allem nach den insoweit bestehenden anerkannten Regeln des Fachs.[820] Unter Zugrundelegung der neueren Rechtsprechung des Bundesgerichtshofs ist aber auch insoweit davon auszugehen, dass – entgegen dem von der älteren Rechtsprechung eingenommenen Standpunkt[821] – heute bereits der bloße Umstand eines unzutreffenden methodischen Vorgehens

---

814 KG vom 25.01.1985, ZMR 1986, 194, 195.

815 Die ältere Rechtsprechung bejahte in diesen Fällen eine offenbare Unrichtigkeit nur dann, wenn zumindest auch feststand, dass das Schiedsgutachten erheblich (BGH vom 14.12.1967, WM 1968, 307, 308; im Ergebnis ebenso BGH vom 14.02.1968, WM 1968, 617, 618) von dem Ergebnis abwich, zu dem die Schiedsgutachterstelle bei Zugrundelegung fehlerfreier Entscheidungsmaßstäbe gekommen wäre; BGH vom 04.06.1975, NJW 1975, 1557 (Anm. *Bulla*, BB 1976, S. 392 f.).

816 So BGH vom 30.11.1977, VersR 1978, 121, 124; KG vom 25.01.1985, ZMR 1986, 194, 195; OLG Oldenburg vom 15.06.1994, RuS 1994, 385.

817 BGH vom 04.06.1975, NJW 1975, 1557 (Anm. *Bulla*, BB 1976, S. 392 f.); vgl. auch BGH vom 06.12.1974, WM 1975, 256, 257, der feststellt, dass sich die Auslegung des Schiedsgutachtenvertrags hinsichtlich der Frage, welche Bewertungsmethode für die Ermittlung des gemeinen Werts eines Einfamilienhauses heranzuziehen ist, an der insoweit allgemein üblichen Praxis ausrichten muss.

818 BGH vom 14.07.1986, NJW-RR 1987, 21, 22; KG vom 25.01.1985, ZMR 1986, 194, 195.

819 Vgl. BGH vom 14.07.1986, NJW-RR 1987, 21, 22; vom 17.05.1991, NJW 1991, 2698.

820 Vgl. BGH vom 14.07.1986, NJW-RR 1987, 21, 22; vom 17.05.1991, NJW 1991, 2698. Siehe hierzu auch die Entscheidung des BGH vom 06.12.1974, WM 1975, 256, 257.

821 Die ältere Rechtsprechung verlangte demgegenüber grundsätzlich, dass neben die Feststellung eines unzutreffenden methodischen Vorgehens zumindest noch die weitere Feststellung treten müsse, dass das unzutreffende methodische Vorgehen sich erkennbar (OLG Celle vom 07.06.1962, MDR 1962, 900, 901) oder erheblich (BGH vom 14.12.1967, WM 1968, 307, 308) auf das Ergebnis des Schiedsgutachtens ausgewirkt habe.

ausreicht, um die offenbare Unrichtigkeit des betreffenden Schiedsgutachtens zu begründen. Auch ein unzutreffendes methodisches Vorgehen stellt einen schwerwiegenden Mangel in der Entscheidungsfindung dar.[822]

Die offenbare Unrichtigkeit eines Schiedsgutachtens i.e.S. kann sich auch daraus ergeben, dass die Schiedsgutachterstelle von einem unzutreffenden Sachverhalt ausgegangen ist.[823] Das Ausgehen von einem unzutreffenden Sachverhalt kann seine Ursache dabei in einem Irrtum der Schiedsgutachterstelle[824], einer arglistigen Täuschung der Schiedsgutachterstelle[825], einer unzureichenden Ermittlung der maßgeblichen Tatsachen[826] oder in unzutreffenden tatsächlichen Schlussfolgerungen der Schiedsgutachterstelle haben. Zur Beantwortung der Frage, ob die Schiedsgutachterstelle von einem zutreffenden Sachverhalt ausgegangen ist oder nicht, können allerdings nur die Erkenntnisquellen herangezogen werden, die bei Abgabe des Schiedsgutachtens bereits vorhanden und der Schiedsgutachterstelle auch zugänglich waren.[827] Unter Zugrundelegung der neueren Rechtsprechung genügt – anders als früher[828] – heute im Prinzip bereits der bloße Umstand des Ausgehens von einem unzutreffenden Sachverhalt für die Bejahung der Unverbindlichkeit eines Schiedsgutachtens i.e.S.[829] Teilweise wird sogar vertreten, dass schon der Umstand allein, dass eine Schiedsgutachterstelle ihrer Sachaufklärungspflicht nicht genügt hat, eine offenbare Unrichtigkeit begründet.[830] Eine allein hierauf gestützte offenbare Unrichtigkeit des Schiedsgutachtens kommt in jedem Fall dann nicht in Betracht, wenn die Verantwortung dafür, dass die Schiedsgutachter von einem unzutreffenden Sachverhalt ausgegangen sind, diejenige Partei trifft, die sich auf die offenbare Unrichtigkeit beruft.[831] Ist die Schiedsgutachterstelle von einem unzutreffenden Sachverhalt ausgegangen, weil ihr Informationen von einer Partei trotz entsprechender Informationspflicht vorenthalten worden sind und sie demzufolge arglistig getäuscht worden ist, setzt die Bejahung einer of-

---

[822] So BGH vom 14.07.1986, NJW-RR 1987, 21, 22; KG vom 25.01.1985, ZMR 1986, 194, 195.

[823] BGH vom 21.10.1964, WM 1964, 1239, 1241; vom 20.11.1975, WM 1976, 251, 253; vom 19.12.1975, WM 1976, 269, 271; OLG Celle vom 07.06.1962, MDR 1962, 900, 901; vgl. auch OLG Frankfurt vom 24.01.1989, NJW-RR 1989, 435.

[824] BGH vom 19.12.1975, WM 1976, 269, 271.

[825] BGH vom 20.11.1975, WM 1976, 251, 253; vom 14.07.1986, NJW-RR 1987, 21, 22.

[826] Vgl. BGH vom 30.11.1977, VersR 1978, 121, 124; OLG Köln vom 13.12.1995, BauR 1996, 582.

[827] BGH vom 25.01.1979, NJW 1979, 1885, 1886.

[828] Vgl. BGH vom 19.12.1975, WM 1976, 269, 271, und BGH vom 20.11.1975, WM 1976, 251, 253.

[829] Vgl. insoweit nur die Entscheidung des BGH vom 30.11.1977, VersR 1978, 121, 124, in der der BGH eine offenbare Unrichtigkeit für den Fall bejaht hat, dass die Schiedsgutachterstelle von unrichtigen Bewertungs- oder Schätzungsgrundlagen ausgegangen ist.

[830] Vgl. dazu die Entscheidungen des BGH vom 30.11.1977, VersR 1978, 121, 124, und des OLG Köln vom 13.12.1995, BauR 1996, 582. Allerdings fehlt es bisher, soweit ersichtlich, an Entscheidungen, die eine Unverbindlichkeit allein hierauf gestützt haben.

[831] Vgl. OLG Frankfurt vom 10.06.1992, WuM 1992, 429.

fenbaren Unrichtigkeit im Übrigen zumindest voraus, dass das Schiedsgutachten ohne die gerügte Täuschung für diejenige Partei, die sich auf die offenbare Unrichtigkeit des Schiedsgutachtens beruft, günstiger ausgefallen wäre.[832]

Sonstige zur Unverbindlichkeit des Schiedsgutachtens führende Mängel der Grundlagen eines Schiedsgutachtens können sich etwa daraus ergeben, dass die Schiedsgutachterstelle unrichtige Erwägungen angestellt hat,[833] sich verrechnet hat,[834] Faktoren berücksichtigt hat, deren Berücksichtigung nicht statthaft war,[835] oder Faktoren unberücksichtigt gelassen hat, die notwendig zu berücksichtigen waren.[836] Welche Faktoren von der Schiedsgutachterstelle zu berücksichtigen bzw. nicht zu berücksichtigen sind, bestimmt sich dabei vor allem nach den Bestimmungen des Schiedsgutachtenvertrags oder, bei Fehlen derartiger Bestimmungen, nach dem Sinn und Zweck des konkreten Schiedsgutachtenvertrags.[837] Inwieweit der Schiedsgutachtenvertrag insoweit Vorgaben enthält, ist eine Frage der Auslegung des Schiedsgutachtenvertrags, für deren Beantwortung grundsätzlich nicht die Schiedsgutachterstelle, sondern das staatliche Gericht zuständig ist.[838] Auch bei derartigen Mängeln der Entscheidungsfindung genügt unter Zugrundelegung der neueren Rechtsprechung des Bundesgerichtshofs (und im Gegensatz zu seiner älteren Rechtsprechung[839]) regelmäßig bereits der bloße Umstand eines solchen Mangels, um die Unverbindlichkeit des Schiedsgutachtens zu bejahen. So hat sich der Bundesgerichtshof in einer jüngeren Entscheidung auf den Standpunkt gestellt, dass ein Schiedsgutachten schon dann als offenbar unrichtig anzusehen sei, wenn die Schiedsgutachterstelle für einen Sachverständigen evident unrichtige Erwägungen angestellt habe.[840] Ebenso ist nach der jüngeren Rechtsprechung des Bundesgerichtshofs ein Schiedsgutachten bereits dann offen-

---

832 BGH vom 14.07.1986, NJW-RR 1987, 21, 22.

833 BGH vom 25.01.1979, NJW 1979, 1885, 1886. So kann sich eine offenbare Unrichtigkeit daraus ergeben, dass die Schiedsgutachter bei Bewertungen (BGH vom 23.11.1984, WM 1985, 174) oder der Ermittlung der „ortsüblichen Miete" (BGH vom 21.10.1964, WM 1964, 1239, 1241) aus Sicht des erkennenden Gerichts von einem „unzutreffenden" Vergleichsmaßstab ausgegangen sind.

834 BGH vom 14.02.1968, WM 1968, 617, 618.

835 Vgl. etwa BGH vom 19.05.1989, NJW-RR 1989, 1037, 1038 (unzutreffende Berücksichtigung eines Bewertungsfaktors).

836 Vgl. BGH vom 16.11.1987, NJW-RR 1988, 506, 507; vom 17.05.1991, NJW 1991, 2698, 2699.

837 Vgl. BGH vom 16.11.1987, NJW-RR 1988, 506, 507; vom 17.05.1991, NJW 1991, 2698 f.; vom 01.10.1997, WM 1998, 628, 629 ff.

838 Dazu oben S. 97 f.

839 Vgl. BGH vom 14.12.1967, WM 1968, 307, 308.

840 BGH vom 25.01.1979, NJW 1979, 1885, 1886. Allerdings finden sich auch in der neueren Rechtsprechung des BGH Entscheidungen, die neben dem Umstand unrichtiger Erwägungen zusätzlich die weitere Feststellung verlangen, dass sich diese unrichtigen Erwägungen erheblich auf das (Gesamt-)Ergebnis des Schiedsgutachtens ausgewirkt haben müssen; vgl. dazu nur BGH vom 24.09.1990, NJW-RR 1991, 228 f.

bar unrichtig, wenn die Schiedsgutachterstelle wesentliche Faktoren, die notwendig zu berücksichtigen waren, unberücksichtigt gelassen hat.[841]

Neben den bereits genannten Fällen erheblich mangelhafter Grundlagen der Entscheidungsfindung, die unabhängig von einer tatsächlichen Auswirkung auf das Ergebnis des Schiedsgutachtens dieses „offenbar unrichtig" machen, kann ein Schiedsgutachten i.e.S. nach der insoweit nunmehr ständigen Rechtsprechung des Bundesgerichtshofs aber als Ganzes auch dann offenbar unrichtig sein, wenn die Grundlagen des Schiedsgutachtens oder das Schiedsgutachten selbst Fehler enthalten, die sich einem unbefangenen Sachverständigen – sei es auch erst nach eingehender Prüfung – aufdrängen, und die das (Gesamt-)Ergebnis des Schiedsgutachtens verfälschen.[842] Unklar ist insoweit aber, ob eine derartige Verfälschung des (Gesamt-)Ergebnisses nur dann zu bejahen ist, wenn die festgestellten evidenten Mängel der Grundlagen des Schiedsgutachtens das (Gesamt-)Ergebnis des Schiedsgutachtens erheblich beeinflusst haben,[843] oder schon dann, wenn diese Mängel das (Gesamt-)Ergebnis nur überhaupt irgendwie verfälscht haben.[844] Jedenfalls in den Fällen, in denen sich das Schiedsgutachten aus mehreren Einzelpositionen zusammensetzt (was insbesondere bei Bilanzen[845], aber auch bei der Schätzung von Sachgesamtheiten[846] der Fall ist), ist das Schiedsgutachten auch nach neuerer Rechtsprechung[847] in seiner Gesamtheit nicht schon dann offenbar unrichtig, wenn lediglich einzelne Positionen für einen Sachverständigen evident falsch sind.[848] Vielmehr ist eine offenbare Unrichtigkeit eines solchen Schiedsgutachtens in seiner Gesamtheit nur dann zu bejahen, wenn die festgestellten Fehler in den Einzelpositionen dazu geführt haben, dass das (Gesamt-)Ergebnis des Schiedsgutachtens in erheblichem Maße falsch ist.[849] Das ist in jedem Fall zu verneinen, wenn sich die fehlerhaften Einzelpositionen der Schiedsgutachterstelle teils in die eine und teils in die andere Richtung ausgewirkt, sich insgesamt im Wesentlichen also neutralisiert haben,[850] hingegen zu bejahen, wenn das Schiedsgutachten in zahlreichen Einzelpositionen offenbar unrichtig ist[851] oder eine offenbar unrichtige Einzelposition so eng mit anderen Einzelpositionen zusammenhängt, dass das Gesamtergebnis des

[841] BGH vom 16.11.1987, NJW-RR 1988, 506, 507; vom 17.05.1991, NJW 1991, 2698 f.

[842] Siehe dazu die Nachweise in den Fußnoten 743 und 744.

[843] So BGH vom 14.07.1986, NJW-RR 1987, 21, 22; vom 01.10.1997, WM 1998, 628, 631.

[844] So BGH vom 25.01.1979, NJW 1979, 1885, 1886.

[845] BGH vom 03.10.1957, NJW 1957, 1834; vom 24.09.1990, NJW-RR 1991, 228.

[846] OLG Stuttgart vom 23.06.1960, MDR 1961, 230, 231; OLG Schleswig vom 17.05.1983, AgrarR 1984, 276, 277 (Anm. *Moser*, AgrarR 1984, S. 272 f.).

[847] Vgl. BGH vom 24.09.1990, NJW-RR 1991, 228, 229.

[848] BGH vom 03.10.1957, NJW 1957, 1834; vom 21.01.2004, WM 2004, 1487, 1489; OLG Stuttgart vom 23.06.1960, MDR 1961, 230, 231.

[849] BGH vom 03.10.1957, 1834; vom 28.09.1964, NJW 1964, 2401; im Ergebnis ebenso BGH vom 24.09.1990, NJW-RR 1991, 228, 229.

[850] BGH vom 14.07.1986, NJW-RR 1987, 21, 22.

[851] BGH a.a.O.

Schiedsgutachtens allein aufgrund dieser offenbar unrichtigen Einzelposition in erheblichem Maße falsch ist.[852] Einzelpositionen, die aus Sicht eines Sachverständigen evident falsch oder aus anderen Gründen, etwa wegen insoweit unzureichender Begründung,[853] offenbar unrichtig sind, begründen jedoch eine teilweise Unverbindlichkeit des betreffenden Schiedsgutachtens.[854]

Darüber hinaus liegt eine offenbare Unrichtigkeit des Schiedsgutachtens auch dann vor, wenn der Umfang der Ausführungen der Schiedsgutachterstelle im Schiedsgutachten nicht den Anforderungen genügt, die der Bundesgerichtshof an die Begründung eines Schiedsgutachtens stellt.[855] Inwieweit insoweit eine Heilung der Begründungsdefizite durch Auslegung oder durch Nachreichung einer Begründung in dem gerichtlichen Verfahren in Betracht kommt, in dem über die (Un-)Verbindlichkeit des Schiedsgutachtens entschieden wird, ist unklar, aber wohl zu verneinen.[856]

(3) Vorliegen einer offenbaren und erheblichen Abweichung von der wirklichen Sachlage

Nach §§ 64 I 1, 184 I 1 VVG ist ein Schiedsgutachten unverbindlich, wenn die von den Schiedsgutachtern getroffene Feststellung offenbar und erheblich von der wirklichen Sachlage abweicht. Dabei liegen die Voraussetzungen der §§ 64 I 1, 184 I 1 VVG nicht schon dann vor, wenn andere Sachverständige zu einem Ergebnis kommen, das von dem Ergebnis, zu dem die Schiedsgutachterstelle gekommen ist, (erheblich) abweicht.[857] Auch genügt der Umstand allein, dass die Schiedsgutachterstelle maßgebliche Erkenntnisquellen außer Acht gelassen hat, nicht, um ein offenbares und erhebliches Abweichen des Schiedsgutachtens von der wirklichen Sachlage zu bejahen.[858] Vielmehr ist nach der höchstrichterlichen Rechtsprechung grundsätzlich zumindest die weitere Feststellung erforderlich, dass das (Gesamt-)Ergebnis, zu dem die Schiedsgutachterstelle gekommen ist, in erheblichem Maße und zugleich – zu-

---

852 BGH vom 03.10.1957, MDR 1958, 84, 85.

853 OLG Schleswig vom 17.05.1983, AgrarR 1984, 276, 277 (Anm. *Moser*, AgrarR 1984, S. 272 f.).

854 BGH vom 03.10.1957, NJW 1957, 1834; vom 21.01.2004, WM 2004, 1487, 1488 f. (Anm. *Müller*, LMK 2004, S. 110 f.); OLG Schleswig vom 17.05.1983, AgrarR 1984, 276, 277 (Anm. *Moser*, AgrarR 1984, S. 272 f.).

855 Vgl. BGH vom 25.01.1979, NJW 1979, 1885, 1886; vom 23.11.1984, WM 1985, 174; vom 16.11.1987, NJW-RR 1988, 506, 507; vom 24.09.1990, NJW-RR 1991, 228; vom 15.04.1994, WM 1994, 1344; vom 21.06.1995, WuM 1995, 651; vom 01.10.1997, WM 1998, 628, 630; vom 21.01.2004, WM 2004, 1487, 1488.

856 OLG Hamm vom 22.01.2001, NZG 2001, 652, 653.

857 RG vom 02.04.1909, Warn. 1909 Nr. 395; vom 21.05.1913, Warn. 1913 Nr. 357; vom 16.11.1928, JRfPrV 1928, 369; BGH vom 31.01.1957, VersR 1957, 122, 123.

858 BGH vom 31.01.1957, VersR 1957, 122, 123; vgl. auch BGH vom 30.11.1977, VersR 1978, 121, 124.

mindest für einen Sachverständigen – evident falsch ist.[859] Ein Verschulden der Schiedsgutachter (etwa bei der Nichtberücksichtigung notwendig heranzuziehender Erkenntnismittel) ist für das Bejahen der Voraussetzungen der §§ 64 I 1, 184 I 1 VVG allerdings nicht erforderlich.[860]

Ist einer Schiedsgutachterstelle die Feststellung der Höhe des vom Versicherer zu ersetzenden Schadens übertragen, so kann sich die offenbare und erhebliche Abweichung des (Gesamt-)Ergebnisses des Schiedsgutachtens von der wirklichen Sachlage daraus ergeben, dass die Schiedsgutachterstelle unzutreffende Bewertungsmaßstäbe zugrunde gelegt,[861] insbesondere bestimmte Bewertungsfaktoren zu Unrecht berücksichtigt[862] oder maßgebliche Bewertungsfaktoren unberücksichtigt gelassen hat.[863] Die zutreffenden Bewertungsmaßstäbe sind dabei entweder im Wege der Auslegung der AVB[864], die nicht der Schiedsgutachterstelle, sondern dem staatlichen Gericht obliegt[865], und/oder nach den für den konkreten Fall maßgeblichen Regeln des Fachs zu bestimmen. Der bloße Umstand allein, dass die Schiedsgutachterstelle dem Schiedsgutachten unzutreffende Bewertungsmaßstäbe zugrunde gelegt hat, genügt jedoch nicht, um die Voraussetzungen des § 64 I 1 VVG zu bejahen[866]. Vielmehr muss zumindest auch feststehen, dass das Schiedsgutachten aufgrund der Zugrundelegung unzutreffender Bewertungsmaßstäbe evident und erheblich falsch ist.[867]

Ein Schiedsgutachten kann auch dadurch offenbar und erheblich von der wirklichen Sachlage abweichen, dass die Schiedsgutachterstelle methodisch falsch vorgegangen ist. Eine derartige falsche methodische Vorgehensweise ist insbesondere dann zu bejahen, wenn die Schiedsgutachterstelle die Höhe des zu ersetzenden Schadens lediglich schätzt, obwohl die vorhandenen Erkenntnisquellen eine Berechnung der Schadenshöhe zulassen und in der Schiedsgutachtenklausel nicht ausdrücklich die Schätzung vorgeschrieben ist.[868] Allerdings muss unter Zugrundelegung der höchstrichterlichen Rechtsprechung[869] auch in diesen Fällen zumindest festgestellt werden, dass das

---

[859] BGH vom 30.11.1977, VersR 1978, 121, 124; vom 26.02.1986, VersR 1986, 482, 483.

[860] RG vom 12.01.1917, LZ 1917, 733 Nr. 14; vom 27.11.1931, SeuffA 86, 109; *Asmus*, ZVersWiss 1962, S. 245.

[861] BGH vom 01.04.1953, BGHZ 9, 195, 198 f.; vom 30.11.1977, VersR 1978, 121, 124; OLG Oldenburg vom 15.06.1994, RuS 1994, 385.

[862] OLG Frankfurt vom 13.01.1995, SP 1995, 306, 308.

[863] OLG Breslau vom 28.07.1938, JRfPrV 1939, 26, 27.

[864] BGH vom 01.04.1953, BGHZ 9, 195, 199.

[865] RG vom 20.03.1906, Gruch. 50, 828, 832; vom 21.06.1910, JW 1910, 836, 837; OLG Celle vom 13.10.1952, VersR 1953, 400.

[866] A.A. offensichtlich OLG Oldenburg vom 15.06.1994, RuS 1994, 385.

[867] BGH vom 01.04.1953, BGHZ 9, 195, 198 f.; vom 30.11.1977, VersR 1978, 121, 124.

[868] KG vom 01.04.1931, JRfPrV 1931, 240; vom 27.10.1934, JRfPrV 1935, 110; vom 05.01.1935, JRfPrV 1935, 159, 160; vom 15.06.1935, JRfPrV 1935, 309, 310; *Asmus*, ZVersWiss 1962, S. 217.

[869] BGH vom 30.11.1977, VersR 1978, 121, 124.

Vorgehen im Wege der Schätzung statt im Wege der Berechnung aus Sicht eines Sachverständigen evident falsch war,[870] und dass das Ergebnis des Schiedsgutachtens im Falle der Berechnung erheblich anders ausgefallen wäre.[871] Dies deshalb, weil die im Wege der Schätzung ermittelte Schadenshöhe nicht „denkgesetzlich notwendig"[872] erheblich von der Höhe des Schadens abweicht, die sich im Falle einer Berechnung ergibt.

Die offenbare und erhebliche Abweichung des Ergebnisses des Schiedsgutachtens von der wirklichen Sachlage kann auch darauf beruhen, dass die Schiedsgutachterstelle von einem unzutreffenden Sachverhalt ausgegangen ist.[873] Ob die Schiedsgutachterstelle von einem zutreffenden Sachverhalt ausgegangen ist oder nicht, beurteilt sich dabei aus Sicht eines Sachverständigen, aber allein unter Zugrundelegung der Erkenntnisquellen, die schon bei Abgabe des Schiedsgutachtens vorhanden[874] und auch ohne Weiteres zugänglich waren;[875] neuer Sachvortrag ist dagegen nicht zu berücksichtigen. Allerdings genügt grundsätzlich der bloße Umstand, dass die Schiedsgutachterstelle von einem unzutreffenden Sachverhalt ausgegangen ist, noch nicht, um die Voraussetzungen der §§ 64 I 1, 184 I 1 VVG zu bejahen.[876] Vielmehr muss zu dieser Feststellung grundsätzlich noch der weitere Umstand hinzutreten, dass das (Gesamt-)Ergebnis, zu dem die Schiedsgutachterstelle gekommen ist, in erheblichem Maße falsch ist.[877]

Unabhängig davon scheidet eine Unverbindlichkeit des Schiedsgutachtens wegen des Ausgehens von einem unzutreffenden Sachverhalt immer dann

---

870 Daran fehlt es z.B., wenn zwar eine Inventur durchgeführt worden ist, sich aber nicht jeder Zweifel an ihrer Richtigkeit ausschließen lässt; KG vom 27.10.1934, JRfPrV 1935, 110.

871 A.A. allerdings noch KG vom 01.04.1931, JRfPrV 1931, 240, und die anderen in Fußnote 868 zitierten Entscheidungen. Im Ergebnis ebenso die neuere Rechtsprechung einiger Oberlandesgerichte; dazu oben S. 138 f.

872 In diesen Fällen ist die Feststellung der „wirklichen Sachlage" entbehrlich; BGH vom 01.04.1953, BGHZ 9, 195, 198 f.

873 Dabei kann das Ausgehen von einem unzutreffenden Sachverhalt seine Ursache darin haben, dass die Schiedsgutachterstelle irrtümlich das Vorliegen bestimmter Umstände angenommen hat (RG vom 17.11.1905, JW 1906, 35), bestimmte Punkte übersehen hat (RG vom 02.04.1909, Warn. 1909 Nr. 395; vom 27.03.1911, Warn. 1911 Nr. 319), arglistig getäuscht worden ist (vgl. OLG Hamm vom 23.11.1977, VersR 1978, 811; OLG Düsseldorf vom 27.02.1996, NJW-RR 1996, 1117), die maßgeblichen Tatsachen nicht in dem zu fordernden Umfang ermittelt hat (so z.B. RG vom 20.12.1912, SeuffA 68, 224; BGH vom 31.01.1957, VersR 1957, 122, 123; vom 01.04.1965, VersR 1965, 505; vom 30.11.1977, VersR 1978, 121, 124) oder falsche tatsächliche Schlussfolgerungen gezogen hat (OLG Koblenz vom 10.01.1986, ZfS 1986, 119).

874 BGH vom 31.01.1957, VersR 1957, 122, 123; OLG Düsseldorf vom 27.02.1996, NJW-RR 1996, 1117; OLG Koblenz vom 20.09.1996, RuS 1997, 73, 74.

875 OLG Stuttgart vom 19.10.1961, VersR 1962, 438, 439.

876 BGH vom 31.01.1957, VersR 1957, 122, 123; vom 30.11.1977, VersR 1978, 121, 124.

877 Hieran fehlt es etwa, wenn die Schiedsgutachterstelle Schadenspositionen übersehen hat, die insgesamt nur einen unwesentlichen Betrag des Gesamtschadens ausmachen.

aus, wenn der Versicherungsnehmer trotz einer Aufforderung der Schiedsgutachterstelle bestimmte Erkenntnisquellen nicht vorgelegt und die Schiedsgutachterstelle die betreffenden Fragen daraufhin nach Beweislastgrundsätzen zu seinem Nachteil entschieden hat – mag sich auch aus den später vorgelegten Erkenntnisquellen ergeben, dass die Schiedsgutachterstelle von einem unzutreffenden Sachverhalt ausgegangen ist.[878] Beruht das Ausgehen von einem unzutreffenden Sachverhalt darauf, dass die Schiedsgutachterstelle nach Ansicht des erkennenden Gerichts falsche tatsächliche Schlussfolgerungen gezogen hat, so kann das Schiedsgutachten dennoch nur dann unverbindlich sein, wenn die Schlussfolgerungen als offenbar unrichtig anzusehen sind,[879] sich ihre Unrichtigkeit also für einen Sachverständigen – und sei es auch erst nach eingehender Prüfung – mit Deutlichkeit ergibt. Ist die Unrichtigkeit der in Rede stehenden Schlussfolgerung aus Sicht eines Sachverständigen lediglich zweifelhaft, oder ist die *in concreto* gezogene tatsächliche Schlussfolgerung in der Fachwelt umstritten, scheidet eine offenbare Unrichtigkeit der betreffenden Schlussfolgerung und damit auch die Unverbindlichkeit des Schiedsgutachtens aus.[880] Entsprechendes gilt, wenn die Zugrundelegung eines unzutreffenden Sachverhalts nach Ansicht des Gerichts auf einer unzureichenden Sachverhalts- und Tatsachenermittlung seitens der Schiedsgutachterstelle beruht. Eine Unverbindlichkeit des Schiedsgutachtens kommt hier nur dann in Betracht, wenn die Sachverhaltsermittlung als „offenbar unzureichend" anzusehen ist. Das ist nicht schon immer dann der Fall, wenn die Sachverhalts- oder Tatsachenermittlung der Schiedsgutachterstelle derjenigen Partei, die sich auf die Unverbindlichkeit des Schiedsgutachtens beruft, flüchtig oder oberflächlich erscheint,[881] oder die Schiedsgutachterstelle nicht alle denkbaren Erkenntnisquellen herangezogen hat. Die Sachverhalts- und Tatsachenermittlung ist vielmehr nur dann als „offenbar unzureichend" anzusehen, wenn Erkenntnisquellen nicht berücksichtigt worden sind, die ein unbefangener Sachverständiger bei sorgfältiger Prüfung verständigerweise herangezogen hätte.[882] Sind Unterlagen für die Feststellung der Höhe des vom Versicherer zu ersetzenden Schadens nur in geringem Umfang vorhanden gewesen, sind diese Voraussetzungen allerdings grundsätzlich schon dann erfüllt, wenn die Schiedsgutachterstelle lediglich eine der vorhandenen Erkenntnisquellen nicht herangezogen hat.[883]

---

878 BGH vom 11.06.1976, VersR 1976, 821, 823; OLG Koblenz vom 10.01.1986, ZfS 1986, 119, 120; vom 20.09.1996, RuS 1997, 73, 74.

879 OLG Koblenz vom 10.01.1986, ZfS 1986, 119, 120.

880 OLG Dresden vom 19.01.1927, VA 1927, 249 Nr. 1754; OLG Nürnberg vom 05.02.1934, JRfPrV 1934, 168, 169; KG vom 20.04.1932, JRfPrV 1932, 197, 198; vom 23.12.1939, JRfPrV 1940, 61, 62.

881 RG vom 20.10.1908, Warn. 1909 Nr. 75.

882 RG vom 15.10.1912, VA 1913, 66 Nr. 744; vom 20.12.1912, SeuffA 68, 224; vom 27.11.1931, Warn. 1932 Nr. 21; vom 09.04.1935, Warn. 1935 Nr. 87.

883 RG vom 01.12.1936, Warn. 1937 Nr. 23.

Eine offenbare und erhebliche Abweichung des Schiedsgutachtens von der wirklichen Sachlage kann sich aber auch daraus ergeben, dass die Ergebnisfindung des Schiedsgutachtens anderweitig mit Mängeln behaftet ist. Derartige Mängel liegen etwa dann vor, wenn die Schiedsgutachterstelle Schadenspositionen aufgrund einer unzutreffenden Auslegung der AVB[884] unberücksichtigt lässt oder wenn der Schiedsgutachterstelle Rechenfehler[885] unterlaufen sind. Auch in diesen Fällen liegen die Voraussetzungen des § 64 I 1 VVG aber nur dann vor, wenn feststeht, dass das (Gesamt-)Ergebnis des Schiedsgutachtens aufgrund dieser Mängel der Ergebnisfindung in erheblichem Umfang falsch ist.[886]

Im Übrigen ist ein in den Anwendungsbereich der §§ 64, 184 VVG fallendes Schiedsgutachten i.e.S., dessen Ergebnis sich aus einer Vielzahl von Einzelpositionen, also einer Vielzahl einzeln getroffener Feststellungen, zusammensetzt, nach ständiger Rechtsprechung nicht schon dann unverbindlich, wenn das Schiedsgutachten lediglich bei einer oder einigen dieser Einzelpositionen offenbar von der wirklichen Sachlage abweicht.[887] Vielmehr ist ein solches Schiedsgutachten lediglich dann unverbindlich, wenn die offenbaren Unrichtigkeiten in Einzelpositionen das Gesamtergebnis mehr als unmaßgeblich beeinflusst haben[888] oder dazu führen, dass das Gesamtergebnis „erheblich"[889] von dem Ergebnis abweicht, das der Tatrichter bei fehlerfreiem Vorgehen ermittelt hat. Dabei sind auch von den Schiedsgutachtern in Ansatz gebrachte Korrekturposten[890] sowie offenbare Unrichtigkeiten in anderen Einzelpositionen zu berücksichtigen, die sich in umgekehrter Richtung auswirken.[891]

eee. Zusammenfassung

Die Gegenüberstellung der zu den Unverbindlichkeitsgründen „offenbare Unbilligkeit", „offenbare Unrichtigkeit" und „offenbares erhebliches Abweichen von

---

884 BGH vom 26.02.1986, VersR 1986, 482, 483 (unzutreffende Auslegung des Begriffs „notwendige Kosten").

885 OLG Düsseldorf vom 09.04.1934, JRfPrV 1934, 172.

886 BGH vom 26.02.1986, VersR 1986, 482, 483.

887 So schon das Reichsgericht, vgl. *Raiser*, § 16, Rdn. 13 m.w.N.; aus neuerer Zeit z.B. OLG Köln vom 25.07.1991, RuS 1991, 382, 383.

888 Vgl. BGH vom 26.02.1986, VersR 1986, 482, 483.

889 Die Frage, ob das Gesamtergebnis des Schiedsgutachtens „erheblich" von der wirklichen Sachlage abweicht, ist nicht Rechts-, sondern Tatfrage; BGH vom 06.12.1978, VersR 1979, 173, 174; vom 01.04.1987, VersR 1987, 601; OLG München vom 15.05.1959, VersR 1959, 1017. Sie ist daher stets nach den Grundsätzen des Einzelfalls zu entscheiden; BGH vom 01.04.1987, VersR 1987, 601.

890 OLG München vom 15.05.1959, VersR 1959, 1017; LG Berlin vom 17.10.1978, VersR 1979, 365. Solche Korrekturposten sind insbesondere bei der Ermittlung des von der Versicherung zu erstattenden Schadens üblich; vgl. nur *Raiser*, § 16, Rdn. 9; *Asmus*, ZVersWiss 1962, S. 218.

891 BGH vom 01.04.1953, BGHZ 9, 195, 198; OLG München vom 15.05.1959, VersR 1959, 1017; LG Berlin vom 17.10.1978, VersR 1979, 365.

der wirklichen Sachlage" ergangenen Rechtsprechung hat gezeigt, dass sich die Ausweitung der gerichtlichen Kontrolldichte bei Schiedsgutachten i.w.S. und Schiedsgutachten i.e.S. außerhalb der §§ 64, 184 VVG umfassend durchgesetzt hat. Hier wird der Kreis der möglichen Unverbindlichkeitsgründe neuerdings sehr weit gezogen – auch wenn die gerichtliche Praxis dem noch nicht in allen Fällen folgt.

Ebenso hat die Gegenüberstellung ergeben, dass sich im Anwendungsbereich der §§ 64, 184 VVG jedenfalls bisher die Tendenz der starken Ausweitung des Kreises der Unverbindlichkeitsgründe nicht hat durchsetzen können. Demzufolge wird heute der Kreis der Unverbindlichkeitsgründe bei individualvertraglich vereinbarten Schiedsgutachten im Ergebnis weiter gezogen als bei Schiedsgutachten, die auf der Grundlage Allgemeiner Versicherungsbedingungen erstattet worden sind.[892]

Neben den dargelegten Unterschieden hat die Gegenüberstellung der zur Frage der Unverbindlichkeit dieser drei Arten von Schiedsgutachten ergangenen Rechtsprechung aber auch ergeben, dass der Kreis der möglichen Mängel der Grundlagen eines Schiedsgutachtens in allen drei Fallgruppen weitgehend identisch ist und auch viele gemeinsame Grundzüge innerhalb der drei Fallgruppen bestehen. So stimmen die Entscheidungen in allen Fällen darin überein, dass ein Mangel der Grundlagen eines Schiedsgutachtens nur dann zu bejahen ist, wenn dieser „offenbar" ist, sich also einem sachverständigen und unbefangenen Beobachter unter Zugrundelegung des Sach- und Kenntnisstands im Zeitpunkt der Erstattung des Schiedsgutachtens aufdrängt. In allen drei Fällen werden damit an die Evidenz mangelhafter Grundlagen relativ geringe Anforderungen gestellt. Einigkeit besteht auch darüber, dass ein Schiedsgutachten in allen Fällen jedenfalls dann als unverbindlich anzusehen ist, wenn das Ergebnis des Schiedsgutachtens aufgrund festgestellter Mängel der Entscheidungsgrundlagen erheblich von dem Ergebnis abweicht, das der jeweilige Tatrichter für zutreffend oder angemessen erachtet. Im Übrigen herrscht innerhalb der Rechtsprechung im Grundsatz auch Einvernehmen darüber, dass ein Schiedsgutachten nicht schon allein deshalb unverbindlich i.S.d. § 319 I 1 BGB, §§ 64 I 1, 184 I 1 VVG ist, weil das Gericht oder andere Sachverständige zu einem anderen Ergebnis gekommen sind als die Schiedsgutachterstelle.

Allerdings gelten für Schiedsgutachten innerhalb des Anwendungsbereichs der §§ 64, 184 VVG und außerhalb dieses Anwendungsbereichs auch unterschiedliche Grundsätze. So besteht innerhalb der Rechtsprechung keine Einigkeit darüber, ob die Feststellung mangelhafter Grundlagen des Schiedsgutachtens eine notwendige Voraussetzung für die Bejahung der Unverbindlichkeit eines anhand von § 319 I 1 BGB, §§ 64 I 1, 184 I 1 VVG zu überprüfenden

---

[892] Hierin liegt ein nur schwer zu überbrückender Wertungswiderspruch. Über die Gründe hierfür kann dabei nur spekuliert werden. Eine gewisse Rolle dürfte sicherlich der Wortlaut und die Gesetzgebungsgeschichte der §§ 64, 184 VVG gespielt haben, die beide tendenziell einer Ausweitung des Kreises der Unverbindlichkeitsgründe entgegenstehen.

Schiedsgutachtens darstellt. Während diese Frage der Sache nach im Anwendungsbereich der §§ 64, 184 VVG bejaht wird, wird dieselbe Frage von der Rechtsprechung außerhalb der §§ 64, 184 VVG der Sache nach verneint. Ebenfalls uneinheitlich beantwortet wird die Frage, welche Umstände über die Feststellung eines evidenten Mangels der Entscheidungsgrundlagen hinaus vorliegen müssen, um die Unverbindlichkeit eines Schiedsgutachtens zu bejahen. Die neuere, zu Schiedsgutachten außerhalb des Anwendungsbereichs der §§ 64, 184 VVG ergangene Rechtsprechung lässt es insoweit ausreichen, wenn der festgestellte Mangel als „schwerwiegend" anzusehen ist – wobei bisher unklar ist, welche Kriterien genau in diese Wertung einfließen. Demgegenüber verlangt die höchstrichterliche Rechtsprechung im Anwendungsbereich der §§ 64, 184 VVG bisher zusätzlich zu der Feststellung des Vorliegens eines evidenten Mangels der Entscheidungsgrundlagen entweder die weitere Feststellung, dass das Ergebnis des Schiedsgutachtens erheblich von dem aus Sicht des Tatrichters zutreffenden Ergebnis abweicht, oder die weitere Feststellung, dass sich der festgestellte Mangel jedenfalls erheblich auf das Ergebnis des Schiedsgutachtens ausgewirkt hat. Unterschiede bestehen auch hinsichtlich des Ausgangspunkts der gerichtlichen Kontrolle der Grundlagen eines Schiedsgutachtens. Während die Gerichte bei einem Schiedsgutachten i.w.S. an den der Schiedsgutachterstelle eingeräumten Spielraum anknüpfen und einen Mangel der Entscheidungsfindung nur bei einer „offenbaren" Überschreitung der Grenzen des „billigen Ermessens" bejahen, genügt es bei Schiedsgutachten i.e.S. für die Bejahung eines Mangels der Entscheidungsfindung bereits, wenn diese aus Sicht eines anderen Sachverständigen „offenbar unrichtig" ist. Hier spiegeln sich die unterschiedlichen Ausgangspunkte hinsichtlich der Art und Reichweite des Spielraums einer Schiedsgutachterstelle i.w.S. und einer Schiedsgutachterstelle i.e.S.; im praktischen Ergebnis bestehen aber insoweit keine wesentlichen Unterschiede.

Nicht eindeutig beantworten lässt sich dagegen trotz der Gegenüberstellung die Frage, ob der gerichtliche Kontrollumfang und der Kreis der Unverbindlichkeitsgründe bei einem Schiedsgutachten i.w.S. und einem Schiedsgutachten i.e.S. außerhalb der §§ 64, 184 VVG identisch ist oder nicht; vielmehr finden sich höchstrichterliche Entscheidungen für beide Ansichten.

cc. Abdingbarkeit

Der Überprüfungsmaßstab der §§ 64 I 1, 184 I 1 VVG ist zwingend und daher nicht abdingbar, §§ 64 III, 184 III VVG.

Demgegenüber stellt die Vorschrift des § 319 I 1 BGB nach gefestigter Rechtsprechung kein zwingendes Recht dar.[893] Die Parteien können daher eine Über-

[893] RG vom 10.12.1935, RGZ 150, 7, 9; OLG Zweibrücken vom 20.01.1971, NJW 1971, 943; OLG Schleswig vom 17.05.1983, AgrarR 1984, 276; LG Kiel vom 14.04.1965, MDR 1966, 150. Hiervon geht auch der BGH aus, vgl. nur die Entscheidung vom 28.02.1972,

prüfung des Schiedsgutachtens i.w.S. durch das staatliche Gericht oder ein vereinbartes Schiedsgericht – in den Grenzen der §§ 134, 138 BGB[894] – zur Gänze ausschließen. Die Rechtsprechung stellt aber strenge Anforderungen an die Bejahung eines derartigen Parteiwillens[895] und verlangt den Nachweis, dass die Parteien bei Vertragsschluss Kenntnis von der Vorschrift des § 319 I 1 BGB hatten und sich dennoch auch einem offenbar unbilligen Schiedsgutachten unterwerfen wollten.[896]

Da die Parteien im Grundsatz berechtigt sind, eine gerichtliche oder schiedsgerichtliche Überprüfung am Maßstab des § 319 I 1 BGB zur Gänze auszuschließen, sind sie nach dem Grundsatz *a maiore ad minor* auch berechtigt, die Überprüfung eines Schiedsgutachtens i.w.S. inhaltlich oder gegenständlich zu beschränken. Auch eine Erweiterung des gerichtlichen Überprüfungsumfangs über § 319 I 1 BGB hinaus begegnet keinen Bedenken.[897]

Erst recht sind die Parteien eines Schiedsgutachtenvertrags i.e.S. als befugt anzusehen, eine Überprüfung des Schiedsgutachtens am Maßstab der „offenbaren Unrichtigkeit“ auszuschließen oder die gerichtliche Überprüfung inhaltlich oder gegenständlich zu beschränken. Denn hier fehlt es an einer ausdrücklichen gesetzlichen Bestimmung, die diesen Überprüfungsmaßstab im Grundsatz festlegt.

c. *Sonderprobleme*

aa. *Nichteinhaltung der Bestimmungen des Schiedsgutachtenvertrags*

aaa. Allgemeines

Der Schiedsgutachtenvertrag bildet nicht nur die rechtliche Grundlage für die bindende Wirkung des Schiedsgutachtens, sondern auch den Rahmen, innerhalb dessen die Schiedsgutachterstelle befugt ist, mit bindender Wirkung zu entscheiden.[898] Neben der Umschreibung der Aufgabenstellung der Schiedsgutachterstelle und der Festlegung des Zuständigkeitsbereichs der Schiedsgutachterstelle, die den allgemeinen Rahmen für die Tätigkeit der Schiedsgutachter bilden, enthalten Schiedsgutachtenverträge jedoch häufig auch eine Reihe von weiteren Festlegungen, etwa über das Verfahren zur Ernennung der Schiedsgutachter, die Qualifikation der Schiedsgutachter oder die Art und Weise der Entscheidungsfindung und der Durchführung des Schiedsgutachtenverfahrens. Mit Blick auf derartige Vorgaben stellt sich die Frage, welche

---

NJW 1972, 827. Demgegenüber hatte RG vom 28.02.1911, JW 1911, 459, 460, diese Frage noch offengelassen.

894 OGHBrZ vom 25.05.1950, NJW 1950, 781, 782.

895 Vgl. nur BGH vom 20.03.1953, BGHZ 9, 138, 145; vom 14.02.1968, BB 1968, 646.

896 RG vom 10.12.1935, RGZ 150, 7, 9.

897 BGH vom 05.02.1971, WM 1971, 356, 358.

898 BGH vom 26.10.1967, VersR 1967, 1141; vom 11.01.1988, MDR 1988, 564.

Auswirkungen die Nichteinhaltung dieser Vorgaben seitens der Parteien, dritter Stellen oder der Schiedsgutachter auf die bindende Wirkung des erstatteten Schiedsgutachtens hat.[899] Im Kern geht es dabei um die Reichweite des Bindungswillens der Parteien des Schiedsgutachtenvertrags, nämlich die Frage, inwieweit die Parteien des Schiedsgutachtenvertrags die vereinbarte bindende Wirkung des Schiedsgutachtens als durch die Einhaltung der vereinbarten vertraglichen Vorgaben „bedingt"[900] wissen wollten.[901] Die heutige Rechtsprechung[902] geht dabei im Grundsatz davon aus, dass die bindende Wirkung des Schiedsgutachtens nach dem regelmäßigen Willen der Parteien zwar nicht stets und in allen Fällen durch die Einhaltung aller im Schiedsgutachtenvertrag festgelegten Vorgaben, wohl aber durch die Einhaltung der aus Sicht der Parteien wesentlichen Vorgaben des Schiedsgutachtenvertrags „bedingt" sein soll,[903] und dass grundsätzlich alle im Schiedsgutachtenvertrag ausdrücklich vereinbarten Festlegungen als aus Sicht der Parteien wesentlich anzusehen sind, da die Parteien sie sonst nicht festgelegt hätten.[904]

Diesem gedanklichen Ausgangspunkt zum Trotz nimmt die Rechtsprechung – anders als das Schrifttum[905] – nicht in allen Fällen eines Abweichens von den Bestimmungen des Schiedsgutachtenvertrags eine Unwirksamkeit des Schiedsgutachtens wegen mangelnden Bindungswillens der Parteien an, sondern geht teilweise in diesen Fällen von einer Unverbindlichkeit[906] des Schiedsgutachtens aus.

Unabhängig davon, ob im konkreten Fall die Nichteinhaltung vertraglicher Vorgaben zur Unwirksamkeit oder Unverbindlichkeit des Schiedsgutachtens führt, kann sich eine Partei aber jedenfalls dann nicht mehr auf die Nichteinhaltung dieser Vorgaben berufen, wenn sie insoweit präkludiert ist oder auf die Geltendmachung verzichtet hat. Zwar ist die Frage umstritten, ob eine Partei auf die Geltendmachung der Nichteinhaltung vertraglicher Vorgaben nur verzichten[907] oder auch – entsprechend § 295 ZPO[908] – an der Geltendmachung

---

899 Siehe dazu aus dem Schrifttum: *Kisch*, S. 120 ff.; *Clasen*, JRfPrV 1927, S. 340 f.; *Prölss*, VersPrax 1935, S. 134 f.; *Sieg*, ZVersWiss 1941, S. 48 ff.; *Asmus*, S. 134 ff.; *Asmus*, ZVersWiss 1962, S. 219 ff.; *Wittmann*, S. 84; *Reichsgraf von Thun und Hohenstein*, S. 268 ff.; *Gehrlein*, VersR 1994, S. 1012; *Heinrich*, S. 212 f.

900 Die Vorstellung eines ggf. derart „bedingten" Parteiwillens geht zurück auf *Kisch*, S. 121.

901 Vgl. BGH vom 30.10.1959 (Az. I ZR 188/57); vom 21.01.1963, VersR 1963, 390, 391; vom 21.06.1989, VersR 1989, 910, 911.

902 Zur älteren Rechtsprechung, insbesondere des Reichsgerichts, siehe *Asmus*, ZVersWiss 1962, S. 221 m.w.N.

903 Vgl. BGH vom 31.01.1957, VersR 1957, 122; BGH vom 30.10.1959 (Az. I ZR 188/57); vom 21.01.1963, VersR 1963, 390, 391; vom 21.06.1989, VersR 1989, 910, 911.

904 Siehe dazu die Nachweise in der vorhergehenden Fußnote.

905 *Kisch*, S. 120 ff.; *Prölss*, VersPrax 1935, S. 135; *Asmus*, ZVersWiss 1962, S. 219 f.; *Habscheid*, FS Laufke, S. 308; *Wittmann*, S. 84.

906 Zur Rechtsnatur der Unverbindlichkeit siehe oben S. 121.

907 So *Kisch*, S. 90.

908 So *Asmus*, ZVersWiss 1962, S. 222.

der Nichteinhaltung durch Präklusion gehindert werden kann.[909] Der letzteren Auffassung ist jedoch zuzustimmen. Danach sind die Parteien an der Geltendmachung der Missachtung von Bestimmungen des Schiedsgutachtenvertrags jedenfalls dann gehindert, wenn sie hiervon bereits vor Erstattung des Schiedsgutachtens Kenntnis erlangt, eine entsprechende Rüge jedoch unterlassen haben.[910] Darüber hinaus ist eine Partei an einer solchen Geltendmachung aber weitergehend auch dann gehindert, wenn sie in Kenntnis der maßgeblichen Umstände dem Fortgang des Schiedsgutachtenverfahrens nicht innerhalb angemessener Frist widersprochen hat.[911] Ob eine Partei an der Geltendmachung dagegen auch bei grob fahrlässiger Unkenntnis der maßgeblichen Umstände gehindert ist, ist unklar. Ebenfalls unklar ist, inwieweit sich eine Partei auf eine Missachtung von Vorgaben des Schiedsgutachtenvertrags nur dann berufen kann, wenn ihre Rechte hierdurch nachteilig berührt worden sind. Unter Zugrundelegung der bisherigen Rechtsprechung ist diese Frage jedoch zu verneinen.

bbb. Zugrundelegung eines unzutreffenden Aufgabenverständnisses

Die im Schiedsgutachtenvertrag festgelegte Aufgabenstellung bildet das wesentliche Element des durch den Schiedsgutachtenvertrag festgelegten Rahmens, innerhalb dessen die Schiedsgutachterstelle ein bindendes Schiedsgutachten erstatten kann. Geht die Schiedsgutachterstelle z.B. infolge einer unzutreffenden Auslegung des Schiedsgutachtenvertrags[912] von einem unzutreffenden Aufgabenverständnis und damit einer unzutreffenden Aufgabenstellung aus, entscheidet sie letztlich über eine Fragestellung, zu deren Entscheidung sie nach dem Schiedsgutachtenvertrag nicht befugt ist.

Dennoch hat die ältere Rechtsprechung die fehlende Bindungswirkung eines solchen, auf Grundlage eines falschen Aufgabenverständnisses erstatteten Schiedsgutachtens nur dann bejaht, wenn zugleich die Voraussetzungen von § 319 BGB, §§ 64, 184 VVG vorlagen, also das Schiedsgutachten erheblich von dem Ergebnis abwich, das der Tatrichter – ausgehend vom richtigen Aufgabenverständnis – für zutreffend oder angemessen erachtete. Dabei hat der Bundesgerichtshof allerdings für die Rechtslage im Geltungsbereich der §§ 64, 184 VVG schon in einer älteren Entscheidung den Grundsatz aufgestellt, dass ein unzutreffendes Aufgabenverständnis regelmäßig zur Unverbindlichkeit gemäß §§ 64, 184 VVG führe, und dies damit begründet, dass das Ergebnis, zu dem die Schiedsgutachterstelle in einem solchen Fall gekommen sei, in al-

---

909 Diese Unterscheidung spielt insbesondere dann eine Rolle, wenn der Hauptvertrag, in dem die Schiedsgutachtenklausel enthalten ist, vorsieht, dass die Parteien auf Rechte aus dem Vertrag nur schriftlich (oder in einer anderen vereinbarten Form) verzichten können; vgl. hierzu OLG Koblenz vom 15.03.2000, OLGR Koblenz 2000, 350, 352.

910 RG vom 06.12.1904, JW 1905, 90; BGH vom 31.01.1957, VersR 1957, 122.

911 *Kisch*, S. 90; ähnlich *Asmus*, ZVersWiss 1962, S. 223.

912 BGH vom 01.04.1953, BGHZ 9, 195.

ler Regel nicht nur denkgesetzlich notwendig falsch, sondern auch denkgesetzlich notwendig erheblich und – zumindest für einen Sachverständigen – evident falsch sei.[913]

Unter Zugrundelegung der neueren Rechtsprechung, die im Einklang mit dem Schrifttum steht,[914] ist nunmehr davon auszugehen, dass außerhalb der §§ 64, 184 VVG bereits der bloße Umstand des Ausgehens von einer unzutreffenden Aufgabenstellung zu einer fehlenden Bindungswirkung des Schiedsgutachtens führt. So ist bezogen auf ein Schiedsgutachten i.w.S. entschieden worden, dass dieses „offenbar unbillig" ist, wenn die Schiedsgutachterstelle von dem ihr eingeräumten „billigen Ermessen" keinen Gebrauch gemacht hat[915] – etwa deswegen, weil sie angenommen hat, dass ihr durch den Schiedsgutachtenvertrag ein bestimmter Leistungsbestimmungsmaßstab vorgegeben worden sei. Für ein Schiedsgutachten i.e.S. außerhalb des Anwendungsbereichs der §§ 64, 184 VVG ist ausgesprochen worden, dass ein solches Schiedsgutachten „offenbar unrichtig" sei, wenn die Schiedsgutachter von einem falschen Aufgabenverständnis[916] oder einem falschen Ausgangspunkt[917] ausgegangen seien.

Im praktischen Ergebnis dürfte daher heute außerhalb der §§ 64, 184 VVG stets, im Anwendungsbereich der §§ 64, 184 VVG jedenfalls zumeist schon der bloße Umstand des Ausgehens von einer unzutreffenden Aufgabenstellung zur Versagung der Bindungswirkung des Schiedsgutachtens führen. Allerdings sieht die Rechtsprechung in solchen Fällen das Schiedsgutachten nicht als unwirksam, sondern lediglich als unverbindlich i.S.d. § 319 I 1 BGB, §§ 64 I 1, 184 I 1 VVG an.[918]

ccc. Überschreitung der Befugnisse

Da die bindende Wirkung des Schiedsgutachtens seine Grundlage letztlich im Schiedsgutachtenvertrag hat und das Schiedsgutachten die Parteien nur innerhalb des Zuständigkeitsbereichs der Schiedsgutachterstelle bindet, ist ein Schiedsgutachten jedenfalls in dem Maße unwirksam, in dem die Schiedsgutachterstelle über Fragen außerhalb ihres Zuständigkeitsbereichs entschieden

---

913 Vgl. BGH vom 01.04.1953, BGHZ 9, 195, 198 f.

914 *Kisch*, S. 120; *Asmus*, ZVersWiss 1962, S. 222; *Habscheid*, FS Laufke, S. 307 f.; *Reichsgraf von Thun und Hohenstein*, S. 268 f.; *Gehrlein*, VersR 1994, S. 1012; *Heinrich*, S. 213.

915 So BGH vom 03.11.1995, NJW 1996, 452, 453, ersichtlich gestützt auf die entsprechenden Ausführungen von *Reichsgraf von Thun und Hohenstein*, S. 290 ff.

916 Vgl. RG vom 15.10.1938, Warn. 1939 Nr. 15 (falsches Verständnis des zu ermittelnden „Betriebswerts").

917 OLG Celle vom 07.06.1962, MDR 1962, 900, 901; OLG Schleswig vom 17.05.1983, AgrarR 1984, 276, 277 (Ermittlung des Verkehrswerts statt des zu ermittelnden Gebrauchswerts).

918 BGH vom 01.04.1953, BGHZ 9, 195 ff.; a.A. (Ausgehen von unzutreffender Aufgabenstellung führt zur Unwirksamkeit): *Habscheid*, FS Laufke, S. 307 ff.; *Kisch*, S. 120.

hat.[919] Ob dagegen eine Überschreitung der Befugnisse weitergehend zu einer Unwirksamkeit des Schiedsgutachtens in seiner Gesamtheit führt, ist innerhalb der Rechtsprechung[920], aber auch innerhalb des Schrifttums umstritten.[921]

ddd. Nichteinhaltung von Vorgaben betreffend die Ernennung und die Qualifikation der Schiedsgutachter

Nach Auffassung der Rechtsprechung gehören jedenfalls die Bestimmungen des Schiedsgutachtenvertrags über das Verfahren[922] und die Voraussetzungen der Ernennung[923] sowie die Qualifikation der Schiedsgutachter[924] regelmäßig zu den aus Sicht der Parteien des Schiedsgutachtenvertrags wesentlichen Bestimmungen des Schiedsgutachtenvertrags. Demnach bindet das erstattete Schiedsgutachten die Parteien und das (staatliche oder Schieds-)Gericht grundsätzlich nicht, wenn sich die Parteien, von den Parteien vorgesehene Stellen oder (insbesondere in den Fällen der §§ 64 II, 184 II VVG) das Gericht bei der Ernennung eines der Schiedsgutachter nicht an die entsprechenden Festlegungen gehalten haben.[925] Gleiches gilt, wenn ein Schiedsgutachter aufgrund von Umständen, die erst nach seiner Ernennung eintreten, die vertraglich festgelegte Eignung verliert, als Schiedsgutachter tätig zu werden.[926]

---

919 BGH vom 26.10.1967, VersR 1967, 1141; vom 11.01.1988, MDR 1988, 564 (jeweils zu Bestimmungen in AVB, die vorschreiben, dass der Obmann einer Sachverständigenkommission nur über die nach Tätigwerden der Partei-Schiedsgutachter noch streitigen Punkte bzw. innerhalb der Grenzen der von den Partei-Schiedsgutachtern getroffenen Feststellungen entscheiden darf). Ebenso z.B. *Prölss*, VersPrax 1935, S. 135; *Raiser*, § 16 Rdn. 7; *Asmus*, S. 137; *Wittmann*, S. 84; *Heinrich*, S. 212.

920 Bejahend: RG vom 29.10.1907, VA 1908 Nr. 364; verneinend dagegen: RG vom 21.06.1910, JW 1910, 836, 837; so im Ergebnis auch BGH vom 11.01.1988, MDR 1988, 564. Offengelassen worden ist diese Frage hingegen in der Entscheidung des BGH vom 26.10.1967, VersR 1967, 1141, 1142.

921 Bejahend: *Gehrlein*, VersR 1994, S. 1012; *Gross*, DStR 2000, S. 1960. Verneinend (bezogen auf den Regelfall): *Clasen*, JRfPrV 1927, S. 354; *Prölss*, VersPrax 1935, S. 135; *Asmus*, S. 137; *Reichsgraf von Thun und Hohenstein*, S. 269. Übereinstimmend bejaht wird diese Frage aber ausnahmsweise dann, wenn die Fragen, über die die Schiedsgutachter befugtermaßen entschieden haben, sich nicht von den Fragen trennen lassen, hinsichtlich derer die Schiedsgutachter ihre Befugnisse überschritten haben; so z.B. *Asmus*, ZVersWiss 1962, S. 223.

922 BGH vom 31.01.1957, VersR 1957, 122; vom 30.10.1959 (Az. I ZR 188/57); vom 21.06.1989, VersR 1989, 910, 911 m.w.N.

923 RG vom 28.11.1918, RGZ 94, 172, 177.

924 Vgl. BGH vom 28.02.1972, NJW 1972, 827; OLG München vom 30.04.1976, BB 1976, 1047. Ebenso: *Kisch*, S. 121 f.; *Clasen*, JRfPrV 1927, S. 341.

925 Vgl. RG vom 28.11.1918, RGZ 94, 172, 177; BGH vom 31.01.1957, VersR 1957, 122; vom 30.10.1959 (Az. I ZR 188/57); vom 21.06.1989, VersR 1989, 910, 911 m.w.N.

926 BGH vom 28.02.1972, NJW 1972, 827.

eee. Nichteinhaltung von Vorgaben betreffend die Art und Weise der Entscheidungsfindung

Vorgaben des Schiedsgutachtenvertrags, die sich auf die Art und Weise der Entscheidungsfindung, insbesondere auf die von der Schiedsgutachterstelle bei ihrer Entscheidungsfindung heranzuziehenden Entscheidungsmaßstäbe und -kriterien beziehen, werden von der Rechtsprechung im Ergebnis nicht als Vorgaben angesehen, deren Nichteinhaltung das erstattete Schiedsgutachten von vornherein unwirksam sein lässt.[927] Vielmehr kann eine solche Nichteinhaltung vertraglicher Vorgaben das Schiedsgutachten lediglich unverbindlich i.S.d. § 319 I 1 BGB, §§ 64 I 1, 184 I 1 VVG machen.[928] Allerdings geht die neuere höchstrichterliche und obergerichtliche Rechtsprechung im Gegensatz zur älteren Rechtsprechung des Bundesgerichtshofs[929] heute grundsätzlich davon aus, dass bereits der bloße Umstand der Missachtung ausdrücklicher vertraglicher Vorgaben hinsichtlich der Art und Weise der Entscheidungsfindung dazu führt, dass das erstattete Schiedsgutachten unverbindlich ist,[930] dass also heute nicht mehr nachgewiesen werden muss, dass das Schiedsgutachten erheblich von dem Ergebnis abweicht, zu dem ein gerichtlicher Sachverständiger unter Zugrundelegung der im Schiedsgutachtenvertrag festgelegten Vorgaben gekommen ist.[931] Das gilt allerdings nicht innerhalb des Geltungsbereichs der §§ 64, 184 VVG. Hier gilt vielmehr nach wie vor der entgegengesetzte Grundsatz aus der älteren Rechtsprechung des Bundesgerichtshofs.[932]

fff. Nichteinhaltung von Vorgaben betreffend die Durchführung des Schiedsgutachtenverfahrens

Entgegen der Rechtsprechung des Reichsgerichts, das auch die Nichteinhaltung „wesentlicher" vertraglicher Bestimmungen über die Art und Weise der Durchführung des Schiedsgutachtenverfahrens nicht als selbstständigen Grund für die Versagung der Bindungswirkung ansah, sondern eine fehlende Bindungswirkung des Schiedsgutachtens nur dann verneinte, wenn das Ergebnis des Schiedsgutachtens durch die Verletzung der vertraglichen Be-

---

927 BGH vom 01.04.1953, BGHZ 9, 195, 198 (Abweichung von vertraglich vorgegebenen Berechnungs- und Schätzungsmethoden; Zugrundelegung anderer als der im Schiedsgutachtenvertrag festgelegten Bewertungsmaßstäbe); vom 14.02.1968, WM 1968, 617, 618; vom 04.06.1975, NJW 1975, 1557 (Anm. *Bulla*, BB 1976, S. 392 f.) (Nichtzugrundelegung des im Schiedsgutachtenvertrag festgelegten Leistungsbestimmungsmaßstabs); OLG Oldenburg vom 15.06.1994, RuS 1994, 385 (Nichtzugrundelegung der im Schiedsgutachtenvertrag festgelegten Bewertungsmaßstäbe).

928 Siehe dazu – beispielhaft – die Nachweise in der vorhergehenden Fußnote.

929 Insbesondere BGH vom 04.06.1975, NJW 1975, 1557 (Anm. *Bulla*, BB 1976, S. 392 f.).

930 Ebenso: *Reichsgraf von Thun und Hohenstein*, S. 274 f.

931 Dazu oben S. 130 f. und S. 135.

932 BGH vom 01.04.1953, BGHZ 9, 195, 198; vom 30.11.1977, VersR 1978, 121, 123.

stimmungen nachteilig beeinflusst worden sei,[933] steht der Bundesgerichtshof heute auf dem Standpunkt, dass die Missachtung solcher Vorgaben grundsätzlich einen selbstständigen Grund für die Versagung der Bindungswirkung des Schiedsgutachtens darstellt. Während sich allerdings der Bundesgerichtshof in zwei älteren Entscheidungen auf den Standpunkt gestellt hat, dass alle im Schiedsgutachtenvertrag festgelegten Vorgaben über die Art und Weise der Durchführung des Schiedsgutachtenverfahrens als Vorgaben anzusehen seien, von deren Einhaltung die Parteien die Bindungswirkung des Schiedsgutachtens abhängig machen wollen,[934] hat der Bundesgerichtshof in einer jüngeren Entscheidung einen etwas eingeschränkteren Grundsatz formuliert. Danach steht die Nichteinhaltung von Verfahrensanforderungen der bindenden Wirkung des erstatteten Schiedsgutachtens jedenfalls dann entgegen, wenn die Parteien im Schiedsgutachtenvertrag genaue Regeln für den Ablauf des Verfahrens festgelegt haben und diese Regeln in wesentlichen Punkten nicht beachtet worden sind.[935] Ein solch eingeschränkter Grundsatz entspricht der ganz überwiegenden Meinung im Schrifttum.[936]

Soweit im konkreten Fall eine Bestimmung über die Art und Weise der Durchführung des Schiedsgutachtenverfahrens als „wesentliche" Verfahrensvorschrift anzusehen und missachtet worden ist, ist das Schiedsgutachten nach Auffassung der Rechtsprechung nicht als unwirksam, sondern als unverbindlich anzusehen.[937]

bb. Verstoß gegen zwingendes Recht

Wenden die das Schiedsgutachten erstattenden Schiedsgutachter im Rahmen ihrer Entscheidungsfindung einschlägige zwingende gesetzliche Vorschriften nicht oder nicht richtig an, so ist das unter Missachtung dieser zwingenden Vorschriften zustande gekommene Schiedsgutachten nach Auffassung der Rechtsprechung nicht unwirksam, sondern unverbindlich.[938] Dasselbe gilt

---

933 RG vom 23.03.1926, JRfPrV 1926, 130; ebenso KG vom 27.11.1940, JRfPrV 1941, 100; ebenso: *Clasen*, JRfPrV 1927, S. 340 f. Hinter dieser Rechtsprechung stand die Überlegung, dass derartige Verfahrensvorschriften grundsätzlich nur dem Zweck dienen, der Schiedsgutachterstelle eine sachgemäße Beurteilung der zu entscheidenden Fragen zu ermöglichen; dazu: *Asmus*, ZVersWiss 1962, S. 221.

934 BGH vom 30.10.1959 (Az. I ZR 188/57); vom 21.01.1963, VersR 1963, 390, 391.

935 BGH vom 21.06.1989, VersR 1989, 910, 911. Nach Ansicht des BGH (BGH a.a.O.) stellt der Ausspruch der Schiedsgutachterstelle in einem solchen Fall kein Schiedsgutachten im Sinne des Schiedsgutachtenvertrags und der gesetzlichen Bestimmungen der § 319 BGB, §§ 64, 184 VVG dar.

936 *Kisch*, S. 121; *Prölss*, VersPrax 1935, S. 135; *Asmus*, ZVersWiss 1962, S. 219 f. Allerdings stehen sowohl *Prölss* (a.a.O.) als auch *Asmus* (a.a.O.) auf dem Standpunkt, dass im Zweifel alle Vorgaben für das Verfahren „wesentlich" sind.

937 BGH vom 30.10.1959 (Az. I ZR 188/57); vom 21.01.1963, VersR 1963, 390.

938 BGH vom 23.01.1976, DAR 1976, 162, 163 („Eine offenbare Unrichtigkeit ist gegeben, wenn der Gutachter zwingende gesetzliche Vorschriften nicht oder nicht zutreffend angewandt hat).

dann, wenn die das Schiedsgutachten erstattenden Schiedsgutachter im Rahmen ihrer Entscheidungsfindung bestimmte für die Parteien des Schiedsgutachtenvertrags zwingend geltende tarifvertragliche Vorschriften nicht zutreffend angewandt haben.[939] Ergibt die Auslegung des Schiedsgutachtenvertrags, dass das erstattete Schiedsgutachten auch für den Fall einer Nichtanwendung oder nicht zutreffenden Anwendung der einschlägigen zwingenden Vorschriften verbindlich sein soll, so ist der Schiedsgutachtenvertrag insoweit mangels insoweit bestehender Dispositionsbefugnis der Parteien des Schiedsgutachtenvertrags (teil-)unwirksam.[940]

cc. Unzureichende Sachkunde

Obwohl ein Schiedsgutachter von Rechts wegen grundsätzlich keinerlei Anforderungen an seine Sachkunde unterliegt,[941] hat sich das OLG Hamm auf den Standpunkt gestellt, dass auch ohne eine vertragliche Vereinbarung des Erfordernisses hinreichender Sachkunde der bloße Umstand fehlender Sachkunde eines Schiedsgutachters der offenbaren Unrichtigkeit des Schiedsgutachtens dann gleichzustellen sei, wenn der Mangel der Sachkunde so gravierend sei, dass ein Fall des „Nichtkönnens" i.S.d. § 319 I 2 Halbs. 2 Alt. 1 BGB, §§ 64 I 1 Alt. 1, 184 I 1 Alt. 1 VVG vorliege.[942] In diesem Fall tritt nämlich der Schiedsgutachtenvertrag außer Kraft,[943] sodass das erstattete Schiedsgutachten der Bindungswirkung entbehrt.

Demgegenüber ist, wenn im konkreten Fall – dem Regelfall entsprechend – die hinreichende Sachkunde der Schiedsgutachter als stillschweigend vereinbart anzusehen ist,[944] das Schiedsgutachten unwirksam, wenn die Schiedsgutachterstelle in ihrer Gesamtheit oder ein einzelner der Schiedsgutachter, die an der Erstattung des Schiedsgutachtens mitgewirkt haben, nach Ansicht des erkennenden Gerichts im Hinblick auf die konkrete Aufgabenstellung nicht als hinreichend sachkundig anzusehen ist. Rechtsprechung[945] und überwiegende Auffassung im Schrifttum[946] gehen insoweit davon aus, dass der Bindungswille

---

939 BAG vom 16.10.1957, BAGE 5, 38, 42.

940 Vgl. BAG vom 16.10.1957, BAGE 5, 38, 42.

941 Dazu oben S. 75 f.

942 Vgl. OLG Hamm vom 25.06.1928, JRfPrV 1929, 149, 150; ebenso *Gehrlein*, VersR 1994, S. 1013.

943 Dazu oben S. 67.

944 Dazu oben S. 76 f.

945 BGH vom 21.09.1983, NJW 1984, 43, 44; vom 21.06.1995, WuM 1995, 651; ebenso HansOLG vom 22.06.1994, WuM 1995, 650.

946 *Kisch*, S. 66; *Asmus*, ZVersWiss 1962, S. 245 f. (wenn auch beschränkt auf Fälle, die komplizierter sind und bei denen „ein besonderer Sachverstand daher naturbedingt notwendig" ist). A.A. aber *Raiser*, § 16 Rdn. 15, der unzureichende Sachkunde nicht als selbstständigen Grund für die Versagung der Bindungswirkung begreift, sondern weitergehend verlangt, dass eine Unverbindlichkeit des Schiedsgutachtens i.S.d. § 319 I 1 BGB, §§ 64 I 1, 184 I 1 VVG nachgewiesen wird.

der Parteien durch die hinreichende Sachkunde der Schiedsgutachterstelle insgesamt als auch der einzelnen Schiedsgutachter „bedingt“ ist. Dabei wird in Fällen einer aus mehreren Personen bestehenden Schiedsgutachterstelle regelmäßig nicht danach differenziert, ob die hinreichende Sachkunde (nur) bei einem einzelnen Schiedsgutachter oder bei der Schiedsgutachterstelle insgesamt zu verneinen ist.[947]

Eine Partei kann sich jedoch – trotz ihres insoweit „bedingten“ Bindungswillens – auf die unzureichende Sachkunde eines Schiedsgutachters dann nicht mehr berufen, wenn sie, soweit es um den von ihr selbst ernannten Schiedsgutachters geht, diesen in Kenntnis seiner unzureichenden Sachkunde ernannt hat,[948] aber im Übrigen auch dann, wenn sie sich in Kenntnis der unzureichenden Sachkunde des fraglichen Schiedsgutachters auf ein Verfahren vor ihm rügelos eingelassen hat.[949] Dabei muss die unzureichende Sachkunde binnen angemessener Frist nach Kenntnis gerügt werden.[950] Unklar ist jedoch, inwieweit eine Partei auch durch fahrlässige oder jedenfalls durch grob fahrlässige Unkenntnis der unzureichenden Sachkunde eines Schiedsgutachters daran gehindert wird, sich auf diese unzureichende Sachkunde zu berufen. Ebenso fehlt es bisher an Entscheidungen zu der Frage, ob bei Anhaltspunkten für eine unzureichende Sachkunde eines Schiedsgutachters eine Offenlegungspflicht des Schiedsgutachters[951] oder eine Erkundigungspflicht der Parteien zu bejahen ist. Ebenfalls unklar ist, ob eine unzureichende Sachkunde nur dann geltend gemacht werden kann, wenn zumindest die Möglichkeit besteht, dass das Schiedsgutachten bei hinreichender Sachkunde für die betreffende Partei günstiger ausgefallen wäre. Dafür spricht, dass der Bundesgerichtshof selbst im Falle einer arglistigen Täuschung eine Berufung hierauf nur in den Fällen zugelassen hat, in denen das Schiedsgutachten für die betroffene Partei ohne die Täuschung günstiger ausgefallen wäre.[952] Dagegen spricht allerdings, dass die Rechtsprechung davon ausgeht, dass bei Fehlen hinreichender Sachkunde der Bindungswille der Parteien zu verneinen ist.

dd. Befangenheit

Ein Schiedsgutachten ist nach allgemeiner Auffassung nicht bindend, wenn den Parteien ein Recht zur Ablehnung eines Schiedsgutachters zur Seite steht, die sich auf die unzureichende Neutralität berufende Partei auf das ihr zur Seite stehende Ablehnungsrecht nicht verzichtet hat und der *in concreto*

---

947 Vgl. RG vom 21.06.1910, JW 1910, 836; *Kisch*, S. 65 f.; *Rauscher*, S. 211 f.; *Heinrich*, S. 90; anders jedoch OLG Frankfurt a.M. vom 29.04.1993, NJW-RR 1993, 1390, 1391.

948 OLG Hamm vom 25.06.1928, JRfPrV 1929, 149, 150.

949 *Kisch*, S. 68; *Rauscher*, S. 272; vgl. insoweit auch RG vom 06.12. 1904, JW 1905, 90, 91.

950 Vgl. oben S. 158.

951 So im Ergebnis *Meyer*, S. 105.

952 Vgl. BGH vom 14.07.1986, NJW-RR 1987, 21, 22.

geltend gemachte Ablehnungsgrund nicht präkludiert ist.[953] Da den Parteien jedoch bisher noch kein solches Recht zusteht[954], kann ein Schiedsgutachten unter Berufung auf ein Ablehnungsrecht grundsätzlich nicht allein mit der Begründung angegriffen werden, dass an der Erstattung des Schiedsgutachtens ein befangener Schiedsgutachter mitgewirkt habe.[955]

Die fehlende Bindungswirkung eines unter Mitwirkung eines befangenen Schiedsgutachters zustande gekommenen Schiedsgutachtens lässt sich auch nicht auf als „naturrechtlich"[956] anzusehende „wesentliche Verfahrensgrundsätze"[957] stützen.[958] Ein solcher, ungeschriebener Grund für die Unwirksamkeit eines Schiedsgutachtens wäre mangels einer anderen einschlägigen rechtlichen Grundlage[959] nur dann anzuerkennen, wenn es einen gewohnheitsrechtlichen

---

953 Vgl. RG vom 27.09.1899, JW 1899, 726, 727; vom 06.12. 1904, JW 1905, 90 f.; vom 12.06.1908, RGZ 69, 167, 169 f.; vom 21.08.1936, RGZ 152, 201, 208; BGH vom 31.01.1957, VersR 1957, 122; vom 30.11.1977, VersR 1978, 121, 123; vom 01.04.1987, VersR 1987, 601, 602; für Schiedsgutachten im Anwendungsbereich der §§ 64, 184 VVG allerdings die Frage offenlassend RG vom 17.06.1919, VA 1919, 62 Nr. 1103.

954 Dazu oben S. 90.

955 RG vom 21.08.1936, RGZ 152, 201, 208; BGH vom 31.01.1957, VersR 1957, 122; offengelassen in BGH vom 30.11.1977, VersR 1978, 121, 123 (für den Fall der Befangenheit eines Partei-Schiedsgutachters); vom 01.04.1987, VersR 1987, 601, 602 (ebenfalls für den Fall eines Partei-Schiedsgutachters); vom 16.11.1987, NJW-RR 1988, 506, 507 (für den Fall eines allein entscheidenden Schiedsgutachters i.e.S.); a.A. (ebenfalls für den Fall eines allein entscheidenden Schiedsgutachters i.e.S.): OLG Düsseldorf vom 28.04.1999, NJW-RR 2000, 279, 281. – Die bei MüKo-*Gottwald*, § 317 Rdn. 43 zitierte BGH-Fundstelle existiert nicht; bei der zitierten Entscheidung handelt es sich vielmehr um die genannte Entscheidung des OLG Düsseldorf.

956 *Prölss*, JW 1933, S. 2158.

957 Das Bestehen ungeschriebener „wesentlicher Verfahrensgrundsätze" für das Schiedsgutachtenverfahren ist von der frühen obergerichtlichen Rechtsprechung in ständiger Rechtsprechung (allerdings ohne nähere Begründung) bejaht worden. Als derartige „wesentliche Verfahrensgrundsätze", deren Missachtung zur Bejahung der fehlenden Bindungswirkung des Schiedsgutachtens führten, wurden angesehen: (1) Bindung der Schiedsgutachter an den im Schiedsgutachtenvertrag vorgesehenen Zuständigkeitsbereich der Schiedsgutachterstelle; (2) Unzulässigkeit der Mitwirkung eines wegen Befangenheit zu Recht abgelehnten Schiedsgutachters an der Erstattung des Schiedsgutachtens; (3) Nichteinhalten von vertraglichen Vorgaben im Schiedsgutachtenvertrag. Siehe dazu *Prölss*, JW 1933, S. 2158; ders., VersPrax 1935, S. 119 f., 134 f., jeweils m.w.N.

958 So aber OLG Frankfurt a.M. vom 16.06.1955, VersR 1956, 641; im Ergebnis ebenso OLG Königsberg vom 08.07.1941, HansRGZ B 1941, 223, 224. – In neuester Zeit hat der BGH (BGH vom 12.01.2001, WM 2001, 631, 633) ausgesprochen, dass jedenfalls ein Schiedsgutachten i.w.S. und ein Schiedsgutachten i.e.S., das nicht in den Anwendungsbereich der §§ 64, 184 VVG falle, auch im Falle eines „schwerwiegenden Verfahrensmangels" unverbindlich sei. Zum bisherigen Verständnis dieses Begriffs siehe oben Fußnote 715.

959 Wie oben auf S. 77 dargelegt, gilt das Gebot überparteilicher Rechtspflege unter Zugrundelegung der Rechtsprechung des BGH für Schiedsgutachter nicht, da diese nach Auffassung des BGH weder im formellen noch im materiellen Sinne Rechtsprechung ausüben.

Rechtssatz des Inhalts gäbe, dass erstens das Erfordernis einer hinreichenden Neutralität aller an der Erstattung des Schiedsgutachtens mitwirkenden Schiedsgutachter einen wesentlichen Grundsatz des Schiedsgutachtenverfahrens darstellt und zweitens ein Verstoß gegen diesen wesentlichen Grundsatz des Schiedsgutachtenverfahrens zur Unwirksamkeit des erstatteten Schiedsgutachtens führt[960]. Nach geltender Rechtslage besteht ein derartiger gewohnheitsrechtlich anerkannter Grundsatz jedoch nicht – wenn er denn überhaupt jemals bestanden hat.[961]

Ob ein Schiedsgutachten dagegen schon allein deshalb als „offenbar unbillig" i.S.d. § 319 I 1 BGB angesehen werden kann, weil an der Erstattung des Schiedsgutachtens ein befangener Schiedsgutachter mitgewirkt hat, ist unklar. Unter Zugrundelegung des Begriffsverständnisses der „offenbaren Unbilligkeit" in der älteren Rechtsprechung des BGH[962] wäre diese Frage zu verneinen. Unter Zugrundelegung der neueren Rechtsprechung des BGH[963] ist diese Frage aber ggf. zu bejahen.[964]

Festzuhalten ist, dass nach bisher noch geltender Rechtslage die Mitwirkung eines befangenen Schiedsgutachters an der Erstattung des Schiedsgutachtens für sich allein grundsätzlich nicht zur Unwirksamkeit oder zur Unverbindlichkeit des erstatteten Schiedsgutachtens führt. Diesem Grundsatz liegen dieselben Überlegungen zugrunde, aufgrund derer die ältere Rechtsprechung die Normierung rechtlicher Anforderungen an die Neutralität von Schiedsgutachtern[965] und die Zuerkennung eines Ablehnungsrechts wegen Befangenheit[966] abgelehnt hat. Hinzu kommt, dass die Art und Weise des Zustandekommens eines Schiedsgutachtens für dessen Bindungswirkung im Grundsatz immer noch ohne wesentliche Bedeutung ist.[967] Allerdings geht die Tendenz der Obergerichte[968], aber auch des Bundesgerichtshofs[969] dahin, die Befangenheit eines Schiedsgutachters als selbstständigen Grund für eine Verneinung der Bindungswirkung anzuerkennen. Diese Tendenz deckt sich mit der inzwischen

---

960 Vgl. *Sieg*, ZVersWiss 1941, S. 44.

961 Zu Recht zweifelnd *Sieg*, ZVersWiss 1941, S. 44.

962 Dazu oben S. 124 f.; vgl. insoweit auch RG vom 21.08.1936, RGZ 152, 201, 206 ff.

963 BGH vom 03.11.1995, NJW 1996, 452, 454.

964 So auch: RG vom 06.12.1904, JW 1905, 90 f.; vom 17.06.1919, VA 1919, 62 Nr. 1103; *Reichsgraf von Thun und Hohenstein*, S. 281. Die Frage offenlassend: RG vom 13.07.1900, JW 1900, 671.

965 Dazu oben S. 80.

966 Oben S. 91.

967 Vgl. BGH vom 25.06.1952, BGHZ 6, 335, 340 f. (Anm. *Benkard*, LM Nr. 1 zu § 319 BGB); vom 31.01.1957, VersR 1957, 122; vom 03.11.1995, NJW-RR 1996, 452, 454.

968 Vgl. OLG München vom 30.04.1976, BB 1976, 1047; OLG Celle vom 26.01.1995, OLGR 1995, 81; OLG Düsseldorf vom 28.04.1999, NJW-RR 2000, 279, 281; OLG Köln vom 27.08.1999, ZfBR 2000, 105; OLG Frankfurt vom 14.02.2002, OLGR Frankfurt 2002, 328; OLG Köln vom 16.03.2005, BauR 2005, 1199, 1200.

969 Vgl. BGH vom 30.11.1977, VersR 1978, 121, 123 f.; vom 01.04.1987, VersR 1987, 601, 602; vom 16.11.1987, NJW-RR 1988, 506, 507.

überwiegenden Ansicht in der Literatur.[970] Dabei fällt allerdings auf, dass sich diese neueren Entscheidungen – anders als das Schrifttum[971] – bisher nicht mit den Begründungen der älteren Rechtsprechung auseinandergesetzt haben.

Unter Zugrundelegung der neueren höchstrichterlichen und obergerichtlichen Rechtsprechung führt jedenfalls im Falle eines allein entscheidenden Schiedsgutachters dessen Befangenheit im Ergebnis dazu, dass das von diesem erstattete Schiedsgutachten die Parteien und das Gericht nicht bindet. Sieht der Schiedsgutachtenvertrag ein einseitiges Ernennungsrecht einer Partei vor, so muss sie dieses entsprechend § 315 III BGB nach billigem Ermessen ausüben. Ernennt sie als allein entscheidenden Schiedsgutachter einen befangenen Schiedsgutachter, so ist die Ernennung (und damit auch das erstattete Schiedsgutachten) jedenfalls für die andere Partei nicht bindend.[972] Wird ein übereinstimmend benannter allein entscheidender Schiedsgutachter tätig, unterwerfen sich die Parteien seinem Schiedsgutachten nach der neueren Rechtsprechung des Bundesgerichtshofs nur unter der Voraussetzung der Objektivität, Unabhängigkeit und Unparteilichkeit[973] – was impliziert, dass der Bindungswille der Parteien und damit auch die bindende Wirkung des Schieds-

---

970 Folgende Autoren sehen das Vorliegen eines statthaften und nicht präkludierten Ablehnungsgrundes ausdrücklich oder der Sache nach als selbstständigen Grund für die Versagung der Bindungswirkung an – wenn auch häufig mit unterschiedlichen Begründungen: *Rau*, ZVersWiss 1905, S. 282; *Josef*, ZVersWiss 1911, S. 807; *Kallfelz*, VersR 1959, S. 586; *Rauscher*, S. 273; *Habscheid*, FS Laufke, S. 315 f.; *Nicklisch*, ZHR 136 (1972), S. 25; *Wittmann*, S. 113 ff.; *Reichsgraf von Thun und Hohenstein*, S. 281; MüKo-*Gottwald*, § 317 Rdn. 43; Prölss/Martin-*Voit/Knappmann*, § 64 Rdn. 49; Honsell-*Beckmann*, § 64 Rdn. 29; siehe hierzu auch die anderen frühen, in Fußnote 422 zusammengefassten Stimmen aus dem versicherungsrechtlichen Schrifttum. Die entgegengesetzte, früher zeitweilig herrschende Auffassung sieht dagegen einen statthaften Ablehnungsgrund nur dann als relevant an, wenn zugleich die Voraussetzungen von § 319 I 1 BGB, §§ 64 I 1, 184 I 1 VVG vorliegen; siehe dazu nur *Sieg*, ZVersWiss 1942, S. 47, und die Nachweise bei *Wittmann*, S. 99 f. Daneben finden sich aber auch Ansichten, die zwischen diesen beiden Extremen stehen. So wollen einige Stimmen in der Literatur einen statthaften Ablehnungsgrund in der Person eines Schiedsgutachters dadurch berücksichtigen, dass dieser ein „Indiz" (so etwa *Asmus*, ZVersWiss 1962, S. 246) oder gar „starkes Indiz" (so *Habscheid*, FS Laufke, S. 316) für die Unverbindlichkeit des Schiedsgutachtens darstelle oder die Gerichte zu einer Überprüfung des Schiedsgutachtens wie in den Fällen der Leistungsbestimmung durch eine Partei befugt seien (so *Nicklisch*, FS Bülow, S. 173 f.). Es finden sich jedoch auch andere vermittelnde Ansichten; so z.B. *Asmus*, ZVersWiss 1962, S. 246, und *Theisinger*, AgrarR 1973, S. 40 (jedenfalls Parteilichkeit eines Partei-Schiedsgutachters führt zur Unwirksamkeit des Schiedsgutachtens); Staudinger-*Rieble*, § 317 Rdn. 68 (Parteilichkeit führt zur „offenbaren Unbilligkeit" eines Schiedsgutachtens i.w.S.); Bruck/Möller, § 64 Anm. 25, und *Sieg*, VersR 1965, S. 632 (jedenfalls Befangenheit des Obmanns ist selbstständiger Grund für Versagung der Bindungswirkung).

971 Siehe dazu oben S. 47 f.

972 OLG Frankfurt vom 23.06.1987, VersR 1987, 1197, 1198.

973 BGH vom 21.09.1983, NJW 1984, 43, 44; vom 03.11.1995, NJW 1996, 452, 454; ebenso HansOLG vom 22.06.1994, WuM 1995, 650.

gutachtens grundsätzlich zu verneinen ist, wenn diese Voraussetzungen nicht erfüllt sind. Dementsprechend haben auch einige Obergerichte den Standpunkt eingenommen, dass die Befangenheit eines allein entscheidenden Schiedsgutachters im Rahmen der Prüfung der Unverbindlichkeit des Schiedsgutachtens nach Maßgabe von § 319 I 1 BGB, §§ 64 I 1, 184 I 1 VVG als Vorfrage zu prüfen ist.[974] Darüber hinaus tritt der Schiedsgutachtenvertrag entsprechend § 319 I 2 Halbs. 2 Alt.1 BGB, §§ 64 I 1 Alt. 1, 184 I 1 Alt. 1 VVG außer Kraft, wenn nach der Ernennung eines allein entscheidenden Schiedsgutachters in dessen Person Umstände eintreten, die die Besorgnis seiner Befangenheit begründen, denn in diesem Moment verliert der betreffende Schiedsgutachter die Eignung, weiter als Schiedsgutachter tätig zu sein.[975] Nicht entschieden worden ist allerdings bisher, ob bei einem allein entscheidenden Schiedsgutachter die Besorgnis seiner Befangenheit die bindende Wirkung des Schiedsgutachtens nur dann entfallen lässt, wenn zumindest die Möglichkeit besteht, dass das Schiedsgutachten bei fehlender Besorgnis der Befangenheit für die betreffende Partei günstiger ausgefallen wäre. Unter Zugrundelegung der bisherigen Rechtsprechung dürfte diese Frage zu verneinen sein – gleichgültig, ob man die Verneinung der bindenden Wirkung in diesen Fällen auf eine Einschränkung des Bindungswillens der Parteien oder auf ein Außerkrafttreten des Schiedsgutachtenvertrags stützt.

Steht einer Partei im Einzelfall ausnahmsweise ein Ablehnungsrecht und ein statthafter Ablehnungsgrund zur Seite, so kann sich diese Partei nach Erstattung des Schiedsgutachtens auf diesen Ablehnungsgrund jedenfalls dann nicht mehr berufen, wenn sie von den maßgeblichen Umständen bereits vor Erstattung des Schiedsgutachtens Kenntnis hatte, es aber unterlassen hat, den betreffenden Schiedsgutachter vor der förmlichen Erstattung des Schiedsgutachtens (oder, im Falle vereinbarter Schriftform, vor der mündlichen Mitteilung des Ergebnisses des Schiedsgutachtens[976]) als befangen abzulehnen.[977] Das gilt erst recht, wenn eine Partei von den maßgeblichen Umständen bereits vor der Ernennung des betreffenden Schiedsgutachters Kenntnis hatte und seiner Ernennung in Kenntnis dieser Umstände zugestimmt hat. Der Bundesgerichtshof hat darüber hinaus – gestützt auf eine entsprechende Anwendung des § 406 II 2 ZPO – seine Auffassung erkennen lassen, dass einer Partei die Berufung auf einen Ablehnungsgrund bereits dann zu verwehren sei, wenn sie den betreffenden Schiedsgutachter nicht unverzüglich nach Kenntniserlan-

---

974 So zuerst OLG München vom 30.04.1976, BB 1976, 1047; ihm folgend die Entscheidungen: OLG Celle vom 26.01.1995, OLGR 1995, 81; OLG Köln vom 27.08.1999, ZfBR 2000, 105; OLG Frankfurt vom 14.02.2002, OLGR Frankfurt 2002, 328.

975 Vgl. BGH vom 06.06.1994, NJW-RR 1994, 1314, 1315.

976 BGH vom 01.04.1987, VersR 1987, 601, 602.

977 RG vom 06.12.1904, JW 1905, 90 f. (gestützt auf einen Verzicht der Geltendmachung des konkreten Ablehnungsgrundes); vom 12.06.1908, RGZ 69, 167, 169; BGH vom 30.11.1977, VersR 1978, 121, 124 (entsprechende Anwendung des § 406 II 2 ZPO); vom 01.04.1987, VersR 1987, 601, 602 (entsprechende Anwendung des § 406 II 2 ZPO); OLG Frankfurt a.M. vom 16.06.1955, VersR 1956, 641, 642.

gung abgelehnt habe.[978] Dagegen ist eine Partei, die erst nach Erstattung des Schiedsgutachtens Kenntnis von einem Ablehnungsgrund erhält, grundsätzlich nicht gehindert, sich in dem über die Bindungswirkung des Schiedsgutachtens entscheidenden Prozess auf diesen Ablehnungsgrund zu berufen.[979] Dies deshalb, weil die Geltendmachung eines Ablehnungsrechts im Falle eines Schiedsgutachtens, anders als im Falle des mit Rechtskraftwirkung ausgestatteten Schiedsspruchs[980], auch nach Erstattung des Schiedsgutachtens nicht ausgeschlossen ist.[981] Ob dies auch dann gilt, wenn die Unkenntnis der betreffenden Partei auf Fahrlässigkeit oder grober Fahrlässigkeit beruht, ist unklar. Die Rechtsprechung hat sich in diesem Zusammenhang bisher weder zu der Frage geäußert, ob Schiedsgutachter insoweit – ebenso wie Schiedsrichter[982] – eine Offenlegungspflicht trifft,[983] noch zu der Frage, inwieweit die Parteien – wie im Falle eines gerichtlichen Sachverständigen[984] – eine Erkundigungspflicht trifft.

Unklar ist jedoch, ob und inwieweit die Befangenheit des allein entscheidenden Schiedsgutachters auch dann noch geltend gemacht werden kann, wenn die Geltendmachung eines entsprechenden Ablehnungsgrunds wegen Präklusion ausgeschlossen wäre. Bei Zugrundelegung eines vertraglich vereinbarten Ablehnungsrechts ist die Möglichkeit einer Präklusion unter den oben dargelegten Voraussetzungen[985] im Grundsatz zu bejahen. Allerdings hat der Bundesgerichtshof in einer neueren Entscheidung bei einer berechtigten Besorgnis der Befangenheit eines allein entscheidenden Schiedsgutachters einen Fall des „Nichtkönnens" bejaht und damit in diesen Fällen ein Außerkrafttreten des Schiedsgutachtenvertrags angenommen.[986] Diese Rechtsfolge spricht ebenso gegen die Möglichkeit einer Präklusion wie der Umstand, dass der Bundesgerichtshof die Anforderungen an die Neutralität eines allein entscheidenden Schiedsgutachters letztlich auf öffentliche Interessen gestützt hat.[987] Insoweit muss davon ausgegangen werden, dass die Geltendmachung der Befangenheit eines allein entscheidenden Schiedsgutachters nicht präkludiert werden kann.

---

978 Vgl. BGH vom 01.04.1987, VersR 1987, 601, 602. Ebenso: Prölss/Martin-*Voit/Knappmann*, § 64 Rdn. 54; Bruck/Möller, §64 Rdn. 25.

979 RG vom 27.09.1899, JW 1899, 726, 727; vgl. auch BGH vom 30.11.1977, VersR 1978, 121, 124.

980 Siehe dazu die neuere Entscheidung des BGH vom 04.03.1999, BB 1999, 1133, 1134.

981 RG vom 27.09.1899, JW 1899, 726, 727.

982 § 1036 I ZPO.

983 So *Meyer*, S. 105.

984 Bei gerichtlichen Sachverständigen wird eine derartige Erkundigungspflicht nicht selten bejaht; so etwa in den Entscheidungen des RG vom 07.12.1906, RGZ 64, 429, 432 f., und des OLG Schleswig-Holstein vom 09.08.1956, SchlHA 1957, 11.

985 S. 159.

986 BGH vom 06.06.1994, NJW-RR 1994, 1314, 1315.

987 Siehe dazu oben S. 58.

ee. *Mängel des Schiedsgutachtenverfahrens*

Nach gefestigter höchstrichterlicher Rechtsprechung ist die Art und Weise der Durchführung des Schiedsgutachtenverfahrens für die Frage der Verbindlichkeit des erstatteten Schiedsgutachtens grundsätzlich ohne wesentliche Bedeutung.[988] Darüber hinaus scheidet innerhalb der Grenzen des Grundsatzes der völligen verfahrensrechtlichen Freiheit der Schiedsgutachterstelle ein „Mangel" des Schiedsgutachtenverfahrens ohnehin bereits *per definitionem* aus.[989]

Demzufolge hat etwa der Bundesgerichtshof in ständiger Rechtsprechung entschieden, dass die Nichtgewährung rechtlichen Gehörs durch die Schiedsgutachterstelle das erstattete Schiedsgutachten nicht unverbindlich oder unwirksam mache,[990] und zwar unabhängig davon, ob er in der konkreten Entscheidung eine Pflicht zur Gewährung rechtlichen Gehörs verneint oder bejaht hatte.[991] Hierbei hat er sich auf dieselben Überlegungen gestützt, aufgrund derer er in älteren Entscheidungen die Befangenheit eines Schiedsgutachters nicht als selbstständigen Grund für die Verneinung der Bindungswirkung eines Schiedsgutachtens anerkannt hat.[992] Allerdings hat der Bundesgerichtshof in einer neueren Entscheidung die Frage ausdrücklich offengelassen, ob (und wenn ja, wie) es sich auf die Verbindlichkeit des Schiedsgutachtens eines allein entscheidenden Schiedsgutachters auswirkt, wenn dieser nur eine Partei angehört habe oder anderweitig befangen sei.[993] Darüber hinaus hat er in einer neuen Entscheidung ausgesprochen, dass ein Schiedsgutachten i.w.S. ausnahmsweise bei Vorliegen „schwerwiegender Verfahrensmängel" unverbindlich sei.[994] Die inhaltliche Konkretisierung dieses Begriffs muss jedoch abgewartet werden.[995]

Soweit im konkreten Fall die Grenzen der völligen verfahrensrechtlichen Freiheit der Schiedsgutachterstelle überschritten sind und demzufolge ein „Man-

---

988 BGH vom 25.06.1952, BGHZ 6, 335, 341 (Anm. *Benkard*, LM Nr. 1 zu § 319 BGB); vom 31.01.1957, VersR 1957, 122; vom 30.10.1959 (Az. I ZR 188/57); vom 21.01.1963, VersR 1963, 390, 391; vom 03.11.1995, NJW 1996, 452, 454; OLG Köln vom 16.03.2005, BauR 2005, 1199, 1200.

989 Darauf weist *Prölss*, VersPrax 1935, S. 134, zutreffend hin, indem er feststellt, dass es insoweit keine Norm gebe, an der das *in concreto* angewandte Verfahren gemessen werden könne.

990 BGH vom 25.06.1952, BGHZ 6, 335, 341 (Anm. *Benkard*, LM Nr. 1 zu § 319 BGB); vom 21.12.1954 (Az. V ZR 132/54); vom 18.02.1955, NJW 1955, 665; vom 14.02.1968, DB 1968, 751. Die Auffassungen im Schrifttum zu dieser Frage divergieren. Siehe dazu nur *Asmus*, ZVersWiss 1962, S. 205 f., *Wittmann*, S. 129 ff., und *Reichsgraf von Thun und Hohenstein*, S. 286 ff., jeweils m.w.N. zum Meinungsstand.

991 Vgl. nur BGH vom 14.02.1968, DB 1968, 751; OLG München vom 20.09.1973, VersR 1974, 279, 280.

992 Vgl. dazu die Ausführungen des BGH in BGH vom 25.06.1952, BGHZ 6, 335, 339 ff.; vom 14.06.1955, BGHZ 17, 366, 373.

993 BGH vom 16.11.1987, NJW-RR 1988, 506, 507.

994 BGH vom 12.01.2001, WM 2001, 631, 633.

995 Zum bisherigen Verständnis dieses Begriffs siehe oben Fußnote 715.

gel" des Schiedsgutachtenverfahrens vorliegt, führt dieser Umstand allein nach bisher geltender Rechtsprechung grundsätzlich nicht dazu, dass das Schiedsgutachten unwirksam oder unverbindlich ist. Ein derartiger Verfahrensmangel lässt nach bisher geltender Rechtsprechung vielmehr die Bindungswirkung des Schiedsgutachtens nur dann entfallen, wenn sich dieser Verfahrensmangel auf das erstattete Schiedsgutachten dergestalt ausgewirkt hat, dass das Schiedsgutachten unter Zugrundelegung der oben dargelegten Grundsätze „offenbar unbillig" oder „offenbar unrichtig" ist oder „offenbar von der wirklichen Sachlage erheblich abweicht".[996]

Etwas anderes gilt aber – unter Zugrundelegung der bereits oben erwähnten Entscheidung des Bundesgerichtshofs[997] – im Ergebnis dann, wenn einem allein entscheidenden Schiedsgutachter ein Verfahrensverstoß zur Last fällt, der eine Befangenheit (oder die Besorgnis der Befangenheit) begründet. Einen solchen Verfahrensverstoß hat der Bundesgerichtshof bejaht, wenn der Schiedsgutachter nur einer Partei rechtliches Gehör gewährt hat.[998] In diesem Fall führt bereits der bloße Umstand des Verfahrensmangels (wenn auch nur mittelbar) dazu, dass das Schiedsgutachten ohne bindende Wirkung ist – sei es, weil der Schiedsgutachtenvertrag in entsprechender Anwendung von § 319 I 1 Halbs. 2 Alt. 1 BGB, §§ 64 I 1 Alt. 1, 184 I 1 Alt. 1 außer Kraft getreten ist, sei es, weil in diesem Fall ein Wille der Parteien zur Bindung an das erstattete Schiedsgutachten zu verneinen ist.[999] Nicht entschieden worden ist bisher allerdings, ob ein Verfahrensverstoß in diesen Fällen nur dann geltend gemacht werden kann, wenn zumindest die Möglichkeit besteht, dass das Schiedsgutachten für die betroffene Partei ohne diesen Verfahrensverstoß günstiger ausgefallen wäre. Ebenso wenig entschieden worden ist bisher, ob die Geltendmachung eines solchen Mangels des Schiedsgutachtenverfahrens noch gerügt werden kann, wenn eine Partei das Schiedsgutachtenverfahren rügelos fortgesetzt hat. Die Verknüpfung mit der Besorgnis der Befangenheit des allein entscheidenden Schiedsgutachters spricht in beiden Fällen – aus den oben genannten Gründen – dagegen.

d. Rechtsfolgen fehlender Bindungswirkung des Schiedsgutachtens

Ist ein Schiedsgutachten in unmittelbarer oder entsprechender Anwendung des § 318 II BGB erfolgreich angefochten worden, so ist das Schiedsgutachten als von Anfang an nichtig (§ 142 I BGB) und daher als nicht erstattet anzu-

---

[996] Vgl. RG vom 20.03.1906, Gruch. 50, 828, 830; vom 15.12.1916, VA 1917, 26 Nr. 744; vom 17.06.1919, VA 1919, 62 Nr. 1103; vom 23.03.1926, VA 1927, 287 Nr. 1640; vom 23.11.1942, SeuffA 97, 40, 44; BGH vom 25.06.1952, BGHZ 6, 335, 341; vom 31.01.1957, VersR 1957, 122, 123; a.A. aber OLG Köln vom 16.03.2005, BauR 2005, 1199, 1200.

[997] BGH vom 16.11.1987, NJW-RR 1988, 506, 507.

[998] BGH a.a.O.

[999] Dazu oben S. 168 f.

sehen. Daher sind die Parteien des Schiedsgutachtenvertrags ebenso wie die Schiedsgutachter grundsätzlich[1000] zur erneuten Durchführung des Schiedsgutachtenverfahrens verpflichtet.[1001] Die den Schiedsgutachtern übertragene Bestimmung, Feststellung oder Entscheidung erfolgt daher nur dann durch Urteil nach Maßgabe von § 319 I 2 Halbs.1 BGB, §§ 64 I 2, 184 I 2 VVG, wenn der oder die Schiedsgutachter ein erneutes Schiedsgutachten nicht abgeben oder daran mitwirken können oder wollen, oder wenn sie die Erstellung eines erneuten Schiedsgutachtens verzögern.[1002]

Ist dagegen ein Schiedsgutachten nach Maßgabe von § 319 I 1 BGB, §§ 64 I 1, 184 I 1 VVG oder in entsprechender Anwendung des § 319 I 1 BGB unverbindlich, so ist, vorbehaltlich einer abweichenden Vereinbarung der Parteien,[1003] keine der Parteien zur Durchführung eines erneuten Schiedsgutachtenvertrags verpflichtet. Dieser Grundsatz gilt auch zugunsten der Partei, die die Unverbindlichkeit verursacht oder gar verschuldet hat.[1004] Vielmehr tritt der Schiedsgutachtenvertrag in einem solchen Fall regelmäßig außer Kraft (vgl. § 319 I 2 Halbs. 1 BGB, §§ 64 I 2, 184 I 2 VVG), und die Entscheidung über die ursprünglich der Schiedsgutachterstelle zur Entscheidung übertragenen Fragen erfolgt nunmehr durch Urteil, § 319 I 2 Halbs. 1 BGB, §§ 64 I 2, 184 I 2 VVG. Insoweit besteht kein Ermessen des Gerichts. Das angegangene Gericht ist vielmehr verpflichtet, über diese Fragestellungen nunmehr selbst zu entscheiden. Das gilt nicht nur bei Schiedsgutachten, die in den unmittelbaren Anwendungsbereich von § 319 BGB, §§ 64, 184 VVG fallen, sondern auch bei Schiedsgutachten außerhalb des Anwendungsbereichs dieser Vorschriften.[1005]

Ist das erstattete Schiedsgutachten dagegen unwirksam, so ist jedenfalls diejenige Partei, die sich auf die Unwirksamkeit berufen hat, „im Zweifel" nicht verpflichtet, auf der Grundlage des Schiedsgutachtenvertrags ein erneutes Schiedsgutachtenverfahren durchzuführen,[1006] und die Gegenpartei kann sich

---

[1000] A.A. *Jost*, S. 55. – Inwieweit von diesem Grundsatz im Lichte des § 242 BGB Ausnahmen zuzulassen sind, ist umstritten. Bejahend: RGRK-*Ballhaus*, § 318 Rdn. 2; verneinend: Staudinger-*Rieble*, § 318 Rdn. 20; im Ergebnis ebenso *Bongartz*, S. 44; *Buchdahl*, S. 40; *Eckert*, S. 28 f.; Soergel-*Wolf*, § 318 Rdn. 12.

[1001] RG vom 23.11.1942, SeuffA 97, 40, 44; vgl. auch OLG Hamm vom 31.05.1978, VersR 1979, 149, 151.

[1002] RG vom 23.11.1942, SeuffA 97, 40, 44; Soergel-*Wolf*, § 318 Rdn. 12.

[1003] Auch hier gilt, dass die Parteien im Schiedsgutachtenvertrag oder zu einem späteren Zeitpunkt etwas anderes vereinbaren können; so ausdrücklich die Gesetzesbegründung zu § 64 VVG (RT-Drs. Nr. 364, 12. Legislaturperiode, I. Session 1907, S. 79): „[D]ie Parteien [sind] nicht gehindert, eine sonstige Art der Erledigung zu vereinbaren, namentlich dahin, dass zunächst eine neue Abschätzung der Höhe des Schadens durch Sachverständige vorgenommen [...] werden soll." Siehe dazu auch die Entscheidung des BGH vom 27.06.2001, NJW 2001, 3775, 3777.

[1004] BGH vom 07.04.2000, NJW 2000, 2986, 2987.

[1005] BGH vom 07.10.1983, WM 1984, 64, 65.

[1006] RG vom 29.10.1907, VA 1908 Nr. 364. So auch schon RG vom 27.10.1899, RGZ 45, 350, 353 (zum gemeinen Recht).

spiegelbildlich auch nicht mehr einredeweise auf den Schiedsgutachtenvertrag berufen.[1007] Eine Ausnahme von diesem Grundsatz gilt lediglich dann, wenn die Unwirksamkeit des Schiedsgutachtens darauf beruht, dass einer der Schiedsgutachter unwirksam ernannt worden ist,[1008] oder die Parteien eine abweichende Vereinbarung getroffen haben. In allen anderen Fällen ist nunmehr das Gericht verpflichtet, selbst über die in den Zuständigkeitsbereich der Schiedsgutachterstelle fallenden Fragestellungen zu entscheiden, ein Ermessen kommt dem angegangenen Gericht insoweit nicht zu.[1009]

e. Beweisfragen

aa. Darlegungs- und Beweislast

Die Darlegungs- und Beweislast für das Vorliegen von Unverbindlichkeitsgründen trägt diejenige Partei, die sich darauf beruft.[1010] Dagegen trägt die Darlegungs- und Beweislast für diejenigen Umstände, deren Feststellung zur Bejahung der Wirksamkeit und damit der bindenden Wirkung des Schiedsgutachtens erforderlich ist,[1011] nach allgemeinen Beweislastgrundsätzen diejenige Partei, die sich auf die bindende Wirkung des Schiedsgutachtens beruft.[1012]

Um ihrer Darlegungspflicht hinsichtlich einer gerügten Unverbindlichkeit des Schiedsgutachtens zu genügen, muss diejenige Partei, die die Unverbindlichkeit des Schiedsgutachtens behauptet, Tatsachen vortragen, aus denen sich für das Gericht schlüssig die Unverbindlichkeit des Schiedsgutachtens ergibt.[1013] Macht die betreffende Partei die Unverbindlichkeit des Schiedsgutachtens wegen „offenbarer Unbilligkeit", „offenbarer Unrichtigkeit" oder wegen eines „offenbaren und erheblichen Abweichens von der wirklichen Sachlage" geltend, muss sie Tatsachen vortragen, aus denen sich dem Sachkundigen die Erkenntnis offenbarer Unrichtigkeiten des Schiedsgutachtens aufdrängt.[1014]

[1007] Dieser Grundsatz findet seine Berechtigung darin, dass das vereinbarte Schiedsgutachtenverfahren mangels einer anderweitigen Vereinbarung der Parteien mit Erstattung des Schiedsgutachtens sein Ende gefunden hat (RG vom 29.09.1911, LZ 1912, 563 Nr.10) und ein Schiedsgutachtenvertrag eine Ausnahme von dem Grundsatz darstellt, dass über die der Schiedsgutachterstelle zur Entscheidung übertragenen Fragen das staatliche Gericht zu entscheiden hat (RG a.a.O.; so auch schon RG vom 27.10.1899, RGZ 45, 350, 353, zum gemeinen Recht).

[1008] RG vom 03.03.1905, VA 1905, 63 Nr. 131.

[1009] Vgl. RG vom 29.09.1911, VA 1912, 73 Nr. 676.

[1010] KG vom 08.10.1979, NJW 1980, 1342, 1344; HansOLG vom 22.06.1994, WuM 1995, 650, 651.

[1011] Dazu oben S. 114 f.

[1012] *Asmus*, S. 138; *Kisch*, S. 125 f.

[1013] BGH vom 21.09.1983, NJW 1984, 43, 44; vom 21.04.1993, NJW-RR 1993, 1034, 1035; HansOLG vom 22.06.1994, WuM 1995, 650, 651; OLG Köln vom 16.03.2005, BauR 2005, 1199, 1200.

[1014] Siehe die Nachweise in der vorhergehenden Fußnote.

Demgegenüber müssen die behaupteten Unverbindlichkeitsgründe dem Gericht nicht verständlich gemacht werden. Es reicht aus, wenn diese dem Sachkundigen verständlich sind.[1015]

Ergibt sich aus dem Schiedsgutachten selbst, dass die Schiedsgutachterstelle bei ihrer Ergebnisfindung einen maßgeblichen Faktor außer Acht gelassen hat, so trifft diejenige Partei, die sich auf die Unverbindlichkeit des Schiedsgutachtens beruft, noch keine Darlegungslast.[1016]

Diejenige Partei, die sich auf die Unverbindlichkeit des Schiedsgutachtens beruft, kann grundsätzlich mit Tatsachenvortrag und Beweismitteln nur insoweit gehört werden, als die vorgetragenen Tatsachen und die angebotenen Beweismittel bereits im Zeitpunkt der endgültig erfolgten Abfassung des Schiedsgutachtens existent oder vorhanden waren.[1017]

bb. Einrede oder Einwendung

Die Rechtsprechung behandelt, soweit ersichtlich, die Unverbindlichkeit eines Schiedsgutachtens nicht als Einrede, sondern als Einwendung.[1018] Dasselbe gilt nach allgemeinen Grundsätzen für die Unwirksamkeit des Schiedsgutachtens aus rechtlichen Gründen oder aus Gründen der Missachtung vertraglicher Bestimmungen des Schiedsgutachtenvertrags. Aber auch die unzureichende Sachkunde[1019] und die Befangenheit[1020] eines Schiedsgutachters werden von der Rechtsprechung ebenso als Einwendung behandelt wie ein etwaiger Mangel des Schiedsgutachtenverfahrens.[1021]

cc. Zeugenvernehmung der Schiedsgutachter

Die Möglichkeit einer Zeugenvernehmung der Schiedsgutachter zum Zwecke der Klärung der Mangelhaftigkeit der Grundlagen des Schiedsgutachtens setzt einen schlüssigen und ggf. auch substantiierten Tatsachenvortrag hinsichtlich der möglichen Mängel des Schiedsgutachtens voraus. Eine Zeugenvernehmung zu dem Zweck, etwaige Mängel des Schiedsgutachtens erst festzustellen, ist dagegen unzulässig.[1022] Auch bei Vorliegen schlüssiger Tatsachenbehauptungen scheidet eine Zeugenvernehmung in einem Urkundsverfahren aus.[1023]

[1015] BGH vom 25.01.1979, NJW 1979, 1885.

[1016] BGH vom 02.02.1977, NJW 1977, 801, 802.

[1017] Ständige Rechtsprechung seit RG vom 23.05.1919, RGZ 96, 57, 62. Aus neuerer Zeit siehe z.B. BGH vom 25.01.1979, NJW 1979, 1885, 1886.

[1018] Vgl. BGH vom 21.05.1975, NJW 1975, 1556, 1557 (Anm. *Bulla*, BB 1976, S. 391 f.); vom 02.02.1977, NJW 1977, 801, 802 (Anm. *Bulla*, NJW 1978, S. 397 ff.).

[1019] Vgl. BGH vom 21.06.1995, WuM 1995, 651; HansOLG vom 22.06.1994, WuM 1995, 650.

[1020] Vgl. BGH vom 06.06.1994, NJW-RR 1994, 1314, 1315.

[1021] Vgl. BGH vom 16.11.1987, NJW-RR 1988, 506, 507.

[1022] Vgl. *Thomas/Putzo*, § 284 Rdn. 3.

[1023] *Thomas/Putzo*, § 284 Rdn. 5.

Nach § 383 I Nr. 6 ZPO sind Personen, denen kraft ihres Amts Tatsachen anvertraut sind, deren Geheimhaltung durch ihre Natur oder gesetzliche Vorschrift geboten ist, berechtigt, das Zeugnis in Bezug auf die Tatsachen zu verweigern, auf die sich die Verschwiegenheitspflicht bezieht. Diese Vorschrift gibt den Schiedsgutachtern allerdings kein Recht zur Verweigerung des Zeugnisses über die Grundlagen, aufgrund derer sie das Schiedsgutachten erstattet haben. Ein solches Zeugnisverweigerungsrecht ergibt sich nicht aus einer denkbaren Pflicht zur Wahrung des Beratungsgeheimnisses. Unabhängig davon, ob eine derartige Pflicht der Schiedsgutachter im Grundsatz auch gegenüber den Parteien besteht,[1024] sind Schiedsgutachter jedenfalls von Rechts wegen verpflichtet, die Parteien auch nach Erstattung des Schiedsgutachtens auf etwaige Anfechtungs- oder Unverbindlichkeitsgründe hinzuweisen.[1025] Innerhalb des Geltungsbereichs dieser Hinweispflicht scheidet eine Berufung auf die Pflicht zur Wahrung des Beratungsgeheimnisses auf jeden Fall aus.[1026] Ein Zeugnisverweigerungsrecht lässt sich auch nicht auf die Überlegung stützen, dass die Schiedsgutachter den Parteien vertraglich nicht zur Offenlegung der Grundlagen des Schiedsgutachtens verpflichtet seien.[1027] Denn jedenfalls innerhalb des Geltungsbereichs der genannten Hinweispflicht kann im Regelfall nicht davon ausgegangen werden, dass die Parteien des Schiedsgutachtervertrags diese Pflicht abbedingen wollten – ganz unabhängig von der Frage, ob tatsächlich im Regelfall ein Wille der Parteien unterstellt oder durch ergänzende Vertragsauslegung begründet werden kann, die sich aus §§ 666, 667 BGB ergebende Auskunftspflicht der Schiedsgutachter gegenüber den Parteien dergestalt zu begrenzen.[1028] Auch soweit es sich um Fragen zu Tatsachen handelt, die dem Schiedsgutachten zugrunde gelegt worden sind und Geschäftsgeheimnisse der einen Partei nach Maßgabe des § 203 StGB darstellen, ist ein Zeugnisverweigerungsrecht nicht anzuerkennen. Das ergibt sich daraus, dass diejenige Partei, die sich auf das Vorliegen eines Geschäftsgeheimnisses beruft, der anderen Partei aufgrund der sich aus dem Schiedsgut-

---

[1024] So offensichtlich *Kornblum*, S. 103; unklar *Meyer*, S. 108.

[1025] Vgl. BGH vom 13.12.1956, BGHZ 22, 343, 346. Eine solche Pflicht trifft nicht nur einen Schiedsgutachter, der bei Tätigwerden einer Mehrzahl von Schiedsgutachtern überstimmt worden ist (a.A. *Meyer*, S. 108), sondern im Prinzip jeden Schiedsgutachter; vgl. BGH a.a.O.

[1026] Hinzuweisen ist insoweit auch darauf, dass selbst bei grundsätzlicher Annahme eines Zeugnisverweigerungsrechts wegen der auch gegenüber den Parteien bestehenden Pflicht zur Wahrung des Beratungsgeheimnisses ein solches Zeugnisverweigerungsrecht unbeachtlich wäre, wenn höhere sittliche Belange entgegenstehen (*Thomas/Putzo*, § 383 Rdn. 8). Solche höheren sittlichen Belange sind aber offensichtlich nach Ansicht der Rechtsprechung gegeben, soweit es um die Offenlegung von möglichen Unverbindlichkeitsgründen geht; denn anderenfalls hätte der BGH (BGH a.a.O.) keine entsprechende Hinweispflicht der Schiedsgutachter normiert.

[1027] Das Bestehen einer solchen Pflicht verneint *Meyer*, S. 109.

[1028] So im Ergebnis *Meyer*, S. 109.

achtenvertrag ergebenden Mitwirkungspflichten[1029] ohnehin zur Offenlegung dieser Tatsachen verpflichtet ist. Vor diesem Hintergrund muss aber davon ausgegangen werden, dass eine Offenlegung der Tatsachen, zu deren Offenlegung die betreffende Partei gegenüber der anderen Partei aus dem Schiedsgutachtenvertrag ohnehin verpflichtet ist, auch seitens der Schiedsgutachter in dem über die Bindungswirkung des Schiedsgutachtens geführten Prozess statthaft ist[1030] und daher keine unbefugte Offenbarung i.S.d. § 203 StGB darstellt.

Dagegen werden die Schiedsgutachter bei Fragen zu den Grundlagen des Schiedsgutachtens regelmäßig berechtigt sein, das Zeugnis gemäß § 384 I Nr. 1 ZPO zu verweigern, denn sie haften den Parteien für Pflichtverletzungen bei der Entscheidungsfindung jedenfalls dann,[1031] wenn ihre schuldhafte Pflichtverletzung zur Unverbindlichkeit des Schiedsgutachtens geführt hat.[1032] Dieses Zeugnisverweigerungsrecht ist auch nicht nach § 385 Nr. 1 ZPO ausgeschlossen. Unabhängig von der Frage, ob und inwieweit ein Schiedsgutachten als Rechtsgeschäft anzusehen ist,[1033] ist ein Schiedsgutachter, der bei der Erstattung des Schiedsgutachtens mitgewirkt hat, kein „Zeuge" i.S.d. § 385 Nr. 1 ZPO.

6. Rechtsbehelfe

a. *Vor Erstattung des Schiedsgutachtens*

aa. *Ernennung eines Schiedsgutachters*

Wie bereits oben erläutert,[1034] haben die Parteien eines Schiedsgutachtenvertrags außerhalb des Anwendungsbereichs der §§ 64 II, 184 II VVG grundsätzlich weder rechtlich noch vertraglich die Möglichkeit, einen Schiedsgutachter von einem staatlichen Gericht in dessen amtlicher Funktion ernennen zu

---

1029 Dazu oben S. 63 f.

1030 Eine derartige Befugnis zur Offenlegung ist auch gegenüber dem erkennenden Gericht anzunehmen, denn anderenfalls würde die gegenüber der anderen Partei bestehende Pflicht der betreffenden Partei, diese Tatsachen offenzulegen, im Ergebnis leerlaufen. Probleme, die sich insoweit für die betreffende Partei aus der Öffentlichkeit der Gerichtsverhandlung ergeben, können über § 172 Nr. 2 GVG (Ausschluss der Öffentlichkeit) gelöst werden.

1031 Die genauen Voraussetzungen für die Bejahung einer vertraglichen Haftung von Schiedsgutachtern wegen schuldhafter Pflichtverletzungen bei der Entscheidungsfindung sind stark umstritten; vgl. insoweit nur: *Kisch*, S. 81 ff.; *Bleutge*, GewA 1978, S. 150 f.; Staudinger-*Rieble*, § 317 Rdn. 73 ff.; Erman-*Hager*, § 317 Rdn. 14; *Meyer*, S. 120 ff. m.w.N.

1032 RG vom 19.10.1932, JW 1933, 217; BGH vom 13.12.1956, BGHZ 22, 343, 345; vom 22.04.1965, BGHZ 43, 374, 377; OLG Schleswig vom 28.09.1988, NJW 1989, 175; OLG Hamm vom 01.12.1988, NJW-RR 1989, 681.

1033 Siehe dazu oben Fußnote 587.

1034 S. 88.

lassen. Dies gilt selbst für den Fall, dass eine Partei ihre Pflicht zur Ernennung eines Schiedsgutachters nicht oder nicht rechtzeitig erfüllt. Zwar sind grundsätzlich alle Mitwirkungspflichten einer Partei, zu denen auch eine Pflicht zur Ernennung eines Schiedsgutachters gehört, einklagbar.[1035] Eine Partei ist jedoch in aller Regel nicht verpflichtet, als Schiedsgutachter einen ganz bestimmten Schiedsgutachter zu ernennen, und es ist auch keine Norm ersichtlich, aufgrund derer das angegangene Gericht im Rahmen einer auf die Verletzung einer Ernennungspflicht gestützten Klage befugt sein sollte, aus der Masse der als Schiedsgutachter in Betracht kommenden Personen eine bestimmte Person auszuwählen.[1036]

Die Parteien sind allerdings – innerhalb der bereits dargelegten rechtlichen Grenzen[1037] – nicht gehindert, im Schiedsgutachtenvertrag die Ernennung von Schiedsgutachtern durch eine Partei oder Dritte für die Fälle vorzusehen, in denen die Ernennung eines Schiedsgutachters erforderlich werden kann, etwa für den Fall der Verletzung einer Ernennungspflicht durch eine Partei. Im Übrigen stellt die Verletzung einer im Schiedsgutachtenvertrag festgelegten Ernennungspflicht auch eine Verletzung der Pflichten aus dem Schiedsgutachtenvertrag dar, die Schadensersatzansprüche der jeweils anderen Partei begründet.[1038]

bb. Durchsetzung von Mitwirkungspflichten einer Partei

Jede Partei kann gegen die andere Partei auf Erfüllung der diese treffenden Mitwirkungspflichten klagen.[1039] Weiterhin stellt die Verletzung einer Mitwirkungspflicht seitens einer Partei eine Verletzung der aus dem Schiedsgutachtenvertrag fließenden Pflichten dar, die grundsätzlich einen Schadensersatzanspruch der anderen Partei begründet.[1040] Darüber hinaus ist die mit der Erfüllung ihrer Mitwirkungspflichten säumige Partei bei Vorliegen der Voraussetzungen eines Verzugs der anderen Partei auch zum Ersatz des Verzögerungsschadens verpflichtet.[1041] Im Übrigen ist die Schiedsgutachterstelle dann,

---

1035 Dazu oben S. 63.

1036 Vgl. BGH vom 14.07.1971, NJW 1971, 1838.

1037 Dazu oben S. 87 f.

1038 Fraglich ist insoweit allerdings, was in diesem Fall als „Schaden" anzusehen ist. Insoweit dürften im Prinzip nur fehlgeschlagene Aufwendungen der anderen Partei (etwa Honorarverpflichtungen gegenüber dem von der anderen Partei ernannten Schiedsgutachter) in Frage kommen. Die Begründung eines Schadens aus der möglichen Differenz des vom Gericht für zutreffend erachteten Ergebnisses und dem hypothetischen Ergebnis der Schiedsgutachterstelle scheitert in der Praxis schon daran, dass nicht feststellbar ist, wie die Schiedsgutachterstelle entschieden hätte.

1039 BGH vom 11.06.1976, VersR 1976, 821, 823.

1040 Dieser ist in der Praxis allerdings regelmäßig wenig wert; siehe dazu die Ausführungen in Fußnote 1033.

1041 RG vom 30.04.1937, RGZ 155, 50, 53; BGH vom 06.10.1978, MDR 1979, 298; vgl. auch BGH vom 17.03.1971, NJW 1971, 1455; vom 11.06.1976, VersR 1976, 821, 823.

wenn die beweisbelastete Partei entgegen einer sie gegenüber der anderen Partei treffenden Auskunftspflicht der Schiedsgutachterstelle maßgebliche Informationen vorenthält, berechtigt und verpflichtet, über die nicht aufklärbaren Fragestellungen nach Beweislastgrundsätzen zu entscheiden.[1042]

cc. *Verzögerung des Schiedsgutachtenverfahrens durch Schiedsgutachter*

Aufgrund des Schiedsgutachtervertrags ist jeder Schiedsgutachter nach Annahme des ihm durch seine Ernennung übertragenen Amts allen Parteien gegenüber[1043] zu einer beschleunigten Durchführung des Schiedsgutachtenvertrags verpflichtet.[1044] Verletzt ein Schiedsgutachter diese Beschleunigungspflicht, indem er das Schiedsgutachtenverfahren verzögert, so kann nach allgemeinen Grundsätzen jede Partei gegen den betreffenden Schiedsgutachter auf beschleunigte Erstattung des Schiedsgutachtens klagen, wenn und solange der Schiedsgutachtervertrag nicht von einer Seite wirksam gekündigt worden ist.[1045] Soweit aber der Schiedsgutachtenvertrag aufgrund dieser Verzögerung bereits nach § 319 I 1 Alt. 3 BGB, §§ 64 I 1 Alt. 3, 184 I 1 Alt. 3 VVG außer Kraft getreten ist, dürfte es insoweit an einem Rechtsschutzbedürfnis der klagenden Partei fehlen, sodass eine entsprechende Klage unzulässig wäre. Darüber hinaus haftet ein Schiedsgutachter den Parteien bei verschuldeter Verletzung der ihn treffenden Beschleunigungspflicht für den hierdurch entstandenen Schaden.

Dagegen begründet die Verzögerung des Schiedsgutachtenverfahrens durch einen Schiedsgutachter – anders als im Falle der Verzögerung des Schiedsverfahrens durch einen Schiedsrichter, § 1038 I ZPO – grundsätzlich kein Recht zur Ablehnung des betreffenden Schiedsgutachters, es sei denn, dass die Parteien ein solches Ablehnungsrecht vereinbart haben. Auch in einem solchen Fall kann aber der das Schiedsgutachtenverfahren verzögernde Schiedsgutachter nicht in einem den §§ 1038, 1039 ZPO entsprechenden Beschlussverfahren durch einen anderen, vom Gericht zu ernennenden Schiedsgutachter ersetzt werden. Denn eine analoge Anwendung der §§ 1025 ff. ZPO scheidet nach Ansicht der Rechtsprechung aus, und der Zuständigkeitsbereich der staatlichen Gerichte kann auch nicht durch Parteivereinbarung erweitert werden.[1046]

Darüber hinaus kann der Schiedsgutachtenvertrag der Leistungsklage einer Partei, die einen Anspruch aus dem zugrunde liegenden Rechtsverhältnis gel-

---

1042 BGH vom 11.06.1976, VersR 1976, 821, 823; OLG Koblenz vom 20.09.1996, RuS 1997, 73, 74. – Dieser Grundsatz hilft allerdings nur dann, wenn die Beweislast gerade die Partei trifft, die Informationen zurückhält; das wird nicht immer notwendig der Fall sein.

1043 Vgl. RG vom 18.06.1915, RGZ 87, 190, 194; BGH vom 18.06.1962, VersR 1962, 803, 804.

1044 *Meyer*, S. 107. Diese Pflicht ergibt sich mittelbar aus § 319 I 2 Halbs. 2 Alt. 3 BGB, §§ 64 I 1 Alt. 3, 184 I 1 Alt. 3 VVG.

1045 Zu den Möglichkeiten zur Kündigung eines Schiedsgutachtervertrags sei auf die Ausführungen von *Meyer*, S. 143 ff., verwiesen.

1046 Siehe zu letzterem oben S. 88.

tend macht, im Falle der Verzögerung des Schiedsgutachtenverfahrens durch den allein entscheidenden Schiedsgutachter oder durch den Obmann einer Schiedsgutachterkommission nicht mehr einredeweise entgegengehalten werden.[1047] Im Übrigen begründet eine Verzögerung des Schiedsgutachtenverfahrens durch einen Partei-Schiedsgutachter eine einklagbare Pflicht der ernennenden Partei, an Stelle dieses Schiedsgutachters einen neuen Partei-Schiedsgutachter zu ernennen.[1048]

dd. Durchsetzung eines Ablehnungsrechts

Nach geltendem Recht steht den Parteien eines Schiedsgutachtenvertrags kein Recht zur Seite, einen Schiedsgutachter wegen Befangenheit abzulehnen.[1049] Selbst wenn aber im Einzelfall bereits von Rechts wegen ein Recht einer Partei zur Ablehnung eines Schiedsgutachters anzuerkennen ist, kann dieses Ablehnungsrecht nach ständiger Rechtsprechung[1050] nicht in entsprechender Anwendung der §§ 1036, 1037 ZPO (§§ 1032, 1045 ZPO a.F.) oder des § 406 II, IV ZPO bereits vor Erstattung des Schiedsgutachtens durchgesetzt werden. Auch andere gesetzliche Vorschriften begründen keine derartige Zuständigkeit der staatlichen Gerichte.[1051] Eine solche Zuständigkeit kann auch nicht durch Parteivereinbarung begründet werden, weil der Geschäftskreis der Gerichte durch Parteivereinbarung grundsätzlich nicht erweitert werden kann.[1052] Allerdings steht es den Parteien frei, zu vereinbaren, dass einer im Schiedsgutachtenvertrag bezeichneten Stelle das Recht zustehen soll, über die Berechtigung der Ablehnung eines Schiedsgutachters zu entscheiden und einen anderen Schiedsgutachter zu ernennen. § 1037 III ZPO steht einer derartigen Vereinbarung nicht entgegen.

Die Entscheidungsbefugnis eines befangenen Schiedsgutachters kann in aller Regel auch nicht dadurch beendet werden, dass der mit ihm geschlossene Schiedsgutachtervertrag wegen Befangenheit[1053] fristlos gekündigt wird.[1054]

[1047] Dazu oben S. 67.

[1048] Vgl. S. 65.

[1049] Dazu oben S. 93.

[1050] RG vom 27.09.1899, JW 1899, 726, 727; BGH vom 30.11.1977, VersR 1978, 121, 123; HansOLG vom 02.11.1927, HansRGZ B 1928, 38 Nr. 2; KG vom 17.04.1940, JRfPrV 1940, 85; OLG München vom 30.04.1976, BB 1976, 1047; vom 7.8.2006 (34 SchH 9/05); vgl. auch die Entscheidungen des Reichsgerichts vom 21.08.1936 (RGZ 152, 201, 207) und des BGH vom 31.01.1957 (VersR 1957, 122), die beide eine entsprechende Anwendung des § 1032 ZPO a.F. verneint haben.

[1051] Allerdings soll nach Ansicht des LG Zweibrücken (LG Zweibrücken vom 07.06.1913, VA 1914, 55 Nr. 814) ein von einem Gericht nach Maßgabe der §§ 64 II, 184 II VVG ernannter Schiedsgutachter ausnahmsweise gemäß § 15 FGG, § 406 II 1 ZPO abgelehnt werden können.

[1052] Vgl. OLG München vom 30.04.1976, BB 1976, 1047.

[1053] Neuerdings einschränkend die Entscheidung des OLG Frankfurt a.M. vom 14.02.2002, OLGR Frankfurt 2002, 328 (siehe dazu oben Fußnote 446).

Zwar ist es durchaus denkbar, dass Schiedsgutachtenvertrag und Schiedsgutachtervertrag (oder Ernennung und Schiedsgutachtervertrag) dergestalt miteinander verknüpft sind, dass der Schiedsgutachtenvertrag bzw. die Ernennung des Schiedsgutachters mit dem Bestehen des Schiedsgutachtervertrags stehen und fallen sollte. Im Regelfall ist dies jedoch nicht der Fall,[1055] sodass eine statthafte außerordentliche Kündigung des mit dem abgelehnten Schiedsgutachter geschlossenen Schiedsgutachtervertrags grundsätzlich weder Auswirkungen auf den Schiedsgutachtenvertrag noch auf die (fortbestehende) Ernennung des abgelehnten Schiedsgutachters und die Entscheidungsbefugnis des abgelehnten Schiedsgutachters hat. Somit können sich Auswirkungen der Kündigung des mit dem abgelehnten Schiedsgutachter abgeschlossenen Schiedsgutachtervertrags auf den Schiedsgutachtenvertrag grundsätzlich nur nach Maßgabe von § 319 I 2 Halbs. 1 BGB, §§ 64 I 3, 184 I 3 VVG[1056] ergeben. Etwas anderes gilt nur dann, wenn die Parteien die Verknüpfung von Schiedsgutachtenvertrag und Schiedsgutachtervertrag[1057] (oder die Verknüpfung von Ernennung und Schiedsgutachtervertrag[1058]) ausdrücklich vereinbart haben.

Die begründete und rechtzeitige Ablehnung eines Schiedsgutachters führt allerdings bei bestehendem Ablehnungsrecht dazu, dass die bindende Wirkung eines Schiedsgutachtens, an dem der abgelehnte Schiedsgutachter mitgewirkt hat, entfällt.[1059] Ob eine Partei vor diesem Hintergrund bereits vor Erstattung des Schiedsgutachtens eine Feststellungsklage des Inhalts erheben kann, dass das zu erstattende Schiedsgutachten wegen der erfolgten Ablehnung des betreffenden Schiedsgutachters unverbindlich sein werde, hat das OLG München allerdings offengelassen.[1060] Problematisch ist hier die Frage, ob es sich insoweit um ein „gegenwärtiges" Rechtsverhältnis[1061] handelt. Das Vorliegen eines Rechtsverhältnisses und eines rechtlichen Interesses dürfte dagegen ebenso zu bejahen sein wie die fehlende Subsidiarität der Feststellungs-

---

1054 Zu dieser jedenfalls bei allein entscheidenden Schiedsgutachtern bestehenden Möglichkeit siehe BGH vom 05.12.1979, DB 1980, 967, 968; vom 06.06.1994, NJW-RR 1994, 1314, 1315; vgl. auch BGH vom 02.04.1990, BB 1990, 1310.

1055 Schiedsgutachtenvertrag und Schiedsgutachtervertrag sind grundsätzlich voneinander unabhängige Verträge; OLG Braunschweig vom 26.03.1982, AgrarR 1982, 220; vgl. auch BGH vom 05.12.1979, DB 1980, 967, 968, und BGH vom 06.06.1994, NJW-RR 1994, 1314. Zu dem Verhältnis von Schiedsgutachtenvertrag und Schiedsgutachtervertrag ausführlich *Meyer*, S. 42 ff. – Auch die Ernennung eines Schiedsgutachters und der mit diesem Schiedsgutachter abgeschlossene Schiedsgutachtervertrag sind grundsätzlich voneinander unabhängig; so zutreffend *Meyer*, S. 156.

1056 Der häufigste Fall dürfte der sein, dass der Schiedsgutachter wegen des weitgehenden Wegfalls seines Honoraranspruchs bei wirksamer Kündigung das Schiedsgutachtenverfahren ruhen lässt und somit ein Fall des „Nichtwollens" oder eine Verzögerung vorliegt.

1057 So in dem Fall BGH vom 05.12.1979, DB 1980, 967.

1058 Dazu *Meyer*, S. 43 ff.

1059 Dazu oben S. 169.

1060 OLG München vom 30.04.1976, BB 1976, 1047.

1061 Dazu *Thomas/Putzo*, § 256 Rdn. 8.

klage im fraglichen Zeitpunkt. Da der Bundesgerichtshof aber auch eine Feststellungsklage über die bei einem zukünftigen Schiedsgutachtenverfahren zu berücksichtigenden Kriterien für statthaft erachtet, ist auch in diesen Fällen das Bestehen eines „gegenwärtigen" Rechtsverhältnisses zu bejahen. Eine derartige Feststellungsklage ist deshalb bereits vor Erstattung des Schiedsgutachtens als zulässig anzusehen.

ee. Auslegung des Schiedsgutachtenvertrags

Häufig ist der Schiedsgutachtenvertrag nicht so präzise formuliert, dass die exakte Aufgabenstellung oder die von der Schiedsgutachterstelle nach dem Schiedsgutachtenvertrag zwingend zu (oder zwingend nicht zu) berücksichtigenden Entscheidungsmaßstäbe oder -kriterien zweifelsfrei feststehen. Ebenso ist es denkbar, dass andere für die Schiedsgutachtenerstattung wesentliche Fragen (etwa die Frage nach dem Bewertungsstichtag), deren Beantwortung eine Auslegung des Schiedsgutachtenvertrags oder des Hauptvertrags erfordert, zwischen den Parteien des Schiedsgutachtenvertrags streitig sind. Derartige Fragen können grundsätzlich zum Gegenstand einer Feststellungsklage gemäß § 256 I ZPO gemacht werden.[1062] Beruft sich allerdings im Rahmen einer solchen Feststellungsklage eine Partei zulässigerweise auf die Einrede des Schiedsgutachtenvertrags, weil eine bestimmte Fragestellung, über die im Rahmen der Feststellungsklage an und für sich zu entscheiden wäre, in den Zuständigkeitsbereich oder den Spielraum der vorgesehenen Schiedsgutachterstelle fällt, so ist die an sich zulässige Feststellungsklage als ganz oder teilweise unbegründet abzuweisen.[1063]

Soweit diejenigen Fragestellungen, über die im Rahmen einer solchen Feststellungsklage zu entscheiden ist, nicht in den Zuständigkeitsbereich oder den Spielraum der Schiedsgutachterstelle fallen, kann ein Gericht im Rahmen einer solchen Feststellungsklage darüber entscheiden, ob und inwieweit die Schiedsgutachterstelle bestimmte Faktoren oder Kriterien bei ihrer Aufgabenerfüllung berücksichtigen oder außer Acht lassen muss.[1064] Dabei darf das angegangene Gericht vor dem Hintergrund des typischerweise begrenzten Zuständigkeitsbereichs[1065] und engen Spielraums[1066] einer Schiedsgutachterstelle der Schiedsgutachterstelle grundsätzlich all die Kriterien vorgeben, die sich aus einschlägigen Regeln des Fachs, aber auch aus einer Auslegung des Schiedsgutachtenvertrags als notwendig zu berücksichtigende Kriterien ergeben. Lediglich bezogen auf eine Schiedsgutachterstelle i.w.S. hat der Bundesgerichtshof insoweit die Einschränkung gemacht, dass dieser die (Nicht-)

[1062] Eine solche Feststellungsklage ist nach Auffassung des BGH (BGH vom 03.11.1995, NJW 1996, 452, 453; vom 19.01.2001, WM 2001, 636) zulässig.

[1063] Dazu oben S. 67.

[1064] BGH vom 03.03.1982, NJW 1982, 1878, 1879; vom 03.11.1995, NJW 1996, 452, 454.

[1065] Dazu oben S. 97 f.

[1066] Dazu oben S. 98 ff.

Berücksichtigung eines bestimmten Kriteriums für die Entscheidungsfindung nicht schon dann vorgegeben werden dürfe, wenn ihr insoweit kein Ermessensspielraum zukomme. Die (Nicht-)Berücksichtigung könne vielmehr nur dann vorgegeben werden, wenn eine Kompensation durch andere Erwägungen der Schiedsgutachterstelle praktisch ausgeschlossen erscheine und die gegenteilige Behandlung des fraglichen Kriteriums daher notwendig zur „offenbaren Unbilligkeit" des Schiedsgutachtens führen müsse.[1067] Da die neuere Rechtsprechung die „offenbare Unbilligkeit" eines Schiedsgutachtens aber im Ergebnis immer schon dann bejaht, wenn das Schiedsgutachten auf „schwerwiegenden" und evidenten Fehlern oder Lücken der Entscheidungsfindung beruht, liegt hierin keine wirkliche sachliche Einschränkung. Demzufolge hat der Bundesgerichtshof auch in beiden bisher zu dieser Fragestellung ergangenen Entscheidungen die Möglichkeit einer Kompensation der (Nicht-)Berücksichtigung des im konkreten Fall in Rede stehenden Kriteriums verneint.[1068]

Unklar ist bisher allerdings, inwieweit eine derartige Feststellungsklage auch schon vor Beginn des Schiedsgutachtenverfahrens oder gar vor dem Zeitpunkt des Entstehens der Streitigkeit zulässig ist, hinsichtlich derer die Durchführung eines Schiedsgutachtenverfahren vereinbart worden ist.[1069]

b. Nach Erstattung des Schiedsgutachtens

aa. Entscheidung über die bindende Wirkung des Schiedsgutachtens

aaa. Inzidente Entscheidung im Rahmen einer Leistungsklage

Es entspricht allgemeiner Auffassung, dass über die bindende Wirkung eines Schiedsgutachtens im Rahmen einer Leistungsklage entschieden werden kann, im Rahmen derer sich eine der Parteien auf das erstattete Schiedsgutachten beruft. Das gilt auch in den Fällen, in denen das Schiedsgutachten zum Gegenstand eines Urkundsverfahrens gemacht wird.[1070] Diese Entscheidung erlangt aber nur dann Rechtskraft zwischen den Parteien, wenn sie zum Gegenstand einer Zwischenfeststellungsklage nach Maßgabe des § 256 II ZPO gemacht worden ist.

1067 BGH vom 03.11.1995, NJW 1996, 452, 454; vom 19.01.2001, WM 2001, 636, 637.

1068 Siehe dazu die Nachweise in der vorangegangenen Fußnote.

1069 Eine solche Feststellungsklage würde möglicherweise aus Gründen der Prozessökonomie abgewiesen, da noch gar nicht klar ist, ob es überhaupt zu einem Schiedsgutachtenverfahren kommt. Die bisherigen Entscheidungen des BGH betrafen stets nur Fälle, in denen entweder das Schiedsgutachtenverfahren bereits begonnen hatte oder jedenfalls bereits die Streitigkeit bestand, hinsichtlich derer die Parteien das Tätigwerden der Schiedsgutachter vereinbart hatten.

1070 Vgl. OLG Brandenburg vom 13.11.2003, BauR 2005, 605 (Anm. *Oberhauser*, IBR 2005, S. 76).

Dabei gibt es grundsätzlich keine Ausschlussfrist, innerhalb derer die fehlende Bindungswirkung des Schiedsgutachtens (noch) geltend gemacht werden kann.[1071] Andererseits herrscht weitgehende Übereinstimmung darüber, dass jedenfalls die Unverbindlichkeit eines Schiedsgutachtens nach Maßgabe von § 319 I 1 BGB, §§ 64 I 1, 184 I 1 VVG nicht unbefristet geltend gemacht werden kann. Unklarheit besteht aber über die zeitliche Grenze, bis zu der die Unverbindlichkeit eines Schiedsgutachtens nach Maßgabe von § 319 I 1 BGB, §§ 64 I 1, 184 I 1 VVG (noch) geltend gemacht werden kann.[1072]

bbb. Inzidente Entscheidung im Rahmen einer Gestaltungsklage

Die Rechtsprechung entnimmt § 319 I 2 Halbs. 1 BGB, §§ 64 I 1, 2, 184 I 1, 2 VVG, dass eine Partei – entsprechend der Regel im Falle des § 315 BGB – eine Entscheidung über die Unverbindlichkeit eines Schiedsgutachtens nach Maßgabe von § 319 I 1 BGB, §§ 64 I 1, 184 I 1 VVG auch durch eine Gestaltungsklage herbeiführen kann, deren Gegenstand und Rechtsschutzziel die Entscheidung der den Schiedsgutachtern übertragenen Fragestellung durch das angegangene Gericht ist.[1073] Hinsichtlich der Frage des Bestehens einer Ausschlussfrist für die Erhebung einer derartigen Gestaltungsklage gelten die obigen Ausführungen zur Frage einer Ausschlussfrist für die Prüfung der Bindungswirkung des Schiedsgutachtens im Rahmen einer Leistungsklage entsprechend.

ccc. Entscheidung im Rahmen einer Feststellungsklage

Über die bindende Wirkung des erstatteten Schiedsgutachtens kann grundsätzlich auch im Rahmen einer Feststellungsklage gemäß § 256 I ZPO entschieden werden.[1074] Das gilt jedenfalls dann, wenn die Unwirksamkeit des Schiedsgutachtens in Rede steht. Unklar ist demgegenüber, ob angesichts der Rechtsnatur einer solchen Unverbindlichkeit[1075] eine Feststellungsklage auch zur Feststellung der Unverbindlichkeit des Schiedsgutachtens statthaft ist. Jedenfalls ist eine solche Feststellungsklage nach allgemeinen Grundsätzen als unzulässig anzusehen, soweit die Möglichkeit einer Gestaltungsklage nach § 319 I 2 Halbs. 1 BGB, §§ 64 I 1, 2, 184 I 1, 2 VVG gegeben ist. Hinsichtlich

---

[1071] *Asmus*, ZVersWiss 1962, S. 249.

[1072] Das OLG Frankfurt a.M. (OLG Frankfurt a. M. vom 03.12.1998, NJW-RR 1999, 379) verlangt eine Geltendmachung dieser Unverbindlichkeit binnen „angemessener Frist". Strenger dagegen Soergel-*Wolf*, § 319 Rdn. 16, der einer Partei die Berufung auf eine derartige Unverbindlichkeit des Schiedsgutachtens nur bei Verwirkung oder Rechtsmissbrauch untersagen will.

[1073] RG vom 23.11.1942, SeuffA 97, 40, 44. A.A. z.B. *Asmus*, ZVersWiss 1962, S. 250.

[1074] BGH vom 28.02.1972, KTS 1972, 191, 192; OLG München vom 30.04.1976, BB 1976, 1047; vgl. auch die Entscheidungen des BGH vom 01.04.1953 (BGHZ 9, 195 ff.) und vom 25.06.1952 (BGHZ 6, 335 ff.), in denen der Anspruchsteller jeweils eine Klage auf Feststellung der Unverbindlichkeit des Schiedsgutachtens erhoben hatte.

[1075] Dazu oben S. 121 f.

der Frage des Bestehens einer Ausschlussfrist für die Erhebung einer etwaigen Feststellungsklage gelten die obigen Ausführungen zur Frage einer Ausschlussfrist für die Prüfung der Bindungswirkung des Schiedsgutachtens im Rahmen einer Leistungsklage entsprechend.

ddd. Keine Entscheidung im Rahmen einer Aufhebungsklage

Eine Aufhebungsklage in entsprechender Anwendung des § 1059 ZPO kommt nicht in Betracht, weil diese Vorschrift – wie die §§ 1025 ff. ZPO insgesamt – auf Schiedsgutachten keine Anwendung findet.

bb. Korrektur des Schiedsgutachtens

Mit Erstattung des Schiedsgutachtens, d.h. mit Zugang des Schiedsgutachtens bei einer Partei (§ 318 I BGB), endet, wie oben dargelegt, grundsätzlich die Entscheidungsbefugnis der Schiedsgutachterstelle. Die Schiedsgutachterstelle ist daher nach diesem Zeitpunkt vorbehaltlich einer anderweitigen Vereinbarung der Parteien nicht mehr befugt, Änderungen am Schiedsgutachten vorzunehmen[1076] oder dieses gar in seiner Gänze zu widerrufen.[1077] Auch die Bestimmung des § 1058 ZPO, nach der das Schiedsgericht auf Antrag einer Partei zu bestimmten Korrekturen des Schiedsspruchs befugt ist, findet bei Schiedsgutachten keine entsprechende Anwendung.[1078]

Allerdings erachten sich die Gerichte (jedenfalls im Falle eines Schiedsgutachtens i.e.S., das nicht in den Anwendungsbereich der §§ 64, 184 VVG fällt) für befugt, das erstattete Schiedsgutachten im Falle mangelhafter Entscheidungsgrundlagen von geringem Gewicht lediglich als teilweise unverbindlich zu behandeln und das erstattete Schiedsgutachten insoweit zu korrigieren.[1079] Weiterhin sind die Gerichte als befugt anzusehen, offenkundige Schreib- und Rechenfehler der Schiedsgutachterstelle im Wege der Auslegung des Schiedsgutachtens zu korrigieren.[1080] Darüber hinaus können Unklarheiten des Schiedsgutachtens auch durch Auslegung beseitigt werden, da die Gerichte ein Schiedsgutachten grundsätzlich nach denselben Grundsätzen auslegen können wie eine Vertragsurkunde.[1081]

Umstritten ist dagegen, inwieweit auch die Schiedsgutachterstelle selbst zur Korrektur von Schreib- und Rechenfehlern befugt ist. Teilweise wird insoweit

---

1076 *Altschwager*, BauR 1991, S. 160.

1077 Dazu oben S. 114.

1078 Vgl. dazu oben S. 49.

1079 BGH vom 03.10.1957, MDR 1957, 84, 85 (Anm. *Pohle*, MDR 1957, 86); OLG Schleswig vom 17.05.1983, AgrarR 1984, 276, 277 (Anm. *Moser*, AgrarR 1984, 272).

1080 OLG Brandenburg vom 13.11.2003 (Az. 8 U 29/03); Staudinger-*Rieble*, § 318 Rdn. 8.

1081 Vgl. OLG Hamm vom 25.06.1951, VersR 1951, 258 (Anm. *Dern*, VersR 1951, 259); BGH vom 09.12.1951, VersR 1952, 35 (Anm. *Haidinger*, VersR 1952, 35).

eine entsprechende Anwendbarkeit des § 319 ZPO bejaht.[1082] Teilweise wird aber auch angenommen, dass sich eine derartige Befugnis zur Korrektur offenkundiger Schreib- und Rechenfehler aus einer ergänzenden Auslegung des Schiedsgutachtenvertrags ergebe.[1083] Richtigerweise wird man allerdings davon ausgehen müssen, dass die Schiedsgutachterstelle zu einer derartigen Korrektur des Schiedsgutachtens nicht befugt ist, da ihr Amt mit Zugang des Schiedsgutachtens bei einer Partei (§ 318 I BGB) endet.[1084] Auch zu einer Anfechtung des Schiedsgutachtens nach § 119 BGB sind die Schiedsgutachter nicht befugt, und zwar weder im Falle eines Schiedsgutachtens i.w.S. (§ 318 II 1 BGB) noch im Falle eines Schiedsgutachtens i.e.S.[1085] Bei Rechen-, Schätzungs- oder Bewertungsfehlern scheitert eine derartige Anfechtung im Übrigen auch schon an allgemeinen Grundsätzen.[1086] Vor diesem Hintergrund scheidet auch die Möglichkeit aus, Unklarheiten des Schiedsgutachtens durch die Schiedsgutachter selbst klären zu lassen.

cc. Vollstreckbarkeit des Schiedsgutachtens

Das Schiedsgutachten ist kein Vollstreckungstitel, § 794 ZPO. Es kann auch nicht in entsprechender Anwendung der §§ 1060 ff. ZPO für vollstreckbar erklärt werden.[1087] Ein Schiedsgutachten gehört jedoch zu den im Urkundsprozess (§§ 592 ff. ZPO) zugelassenen Beweismitteln und kann daher zum Gegenstand eines Urkundsprozesses gemacht werden.[1088]

II. Das New Yorker Schiedsgutachtenrecht

A. Einführung

1. Überblick: Schiedsgutachtenverträge im New Yorker Recht

Das New Yorker Recht unterscheidet im Prinzip drei Arten von Vereinbarungen, in denen Personen oder Institutionen eine bindende Entscheidung über bestimmte Fragestellungen übertragen wird. Zum einen sind dies diejenigen Schiedsvereinbarungen, deren Rechtsfolgen sich grundsätzlich allein nach den Bestimmungen der CPLR §§ 7501–7514 richten („statutory arbitration agreements"). Daneben kennt das New Yorker Recht auch die sog. Common-

---

[1082] *Asmus*, ZVersWiss 1962, S. 233; *Volze*, VersR 1996, S. 1340.
[1083] Soergel-*Wolf*, § 318 Rdn. 6.
[1084] So zutreffend Staudinger-*Rieble*, § 318 Rdn. 8.
[1085] Dazu oben S. 116.
[1086] Prölss/Martin-*Voit/Knappmann*, § 64 Rdn. 34.
[1087] OLG München vom 01.06.2005 (Az. 34 Sch 5/05); ebenso (zu § 1042 ZPO a.F.) RG vom 02.12.1904, SERGZ 1904 Nr.113 („Ein Vollstreckungsurteil [...] aus der Feststellung der Arbitratoren (§ 1042 ZPO) ist unzulässig."); BGH vom 10.06.1976, WM 1976, 910, 911.
[1088] Vgl. BGH vom 16.11.1987, NJW-RR 1988, 506 f.; *Altschwager*, BauR 1991, S. 160.

Law-Schiedsvereinbarungen („common-law arbitration agreements"),[1089] deren Rechtsfolgen sich ausschließlich nach Common Law richten. Die dritte Gruppe bilden diejenigen Vereinbarungen, die in der Terminologie der vorliegenden Arbeit als „Schiedsgutachtenverträge" anzusehen sind. Dies sind Vereinbarungen, die hinsichtlich bestimmter Rechtsfolgen in der Vorschrift des CPLR § 7601 (und den Bestimmungen der N.Y. Ins. Law §§ 3404, 3408) eine eigenständige gesetzliche Regelung erhalten haben. Dabei hat sich aber für die in den Anwendungsbereich des CPLR § 7601 fallenden Vereinbarungen bisher noch kein einheitlicher Begriff durchgesetzt. Die häufig als Oberbegriff verwendeten Begriffe „appraisal agreements"[1090] oder „appraisal or valuation agreements"[1091] erfassen letztlich doch nur die häufigsten praktischen Anwendungsfälle dieser Vereinbarungen. Sie schließen aber beispielsweise nicht die vor allem in Bau- und Anlagenbauverträgen häufig vorkommenden Schiedsgutachtenklauseln ein. In diesen wird dem mit der Bauleitung beauftragten oder einem anderen im Dienst des Auftraggebers stehenden Architekten oder Ingenieur die Entscheidung über die Vertragserfüllung oder über bestimmte andere für die Vertragsabwicklung relevante Fragestellungen übertragen, wobei der Architekt bzw. Ingenieur zur Ausstellung eines „certificate" über seine Entscheidung verpflichtet ist. Die Vorlage des „certificate" ist dabei eine „condition precedent" für die gerichtliche Geltendmachung des Zahlungsanspruchs des Bauunternehmers. Diese Arten von Vereinbarungen werden aber immerhin als „same class as appraisal or valuation agreements"[1092] angesehen.

Darüber hinaus finden sich in der Vertragspraxis aber auch Vereinbarungen über die bindende Entscheidung bestimmter Fragestellungen durch Dritte, die sich nach Aufgabe oder inhaltlicher Ausgestaltung in gewisser Hinsicht von den Leitbildern unterscheiden, die den Vorschriften der CPLR §§ 7501–7514, 7601 oder den Regeln der Common-Law-Schiedsgerichtsbarkeit zugrunde liegen. Hierbei handelt es sich insbesondere um Klauseln in Bau- und Anlagenbauverträgen, die vorsehen, dass alle streitigen Punkte zwischen den Parteien von dem oder einem im Dienste des Auftraggebers stehenden Architekten oder Ingenieur entschieden werden sollen.[1093] Die Rechtsprechung hat sich der dogmatischen Einordnung dieser Vereinbarungen bisher entzogen und sie le-

---

[1089] N.Y. Leg. Doc. (1958) No. 13, S. 130; N.Y. Jur. 2d, Bd. 5, Arbitration and Award, 1997, §§ 245 ff.

[1090] Note, 8 Cornell L. Rev. (1922), S. 53 ff.; Note, 34 Yale L. J. (1924), S. 98; Note, 34 Yale L. J. (1924), S. 109; *Kupfer/Danziger*, 1 Arb. J. (1937), S. 92 ff.; *Nemia*, 8 Syracuse L. Rev. (1957), S. 205 ff.; *Eager*, S. 10 ff.; *Goldstein*, 58 St. John's L. Rev. (1983), S. 80 ff.; *Casolaro*, 65 N.Y.St.B.J. (1993), Part I, S. 10.

[1091] *Sturges*, S. 18 ff.; *Koretz*, N.Y. Leg. Doc. (1958) No. 65 C, S. 21; N.Y. Leg. Doc. (1960) No. 20, S. 62; *Carmody-Wait*, § 141:3; *Siegel*, S. 1033 f.

[1092] N.Y. Jur. 2d, Bd. 5, Arbitration and Award, 1997, § 4; vgl. auch *In re Fletcher* (1924) 143 N.E. 248, 249 ff.

[1093] Siehe dazu beispielhaft nur die Vereinbarungen, die den Entscheidungen *Westinghouse Elec. Corp. v. New York City Transit Auth.* (1993) 623 N.E.2d 531 und *Yonkers Contracting Co. v. Port Auth. Trans-Hudson Corp.* (1996) 640 N.E.2d 907 zugrunde lagen.

diglich als eine Form alternativer Streitbeilegung qualifiziert. Auch hier handelt es sich in der Terminologie der vorliegenden Arbeit um „Schiedsgutachtenverträge". Diese Arten von Schiedsgutachtenklauseln werden nachfolgend jedoch aus den oben genannten Gründen ausgeklammert.

Der praktische Anwendungsbereich von Schiedsgutachtenverträgen im Geltungsbereich des New Yorker Rechts[1094] ist dabei etwas enger, teilweise aber auch etwas weiter als der praktische Anwendungsbereich im deutschen Recht. So werden etwa im Bereich der Qualitätsarbitrage[1095], aber auch im Bereich des Versicherungsrechts anders als in Deutschland häufig nicht mehr[1096] Schiedsgutachtenverträge, sondern Schiedsvereinbarungen geschlossen. Andererseits haben Schiedsgutachtenklauseln in Bau- und Anlagenbauverträgen in der New Yorker Vertragspraxis eine größere praktische Bedeutung erlangt als in Deutschland[1097] und spielen, historisch gewachsen,[1098] vor allem in großen Bauprojekten der öffentlichen Hand[1099] auch heute noch eine maßgebliche Rolle. Von diesen Fällen abgesehen ist der praktische Anwendungsbereich von Schiedsgutachtenverträgen im Geltungsbereich des New Yorker Rechts

---

[1094] Eine gute Übersicht findet sich bei *Koretz*, N.Y. Leg. Doc. (1958), No. 65 C, S. 21 und S. 33 ff.

[1095] Siehe aber als Gegenbeispiel die regelmäßig bei Öllieferungen vereinbarte Tätigkeit eines „surveyors", der die Quantität und Qualität des gelieferten Öls feststellen soll. Derartige Klauseln werden von der Rechtsprechung regelmäßig als Schiedsgutachtenklauseln angesehen; vgl. nur *Amoco Oil Co. v. H. Grunewald & Co.* (4th Cir. 1979) 592 F.2d 745 und *Cities Serv. Co. v. Derby & Co.* (S.D.N.Y. 1987) 654 F. Supp. 492, *affd.*, (2nd Cir. 1989) 835 F. 2d 1429.

[1096] Der praktische Anwendungsbereich von Schiedsgutachtenklauseln im Versicherungsrecht zum Zwecke der Feststellung der Höhe des Schadens oder einzelner Anspruchsvoraussetzungen war früher deutlich weiter als heute. Die Zurückdrängung von Schiedsgutachtenklauseln im Versicherungsrecht ist dabei sicherlich nicht zuletzt auch darauf zurückzuführen, dass der New Yorker Gesetzgeber zur Klärung derartiger Fragen für bestimmte Versicherungszweige inzwischen die Durchführung von Schiedsverfahren angeordnet hat.

[1097] Einen guten Überblick über die Verwendung von Schiedsgutachtenklauseln in U.S.-amerikanischen Bau- und Anlagenbauverträgen geben *Borowsky*, S. 130 ff., und *Stipanowich*, 2001 Wis. L. Rev., S. 846. Zu der demgegenüber geringen praktischen Bedeutung der Bestimmung des § 18 Nr. 3 VOB/B siehe *Altschwager*, BauR 1991, S. 157 ff. Eine Ursache für die geringere Bedeutung von Schiedsgutachtenklauseln in deutschen Bau- und Anlagenbauverträgen dürfte die bis zur Entscheidung des BGH vom 27.11.2003, BGHZ 157, 102, 117, recht strenge Rechtsprechung des BGH und der Obergerichte zur Zulässigkeit von Schiedsgutachtenklauseln in AGB (dazu: *Wagner*, BTR 2004, S. 69 m.w.N.) sein. Im Zuge der Tendenz zu alternativen Formen der Streitbeilegung (vgl. *Wagner*, NZBau 2001, S. 169 ff.) ist jedoch – auch und gerade im Lichte der genannten neueren BGH-Entscheidung – davon auszugehen, dass die Verwendung von Schiedsgutachtenklauseln in diesem Bereich wieder zunehmen wird; vgl. dazu etwa die Ausführungen von *Wagner* (BTR 2004, S. 69 ff.) und *Kraus* (ZfBR 2004, S. 118 ff.).

[1098] So *Borowsky*, S. 24 f.

[1099] *Stipanowich*, 2001 Wis. L. Rev., S. 846. – Zu der heutigen Vertragspraxis in privaten Bau- und Anlagenbauverträgen siehe ebenfalls *Stipanowich*, a.a.O.

und im Geltungsbereich des deutschen Rechts aber, soweit ersichtlich, relativ deckungsgleich.[1100] Typische Anwendungsfälle von Schiedsgutachtenverträgen im Geltungsbereich des New Yorker Rechts sind etwa Schiedsgutachtenklauseln zur Ermittlung des Kaufpreises,[1101] Schiedsgutachtenklauseln über die Feststellung der Höhe des vom Versicherer zu erstattenden Brandschadens,[1102] Schiedsgutachtenklauseln über die Anpassung von Miet- und Pachtzinsen – insbesondere solche, die eine Anpassung auf der Grundlage der (Neu-)Bewertung des vermieteten oder verpachteten Grundstücks vorsehen[1103] – und Schiedsgutachtenklauseln, die im Zusammenhang mit der Anpassung des Kaufpreises bei Unternehmenskaufverträgen vereinbart werden.[1104]

2. Rechtsgeschichtliche Entwicklung des New Yorker Schiedsgutachtenrechts

Das Common Law kannte ursprünglich keine Unterscheidung zwischen Schiedsvereinbarungen („arbitration agreements“) und Schiedsgutachtenverträgen,[1105] sondern sah alle Vereinbarungen, in denen die verbindliche Entscheidung bestimmter Fragenkomplexe durch Dritte vereinbart wurde, als Schiedsvereinbarungen an.[1106] Die englischen und, ihnen folgend, die New Yorker Gerichte standen dem Abschluss von Schiedsvereinbarungen dabei zunächst sehr ablehnend gegenüber und versagten ihnen weitestgehend die Anerkennung.[1107] So konnte

---

1100 Über die nachfolgend genannten typischen Beispiele hinaus sei nur beispielhaft auf die folgenden neueren Entscheidungen verwiesen: *Cendant Corp. v. Forbes* (S.D.N.Y. 1999) 70 F. Supp. 2d 339, *affd.*, (2nd Cir. 2000) 2000 U.S. App. Lexis 1253; *Kroboth v. Brent* (3rd Dept. 1999) 692 N.Y.S.2d 217; *Questrom v. Federated Dep't Stores, Inc.* (S.D.N.Y. 1999) 41 F. Supp. 2d 294; *Corrigan v. Breen* (3rd Dept. 1997) 660 N.Y.S.2d 503.

1101 UCC § 2-305; aus der neueren Rechtsprechung seien beispielhaft genannt: *Cobble Hill Nursing Home, Inc. v. Henry & Warren Corp.* (1989) 548 N.E.2d 203; *Grinding & Mfg. Co. v. Glasgow, Inc.* (4th Dept. 1995) 623 N.Y.S.2d 451; *Corrigan v. Breen* (3rd Dept. 1997) 660 N.Y.S.2d 503; *Kroboth v. Brent* (3rd Dept. 1999) 692 N.Y.S.2d 217.

1102 N.Y. Ins. Law §§ 3404, 3408.

1103 Siehe hierzu aus neuerer Zeit nur die folgenden Entscheidungen: *Rice v. Ritz Assoc.* (1st Dept. 1982) 450 N.Y.S.2d 7, *affd.*, (1983) 447 N.E.2d 58; *New York Overnight Partners, LLP v. Gordon* (1996) 673 N.E.2d 123; *Vitale v. Friedman* (1st Dept. 1997) 666 N.Y.S.2d 403.

1104 Siehe dazu nur – beispielhaft – die folgende Entscheidung: *Luxottica Group, S.p.A. v. Bausch & Lomb, Inc.* (S.D.N.Y. 2001) 2001 U.S. Dist. Lexis 3657.

1105 Allgemein zum rechtsgeschichtlichen Hintergrund der Entwicklung der Unterscheidung von Schiedsvereinbarungen und Schiedsgutachtenverträgen im Common Law siehe *Koretz*, N.Y. Leg. Doc. (1958) No. 65 C, S. 24 ff.; *Borowsky*, S. 16 ff. Speziell mit der Entwicklung des New Yorker Rechts befasst sich die Entscheidung *Questrom v. Federated Dep't Stores, Inc.* (S.D.N.Y. 1999) 41 F. Supp. 2d 294, 300 ff.

1106 *Koretz*, N.Y. Leg. Doc. (1958) No. 65 C, S. 24; *Sturges/Sturges*, 11 U. Miami L. Rev. (1956), S. 5 f.

1107 Siehe dazu den hervorragenden Überblick über die Behandlung von Schiedsvereinbarungen im Common Law in *Kulukundis Shipping Co. v. Amtorg Trading Corp.* (2nd Cir. 1942) 126 F. 2d 978, 982 ff.

nach frühem Common Law eine Schiedsvereinbarung einer unter Verstoß gegen diese Vereinbarung erhobenen Klage nicht einredeweise entgegengehalten werden.[1108] Die Gerichte verneinten auch die Möglichkeit einer „specific performance" der Schiedsvereinbarung.[1109] Dabei wurde die Versagung der Anerkennung der Vereinbarung zunächst – im Anschluss an Lord Coke[1110] – mit der jederzeitigen Widerrufbarkeit der Schiedsvereinbarung[1111] begründet, später dann mit der Unzulässigkeit des vertraglichen Ausschlusses des Rechtswegs („ousting of the courts").[1112]

Im Laufe der Zeit entwickelten die englischen und New Yorker Gerichte jedoch – wohl nicht zuletzt aufgrund praktischer Bedürfnisse[1113] – nach und nach Ausnahmen von diesen Grundsätzen für bestimmte Arten von zunächst noch als Schiedsvereinbarung begriffenen Vereinbarungen.[1114] Gemeinsam war all diesen Vereinbarungen, dass dem Dritten nicht die bindende Entscheidung aller zwischen den Parteien streitigen Punkte übertragen wurde, sondern die Aufgabe des Dritten auf die Entscheidung spezifischer Punkte oder die Feststellung bestimmter Tatsachen beschränkt war. Solche Vereinbarungen wurden mit der Begründung als wirksam angesehen, dass sie keinen oder nur einen sehr beschränkten Ausschluss des Rechtswegs zur Folge hatten.[1115] Sie konnten demzufolge bei Vereinbarung der Gutachtenerstattung als „condition precedent" für die klageweise Geltendmachung des Anspruchs („right to action")[1116] auch einer unter Missachtung der getroffenen Vereinbarung erhobenen Klage einredeweise entgegengehalten werden.[1117] Auch wurden die auf der Grundlage einer solchen Vereinbarung tätig werdenden Dritten – im Anschluss an die englische Entscheidung *Eads v. Williams*[1118] und im Gegensatz zu Common-Law-Schiedsrichtern – von den New Yorker Gerichten zunehmend als nicht mehr verpflichtet angesehen, das ihrer Entscheidung vorausgehende Verfahren als ein quasi-gerichtliches Verfahren mit vollumfänglicher

---

1108 *Marchant v. Mead-Morrison Mfg. Co.* (1929) 169 N.E. 386, 392.

1109 *Greason v. Keteltas* (1858) 17 N.Y. 491, 496.

1110 *Vynior's Case* (1609) 77 Eng. Rep. 597, 598 ff.

1111 *People ex rel. Union Ins. Co. v. Nash* (1888) 111 N.Y. 310, 315.

1112 *President, etc., of Delaware & Hudson Canal Co. v. Pennsylvania Coal Co.* (1872) 50 N.Y. 250, 258; *Meacham v. Jamestown F.& C. R.R.* (1914) 105 N.E. 653, 655.

1113 In dem Wunsch nach der „Privilegierung" bestimmter Arten von (Schieds-)Vereinbarungen aufgrund praktischer Bedürfnisse wird zumeist einer der Hauptgründe für die Entwicklung der gerichtlichen Unterscheidung zwischen Schiedsvereinbarungen und Schiedsgutachtenverträgen im Common Law gesehen; vgl. dazu nur *Koretz*, Leg.Doc. No. 65 C (1958), S. 24 f., und *Stutson*, 8 Cornell L. Rev. (1922), S. 55 f.

1114 *Kupfer/Danziger*, 1 Arb. J. (1937), S. 93 ff.; *Koretz*, Leg.Doc. No. 65 C (1958), S. 24 f.; *Borowsky*, S. 18 ff.

1115 *Koretz*, N.Y. Leg. Doc. No. 65 C (1958), S. 25.

1116 Diese Möglichkeit der Vertragsgestaltung ging auf die Entscheidung des House of Lords in *Scott v. Avery* (1856) 5 H. L. 811, 10 Eng. Rep. 1121 zurück.

1117 *Marchant v. Mead-Morrison Mfg. Co.* (1929) 169 N.E. 386, 392.

1118 *Eads v. Williams* (1854) 43 Eng. Rep. 671.

Gewährung rechtlichen Gehörs, einer Zeugenvernehmung und einer Beweiserhebung unter Beachtung des Grundsatzes der Parteiöffentlichkeit durchzuführen.[1119]

Den Ausgangspunkt für die Systematisierung dieser Ausnahmen und der ihnen zugrunde liegenden Vereinbarungen im New Yorker Recht bildete ein *dictum* in der im Jahre 1830 ergangenen Entscheidung *Elmendorf v. Harris*, in dem das Gericht, erkennbar auf der Grundlage der 1810 in England ergangenen Entscheidung *Leeds v. Burrows*,[1120] dem Begriff des „arbitration award" den Begriff des „appraisement" gegenüberstellte.[1121] In einer im selben Jahr erschienenen Anmerkung zu dieser Entscheidung,[1122] die ihrerseits Eingang in ein *dictum* der für die Entwicklung und Entstehung des New Yorker Schiedsgutachtenrechts wegweisenden Entscheidung *Garr v. Gomez*[1123] fand, wurden die dem *dictum* zugrunde liegenden Überlegungen wie folgt verallgemeinert:

> „An arbitration is a submission by parties of matters in controversy to the judgement of two or more individuals, who are substituted in the place of a judicatory established by law, and who are to decide the controversy; it is called a domestic tribunal, and the arbitrators judges of the parties choosing, and is held in high estimation both by the legislature and the courts; the legislature having made provision for carrying into effect awards made, and courts of law refusing to hear anything de hors the awards invalidating them. A reference of a collateral fact, or the submission of a particular question, forming only a link in the chain of evidence, is not calculated to put an end to the controversy; it barely substitutes judgement of the referee in the place of evidence, leaving the controversy open. Such reference or submission, although it has several of the characteristics of an arbitration, falls short of it in its principal feature, the ending of the controversy; public policy does not require that it should be considered as an arbitration, nor has it been treated so by the courts."

Diese gedankliche Unterscheidung verfestigte sich im Laufe der zweiten Hälfte des 19. Jahrhunderts und zu Beginn des 20. Jahrhunderts immer mehr. Die

---

1119 Siehe dazu die Entscheidungen *De Groot v. Fulton Fire Ins. Co.* (1867) 27 N.Y. Super. Ct. 504, 510 (dazu: *Sturges/Sturges*, 13 U. Miami L. Rev. (1958), S. 31, Fußnote 71) und *Brink v. New Amsterdam Fire Ins. Co.* (1867) 28 N.Y. Super. Ct. 104, 123.

1120 *Leeds v. Burrows* (1810) 104 Eng. Rep. 1. Das Gericht musste hier entscheiden, ob der zu prüfende Ausspruch eines Dritten einen Schiedsspruch („arbitration award") oder eine Bewertung („valuation") respektive Schätzung („appraisement") im Sinne der sog. Stamp Acts darstelle. Die erkennenden Richter bejahten das Vorliegen einer Schätzung bzw. einer Bewertung im Sinne der Stamp Acts mit der Begründung, dass dem Dritten im konkreten Falle lediglich eine Bewertung bzw. die Erstellung eines Rechnungsabschlusses zwischen den Parteien übertragen worden sei, und die Parteien in der zugrunde liegenden Vereinbarung nicht die Entscheidung von Meinungsverschiedenheiten („differences") durch einen Schiedsspruch vereinbart hätten.

1121 *Elmendorf v. Harris* (1830) 5 Wend. 516; die relevante Passage aus dem Urteil ist wiedergegeben in *Sturges/Sturges*, 13 U. Miami L. Rev. (1958), S. 32.

1122 *Elmendorf v. Harris* (1830) 5 Wend. 516, 522 (wiedergegeben bei *Sturges/Sturges*, 13 U. Miami L. Rev. (1958), S. 33).

1123 *Garr v. Gomez* (1832) 9 Wend. 649, 661. Hierbei handelte es sich um eine Entscheidung des damals höchsten New Yorker Gerichts, des Court for the Correction of Errors.

Gründe hierfür dürften zum einen in der Ausrichtung der damaligen New Yorker Arbitration Statutes am Leitbild der gerichtlichen Streitentscheidung[1124] zu suchen sein. Zum anderen fiel in diese Zeit die zunehmende Beschäftigung der New Yorker und anderer Gerichte mit solchen (Schieds-)Vereinbarungen,[1125] die diesem Leitbild weder nach Aufgabenstellung noch nach Art und Weise des durchgeführten Verfahrens entsprachen.[1126] Die rechtliche Bedeutung der Unterscheidung nahm in dem Maße zu, in dem sich Anwälte vermehrt auf diese Unterscheidung stützten, um die Anwendung der für Schiedsvereinbarungen geltenden Grundsätze des Common Law auf die im Einzelfall streitige Vereinbarung zu vermeiden.[1127] Auch begründeten die Gerichte zunehmend die Ausnahmen von diesen Grundsätzen, die sie für bestimmte in der Aufgabenstellung beschränkte (Schieds-)Vereinbarungen entwickelt hatten, ausdrücklich[1128] oder jedenfalls der Sache nach[1129] mit den *dicta* in den Entscheidungen *Elmendorf v. Harris* und *Garr v. Gomez*.

Den endgültigen Durchbruch für die Anerkennung von Schiedsgutachtenverträgen als eines eigenen, von Common-Law-Schiedsvereinbarungen und Schiedsvereinbarungen im Sinne der gesetzlichen Bestimmungen zu unterscheidenden Vertragstypus brachten allerdings erst zwei Entscheidungen aus dem Jahr 1924.[1130] Zunächst entschied die Appellate Division des Supreme Court, dass die in der damaligen New Yorker Standardpolice für die Brandschutzversicherung enthaltene (Schiedsgutachten-)Klausel keine Schiedsvereinbarung im Sinne des neuen, 1920 in Kraft getretenen New Yorker Arbitration Statute[1131] darstelle, und stellte weiterhin – wenn auch nur *dicta* – fest,

---

[1124] Die am Leitbild der richterlichen Streitentscheidung orientierte Ausgestaltung des Schiedsverfahrensrechts in den frühen New Yorker Arbitration Statutes zeigt sich nicht nur darin, dass diese nur solche Streitigkeiten als schiedsfähig ansahen, die auch zum Gegenstand einer Klage hätten gemacht werden können, sondern auch darin, dass sie das Schiedsverfahren (in großen Teilen zwingend) entsprechend dem gerichtlichen Verfahren ausgestalteten; zu letzterem siehe *Koretz*, N.Y. Leg. Doc. No. 65 C (1958), S. 25.

[1125] So *Borowsky*, S. 25 ff.

[1126] Ebenfalls zur Verfestigung dieser gedanklichen Unterscheidung beigetragen haben wird der Wunsch der Gerichte, bindende Entscheidungen Dritter, die auf der Grundlage eines informellen (und aus Sicht der Gerichte grundsätzlich nicht zu beanstandenden) Verfahrens zustande gekommen waren, gegen Angriffe in Schutz zu nehmen, die auf die Nichteinhaltung der für das Schiedsverfahren geltenden Verfahrensgrundsätze gestützt wurden; so Note, 43 Harv. L. Rev. (1930), S. 811 f.; *Koretz*, N.Y. Leg. Doc. No. 65 C (1958), S. 25 f.

[1127] Vgl. *Stutson*, 8 Cornell L. Rev. (1922), S. 55 f.

[1128] So in den Entscheidungen *De Groot v. Fulton Fire Ins. Co.* (1867) 27 N.Y. Super. Ct. 504 und *Brink v. New Amsterdam Fire Ins. Co.* (1867) 28 N.Y. Super. Ct. 104.

[1129] So z.B. in *Wurster v. Armfield* (1903) 67 N.E. 584, 586; *Kaiser v. Hamburg-Bremen Fire Ins. Co.* (4th Dept. 1901) 69 N.Y.S. 344, 347, *affd.*, (1902) 65 N.E. 1118.

[1130] Wegbereiter für diese beiden Entscheidungen war dabei die Entscheidung *Williams v. Hamilton Fire Ins. Co.* (App. T. 1922) 194 N.Y.S. 798; siehe zu dieser Entscheidung auch *Stutson*, 8 Cornell L. Rev. (1922), S. 53 ff.

[1131] N.Y. Laws 1920, c. 925, neu nummeriert in N.Y. Laws 1921, c. 199. – Dieses Arbitration Statute markierte den Beginn der modernen U.S.-amerikanischen Kodifikationen des

dass dieses Gesetz auf Vereinbarungen, die nach *Garr v. Gomez* keine Schiedsvereinbarungen darstellten, keine Anwendung finde.[1132] Nur wenige Tage später entschied dann der Court of Appeals in der Entscheidung *In re Fletcher*[1133], dass die dieser Entscheidung zugrunde liegende Vereinbarung ebenfalls nicht in den Anwendungsbereich des neuen Arbitration Statute falle, und stellte – wenn auch ebenfalls nur *dicta* – den Grundsatz auf, dass Vereinbarungen, in denen Dritten eine bindende Bewertung, Schätzung, Feststellung von Tatsachen oder Entscheidung ähnlicher Fragestellungen übertragen werde, nicht in den Anwendungsbereich des neuen Arbitration Statute fielen.[1134]

Diese Beschränkung des Anwendungsbereichs des Arbitration Statute (und des ihm nachfolgenden Civil Practice Act) hatte allerdings zur Folge, dass für Schiedsgutachtenverträge weiterhin der hergebrachte Grundsatz des Common Law galt, dass eine gerichtliche Durchsetzung etwaiger Ernennungs- und Mitwirkungspflichten – mangels bestehender Möglichkeit der Anordnung der „specific performance" dieser Pflichten – nicht möglich war. Darüber hinaus wurde durch diese Rechtsprechung der Kreis der Streitigkeiten, die zum Gegenstand einer wirksamen und auch unwiderruflichen Schiedsvereinbarung gemacht werden konnten, erheblich eingeschränkt. Diesen aus Sicht der Praxis und des Schrifttums[1135] untragbaren Zustand versuchte der New Yorker Gesetzgeber auf Druck der New Yorker Anwaltschaft[1136] zunächst durch zwei Gesetzesänderungen in den Jahren 1941[1137] und 1952[1138] zu beheben, deren Ziel es war, den möglichen Gegenstand einer Schiedsvereinbarung und damit den Anwendungsbereich des Civil Practice Act nicht unerheblich zu erweitern.[1139] Diese Gesetzesänderungen waren insoweit erfolgreich, als sie den Kreis der nach dem Gesetz schiedsfähigen Streitigkeiten in gewissem Maße

---

Schiedsverfahrensrechts. Dazu: *Cohen*, 31 Yale L. J. (1921–22), S. 147 ff.; *Jones*, 12 Minn. L. Rev. (1927–28), S. 248 f.; *Sayre*, 37 Yale L. J. (1927–28), S. 595, Fußnote 2; Note, 17 Cal. L. Rev. (1928–29), S. 644; *Kulukundis Shipping Co. v. Amtorg Trading Corp.* (2nd Cir. 1942) 126 F. 2d 978, 984. Es ordnete erstmalig an, dass eine Schiedsvereinbarung „valid, irrevocable and enforceable" sei.

[1132] *Petition of American Ins. Co.* (1st Dept. 1924) 203 N.Y.S. 206 (mit Anmerkung in Note, 34 Yale L. J. (1924), S. 109).

[1133] *In re Fletcher* (1924) 143 N.E. 248. Anmerkungen zu dieser Entscheidung finden sich u.a. in Note, 34 Yale L. J. (1924), S. 98; Note, 17 Cal. L. Rev. (1928–29), S. 647 f.; *Sturges*, 76 U. Pa. L. Rev. (1928), S. 357 f.; Note, 43 Harv. L. Rev. (1930), S. 811 ff.

[1134] *In re Fletcher* (1924) 143 N.E. 248, 250 f.

[1135] Siehe dazu die Nachweise bei *Koretz*, N.Y. Leg. Doc. No. 65 C (1958), S. 50.

[1136] 1940 Yearbook of the Association of the Bar of the City of New York, S. 315; Committee on State Legislation of the Association of the Bar of the City of New York, Report No. 177 (1941), S. 487 f. Siehe dazu auch Note, 5 Arb. J. (1941), S. 237; Note, 46 Colum. L. Rev. (1946), S. 842; *Koretz*, N.Y. Leg. Doc. No. 65 C (1958), S. 41 f.

[1137] N.Y. Laws 1941, c. 288. Dazu: Note, 5 Arb. J. (1941), S. 237.

[1138] N.Y. Laws 1952, c. 757. Dazu: Note, 7 Arb. J. (N.S.) (1952), S. 87 f.

[1139] Dazu: New York Law Revision Commission, N.Y.Leg. Doc. (1958) No. 65 C, S. 11 f.; *Koretz*, N.Y.Leg. Doc. (1958) No. 65 C, S. 41 ff.; *Borowsky*, S. 34 f.

erweiterten – wenn auch nicht in dem ursprünglich gewünschten Umfang.[1140] Demgegenüber entschied der Court of Appeals in zwei Entscheidungen aus den Jahren 1950[1141] und 1955[1142], dass trotz dieser Gesetzesänderungen Schiedsgutachtenverträge auch weiterhin nicht in den Anwendungsbereich des Civil Practice Act fielen – ersichtlich (wie schon in der Entscheidung *In re Fletcher*[1143]) getrieben von der Befürchtung, dass mit der Erstreckung der Anwendbarkeit des Civil Practice Act und der darin enthaltenen, teilweise zwingend ausgestalteten Vorschriften über das Schiedsverfahren auf Schiedsgutachtenverträge die bis dato sehr informelle Verfahrenspraxis in den Hauptanwendungsfällen der Schiedsgutachtenverträge komplett umgekrempelt würde.[1144]

Der Gesetzgeber nahm diese zwei Entscheidungen des Court of Appeals zum Anlass, die New York Law Revision Commission mit der Aufgabe zu betrauen, nach neuen Wegen zu suchen, um dem Bedürfnis der Praxis nach effektiver Möglichkeit der Durchsetzung der in einem Schiedsgutachtenvertrag vereinbarten Ernennungs- und Mitwirkungspflichten Rechnung zu tragen. Die Kommission entschied sich dabei – anders als die einige Jahre später eingesetzte, aber vor dieselbe Aufgabe gestellte kalifornische Kommission zur Reform des Schiedsverfahrensrechts[1145] – gegen die Aufhebung der Unterscheidung zwischen Schiedsvereinbarung und Schiedsgutachtenvertrag und für die Aufnahme einer eigenständigen, auf die Durchsetzung der in einem Schiedsgutachtenvertrag vereinbarten Ernennungs- und Mitwirkungspflichten zugeschnittenen gesetzlichen Bestimmung. Hauptgrund[1146] für die Beibehaltung der Un-

---

[1140] Siehe dazu *Koretz*, Leg.Doc. No. 65 C (1958), S. 44 ff. Als Konsequenz wurde die Beschränkung der schiedsfähigen Streitigkeiten auf „justiciable controversies" (und damit der Gleichklang des möglichen Aufgabenbereichs eines Schiedsgerichts und eines staatlichen Gerichts) auf Grundlage der entsprechenden Empfehlung der New York Law Revision Commission (dazu *Koretz*, N.Y. Leg. Doc. No. 65 C (1958), S. 52 f.) 1959 aufgehoben; auch für die Rechtslage unter der Geltung des CPLR § 7501 ist anerkannt, dass es für die Frage der Schiedsfähigkeit einer Streitigkeit ohne Bedeutung ist, ob sie zum Gegenstand einer Klage zum staatlichen Gericht gemacht werden kann.

[1141] *Syracuse Sav. Bank v. Yorkshire Ins. Co.* (1950) 94 N.E.2d 73, 77.

[1142] *Matter of Delmar Box Co.* (1955) 127 N.E.2d 808, 812. Siehe zu dieser Entscheidung die Anmerkungen in Note, 25 Fordham L. Rev. (1956), S. 160 ff.; *Sturges/Sturges*, 13 U. Miami L. Rev. (1958), S. 17 ff.; Note, 28 Fordham L. Rev. (1959–60), S. 846, Fußnote 3.

[1143] *In re Fletcher* (1924) 143 N.E. 248, 250: „[T]he language of the statute should not be stretched to cover contracts which do not come within its plain intent where the application of the method of procedure provided in the statute is not practicable." Siehe dazu auch Note, 43 Harv. L. Rev. (1930), S. 811 ff.

[1144] *Matter of Delmar Box Co.* (1955) 127 N.E.2d 808, 812 f.

[1145] 3 Cal. Law Rev. Com. Rep. (1961) G-5 f., G-34 f.; siehe hierzu ausführlich *Coopers & Lybrand v. Superior Court* (2nd Dist. 1989) 260 Cal.Rptr. 713, 717 ff. (mit umfassender Analyse auch der rechtsgeschichtlichen Entwicklung des kalifornischen Schiedsgutachtenrechts).

[1146] Zu den anderen, von der Law Revision Commission für die Beibehaltung der Unterscheidung ins Feld geführten Gründen siehe *Koretz*, N.Y. Leg. Doc. (1958) No. 65 C,

terscheidung zwischen Schiedsvereinbarung und Schiedsgutachtenvertrag war dabei die vom Court of Appeals in den Vordergrund gestellte und auch von der Law Revision Commission geteilte Befürchtung negativer Auswirkungen ihrer Aufhebung auf die hergebrachte informelle Verfahrenspraxis bei Schiedsgutachtenverfahren.[1147] Diese Bestimmung (CPA § 1340[1148]) trat 1958 in Kraft. Sie sah als neuen Rechtsbehelf im Falle der Verletzung einer Ernennungs- oder Mitwirkungspflicht lediglich[1149] die grundsätzliche Pflicht des angegangenen Gerichts vor, auf Antrag einer Partei (und nach Ablauf einer vom Gericht gesetzten Frist für die Erfüllung der fraglichen Mitwirkungspflicht) die Fortführung des (Schiedsgutachten-)Verfahrens als Schiedsverfahren nach Maßgabe der einschlägigen gesetzlichen Bestimmungen anzuordnen. Die Anordnung der „specific performance" des Schiedsgutachtenvertrags war aber auch weiterhin nicht möglich.

Diese Beschränkung der Rechtsbehelfe der Parteien zur Durchsetzung eines Schiedsgutachtenvertrags erschien jedoch dem Advisory Committee on Practice and Procedure, das beinahe zeitgleich mit der Tätigkeit der New York Law Revision Commission mit der Ausarbeitung einer neuen Zivilprozessordnung beauftragt worden war, als unzureichend.[1150] Es sprach sich daher bereits knapp zwei Jahre nach Inkrafttreten der Vorschrift des CPA § 1340 für die Aufnahme einer Vorschrift in die Neufassung der New Yorker Zivilprozessordnung aus, die den Gerichten auch die Möglichkeit gebe, auf Antrag einer Partei die „specific performance" eines Schiedsgutachtenvertrags anzuordnen.[1151] Die erneut diskutierte Aufhebung der Unterscheidung zwischen Schiedsgutachtenvertrag und Schiedsvereinbarung wurde hingegen aus denselben Gründen abgelehnt, die schon die Law Revision Commission zur Beibehaltung

---

S. 51 f.: "[T]he foregoing review of the law concerning appraisal agreements and the observations of students of the law quoted above indicate that care should be taken to preserve the existing pattern of appraisal practice and of statutory and decisional law relating to appraisal as far as possible consistently with effective enforcement. [...] [A]ppraisal or valuation agreements are utilized in a variety of differing types of transactions, between some of which there are important factual and legal distinctions. [...] There are also problems to be considered as to what defenses should be available in a proceeding to compel performance of an appraisal agreement, as, for example, where the defaulting party is able to raise a substantial question as to the existence of any liability and it might involve considerable hardship to carry out a fruitless appraisal."

1147 New York Law Revision Commission, Leg. Doc. (1958) No. 65 C, S. 12; *Koretz*, N.Y.Leg. Doc. (1958) No. 65 C, S. 52: „[T]he pattern of enforcing extra-judicial third party determinations found in modern arbitration statutes does not comport in many respects with appraisal practice. [...] [I]t would seem unnecessary and unfortunate to require compliance with the formalities and procedures of the Arbitration Law in the voluntary performance of an appraisal agreement, and unfortunate to invalidate an appraisal award because of non-compliance with those formalities and procedures."

1148 N.Y. Laws 1958, c. 702.

1149 Zu den Gründen siehe *Koretz*, N.Y.Leg. Doc. (1958) No. 65 C, S. 54.

1150 N.Y. Leg. Doc. (1960) No. 20, S. 61 ff.

1151 N.Y. Leg. Doc. (1960) No. 20, S. 62.

dieser Unterscheidung bewogen hatten.[1152] Die neue Vorschrift des CPLR § 7601, die – wie bereits ihre Vorgängerin[1153] – die auf der Grundlage der New Yorker Standardpolice für die Brandschutzversicherung vereinbarten Schiedsgutachtenklauseln ausdrücklich ausklammerte, trat 1961 in Kraft. Sie hat folgenden Wortlaut:

> „A special proceeding may be commenced to specifically enforce an agreement, other than one contained in the standard fire insurance policy of the state, that a question of valuation, appraisal, or other issue or controversy be determined by a person named or to be selected. The court may enforce such an agreement as if it were an arbitration agreement, in which case the proceedings shall be conducted as if brought under article seventy five. Where there is a defense which would require dismissal of an action for breach of the agreement, the proceeding shall be dismissed."

Auf der Grundlage dieser Vorschrift hat der Court of Appeals in der Entscheidung *Penn Cent. Corp. v. Consolidated Rail Corp.*[1154] – unter Hinweis auf die Begründung des praktisch unverändert übernommenen Entwurfs des Advisory Committee on Practice and Procedure zu CPLR § 7601 – entschieden, dass ein Gericht im Anwendungsbereich der Vorschrift des CPLR § 7601 befugt sei, den Parteien nach seinem Ermessen auch solche Rechtsbehelfe zur Verfügung zu stellen, die in dieser Vorschrift nicht ausdrücklich genannt seien.[1155] In dieser Entscheidung hat der Court of Appeals auch entschieden, dass die Vorschrift des CPLR § 7601 den Gerichten in einem „appropriate case" die Befugnis gebe, ein Schiedsgutachten wie einen Schiedsspruch für vollstreckbar zu erklären.[1156] Zugleich stellte der Court of Appeals – wenn auch nur *dicta* – den Grundsatz auf, dass „under CPLR 7601" der Kreis der Aufhebungsgründe bei einem Schiedsgutachten grundsätzlich nicht weiter gezogen werden dürfe als bei einem Schiedsspruch nach Maßgabe des CPLR § 7511.[1157]

Zusammenfassend ist festzustellen, dass das Common Law ursprünglich keine Unterscheidung zwischen Schiedsvereinbarung und Schiedsgutachtenvertrag kannte. Die Gründe, die zu der Entwicklung der Unterscheidung von Schiedsvereinbarung und Schiedsgutachtenvertrag und der daran geknüpften Rechtsfolgen geführt haben, sind vielschichtig. Neben dem Wunsch der Ge-

---

1152 N.Y. Leg. Doc. (1960) No. 20, S. 64 f.

1153 Die im Jahre 1958 gemachten Vorschläge der New Yorker Law Revision Commission zu Änderungen im New Yorker Insurance Law (dazu: N.Y. Leg. Doc. (1958) No. 65 C, S. 7 f., 13) haben sich im Parlament nicht durchsetzen können. Der Grund hierfür dürfte darin zu suchen sein, dass es der New York Law Revision Commission mit ihren Vorschlägen um eine Verbesserung der Rechtsposition des Versicherungsnehmers (Einräumung der Möglichkeit, den Versicherer zur Durchführung des Schiedsgutachtenverfahrens zu zwingen und gegebenenfalls an Stelle des Versicherers einen Schiedsgutachter durch das Gericht ernennen zu lassen) ging und die Versicherungswirtschaft hiermit nicht einverstanden war.

1154 *Penn Cent. Corp. v. Consolidated Rail Corp.* (1982) 436 N.E.2d 512.

1155 *Penn Cent. Corp. v. Consolidated Rail Corp.* (1982) 436 N.E.2d 512, 517.

1156 *Penn Cent. Corp. v. Consolidated Rail Corp.* (1982) 436 N.E.2d 512, 517.

1157 *Penn Cent. Corp. v. Consolidated Rail Corp.* (1982) 436 N.E.2d 512, 518.

richte, aufgrund der praktischen Bedürfnisse nicht allen Arten von (Schieds-)Vereinbarungen die Anerkennung zu versagen, hat zu dieser Unterscheidung die gerade in New York vormals besonders starke Orientierung der Ausgestaltung der möglichen Aufgabenstellung des Schiedsrichters und der Art und Weise der Durchführung des Schiedsverfahrens am Leitbild der richterlichen Streitentscheidung und der Wunsch der Gerichte beigetragen, die zumindest seit Mitte des 19. Jahrhunderts für Schiedsgutachtenverfahren typische (und offenbar einem Bedürfnis der Praxis entsprechende) informelle Art und Weise der Durchführung ohne vollumfängliche Gewährung rechtlichen Gehörs gegen Angriffe zu verteidigen, die auf die Verletzung der für Schiedsverfahren geltenden Regeln gestützt wurden. Insbesondere der letztgenannte Aspekt[1158] hat dabei den Gesetzgeber dazu bewogen, im Gegensatz zu Kalifornien die Unterscheidung zwischen Schiedsvereinbarung und Schiedsgutachtenvertrag in New York beizubehalten. Trotz der Beibehaltung dieser Unterscheidung hat der New Yorker Gesetzgeber auf Betreiben der Praxis mit der Vorschrift des CPLR § 7601 dafür Sorge getroffen, dass jedenfalls den Parteien eines in den Geltungsbereich dieser Vorschrift fallenden Schiedsgutachtenvertrags effektive Rechtsbehelfe zur Durchsetzung des Schiedsgutachtenvertrags zur Verfügung stehen. Der Court of Appeals hat dann diese Bestimmung zum Anlass genommen, die Rechtsfolgen einer unter CPLR § 7501 fallenden Schiedsvereinbarung und eines unter CPLR § 7601 fallenden Schiedsgutachtenvertrags soweit als möglich einander anzunähern – obwohl sich noch der Berichterstatter der Law Revision Commission dafür ausgesprochen hatte, bei der im Prinzip möglichen Aufhebung der Unterscheidung von Schiedsvereinbarung und Schiedsgutachtenvertrag (und der daraus resultierenden Angleichung der Rechtsfolgen einer Schiedsvereinbarung und eines Schiedsgutachtenvertrags) Vorsicht walten zu lassen.[1159]

3. Grundlagen des New Yorker Schiedsgutachtenrechts

a. Quellen des New Yorker Schiedsgutachtenrechts

Primäre Quelle des New Yorker Schiedsgutachtenrechts ist – neben der Vorschrift des CPLR § 7601 – das spezifisch zu Schiedsgutachtenverträgen er-

---

[1158] Die anderen beiden Gründe für die Entwicklung dieser Unterscheidung sind heute hinfällig. So werden heute grundsätzlich alle Schiedsvereinbarungen gemäß CPLR § 7501 für wirksam und unwiderruflich erachtet, und die früher vorherrschende „public policy", Schiedsvereinbarungen ihre Anerkennung zu versagen, hat sich in eine „public policy" gewandelt, die alle Formen alternativer Streitbeilegung ausdrücklich fördert. Auch die früher in New York vorherrschende Orientierung der Ausgestaltung der möglichen Aufgabenstellungen eines Schiedsrichters am Leitbild der richterlichen Streitentscheidung besteht heute nicht mehr; vielmehr kann ein Schiedsrichter alle Aufgaben wahrnehmen, die auch ein Schiedsgutachter wahrnehmen kann.

[1159] Vgl. dazu *Koretz*, N.Y. Leg. Doc. (1958) No. 65 C, S. 51 f.

gangene Fallrecht.[1160] Dabei sind grundsätzlich diejenigen Präjudizien, die zu bestimmten Fallgruppen von Schiedsgutachtenverträgen (insbesondere zur Schiedsgutachtenklausel in der New Yorker Standardpolice für die Brandschutzversicherung sowie zu den in Bau- und Anlagenbauverträgen vereinbarten Schiedsgutachtenklauseln) ergangen sind, auch als Präjudizien für andere Fallgruppen von Schiedsgutachtenverträgen heranzuziehen. Dabei ist allerdings stets zu prüfen, ob nicht „important factual and legal distinctions"[1161] zwischen den verschiedenen Fallgruppen von Schiedsgutachtenklauseln bestehen, die einer Übertragung der zu der einen Fallgruppe ergangenen Entscheidungen auf eine andere Fallgruppe entgegenstehen. Auch sind bei der Anwendung der (insbesondere älteren) Präjudizien die Grundsätze der Entscheidung des Court of Appeals in *Penn Cent. Corp. v. Consolidated Rail Corp.* und die heutige „public policy" des Staates New York, Schiedsgutachtenverträge als eine Form alternativer Streitbeilegung aktiv zu fördern, angemessen zu berücksichtigen.

Soweit die zu beantwortende Rechtsfrage noch nicht *stare decisis* entschieden worden ist, kann für die Beantwortung dieser Rechtsfrage grundsätzlich auf die für die Common-Law-Schiedsgerichtsbarkeit geltenden Regeln zurückgegriffen werden[1162] – wenn auch mit der gebotenen Zurückhaltung und wiederum unter Beachtung der vor und nach Inkrafttreten der Vorschrift des CPLR § 7601 ergangenen *dicta* des Court of Appeals sowie der (von der entgegengesetzten „public policy" unter dem Common Law erheblich abweichenden) „public policy" des Staates New York, alle Formen alternativer Streitbeilegung aktiv zu fördern.

Die für Schiedsvereinbarungen i.S.d. CPLR § 7501 geltenden Rechtsgrundsätze und -regeln finden dagegen auf Schiedsgutachtenverträge grundsätzlich keine Anwendung.

[1160] Folgende Quellen bieten einen ersten und guten Überblick über zu Schiedsgutachtenverträgen nach New Yorker Recht ergangene Entscheidungen: *Koretz*, N.Y. Leg. Doc. (1958) No. 65 C, S. 30 ff.; N.Y. Jur. 2d., Bd 5, Arbitration & Award, 1997, §§ 2–4; N.Y. Jur. 2d, Bd. 22, Contracts, 1996, §§ 338–342; N.Y. Jur. 2d, Bd. 70 A, Insurance, 1998, §§ 2066–2078; N.Y. Jur. 2d, Bd. 74, Landlord & Tenant, § 329; *Casolaro*, 65 N.Y.St.B.J. (1993), Part I, S. 10 ff.; Part II, S. 46 ff.

[1161] Derartige Unterschiede zwischen verschiedenen Fallgruppen betont *Koretz*, N.Y. Leg. Doc. (1958) No. 65 C, S. 52.

[1162] *Strome v. London Assur. Co.* (2nd Dept. 1897) 47 N.Y.S. 481, 482, *affd.*, (1898) 57 N.E. 1125: „[...] the decisions in cases of arbitrations and awards are *not always* applicable to the solution of questions arising under a fire insurance appraisement." (Hervorhebung durch den Verfasser) Auch *Koretz*, N.Y. Leg. Doc. (1958) No. 65 (C), S. 32, geht von diesem Grundsatz aus.

b. Anwendungsbereich und Auslegung der Vorschrift des CPLR § 7601

aa. Anwendungsbereich des CPLR § 7601

Nach ihrem Wortlaut erfasst die Vorschrift des CPLR § 7601 alle Vereinbarungen, deren Gegenstand die bindende Entscheidung einer „question of valuation, appraisal, or other issue or controversy" durch eine in der Vereinbarung benannte oder zu einem späteren Zeitpunkt zu benennende Person ist. Ausdrücklich ausgenommen ist lediglich die in der New Yorker Standardpolice für die Brandschutzversicherung[1163] enthaltene Schiedsgutachtenklausel. Ansatzpunkte für eine Beschränkung des Anwendungsbereichs dieser Vorschrift[1164] nur auf solche Schiedsgutachtenverträge, die nach den vor ihrem Inkrafttreten ergangenen Präjudizien einer unter Missachtung der getroffenen Vereinbarung erhobenen Klage einredeweise entgegengehalten werden können,[1165] finden sich dagegen weder im Wortlaut noch in den Gesetzgebungsmaterialien[1166] zu CPLR § 7601 und der Vorgängervorschrift des CPA § 1340. Im Übrigen erfasst CPLR § 7601 trotz des eher engen Wortlauts nach Maßgabe der einschlägigen Gesetzgebungsmaterialien[1167] auch solche Schiedsgutachtenverträge, in denen der Schiedsgutachterstelle die Entscheidung einer Mehrzahl der in dieser Vorschrift genannten Fragestellungen übertragen wird.[1168] Dagegen findet diese Vorschrift keine Anwendung auf Schiedsgutachtenverträge, in denen der Schiedsgutachterstelle die Entscheidung aller Streitigkeiten zwischen den Parteien übertragen wird. Solchen Vereinbarungen wurde nach Common Law die Anerkennung versagt, und es war nicht die Absicht des Gesetzgebers, mit der Vorschrift des CPLR § 7601 auch solche, nicht CPLR § 7501 unterfallende Verträge zu erfassen.

[1163] N.Y. Ins. Law § 3404.

[1164] Zu den Methoden der Auslegung eines Gesetzestextes in U.S.-amerikanischen Rechtsordnungen siehe beispielhaft *Fikentscher*, S. 75 ff.; *Bodenheimer*, AcP 61 (1961), S. 10 ff.; *Blumenwitz*, S. 50 ff.

[1165] Nach den Grundsätzen des Common Law kann ein Schiedsgutachtenvertrag einer solchen Klage nur dann einredeweise entgegengehalten werden, wenn die Parteien das Ergehen des Schiedsgutachtens als aufschiebende Bedingung für das Entstehen des „right of action" vereinbart haben; siehe dazu oben S. 139 f.

[1166] Gesetzgebungsmaterialien können auch in New York zur Ermittlung des Willens des Gesetzgebers herangezogen werden; vgl. dazu beispielhaft *Fumarelli v. Marsam Dev.*, Inc. (1998) 703 N.E.2d 251, 254 ff.

[1167] CPLR § 7601 S. 1 spricht von „*a* question of valuation, appraisal or other issue or controversy" (Hervorhebung durch den Verfasser).

[1168] Zur Reichweite des Anwendungsbereichs dieser Vorschrift siehe auch die neuere Entscheidung *Luxottica Group, S.p.A. v. Bausch & Lomb, Inc.* (S.D.N.Y. 2001) 2001 U.S. Dist. Lexis 3657.

bb. Auslegung des CPLR § 7601

CPLR § 7601 S. 1 gibt den Gerichten die Befugnis, im Rahmen eines „special proceeding" (CPLR Art. 4) die „specific performance" eines in den Geltungsbereich dieser Vorschrift fallenden Schiedsgutachtenvertrags anzuordnen.

Nicht ganz eindeutig ist die Reichweite der den Gerichten durch die Regelung des CPLR § 7601 S. 2 eingeräumten Befugnis. Teilweise wird diese Bestimmung eng ausgelegt und in ihrer Reichweite letztlich auf den Inhalt der Vorgängervorschrift des CPA § 1340 reduziert.[1169] Unter Zugrundelegung dieser engen Auslegung würde die Bestimmung des CPLR § 7601 S. 2 den Gerichten nur die Befugnis geben, die Durch- oder Fortführung eines Schiedsgutachtenverfahrens als Schiedsverfahren anzuordnen.[1170] Überwiegend wird die Bestimmung des CPLR § 7601 S. 2 aber ihrem Wortlaut entsprechend weit ausgelegt und ein Gericht dementsprechend als befugt angesehen, einen in den Anwendungsbereich des CPLR § 7601 fallenden Schiedsgutachtenvertrag zum Zwecke seiner Durchsetzung wie einen Schiedsvertrag nach Maßgabe der CPLR §§ 7501–7514 zu behandeln.[1171] Diese weite Auslegung erscheint zutreffend. Zwar ist der – bei einer Gesetzesauslegung maßgebliche[1172] – Wille des Gesetzgebers hier insofern nicht ganz eindeutig, als sich der Begründung des Entwurfs des CPLR § 7601[1173] sowohl Anhaltspunkte für die eine wie auch für die andere Auslegung entnehmen lassen. Ausgangspunkt einer Gesetzesauslegung (und wichtigster Anhaltspunkt für den Willen des Gesetzgebers) ist jedoch stets der Wortlaut des Gesetzes.[1174] Der Wortlaut des CPLR § 7601 spricht aber für die weite Auslegung. Hinzu kommt, dass es sich bei der Bestimmung des CPLR § 7601 S. 2 um ein sog. „remedial statute" handelt, das grundsätzlich weit[1175] und so auszulegen ist, dass der hinter dem Gesetz stehende rechtspolitische Wille des Gesetzgebers so weit als möglich Berück-

---

[1169] Vgl. *Casolaro*, 65 N.Y.St.B.J. (1993), Part II, S. 49; im Ergebnis ebenso *Borowsky*, S. 148 f.

[1170] Auch bei dieser Auslegung würden die Gerichte aber im Ergebnis befugt sein, den Parteien des Schiedsgutachtenvertrags alle Rechtsbehelfe zur Verfügung zu stellen, die in den CPLR §§ 7501–7514 oder den dazu ergangenen Entscheidungen vorgesehen sind, denn im Anwendungsbereich des CPLR § 7601 können die Gerichte den Parteien auch solche Rechtsbehelfe zur Verfügung stellen, die in CPLR § 7601 nicht ausdrücklich genannt sind; *Penn Cent. Corp. v. Consolidated Rail Corp.* (1982) 436 N.E.2d 512, 517.

[1171] So *Dimson v. Elghanayan* (1967) 127 N.E.2d 10, 14; *American Silk Mills Corp. v. Meinhard – Commercial Corp.* (1st Dept. 1970) 315 N.Y.S.2d 144, 147; *Creative Communication of America, Inc. v. Green Harbour Communications* (Sup. Ct. 2004) N.Y.L.J. May 20th, 2004, S. 19 Sp. 1; *Questrom v. Federated Dep't Stores, Inc.* (S.D.N.Y. 1999) 41 F. Supp. 2d 294, 302; *Forbes v. Cendant Corp.* (2nd Cir. 2000) 2000 U.S. App. Lexis 1253; *Alexander*, Practice Commentaries zu CPLR § 7601 (1998), S. 933; unklar insoweit *Penn Cent. Corp. v. Consolidated Rail Corp.* (1982) 436 N.E.2d 512, 517.

[1172] *People v. Finnegan* (1995) 647 N.E.2d 758, 760.

[1173] N.Y. Leg. Doc. (1960) No. 20, S. 62 ff.

[1174] Vgl. *Majewski v. Broadalbin-Perth Cent. Sch. Dist.* (1998) 696 N.E.2d 978, 980.

[1175] *Blanco v. AT&T* (1997) 90 N.Y. 2d 757, 766.

sichtigung findet.[1176] Erklärter rechtspolitischer Wille des Gesetzgebers war es aber, die Durchsetzbarkeit eines Schiedsgutachtenvertrags im Vergleich zu der vorher bestehenden Rechtslage zu verbessern.[1177]

Über die in CPLR § 7601 S. 1 und 2 vorgesehenen Rechtsbehelfe hinaus können die Gerichte im Geltungsbereich des CPLR § 7601 den Parteien aber auch solche Rechtsbehelfe zur Verfügung stellen, die in CPLR § 7601 nicht ausdrücklich genannt sind.[1178]

Sowohl die Gewährung der in CPLR § 7601 genannten Rechtsbehelfe als auch die Gewährung der in CPLR § 7601 nicht ausdrücklich genannten Rechtsbehelfe steht dabei – vorbehaltlich der Regelung des CPLR § 7601 S. 3 – im Ermessen des angegangenen Gerichts. Da es dem Gesetzgeber darum ging, mit der Vorschrift des CPLR § 7601 den Gerichten im Geltungsbereich dieser Vorschrift ihre „traditional equitable powers" zurückzugeben,[1179] die durch CPLR § 7601 eingeführten Rechtsbehelfe also mithin als „equitable remedies" zu qualifizieren sind, ist dieses Ermessen von den Gerichten als „equitable discretion" auszuüben.[1180] Als Kriterien für die Art und Weise der Ermessensausübung sind dabei vor allem die Umstände des konkreten Einzelfalls heranzuziehen.[1181] Dabei haben die Gerichte vor Anordnung der Durchführung des Schiedsgutachtenverfahrens oder der Zuerkennung eines anderen Rechtsbehelfs auf den substantiierten Vortrag einer Partei hin auch zu prüfen, ob im konkreten Fall überhaupt ein Anspruch dem Grunde nach besteht und daher möglicherweise die Gefahr eines „fruitless appraisal" besteht.[1182] Die Gerichte müssen bei der Ausübung ihres Ermessens aber auch den Willen und die allgemeine rechtspolitische Zielrichtung des Gesetzgebers des CPLR § 7601 beachten, da es sich hier um durch Gesetz eingeführte „equitable remedies" handelt. Wie dargelegt ging es dem Gesetzgeber zum einen darum, die etablierte Praxis der Durchführung eines Schiedsgutachtenverfahrens als informelles Verfahren ohne eine vollumfängliche Gewährung rechtlichen Gehörs zu erhalten, zum anderen aber auch darum, die Möglichkeiten der Durchsetzung eines in den Geltungsbereich des CPLR § 7601 fallenden Schiedsgutachtenvertrags zu verbessern und damit die Entscheidung von Streitigkeiten durch Schiedsgutachter zu fördern.[1183] Dementsprechend ist die Anordnung der Durch- oder Fortführung des Schiedsgutachtenverfahrens als Schiedsver-

---

1176 *Lesser v. Park 65 Realty Corp.* (1st Dept. 1988) 140 A.D. 2d 169, 173, *appeal dismissed*, (1988) 72 N.Y. 2d 1042.

1177 Vgl. N.Y. Leg. Doc. (1960) No. 20, S. 62 ff.

1178 *Penn Cent. Corp. v. Consolidated Rail Corp.* (1982) 436 N.E.2d 512, 517.

1179 N.Y. Leg. Doc. (1960) No. 20, S. 62.

1180 N.Y. Leg. Doc. (1960) No. 20, a.a.O.

1181 Vgl. *Dimson v. Elghanayan* (1967) 127 N.E.2d 10, 14, und *SR International Bus. Ins. Co. Ltd. v. World Trade Center Properties LLC* (S.D.N.Y. 2002) 2002 WL 1905968.

1182 *Koretz*, N.Y. Leg. Doc. (1958) No. 65 C, S. 52.

1183 Vgl. N.Y. Leg. Doc. (1960) No. 20, S. 62 ff.; *Penn Cent. Corp. v. Consolidated Rail Corp.* (1982) 436 N.E.2d 512, 517.

fahren nur als *ultima ratio* („last resort“[1184]) zulässig. Darüber hinaus müssen die Gerichte bei ihrer Ermessensausübung etwaige Präjudizien, aber auch *dicta* des Court of Appeals beachten.[1185]

Vor dem Hintergrund der Gesetzgebungsmaterialien zu CPLR § 7601[1186] ist davon auszugehen, dass im Rahmen des CPLR § 7601 nicht der strikte Grundsatz der „judicial non-interference“ gilt, der sich im Schiedsverfahrensrecht (CPLR §§ 7501–7514)[1187] durchgesetzt hat.[1188] Allerdings tendieren die neueren, im Gefolge der Entscheidung des Court of Appeals in *Penn Cent. Corp. v. Consolidated Rail Corp.* ergangenen Entscheidungen zunehmend (wenn auch nicht ausnahmslos) in die Richtung einer „judicial non-interference“.

4. Vorliegen eines Schiedsgutachtenvertrags oder einer Schiedsvereinbarung

Das New Yorker Recht unterscheidet, wie oben dargelegt, Schiedsvereinbarungen i.S.d. CPLR §§ 7501–7514, Common-Law-Schiedsvereinbarungen und – in der Terminologie der vorliegenden Arbeit – Schiedsgutachtenverträge. Da Gegenstand der vorliegenden Arbeit allein Schiedsgutachtenverträge sind, muss Klarheit darüber bestehen, wann – abstrakt und konkret – aus Sicht des New Yorker Rechts[1189] ein Schiedsgutachtenvertrag vorliegt. Diese Frage ist auch von praktischer Bedeutung, weil bestimmte für Common-Law-Schiedsvereinbarungen geltende Grundsätze auf Schiedsgutachtenverträge keine Anwendung finden, die Vorschrift des CPLR § 7601 für Common-Law-Schiedsvereinbarungen nicht gilt und die CPLR §§ 7501–7514 auf Schiedsgutachtenverträge grundsätzlich keine Anwendung finden.

1184 *Penn Cent. Corp. v. Consolidated Rail Corp.* (1982) 436 N.E.2d 512, 517. – Zu den möglichen Gründen, die eine solche Anordnung im Einzelfall sinnvoll erscheinen lassen können, siehe *Koretz*, N.Y. Leg. Doc. (1958), No. 65 C, S. 54, und die Entscheidung *Clark v. Kraftco Corp.* (S.D.N.Y. 1971) 323 F. Supp. 358, 363, *appeal dismissed*, (2nd Cir.1971) 447 F. 2d 933.

1185 Betrachtet man die bisher zu CPLR § 7601 ergangenen Entscheidungen, so fällt auf, dass die Gerichte sich bisher bei der Ausübung ihres Ermessens ganz überwiegend an der der Vorschrift des CPLR § 7601 zugrunde liegenden rechtspolitischen Ausrichtung orientiert haben, die Verwendung von Schiedsgutachtenverträgen zu fördern; Aspekte der Einzelfallgerechtigkeit haben hingegen nur in relativ wenigen Entscheidungen eine Rolle gespielt. Siehe dazu *Casolaro*, 65 N.Y.St.B.J. (1993), Part II, S. 46 ff.

1186 *Clark v. Kraftco Corp.* (S.D.N.Y. 1971) 323 F. Supp. 358, 361, *appeal dismissed*, (2nd Cir.1971) 447 F. 2d 933.

1187 Zur Geltung dieses Grundsatzes im Bereich des New Yorker Schiedsverfahrensrechts siehe N.Y. Jur. 2d, Bd. 5, Arbitration & Award, 1997, § 5.

1188 *Johnson v. Chemical Bank* (County Ct. 1990) 555 N.Y.S.2d 538, 541.

1189 Zu den im U.S.-amerikanischen Recht allgemein verwendeten Kriterien für die Abgrenzung von Schiedsvereinbarung und Schiedsgutachtenvertrag und deren rechtsgeschichtlicher Entwicklung siehe *Sturges*, S. 18 ff.; *Borowsky*, S. 28 f. und S. 137 ff.

a. *Schiedsgutachtenvertrag oder Common-Law-Schiedsvereinbarung*

Die Abgrenzung von Common-Law-Schiedsvereinbarung und Schiedsgutachtenvertrag wird auf der Grundlage der in der bereits erwähnten Entscheidung *Garr v. Gomez* aufgestellten Kriterien vorgenommen.[1190] Nach dieser Entscheidung ist es für eine Common-Law-Schiedsvereinbarung kennzeichnend, dass den Schiedsrichtern die Entscheidung aller zwischen den Parteien streitigen Fragen übertragen wird und die Schiedsrichter an Stelle des staatlichen Richters treten. Schiedsgutachtenverträge sind hingegen dadurch gekennzeichnet, dass den Schiedsgutachtern lediglich die Entscheidung spezifischer (Tatsachen-)Fragen, also lediglich eines (Tatsachen-)Teils der zwischen den Parteien streitigen Fragen, übertragen wird und die auf der Grundlage eines Schiedsgutachtenvertrags tätig werdenden Schiedsgutachter an die Stelle der Jury treten.

Ermöglichen diese Kriterien im Einzelfall keine eindeutige Entscheidung (so etwa in den Fällen, in denen einem oder mehreren Dritten die Bestimmung eines Kaufpreises oder die Festlegung des Pachtzinses für einen Verlängerungszeitraum übertragen ist – in beiden Fällen wird dem oder den Dritten die Entscheidung des einzigen zwischen den Parteien offenen oder gar streitigen Punkts übertragen), beantwortet sich die Frage nach dem Vorliegen einer Common-Law-Schiedsvereinbarung oder eines Schiedsgutachtenvertrags zunächst danach, ob hinsichtlich des zu entscheidenden Punkts im Zeitpunkt des Abschlusses der Vereinbarung (oder, im Falle einer Vereinbarung über erst zukünftig relevant werdende Fragen, im Zeitpunkt des Tätigwerdens des oder der Dritten) zwischen den Parteien eine Meinungsverschiedenheit bzw. ein Streit, also eine „controversy", bestand.[1191] Ist eine solche „controversy" zu bejahen, entscheiden die Gerichte danach, ob der oder die Dritten über den betreffenden Punkt nach dem Willen der Parteien in einem formalisierten, quasi-gerichtlichen Verfahren (dann Common-Law-Schiedsvereinbarung) oder in einem weitgehend informellen Verfahren (dann Schiedsgutachtenvertrag) entscheiden soll(t)en.[1192] Als Kriterien für die Feststellung des Willens der Parteien sind dabei die Aufgabenstellung, die Bezeichnung des oder der Dritten in der Vereinbarung[1193] und, gegebenenfalls, die übereinstimmende Sicht der Parteien und der Schiedsgutachter heranzuziehen, die sich in der Durchfüh-

---

1190 Vgl. *Webster v. Van Allen* (4th Dept. 1926) 216 N.Y.S. 552, 555; *Turner v. New York Cent. & H. R.R.* (3rd Dept. 1915) 153 N.Y.S. 281, 283 f.; vgl. auch *Gold Plastering Co. v. 200 East End Ave. Corp.* (2nd Dept. 1953) 126 N.Y.S.2d 838, 840, *affd.*, (1954) 120 N.E.2d 846, und *Application of Board of Education* (Sup. Ct. 1960) 204 N.Y.S.2d 396, 402.

1191 *Webster v. Van Allen* (4th Dept. 1926) 216 N.Y.S. 552, 555. Fehlt es in dem maßgeblichen Zeitpunkt an einer „controversy", nimmt die Rechtsprechung einen Schiedsgutachtenvertrag an.

1192 Vgl. *In re Katz Estate* (1st Dept. 1960) 201 N.Y.S.2d 996, 998, *affd.*, (1961) 175 N.E.2d 168; *Application of Board of Education* (Sup. Ct. 1960) 204 N.Y.S.2d 396, 402.

1193 *Eager*, S. 10, sieht dies als entscheidendes Kriterium an.

rung eines informellen (oder eines formalisierten, quasi-gerichtlichen) Verfahrens manifestiert hat.[1194]

b. Schiedsgutachtenvertrag oder Schiedsvereinbarung i.S.d. CPLR § 7501

Schiedsvereinbarungen i.S.d. CPLR § 7501 und Schiedsgutachtenverträge lassen sich nicht klar gegeneinander abgrenzen, weil jede typische Aufgabenstellung einer Schiedsgutachterstelle zugleich auch Gegenstand einer Schiedsvereinbarung i.S.d. CPLR § 7501 sein kann – und umgekehrt.[1195] Der Court of Appeals hat dennoch – im Ergebnis wiederum anknüpfend an die Entscheidung *Garr v. Gomez*, aber auch gestützt auf die von ihm entschiedenen Fälle – festgestellt, dass einem Schiedsgericht i.S.d. CPLR §§ 7501–7514 im Regelfall die Entscheidung aller zwischen den Parteien streitigen Fragen, einer Schiedsgutachterstelle dagegen im Regelfall lediglich die Entscheidung spezifischer (Tatsachen-)Fragen übertragen (und die Klärung der dann noch offenen (Rechts-)Fragen vorenthalten) werde.[1196]

Ob im Einzelfall eine Schiedsvereinbarung nach Maßgabe des CPLR § 7501 oder ein Schiedsgutachtenvertrag vorliegt, beurteilt die Rechtsprechung – wegen der Ungeeignetheit der Aufgabenstellung als Abgrenzungskriterium – im Ergebnis danach, ob nach dem Willen der Parteien der oder die Dritten in einem formalisierten, quasi-gerichtlichen Verfahren oder in einem weitgehend informellen Verfahren entscheiden sollen.[1197] Zur Ermittlung des entsprechenden Parteiwillens stützt sich die Rechtsprechung dabei insbesondere auf die Bezeichnung des oder der Dritten in der Vereinbarung und zieht gegebenenfalls auch die übereinstimmende Sicht der Parteien und der Schiedsgutachter heran, die sich in der Durchführung eines informellen (oder eines formalisierten, quasi-gerichtlichen) Verfahrens manifestiert hat.[1198] Bleiben dennoch Zweifel, ob die Parteien im konkreten Fall eine Schiedsvereinbarung i.S.d. CPLR § 7501 oder einen Schiedsgutachtenvertrag i.S.d. CPLR § 7601 vereinbart haben, so ist im Zweifel ein Schiedsgutachtenvertrag jedenfalls dann anzunehmen, wenn Gegenstand der getroffenen Vereinbarung eine spezifische Frage der Art ist, deren Entscheidung durch Dritte der New Yorker Gesetzgeber mit der Vorschrift des CPLR § 7601 erfassen wollte.[1199]

[1194] Vgl. *Turner v. New York Cent. & H. R.R.* (Sup. Ct. 1911) 132 N.Y.S. 418, 419 f., *affd.*, (3rd Dept. 1915) 153 N.Y.S. 281; siehe auch McNally (dissenting), *In re Katz Estate* (1st Dept. 1960) 201 N.Y.S.2d 996, 998 f.

[1195] Vgl. nur die Entscheidung *Yonkers Contracting Co. v. Port Auth. Trans-Hudson Corp.* (1996) 640 N.E.2d 907, 908 f.

[1196] *Penn Cent. Corp. v. Consolidated Rail Corp.* (1982) 436 N.E.2d 512, 516.

[1197] *In re Katz Estate* (1st Dept. 1960) 201 N.Y.S.2d 996, 998, *affd.*, (1961) 175 N.E.2d 168.

[1198] Vgl. *Penn Cent. Corp. v. Consolidated Rail Corp.* (1982) 436 N.E.2d 512, 516.

[1199] N.Y. Jur. 2d, Bd. 5, Arbitration & Award, 1997, § 2. Zur Stützung dieser Auffassung lässt sich auch die Entscheidung des Court of Appeals in *Penn Cent. Corp. v. Consolidated Rail Corp.* (1982) 436 N.E.2d 512 heranziehen, in der der Court of Appeals entgegen der Vorinstanz keine Schiedsvereinbarung, sondern einen Schiedsgutachtenvertrag an-

B. Darstellung des New Yorker Schiedsgutachtenrechts

1. Schiedsgutachtenvertrag

a. *Zulässigkeit und Unwiderruflichkeit*

aa. *Individualvertraglich vereinbarte Schiedsgutachtenverträge*

aaa. Zulässigkeit

Der Abschluss von Schiedsgutachtenverträgen über Fragestellungen, hinsichtlich derer der Rechtsweg nicht eröffnet ist,[1200] ist nach dem auch das New Yorker Recht beherrschenden Grundsatz der Vertragsfreiheit (und angesichts der in New York herrschenden „public policy", alle Formen alternativer Streitbeilegung zu fördern) zulässig,[1201] soweit sich Einschränkungen der Freiheit zum Abschluss oder der Ausgestaltung eines Schiedsgutachtenvertrags nicht aus dem Common Law oder einschlägigen Gesetzen ergeben. Verfassungsrechtliche Bedenken gegen den Abschluss solcher Schiedsgutachtenverträge bestehen nicht.[1202]

Schiedsgutachtern können, da ihnen zulässigerweise auch die Entscheidung aller zwischen den Parteien bestehenden Streitigkeiten übertragen werden kann, nicht nur ausschließlich auf tatsächlichem Gebiet liegende Aufgabenstellungen, sondern auch bindende Entscheidungen einzelner Rechtsfragen übertragen werden, insbesondere die Entscheidung von Fragen der Auslegung des Schiedsgutachtenvertrags und des Hauptvertrags.[1203]

Ein Schiedsgutachtenvertrag ist allerdings wegen Verstoßes gegen „public policy" unwirksam, wenn entweder bereits der Abschluss eines Schiedsgutachtenvertrags als solcher (unabhängig von seiner inhaltlichen Ausgestaltung) zwingenden rechtlichen Regeln widerspricht oder zwar der konkrete Schieds-

---

nahm. Allerdings finden sich auch Entscheidungen insbesondere des für den Southern District of New York zuständigen District Court, aus denen man auch die gegenteilige Schlussfolgerung ziehen könnte; vgl. dazu die bei *Borowsky*, S. 41, zitierten Entscheidungen.

[1200] Auch ein Schiedsgutachtenvertrag, in dem der Schiedsgutachterstelle die Entscheidung aller Streitpunkte übertragen wird, ist im Prinzip zulässig und verstößt an und für sich auch nicht gegen „public policy"; vgl. *Yonkers Contracting Co. v. Port Auth. Trans-Hudson Corp.* (1996) 640 N.E.2d 907, 908 f.

[1201] *Sorensen v. S.A. Companhia Gen. Comercial de Santos* (Sup. Ct. 1920) 180 N.Y.S. 201, 203; New York Law Revision Commision, N.Y. Leg. Doc. (1958) No. 65 (C), S. 11.

[1202] Vgl. *Berkovitz v. Arbib & Houlberg* (1921) 130 N.E. 288, 291 f., und *Borowsky*, S. 144.

[1203] *W. B. Armstrong Co. v. State* (Cl. Ct. 1920) 181 N.Y.S. 185, 188; Annotation, 137 A.L.R. (1942), S. 540 f. Siehe dazu auch *Charles S. Wood & Co. v. Alvord & Swift* (1st Dept. 1931) 251 N.Y.S. 35, 37, *affd. without opinion*, (1932) 180 N.E. 354, und Breidel, J. (dissenting), *United Equities Inc. v. Mardordic Realty Co.* (1st Dept. 1959) 187 N.Y.S.2d 714, 720, n. 1, *affd.*, (1960) 165 N.E.2d 426.

gutachtenvertrag als solcher grundsätzlich zulässig ist, aber Regelungen enthält, die zwingenden rechtlichen Regeln widersprechen.

Ein individualvertraglich vereinbarter Schiedsgutachtenvertrag verstößt aber grundsätzlich – ebenso wenig wie eine entsprechende Schiedsvereinbarung[1204] – nicht schon allein deshalb gegen „public policy", weil der Schiedsgutachtenvertrag als allein entscheidenden Schiedsgutachter den Angestellten einer Partei vorsieht.[1205] Offen ist allerdings, ob ein solcher Schiedsgutachtervertrag nicht dann gegen „public policy" verstößt, wenn dem Schiedsgutachter die Entscheidung aller Streitigkeiten übertragen wird und die Parteien darüber hinaus vereinbaren, dass das Schiedsgutachten nur in demselben Maße überprüfbar sein soll wie ein Schiedsspruch gemäß CPLR § 7511.[1206] Ebenfalls unklar ist, ob, wie im Falle einer Schiedsvereinbarung,[1207] ein Schiedsgutachtenvertrag wegen Verstoßes gegen „public policy" dann nichtig ist, wenn als allein entscheidender Schiedsgutachter eine Partei oder eine Person tätig werden soll, die in so enger Nähe zu einer Partei steht, das sie praktisch als Partei anzusehen ist. Die Rechtsprechung zu dieser Frage ist uneinheitlich.[1208] Ebenfalls nicht geklärt ist bisher, inwieweit eine Schiedsgutachtenklausel gegen „public

---

1204 *Astoria Medical Group v. Health Ins. Pl. of Gr. N.Y.* (1962) 182 N.E.2d 85, 89; *Siegel v. Lewis* (1976) 358 N.E.2d 484, 486; *Yonkers Contracting Co. v. Port Auth. Trans-Hudson Corp.* (1996) 640 N.E.2d 907, 908.

1205 *Westinghouse Elec. Corp. v. New York City Transit Auth.* (1993) 82 N.Y. 2d 47, 53 ff.; *Yonkers Contracting Co. v. Port Auth. Trans-Hudson Corp.* (1996) 640 N.E.2d 907, 908; enger noch (nur dann, wenn Bindungswirkung des Schiedsgutachtens lediglich auf Tatsachen beschränkt ist) *Thomas Crimmins Contracting Co. v. City of New York* (1st Dept. 1988) 530 N.Y.S.2d 779, 781 f., *affd.*, (1989) 542 N.E.2d 1097; *R.T.P. Inc. v. State* (3rd Dept. 1994) 607 N.Y.S.2d 168, 169.

1206 Vgl. *Westinghouse Elec. Corp. v. New York City Transit Auth.* (1993) 82 N.Y. 2d 47, 54 f.; *Yonkers Contracting Co. v. Port Auth. Trans-Hudson Corp.* (1996) 640 N.E.2d 907, 908; siehe auch *Foster/Lipton*, N.Y.L.J. October 12th, 1993, S. 1 Sp.1 sowie die Nachweise in *Greenwald v. Weisbaum* (Sup. Ct. 2004) 785 N.Y.S.2d 664, 667, Fußnote 5. Die Tendenz der New Yorker Gerichte geht jedoch offensichtlich dahin, diese Frage zu verneinen; vgl. insoweit *Skanska Tunneling, Inc. v. City of New York* (1st Dept. 1998) 669 N.Y.S.2d 212, *appeal dismissed*, (1998) 677 N.Y.S.2d 70, und *Greenwald v. Weisbaum* (Sup. Ct. 2004) 785 N.Y.S.2d 664, 670.

1207 *Cross & Brown Co. v. Nelson* (1st Dept. 1957) 4 A.D.2d 501, 503; *Pisciotta v. Newspaper Enter., Inc.* (2nd Dept. 1958) 174 N.Y.S.2d 419. Allerdings sind die Gerichte sehr zurückhaltend, eine Stellung als „Quasi-Partei" zu bejahen; vgl. nur *Greenwald v. Weisbaum* (Sup. Ct. 2004) 785 N.Y.S.2d 664, 670 f, und BDO Seidman, LLP v. Bloom (Sup. Ct. 2004) 2004 WL 2659987.

1208 Im Ergebnis bejahend: *Thomas Crimmins Contracting Co. v. City of New York* (1st Dept. 1988) 530 N.Y.S.2d 779, 781, *affd.*, (1989) 542 N.E.2d 1097; *R.T.P. Inc. v. State* (3rd Dept. 1994) 607 N.Y.S.2d 168, 169 (hier erachtete das Gericht eine Schiedsgutachtenklausel für unwirksam, in der als allein entscheidender Schiedsgutachter der Anwalt der einen Partei benannt worden war); im Ergebnis verneinend: *Dustan v. McAndrew* (1870) 44 N.Y. 72; *Gumbinsky Bros. Co. v. Smalley* (1st Dept. 1922) 197 N.Y.S. 530, 537, *affd.*, (1923) 139 N.E. 758; aus neuester Zeit siehe nur *Grey v. F.D.I.C.* (S.D.N.Y. 2002) 2002 WL 959564.

policy" verstößt, die einer der Parteien ein Übergewicht bei der Zusammensetzung der Schiedsgutachterstelle einräumt.[1209] Da aber die Parteien wirksam auch das Tätigwerden des Angestellten einer Partei als allein entscheidender Schiedsgutachter vereinbaren können, ist davon auszugehen, dass diese Frage grundsätzlich zu verneinen ist. Demgegenüber steht fest, dass ein Verstoß gegen „public policy" nicht schon darin zu erblicken ist, dass die Schiedsgutachter zu einer Entscheidungsfindung in einem informellen Verfahren ohne vollumfängliche Gewährung rechtlichen Gehörs ermächtigt werden.[1210]

Ein Schiedsgutachtenvertrag ist auch dann unwirksam,[1211] wenn die Parteien in dem Schiedsgutachtenvertrag das Tätigwerden einer öffentlichen Körperschaft („public corporation")[1212] oder einer Behörde („agency")[1213] als Schiedsgutachter vereinbart haben, die sich mit einer Tätigkeit als Schiedsgutachter außerhalb ihrer gesetzlichen oder satzungsmäßigen Befugnisse („ultra vires") bewegen würde.

bbb. Unwiderruflichkeit

Schiedsgutachtenverträge, in denen einer Schiedsgutachterstelle Fragestellungen übertragen werden, die als solche nicht zum alleinigen Gegenstand einer Klage zu den staatlichen Gerichten gemacht werden können, sind – im Gegensatz zu Common–Law–Schiedsvereinbarungen[1214] – grundsätzlich unwiderruflich.[1215] Dieser Grundsatz gilt dabei nicht nur für diejenigen Schiedsgutachtenverträge, bei denen die Parteien zusätzlich zur Vereinbarung der bindenden Wirkung des Schiedsgutachtens das Recht auf dessen gerichtliche Geltendmachung unter die „condition precedent" der Erstattung des Schiedsgutachtens gestellt haben, sondern auch für all die Schiedsgutachtenverträge, bei denen die Parteien die Entstehung des Rechts auf klageweise Geltendmachung der maßgeblichen Ansprüche nicht von der vorherigen Erstattung des Schiedsgutachtens abhängig gemacht haben. Hiervon ist ersichtlich auch der Gesetzgeber des CPA § 1340 und, ihm folgend, der Gesetzgeber des CPLR § 7601 ausgegangen.

1209 Zu derselben Fragestellung bei Schiedsvereinbarungen siehe die Nachweise in Annotation, 75 A.L.R. 5th (1995), S. 595 ff.

1210 *Luxottica Group, S.p.A. v. Bausch & Lomb, Inc.* (S.D.N.Y. 2001) 2001 U.S. Dist. Lexis 3657.

1211 Vgl. *Davis v. Rochester Can Co.* (4th Dept. 1927) 221 N.Y.S. 666, 669, *affd.*, (1928) 161 N.E. 166 (für die gleiche Frage bei einer Common-Law-Schiedsvereinbarung).

1212 Vgl. *Syracuse Sav. Bank v. Yorkshire Ins. Co.* (4th Dept. 1944) 49 N.Y.S.2d 247, 248, *revd. on other grounds*, (1950) 94 N.E.2d 73.

1213 *Davis v. Rochester Can Co.* (4th Dept. 1927) 221 N.Y.S. 666, 669, *affd.*, (1928) 161 N.E. 166.

1214 N.Y. Jur. 2d, Bd. 5, Arbitration and Award, 1997, § 248.

1215 *Atterbury v. Columbia College* (Sup. Ct. 1910) 123 N.Y.S. 25, 26; Note, 34 Yale L. J. (1924), S. 98; *Sturges*, S. 62; *Koretz*, N.Y. Leg. Doc. (1958), No. 65 C, S. 24 ff.

bb. Schiedsgutachtenklauseln in AGB

Schiedsgutachtenklauseln, die in AGB enthalten sind, sind nicht per se unzulässig. Allerdings kann eine in AGB enthaltene Schiedsgutachtenklausel unwirksam oder jedenfalls nicht durchsetzbar sein, wenn die konkrete Schiedsgutachtenklausel zwingenden gesetzlichen Bestimmungen zuwiderläuft[1216] oder im Hinblick auf die konkrete Klausel sowohl das Vorliegen einer „procedural unconscionability" als auch einer „substantive unconscionability" zu bejahen ist.[1217] Eine in AGB enthaltene Schiedsgutachtenklausel ist darüber hinaus aber auch dann nicht durchsetzbar, wenn die zugrunde liegenden AGB als „adhesion contract" zu qualifizieren sind[1218] und die konkrete Schiedsgutachtenklausel entweder als überraschende Klausel oder als „unconscionable" anzusehen ist.[1219]

Schiedsgutachtenklauseln, die entweder einem Handelsbrauch (oder einer jedenfalls innerhalb der beteiligten Verkehrskreise weit verbreiteten Übung) entsprechen, ein Wahlrecht des Vertragspartners des Verwenders vorsehen oder ihrem Inhalt nach entweder – wie die in der New Yorker Standardpolice für die Brandschutzversicherung enthaltene Schiedsgutachtenklausel – gesetzlich vorgeschrieben oder behördlich genehmigt worden sind, begegnen aber, soweit ersichtlich, auch im Geltungsbereich des New Yorker Rechts keinerlei rechtlichen Bedenken.[1220]

[1216] Beispiele hierfür finden sich in N.Y. Pers. Prop. Law § 343(2)(c) und N.Y. Gen. Bus. Law § 198 – a.

[1217] Siehe dazu *Munz*, S. 73 ff., und die Ausführungen des Court of Appeals in der Entscheidung *Gillman v. Chase Manhattan Bank* (1988) 537 N.Y.S.2d 787, 791.

[1218] Ein Vertragswerk ist als „adhesion contract" zu qualifizieren, wenn der Verwender seinem Vertragspartner einen standardisierten Vertrag vorlegt und der Vertragspartner keine Möglichkeit hat, über die Vertragsbedingungen zu verhandeln, sondern lediglich die Wahl hat, den Vertrag entweder zu den vom Verwender diktierten Bedingungen oder gar nicht abzuschließen („take-it-or-leave it"); vgl. z.B. *Finkle and Ross v. A.G. Becker Paribas, Inc.* (S.D.N.Y. 1985) 622 F. Supp. 1505, 1511.

[1219] *Morris v. New York Football Giants, Inc.* (Sup. Ct. 1991) 575 N.Y.S.2d 1013, 1016; *AEB & Assoc. Design Group, Inc. v. Tonka Corp.* (S.D.N.Y. 1994) 853 F. Supp. 724, 732.

[1220] So ist etwa auch im Geltungsbereich der Vorschrift des N.Y. Bus. Law § 399 – c, die die Verwendung von Schiedsklauseln in Verbraucherverträgen untersagt, anerkannt, dass dieses Verbot nicht solche Klauseln erfasst, die dem Verbraucher ein Wahlrecht zwischen der Durchführung eines gerichtlichen Verfahrens und der Durchführung eines Schiedsverfahrens einräumen; siehe dazu Gervins, Practice Commentaries zu N.Y. Bus. Law § 399 – c (1996), S. 772. – Zur Frage der „unconscionability" einer Klausel, die einem Handelsbrauch oder einer weitgehenden Übung innerhalb der beteiligten Verkehrskreise entspricht, siehe die Ausführungen bei *Munz*, S. 98 f.

b. *Voraussetzungen*

aa. *Inhaltliche Anforderungen*

Ein Schiedsgutachtenvertrag muss inhaltlich insoweit hinreichend bestimmt sein, als er die Aufgabe der Schiedsgutachter bezeichnen muss. Der Schiedsgutachtenvertrag muss dagegen keine Bestimmungen über die von den Schiedsgutachtern anzuwendenden Entscheidungsmaßstäbe[1221] oder die Art und Weise der Aufgabenerfüllung enthalten.[1222]

Ebenso müssen die Schiedsgutachter bestimmbar sein. Hieran fehlt es insbesondere, wenn die Parteien des Schiedsgutachtenvertrags keine Bestimmung über die Anzahl oder über die Auswahl der Schiedsgutachter getroffen haben.[1223]

Auch muss sich einer Vereinbarung, in der die Stellungnahme eines Dritten zu bestimmten Fragestellungen vereinbart wird, mit hinreichender Deutlichkeit entnehmen lassen, dass diese Stellungnahme als Schiedsgutachten verbindlich sein soll.[1224] Die Verbindlichkeit der Stellungnahme des Dritten als Schiedsgutachten muss jedoch nicht ausdrücklich vereinbart werden, wenn eine solch ausdrückliche Vereinbarung für die bindende Wirkung nicht, wie z.B. in UCC § 2-515 (b), gesetzlich vorgeschrieben ist. Die Vereinbarung der Verbindlichkeit kann sich vielmehr bereits aus der Funktion des Dritten und daraus ergeben, dass die Verbindlichkeit seiner Stellungnahme der üblichen Vertragsgestaltung entspricht.[1225]

bb. *Formelle Anforderungen*

Der Abschluss eines Schiedsgutachtenvertrags unterliegt, den für Common-Law-Schiedsvereinbarungen geltenden Regeln[1226] entsprechend, grundsätzlich keinerlei formellen Anforderungen. Das Schriftformerfordernis des CPLR § 7501[1227] gilt für Schiedsgutachtenverträge nicht. Ein Schiedsgutachtenvertrag

---

1221 Vgl. Harwood, J. (dissenting), *Cobble Hill Nursing Home, Inc. v. Henry & Warren Corp.* (2nd Dept. 1988) 534 N.Y.S.2d 399, 403, *revd.*, (1989) 548 N.E.2d 203.

1222 *Marder's Nurseries, Inc. v. Hopping* (2nd Dept. 1991) 573 N.Y.S.2d 990, 995.

1223 *Mark v. National Fire Ins. Co.* (App. Div. 1881) 24 Hun. 565, *affd.*, (1883) 91 N.Y. 663; *Somerset Holding Co. v. Taub* (2nd Dept. 1949) 93 N.Y.S.2d 632, 633 (für Schiedsrichter).

1224 *Tonkery v. Martina* (1991) 573 N.Y.S.2d 450.

1225 Annotation, 7 A.L.R.3d (1966), S. 558. Haben die Parteien die Lieferung von Waren „subject to approval“ eines Dritten vereinbart, ist dessen Ausspruch grundsätzlich verbindlich; *Van Iderstine Co. v. Barnet Leather Co.* (1926) 152 N.E. 250, 252. Dies gilt auch, wenn die Parteien die Erfüllung eines Bauvertrags „to the satisfaction“ des Architekten vereinbart haben; N.Y. Jur. 2d, Bd. 22, Contracts, 1996, § 338.

1226 *Davis v. Rochester Can Co.* (Sup. Ct. 1924) 207 N.Y.S. 33, 34, *revd. on other grounds*, (4th Dept. 1927) 221 N.Y.S. 666; N.Y. Jur. 2d, Bd. 5, Arbitration & Award, 1997, § 246.

1227 CPLR § 7501 verlangt, dass der Abschluss des „arbitration agreement“ durch Schriftstücke dokumentiert werden kann. Einer Unterschrift einer Partei oder beider Parteien bedarf es nicht; N.Y. Leg. Doc. (1958) No. 13, S. 133; *Race Co. v. Oxford Hall Constructing Corp.* (2nd Dept. 1966) 268 N.Y.S.2d 175, 176.

kann daher regelmäßig auch mündlich geschlossen werden.[1228] Eine Ausnahme gilt allerdings dann, wenn das Schiedsgutachten an die Stelle einer vertraglichen Bestimmung der Parteien treten soll, die ihrerseits (insbesondere aufgrund des „statute of frauds"[1229]) bestimmten Formvorschriften unterliegt. In diesem Fall muss der Schiedsgutachtenvertrag den für den Hauptvertrag geltenden Formvorschriften[1230] entsprechen.[1231]

c. *Wirkungen*

aa. *Einzelne Wirkungen*

Der Schiedsgutachtenvertrag entfaltet vertragliche Wirkungen zwischen den Parteien, aber auch Wirkungen im Prozess vor einem staatlichen Gericht oder einem Schiedsgericht.

aaa. Wirkungen zwischen den Parteien

(1) Recht auf und Pflicht zur Durchführung eines Schiedsgutachtenverfahrens

Ein Schiedsgutachtenvertrag begründet das Recht jeder Partei, von der jeweils anderen Partei die Durchführung des vereinbarten Schiedsgutachtenverfahrens zu verlangen,[1232] es sei denn, die Parteien haben vereinbart, dass dieses Recht nur einer Partei zustehen soll.

(2) Begründung von Mitwirkungspflichten

Jeder Schiedsgutachtenvertrag impliziert Mitwirkungspflichten der Parteien.[1233] So ist jede Partei eines Schiedsgutachtenvertrags verpflichtet, sich „in good

---

[1228] N.Y. Jur. 2d, Bd. 5, Arbitration & Award, 1997, § 246 (für Common-Law-Schiedsvereinbarungen).

[1229] *French v. New* (1863) 28 N.Y. 147, 150 (für Common-Law-Schiedsvereinbarungen).

[1230] So schreibt z.B. N.Y. Gen. Obl. Law § 5-703 für Grundstückskaufverträge und Grundstückspachtverträge, die über einen Zeitraum geschlossen werden, der ein Jahr übersteigt, eine schriftliche Abfassung und eine Unterschrift des Verkäufers respektive des Verpächters vor. Weiterhin kann ein Kaufvertrag über bewegliche Sachen gegen eine Partei nach dem „statute of frauds" nur dann durchgesetzt werden, wenn diese Partei den Kaufvertrag unterschrieben hat.

[1231] *Helen Whiting, Inc. v. Trojan Textile Corp.* (1954) 121 N.E.2d 367, 371 (für Common-Law-Schiedsvereinbarungen).

[1232] *Chainless Cycle Mfg. Co. v. Security Ins. Co.* (1901) 62 N.E. 392, 394; vgl. auch *IG Second Generation Partners, LP v. Kaygreen Realty Co.* (2nd Dept. 2005) 802 N.Y.S.2d 203, 204.

[1233] *Trustees of Columbia Univ. v. Kalvin* (1929) 166 N.E. 169, 171; *Koretz*, N.Y.Leg. Doc. (1958) No. 65 (C), S. 33.

faith" so zu verhalten, dass das Schiedsgutachten in der vereinbarten Art und Weise ergehen kann[1234] und die Erreichung des mit dem Schiedsgutachtenvertrag verfolgten Zwecks nicht verhindert wird.[1235] Daraus ergeben sich für die Parteien Unterlassungs-[1236], aber auch Handlungspflichten.[1237] Der konkrete Umfang der Mitwirkungspflichten einer Partei richtet sich dabei vor allem nach dem im Einzelfall getroffenen Schiedsgutachtenvertrag, insbesondere der den Schiedsgutachtern übertragenen Aufgabenstellung. So kann eine Partei aufgrund des konkreten Schiedsgutachtenvertrags insbesondere verpflichtet sein, den Schiedsgutachtern Örtlichkeiten, Geschäftsbücher oder andere für die Erfüllung der Aufgabe notwendige Informationen zugänglich zu machen.[1238]

Grundsätzlich sind alle Parteien in gleichem Maße verpflichtet, ihren jeweiligen Beitrag zu einem erfolgreichen Abschluss des Schiedsgutachtenverfahrens zu leisten. Haben die Parteien jedoch – wie praktisch immer – zusätzlich zu dem Schiedsgutachtenvertrag eine Abrede getroffen, wonach das Entstehen des Rechts des Anspruchstellers auf gerichtliche Geltendmachung seiner Ansprüche von der vorherigen Erstattung des Schiedsgutachtens abhängig ist, so trifft den Anspruchsteller insoweit eine gesteigerte Mitwirkungspflicht. Der Anspruchsteller ist in diesem Fall im Prinzip verpflichtet, alles in seiner Macht Stehende zu tun, um das Ergehen des Schiedsgutachtens sicherzustellen,[1239] soweit ihm die hierzu notwendigen Schritte und Maßnahmen billigerweise zugemutet werden können.[1240] Ob die gesteigerte Mitwirkungspflicht des Anspruchstellers in diesen Fällen allerdings so weit geht, dass er im Falle auftretender Störungen für den Fortgang des Schiedsgutachtenverfahrens verpflichtet ist, die ihm im Rahmen der Vorschriften der CPLR § 7601 und N.Y. Ins. Law § 3408 prinzipiell zur Verfügung stehenden Rechtsbehelfe auszuschöpfen, ist unklar. An Entscheidungen hierzu fehlt es bisher. Da jedoch die Ge-

[1234] *Van Beuren v. Wotherspoon* (1900) 57 N.E. 633, 636; *Conger v. Ensler* (1st Dept. 1903) 83 N.Y.S. 419, 421.

[1235] *Uhrig v. Williamsburgh City Fire Ins. Co.* (1886) 4 N.E. 745, 746.

[1236] So ist jede Partei auch ohne dahingehende ausdrückliche Vereinbarung verpflichtet, keine gerichtliche Klärung der Fragen herbeizuführen, die den Schiedsgutachtern zur Entscheidung übertragen worden ist; *Marchant v. Mead-Morrison Mfg. Co.* (1929) 169 N.E. 386, 392.

[1237] Zu den Handlungspflichten der Parteien eines Schiedsgutachtenvertrags siehe allgemein *Conger v. Ensler* (1st Dept. 1903) 83 N.Y.S. 419, 421.

[1238] New York Law Revision Commission, N.Y. Leg. Doc. (1958) No. 65 (C), S. 13.

[1239] *Wyckoff v. Woarms* (1st Dept. 1907) 103 N.Y.S. 650, 657.

[1240] Die – weitergehende – Entscheidung *Davenport v. Long Island Ins. Co.* (1882) 10 Daly 535 (siehe dazu 94 A.L.R. (1933), S. 504) gibt das geltende Recht nicht mehr zutreffend wieder; vgl. dazu das Urteil *Mizrahi v. National Ben Franklin Fire Ins. Co.* (City Ct. 1942) 37 N.Y.S.2d 698, 703, und auch schon die Entscheidung *Bishop v. Agricultural Ins. Co.* (5th Dept. 1890) 9 N.Y.S. 350, 351, *affd.*, (1892) 29 N.E. 844, in der das Gericht sich auf den Standpunkt stellte, dass der Versicherungsnehmer nicht verpflichtet sei, einen vom Versicherer ernannten voreingenommenen Schiedsgutachter zunächst abzulehnen und mit der anderen Partei in Verhandlungen über die Ernennung eines neuen Schiedsgutachters einzutreten.

währung dieser Rechtsbehelfe in beiden Fällen im Ermessen des angegangenen Gerichts steht, und die Annahme einer Pflicht des Anspruchstellers zur Ausschöpfung der ihm prinzipiell zustehenden Rechtsbehelfe diesen mit Kostenrisiken belastet, soll nachfolgend davon ausgegangen werden, dass der Anspruchsteller in den hier in Rede stehenden Fällen nicht zur Ausschöpfung etwa bestehender Rechtsbehelfe verpflichtet ist, sondern bei Auftreten von Störungen für den Fortgang des Schiedsgutachtenverfahrens grundsätzlich ein Wahlrecht zwischen der gerichtlichen Geltendmachung seiner Ansprüche und der Inanspruchnahme der ihm durch die Vorschriften der CPLR § 7601, N.Y. Ins. Law § 3408 zur Verfügung gestellten Rechtsbehelfe hat.

Die Parteien trifft nach New Yorker Recht grundsätzlich keine Beschleunigungspflicht,[1241] da die New Yorker Gerichte offensichtlich davon ausgehen, dass es nicht notwendiger Zweck eines jeden Schiedsgutachtenvertrags ist, das Schiedsgutachtenverfahren innerhalb einer angemessenen Frist durchzuführen. Sie dürfen allerdings die Erfüllung ihrer Mitwirkungspflichten nicht verweigern, denn eine solche Verweigerung stellt einen „breach" des Schiedsgutachtenvertrags dar.[1242] Eine übermäßig lange Verzögerung der Erfüllung einer Mitwirkungspflicht steht dabei der Verweigerung der Erfüllung dieser Mitwirkungspflicht gleich.[1243] Auch ist jede Partei grundsätzlich verpflichtet, bei übermäßiger Verzögerung des Verfahrens durch den von ihr ernannten Schiedsgutachter diesen zu einem Fortgang des Verfahrens zu drängen,[1244] oder, falls dieser die weitere Durchführung endgültig verweigert, an seiner Stelle einen neuen Schiedsgutachter zu ernennen.[1245] Im Übrigen kann sich eine über diese allgemeinen Grundsätze hinausgehende Beschleunigungspflicht der Parteien aber im Einzelfall aus dem konkreten Schiedsgutachtenvertrag ergeben. So haben die New Yorker Gerichte etwa entschieden, dass es Zweck einer in einem Versicherungsvertrag enthaltenen Schiedsgutachtenklausel über die Feststellung der Höhe des Schadens sei, im Falle der Nichteinigung von Versicherer und Versicherungsnehmer über die Höhe des Schadens diesen möglichst schnell durch Schiedsgutachter feststellen zu lassen.[1246] Sowohl Versicherer[1247] als auch Versicherungsnehmer[1248] trifft daher in diesem Fall eine Beschleunigungspflicht. Sie sind daher verpflichtet, ihre jeweiligen Mitwirkungspflichten innerhalb einer angemessenen Zeitspanne ab Fälligkeit zu erfül-

---

1241 New York Law Revision Commission, N.Y. Leg. Doc. (1958) No. 65 (C), S. 13: „...dilatory conduct of one party [...] *may* amount to breach of the agreement." (Hervorhebung durch den Verfasser).

1242 *Uhrig v. Williamsburgh City Fire Ins. Co.* (1886) 4 N.E. 745, 746.

1243 *Van Beuren v. Wotherspoon* (1st Dept. 1896) 42 N.Y.S. 404, 410 f., *affd.*, (1900) 57 N.E. 633.

1244 *Van Beuren v. Wotherspoon* (1st Dept. 1896) 42 N.Y.S. 404, 410, *affd.*, (1900) 57 N.E. 633.

1245 *In re 176–178 East Main St., Amsterdam, N.Y.* (County Ct. 1933) 263 N.Y. S. 162, 166, *affd.*, (3rd Dept. 1933) 264 N.Y.S. 717, *revd. on other grounds*, (1934) 188 N.E. 647.

1246 *Uhrig v. Williamsburgh City Fire Ins. Co.* (1886) 4 N.E. 745, 746.

1247 *McManus v. Western Assur. Co.* (Sup. Ct. 1898) 48 N.Y.S. 820, 826.

1248 *Chainless Cycle Mfg. Co. v. Security Ins. Co.* (1901) 62 N.E. 392, 394.

len.[1249] Welche Zeitspanne dabei als angemessen anzusehen ist, richtet sich nach den Umständen des Einzelfalls.[1250]

bbb. Wirkungen im Prozess

Ein Schiedsgutachtenvertrag wird in dem Prozess, der über den dem Schiedsgutachtenvertrag zugrunde liegenden Anspruch geführt wird, nicht von Amts wegen berücksichtigt.[1251] Vielmehr muss sich eine Partei, wenn der Schiedsgutachtenvertrag Wirkungen im Prozess entfalten soll, auf diese Vereinbarung berufen. Das gilt auch im Falle einer Feststellungsklage, und zwar auch dann, wenn unklar ist, ob und inwieweit die Fragestellungen, die im Rahmen der Feststellungsklage geklärt werden sollen, in den Zuständigkeitsbereich der Schiedsgutachterstelle fallen.[1252]

Ein Schiedsgutachtenvertrag begründet für sich genommen – ebenso wenig wie eine Common-Law-Schiedsvereinbarung[1253] – noch keine Einrede gegenüber einer unter Verletzung der getroffenen Schiedsgutachtenvereinbarung erhobenen (Leistungs- oder Feststellungs-)Klage.[1254] Vielmehr kann der Anspruchsgegner sich gegenüber einer unter Missachtung der getroffenen Vereinbarung erhobenen Klage einredeweise auf den Schiedsgutachtenvertrag[1255] nur dann berufen, wenn die Parteien über den Schiedsgutachtenvertrag hinaus ausdrücklich oder stillschweigend[1256] eine zusätzliche Vereinbarung des Inhalts getroffen haben, dass das Entstehen des Rechts auf gerichtliche Geltendmachung dieses Anspruchs durch das Ergehen des Schiedsgutachtens

---

1249 *Karasch v. Empire Mut. Ins. Co.* (Sup. Ct. 1958) 175 N.Y.S.2d 690, 693.

1250 *Mizrahi v. National Ben Franklin Fire Ins. Co.* (City Ct. 1942) 37 N.Y.S.2d 698, 701. – N.Y. Ins. Law § 3404(e) sieht eine 20-Tages-Frist vor, innerhalb derer Versicherer und Versicherungsnehmer ihren Schiedsgutachter ernennen müssen; die Frist beginnt mit dem Zugang der Aufforderung der jeweils anderen Partei zur Ernennung eines Schiedsgutachters.

1251 Vgl. *Tonkery v. Martina* (4th Dept. 1990) 562 N.Y.S.2d 895, 896, *affd.*, (1991) 577 N.E.2d 1042.

1252 Vgl. *Ruth v. S.Z.B. Corp.* (Sup. Ct. 1956) 153 N.Y.S.2d 163, 166; Breitel, J. (dissenting), *United Equities Inc. v. Mardordic Realty Co.* (1st Dept. 1959) 187 N.Y.S.2d 714, 720, Fußnote 1.

1253 Dazu oben S. 189 f.

1254 *Marchant v. Mead-Morrison Mfg. Co.* (1929) 169 N.E. 386, 392; *Sturges*, S. 66; *Sturges/Sturges*, 11 U. Miami L. Rev. (1956), S. 3.

1255 Streng genommen kann sich der Anspruchsgegner auch in diesem Fall nicht auf den Schiedsgutachtenvertrag, sondern nur auf die Nichtvorlage des Schiedsgutachtens berufen, also auf den Nichteintritt der vereinbarten aufschiebenden Bedingung der Klagbarkeit des dem Schiedsgutachtenvertrag zugrunde liegenden Anspruchs berufen. Die New Yorker Gerichte führen jedoch diese strikte gedankliche Trennung regelmäßig nicht durch.

1256 *Delaware & Hudson Canal Co. v. Pennsylvania Coal Co.* (1872) 50 N.Y. 250, 268; *Lang v. Eagle Fire Co.* (4th Dept. 1896) 42 N.Y.S. 539, 542.

aufschiebend bedingt sein solle.[1257] Dieser Grundsatz ist durch CPLR § 7601 weder aufgehoben noch geändert worden.[1258] Ob eine solche Zusatzvereinbarung getroffen worden ist, ist dabei durch Auslegung zu ermitteln.[1259] Für die geltende Rechtslage ist davon auszugehen, dass in den typischen Anwendungsfällen eines Schiedsgutachtenvertrags eine solche Vereinbarung regelmäßig als stillschweigend vereinbart angesehen wird. Nur in den Fällen eines rein feststellenden, nicht zwingend mit der Höhe des geltend gemachten Anspruchs verknüpften Schiedsgutachtens bedarf es insoweit im Grundsatz einer ausdrücklichen Vereinbarung.[1260] Enthält ein Schiedsgutachtenvertrag, in dem die Erstattung des Schiedsgutachtens als „condition precedent" vereinbart worden ist, den Zusatz, dass jede Partei zur Durchführung des Schiedsgutachtenverfahrens nur dann verpflichtet ist, wenn und sobald die jeweils andere Partei die Durchführung verlangt hat, wird das Ergehen des Schiedsgutachtens erst dann zu einer aufschiebenden Bedingung der Klagbarkeit des Anspruchs des Anspruchstellers, wenn der Anspruchsgegner die Durchführung des Schiedsgutachtenverfahrens verlangt hat.[1261]

Wird die Einrede des Schiedsgutachtenvertrags zulässig erhoben, so führt dies im Falle einer Leistungsklage zur Abweisung der Klage „on the merits"[1262], also zur Abweisung der Klage als unbegründet. Unklar ist demgegenüber, ob eine im Rahmen einer Feststellungsklage zulässigerweise erhobene Einrede des Schiedsgutachtenvertrags zur (teilweisen) Abweisung der Feststellungsklage als unzulässig oder unbegründet führt.[1263]

[1257] *Marchant v. Mead-Morrison Mfg. Co.* (1929) 169 N.E. 386, 392; Annotation, 94 A.L.R. (1933), S. 518; *Kupfer/Danziger*, 1 Arb. J. (1937), S. 95, Fußnote 11.

[1258] Vgl. *Chernick v. Hartford Accident and Indem. Co.* (3rd Dept. 1959) 187 N.Y.S.2d 534, 536 (zu der – vom Gericht bejahten – Frage, inwieweit der Grundsatz des Common Law, dass die Parteien einer Schiedsvereinbarung gegenüber einer unter Verletzung der getroffenen Vereinbarung erhobenen Klage eine Einrede der Schiedsvereinbarung nicht erheben können, auch unter der Geltung der gesetzlichen Vorschriften über die Schiedsgerichtsbarkeit fortbestehe).

[1259] Vgl. *Delaware & Hudson Canal Co. v. Pennsylvania Coal Co.* (1872) 50 N.Y. 250, 268; *Van Iderstine Co. v. Barnet Leather Co.* (1926) 152 N.E. 250, 251.

[1260] Vgl. dazu *Van Iderstine Co. v. Barnet Leather Co.* (1926) 152 N.E. 250, 252, in der der Court of Appeals die Frage ausdrücklich offengelassen hat, ob im Falle der Vereinbarung einer Qualitätsarbitrage die Erstattung des Schiedsgutachtens auch ohne ausdrückliche Vereinbarung als „condition precedent" für die Möglichkeit der Geltendmachung des Kaufpreisanspruchs anzusehen ist.

[1261] *Maimes v. Automobile Ins. Co.* (Sup. Ct. 1920) 183 N.Y.S. 690, 691.

[1262] *Buchholz v. United States Fire Ins. Co.* (1st Dept. 1943) 39 N.Y.S.2d 663, 664, *affd.*, (1944) 56 N.E.2d 43. Die Rechtskraft des die Klage „on the merits" abweisenden Urteils steht der erneuten Erhebung der abgewiesenen Klage nach Ergehen des Schiedsgutachtens nicht entgegen; *Buchholz v. United States Fire Ins. Co.*, a.a.O.; *Peck v. Planet Ins. Co.* (S.D.N.Y. 1994) 1994 U.S. Dist. Lexis 9957; vgl. auch *Carrick v. Central Gen. Hosp.* (1980) 434 N.Y.S.2d 130, 135.

[1263] In der Entscheidung *New York Overnight Partners, LLP v. Gordon* (1996) 673 N.E.2d 123 musste der Court of Appeals zu dieser Frage keine Stellung nehmen. Auch Breitel, J. (dissenting), *United Equities Inc. v. Mardordic Realty Co.* (1st Dept. 1959) 187 N.Y.S.2d

Aber auch wenn die konkret getroffene Schiedsgutachtenvereinbarung keine Einrede gegenüber einer unter Missachtung dieser Vereinbarung erhobenen Klage begründet, kann die Berufung des Anspruchsgegners auf den Schiedsgutachtenvertrag im Anwendungsbereich des CPLR § 7601 prozessuale Wirkungen entfalten. So kann das Gericht auf der Grundlage des CPLR § 7601 S. 2 und der Entscheidung des Court of Appeals in *Penn Cent. Corp. v. Consolidated Rail Corp.* auf Antrag einer Partei nach pflichtgemäßem Ermessen entweder die isolierte Aussetzung des gerichtlichen Verfahrens („stay of action") bis zur Erstattung des Schiedsgutachtens oder – entsprechend der Vorschrift des CPLR § 7503(a) – die Durchführung des Schiedsgutachtenverfahrens unter gleichzeitiger Aussetzung des anhängigen gerichtlichen Verfahrens anordnen.

bb. Entfallen der Wirkungen

aaa. Entfallen der Wirkungen im Prozess

(1) Rechtslage vor Inkrafttreten des CPLR § 7601

Die prozessualen Wirkungen eines Schiedsgutachtenvertrags stehen und fallen nach den Grundsätzen des Common Law mit der Vereinbarung des Schiedsgutachtens als einer „condition precedent" für die gerichtliche Geltendmachung des Anspruchs des Anspruchstellers. Diese prozessualen Wirkungen entfallen daher unter Zugrundelegung des Common Law immer dann, wenn der Anspruchsgegner den Eintritt der „condition precedent" vereitelt, wenn er auf die „condition precedent" verzichtet hat („waiver") oder wenn die Rechtsordnung den Nichteintritt der „condition precedent" entschuldigt („excuse").[1264]

Nach Common Law kann ein Schiedsgutachtenvertrag einer unter Missachtung der getroffenen Abrede erhobenen Klage dann nicht mehr einredeweise entgegengehalten werden, wenn der Anspruchsgegner die Erfüllung seiner Mitwirkungspflichten verweigert oder übermäßig lange[1265] bzw. – bei bestehender Beschleunigungspflicht – schlicht verzögert hat.[1266] Eine Ausnahme von diesem Grundsatz gilt lediglich dann, wenn der Anspruchsteller bei Klageer-

---

714, 720, Fußnote 1, und Hofstadter, J., *Ruth v. S.Z.B. Corp.* (Sup. Ct. 1956) 153 N.Y.S.2d 163, 166, haben sich zu dieser Frage nicht geäußert.

[1264] Siehe dazu Annotation, 94 A.L.R. (1933), S. 499 ff.

[1265] Eine übermäßig lange Verzögerung der Erfüllung einer Mitwirkungspflicht steht der Verweigerung ihrer Erfüllung gleich; siehe dazu oben S. 157.

[1266] Vgl. dazu *Conger v. Ensler* (1st Dept. 1903) 83 N.Y.S. 419, 421; *Edwards v. Maryland Motorcar Ins. Co.* (2nd Dept. 1922) 197 N.Y.S. 460, 461; *Mutual Life Ins. Co. v. Stephens* (1915) 108 N.E. 856, 857; *Van Beuren v. Wotherspoon* (1st Dept. 1896) 42 N.Y.S. 404, 410, *affd. on other grounds*, (1900) 57 N.E. 633; *Bradshaw v. Agricultural Ins. Co.* (1893) 32 N.E. 1055, 1058; *McManus v. Western Assur. Co.* (Sup. Ct. 1898) 48 N.Y.S. 820, 826; *Karasch v. Empire Mut. Ins. Co.* (Sup. Ct. 1958) 175 N.Y.S.2d 690, 693 m. w. N.; Annotation, 94 A.L.R. (1933), S. 510.

hebung noch nicht das für den Beginn und Fortgang des Schiedsgutachtenverfahrens seinerseits Notwendige getan hat.[1267] Diesen Grundsatz haben die Gerichte nicht zuletzt damit begründet, dass der Anspruchsteller in den Fällen, in denen ihn keine Schuld an dem Scheitern oder dem fehlenden Fortgang des Schiedsgutachtenverfahrens trifft, nicht auf Dauer und gegen seinen Willen an der Pflicht zur Durchführung des Schiedsgutachtenverfahrens festgehalten werden dürfe.[1268] Aber auch bei eigener Vertragstreue kann sich der Anspruchsgegner auf eine Einrede des Schiedsgutachtenvertrags grundsätzlich dann nicht (mehr) berufen, wenn das Schiedsgutachtenverfahren aus Gründen zum Stillstand gekommen ist, deren Ursache in der Person oder im Verantwortungsbereich der Schiedsgutachter liegt. Anders ist es wiederum nur dann, wenn dem Anspruchsteller eine überwiegende Mitschuld an dem Stillstand oder dem Scheitern des Schiedsgutachtenverfahrens vorzuwerfen ist.[1269] Dieser Grundsatz findet seine Rechtfertigung darin, dass das Schiedsgutachtenverfahren in diesen Fällen aus Gründen zum Stillstand gekommen ist, die außerhalb der Einflussmöglichkeiten des Anspruchstellers liegen[1270] und den Anspruchsteller unter solchen Umständen an dem Scheitern des Schiedsgutachtenverfahrens auch keine Schuld trifft.[1271] So ist dem Anspruchsgegner eine (weitere) Berufung auf den Schiedsgutachtenvertrag insbesondere dann verwehrt, wenn ein bereits im Schiedsgutachtenvertrag benannter allein entscheidender Schiedsgutachter später weggefallen ist[1272] oder ein Schiedsgutachter, bei dem es sich nicht um den vom Anspruchsteller ernannten Schiedsgutachter

---

[1267] Dahinter steht zum einen der Gedanke der gesteigerten Mitwirkungspflichten der klagenden Partei (dazu oben S. 156), zum anderen aber auch der Gedanke, dass die Rechtsordnung den Nichteintritt der „condition precedent" eines Zahlungsanspruchs nur bei eigener Vertragstreue des Berechtigten entschuldigt.

[1268] *Uhrig v. Williamsburgh City Fire Ins. Co.* (1886) 4 N.E. 745, 746; *Annotation*, 94 A.L.R. (1933), S. 508. Dahinter steht der Gedanke, dass die Rechtsordnung den Nichteintritt der vereinbarten „condition precedent" vor dem Hintergrund fehlender Rechtsbehelfe zum einen dann entschuldigt, wenn der Anspruchsgegner seine Mitwirkungspflichten nicht erfüllt, zum anderen aber auch dann, wenn der Anspruchsgegner die Erfüllung der verletzten Pflichten übermäßig lange verzögert und der anspruchsberechtigten Partei ein weiteres Zuwarten mangels fehlender effektiver Rechtsbehelfe irgendwann nicht mehr zugemutet werden kann. Im Falle der Nichterfüllung von Mitwirkungspflichten der beklagten Partei steht aber natürlich auch immer der Gedanke im Raum, dass der Anspruchsgegner den Eintritt der vereinbarten „condition precedent" nicht vereiteln darf.

[1269] *Uhrig v. Williamsburgh City Fire Ins. Co.* (1886) 4 N.E. 745, 746; *Silver v. Western Assur. Co.* (1900) 58 N.E. 284, 285 f.; *Mizrahi v. National Ben Franklin Fire Ins. Co.* (City Ct. 1942) 37 N.Y.S.2d 698, 703. Auch in diesem Fall entschuldigt die Rechtsordnung den Nichteintritt der „condition precedent" wegen fehlender eigener Vertragstreue der anspruchsberechtigten Partei nicht.

[1270] *Sheridan Assoc. v. Posnik* (Sup. Ct. 1956) 155 N.Y.S.2d 81, 87. Auch hier kommt als *ratio decidendi* wieder das Fehlen effektiver Rechtsbehelfe zum Tragen.

[1271] *Mizrahi v. National Ben Franklin Fire Ins. Co.* (City Ct. 1942) 37 N.Y.S.2d 698, 703 m.w.N.

[1272] *Weir v. Barker* (2nd Dept. 1905) 93 N.Y.S. 732, 739 f.; *Grody v. Silverman* (4th Dept. 1928) 226 N.Y.S. 468, 471.

handelt,[1273] die Durchführung des Schiedsgutachtenverfahrens verweigert.[1274] Ebenso kann sich der Anspruchsgegner nicht länger auf den Schiedsgutachtenvertrag berufen, wenn ein anderer als der von dem Anspruchsteller ernannte Schiedsgutachter die ihm übertragene Aufgabe trotz Annahme des Amts nicht durchgeführt[1275] oder ihre Erfüllung ungebührlich verzögert hat.[1276] Weiterhin kann die Einrede des Schiedsgutachtenvertrags auch dann nicht mehr erhoben werden, wenn einem solchen Schiedsgutachter „misconduct" vorzuwerfen ist,[1277] wenn die von den Parteien ernannten Schiedsgutachter sich nicht wie im Schiedsgutachtenvertrag vorgesehen auf einen Obmann einigen können,[1278] oder wenn das für die Erstattung des Schiedsgutachtens rechtlich oder vertraglich geforderte Quorum nicht zustande gekommen ist.[1279]

Über diese allgemeinen Grundsätze hinaus hat das Common Law aber auch einige Sonderregelungen für das Versicherungsrecht entwickelt. Danach kann sich der Versicherer gegenüber einer Klage des Versicherungsnehmers auf eine in AVB enthaltene Schiedsgutachtenklausel nur dann berufen, wenn er zuvor die Durchführung eines Schiedsgutachtenverfahrens verlangt hat.[1280] Hat

---

[1273] Fällt demjenigen Schiedsgutachter, den der Anspruchsteller ernannt hat, ein derartiges Fehlverhalten zur Last, so sind die Gerichte geneigt, auch eine (Mit-)Schuld der klagenden Partei an dem Stillstand oder Scheitern des Schiedsgutachtenverfahrens anzunehmen; vgl. insoweit nur *Silver v. Western Assur. Co.* (1900) 58 N.E. 284, 285 f. Diese Überlegung steht in einem gewissen Widerspruch zu dem Grundsatz, dass die von den Parteien ernannten Schiedsgutachter für die Zwecke des Schiedsgutachtenverfahrens keine „agents" der sie ernennenden Partei sind (*Bradshaw v. Agricultural Ins. Co.* (1893) 32 N.E. 1055, 1058; *In re 176–178 East Main St., Amsterdam, N. Y.* (County Ct. 1933) 263 N.Y. S. 162, 165, *affd.*, (3rd Dept. 1933) 264 N.Y.S. 717, *revd. on other grounds*, (1934) 188 N.E. 647) und ihr Verhalten daher der sie ernennenden Partei grundsätzlich nicht zugerechnet werden kann (*Mizrahi v. National Ben Franklin Fire Ins. Co.* (City Ct. 1942) 37 N.Y.S.2d 698, 703).

[1274] *Van Beuren v. Wotherspoon* (1st Dept. 1896) 42 N.Y.S. 404, 410, *affd. on other grounds*, (1900) 57 N.E. 633; *a. A.*: *Unity Sheet Metal Works, Inc. v. Farrell Lines, Inc.* (Sup. Ct. 1950) 101 N.Y.S.2d 1000, 1002.

[1275] *In re Fletcher* (1924) 143 N.E. 248, 251 („failure to act"); vgl. auch *Hamilton v. Liverpool, London and Globe Ins. Co.* (1890) 136 U. S. 242, 256.

[1276] *O'Brien v. Mayor, etc., of City of New York* (Gen. T. 1892) 19 N.Y.S. 793, 797, *affd.*, (1893) 35 N.E. 323; *Van Beuren v. Wotherspoon* (1st Dept. 1896) 42 N.Y.S. 404, 410, *affd. on other grounds*, (1900) 57 N.E. 633.

[1277] *Davis v. Guardian Assur. Co.* (Gen. T. 1895) 34 N.Y.S. 332, 334, *affd.*, (1898) 50 N.E. 1116 (Versuch eines Schiedsgutachters, den anderen Schiedsgutachter zu bestechen); *Wyckoff v. Woarms* (1st Dept. 1907) 103 N.Y.S. 650, 656. Siehe insoweit auch *In re Fletcher* (1924) 143 N.E. 248, 251.

[1278] Vgl. *In re Fletcher* (1924) 143 N.E. 248, 251; *Tonkery v. Martina* (4th Dept. 1990) 562 N.Y.S.2d 895, 896, *affd.*, (1991) 577 N.E.2d 1042. – Das frühe Urteil *Davenport v. Long Island Ins. Co.* (1882) 10 Daly 535 spiegelt die heutige Rechtsauffassung nicht mehr wieder; siehe dazu Fußnote 1240.

[1279] *Bessen v. Glatt* (3rd Dept. 1991) 566 N.Y.S.2d 750, 751.

[1280] *Chainless Cycle Mfg. Co. v. Security Ins. Co.* (1901) 62 N.E. 392, 394; *Maimes v. Automobile Ins. Co.* (Sup. Ct. 1920) 183 N.Y.S. 690, 691.

der Versicherer dieses Verlangen nicht innerhalb einer angemessenen Frist (gerechnet ab dem Zeitpunkt, in dem feststeht, dass sich Versicherer und Versicherungsnehmer über die von den Schiedsgutachtern zu entscheidenden Fragen nicht einigen können) gestellt, so wird er so behandelt, als hätte er auf sein Recht zur Durchführung des Schiedsgutachtenverfahrens verzichtet.[1281] Ebenso kann sich der Versicherer auf eine Einrede des Schiedsgutachtenvertrags dann nicht mehr stützen, wenn er Ansprüche des Versicherungsnehmers bereits dem Grunde nach abgelehnt hat. Die Gerichte nehmen in solchen Fällen einen Verzicht des Versicherers auf sein Recht an, vom Versicherungsnehmer die Durchführung des Schiedsgutachtenverfahrens zu verlangen.[1282]

(2) Rechtslage nach Inkrafttreten des CPLR § 7601

An diesen Rechtsgrundsätzen des Common Law hat sich durch das Inkrafttreten der Vorschrift des CPLR § 7601 im Grundsatz, soweit ersichtlich, nichts geändert.[1283] Allerdings ist der jeweilige Anspruchsgegner im Geltungsbereich des CPLR § 7601 auch dann, wenn er sich nach Common Law nicht mehr auf eine Einrede des Schiedsgutachtenvertrags stützen kann, berechtigt, Anträge nach CPLR § 7601 zu stellen – soweit er nicht im Einzelfall auf sein Recht zur Durchführung des Schiedsgutachtenverfahrens verzichtet hat oder die andere Partei von ihrer Pflicht zur Durchführung des Schiedsgutachtenverfahrens aus anderen Gründen befreit ist.[1284] Umgekehrt hat der Anspruchsteller in diesen Fällen grundsätzlich ein Wahlrecht, seine Ansprüche im Klagewege zu verfolgen oder den Abschluss des Schiedsgutachtenverfahrens unter Zuhilfenahme des CPLR § 7601 durchzusetzen. Dieses Wahlrecht des Anspruchstellers ist *de facto* allerdings – wenn auch innerhalb gewisser Grenzen – ein Wahlrecht des angegangenen Gerichts. Stellt der Anspruchsteller einen Antrag nach Maßgabe des CPLR § 7601, ist das angegangene Gericht nach seinem Ermessen befugt, den Anspruchsteller auch gegen seinen Willen auf den Klageweg zu verweisen, wenn ihm diese Lösung aufgrund der Umstände des konkreten Einzelfalls als sachgerecht erscheint.[1285] Erhebt der Anspruchsteller hingegen (Leistungs-)Klage, so kann das angegangene Gericht den Anspruchsteller auch gegen seinen Willen auf die Rechtsbehelfe nach CPLR § 7601 verweisen. Der Grund hierfür liegt darin, dass es sich bei Erheben einer (Leistungs-)Klage der Sache nach um einen Antrag auf Anordnung der „specific performance" der eingeklagten Ansprüche handelt, die grundsätzlich

---

[1281] Siehe dazu die Nachweise in der vorhergehenden Fußnote.

[1282] *Lang v. Eagle Fire Co.* (4th Dept. 1896) 42 N.Y.S. 539, 543; *Callahan v. London & Lancashire Fire Ins. Co.* (1st Dept. 1917) 163 N.Y.S. 322, 323; *Foley v. Equitable Life Assur. Soc'y of the United States* (Sup. Ct. 1941) 31 N.Y.S. 992, 996.

[1283] Zu verkennen ist allerdings nicht, dass sich die *ratio decidendi* der zum Common Law ergangenen Entscheidungen, soweit sie sich auf das Fehlen effektiver Rechtsbehelfe stützt, im Geltungsbereich des CPLR § 7601 nur noch schwer aufrechterhalten lässt.

[1284] Z.B. gemäß CPLR § 7601 S. 3.

[1285] N.Y. Leg. Doc. (1960) No. 20, S. 62.

im Ermessen des erkennenden Gerichts liegt. Aber auch wenn der Anspruchsgegner seinerseits einen Antrag nach CPLR § 7601 stellt, liegt es grundsätzlich im Ermessen des Gerichts, ob es dem Antrag stattgibt oder ob es ihn ablehnt und damit die Parteien auf den Klageweg verweist.[1286]

Soweit sich die prozessualen Wirkungen des Schiedsgutachtenvertrags nicht aus der Vereinbarung der Erstattung des Schiedsgutachtens als „condition precedent" (und einer hierauf gestützten Einrede), sondern daraus ergeben, dass das angegangene Gericht auf Grundlage des CPLR § 7601 eine Aussetzung des vom Anspruchsteller angestrengten Verfahrens („stay of proceeding") angeordnet oder gegenüber dem Anspruchsteller eine Anordnung der Durchführung des Schiedsgutachtenverfahrens mit der in der Vorschrift des CPLR § 7503(a) vorgesehenen Rechtsfolge erlassen hat, entfallen die hierdurch ausgelösten prozessualen Wirkungen erst durch Aufhebung dieser gerichtlichen Anordnungen. Ein Antrag auf Aufhebung einer solchen gerichtlichen Anordnung ist dabei zulässig und begründet, wenn die Pflicht der antragstellenden Partei zur (weiteren) Durchführung des Schiedsgutachtenverfahrens entfallen ist.[1287]

bbb. Entfallen der Wirkungen zwischen den Parteien

Das aus dem Schiedsgutachtenvertrag fließende Recht einer Partei, von der anderen Partei die Durchführung des Schiedsgutachtenverfahrens zu verlangen, entfällt – ebenso wie die hiermit korrespondierende Pflicht der anderen Partei – jedenfalls dann, wenn die betreffende Partei auf dieses Recht verzichtet hat, wenn also die Voraussetzungen eines „waiver"[1288] vorliegen. Die Anforderungen an die Bejahung eines „waiver" werden dabei unterschiedlich weit gezogen. Während die Gerichte im – durch Sonderfaktoren beeinflussten[1289] – Bereich des Versicherungsrechts an die Bejahung eines „waiver" traditionell relativ geringe Anforderungen gestellt haben,[1290] stellen sie außerhalb des Versicherungsrechts und innerhalb des Geltungsbereichs des CPLR § 7601 tendenziell relativ strenge Anforderungen[1291] – eine Tendenz, die (wenn auch

---

1286 Zumindest ein Gericht hat dabei ausgesprochen, dass eine Partei im Falle des Falles grundsätzlich auf den Weg des CPLR § 7601 zu verweisen sei; *American Silk Mills Corp. v. Meinhard – Commercial Corp.* (1st Dept. 1970) 315 N.Y.S.2d 144, 148.

1287 Dazu sogleich.

1288 „Waiver" ist die willentliche Aufgabe eines Rechts in Kenntnis dieses Rechts; *Cowenhoven v. Ball* (1890) 118 N.Y. 231, 234. Die Aufgabe des Rechts muss grundsätzlich ausdrücklich erfolgen. Auf die willentliche Aufgabe eines Rechts in Kenntnis dieses Rechts kann jedoch auch aufgrund des Verhaltens, oder, bei bestehender Handlungspflicht, aufgrund des Unterlassens einer Partei geschlossen werden.

1289 Dazu *Sturges/Sturges*, 11 U. Miami L. Rev. (1956), S. 324 f.

1290 Dazu – mit umfassenden Nachweisen – *Sturges/Sturges*, 11 U. Miami L. Rev. (1956), S. 324 ff.; siehe dazu auch *Koretz*, N.Y. Leg. Doc. (1958) No. 65 C, S. 35.

1291 *Casolaro*, 65 N.Y.St.B.J. (1993), Part II, S. 48; *Sturges/Sturges*, 11 U. Miami L. Rev. (1956), S. 325: „Waivers as ruled with respect to [...] appraisal provisions in insurance

noch verhalten) in zwei neueren Entscheidungen[1292] auch auf das Versicherungsrecht übergegriffen hat. Ob allerdings im Geltungsbereich des CPLR § 7601 an das Bejahen eines „waiver" ebenso strenge Anforderungen zu stellen sind wie im Falle einer Schiedsvereinbarung nach Maßgabe der CPLR §§ 7501–7514, ist bisher ungeklärt. In jedem Fall ist aber im Geltungsbereich des CPLR § 7601 davon auszugehen, dass das Recht einer Partei, von der anderen Partei die Durchführung des Schiedsgutachtenverfahrens zu verlangen, nicht bereits dann entfällt, wenn die betreffende Partei ihre Mitwirkungspflichten nicht erfüllt hat oder das Schiedsgutachten der bindenden Wirkung entbehrt.[1293] Anderslautende Aussagen in älteren, vor Inkrafttreten des CPLR § 7601 ergangenen Entscheidungen[1294] sind schon deshalb unbeachtlich, weil es sich insoweit nur um *dicta* handelt.[1295]

Auch unter Zugrundelegung strenger Anforderungen ist aber ein „waiver" dann zu bejahen, wenn eine Partei über eine Zeit von fünfeinhalb Jahren keinerlei Anstrengungen unternommen oder Maßnahmen ergriffen hat, um für die Durchführung des Schiedsgutachtenverfahrens Sorge zu tragen.[1296] Ebenso entfällt das Recht einer Partei auf die weitere Durchführung des Schiedsgutachtenverfahrens dann, wenn sie in den Ablauf des Schiedsgutachtenverfahrens vorsätzlich mit dem Ziel eingegriffen hat, den Abschluss des Schiedsgutachtenverfahrens zu verzögern oder gar zu verhindern.[1297]

---

policies have very few companions in cases making „waiver" of provisions for appraisal in other commercial contracts or of provisions for valuations and price fixing as used in various commercial contracts, or of architect and engineer clauses in construction contracts, which have been held irrevocable by action."

1292 *Peck v. Planet Ins. Co.* (S.D.N.Y. 1994) 1994 U.S. Dist. Lexis 9957; *ABCG Properties v. Merrimack Mut. Fire Ins. Co.* (S.D.N.Y. 2000) 2000 U.S. Dist. Lexis 3504.

1293 Anderenfalls würde die Vorschrift – im Lichte des CPLR § 7601 S. 3 – häufig leerlaufen.

1294 So für den Fall der Verletzung von Mitwirkungspflichten: *Uhrig v. Williamsburgh City Fire Ins. Co.* (1886) 4 N.E. 745, 746; *Silver v. Western Assur. Co.* (1900) 58 N.E. 284, 285; *Conger v. Ensler* (1st Dept. 1903) 83 N.Y.S. 419, 420; für den Fall der fehlenden Bindungswirkung des Schiedsgutachtens ausgesprochen von *Gervant v. New England Fire Ins. Co.* (1954) 118 N.E.2d 574, 577, und *Mizrahi v. National Ben Franklin Fire Ins. Co.* (County Ct. 1942) 37 N.Y.S.2d 698, 703.

1295 Sachlich entschieden haben die Gerichte in diesen älteren Entscheidungen nur, dass sich eine Partei in den genannten Fällen grundsätzlich nicht mehr auf eine statthafte Einrede des Schiedsgutachtenvertrags berufen kann, weil die Rechtsordnung den Nichteintritt der das Einrederecht begründenden „condition precedent" in diesen Fällen entschuldigt.

1296 *Radio Sys., Inc. v. Sutton Assoc., Inc.* (1st Dept. 1976) 388 N.Y.S.2d 304.

1297 *Casolaro*, 65 N.Y.St.B.J. (1993), Part II, S. 48.

2. Schiedsgutachter

a. *Taugliche Schiedsgutachter*

aa. *Allgemein*

aaa. Natürliche Personen

Entsprechend der für Common-Law-Schiedsrichter geltenden Regel[1298] kann, vorbehaltlich abweichender rechtlicher Regeln oder vertraglicher Vereinbarungen, grundsätzlich jede natürliche Person zum Schiedsgutachter ernannt werden.[1299]

bbb. Juristische Personen

Eine Körperschaft („corporation") kann dagegen, gleichgültig ob sie als Körperschaft des Privatrechts oder als Körperschaft des öffentlichen Rechts organisiert ist, nur dann als Schiedsgutachter tätig werden, wenn die Tätigkeit als Schiedsgutachter in die durch Satzung oder Gesetz festgelegten Befugnisse fällt oder wenn die Tätigkeit als Schiedsgutachter vor dem Hintergrund der durch Gesetz oder Satzung festgelegten Geschäftsfelder der fraglichen Körperschaft eine Annexbefugnis zu den im Gesetz oder in der Satzung festgelegten Befugnissen bildet.[1300] Liegt die Tätigkeit als Schiedsgutachter außerhalb des so bestimmten Kreises der Befugnisse der fraglichen Körperschaft, so handelt sie als Schiedsgutachter *ultra vires*. Die Parteien können das Tätigwerden einer *ultra vires* handelnden Körperschaft als Schiedsgutachter aber grundsätzlich weder wirksam vereinbaren noch eine solche Körperschaft wirksam zum Schiedsgutachter ernennen.[1301] Hat allerdings eine Partei bei der Ernennung einer „corporation" in privater Trägerschaft mitgewirkt, so ist sie

---

1298 *Davis v. Rochester Can Co.* (4th Dept. 1927) 221 N.Y.S. 666, 669, *affd.*, *Mellon v. Rochester Can Co.* (1928) 161 N.E. 166.

1299 *Sweet v. Morrison* (1889) 22 N.E. 276, 278.

1300 *Syracuse Sav. Bank v. Yorkshire Ins. Co.* (4th Dept. 1944) 49 N.Y.S.2d 247, 248; *Davis v. Rochester Can Co.* (4th Dept. 1927) 221 N.Y.S. 666, 669, *affd.*, *Mellon v. Rochester Can Co.* (1928) 161 N.E. 166 (für einen Common-Law-Schiedsrichter).

1301 Siehe dazu die Nachweise in der vorhergehenden Fußnote. Der Court of Appeals hat allerdings in der zu der Entscheidung *Syracuse Sav. Bank v. Yorkshire Ins. Co.* ergangenen Revisionsentscheidung (*Syracuse Sav. Bank v. Yorkshire Ins. Co.* (1950) 94 N.E.2d 73, 77) *dicta* ausgesprochen, dass er diesen Grundsatz bei Körperschaften in nicht-öffentlicher Trägerschaft für nicht stichhaltig hält. So hat er betont, dass die „*ultra vires*"-Doktrin lediglich die Anteilseigner, Direktoren und Gläubiger einer Körperschaft, nicht jedoch andere Dritte schützen solle, die, wie die Parteien eines Schiedsgutachtenvertrags, kein unmittelbares Interesse an einem Verbleiben einer solchen Körperschaft innerhalb ihrer satzungsmäßigen Befugnisse hätten. Weiterhin hat der Court of Appeals festgestellt, dass es allein Aufgabe der Exekutive (und nicht der Gerichte) sei, sich eines etwaigen Fehlverhaltens einer Körperschaft in privater Trägerschaft anzunehmen.

durch „estoppel" gehindert, sich später auf eine etwaige Unwirksamkeit der Ernennung zu berufen, da es hier nicht um den Schutz öffentlicher Interessen geht.[1302]

ccc. Behörden

Auch Behörden („agencies") können nur dann als Schiedsgutachter tätig werden, wenn eine solche Tätigkeit in ihren gesetzlich festgelegten Zuständigkeitsbereich fällt.[1303] Nicht erforderlich ist es allerdings, dass der Behörde das Tätigwerden als Schiedsgutachter ausdrücklich gestattet ist[1304]. Ausreichend ist es – entsprechend den für „corporations" geltenden Grundsätzen – vielmehr, wenn das Tätigwerden der Behörde sich als innerhalb ihrer Annexzuständigkeiten liegend erweist.[1305]

bb. Qualifikation

Neben diesen allgemeinen – wenn auch nicht notwendig unverzichtbaren – Begrenzungen des Kreises der Personen und Stellen, die als Schiedsgutachter tätig werden können, normiert das New Yorker Schiedsgutachtenrecht weitere Anforderungen an die erforderliche Qualifikation der als Schiedsgutachter tätig werdenden Personen und Stellen.

aaa. Sachkunde

Nach N.Y. Ins. Law § 3404 müssen Personen und Stellen, die auf der Grundlage der New Yorker Standardpolice für die Brandschutzversicherung als Schiedsgutachter tätig werden sollen, grundsätzlich hinreichend sachkundig („competent") sein. Welche Anforderungen genau allerdings insoweit an die Sachkunde der Schiedsgutachter zu stellen sind, ist bisher ungeklärt. In jedem Fall ist aber das Erfordernis hinreichender Sachkunde – ebenso wie das in N.Y. Ins. L. § 3404 vorgesehene Erfordernis, dass derartige Schiedsgutachter „disinterested" sein müssen[1306] – verzichtbar.

Inwieweit Schiedsgutachter außerhalb des Anwendungsbereichs des N.Y. Ins. Law § 3404 von Rechts wegen hinreichend sachkundig sein müssen, ist unklar. Soweit Gerichte die Sachkunde der Schiedsgutachter einer Prüfung un-

---

[1302] Vgl. *Syracuse Sav. Bank v. Yorkshire Ins. Co.* (1950) 94 N.E.2d 73, 78.

[1303] *Davis v. Rochester Can Co.* (4th Dept. 1927) 221 N.Y.S. 666, 669, *affd.*, *Mellon v. Rochester Can Co.* (1928) 161 N.E. 166 (für Common-Law-Schiedsrichter).

[1304] Harwood, J. (dissenting), *Cobble Hill Nursing Home, Inc. v. Henry & Warren Corp.* (2nd Dept. 1988) 534 N.Y.S.2d 399, 402, *revd.*, (1989) 548 N.E.2d 203.

[1305] So im Ergebnis *Cobble Hill Nursing Home, Inc. v. Henry & Warren Corp.* (1989) 548 N.E.2d 203, 207.

[1306] Vgl. *In re 176–178 East Main St., Amsterdam, N.Y.* (County Ct. 1933) 263 N.Y.S. 162, 166, *affd.*, (3rd Dept. 1933) 264 N.Y.S. 717, *affd.*, (1934) 188 N.E. 647.

terzogen haben, handelte es sich stets um Fälle, in denen die Parteien im Schiedsgutachtenvertrag Anforderungen an die Sachkunde ausdrücklich vereinbart hatten. Entschieden worden ist bisher lediglich, dass die eindeutig unzureichende Sachkunde der im konkreten Fall tätig werdenden Schiedsgutachter dazu führt, dass diese den Parteien im Schiedsgutachtenverfahren rechtliches Gehör über das normale Maß hinaus gewähren müssen.[1307] Darüber hinaus berücksichtigen die Gerichte die fehlende Sachkunde eines Schiedsgutachters auch bei der Frage, ob der Schiedsgutachterstelle im Einzelfall die Befugnis zur Vertragsauslegung übertragen ist.[1308]

Im Übrigen steht es den Parteien frei, im Schiedsgutachtenvertrag weitergehende Anforderungen an die Sachkunde der als Schiedsgutachter zu ernennenden Personen oder Stellen zu vereinbaren. Auch wenn sich aber in der großen Mehrzahl der Schiedsgutachtenverträge, mit denen sich die zum New Yorker Recht ergangenen Entscheidungen bisher beschäftigt haben, Regelungen über die an die Sachkunde der Schiedsgutachter zu stellenden Mindestanforderungen finden, sehen die Gerichte bisher – soweit ersichtlich – eine „gewisse" oder gar „hinreichende" Sachkunde nicht als im Regelfall stillschweigend vereinbart an.

bbb. Neutralität

Schiedsgutachter unterliegen von Rechts wegen gewissen Mindestanforderungen an ihre Neutralität, Unvoreingenommenheit und Unabhängigkeit.[1309] Dabei ist zwischen den für Schiedsgutachter im Anwendungsbereich der New Yorker Standardpolice für die Brandschutzversicherung und den für alle anderen Schiedsgutachter geltenden Mindestanforderungen zu unterscheiden.[1310] Dabei sind diese rechtlichen Mindestanforderungen – wie auch im Schiedsverfahrensrecht[1311] – grundsätzlich verzichtbar.[1312] Ob allerdings auch der Grund-

---

1307 Vgl. *Linde v. Republic Fire Ins. Co.* (1884) 50 N.Y. Super. Ct. 362, 364 f.

1308 Vgl. *Joseph Davis, Inc., v. Merritt-Chapman & Scott Corp.* (4th Dept. 1967) 276 N.Y.S.2d 479, 483, *appeal after remand* (4th Dept. 1968) 291 N.Y.S.2d 839, *affd.*, (1969) 245 N.E.2d 809.

1309 *Bradshaw v. Agricultural Ins. Co.* (1893) 32 N.E. 1055, 1058.

1310 Die Mindestanforderungen, die an die Neutralität der als Schiedsgutachter tätig werdenden Personen im Anwendungsbereich der Standardpolice für die Brandschutzversicherung gestellt werden, ergeben sich zwar auch aus dem zwischen Versicherer und Versicherungsnehmer geschlossenen Vertrag, in erster Linie aber aus dem Gesetz (N.Y. Ins. Law § 3404). Demgegenüber basieren die für Schiedsgutachter allgemein geltenden Mindestanforderungen auf dem Common Law.

1311 Nach *Crystal City Police Benevolent Ass'n v. Corning* (4th Dept. 1982) 458 N.Y.S.2d 401, 402 f., ist sogar der Grundsatz verzichtbar, dass zu Schiedsrichtern keine Personen ernannt werden dürfen, die praktisch als „Richter in eigener Sache" agieren. Jedenfalls für das New Yorker Recht ist daher die Aussage von *Borowsky* (S. 164) unzutreffend, dass die Gerichte im Schiedsgutachtenrecht Gestaltungen hinnehmen, die „im Schiedsrecht wohl undenkbar wären".

satz verzichtbar ist, dass eine Partei oder Quasi-Partei nicht als Schiedsgutachter tätig werden kann, ist innerhalb der Rechtsprechung umstritten.[1313]

Die New Yorker Standardpolice für die Brandschutzversicherung legt für alle Personen und Stellen, die auf der Grundlage der in dieser Standardpolice enthaltenen Schiedsgutachtenklausel als Schiedsgutachter tätig werden, fest, dass diese „disinterested" sein müssen.[1314] Dieses Erfordernis gilt dabei nicht nur für den Obmann, sondern auch für die Partei-Schiedsgutachter. Das bloße Fehlen eines finanziellen oder sonstigen Eigeninteresses genügt hierfür nicht.[1315] Vielmehr ist eine als Schiedsgutachter tätig werdende Person grundsätzlich nur dann „disinterested", wenn sie weder „biased" noch „prejudiced",[1316] also sowohl gegenüber den Parteien als auch gegenüber den zu entscheidenden Fragestellungen unvoreingenommen ist. Insoweit gelten grundsätzlich dieselben – strengen – Mindestanforderungen, die für Common-Law-Schiedsrichter gelten (und vor Inkrafttreten der Vorschriften der CPLR §§ 7501–7514[1317] auch für Schiedsrichter im Sinne der damaligen gesetzlichen Bestimmungen galten[1318]).[1319]

Allerdings sind an einen Partei-Schiedsgutachter aufgrund seiner Doppelfunktion[1320] im Ergebnis tendenziell etwas weniger strenge Anforderungen zu stellen als an den Obmann.[1321] Während der Obmann ausschließlich in einer qua-

---

1312 *Sweet v. Morrison* (1889) 22 N.E. 276, 278 („[N]either natural nor legal disabilities hinder a person from being an arbitrator, provided the fact is known to the parties at the time of the submission [...]).

1313 Siehe dazu bereits die Ausführungen oben auf S. 206.

1314 Einen guten Überblick über die zur Auslegung dieses Begriffs ergangene Rechtsprechung gibt N.Y. Jur. 2d, Bd. 70 A, Insurance, 1998, §§ 2072–2074 sowie Annotation, 104 A.L.R. (1936), S. 563 ff.

1315 *Bradshaw v. Agricultural Ins. Co.* (1893) 32 N.E. 1055, 1058.

1316 *Bradshaw v. Agricultural Ins. Co.*, a.a.O.; *Meyerson v. Hartford Fire Ins. Co.* (App. T. 1896) 89 N.Y.S. 329, 331; *Kaiser v. Hamburg-Bremen Fire Ins. Co.* (4th Dept. 1901) 69 N.Y.S. 344, 347, *affd.*, (1902) 65 N.E. 1118 (jeweils zu demselben Begriff in einer älteren Standardpolice für die Brandschutzversicherung).

1317 Die Vorschriften der CPLR §§ 7501–7514 haben den Kreis der statthaften Ablehnungsgründe bei den von einer Partei ernannten Schiedsrichtern erheblich eingeschränkt, um dem Umstand Rechnung zu tragen, dass in der Praxis jede Partei in der Regel als Schiedsrichter eine Person ihres Vertrauens ernennt; siehe dazu Leg. Doc. (1958) No. 13, S. 146. Der Court of Appeals hat dieser Intention des Gesetzgebers dann nach Inkrafttreten der CPLR §§ 7501–7514 auch unter der alten Rechtslage Geltung verschafft; *Astoria Medical Group v. Health Ins. Pl. of Gr. N.Y.* (1962) 182 N.E.2d 85, 87 ff.

1318 *American Eagle Fire Ins. Co. v. New Jersey Ins. Co. (*1925) 148 N.E. 562, 564.

1319 Hill, P.J. (concurring), *In re 176–178 East Main St., Amsterdam, N.Y.* (3rd Dept. 1933) 264 N.Y.S. 717, 722, *rev. on other grounds*, (1934) 188 N.E. 647; *Mizrahi v. National Ben Franklin Fire Ins. Co.* (County Ct. 1942) 37 N.Y.S.2d 698, 702.

1320 Dazu: *Bradshaw v. Agricultural Ins.* Co. 32 N.E. 1055, 1058.

1321 *Schmitt Bros. v. Boston Ins. Co.* (1st Dept. 1903) 81 N.Y.S. 767, 769; *New York Mut. Sav. & Loan Ass'n v. Manchester Fire Assur. Co.* (4th Dept. 1904) 87 N.Y.S. 1075, 1077; *In re 176–178 East Main St., Amsterdam, N.Y.* (County Ct. 1933) 263 N.Y.S. 162, 166, *affd.*, (3rd Dept. 1933) 264 N.Y.S. 717, *affd.*, (1934) 188 N.E. 647.

si-richterlichen Funktion und einer „judicial capacity“[1322] tätig wird, hat ein von einer Partei ernannter Schiedsgutachter nicht nur die Aufgabe, als Mitglied einer „quasi-judicial machinery“[1323] an der Erstattung eines „just and fair award“[1324] mitzuwirken, sondern – innerhalb gewisser rechtlicher Grenzen – auch die Aufgabe, als Wahrer der Interessen der ihn ernennenden Partei zu fungieren.[1325]

Außerhalb des Anwendungsbereichs der New Yorker Standardpolice für die Brandschutzversicherung dürfen die als Schiedsgutachter tätig werdenden Personen grundsätzlich nicht voreingenommen („biased“) sein.[1326] Dieser Grundsatz wird damit begründet, dass Schiedsgutachter stets in einer quasi-richterlichen Funktion tätig werden.[1327] Nicht ausdrücklich entschieden worden ist allerdings bisher, inwieweit für Schiedsgutachter außerhalb des Anwendungsbereichs der Standardpolice für die Brandschutzversicherung dieselben Neutralitätsanforderungen gelten, die für Schiedsgutachter gelten, die auf der Grundlage der in der Standardpolice enthaltenen Schiedsgutachtenklausel tätig werden. Die sehr allgemein gehaltenen Ausführungen der Gerichte in den zur New Yorker Standardpolice ergangenen Entscheidungen[1328] sprechen jedoch ebenso für eine das gesamte New Yorker Schiedsgutachtenrecht erfassende allgemeine Geltung dieser strengen Neutralitätsanforderungen wie der Grundsatz, dass die zur New Yorker Standardpolice für die Brandschutzversicherung ergangenen Präjudizien auch für andere Arten von Schiedsgutachtenverträgen

---

1322 *New York Mut. Sav. & Loan Ass'n v. Manchester Fire Assur. Co.* (4th Dept. 1904) 87 N.Y.S. 1075, 1077.

1323 *Coon v. National Fire Ins. Co. of Hartford* (Sup. Ct. 1925) 213 N.Y.S. 407, 411, *affd.*, (4th Dept. 1926) 218 N.Y.S. 722, *affd.*, (1927) 159 N.E. 665.

1324 *Bradshaw v. Agricultural Ins. Co.*, a.a.O.

1325 Den Umfang zulässiger Interessenvertretung eines von einer Partei ernannten Schiedsgutachters hat der Court of Appeals (*Bradshaw v. Agricultural Ins. Co.* (1893) 32 N.E. 1055, 1058) wie folgt umrissen: „It is proper, and to be expected, that all the facts which may be favorable to the party nominating him shall be brought out by the appraiser, so that due weight is given to them; but the appraiser is in no sense, for the purpose of an appraisal, the agent of the party appointing or nominating him, and he remains at all times under the duty to be fair and unprejudiced, or, in the language of the policy, disinterested."

1326 *Ice Serv. Co. v. Henry Phipps' Estates* (1927) 157 N.E. 506, 508; *Rice v. Ritz Assoc.* (1st Dept. 1982) 450 N.Y.S.2d 7, 8, *affd.*, (1983) 447 N.E.2d 58; *Olympia & York 2 Broadway Co. v. Produce Exch. Realty Trust* (1st Dept. 1983) 462 N.Y.S.2d 456. Alle drei Entscheidungen (wie auch eine Vielzahl anderer Entscheidungen) nennen als möglichen Grund für die Aufhebung eines Schiedsgutachtens „bias“.

1327 *Coon v. National Fire Ins. Co. of Hartford* (Sup. Ct. 1925) 213 N.Y.S. 407, 410 f., *affd.*, (4th Dept. 1926) 218 N.Y.S. 722, *affd.*, (1927) 159 N.E. 665.

1328 Beispielhaft sei auf die Entscheidungen *Bradshaw v. Agricultural Ins. Co.* (1893) 32 N.E. 1055, 1058, und *New York Mut. Sav. & Loan Ass'n v. Manchester Fire Assur. Co.* (4th Dept. 1904) 87 N.Y.S. 1075, 1077, verwiesen. In der letztgenannten Entscheidung führt das Gericht (a.a.O.) aus: „The principle [...] is that whenever one assumes to act in a judicial capacity, whether as judge, referee, arbitrator, or umpire, he must be free from the suggestion of bias against either party to the controversy."

gelten.[1329] Von einer allgemeinen Geltung ist daher nachfolgend auszugehen. Dagegen finden die für Partei-Schiedsrichter nach Maßgabe der CPLR §§ 7501–7514 geltenden geringeren Neutralitätsanforderungen[1330] auch auf Partei-Schiedsgutachter, die nicht auf der Grundlage der New Yorker Standardpolice für die Brandschutzversicherung tätig werden, keine Anwendung.

Gewissen rechtlichen Mindestanforderungen an seine Neutralität unterliegt aber auch ein im Dienste des Bauherrn stehender Architekt oder ein Ingenieur, dem in einem Bau- oder Anlagenbauvertrag die bindende Entscheidung bestimmter Fragestellungen (etwa die Frage der Vertragserfüllung des Werkunternehmers) übertragen ist. Auch wenn der Architekt oder Ingenieur aufgrund seiner Stellung zum Bauherrn regelmäßig nicht unabhängig und auch nicht unvoreingenommen ist, so muss er doch seine Aufgabe stets unparteiisch („impartially") erfüllen.[1331]

Im Übrigen steht es den Parteien frei, im Schiedsgutachtenvertrag strengere, aber auch grundsätzlich weniger strenge Anforderungen an die Neutralität der Schiedsgutachter zu vereinbaren.

b. Ernennung

Die Parteien sind – innerhalb der bereits an anderer Stelle erörterten[1332] und der nachfolgend dargelegten rechtlichen Grenzen – in der Ausgestaltung des Ernennungsverfahrens grundsätzlich frei. So kann die (originäre oder subsidiäre) Ernennung der Schiedsgutachter grundsätzlich auch von den Parteien verschiedenen Personen oder Stellen übertragen werden – einschließlich von „corporations" und „agencies", soweit die Ernennung im Rahmen ihrer satzungsmäßigen oder gesetzlichen Befugnisse liegt. Würde eine „corporation" oder „agency" hingegen mit der Ernennung eines Schiedsgutachters *ultra vires* handeln, so ist grundsätzlich sowohl die Vereinbarung eines solchen Ernennungsrechts als auch die *ultra vires* erfolgte Ernennung selbst unwirksam.[1333]

Nicht abschließend geklärt ist bisher die Frage, inwieweit die Parteien vertraglich vereinbaren können, dass die originäre oder subsidiäre Ernennung von Schiedsgutachtern durch einen Richter oder ein Gericht erfolgen soll.[1334] Die Gerichte haben jedoch gegen eine Vereinbarung, in der dem Prozessgericht im Rahmen eines anhängigen Verfahrens von beiden Parteien übereinstimmend die Ernennung eines Schiedsgutachters übertragen wurde,[1335] ebenso wenig Bedenken erhoben wie gegen eine Vereinbarung, in der die Ernennung

---

[1329] Vgl. dazu oben S. 198.

[1330] Siehe dazu oben Fußnote 1317.

[1331] *Sweet v. Morrison* (1889) 22 N.E. 276, 278 („impartiality is the fundamental requisite").

[1332] Oben S. 206 f.

[1333] Vgl. dazu oben S. 207.

[1334] *Casolaro*, 65 N.Y.St.B.J. (1993), Part I, S. 12, Fußnote 10.

[1335] *In re Culbertson* (1st Dept. 1940) 18 N.Y.S.2d 815, 817; *Application of Guaranty Trust* (Sup. Ct. 1948) 81 N.Y.S.2d 632, 633.

eines Schiedsgutachters einem Richter in seiner Funktion als Privatperson übertragen worden war.[1336]

c. *Abberufung und Ablehnung eines Schiedsgutachters*

aa. *Abberufung*

Ein Schiedsgutachter, der von den Parteien gemeinsam ernannt worden ist, kann nur von den Parteien gemeinsam abberufen werden. Der Widerruf der Ernennung eines solchen Schiedsgutachters durch lediglich eine der Parteien ist ohne rechtliche Wirkung.[1337]

Aber auch die von einer Partei einseitig ernannten Schiedsgutachter können nach Mitteilung der Ernennung gegenüber der anderen Partei nicht mehr einseitig abberufen werden,[1338] da die für Common-Law-Schiedsvereinbarungen geltenden Grundsätze der jederzeitigen Widerrufbarkeit der Schiedsvereinbarung und des den Schiedsrichtern erteilten Auftrags auf Schiedsgutachtenverträge keine Anwendung finden.[1339]

bb. *Ablehnung*

aaa. Bestehen eines Ablehnungsrechts

An einer ausdrücklichen Entscheidung darüber, inwieweit die Parteien eines Schiedsgutachtenvertrags das Recht haben, einen Schiedsgutachter wegen der Nichterfüllung der von Rechts wegen an seine Sachkunde oder Neutralität gestellten Mindestanforderungen (oder aus anderen Gründen) abzulehnen, fehlt es bisher. Die Gerichte gehen jedoch allgemein von dem Bestehen eines solchen Rechts aus.[1340]

1336 *Moore v. Eadie* (1927) 156 N.E. 653, 654.

1337 *Estes v. Curtis Aeroplane & Motor Corp.* (4th Dept. 1920) 182 N.Y.S. 25, 26, *affd.*, (1922) 134 N.E. 576.

1338 Vgl. *Atterbury v. Columbia College* (Sup. Ct. 1910) 123 N.Y.S. 25, 26.

1339 Dazu oben S. 207.

1340 *W & HM Realty Co., LLC v. 853 Seventh Avenue Owners, LLC* (1st Dept. 2005) 789 N.Y.S.2d 32; *Ugovitch v. Ohio Farmers' Ins. Co.* (2nd Dept. 1917) 166 N.Y.S. 1116, 1117; *Jacobson v. Fireman's Fund Ins. Co.* (S.D.N.Y. 1996) 1996 U.S. Dist. Lexis 5532; vgl. auch die folgenden Entscheidungen, die von „bias" als selbstständigem Aufhebungsgrund ausgehen: *Ice Serv. Co. v. Henry Phipps' Estates* (1927) 157 N.E. 506, 508; *Rice v. Ritz Assoc.* (1st Dept. 1982) 450 N.Y.S.2d 7, 8, *affd.*, (1983) 447 N.E.2d 58; *Olympia & York 2 Broadway Co. v. Produce Exch. Realty Trust* (1st Dept. 1983) 462 N.Y.S.2d 456, 460; *Kirby v. West 37th Garage Corp.* (A.D. 1991) N.Y.L.J. April 8th, 1991, S. 25, Sp. 6; *Winter Management Corp. v. Perlbinder* (1st Dept. 1992) 579 N.Y.S.2d 867; *Liberty Fabrics, Inc. v. Corporate Properties Assoc.* (1st Dept. 1996) 636 N.Y.S.2d 781.

bbb. Statthafte Ablehnungsgründe

(1) Unzureichende Sachkunde

Grundsätzlich stellt es einen statthaften Ablehnungsgrund dar, wenn ein Schiedsgutachter entgegen den Anforderungen der New Yorker Standardpolice für die Brandschutzversicherung nicht „competent" ist.[1341] Ob diese Voraussetzungen vorliegen, beurteilt sich nach den Umständen des Einzelfalls, da diese Frage – ebenso wie die Frage der Befangenheit eines Schiedsgutachters[1342] – nicht Rechts-, sondern Tatfrage ist. Umstände, von denen eine Partei bereits im Zeitpunkt der Ernennung des betreffenden Schiedsgutachters Kenntnis hatte, sind dabei jedoch nicht zu berücksichtigen.[1343]

Unklar ist dagegen, ob auch außerhalb der New Yorker Standardpolice für die Brandschutzversicherung die unzureichende Sachkunde eines Schiedsgutachters einen statthaften Ablehnungsgrund darstellt. Der Grundsatz, dass die eindeutig unzureichende Sachkunde eines Schiedsgutachters oder einer Schiedsgutachterstelle die Pflicht auslöst, den Parteien über das rechtliche Mindestmaß hinaus rechtliches Gehör zu gewähren,[1344] spricht jedoch dagegen.

(2) Befangenheit

Im Anwendungsbereich der New Yorker Standardpolice für die Feuerversicherung liegt ein statthafter Ablehnungsgrund grundsätzlich dann vor, wenn einer der Schiedsgutachter nicht „disinterested" ist,[1345] also gegenüber einer der Parteien oder den zu entscheidenden Fragestellungen nicht – hinreichend – unbefangen und unvoreingenommen ist.[1346] Dabei genügt es im Prinzip, wenn aus Sicht der betroffenen Partei objektive und hinreichend gewichtige Anhaltspunkte für eine Besorgnis der Voreingenommenheit oder Befangenheit des betreffenden Schiedsgutachters bestehen.[1347] Die Gerichte legen dabei strenge Maßstäbe an, und zwar nicht nur gegenüber dem Obmann, sondern auch gegenüber den von Versicherer und Versicherungsnehmer ernannten Schiedsgutachtern.[1348] Dies hat seine Ursache nicht zuletzt darin, dass die Gerichte

---

1341 *Gervant v. New England Fire Ins. Co.* (1954) 118 N.E.2d 574, 577.

1342 *Cohen v. Atlas Assur. Co.* (1st Dept. 1914) 148 N.Y.S. 563, 565.

1343 *Sweet v. Morrison* (1889) 22 N.E. 276, 278.

1344 Vgl. *Linde v. Republic Fire Ins. Co.* (1884) 50 N.Y. Super. Ct. 362, 364 f.

1345 *Gervant v. New England Fire Ins. Co.* (1954) 118 N.E.2d 574, 576.

1346 *Bradshaw v. Agricultural Ins. Co.* (1893) 32 N.E. 1055, 1058; *Coon v. National Fire Ins. Co. of Hartford* (Sup. Ct. 1925) 213 N.Y.S. 407, 410, *affd.*, (4th Dept. 1926) 218 N.Y.S. 722, *affd.*, (1927) 159 N.E. 665.

1347 Vgl. *Kaiser v. Hamburg-Bremen Fire Ins. Co.* (4th Dept. 1901) 69 N.Y.S. 344, 346, *affd.*, (1902) 65 N.E. 1118.

1348 *Bradshaw v. Agricultural Ins. Co.* (1893) 32 N.E. 1055, 1058; *Coon v. National Fire Ins. Co. of Hartford* (Sup. Ct. 1925) 213 N.Y.S. 407, 410 f., *affd.*, (4th Dept. 1926) 218 N.Y.S. 722, *affd.*, (1927) 159 N.E. 665.

das in der Doppelfunktion eines solchen Schiedsgutachters liegende Spannungsverhältnis bisher zu Lasten der Funktion des Interessenwahrers der ihn ernennenden Partei gelöst haben.[1349] Ob ein Schiedsgutachter in dem dargelegten Sinne (un-)voreingenommen ist oder nicht, ist dabei nicht Rechts-, sondern Tatfrage.[1350]

Im Lichte dieser Grundsätze liegt im Anwendungsbereich der New Yorker Standardpolice für die Brandschutzversicherung[1351] ein statthafter Ablehnungsgrund in der Person eines Partei-Schiedsgutachters jedenfalls dann vor, wenn er ein finanzielles Eigeninteresse am Ausgang des Schiedsgutachtenverfahrens hat[1352] oder bei der ihn ernennenden Partei angestellt ist.[1353] Der vom Versicherer ernannte Schiedsgutachter kann darüber hinaus abgelehnt werden, wenn er über eine Reihe von Jahren als Schiedsgutachter für Versicherungsunternehmen tätig geworden ist und aus dieser Tätigkeit entweder absolut oder in Relation zu seinen sonstigen Einkünften erhebliche Einkünfte erzielt hat.[1354] Teilweise haben die Gerichte auch schon den bloßen Umstand einer jahrelangen Tätigkeit für Versicherungen im Allgemeinen und die im konkreten Fall beteiligte Versicherung im Besonderen für ausreichend erachtet.[1355] Darüber hinaus kann ein Partei-Schiedsgutachter unter denselben Voraussetzungen abgelehnt werden, unter denen ein Partei-Schiedsrichter nach Maßgabe des Common Law oder den zu den CPLR §§ 7501–7514 ergangenen Entscheidungen abgelehnt werden kann,[1356] soweit sich aus den grundlegend anderen Verfahrensgrundsätzen[1357] nicht etwas anderes ergibt. Statthafte Ablehnungsgründe können sich im Übrigen auch aus dem Verhalten des betreffenden Schiedsgutachters während des Schiedsgutachtenverfahrens ergeben, etwa aus einer eklatanten Verletzung der Pflicht, die entscheidungserheblichen Tatsachen mit der im Lichte der Umstände des Einzelfalls gebotenen Sorgfalt zu

---

[1349] Siehe dazu die Nachweise in der vorhergehenden Fußnote.

[1350] *Cohen v. Atlas Assur. Co.* (1st Dept. 1914) 148 N.Y.S. 563, 565; *Mizrahi v. National Ben Franklin Fire Ins. Co.* (County Ct. 1942) 37 N.Y.S.2d 698, 700.

[1351] Eine Zusammenstellung der zu dieser Frage ergangenen Entscheidungen der New Yorker Gerichte findet sich in Annotation, 104 A.L.R. (1936), S. 563 ff., und in Annotation, 56 A.L.R.3d (1974), S. 697 ff., aber auch in N.Y. Jur. 2d, Bd. 70 A, Insurance, 1998, §§ 2073–2074.

[1352] *Coon v. National Fire Ins. Co. of Hartford* (Sup. Ct. 1925) 213 N.Y.S. 407, 410 f., *affd.*, (4th Dept. 1926) 218 N.Y.S. 722, *affd.*, (1927) 159 N.E. 665.

[1353] *Coon v. National Fire Ins. Co. of Hartford*, a.a.O.

[1354] *Coon v. National Fire Ins. Co. of Hartford*, a.a.O.; *Sterling Spinning & Stamping Works, Inc., v. Knickerbocker Ins. Co. of New York* (Mun. Ct. 1930) 242 N.Y.S. 201, 202 ff.; Annotation, 104 A.L.R. (1936), S. 563 ff.

[1355] Vgl. *Kaiser v. Hamburg–Bremen Fire Ins. Co.* (4th Dept. 1901) 69 N.Y.S. 344, 346, *affd.*, (1902) 65 N.E. 1118.

[1356] Hill, P.J. (concurring), *In re 176–178 East Main St., Amsterdam, N.Y.* (3rd Dept. 1933) 264 N.Y.S. 717, 722, *rev. on other grounds*, (1934) 188 N.E. 647; *Mizrahi v. National Ben Franklin Fire Ins. Co.* (County Ct. 1942) 37 N.Y.S.2d 698, 700.

[1357] Vgl. *Matter of Delmar Box Co.* (1955) 127 N.E.2d 808, 811; *Penn Cent. Corp. v. Consolidated Rail Corp.* (1982) 436 N.E.2d 512, 516.

ermitteln.[1358] Dagegen liegt ein statthafter Ablehnungsgrund in der Person des vom Versicherer ernannten Schiedsgutachters nicht schon dann vor, wenn der betreffende Schiedsgutachter zwar bereits mehrfach in dieser Funktion für Versicherungen im Allgemeinen und auch die konkret betroffene Versicherung tätig geworden waren, die Zahl der erstellten Gutachten aber relativ gering war.[1359]

Auch ein Obmann, der auf der Grundlage der in der New Yorker Standardpolice für die Brandschutzversicherung enthaltenen Schiedsgutachtenklausel ernannt worden ist, kann im Prinzip aus denselben Gründen abgelehnt werden, aufgrund derer ein Common-Law-Schiedsrichter oder ein als neutraler Schiedsrichter ernannter Schiedsrichter nach Maßgabe des CPLR § 7511(b)(1)(ii) abgelehnt werden kann[1360] – soweit sich aus den unterschiedlichen Verfahrensgrundsätzen nicht etwas anderes ergibt.

Außerhalb des Anwendungsbereichs der New Yorker Standardpolice für die Brandschutzversicherung kann ein Schiedsgutachter abgelehnt werden, wenn er voreingenommen („biased") ist.[1361] Eine derartige Voreingenommenheit („bias") ist zu bejahen, wenn in der Person oder dem Verhalten des betreffenden Schiedsgutachters Umstände vorliegen, die entweder die Annahme von „actual bias" oder „implied bias" begründen.[1362] „Actual bias" ist gegeben, wenn einer der Schiedsgutachter zur Überzeugung des Gerichts der Person oder dem Standpunkt einer Partei gegenüber befangen oder voreingenommen gegenübersteht.[1363] Der Nachweis von „actual bias" muss dabei durch „clear and convincing evidence" erbracht werden.[1364] Für „implied bias" genügt es dagegen, wenn Tatsachen vorliegen, die – aus der objektivierten Sicht der betroffenen Partei – die Schlussfolgerung rechtfertigen, dass der betreffende Schiedsgutachter der betroffenen Partei (oder ihrem Standpunkt) gegenüber voreingenommen oder befangen ist. Diese Umstände können außerhalb des Schiedsgutachtenverfahrens liegen, sich aber ebenfalls aus dem Verhalten des betreffenden Schiedsgutachters während des Schiedsgutachtenverfahrens ergeben.[1365] Für die Beantwortung der Frage, ob die im konkreten Fall vorliegenden Tatsachen einen statthaften Ablehnungsgrund begründen, kann

---

[1358] *Kaiser v. Hamburg-Bremen Fire Ins. Co.* (4th Dept. 1901) 69 N.Y.S. 344, 347 f., *affd.*, (1902) 65 N.E. 1118.

[1359] *Meyerson v. Hartford Fire Ins. Co.* (App. T. 1896) 89 N.Y.S. 329, 331; *Remington Paper Co. v. London Assur. Corp.* (4th Dept. 1896) 43 N.Y.S. 431, 433; *Cohen v. Atlas Assur. Co.* (1st Dept. 1914) 148 N.Y.S. 563, 566 f.

[1360] Siehe dazu die Nachweise in der vorhergehenden Fußnote.

[1361] Siehe hierzu die Nachweise in Fußnote 1340.

[1362] Zu dieser Unterscheidung *New York Restaurants Exch., Inc. v. Chase Manhattan Bank* (1st Dept. 1996) 642 N.Y.S.2d 626, 627.

[1363] Black's Law Dictionary, 6th Ed. 1990, zu „bias".

[1364] *New York Restaurants Exch., Inc. v. Chase Manhattan Bank* (1st Dept. 1996) 642 N.Y.S.2d 626, 627.

[1365] *New York Restaurants Exch., Inc. v. Chase Manhattan Bank*, a.a.O.

dabei – aus den bereits an anderer Stelle erörterten Gründen[1366] – grundsätzlich auf die Entscheidungen zurückgegriffen werden, die zu den statthaften Ablehnungsgründen im Bereich der New Yorker Standardpolice für die Brandschutzversicherung ergangen sind. Demzufolge können im Prinzip auch diejenigen Schiedsgutachter, die nicht auf der Grundlage der in dieser Standardpolice enthaltenen Schiedsgutachtenklausel tätig geworden sind, aus den Gründen abgelehnt werden, die zur Ablehnung eines Common-Law-Schiedsrichters und eines auf der Grundlage der CPLR §§ 7501–7514 tätig werdenden Schiedsrichters berechtigen – wenn auch mit der Einschränkung, dass ein Schiedsgutachter grundsätzlich nicht aus solchen Gründen abgelehnt werden kann, die ihre Grundlage ausschließlich in den für das Schiedsverfahren, nicht aber für das Schiedsgutachtenverfahren geltenden Grundsätzen (CPLR § 7506) haben. Das bedeutet allerdings nicht, dass ein Partei-Schiedsgutachter im Geltungsbereich der vom Court of Appeals in der Entscheidung *Penn Cent. Corp. v. Consolidated Rail Corp.* aufgestellten Grundsätze nur aus den wenigen Gründen abgelehnt werden kann, die im Geltungsbereich der CPLR §§ 7501–7514 zur Ablehnung eines Partei-Schiedsrichters berechtigen.

(3) Sonstige statthafte Ablehnungsgründe

Haben die Parteien im Schiedsgutachtenvertrag bestimmte Anforderungen an die Sachkunde und/oder Neutralität der Schiedsgutachter vereinbart oder den Kreis der tauglichen Schiedsgutachter anderweitig beschränkt, so begründet auch das Fehlen einer dieser vertraglichen Anforderungen in der Person eines Schiedsgutachters grundsätzlich einen statthaften Ablehnungsgrund.[1367]

cc. Offenlegungspflichten der Schiedsgutachter

Schiedsrichter sind nach New Yorker Recht dazu verpflichtet, den Parteien statthafte Ablehnungsgründe offenzulegen. Inwieweit eine derartige „duty to disclose“ auch für Schiedsgutachter besteht, ist unklar.

d. Zuständigkeitsbereich

Die Reichweite des Zuständigkeitsbereichs einer Schiedsgutachterstelle (d.h. des Bereichs, innerhalb dessen die Schiedsgutachter mit für die Parteien und das Gericht bindender Wirkung entscheiden dürfen) richtet sich allein nach dem konkreten Schiedsgutachtenvertrag. Maßgeblich ist insoweit grundsätz-

---

1366 S. 225 f.

1367 *Ice Serv. Co. v. Henry Phipps' Estates* (1927) 157 N.E. 506, 507; Hill, P.J. (concurring), *In re 176–178 East Main St., Amsterdam, N.Y.* (3rd Dept. 1933) 264 N.Y.S. 717, 722, *rev. on other grounds*, (1934) 188 N.E. 647.

lich[1368] die Auslegung des Schiedsgutachtenvertrags. Diese obliegt – ebenso wie im Schiedsverfahrensrecht[1369] – dem Gericht,[1370] soweit die Parteien nicht ausnahmsweise der Schiedsgutachterstelle ausdrücklich eine sog. Kompetenz-Kompetenz eingeräumt haben.

Traditionell haben die Gerichte den Zuständigkeitsbereich einer Schiedsgutachterstelle stets eng gefasst und in praktisch ständiger Rechtsprechung – zunächst nur in den Anwendungsfällen einer zur Feststellung der Höhe des Brandschadens berufenen oder aufgrund einer in Bau- und Anlagenbauverträgen enthaltenen Schiedsgutachtenklausel tätig werdenden Schiedsgutachterstelle, später dann auch in anderen Anwendungsfällen – entschieden, dass Schiedsgutachter grundsätzlich weder zur bindenden Auslegung des Schiedsgutachtenvertrags[1371] noch zur bindenden Auslegung des Hauptvertrags[1372] befugt seien. Zu diesem Ergebnis sind die Gerichte dabei selbst in den Fällen gelangt, in denen eine Auslegung des Schiedsgutachtenvertrags oder des Hauptvertrags zur Klärung einer für die Aufgabenerfüllung vorgreiflichen Frage zwingend erforderlich war.[1373] Bei Klauseln, die das Tätigwerden eines im Dienste des Bauherrn stehenden Architekten oder Ingenieurs als allein entscheidendem Schiedsgutachter vorsahen, ist der Zuständigkeitsbereich der Schiedsgutachterstelle in älteren Entscheidungen so eng selbst in denjenigen Fällen gezogen worden, in denen dem Architekten bzw. Ingenieur die Entschei-

---

[1368] Im Anwendungsbereich der New Yorker Standardpolice für die Brandschutzversicherung geht es der Sache nach allerdings nicht um die Auslegung der vereinbarten Schiedsgutachtenklausel, sondern um die Auslegung des gesetzlich festgelegten Wortlauts dieser Schiedsgutachtenklausel.

[1369] Siehe dazu N.Y. Jur. 2d, Bd. 5, Arbitration & Award, 1997, § 206 m.w.N.

[1370] Breitel, J. (dissenting), *Plaza Hotel Assoc. v. Wellington Assoc.* (1968) 239 N.E.2d 736, 738 f.; im Ergebnis ebenso *Matter of Westmoreland Coal Co. v. Entech, Inc.* (2003) 100 N.Y.2d 352, 357 ff.; *Cargill, Inc. v. Bunge Foods, Ltd.* (1st Dept. 2003) 762 N.Y.S.2d 53, 53 f.

[1371] Vgl. *Bristol v. Cornell Univ.* (3rd Dept. 1933) 263 N.Y.S. 380, 385; *Ruth v. S.Z.B. Corp.* (Sup. Ct. 1956) 153 N.Y.S.2d 163, 166 f., *affd.*, (1st Dept. 1956) 158 N.Y.S.2d 754; *United Equities Inc. v. Mardordic Realty Co.* (1st Dept. 1959) 187 N.Y.S.2d 714, 717 ff., *affd.*, (1960) 165 N.E.2d 426; *Plaza Hotel Assoc. v. Wellington Assoc.* (Sup. Ct. 1967) 285 N.Y.S.2d 941, 944 ff., *affd.*, (1st Dept. 1967) 285 N.Y.S.2d 267, *affd.*, (1968) 239 N.E.2d 736.

[1372] *Lee v. Hamilton Fire Ins. Co.* (1929) 167 N.E. 426, 427; *Joseph Davis, Inc., v. Meritt-Chapman & Scott Corp.* (4th Dept. 1967) 276 N.Y.S.2d 479, 483, *appeal after remand* (4th Dept. 1968) 291 N.Y.S.2d 839, *affd.*, (1969) 245 N.E.2d 809; *United Boat Serv. Corp. Fulton Fire Ins. Co.* (Sup. Ct. 1955) 137 N.Y.S.2d 670, 671; N.Y. Jur. 2d, Bd. 22, Contracts, *1996, § 339*.

[1373] *Moore v. Eadie* (1927) 156 N.E. 653, 654 f. (keine Befugnis zur Auslegung des Schiedsgutachtenvertrags hinsichtlich der anzuwendenden Bewertungsmethode); *Bristol v. Cornell Univ.* (3rd Dept. 1933) 263 N.Y.S. 380, 385 (keine Befugnis zur Auslegung des Schiedsgutachtenvertrags hinsichtlich des maßgeblichen Bewertungszeitpunkts).

dung über die Vertragserfüllung[1374] oder sogar die Entscheidung aller Streitpunkte[1375] übertragen war.

Diesen Grundsatz der engen Fassung des Zuständigkeitsbereichs der Schiedsgutachterstelle haben die Gerichte im Prinzip damit begründet, dass der Zuständigkeitsbereich der Schiedsgutachterstelle typischerweise eng umschrieben sei und daher auch eng ausgelegt werden müsse.[1376] Bei Klauseln, die einen im Dienste des Bauherrn stehenden Architekten oder Ingenieur zum allein entscheidenden Schiedsgutachter berufen, haben die Gerichte diese enge Fassung des Zuständigkeitsbereichs aber auch damit begründet, dass Vereinbarungen über die Beschränkung des Zugangs zu den Gerichten hinsichtlich ihrer Reichweite klar und eindeutig formuliert sein müssten[1377] und bei Fehlen klarer und eindeutiger Formulierungen zur Vermeidung einer dem Willen der Parteien widersprechenden Beschränkung des Zugangs zu den Gerichten eng auszulegen seien.[1378] Darüber hinaus haben sie sich darauf gestützt, dass die zu Schiedsgutachtern berufenen Personen üblicherweise technische Sachverständige seien, die mit den Feinheiten der Vertragsauslegung nicht vertraut seien.[1379] Hinter dieser traditionell restriktiven Bestimmung der Reichweite des Zuständigkeitsbereichs einer Schiedsgutachterstelle stand dabei in den letztgenannten Fällen aber vor allem die Überlegung, dass Fragen der Vertragsauslegung, die in den Zuständigkeitsbereich der Schiedsgutachterstelle fallen, der gerichtlichen Kontrolle entzogen sind[1380] und daher die enge Fassung des Zuständigkeitsbereichs aufgrund der Besonderheiten dieser Klauseln und der

---

1374 Vgl. *Joseph Davis, Inc. v. Merritt-Chapmann & Scott Corp.* (4th Dept. 1967) 276 N.Y.S.2d 479, 483, *appeal after remand* (4th Dept. 1968) 291 N.Y.S.2d 839, *affd.*, (1969) 245 N.E.2d 809. Eine Ausnahme galt bei der Auslegung von Planzeichnungen („drawings"); vgl. *Chas. S. Wood & Co. v. Alvord & Swift* (1st Dept. 1931) 251 N.Y.S. 35, 37.

1375 *Thomas Crimmins Contracting Co. v. City of New York* (1989) 544 N.Y.S.2d 580, 582; *Savin Brothers, Inc. v. State* (4th Dept. 1978) 405 N.Y.S.2d 516, 519; *Joseph Davis, Inc. v. Merritt-Chapmann & Scott Corp.* (4th Dept. 1967) 276 N.Y.S.2d 479, 483, *appeal after remand* (4th Dept. 1968) 291 N.Y.S.2d 839, *affd.*, (1969) 245 N.E.2d 809.

1376 Breitel, J. (dissenting), *Plaza Hotel Assoc. v. Wellington Assoc.* (1968) 239 N.E.2d 736, 738. In älteren Entscheidungen der New Yorker Gerichte wurde die Geltung dieses Auslegungsgrundsatzes auch für Schiedsvereinbarungen vertreten; siehe dazu nur *Casolaro*, 65 N.Y.St.B.J. (1993), Part II, S. 48, Fußnote 10. – Bei der entsprechend engen Auslegung der in der New Yorker Standardpolice für die Brandschutzversicherung enthaltenen Schiedsgutachtenklausel hat darüber hinaus auch der Umstand eine Rolle gespielt, dass es sich hier letztlich um die Auslegung einer Gesetzesvorschrift handelt; Gesetze sind aber grundsätzlich eng auszulegen.

1377 *Thomas Crimmins Contracting Co. v. City of New York* (1989) 544 N.Y.S.2d 580, 582.

1378 Vgl. *Thomas Crimmins Contracting Co. v. City of New York* (1989) 544 N.Y.S.2d 580, 582.

1379 *Joseph Davis, Inc. v. Merritt-Chapmann & Scott Corp.* (4th Dept. 1967) 276 N.Y.S.2d 479, 483, *appeal after remand* (4th Dept. 1968) 291 N.Y.S.2d 839, *affd.*, (1969) 245 N.E.2d 809.

1380 „Errors of law" sind der gerichtlichen Kontrolle entzogen; *Moore v. Eadie* (1927) 156 N.E. 653, 654.

Nähe des Architekten oder Ingenieurs zum Bauherrn zum Schutz des Bauunternehmers,[1381] aber auch zur Vermeidung eines Verstoßes gegen „public policy"[1382] erforderlich sei.

In neuerer Zeit ist jedoch eine – teilweise auch schon in früheren Entscheidungen anklingende – Tendenz der Gerichte zum Durchbruch gelangt, diese traditionell enge Fassung des Zuständigkeitsbereichs einer Schiedsgutachterstelle jedenfalls im Anwendungsbereich des CPLR § 7601 mehr und mehr aufzugeben.[1383] Hier wirken mehrere Faktoren zusammen. So ist vor dem Hintergrund des vom Court of Appeals in seiner Entscheidung *Penn Cent. Corp. v. Consolidated Rail Corp.* formulierten Grundsatzes, dass „under CPLR 7601" der Kreis der Aufhebungsgründe bei einem Schiedsgutachten grundsätzlich nicht weiter gezogen werden dürfe als bei einem Schiedsspruch, die unterschiedliche Bestimmung des Zuständigkeitsbereichs von Schiedsrichtern und Schiedsgutachtern bei praktisch identischer Aufgabenstellung[1384] zunehmend

---

[1381] Ist der vom Besteller mit der Bauplanung und -aufsicht beauftragte Architekt oder Chefingenieur zur bindenden Entscheidung bestimmter Fragestellungen berufen, so besteht die nicht von der Hand zu weisende Gefahr, dass dieser nicht objektiv und neutral, sondern im Interesse des Bauherrn und Auftraggebers entscheiden wird – mit der Konsequenz, dass der Besteller ohne eigene Gegenleistung Leistungen des Unternehmers in erheblichem Wert erhält, die er nach dem Vertrag nicht zu beanspruchen hat. Das gilt vor allem in den Fällen, in denen der betreffende Architekt über die Frage zu entscheiden hat, ob bestimmte Baumaßnahmen von der Baubeschreibung umfasst sind (in diesem Fall geht es um die Problematik, ob und inwieweit im Festpreis nicht einkalkulierte Mehrkosten zu Lasten des Unternehmers oder des Bestellers gehen) oder das Bauwerk bzw. die Anlage in Übereinstimmung mit den vertraglich festgelegten Spezifikationen errichtet worden ist. Vor diesem Hintergrund haben die New Yorker Gerichte eine Befugnis des zur Entscheidung berufenen Architekten oder (Chef-)Ingenieurs zur Auslegung des Hauptvertrags in der Vergangenheit ganz überwiegend verneint.

[1382] Vgl. *Oscar Daniels Co. v. New York* (1st Dept. 1921) 188 N.Y.S. 716, 721; *Joseph Davis, Inc. v. Merritt-Chapmann & Scott Corp.* (4th Dept. 1967) 276 N.Y.S.2d 479, 483, *appeal after remand* (4th Dept. 1968) 291 N.Y.S.2d 839, *affd.*, (1969) 245 N.E.2d 809; siehe auch die Nachweise in der Entscheidung *Westinghouse Elec. Corp. v. New York City Transit Auth.* (2nd Cir. 1993) 990 F.2d 76, mit der der Court of Appeals des 2nd Circuit dem New Yorker Court of Appeals die (in der Entscheidung *Westinghouse Elec. Corp. v. New York City Transit Auth.* (1993) 623 N.E.2d 531 verneinte) Frage vorlegte, ob die den Gegenstand des Streits bildende Schiedsgutachtenklausel gegen „public policy" verstoße.

[1383] Siehe dazu die neuere Entscheidung des Court of Appeals in *New York Overnight Partners, LLP v. Gordon* (1996) 673 N.E.2d 123, 125 f., und die daran anknüpfende Entscheidung *Vitale v. Friedman* (1st Dept. 1997) 666 N.Y.S.2d 403; vgl. auch *New York Restaurants Exch., Inc. v. Chase Manhattan Bank* (1st Dept. 1996) 642 N.Y.S.2d 626, 628.

[1384] Dazu *Casolaro*, 65 N.Y.St.B.J. (1993), Part I, S. 16, und Part II, S. 48. Beispielhaft sei nur auf die Entscheidungen *ITT Sheraton Corp. v. 801 Seventh Ave., Inc.* (1st Dept. 1992) 586 N.Y.S.2d 889 und *New York Restaurants Exch., Inc. v. Chase Manhattan Bank* (1st Dept. 1996) 642 N.Y.S.2d 626, 628, verwiesen, deren Ergebnis den zu Schiedsgutachtenverträgen ergangenen älteren Entscheidungen widerspricht (ebenso *Casolaro*, 65 N.Y.St.B.J. (1993), Part I, S. 16).

schwer zu begründen. Hinzu kommt, dass im Lichte der Entscheidung *Penn Cent. Corp. v. Consolidated Rail Corp.* die Gerichte heute davon ausgehen, dass Schiedsgutachter bei der Auswahl und Gewichtung der ihrer Entscheidung zugrunde zu legenden Faktoren grundsätzlich einen weiten Spielraum haben, der nur durch ausdrücklich vereinbarte Vorgaben beschränkt wird.[1385] Dieser Grundsatz führt jedenfalls *de facto* zu einem Zuständigkeitsbereich, der auch Fragen der Auslegung des Schiedsgutachtenvertrags einschließt.

Nicht gänzlich von der Hand zu weisende Wertungswidersprüche zwischen den zu Schiedsgutachtenverträgen und Schiedsvereinbarungen ergangenen Entscheidungen sind auch der Grund dafür, warum die Gerichte neuerdings die traditionell enge Fassung des Zuständigkeitsbereichs[1386] eines im Dienste des Bauherrn stehenden Architekten oder Ingenieurs jedenfalls in den Fällen[1387] aufgegeben haben, in denen dem Architekten oder Ingenieur die Entscheidung aller Streitpunkte übertragen ist.[1388] Die Gerichte haben diese enge Fassung des Zuständigkeitsbereichs im Kern letztlich vor allem auf eine solchen Klauseln entgegenstehende „public policy" gestützt.[1389] Diese Begründung ist jedoch heute nur noch schwer aufrechtzuerhalten, nachdem der Court of Appeals für Schiedsvereinbarungen schon 1962 entschieden hat, dass die Berufung des Angestellten einer Partei zum allein entscheidenden Schiedsrichter nicht gegen „public policy" verstößt,[1390] und der Court of Appeals 1993 selbst für die in Bau- und Anlagenbauverträgen der öffentlichen Hand typischen Klauseln den Grundsatz aufgestellt hat, dass die „public policy" des Staates New York derartige Formen alternativer Streitbeilegung fördere.[1391]

[1385] Vgl. *New York Overnight Partners, LLP v. Gordon* (1996) 673 N.E.2d 123, 125 f.; *Vitale v. Friedman* (1st Dept. 1997) 666 N.Y.S.2d 403.

[1386] Auf diese nicht völlig von der Hand zu weisenden Wertungswidersprüche ist es auch zurückzuführen, dass der Court of Appeals in zwei Entscheidungen (*Ardsley Constr. Co. v. Port Auth. of N.Y. and N.J.* (1981) 429 N.E.2d 414, 415; *Yonkers Contracting Co. v. Port Auth. Trans-Hudson Corp.* (1996) 640 N.E.2d 907, 909) die Frage ausdrücklich offengelassen hat, ob die Entscheidung eines im Dienste des Bauherrn stehenden Architekten oder Ingenieurs, der zur Entscheidung *aller* Streitpunkte berufen ist, unter Zugrundelegung fallrechtlicher „standards of judicial review" oder unter Zugrundelegung der engeren, in CPLR § 7511 vorgesehenen „standards of judicial review" zu überprüfen sei.

[1387] Siehe dazu die Nachweise in der vorhergehenden Fußnote.

[1388] Diese Tendenz wird deutlich, wenn man die folgenden Entscheidungen des Court of Appeals zu solchen Schiedsgutachtenklauseln im Zusammenhang und in chronologischer Reihenfolge liest: *Maross Constr., Inc. v. Central N.Y. Regional Transp. Auth.* (1985) 488 N.E.2d 67; *Thomas Crimmins Contracting Co. v. City of New York* (1989) 542 N.E.2d 1097; *Westinghouse Elec. Corp. v. New York City Transit Auth.* (1993) 623 N.E.2d 531; *Yonkers Contracting Co. v. Port Auth. Trans-Hudson Corp.* (1996) 640 N.E.2d 907.

[1389] Vgl. *Oscar Daniels Co. v. New York* (1st Dept. 1921) 188 N.Y.S. 716, 721; *Joseph Davis, Inc. v. Merritt-Chapmann & Scott Corp.* (4th Dept. 1967) 276 N.Y.S.2d 479, 483, *appeal after remand* (4th Dept. 1968) 291 N.Y.S.2d 839, *affd.*, (1969) 245 N.E.2d 809.

[1390] *Astoria Medical Group v. Health Ins. Pl. of Gr. N.Y.* (1962) 182 N.E.2d 85, 89 f.

[1391] *Westinghouse Elec. Corp. v. New York City Transit Auth.* (1993) 623 N.E.2d 531, 534. Siehe hierzu auch die Entscheidung *Laquila Constr., Inc. v. New York City Transit Auth.*

e. *Spielraum und Pflichten der Schiedsgutachter bei der Entscheidungsfindung*

Die Gerichte haben Schiedsgutachtern bei ihrer Entscheidungsfindung seit jeher einen Spielraum sowohl hinsichtlich des methodischen Vorgehens[1392] als auch hinsichtlich der Auswahl und Gewichtung der entscheidungserheblichen Faktoren eingeräumt. Damit haben die New Yorker Gerichte Schiedsgutachtern seit jeher grundsätzlich einen „echten" Spielraum im Sinne einer Freiheit der Wahl zugestanden. Dabei wurde dieser Spielraum von der älteren Rechtsprechung zwar nicht besonders eng, andererseits aber auch nicht besonders weit gezogen. Zwar stand die ältere Rechtsprechung im Grundsatz auf dem Standpunkt, dass der Spielraum einer Schiedsgutachterstelle nur begrenzt werde durch einschlägige (auch fall-)rechtliche Vorgaben,[1393] ausdrückliche Vorgaben des Schiedsgutachtenvertrags[1394] sowie die aus der Pflicht zur Erstattung eines „just and fair award"[1395] abgeleitete „duty to act fair and reasonable".[1396] Im Rahmen ihrer „duty to act fair and reasonable" waren die Schiedsgutachter dabei allerdings verpflichtet, bei ihrer Entscheidungsfindung sowohl den Sinn und Zweck des Schiedsgutachtenvertrags[1397] als auch die Interessen der Parteien[1398] und die in anderen, vergleichbaren Fällen üblichen Vorgehensweisen und Regelungen[1399] zu berücksichtigen. Hieraus leitete die ältere Rechtsprechung die Forderung ab, dass eine Schiedsgutachterstelle bei ihrer Entscheidungsfindung etwaige im Verkehrskreis der Parteien des Schiedsgutachtenvertrags übliche Verfahrens- und Vorgehensweisen,[1400] einschlägige Regeln des Fachs,[1401] das Erfordernis eines im Hinblick auf die konkrete Aufgabenstellung sachgerechten und angemessenen Vorgehens[1402] sowie implizi-

---

(1st Dept. 2001) 723 N.Y.S.2d 464, 465, in der das Gericht – unter Berufung auf die Entscheidung des Court of Appeals in *Yonkers Contracting Co. v. Port Auth. Trans-Hudson Corp.* (1996) 640 N.E.2d 907 – feststellt: „subsequent [d.h. nach *Westinghouse Elec. Corp. v. New York City Transit Auth.* (1993) 623 N.E.2d 531 ergangene] decisions have reflected no hesitation to enforce non-judicial resolution of contract disputes when the parties have clearly agreed to do so".

1392 *Moore v. Eadie* (1927) 156 N.E. 653, 654 f.; *Ice Serv. Co. v. Henry Phipps' Estates* (1927) 157 N.E. 506, 506 f.

1393 Vgl. *Moore v. Eadie* (1927) 156 N.E. 653, 654.

1394 *Moore v. Eadie* (1927) 156 N.E. 653, 655.

1395 *Bradshaw v. Agricultural Ins. Co.* (1893) 32 N.E. 1055, 1058.

1396 Vgl. *Ice Serv. Co. v. Henry Phipps' Estates* (1927) 157 N.E. 506, 507 f.

1397 *Ice Serv. Co. v. Henry Phipps' Estates* (1927) 157 N.E. 506, 508.

1398 *Ice Serv. Co. v. Henry Phipps' Estates*, a.a.O.

1399 *Cities Serv. Co. v. Derby & Co.* (S.D.N.Y. 1987) 654 F. Supp. 492, 500 f., *affd.*, (2nd Cir. 1989) 835 F. 2d 1429.

1400 Vgl. *Cities Serv. Co. v. Derby & Co.* (S.D.N.Y. 1987) 654 F. Supp. 492, 500 f., *affd.*, (2nd Cir. 1989) 835 F. 2d 1429.

1401 *Cohen v. Atlas Assur. Co.* (1st Dept. 1914) 148 N.Y.S. 563, 565; *Cities Serv. Co. v. Derby & Co.* (S.D.N.Y. 1987) 654 F. Supp. 492, 500 f., *affd.*, (2nd Cir. 1989) 835 F. 2d 1429.

1402 *Ice Serv. Co. v. Henry Phipps' Estates* (1927) 157 N.E. 506, 507 f.

te Vorgaben des Schiedsgutachtenvertrags[1403] nicht nur berücksichtigen, sondern beachten müsse. Dennoch räumte schon die ältere Rechtsprechung[1404] jedenfalls im Rahmen von Bewertungsfragen Schiedsgutachtern grundsätzlich ein Auswahlermessen hinsichtlich der insoweit zu berücksichtigenden Maßstäbe und Faktoren ein. Im Zweifel wurden nämlich die Schiedsgutachter nicht für verpflichtet erachtet, die Bewertung anhand eines bestimmten Bewertungsmaßstabs vorzunehmen, sondern als berechtigt angesehen, unter den in Betracht kommenden Bewertungsmaßstäben denjenigen auszuwählen, der ihnen unter Berücksichtigung der zum Ausgleich zu bringenden Interessen der Parteien als „fair and reasonable" erschien.

Demgegenüber kommt einer Schiedsgutachterstelle unter Zugrundelegung neuerer Entscheidungen[1405] heute – weitergehend – bei der Entscheidungsfindung ein weites Ermessen („wide discretion") zu, das sich sowohl auf das methodische Vorgehen als auch auf die Auswahl und Gewichtung der entscheidungserheblichen Faktoren erstreckt.[1406] Ausgehend von dieser neueren, letztlich wiederum auf die Entscheidung des Court of Appeals in *Penn Cent. Corp. v. Consolidated Rail Corp.* zurückgehenden Rechtsprechung wird heute der Spielraum einer Schiedsgutachterstelle (nicht nur im Sinne einer „Freiheit vor der Kontrollinstanz", sondern auch im Sinne einer echten „Freiheit der Wahl") bei der Entscheidungsfindung deutlich weiter gezogen als noch in der älteren Rechtsprechung. So sind Schiedsgutachter heute nicht mehr an implizite, nur durch Auslegung des Schiedsgutachtenvertrags zu ermittelnde Vorgaben gebunden. Der Court of Appeals und, ihm folgend, die Appellate Division haben insoweit in neueren Entscheidungen entschieden, dass Schiedsgutachter nur noch an ausdrückliche Vorgaben („express provisions") gebunden seien und bei Fehlen solcher ausdrücklicher Vorgaben der Grundsatz der „wide discretion" Platz greife.[1407] Hinzu kommt, dass Schiedsgutachter grundsätzlich nicht

---

1403 *Ice Serv. Co. v. Henry Phipps' Estates* (1927) 157 N.E. 506, 507.

1404 *Moore v. Eadie* (1927) 156 N.E. 653, 655; *Ice Serv. Co. v. Henry Phipps' Estates* (1927) 157 N.E. 506, 508.

1405 Grundlegend: *Rice v. Ritz Assoc.* (1st Dept. 1982) 450 N.Y.S.2d 7, 8, *affd.*, (1983) 447 N.E.2d 58; ebenso: *Application of Builtland Partners [Jack LaLane Biltmore Health Spa]* (1st Dept. 1985) 486 N.Y.S.2d 728, 729, *affd.*, (1985) 489 N.E.2d 1298; *Perlbinder v. Jakubovitz* (1st Dept. 1997) 658 N.Y.S.2d 267, 268; *Vitale v. Friedman* (1st Dept. 1997) 666 N.Y.S.2d 403; zuletzt: *Grosz v. Serge Sabarsky, Inc.* (1st Dept. 2005) 24 A.D.3d 264, 266.

1406 Vgl. *New York Overnight Partners, LLP v. Gordon* (1996) 673 N.E.2d 123, 125 f.; *Vitale v. Friedman* (1st Dept. 1997) 666 N.Y.S.2d 403.

1407 Vgl. *New York Overnight Partners, LLP v. Gordon* (1996) 673 N.E.2d 123, 125 f.; *Vitale v. Friedman* (1st Dept. 1997) 666 N.Y.S.2d 403; vgl. auch die Entscheidung *Application of Builtland Partners [Jack LaLane Biltmore Health Spa]* (1st Dept. 1985) 486 N.Y.S.2d 728, 729, *affd.*, (1985) 489 N.E.2d 1298. Allerdings ist der Ausdruck „express provision" nicht wörtlich zu verstehen. Die Gerichte binden auch Schiedsgutachter, denen ein weites Ermessen eingeräumt ist, weiterhin an solche vertraglichen Vorgaben, die zwar nicht explizit im Schiedsgutachtenvertrag vorgesehen sind, sich ihm aber eindeutig und unzweifelhaft entnehmen lassen; siehe dazu die vorstehend zitierten Entscheidungen somehr gehalten sind, an Stelle einer Schätzung eine Messung, eine Berechnung oder ein anderweitig präziseres Vorgehen zugrunde zu legen.[1408] Allerdings sind Schiedsgutachter weiterhin sowohl an allgemeine (fall-)rechtliche Vorgaben als auch an einzelfallbezogene Vorgaben der staatlichen Gerichte[1409] gebunden. Ebenso sind sie weiterhin – in den durch den Schiedsgutachtenvertrag gezogenen Grenzen[1410] – als verpflichtet anzusehen, bei der Entscheidungsfindung „fair and reasonable" vorzugehen.[1411] Vor diesem Hintergrund sind sie im Grundsatz wohl auch weiterhin gehalten, bei der Entscheidungsfindung im Lichte der konkreten Aufgabenstellung sachgerecht und angemessen vorzugehen und insoweit die einschlägigen Regeln des Fachs sowie etwaige im Verkehrskreis der Parteien oder der Schiedsgutachter übliche Verfahrensweisen, aber auch das Ziel eines Ausgleichs der Interessen der Parteien zu beachten. Allerdings geht die Tendenz der Gerichte auch hier dahin, die Anforderungen an die Schiedsgutachter zu reduzieren.[1412]

Die in neueren Entscheidungen vorgenommene erhebliche Erweiterung des Spielraums einer Schiedsgutachterstelle bei der Entscheidungsfindung zeigt sich besonders deutlich in der Entscheidung *Application of Builtland Partners [Jack LaLane Biltmore Health Spa]*. In dieser rund drei Jahre nach der Entscheidung *Penn Cent. Corp. v. Consolidated Rail Corp.* ergangenen und vom Court of Appeals bestätigten Entscheidung[1413] hat die Appellate Division entgegen dem Minderheitsvotum ihres Vorsitzenden Richters der Versuchung widerstanden, dem Schiedsgutachtenvertrag im Wege der Auslegung (und unter Berufung auf eine zu einem vergleichbaren Sachverhalt ergangene ältere Entscheidung[1414]) implizite Vorgaben für die Art und Weise der Entscheidungsfindung zu entnehmen und das Schiedsgutachten sodann unter Berufung auf die

---

wie die Entscheidungen *201–203 Lexington Ave. Corp. v. 205/215 Lexington LLP* (1st Dept. 1996) 637 N.Y.S.2d 125, 126, *motion for leave to appeal denied*, (1996) 672 N.E.2d 606, *Archdiocese of New York v. Amedeo Hotels LLP* (1st Dept. 2002) 742 N.Y.S.2d 635, 636, und *853 Seventh Avenue Owners, LLC v. W & HM Realty Co., LLC* (1st Dept. 2005) 794 N.Y.S.2d 373.

[1408] Vgl. *Application of Builtland Partners [Jack LaLane Biltmore Health Spa]* (1st Dept. 1985) 486 N.Y.S.2d 728, 729, *affd.*, (1985) 489 N.E.2d 1298.

[1409] *Application of Builtland Partners [Jack LaLane Biltmore Health Spa]* (1st Dept. 1985) 486 N.Y.S.2d 728, 729, *affd.*, (1985) 489 N.E.2d 1298.

[1410] Vgl. *853 Seventh Avenue Owners, LLC v. W & HM Realty Co., LLC* (1st Dept. 2005) 794 N.Y.S.2d 373, einerseits, und *Madison Murray Assoc. v. Perlbinder* (1st Dept. 1995) 626 N.Y.S.2d 180, 181, andererseits.

[1411] *Olympia & York 2 Broadway Co. v. Produce Exch. Realty Trust* (1st Dept. 1983) 462 N.Y.S.2d 456, 460.

[1412] So hat das Gericht in der Entscheidung *Grosz v. Serge Sabarsky, Inc.* (1st Dept. 2005) 24 A.D.3d 264, 266, im Ergebnis eine Pflicht der Schiedsgutachter verneint, ihrer Entscheidung eine Vorgehensweise zugrunde zu legen, die im Verkehrskreis der konkreten Parteien üblich war.

[1413] *Application of Builtland Partners [Jack LaLane Biltmore Health Spa]* (1st Dept. 1985) 486 N.Y.S.2d 728, 729, *affd.*, (1985) 489 N.E.2d 1298.

[1414] *Freeman v. Ralph Realty Corp.* (1st Dept. 1921) 191 N.Y.S. 72, 74.

Nichtbeachtung dieser im Wege der Auslegung ermittelten impliziten Vorgaben – oder einen Verstoß gegen die „duty to act fair and reasonable" – aufzuheben.

Eine (Teil-)Ausnahme von dem heute herrschenden Grundsatz der „wide discretion" hinsichtlich der „methods of procedure and sources of information" gilt allerdings für Schiedsgutachter, die auf der Grundlage der New Yorker Standardpolice für die Brandschutzversicherung tätig werden. Hier hat der Court of Appeals der Sache nach entschieden, dass einer Schiedsgutachterstelle bei der Ermittlung des „actual cash value" kein Auswahlermessen hinsichtlich der zu berücksichtigenden Faktoren zukomme, sondern die Schiedsgutachterstelle vielmehr grundsätzlich verpflichtet sei, alle Faktoren zu berücksichtigen, die Einfluss auf die Bewertung der beschädigten Sachen haben können.[1415] Ob darüber hinaus bei dieser Fallgruppe weitere Abstriche von dem Grundsatz der „wide discretion" zu machen sind, ist unklar.[1416] Ebenfalls nicht eindeutig zu beantworten ist bisher die Frage, ob und inwieweit solche Abstriche von dem Grundsatz der „wide discretion" auch in den Fällen zu machen sind, in denen als allein entscheidender Schiedsgutachter ein im Dienste des Bauherrn stehender Architekt oder Ingenieur tätig wird. Unter Zugrundelegung der älteren Entscheidungen, die zum einen an die Sorgfalt der Entscheidungsfindung eines solchen Architekten oder Ingenieurs relativ strenge Anforderungen gestellt[1417] und zum anderen betont haben, dass die Gerichte Entscheidungen eines solchen Architekten oder Ingenieurs einer strengen gerichtlichen Prüfung unterziehen,[1418] ist im Grundsatz davon auszugehen, dass jedenfalls nach bisher noch geltender Rechtslage der Spielraum eines solchen Architekten oder Ingenieurs tendenziell enger gezogen wird als in den anderen Fallgruppen. Allerdings ist es nicht unwahrscheinlich, dass sich auch insoweit die Tendenz der neueren Rechtsprechung durchsetzen wird, zur Vermeidung von Wertungswidersprüchen die Rechtsfolgen auch dieser Schiedsgutachtenverträge den im Schiedsverfahrensrecht geltenden Regelungen anzugleichen.[1419]

1415 *McAnarney v. Newark Fire Ins. Co.* (1928) 159 N.E. 902, 905. Diese ältere Entscheidung des Court of Appeals beansprucht auch heute noch Geltung, vgl. *Olympia & York 2 Broadway Co. v. Produce Exch. Realty Trust* (1st Dept. 1983) 462 N.Y.S.2d 456, 460.

1416 Die Gerichte haben diesen Grundsatz bisher nur in solchen Entscheidungen zugrunde gelegt, in denen der Schiedsgutachtenvertrag sowohl in den Anwendungsbereich des CPLR § 7601 als auch in den Geltungsbereich des vom Court of Appeals aufgestellten Grundsatzes fiel, dass „under CPLR 7601" der Kreis der Aufhebungsgründe bei einem Schiedsgutachten nicht weiter gezogen werden dürfe als bei einem Schiedsspruch (dazu oben S. 196).

1417 Elisabeth Sash, *D. & S. Co. v. St. Vincent's Hosp.* (2nd Dept. 1934) 241 App.Div. 751, 270 N.Y.S. 195, 196.

1418 *Sweet v. Morrison* (1889) 22 N.E. 276, 278; vgl. insoweit auch die Entscheidung *Heller v. Boylan* (Sup. Ct. 1941) 29 N.Y.S.2d 653, 683, *affd.*, (1st Dept. 1941) 32 N.Y.S.2d 131.

1419 Siehe dazu oben S. 235.

3. Schiedsgutachtenverfahren

a. *Verfahrensgrundsätze*

Das New Yorker Schiedsgutachtenrecht kennt keine gesetzlichen Vorschriften über die Art und Weise der Durchführung eines Schiedsgutachtenverfahrens. Auch die für das gerichtliche Verfahren,[1420] das Schiedsverfahren nach Maßgabe der CPLR §§ 7501–7514[1421] und das Common-Law-Schiedsverfahren[1422] geltenden Verfahrensgrundsätze finden auf schiedsgutachterliche Verfahren grundsätzlich keine Anwendung.[1423] Die New Yorker Gerichte haben diesen Grundsatz in ständiger Rechtsprechung[1424] vor allem mit der gänzlich anderen Verfahrenspraxis in Schiedsgutachtenverfahren,[1425] aber auch mit einem entsprechenden regelmäßigem Parteiwillen[1426] begründet.

Das bedeutet allerdings nicht, dass Schiedsgutachter bei der Art und Weise der Ausgestaltung des Schiedsgutachtenverfahrens völlig frei sind.[1427] Auch wenn Schiedsgutachter im Rahmen der Vorgaben des konkreten Schiedsgutachtenvertrags bei der Art und Weise der Ausgestaltung des Schiedsgutachtenverfahrens[1428] und der Auswahl der heranzuziehenden Erkenntnisquellen[1429] grundsätzlich ein weites Ermessen haben, unterliegt doch die Art und Weise

---

[1420] *Moore v. Eadie* (1927) 156 N.E. 653, 654; *Ice Serv. Co. v. Henry Phipps' Estates* (1927) 157 N.E. 506, 507.

[1421] *Penn Cent. Corp. v. Consolidated Rail Corp.* (1982) 436 N.E.2d 512, 516; so zuvor bereits (zur Rechtslage unter der Geltung des Civil Practice Act) *Matter of Delmar Box Co.* (1955) 127 N.E.2d 808, 811.

[1422] *Matter of Delmar Box Co.* (1955) 127 N.E.2d 808, 811; *Strome v. London Assur. Co.* (2nd Dept. 1897) 47 N.Y.S. 481, 482, *affd.*, (1898) 57 N.E. 1125.

[1423] Das gilt auch für Verfahren eines im Dienste einer Partei stehenden Architekten oder Ingenieurs; vgl. *Heidlinger v. Onward Const. Co.* (Sup. Ct. 1904) 90 N.Y.S. 115, 116, *affd.*, (2nd Dept. 1905) 95 N.Y.S. 1148, *affd.*, (1907) 80 N.E. 1114.

[1424] So schon *Brink v. New Amsterdam Fire Ins. Co.* (1867) 28 N.Y. Super. Ct. 104, 123: „There is scarcely a day in which, in commercial transactions, the valuation of property or estimate of damages is not entrusted to third parties, and no one has yet dreamed of looking upon them as [...] subjected to all the formalities imposed on [arbitrations] [...] with the paraphernalia of oaths, witnesses and notices of trial. It is most frequently confided to the personal skill, knowledge or experience, or even acquired information of appraisers."

[1425] Siehe zuletzt nur die Entscheidungen des Court of Appeals in *Matter of Delmar Box Co.* (1955) 127 N.E.2d 808 und *Penn Cent. Corp. v. Consolidated Rail Corp.* (1982) 436 N.E.2d 512.

[1426] *Ice Serv. Co. v. Henry Phipps' Estates* (1927) 157 N.E. 506, 507.

[1427] A.A. insoweit allerdings noch die frühe Entscheidung *De Groot v. Fulton Fire Ins. Co.* (1867) 27 N.Y. Super. Ct. 504; einschränkend aber bereits *Strome v. London Assur. Co.* (2nd Dept. 1897) 47 N.Y.S. 481, 483 f., *affd.*, (1898) 57 N.E. 1125; vgl. dazu auch *Sturges*, 13 U. Miami L. Rev. (1958), S. 30 f.

[1428] *Olympia & York 2 Broadway Co. v. Produce Exch. Realty Trust* (Sup. Ct. 1982) 454 N.Y.S.2d 814, 816, *modified on other grounds*, (1st Dept. 1983) 462 N.Y.S.2d 456.

[1429] Siehe dazu die Nachweise in Fußnote 1385.

der Durchführung eines schiedsgutachterlichen Verfahrens durch die Schiedsgutachter gewissen Mindestanforderungen, die sich aus dem Common Law ergeben.[1430]

Da die für das gerichtliche Verfahren, das Schiedsverfahren im Rahmen der CPLR §§ 7501–7514 und das Common-Law-Schiedsverfahren geltenden Grundsätze im Schiedsgutachtenverfahren grundsätzlich keine Geltung beanspruchen, sind Schiedsgutachter grundsätzlich nicht zu einer Gewährung rechtlichen Gehörs in dem Umfang verpflichtet, der im gerichtlichen Verfahren und in einem Schiedsverfahren gilt. Demzufolge sind Schiedsgutachter im Rahmen der Ermittlung der Tatsachen, die dem Schiedsgutachten zugrunde gelegt werden sollen, grundsätzlich nicht zur Herstellung von Parteiöffentlichkeit verpflichtet, und sie können Tatsachen, die sie ohne Hinzuziehung der Parteien ermittelt haben, dem Schiedsgutachten zugrunde legen, ohne den Parteien insoweit vor Erstattung des Schiedsgutachtens rechtliches Gehör gewähren zu müssen.[1431] Allerdings sind die Schiedsgutachter grundsätzlich verpflichtet, jeder Partei mindestens einmal Gelegenheit zu einer umfassenden Stellungnahme zu allen aus ihrer Sicht maßgeblichen Aspekten der konkreten Aufgabenstellung zu geben[1432] und darüber hinausgehend alle entscheidungserheblichen Stellungnahmen und Hinweise einer Partei zur Kenntnis zu nehmen und bei der Entscheidungsfindung zu berücksichtigen.[1433] Das bedeutet aber nicht, dass die Schiedsgutachter von Rechts wegen verpflichtet wären, einer Partei rechtliches Gehör auch zu den Stellungnahmen und Hinweisen der anderen Partei[1434] (oder den Stellungnahmen und Hinweisen des von der anderen Partei ernannten Partei-Schiedsgutachters[1435]) zu gewähren, und zwar auch dann nicht, wenn eine Partei eine derart weitgehende Gewährung rechtlichen Gehörs verlangt.

Eine Ausnahme von diesen allgemeinen Grundsätzen gilt allerdings dann, wenn die tätig werdenden Schiedsgutachter im Hinblick auf die konkrete Aufgabenstellung eindeutig nicht hinreichend sachkundig sind. In einem solchen Fall müssen die Schiedsgutachter die Parteien von etwaigen Treffen oder Besichtigungen in Kenntnis setzen und ihnen über die genannten Grundsätze hinaus zusätzlich die Möglichkeit geben, bei dieser Gelegenheit auch mündli-

---

[1430] Siehe dazu allgemein Annotation, 25 A.L.R.3d (1970), S. 680 ff. (mit Nachweisen zu den von der Rechtsprechung der einzelnen Bundesstaaten an Schiedsgutachtenverfahren im Versicherungsrecht gestellten Anforderungen).

[1431] *Matter of Delmar Box Co.* (1955) 127 N.E.2d 808, 811; *Penn Cent. Corp. v. Consolidated Rail Corp.* (1982) 436 N.E.2d 512, 516; *Olympia & York 2 Broadway Co. v. Produce Exch. Realty Trust* (1st Dept. 1983) 462 N.Y.S.2d 456, 460.

[1432] *Matter of Delmar Box Co.* (1955) 127 N.E.2d 808, 811; *Olympia & York 2 Broadway Co. v. Produce Exch. Realty Trust* (1st Dept. 1983) 462 N.Y.S.2d 456, 460.

[1433] Vgl. *Gervant v. New England Fire Ins. Co.* (1954) 118 N.E.2d 574, 577.

[1434] *Olympia & York 2 Broadway Co. v. Produce Exch. Realty Trust* (1st Dept. 1983) 462 N.Y.S.2d 456, 460.

[1435] *Olympia & York 2 Broadway Co. v. Produce Exch. Realty Trust* (1st Dept. 1983) 462 N.Y.S.2d 456, 460 (gegen die Vorinstanz).

che Stellungnahmen gegenüber den Schiedsgutachtern abzugeben.[1436] Die Schiedsgutachter sind also in diesen Fällen in gewissem Maße zu einer Herstellung von Partei-Öffentlichkeit verpflichtet. Begründet wird diese Ausnahme damit, dass die Vereinbarung der oben dargelegten Grundsätze für die Durchführung des Schiedsgutachtenverfahrens unter dem stillschweigenden Vorbehalt der hinreichenden Sachkunde der konkret als Schiedsgutachter tätig werdenden Personen steht.[1437] Unklar ist dagegen, ob diese Regeln auch dann gelten, wenn den Schiedsgutachtern die Ermittlung der Höhe eines Brandschadens übertragen ist und die Schiedsgutachter an einer Einnahme des Augenscheins gehindert sind. Auch wenn sich ein Gericht in einer älteren Entscheidung auf diesen Standpunkt gestellt hat,[1438] erscheint dieser Grundsatz jedoch im Lichte späterer Entscheidungen jedenfalls heute nicht mehr zutreffend.[1439]

Auch sind Schiedsgutachter grundsätzlich zur Durchführung eines fairen Verfahrens[1440] und (innerhalb gewisser Grenzen) zur Gleichbehandlung[1441] der Parteien verpflichtet. Der Inhalt des Gebots der Durchführung eines fairen Verfahrens ist dabei aber nicht unter Rückgriff auf die Erfordernisse eines fairen Verfahrens im Falle eines gerichtlichen oder schiedsgerichtlichen Verfahrens

---

[1436] Vgl. *Linde v. Republic Fire Ins. Co.* (1884) 50 N.Y. Super. Ct. 362, 364 f.; dazu: Annotation, 25 A.L.R.3d (1970), S. 712.

[1437] Siehe hierzu den ursprünglichen „leading case“ zu dieser Frage, die englische Entscheidung *Eads v. Williams* (1854) 43 Eng. Rep. 671, 676: „[We] do not think, when a matter is referred to surveyors or other persons of skill to fix the value of property to be bought or let, that the meaning is that they are necessarily to examine witnesses; they are intrusted from their experience and observation to form a judgement which the parties referring to them agree shall be considered satisfactory. [We] do not therefore think that in the present case it is an objection that the referees did not examine witnesses, provided they *bona fide* meant to say that they knew enough of the subject to decide properly without doing so.“ Diese Überlegungen haben auch heute noch maßgebliche Bedeutung; siehe dazu nur *Borowsky*, S. 160 f.

[1438] *Kaiser v. Hamburg–Bremen Fire Ins. Co.* (4th Dept. 1901) 69 N.Y.S. 344, 347, *affd.*, (1902) 65 N.E. 1118.

[1439] Vgl. (in chronologischer Reihenfolge): *McAnarney v. Newark Fire Ins. Co.* (1928) 159 N.E. 902, 905 (Festlegung einer *de facto* Sachaufklärungspflicht); *Gervant v. New England Fire Ins. Co.* (1954) 118 N.E.2d 574, 577 (Schiedsgutachter müssen relevante Stellungnahmen der Parteien oder der Partei-Schiedsgutachter zur Kenntnis nehmen und berücksichtigen); *Matter of Delmar Box Co.* (1955) 127 N.E.2d 808, 811 (Herstellung von Parteiöffentlichkeit nicht erforderlich, soweit Parteien nur einmalige Gelegenheit zur umfassenden Stellungnahme gegeben wird); *Olympia & York 2 Broadway Co. v. Produce Exch. Realty Trust* (1st Dept. 1983) 462 N.Y.S.2d 456, 460.

[1440] Vgl. *Moore v. Eadie* (1927) 156 N.E. 653, 654; *Olympia & York 2 Broadway Co. v. Produce Exch. Realty Trust* (1st Dept. 1983) 462 N.Y.S.2d 456, 460.

[1441] Vgl. *Strome v. London Assur. Co.* (2nd Dept. 1897) 47 N.Y.S. 481, 484, *affd.*, (1898) 162 N.Y. 627, 57 N.E. 1125; *Schmitt Bros. v. Boston Ins. Co.* (1st Dept. 1903) 81 N.Y.S. 767, 769; *Matter of Delmar Box Co.* (1955) 127 N.E.2d 808, 811 (Möglichkeit zur umfassenden Stellungnahme nicht – entgegen älteren Entscheidungen – nur für den Versicherten, sondern auch für den Versicherer).

zu bestimmen.[1442] Soweit es aber mit Blick auf die konkrete Aufgabenstellung ein handelsübliches oder ein der allgemeinen Verkehrssitte entsprechendes Verfahren gibt, sind die Schiedsgutachter verpflichtet, sich an die entsprechenden Verfahrensregeln zu halten.[1443] Solange beiden Parteien eine Gelegenheit zur umfassenden Stellungnahme gegeben wird, ist es heute – trotz gegenteiliger Aussagen in älteren Entscheidungen – nicht (mehr) zu beanstanden, wenn im Rahmen einer dreiköpfigen, aus einem Obmann und zwei Partei-Schiedsgutachtern bestehenden Schiedsgutachterstelle der Obmann und einer der Partei-Schiedsgutachter in Abwesenheit und ohne Kenntnis des anderen Partei-Schiedsgutachters konferieren.[1444]

Schiedsgutachter sind nicht darauf beschränkt, dem Schiedsgutachten nur diejenigen Tatsachen zugrunde zu legen, die sich aus den ihnen von den Parteien zur Verfügung gestellten Unterlagen, Stellungnahmen oder mündlich erteilten Informationen ergeben, sondern sind grundsätzlich auch zu eigenen Tatsachenermittlungen unter Ausnutzung aller Beweismittel befugt.[1445] Etwas anderes gilt lediglich dann, wenn ihnen die Parteien ein „statement of facts" vorgegeben haben.[1446] Sie haben hinsichtlich Art und Umfang der Tatsachenermittlung unter Zugrundelegung neuerer Entscheidungen grundsätzlich ein weites Ermessen.[1447] Allerdings gilt dieser Grundsatz nicht schranken- und ausnahmslos. So wird das weite Ermessen einer im Geltungsbereich dieses Grundsatzes tätig werdenden Schiedsgutachterstelle durch ausdrückliche Vorgaben des Schiedsgutachtenvertrags[1448] ebenso begrenzt wie durch die „duty to act fair and reasonable".[1449] Dementsprechend hat ein Gericht in einem älteren Urteil auch entschieden, dass Schiedsgutachter, denen die Ermittlung der Höhe eines Brandschadens übertragen worden ist, trotz ihrer grundsätzlichen Berechtigung, den dem Versicherungsnehmer entstandenen Schaden

---

[1442] Vgl. *Matter of Delmar Box Co.* (1955) 127 N.E.2d 808, 811; *Penn Cent. Corp. v. Consolidated Rail Corp.* (1982) 436 N.E.2d 512, 516.

[1443] Vgl. *Cities Serv. Co. v. Derby & Co.* (S.D.N.Y. 1987) 654 F. Supp. 492, 500 f., *affd.*, (2nd Cir. 1989) 835 F. 2d 1429; vgl. insoweit auch *Kaiser v. Hamburg-Bremen Fire Ins. Co.* (4th Dept. 1901) 69 N.Y.S. 344, 348, *affd.*, (1902) 65 N.E. 1118.

[1444] Vgl. *Olympia & York 2 Broadway Co. v. Produce Exch. Realty Trust* (Sup. Ct. 1982) 454 N.Y.S.2d 814, 816, *modified on other grounds*, (1st Dept. 1983) 462 N.Y.S.2d 456.

[1445] *Kaiser v. Hamburg-Bremen Fire Ins. Co.* (4th Dept. 1901) 69 N.Y.S. 344, 348, *affd.*, (1902) 65 N.E. 1118; *Schmitt Bros. v. Boston Ins. Co.* (1st Dept. 1903) 81 N.Y.S. 767, 770. Einschränkend noch ein *dictum* in der Entscheidung *Fleming v. Phoenix Assur. Co.* (2nd Dept. 1894) 27 N.Y.S. 488, 489, die Schiedsgutachter nur für berechtigt hielt, den Augenschein einzunehmen, nicht aber für berechtigt, Zeugen zu vernehmen oder andere sachverständige Personen hinzuzuziehen.

[1446] Vgl. *Penn Cent. Corp. v. Consolidated Rail Corp.* (1982) 436 N.E.2d 512, 518.

[1447] *Rice v. Ritz Assoc.* (1st Dept. 1982) 450 N.Y.S.2d 7, 8, *affd.*, (1983) 447 N.E.2d 58; *Application of Builtland Partners [Jack LaLane Biltmore Health Spa]* (1st Dept. 1985) 486 N.Y.S.2d 728, 729, *affd.*, (1985) 489 N.E.2d 1298.

[1448] *New York Overnight Partners, LLP v. Gordon* (1996) 673 N.E.2d 123, 125.

[1449] *Olympia & York 2 Broadway Co. v. Produce Exch. Realty Trust* (1st Dept. 1983) 462 N.Y.S.2d 456, 460.

durch bloße Einnahme des Augenscheins zu ermitteln,[1450] jedenfalls in all den Fällen zu einer umfassenderen, die Vernehmung von Zeugen und die Durchsicht von Dokumenten einschließenden Tatsachenermittlung verpflichtet sind, in denen die versicherten Gegenstände vollkommen zerstört worden sind und der entstandene Schaden somit einer Einnahme des Augenscheins nicht zugänglich ist.[1451] Allerdings sind die Gerichte in neueren Entscheidungen (anders noch als in älteren Entscheidungen[1452]) sehr zurückhaltend, eine von einer Partei als unzureichend empfundene Tatsachenermittlung unter Berufung auf eine Verletzung der „duty to act fair and reasonable" zu bemängeln.[1453] Darüber hinaus findet dieser Grundsatz, soweit ersichtlich, bisher keine oder jedenfalls nur eine sehr eingeschränkte Anwendung auf solche Schiedsgutachterstellen, die auf der Grundlage der New Yorker Standardpolice für die Brandschutzversicherung oder den häufig in Bau- und Anlagenbauverträgen enthaltenen Schiedsgutachtenklauseln tätig werden.[1454] So haben die Gerichte entschieden, dass die mit der Ermittlung des „actual cash value" eines Brandschadens beauftragten Schiedsgutachter grundsätzlich alle hierfür relevanten Erkenntnisquellen heranziehen[1455] und auch alle relevanten Tatsachen[1456] ermitteln müssen. Insoweit gilt für solche Schiedsgutachter eine Art „Untersuchungsmaxime" – auch wenn Schiedsgutachter selbst im Anwendungsbereich der New Yorker Standardpolice für die Brandschutzversicherung grundsätzlich nicht verpflichtet sind, Beweisanträgen der Parteien zu entsprechen.[1457] Ganz

---

[1450] So im Ergebnis *Fleming v. Phoenix Assur. Co.* (2nd Dept. 1894) 27 N.Y.S. 488, 489; *Kaiser v. Hamburg-Bremen Fire Ins. Co.* (4th Dept. 1901) 69 N.Y.S. 344, 347, *affd.*, (1902) 65 N.E. 1118.

[1451] *Kaiser v. Hamburg-Bremen Fire Ins. Co.* (4th Dept. 1901) 69 N.Y.S. 344, 348, *affd.*, (1902) 65 N.E. 1118.

[1452] So in der Tendenz: *Enright v. Montauk Fire Ins. Co.* (1st Dept. 1891) 15 N.Y.S. 893, 895, *affd.*, (1894) 37 N.E. 570; *Remington Paper Co. v. London Assur. Corp.* (4th Dept. 1896) 43 N.Y.S. 431, 434; *Kaiser v. Hamburg-Bremen Fire Ins. Co.* (4th Dept. 1901) 69 N.Y.S. 344, 347 f., *affd.*, (1902) 65 N.E. 1118; *Cohen v. Atlas Assur. Co.* (1st Dept. 1914) 148 N.Y.S. 563, 565; *Freeman v. Ralph Realty Corp.* (1st Dept. 1921) 191 N.Y.S. 72, 74.

[1453] Siehe dazu nur die Entscheidung *Application of Builtland Partners [Jack LaLane Biltmore Health Spa]* (1st Dept. 1985) 486 N.Y.S.2d 728, 729, *affd.*, (1985) 489 N.E.2d 1298.

[1454] Siehe dazu – wie auch zu den Gründen – die Ausführungen (oben S. 239) zu der gleich gelagerten Frage des Geltungsbereichs des Grundsatzes, dass Schiedsgutachter hinsichtlich der Art und Weise ihres methodischen Vorgehens sowie der Auswahl und Gewichtung der ihrer Entscheidung zugrunde gelegten Faktoren ein weites Ermessen haben.

[1455] *McAnarney v. Newark Fire Ins. Co.* (1928) 159 N.E. 902, 905.

[1456] *Sterling Spinning & Stamping Works, Inc., v. Knickerbocker Ins. Co. of New York* (Mun. Ct. 1930) 242 N.Y.S. 201, 204. Die ältere Rechtsprechung stellte demgegenüber noch tendenziell geringere Anforderungen, was nicht zuletzt darauf zurückzuführen sein dürfte, dass der Court of Appeals sein Gebot der Erstattung eines „just and fair award" (so noch in *Bradshaw v. Agricultural Ins. Co.* (1893) 32 N.E. 1055, 1058) dahingehend verschärft hat, dass er nunmehr die Erstattung eines „correct estimate of the loss" (*McAnarney v. Newark Fire Ins. Co.* (1928) 159 N.E. 902, 905) verlangt.

[1457] Vgl. *Matter of Delmar Box Co.* (1955) 127 N.E.2d 808, 811; *Penn Cent. Corp. v. Consolidated Rail Corp.* (1982) 436 N.E.2d 512, 516. Etwas anderes ergibt sich auch nicht aus

so weit gehen die Gerichte bei den im Rahmen von Bau- und Anlagenbauverträgen als Schiedsgutachter tätig werdenden Architekten und Ingenieuren zwar nicht. Allerdings besteht auch hier – jedenfalls bisher – im Grundsatz ein tendenziell eingeschränkteres Ermessen, da diese verpflichtet sind „[to] act in a judicial manner, not hastily or capriciously".[1458]

Im Übrigen steht es den Parteien frei, im Schiedsgutachtenvertrag weitere (oder weitergehende) Anforderungen an die Art und Weise der Durchführung des Schiedsgutachtenverfahrens zu vereinbaren. Die Schiedsgutachter sind dann an diese Vorgaben gebunden.[1459]

b. Stellung der Schiedsgutachter im Schiedsgutachtenverfahren

Schiedsgutachter werden im Rahmen eines Schiedsgutachtenverfahrens im Prinzip in einer quasi richterlichen Funktion („quasi-judicial function") tätig. Das gilt nicht nur für den allein entscheidenden Schiedsgutachter und den Obmann einer Schiedsgutachterkommission, sondern auch für den Partei-Schiedsgutachter.[1460] Ein Partei-Schiedsgutachter hat aber darüber hinaus die Funktion, im Rahmen des sachlich Vertretbaren die Interessen der ihn ernennenden Partei im Schiedsgutachtenverfahren zu wahren und in gewisser Weise auch Parteiöffentlichkeit herzustellen.[1461]

Schiedsgutachter sind grundsätzlich zur persönlichen Erfüllung der ihnen übertragenen Aufgabe verpflichtet. Sie sind daher grundsätzlich nicht befugt, die ihnen übertragene Aufgabe gänzlich anderen Personen zu übertragen.[1462] Sie sind jedoch berechtigt, einen Teil der Aufgabe auf andere Personen zu übertragen, wenn ein solches Vorgehen üblich und den Parteien bekannt ist.[1463] Dies gilt entsprechend, wenn die Parteien als Schiedsgutachter eine Person benannt haben, bei der sie von vornherein davon ausgehen mussten, dass sie diese Aufgabe nur unter Hinzuziehung weiterer Personen erfüllen konnte. In diesem Fall ist der Schiedsgutachter jedoch verpflichtet, die Ergebnisse der hinzugezogenen Personen zu überprüfen.[1464]

---

der Entscheidung des Court of Appeals in *Gervant v. New England Fire Ins. Co.* (1954) 118 N.E.2d 574, 577; vgl. dazu die ausführliche und zutreffende Auseinandersetzung mit dieser Entscheidung in *Olympia & York 2 Broadway Co. v. Produce Exch. Realty Trust* (1st Dept. 1983) 462 N.Y.S.2d 456, 460.

1458 Elisabeth Sash, *D. & S. Co. v. St. Vincent's Hosp.* (2nd Dept. 1934) 270 N.Y.S. 195, 196.

1459 *Cities Serv. Co. v. Derby & Co.* (S.D.N.Y. 1987) 654 F. Supp. 492, 501, *affd.*, (2nd Cir. 1989) 835 F. 2d 1429.

1460 Dazu oben S. 225.

1461 Vgl. *Bradshaw v. Agricultural Ins. Co.* (1893) 32 N.E. 1055, 1058; *Schmitt Bros. v. Boston Ins. Co.* (1st Dept. 1903) 81 N.Y.S. 767, 769 f.; *Townsend v. Greenwich Ins. Co.* (2nd Dept. 1903) 83 N.Y.S. 909, 912, *affd. mem.*, (1904) 71 N.E. 1140; *Turner v. New York Cent. & H. R.R.* (3rd Dept. 1915) 153 N.Y.S. 281, 286.

1462 *McEntyre v. Tucker* (1st Dept. 1898) 55 N.Y.S. 153, 156; N.Y. Jur. 2d, Bd. 22, Contracts, 1996, § 340.

1463 Annotation, 7 A.L.R.3d (1966), S. 568.

1464 *Sweet v. Morrison* (1889) 22 N.E. 276, 279.

Schiedsgutachter können im Rahmen ihres grundsätzlich weiten Ermessens hinsichtlich der heranzuziehenden Informationsquellen[1465] nicht nur Dokumente einsehen und Zeugen vernehmen, sondern auch andere sachverständige Personen hinzuziehen.[1466] Dagegen sind Schiedsgutachter – anders als Schiedsrichter[1467] nach Maßgabe der Vorschrift der CPLR § 7505 – als solche grundsätzlich nicht befugt, die Vorlage von Urkunden (oder das Erscheinen von Zeugen) unter Androhung von Zwangsmitteln anzuordnen.[1468] Diese Befugnis haben sie nur im Anwendungsbereich des CPLR § 7601 und nur dann, wenn ein Gericht auf Antrag einer Partei die Fortsetzung des Schiedsgutachtenverfahrens als Schiedsverfahren nach Maßgabe der CPLR §§ 7501–7514 anordnet.

c. *Stellung der Parteien im Schiedsgutachtenverfahren*

Die Durchführung des Schiedsgutachtenverfahrens liegt weitgehend in der Hand der Schiedsgutachter, wenn und insoweit die Parteien im Schiedsgutachtenvertrag keine Vorgaben hinsichtlich der Art und Weise der Durchführung des Schiedsgutachtenverfahrens vereinbart haben. Die Parteien sind, wenn sie nichts anderes vereinbart haben, grundsätzlich darauf beschränkt, gegenüber den Schiedsgutachtern zu den aus ihrer Sicht entscheidungserheblichen Tatsachen Stellung zu nehmen. Darüber hinaus treffen sie regelmäßig gewisse Auskunfts- und Informationspflichten,[1469] die gegenüber der jeweils anderen Partei bestehen, aber vor allem gegenüber den Schiedsgutachtern zu erfüllen sind.

4. Schiedsgutachten

a. *Quorum*

Haben die Parteien mehrere Schiedsgutachter ernannt, so müssen diese grundsätzlich, der Regel des Common Law[1470] gehorchend, einstimmig entscheiden.[1471] Die Parteien können jedoch eine Mehrheitsentscheidung[1472] oder

---

[1465] *Rice v. Ritz Assoc.* (1st Dept. 1982) 450 N.Y.S.2d 7, 8, *affd.*, (1983) 447 N.E.2d 58; *Application of Builtland Partners [Jack LaLane Biltmore Health Spa]* (1st Dept. 1985) 486 N.Y.S.2d 728, 729, *affd.*, (1985) 489 N.E.2d 1298.

[1466] *Omaha Water Co. v. City of Omaha* (8th Cir. 1908) 162 F. 225, 233, *affd.*, (1910) 218 U. S. 181. Die in diesem Urteil enthaltenen Grundsätze sind von den New Yorker Gerichten übernommen worden; *Rice v. Ritz Assoc.* (1st Dept. 1982) 450 N.Y.S.2d 7, 8, *affd.*, (1983) 447 N.E.2d 58.

[1467] Diese Vorschrift gilt nicht für Common-Law-Schiedsrichter; N.Y. Leg. Doc. (1958) No. 13, S. 130.

[1468] New York Law Revision Commission, N.Y. Leg. Doc. (1958) No. 65 (C), S. 13; *Casolaro*, 65 N.Y.St.B.J. (1993), Part I, S. 10.

[1469] Dazu oben S. 211.

[1470] *Koretz*, N.Y. Leg. Doc. (1958) No. 65 (C), S. 32.

[1471] *Morgan v. Merchants' Co-Operative Fire Ins. Ass'n* (4th Dept. 1900) 64 N.Y.S. 873, 876.

die alleinige Entscheidung eines Obmanns[1473] für den Fall vereinbaren, dass die anderen Schiedsgutachter keine Übereinstimmung erzielen. Der Obmann kann gegebenenfalls auch dazu berufen sein, nur über die Meinungsverschiedenheiten der anderen Schiedsgutachter zu entscheiden.

Haben die Parteien vereinbart, dass ein Schiedsgutachten mit einer Mehrheit von zwei der drei ernannten Schiedsgutachter ergehen kann, und ergeht das Schiedsgutachten nur durch den Obmann, ist das Schiedsgutachten unwirksam,[1474] wenn die Parteien den ursprünglichen Schiedsgutachtenvertrag nicht übereinstimmend geändert haben.[1475] Das Schiedsgutachten ist – bei bestehendem Einstimmigkeitserfordernis – ebenfalls unwirksam, wenn ein Schiedsgutachter vor Ergehen des Schiedsgutachtens sein Amt niedergelegt hat und die verbleibenden Schiedsgutachter allein entschieden haben.[1476]

b. Formelle und inhaltliche Anforderungen

Das Common Law kennt keine allgemeinen Anforderungen an die Form oder den Inhalt eines Schiedsgutachtens.[1477] Ein Schiedsgutachten kann daher sowohl mündlich als auch schriftlich ergehen. Bedarf jedoch der Schiedsgutachtenvertrag aufgrund besonderer gesetzlicher Vorschriften einer bestimmten Form,[1478] gilt diese grundsätzlich auch für das Schiedsgutachten.[1479]

Die Parteien können im Schiedsgutachtenvertrag ausdrücklich[1480] oder konkludent[1481] vereinbaren, dass das Schiedsgutachten bestimmten formellen oder inhaltlichen Anforderungen genügen muss. Konkludente Vereinbarungen solcher Anforderungen sind – bei entsprechenden eindeutigen Anhaltspunkten im Schiedsgutachtenvertrag[1482] – insbesondere denkbar, wenn sich solche Anforderungen aus der anerkannten Praxis der Verkehrskreise ergeben, denen die

---

1472 Eine solche sieht zum Beispiel die in N.Y. Ins. L. § 3404 (e) enthaltene Schiedsgutachtenklausel vor.

1473 Vgl. *Glicksmann v. North River Ins. Co.* (4th Dept. 1982) 448 N.Y.S.2d 77, 79.

1474 *Allstate Ins. Co. v. Kleveno* (2nd Dept. 1981) 438 N.Y.S.2d 384, 386.

1475 *Glicksmann v. North River Ins. Co.* (4th Dept. 1982) 448 N.Y.S.2d 77, 79; vgl. auch *Brown v. Estate of Rosenstock* (1st Dept. 1990) 554 N.Y.S.2d 608, 609.

1476 Vgl. *Eisenberg v. Stuyvesant Ins. Co.* (App. T. 1904) 87 N.Y.S. 463, 464; *Atterbury v. Columbia College* (Sup. Ct. 1910) 123 N.Y.S. 25, 26.

1477 Vgl. N.Y. Jur. 2d, Bd. 5, Arbitration & Award, 1997, § 250 (für Common-Law-Schiedssprüche).

1478 Dazu oben S. 210.

1479 Wenn ein Schiedsgutachten über den Kaufpreis oder Pachtzins eines formbedürftigen Vertrags ergehen, mithin Inhalt des Vertrags werden soll (*Wurster v. Armfield* (1903) 67 N.E. 584, 586), muss es auch der für den Vertrag vorgesehenen Form genügen.

1480 *De Crescenzo v. Capital Mut. Ins. Co.* (3rd Dept. 1992) 589 N.Y.S.2d 669, 671. Siehe dazu auch N.Y. Ins. Law. § 3404 (e) („award in writing, stating separately actual cash value and loss to each item").

1481 Vgl. *H. M. Hughes Co. v. Sapphire Realty Co.* (1962) 181 N.E.2d 405, 406.

1482 Vgl. *Corrigan v. Breen* (3rd Dept. 1997) 660 N.Y.S.2d 503, 505 f.

Parteien oder die Schiedsgutachter angehören.[1483] Entspricht das Schiedsgutachten solchen vertraglich vereinbarten Anforderungen nicht,[1484] ist es unwirksam.[1485] Dabei verlangen die Gerichte allerdings in den Fällen, in denen es um die Frage der Einhaltung von vertraglich festgelegten Begründungserfordernissen geht, regelmäßig keine „strict compliance", sondern nur eine „substantial compliance".[1486] Ist eine „substantial compliance" mit den vertraglich festgelegten Begründungserfordernissen zu bejahen, scheidet eine Unwirksamkeit des Schiedsgutachtens aus. Im Geltungsbereich des CPLR § 7601[1487] kann darüber hinaus das zuständige Gericht, entsprechend der für Schiedssprüche geltenden Vorschrift des CPLR § 7511(c)(3), auf Antrag einer Partei nach seinem Ermessen formelle Fehler des Schiedsgutachtens korrigieren, wenn diese Korrektur nicht zu einer Änderung des Inhalts des Schiedsgutachtens führt.[1488]

Anders als CPLR § 7507 S. 4 für Schiedssprüche im Sinne der gesetzlichen Bestimmungen schreibt CPLR § 7601 nicht vor, auf welche Art und Weise das Schiedsgutachten den Parteien zu übermitteln ist. Dem Grundsatz des Common Law entsprechend[1489] reicht es daher, wenn die Parteien nichts anderes vereinbart haben,[1490] aus, wenn die Schiedsgutachter das Schiedsgutachten ausfertigen und die Parteien von dieser Ausfertigung in Kenntnis setzen. Mit Inkenntnissetzung oder Übermittlung des Schiedsgutachtens entsprechend den im Schiedsgutachtenvertrag enthaltenen Vorgaben wird das Schiedsgutachten wirksam.[1491]

1483 Vgl. *Kirby v. West 37th Garage Corp.* (App. T. 1991) N.Y.L.J. April 8th, 1991, S. 25, Sp. 6.

1484 Ein Schiedsgutachten genügt vertraglich vereinbarten Anforderungen an den Inhalt stets dann, wenn eine „substantial compliance" vorliegt; vgl. *H. M. Hughes Co., v. Sapphire Realty Co.* (1962) 181 N.E.2d 405, 406; *De Crescenzo v. Capital Mut. Ins. Co.* (3rd Dept. 1992) 589 N.Y.S.2d 669, 671; *Gansevoort Holding Corp. v. Palatine Ins. Co.* (Sup. Ct. 1957) 170 N.Y.S.2d 171, 175, *affd.* (1st Dept. 1958) 181 N.Y.S.2d 172, *leave for appeal denied*, (1958) 159 N.E.2d 355.

1485 *Hind v. Willich* (Sup. Ct. 1926) 216 N.Y.S. 155, 157; *Mizrahi v. National Ben Franklin Fire Ins. Co.* (City Ct. 1942) 37 N.Y.S.2d 698, 703.

1486 *Gansevoort Holding Corp. v. Palatine Ins. Co.* (Sup. Ct. 1957) 170 N.Y.S.2d 171, 175, *affd.*, (1st Dept. 1958) 181 N.Y.S.2d 172, leave for appeal denied, (1st Dept. 1958) 182 N.Y.S.2d 330.

1487 *Penn Cent. Corp. v. Consolidated Rail Corp.* (1982) 436 N.E.2d 512, 517. Dies gilt daher nicht für ein Schiedsgutachten, das auf der Grundlage der im Standardvertrag für die Brandschutzversicherung enthaltenen Schiedsgutachtenklausel ergangen ist.

1488 *Matter of Builtland Partners* (1st Dept. 1983) 461 N.Y.S.2d 24, 25; *Johnson v. Chemical Bank* (County Ct. 1990) 555 N.Y.S.2d 538, 541.

1489 Vgl. N.Y. Jur. 2d, Bd. 5, Arbitration & Award, 1997, §§ 250, 252.

1490 So schreibt die im Standardvertrag für die Brandschutzversicherung enthaltene Schiedsgutachtenklausel zum Beispiel die Niederlegung des Schiedsgutachtens bei dem Versicherer vor.

1491 Vgl. N.Y. Jur. 2d, Bd. 5, Arbitration & Award, 1997, § 252 (für Common-Law-Schiedssprüche).

c. *Begründungserfordernisse*

Schiedsgutachten müssen, soweit es sich nicht um Schiedsgutachten im Geltungsbereich der New Yorker Standardpolice für die Brandschutzversicherung handelt, grundsätzlich ebenso wenig begründet werden[1492] wie Schiedssprüche.[1493] Dies gilt auch dann, wenn bestimmte für die ernannten Schiedsgutachter in ihrer Funktion als Angehörige einer bestimmten Berufsgruppe geltende Verhaltensregeln („standards of professional conduct") eine solche Begründung vorschreiben, es sei denn, diese sind Ausdruck einer „strong public policy"[1494] oder zum Inhalt des Schiedsgutachtenvertrags gemacht worden.[1495] Ob und inwieweit die Gerichte, wie von *Casolaro* befürchtet,[1496] die zum 01.01.1991 in Kraft getretenen Vorschriften über den notwendigen Inhalt von Grundstückswertermittlungen und -gutachten von „state certified or licensed appraisers"[1497] als Ausdruck einer „strong public policy" ansehen werden,[1498] bleibt abzuwarten.[1499] Bisher haben, soweit ersichtlich, die Gerichte ein Schiedsgutachten an diesen Vorschriften nur in einem Fall gemessen, dies aber nicht mit einer „strong public policy", sondern damit begründet, dass die Geltung dieser Vorschriften konkludent vereinbart worden sei.[1500] Diese Entscheidung bildet auch, soweit ersichtlich, bisher den einzigen Fall, in dem das Gericht die Geltung der einschlägigen „standards of professional conduct" im Schiedsgutachtenvertrag als stillschweigend vereinbart angesehen und das Schiedsgut-

---

1492 *Moore v. Eadie* (1927) 156 N.E. 653, 654; *Casolaro*, 65 N.Y.St.B.J. (1993), Part II, S. 50.

1493 *Matter of Bay Ridge Medical Group v. Health Ins. Plan* (1st Dept. 1964) 254 N.Y.S.2d 616; weitere Nachweise in Annotation, 82 A.L.R.2d (1962), S. 969 ff.

1494 In *Kirby v. West 37th Garage Corp.* (App. T. 1991) N.Y.L.J. April 8th, 1991, S. 25, Sp. 6, verneint für die in den „American Institute of Real Estate Appraisers Standards of Professional Practice" enthaltenen Anforderungen an Wertgutachten. In diesem Fall war allerdings streitig, ob diese „Standards of Professional Practice" auf den Fall eines auf der Grundlage eines Schiedsgutachtenvertrags ergangenen Schiedsgutachtens, dessen Inhalt eine Grundstücksbewertung war, überhaupt Anwendung fanden. Das Gericht unterstellte dies, da diese Frage nicht entscheidungserheblich war.

1495 *Corrigan v. Breen* (3rd Dept. 1997) 660 N.Y.S.2d 503, 505.

1496 *Casolaro*, 65 N.Y.St.B.J. (1993), Part II, S. 49 ff.

1497 N.Y. Exec. Law §§ 160 ff., konkretisiert durch 19 N.Y.C.R.R. §§ 1102 ff.

1498 Hintergrund dieses Gesetzes war die Sparkassenkrise in den 80er-Jahren, deren wesentliche Ursache die deutliche Überbewertung von Grundstücken war, die als Sicherheit für ausgereichte Kredite dienten. Siehe dazu *Hicken*, 20 Real Est. L. J. (1991), S. 157 ff.

1499 Obwohl das Gesetz selbst in N.Y. Exec. Law § 160 – u behördliche Sanktionen für den Fall vorsieht, dass ein Wertgutachten eines „state certified or licensed appraiser" den gesetzlichen Anforderungen nicht genügt, ist es nicht ausgeschlossen, dass die Gerichte diese Vorschriften vor dem Hintergrund ihrer Historie (siehe dazu die vorhergehende Fußnote) als Ausdruck einer „strong public policy" ansehen und ihre Verletzung zusätzlich durch Aufhebung eines Schiedsgutachtens sanktionieren werden (*Casolaro*, 65 N.Y.St.B.J. (1993), Part II, S. 49 ff.). Soweit ersichtlich, fehlt es aber bisher an Entscheidungen hierzu.

1500 *Corrigan v. Breen* (3rd Dept. 1997) 660 N.Y.S.2d 503, 505.

achten u.a. wegen der Nichtbeachtung der in den „standards of professional conduct" enthaltenen Begründungserfordernisse aufgehoben hat.[1501] In allen anderen Fällen[1502] wurden die auf eine Nichtbeachtung der maßgeblichen „standards of professional conduct" gestützten Angriffe gegen das erstattete Schiedsgutachten im Ergebnis (wenn auch mit teilweise unterschiedlichen Begründungen) zurückgewiesen.[1503]

d. Wirkungen

Ein Schiedsgutachten entfaltet die nachfolgend aufgeführten Wirkungen nur dann, wenn die Schiedsgutachter, die an der Erstattung des Schiedsgutachtens mitgewirkt haben, wirksam ernannt worden sind[1504] und als solche auch tätig werden durften,[1505] und darüber hinaus die rechtlichen und vertraglichen Vorgaben über das Quorum[1506], die Form und den Inhalt des Schiedsgutachtens[1507] und das Ernennungsverfahren[1508] beachtet worden sind. Weiterhin setzen diese Wirkungen aber auch einen wirksamen Schiedsgutachtenvertrag voraus.[1509]

Unter den dargelegten Voraussetzungen ist ein Schiedsgutachten grundsätzlich sowohl abschließend als auch endgültig („final") und bindet – in den Grenzen des Zuständigkeitsbereichs der Schiedsgutachter[1510] – die Parteien und das Gericht („binding"). Im Hinblick auf Fragen der Auslegung des Hauptvertrags und des Schiedsgutachtenvertrags, über die die Schiedsgutachter befugtermaßen entschieden haben, entfaltet das Schiedsgutachten die gleiche bindende Wirkung wie eine Vereinbarung der Parteien über diese Frage.[1511] Das

---

[1501] *Corrigan v. Breen* (3rd Dept. 1997) 660 N.Y.S.2d 503, 505.

[1502] *Penn Cent. Corp. v. Consolidated Rail Corp.* (1982) 436 N.E.2d 512, 518; *Arcy Paint Co. v. Resnick* (2nd Dept. 1987) 521 N.Y.S.2d 25, 26; *Kirby v. West 37th Garage Corp.* (App. T. 1991) N.Y.L.J. April 8th, 1991, S. 25, Sp. 6; *Perlbinder v. Jakubovitz* (1st Dept. 1997) 658 N.Y.S.2d 267, 268; *Vitale v. Friedman* (1st Dept. 1997) 666 N.Y.S.2d 403.

[1503] Dies dürfte seine Ursache nicht zuletzt darin haben, dass – anders als nach deutschem Recht – auch für Schiedssprüche der schon lange anerkannte Grundsatz gilt, dass diese grundsätzlich nicht begründet werden müssen.

[1504] *Wurster v. Armfield* (1903) 67 N.E. 584; 585; vgl. auch *In re 176–178 East Main St., Amsterdam, N.Y.* (County Ct. 1933) 263 N.Y.S. 162, 166, *affd.*, (3rd Dept. 1933) 264 N.Y.S. 717, *rev. on other grounds*, (1934) 188 N.E. 647.

[1505] *Syracuse Sav. Bank v. Yorkshire Ins. Co.* (4th Dept. 1944) 49 N.Y.S.2d 247, 248.

[1506] Dazu oben S. 246 f.

[1507] Dazu oben S. 247 f.

[1508] So *dicta Lee v. Hamilton Fire Ins. Co.* (Sup. Ct. 1927) 223 N.Y.S. 441, 443, affd., (1st Dept. 1928) 231 N.Y.S. 796, *affd.*, (1929) 167 N.E. 426.

[1509] Vgl. *Sorensen v. S.A. Companhia Gen. Comercial de Santos* (Sup. Ct. 1920) 180 N.Y.S. 201, 203.

[1510] *Andrews v. Empire Co-Operative Fire Ins. Co.* (Sup. Ct. 1949) 87 N.Y.S.2d 629, 630, *revd. on other grounds*, (4th Dept. 1950) 95 N.Y.S.2d 514.

[1511] Vgl. *Fidelity & Deposit Co. v. Woltz* (4th Dept. 1931) 253 N.Y.S. 583 (zur Wirkung von Common-Law-Schiedssprüchen).

gilt auch in den Fällen, in denen die Parteien Schiedsgutachtern die Entscheidung über die Höhe des Kaufpreises übertragen haben.[1512] Darüber hinaus erbringt ein Schiedsgutachten, soweit es nicht über die Höhe eines Kaufpreises oder Fragen der Vertragsauslegung entscheidet, grundsätzlich den unwiderlegbaren Beweis („conclusive evidence")[1513] für die von den Schiedsgutachtern getroffenen Festellungen. Allerdings ist nicht jede in einem Vertrag vorgesehene Stellungnahme eines Dritten, der nicht Schiedsrichter ist, stets „final, binding, and conclusive". Vielmehr bedarf es zur Ausstattung mit diesen Wirkungen einer Vereinbarung der Parteien, die sowohl ausdrücklich als auch konkludent erfolgen kann.

Demgegenüber geht – anders als im Falle eines Common-Law-Schiedsspruchs – der dem Schiedsgutachtenvertrag zugrunde liegende Anspruch nicht im Schiedsgutachten auf.[1514] Allerdings kann ein über die Höhe eines Zahlungsanspruchs ergangenes Schiedsgutachten einer Klage als „bar" entgegengehalten werden, mit der der Kläger die Zahlung einer größeren Summe als derjenigen begehrt, die das Schiedsgutachten ausweist.[1515]

5. Gerichtliche Kontrolle des Schiedsgutachtens

Das New Yorker Schiedsgutachtenrecht kennt keine gesetzliche Vorschrift, die – entsprechend CPLR § 7511 – Umfang und Maßstäbe der gerichtlichen Überprüfung eines Schiedsgutachtens regelt. Der Umfang gerichtlicher Nachprüfbarkeit eines Schiedsgutachtens, die Maßstäbe gerichtlicher Überprüfung und die konkreten Aufhebungsgründe ergeben sich vielmehr aus den zu Schiedsgutachten ergangenen Präjudizien.

Nachfolgend soll vor Darstellung der Überprüfungsmaßstäbe und der jeweiligen, von den Gerichten angenommenen Gründe einer fehlenden Bindungswirkung des Schiedsgutachtens zunächst die Rechtsprechung zu dem für ein Schiedsgutachten geltenden gerichtlichen Überprüfungsumfang („scope of judicial review") dargestellt werden, da der als statthaft angesehene Überprüfungsumfang Auswirkungen auf die Überprüfungsmaßstäbe und den Kreis statthafter Gründe fehlender Bindungswirkung hat.

a. *Scope of judicial review*

Die Frage, ob nach geltendem New Yorker Recht ein Schiedsgutachten grundsätzlich nur in demselben Umfang wie ein Schiedsspruch i.S.d. CPLR

[1512] *Wurster v. Armfield* (1903) 67 N.E. 584, 586; Note, 8 Corn. L. Q. (1922), S. 53; *Kupfer/Danziger*, 1 Arb. J. (1937), S. 95.

[1513] *Steinberg v. Boston Ins. Co.* (1st Dept. 1911) 128 N.Y.S. 994, 995; *Kuhs v. Flower City Tissue Mills Co.* (Sup. Ct. 1918) 171 N.Y.S. 688, 691, *modified on other grounds*, (1919) 179 N.Y.S. 450.

[1514] *Steinberg v. Boston Ins. Co.* (1st Dept. 1911) 128 N.Y.S. 994, 995.

[1515] *Maher v. Home Ins. Co. of New York* (3rd Dept. 1902) 78 N.Y.S. 44, 46.

§ 7511[1516] oder in einem darüber hinausgehenden Umfang[1517] gerichtlich nachprüfbar ist, wird von den Gerichten uneinheitlich beantwortet. Diejenigen Gerichte, die auf dem Standpunkt stehen, dass nach geltendem Recht Schiedsgutachten grundsätzlich nur in demselben Umfang wie ein Schiedsspruch i.S.d. CPLR § 7511 gerichtlich überprüfbar sind, stützen sich dabei auf die Vorschrift des CPLR § 7601.[1518] Daher soll zunächst der Umfang der gerichtlichen Überprüfbarkeit untersucht werden, wie er sich aus den Entscheidungen ergibt, die vor Inkrafttreten des CPLR § 7601 ergangen sind. Anschließend soll die Entwicklung der Rechtsprechung nach Inkrafttreten des CPLR § 7601 nachgezeichnet und unter Zugrundelegung dieser Analyse ermittelt werden, ob und inwieweit Schiedsgutachten lediglich im gleichen Umfang wie ein Schiedsspruch i.S.d. CPLR § 7511 oder in einem darüber hinausgehenden Umfang gerichtlich nachprüfbar sind.

aa. Rechtsentwicklung und -lage vor Inkrafttreten des CPLR § 7601

Die gerichtliche Kontrolle von Schiedsgutachten hat sich aus den Grundsätzen entwickelt, die für Common-Law-Schiedssprüche galten.[1519] Ausgangspunkt der von der Rechtsprechung vor Inkrafttreten des CPLR § 7601 entwickelten Regeln war dabei die Überlegung, dass ein wirksam erstattetes Schiedsgutachten dann nicht bindend sei, wenn vertragliche Vorgaben nicht beachtet worden seien,[1520] das Schiedsgutachten nicht auf der ehrlichen Überzeugung der Schiedsgutachter beruhe („failure to exercise honest judgement"),[1521] die Schiedsgutachter „in bad faith" vorgegangen seien[1522] oder ihnen „misconduct" zur Last fiel,[1523] oder wenn die Schiedsgutachter eine Entscheidung getroffen

---

[1516] So *Dimson v. Elghanayan* (1967) 127 N.E.2d 10, 14; *Penn Cent. Corp. v. Consolidated Rail Corp.* (1982) 436 N.E.2d 512, 518; *Johnson v. Chemical Bank* (County Ct. 1990) 555 N.Y.S.2d 538, 541; *Cendant Corp. v. Forbes* (S.D.N.Y. 1999) 70 F. Supp. 2d 339, 345, *affd.*, (2th Cir. 2000) 2000 U.S. App. Lexis 1253; *Questrom v. Federated Dep't Stores, Inc.* (S.D.N.Y. 1999) 41 F. Supp. 2d 294, 302, Fußnote 55.

[1517] So *Clark v. Kraftco Corp.* (S.D.N.Y. 1971) 323 F. Supp. 358, 360, *appeal dismissed*, (2nd Cir.1971) 447 F. 2d 933; *European-American Banking Corp. v. Chock Full O'Nuts Corp.* (App. T. 1981) 442 N.Y.S.2d 715, 718; *Sauer v. Xerox Corp.* (W.D.N.Y. 1998) 1998 U.S. Dist. Lexis 13427; ebenso: *McLaughlin*, Practice Commentaries zu CPLR § 7601 (1980), S. 661 f.; *Goldstein*, 58 St.John's L.Rev. (1983), S. 81 f.; *Casolaro*, 65 N.Y.St.B.J. (1993), Part II, S. 47 f.

[1518] Siehe dazu die Nachweise in Fußnote 1516.

[1519] Nachweise aus der Rechtsprechung zur gerichtlichen Kontrolle von Schiedsgutachten außerhalb des Staates New York finden sich insbesondere in den folgenden Annotations (in chronologischer Reihenfolge): 53 A.L.R. (1927), S. 697 ff.; 54 A.L.R. (1928), S. 1255 ff.; 110 A.L.R. (1937), S. 137 ff.; 137 A.L.R. (1942), S. 530 ff; 50 A.L.R.2d (1956), S. 1268 ff.; 7 A.L.R.3d (1966), S. 555 ff. Siehe dazu auch *Borowsky*, S. 169 ff.

[1520] *Moore v. Eadie* (1927) 156 N.E. 653, 654; *Ice Serv. Co. v. Henry Phipps' Estates* (1927) 157 N.E. 506, 507.

[1521] Vgl. *Ice Serv. Co. v. Henry Phipps' Estates* (1927) 157 N.E. 506, 507.

[1522] Vgl. *Ice Serv. Co. v. Henry Phipps' Estates* (1927) 157 N.E. 506, 508.

[1523] Vgl. *Elmendorf v. Harris* (1840) 23 Wend. 628.

hatten, die nicht ihrem wirklichen Willen entsprach.[1524] Diese Beschränkungen der bindenden Wirkung eines Schiedsgutachtens (wie auch eines Common-Law-Schiedsspruchs) wurden dabei als „implied terms“ angesehen.

Schiedsgutachten und Common-Law-Schiedssprüche unterlagen, wie bereits an anderer Stelle dargelegt,[1525] ursprünglich identischen Regeln. Dementsprechend galten für Schiedsgutachten und Common-Law-Schiedssprüche ursprünglich auch identische Überprüfungsmaßstäbe und ein identischer Überprüfungsumfang.

Die zu Schiedsgutachten auf der Grundlage der New Yorker Standardpolice für die Brandschutzversicherung und zu Schiedsgutachten eines im Dienste des Bauherrn stehenden Architekten oder Ingenieurs ergehende Rechtsprechung erweiterte jedoch – trotz ansonsten fortgesetzter Berufung auf die zu Common-Law-Schiedssprüchen ergangenen Entscheidungen – ab dem Ende des 19. Jahrhunderts nach und nach die Kontrolldichte eines Schiedsgutachtens über die Kontrolldichte hinaus, die für Common-Law-Schiedssprüche galt. So überprüften die Gerichte beispielsweise die Entscheidung eines im Dienste des Bauherrn stehenden Architekten oder Ingenieurs, der über die Frage der Vertragserfüllung des Bauunternehmers urteilen sollte, auch darauf, ob der Architekt oder Ingenieur den Hauptvertrag richtig ausgelegt hatte.[1526] Dies widersprach den Grundsätzen des Common Law, da nach Common Law eine Aufhebung wegen „errors of law“ ausgeschlossen war und eine Aufhebung wegen eines „mistake of law“ nur zulässig war, wenn sich der Wille zur Rechtsanwendung und die Unrichtigkeit der Rechtsanwendung ohne Rückgriff auf andere Beweismittel aus dem Schiedsspruch selbst ergaben.[1527] Darüber hinaus überprüften die Gerichte bei Schiedsgutachten, die auf der Grundlage der (seit 1886 bestehenden[1528]) New Yorker Standardpolice für die Brandschutzversicherung erstattet worden waren, zunehmend auch den Umfang und die Sorgfalt der Tatsachenermittlung sowie die von den Schiedsgutachtern zugrunde gelegten Methoden.[1529] Diese Kontrolldichte widersprach dem Grundsatz des Common Law, dass die „merits“ des Schiedsspruchs einer gerichtlichen Kontrolle nicht zugänglich seien.[1530] Die *ratio decidendi* dieser Erweiterung der Kontrolldichte war dabei zunächst nicht ganz klar, sondern schälte sich erst nach und nach heraus: einerseits die typische Eigenart der in Bau- und Anlagenbauverträgen enthaltenen Schiedsgutachtenklauseln[1531] so-

---

1524 *Fudickar v. Guardian Mut. Ins. Co.* (1875) 62 N.Y. 392, 400.

1525 Vgl. dazu oben S. 189.

1526 Grundlegend: *Burke v. New York* (1st Dept. 1896) 40 N.Y.S. 81; siehe hierzu auch Annotation, 137 A.L.R. (1942), S. 544 ff.

1527 *Fudickar v. Guardian Mut. Ins. Co.* (1875) 62 N.Y. 392, 400.

1528 Dazu *Casolaro*, 65 N.Y.St.B.J. (1993), Part I, S. 11, Fußnote 8.

1529 Vgl. *Enright v. Montauk Fire Ins. Co.* (1st Dept. 1891) 15 N.Y.S. 893, 895, *affd.*, (1894) 37 N.E.570; *Cohen v. Atlas Assur. Co.* (1st Dept. 1914) 148 N.Y.S. 563, 565.

1530 Vgl. zu diesem Grundsatz *Fudickar v. Guardian Mut. Ins. Co.* (1875) 62 N.Y. 392, 400.

1531 *Van Iderstine Co. v. Barnet Leather Co.* (1926) 152 N.E. 250, 252.

wie die Nähe des Architekten bzw. Ingenieurs zum Bauherrn,[1532] andererseits gesetzliche Vorgaben zum Schutz des Versicherungsnehmers[1533] und vor allem das damals bei vielen Gerichten noch greifbare Unbehagen gegenüber der Verwendung von Schiedsgutachtenklauseln im Versicherungsrecht.[1534] Dieses Unbehagen dürfte seinen Grund zum einen in der unterschwelligen Auffassung der Gerichte gehabt haben, dass solche Klauseln im Wesentlichen allein Interessen der Versicherer widerspiegelten,[1535] und zum anderen in der Ansicht mancher Gerichte, dass der informelle Ablauf eines Schiedsgutachtenverfahrens den Interessen eines Versicherungsnehmers nur relativ unzureichend Rechnung trage.[1536]

Mit der Anfang des 20. Jahrhunderts mehr und mehr vordringenden Auffassung der notwendigen Unterscheidung zwischen einer Common-Law-Schiedsvereinbarung und einem Schiedsgutachtenvertrag wurde der Ableitung der für Schiedsgutachten geltenden Überprüfungsmaßstäbe aus den für Common-Law-Schiedssprüchen geltenden Grundsätzen[1537] zunehmend der Boden entzogen. Daher sah sich der Court of Appeals im Anschluss an seine Entscheidung *In re Fletcher*,[1538] die diese Unterscheidung zementierte, genötigt, die für Schiedsgutachten geltenden Überprüfungsmaßstäbe auf eine eigene rechtliche Grundlage zu stellen.[1539] Der Court of Appeals fasste diese Überprüfungsmaßstäbe, die er auf einen entsprechenden – und als regelmäßig unterstellten – Parteiwillen stützte, in der Entscheidung *Ice Serv. Co. v. Henry Phipps' Estates* in einem *dictum* wie folgt zusammen[1540]:

> „The parties have made the appraisers the judges – the court of last resort – unless they have mistaken their authority, departed from the submission, clearly misconceived their duties, acted upon some fundamental and apparent mistake or have been moved by fraud or bias."

[1532] *Wilson v. Curran* (2nd Dept. 1920) 180 N.Y.S. 337, 339, *affd.*, (1922) 134 N.E. 582.

[1533] Vgl. *McAnarney v. Newark Fire Ins. Co.* (1928) 159 N.E. 902, 905.

[1534] Vgl. dazu nur die Entscheidung *Kaiser v. Hamburg-Bremen Fire Ins. Co.* (4th Dept. 1901) 69 N.Y.S. 344, 347 f., *affd.*, (1902) 65 N.E. 1118.

[1535] Siehe zu dieser tendenziell ablehnenden Haltung auch *Sturges/Sturges*, 11 U. Miami L. Rev. (1956), S. 324 f.

[1536] Vgl. dazu nur die Entscheidung *Kaiser v. Hamburg-Bremen Fire Ins. Co.* (4th Dept. 1901) 69 N.Y.S. 344, 347 f., *affd.*, (1902) 65 N.E. 1118.

[1537] So der Court of Appeals selbst noch in der Entscheidung *Moore v. Eadie* (1927) 156 N.E. 653, 655.

[1538] *In re Fletcher* (1924) 143 N.E. 248.

[1539] Über die Gründe, warum der Court of Appeals nicht einfach die Entscheidungen herangezogen hat, die bereits zu Schiedsgutachten eines Architekten oder Ingenieurs und zu Schiedsgutachten auf der Grundlage der New Yorker Standardpolice ergangen waren, kann nur spekuliert werden. Hierbei wird sicherlich das damals noch vorherrschende und auch noch heute spürbare Denken in verschiedenen Fallgruppen eine Rolle gespielt haben; denkbar ist aber auch, dass der Court of Appeals Zweifel an der Übertragbarkeit der *ratio decidendi* dieser Entscheidungen auf andere Fallgruppen hatte.

[1540] *Ice Serv. Co. v. Henry Phipps' Estates* (1927) 157 N.E. 506, 508.

Dabei ging der Court of Appeals mit dem Überprüfungsmaßstab „clear misconception of duties", den er als gleichbedeutend mit einer Verletzung der „duty to act in good faith" (d.h.: als „bad faith") ansah, ebenfalls über die für Common-Law-Schiedssprüche bestehende Kontrolldichte (keine Überprüfung der „merits") hinaus.

Zusammenfassend ist zu sagen, dass vor Inkrafttreten des CPLR § 7601 Schiedsgutachten in einem Maße gerichtlich überprüfbar waren, das nicht unwesentlich über den heute für Schiedssprüche nach Maßgabe des CPLR § 7511 geltenden Überprüfungsumfang hinausging.[1541] Das hatte seine Ursache zum einen darin, dass schon der für Common-Law-Schiedssprüche geltende gerichtliche Kontrollumfang weiter ist als die gerichtliche Kontrolle eines der Vorschrift des CPLR § 7511 unterfallenden Schiedsspruchs, zum anderen aber auch darin, dass die Gerichte den gerichtlichen Kontrollumfang eines Schiedsgutachtens nach und nach noch über den für Common-Law-Schiedssprüche geltenden Kontrollumfang hinaus erweitert hatten. Wirkliche, über bloße *dicta* hinausgehende Entscheidungen, die für Schiedsgutachten eine gegenüber Schiedssprüchen erweiterte gerichtliche Kontrolldichte festlegten, ergingen dabei aber im Wesentlichen nur zu Schiedsgutachten eines im Dienste des Bauherrn stehenden Architekten oder Ingenieurs und zu Schiedsgutachten, die auf der Grundlage der New Yorker Standardpolice für die Brandschutzversicherung erstattet worden waren.[1542] Allerdings war der Grundsatz der erweiterten gerichtlichen Kontrolle eines Schiedsgutachtens selbst in der letztgenannten Fallgruppe nicht gänzlich unangefochten, denn der Court of Appeals hat in seiner 1956 ergangenen Entscheidung *Gervant v. New England Fire Ins. Co.*[1543] ein solches Schiedsgutachten der Sache nach anhand derselben Maßstäbe[1544] überprüft, anhand derer damals ein Schiedsspruch nach Maßgabe der einschlägigen gesetzlichen Vorschriften überprüft wurde.[1545]

[1541] Vgl. zusätzlich zu den bereits zitierten Entscheidungen nur die nachfolgenden Urteile: *Heller v. Boylan* (Sup. Ct. 1941) 29 N.Y.S.2d 653, 681 ff., *affd.*, (1st Dept. 1941) 32 N.Y.S.2d 131; *Endres v. Buffalo Auto. Dealers Ass'n* (Sup. Ct. 1961) 217 N.Y.S.2d 460, 462.

[1542] Eine Ausnahme bildet die Entscheidung *Freeman v. Ralph Realty Corp.* (1st Dept. 1921) 191 N.Y.S. 72, 74.

[1543] *Gervant v. New England Fire Ins. Co.* (1954) 118 N.E.2d 574, 576 f.

[1544] Der vermeintliche Widerspruch zu der gegenteiligen Ansicht von *Casolaro*, 65 N.Y.St.B.J. (1993), Part II, S. 48, löst sich auf, wenn man sich klarmacht, dass der Court of Appeals davon ausgegangen ist, dass die Beantwortung der Frage, welche Faktoren im Rahmen der Ermittlung des „actual cash value" zu berücksichtigen seien, nicht in den Zuständigkeitsbereich der Schiedsgutachterstelle, sondern in die Zuständigkeit des Gerichts fiel, und der Court of Appeals den Begriff des „actual cash value" bereits in einer 1928 ergangenen Entscheidung (*McAnarney v. Newark Fire Ins. Co.* (1928) 159 N.E. 902) verbindlich ausgelegt hatte. Zur – richtigen – Einordnung dieser Entscheidung siehe die Entscheidung *Olympia & York 2 Broadway Co. v. Produce Exch. Realty Trust* (1st Dept. 1983) 462 N.Y.S.2d 456, 460.

[1545] Gestützt nicht zuletzt auf diese Entscheidung hat denn auch der Berichterstatter der New Yorker Law Revision Commission in seiner der Verabschiedung des CPA § 1340 vorausgehenden Studie (*Koretz*, N.Y. Leg. Doc. (1958) No. 65 C, S.32) – wie dargelegt,

bb. Rechtsentwicklung und -lage nach Inkrafttreten des CPLR § 7601

aaa. Entwicklung der Rechtsprechung

(1) *Dimson v. Elghanayan* (1967)

Der Court of Appeals befasste sich mit dem nach Inkrafttreten des CPLR § 7601 geltenden Umfang der gerichtlichen Nachprüfbarkeit eines Schiedsgutachtens erstmals in der 1967 ergangenen Entscheidung *Dimson v. Elghanayan.*[1546] Der Court of Appeals hatte sich in dieser Entscheidung mit der Frage des Verhältnisses einer sehr weit gefassten Schiedsklausel und einer auf die Bewertung bestimmter Vermögensgegenstände beschränkten Schiedsgutachtenklausel zu befassen. Der Antragsteller, der eine Aussetzung des Schiedsverfahrens („stay of arbitration") begehrte, machte geltend, dass die Schiedsrichter nicht befugt seien, über die dem Schiedsgutachter vorbehaltenen Bewertungsfragen zu entscheiden.

Der Court of Appeals gab dem Antrag statt. Er stellte zunächst unter Hinweis auf CPLR § 7601 S. 2 fest, dass diese Vorschrift ein Gericht ermächtige, einen Schiedsgutachtenvertrag wie eine Schiedsvereinbarung i.S.d. CPLR §§ 7501–7514 durchzusetzen und das Verfahren, in dem eine Partei um die gerichtliche Durchsetzung des vereinbarten Schiedsgutachtenvertrags ersuche, als ein Verfahren nach Maßgabe der CPLR §§ 7501–7514 zu behandeln,[1547] und zog daraus die Schlussfolgerung, dass die getroffene Vereinbarung im Kern zwei Schiedsgerichtsinstanzen vorsehe.[1548] Der Court of Appeals sprach aus, dass es ausgesprochen ungewöhnlich sei, wenn Vertragsparteien zwei gleichgeordnete Instanzen zur Entscheidung ein- und derselben Frage vorsähen, und stellte vor dem Hintergrund dieser Überlegung fest, dass die Schiedsrichter aufgrund der Schiedsgutachtenklausel nicht befugt seien, über die dem Schiedsgutachter vorbehaltenen Bewertungsfragen zu entscheiden, oder dass, mit anderen Worten, das Schiedsgutachten die Funktion übernehmen sollte, die ein Schiedsspruch über die fraglichen Bewertungsfragen in einem anderen Fall gehabt hätte.[1549] Zur Stützung seiner Auffassung von der Funktionsgleichheit des Schiedsgutachtens in dem zu entscheidenden Fall und einem Schiedsspruch in einem anderen Fall verwies der Court of Appeals *dicta* darauf, dass unter der Geltung des CPLR § 7601 eine Partei, die an der Bestellung eines

---

unzutreffend – festgestellt: „As to the finality and conclusiveness of the award, the bases for vacating, modifying and amending an arbitration award have been mentioned above. [...] In this regard, it appears that the effect of the appraisal award is substantially similar. There are numerous decisions holding that the appraisal award is final and conclusive in the absence of fraud. And, conversely, the courts have frequently set aside appraisal awards on the bases set forth in the arbitration statute for vacating arbitration awards."

[1546] *Dimson v. Elghanayan* (1967) 127 N.E.2d 10.

[1547] *Dimson v. Elghanayan* (1967) 127 N.E.2d 10, 14.

[1548] *Dimson v. Elghanayan*, a.a.O.

[1549] *Dimson v. Elghanayan*, a.a.O.

unabhängigen Schiedsgutachters („independent appraiser") mitgewirkt habe, kein Recht zur Anfechtung eines Schiedsgutachtens habe, das über ihr Recht zur Anfechtung eines Schiedsspruchs hinausgehe.[1550]

(2) *Clark v. Kraftco Corp.* (1971)

Dieses *dictum* des Court of Appeals wurde von Judge Breidel, einem der damaligen Richter des Court of Appeals, in einer ein Jahr später verfassten „dissenting opinion" in Zweifel gezogen. Judge Breidel begründete seine Zweifel an der Richtigkeit dieses *dictum* zum einen mit den in der Entscheidung *Matter of Delmar Box Co.* ausführlich dargelegten Unterschieden zwischen Schiedsgutachtenverfahren und Schiedsverfahren und zum anderen mit der Vorschrift des CPLR § 7601 selbst.[1551]

Diesen Bedenken von Judge Breidel schloss sich das Gericht in der Entscheidung *Clark v. Kraftco Corp.*[1552] an. In dem zugrunde liegenden Fall ging es um die Frage, ob und inwieweit die Kraftco Corporation, die einen Betrieb stillgelegt hatte, aufgrund dieser Betriebsstillegung zu Zahlungen an einen industrieweiten Pensionsfonds verpflichtet sei. Der maßgebende Tarifvertrag sah eine Pflicht zur Ausgleichszahlung für den Fall vor, dass die von den entlassenen Arbeitnehmern bis zum Zeitpunkt der Betriebsschließung erworbenen Anwartschaften nicht ausreichend gedeckt seien. In der zur Abwicklung der Betriebsstillegung zwischen der Kraftco Corporation und der zuständigen Gewerkschaft geschlossenen Vereinbarung war vereinbart worden, dass der Versicherungsmathematiker des Pensionsfonds darüber entscheiden sollte, ob und inwieweit die Kraftco Corporation verpflichtet sei, Ausgleichszahlungen an den Pensionsfonds zu leisten. In dieser Vereinbarung war allerdings keine Berechnungsmethode vereinbart worden. Lediglich in dem maßgeblichen Tarifvertrag war eine Berechnungsmethode für die Berechnung der vom Arbeitgeber während des laufenden Betriebs zu leistenden Zahlungen festgelegt. Der Versicherungsmathematiker war zu dem Ergebnis gekommen, dass die Kraftco Corporation Ausgleichszahlungen zu leisten habe; er hatte dabei allerdings nicht die im Tarifvertrag für laufende Beitragszahlungen festgelegte Berech-

---

[1550] *Dimson v. Elghanayan*, a.a.O.

[1551] Breidel, J. (dissenting), *Plaza Hotel Assoc. v. Wellington Assoc.* (1968) 239 N.E.2d 736, 738: „An initial issue is the scope of judicial review of the appraisers' determination. Defendant [...] contends that, like the awards of arbitrators under a general arbitration clause, the appraisal is not reviewable for mere errors of law. Under a general arbitration clause, the powers of the arbitrators are extensive and the scope of judicial review correspondingly small [....]. Assuming, however, the doubtful argument that appraisals are analogous to arbitration as to judicial review (see e.g. *Matter of Delmar Box Co. (Aetna Ins. Co.)* 309 N.Y. 60, 127 N.E.2d 808; see also CPLR 7601), it is always for the reviewing court to determine whether an arbitrator has „exceeded his power" under the submission (CPLR 7511, subd. [b], par. 1, cl. [iii]."

[1552] *Clark v. Kraftco Corp.* (S.D.N.Y. 1971) 323 F. Supp. 358, *appeal dismissed*, (2nd Cir.1971) 447 F. 2d 933.

nungsmethode zugrunde gelegt. Die Kraftco Corporation machte daher geltend, dass die Entscheidung des Versicherungsmathematikers nicht bindend sei, weil dieser nicht die im Tarifvertrag festgelegte Berechnungsmethode zugrunde gelegt habe. Demgegenüber machte die Gegenseite geltend, dass das in der Entscheidung des Versicherungsmathematikers liegende Schiedsgutachten nur im gleichen Umfang wie ein Schiedsspruch i.S.d. CPLR §§ 7501–7514 überprüfbar und das erkennende Gericht daher gehindert sei, die Richtigkeit der vom Versicherungsmathematiker herangezogenen Berechnungsmethode, die dieser durch eine inzident vorgenommene Auslegung der zwischen der Kraftco Corporation und der zuständigen Gewerkschaft getroffenen Vereinbarung ermittelt habe, zu überprüfen. Dabei stützte sich die Gegenseite auf den Grundsatz, dass ein Gericht nicht befugt sei, Fehler eines Schiedsrichters bei der Auslegung des Hauptvertrags oder der Schiedsvereinbarung („errors of law") zu korrigieren.

Das Gericht widersprach dieser Argumentation der Gegenseite und hob das Schiedsgutachten mit der Begründung auf, dass der Versicherungsmathematiker seiner Entscheidung eine Berechnungsmethode zugrunde gelegt habe, die nicht der üblichen, im Tarifvertrag festgelegten Berechnungsmethode entsprochen habe,[1553] und auch nicht befugt gewesen sei, über die insoweit bestehende Unklarheit in der getroffenen Vereinbarung mit bindender Wirkung für die Parteien der Vereinbarung zu entscheiden.[1554]

Das Gericht stellte zunächst unter Hinweis auf die Entscheidung *Cohen v. Atlas Assur. Co.*[1555] fest, dass die gerichtliche Überprüfung eines Schiedsgutachtens nach dem anzuwendenden New Yorker Recht anhand von Überprüfungsmaßstäben vorzunehmen sei, die anders und weiter seien als die Maßstäbe zur Überprüfung eines Schiedsspruchs im Sinne der gesetzlichen Bestimmungen.[1556] Weiterhin stellte das Gericht fest, dass die Vorschrift des CPLR § 7601 an dieser sich aus den Präjudizien ergebenden Rechtslage nichts geändert habe. Es begründete diese Ansicht vor allem damit, dass Ziel dieser Vorschrift nicht die Festlegung von Maßstäben zur Überprüfung von Schiedsgutachten, sondern lediglich die Erweiterung der Befugnisse der Gerichte gewesen sei, die Erfüllung eines Schiedsgutachtenvertrags durchzusetzen,[1557] und dass es an dem notwendigen eindeutigen Willen des Gesetzgebers zur Änderung des in den Präjudizien festgelegten Überprüfungsumfangs

---

[1553] *Clark v. Kraftco Corp.* (S.D.N.Y. 1971) 323 F. Supp. 358, 363, *appeal dismissed*, (2nd Cir.1971) 447 F. 2d 933.

[1554] *Clark v. Kraftco Corp.*, a.a.O.

[1555] *Cohen v. Atlas Assur. Co.* (1st Dept. 1914) 148 N.Y.S. 563, 565.

[1556] *Clark v. Kraftco Corp.* (S.D.N.Y. 1971) 323 F. Supp. 358, 360, *appeal dismissed*, (2nd Cir.1971) 447 F. 2d 933.

[1557] *Clark v. Kraftco Corp.* (S.D.N.Y. 1971) 323 F. Supp. 358, 361, *appeal dismissed*, (2nd Cir.1971) 447 F. 2d 933.

von Schiedsgutachten[1558] fehle.[1559] Darüber hinaus zeige ein Vergleich der Vorschriften des CPLR § 7601 und des CPLR § 7503, dass der Gesetzgeber beabsichtigt habe, bestimmte Unterschiede zwischen den Rechtsinstituten Schiedsgutachten und Schiedsgerichtsbarkeit beizubehalten.[1560] Abschließend stellte das Gericht fest, dass es zwar nicht ausgeschlossen sei, dass auch der Staat New York den Bundesstaaten folgen werde, die Schiedsgutachten nur in demselben Umfang überprüften wie Schiedssprüche, dass aber eine solche Identität des Überprüfungsumfangs von Schiedsgutachten und Schiedsspruch den Präjudizien widerspreche[1561] und im Übrigen nicht hinreichend berücksichtige, dass die Parteien eines Schiedsgutachtenvertrags bei der Durchführung eines Schiedsgutachtenverfahrens weit weniger geschützt seien als bei einem Schiedsverfahren.[1562]

Das Gericht entschied also, dass Schiedsgutachten auch unter der Geltung des CPLR § 7601 in einem weiteren Umfang als Schiedssprüche i.S.d. CPLR § 7511 überprüfbar seien. Dieser Auffassung schloss sich in der Entscheidung *European-American Banking Corp. v. Chock Full O'Nuts Corp.* – unter ausdrücklicher Bezugnahme auf *Clark v. Kraftco Corp.* – auch der Appellate Term des New Yorker Supreme Court an.[1563]

(3) *Penn Cent. Corp. v. Consolidated Rail Corp.* (1982)

Vor dem Hintergrund dieser Entscheidungen erhielt der Court of Appeals in der Entscheidung *Penn Cent. Corp. v. Consolidated Rail Corp.*[1564] erneut Gelegenheit, sich mit der Frage des gerichtlichen Überprüfungsumfangs eines Schiedsgutachtens auseinanderzusetzen.

In dem der Entscheidung zugrunde liegenden Fall hatte der Antragsteller, gestützt auf ein die Zulässigkeit eines solchen Antrags im Geltungsbereich des CPLR § 7601 bejahendes *dictum* des Court of Appeals in *Dimson v. Elghanayan*,[1565] beantragt, ein Schiedsgutachten für vollstreckbar zu erklären. Der

---

[1558] *Clark v. Kraftco Corp.* (S.D.N.Y. 1971) 323 F. Supp. 358, 362, *appeal dismissed*, (2nd Cir.1971) 447 F. 2d 933 (unter Hinweis auf *Matter of Delmar Box Co.* (1955) 127 N.E.2d 808, 812).

[1559] *Clark v. Kraftco Corp.*, a.a.O.

[1560] *Clark v. Kraftco Corp.* (S.D.N.Y. 1971) 323 F. Supp. 358, 361, *appeal dismissed*, (2nd Cir.1971) 447 F. 2d 933.

[1561] *Clark v. Kraftco Corp.*, a.a.O.

[1562] *Clark v. Kraftco Corp.* (S.D.N.Y. 1971) 323 F. Supp. 358, 362, Fußnote 1, *appeal dismissed*, (2nd Cir.1971) 447 F. 2d 933 (unter Hinweis auf die in der Entscheidung *Matter of Delmar Box Co.* dargelegten Unterschiede zwischen einem Schiedsgutachtenverfahren und einem Schiedsverfahren).

[1563] *European-American Banking Corp. v. Chock Full O'Nuts Corp.* (App. T. 1981) 442 N.Y.S.2d 715, 718; ebenso *Sauer v. Xerox Corp.* (W.D.N.Y. 1998) 1998 U.S. Dist. Lexis 13427.

[1564] *Penn Cent. Corp. v. Consolidated Rail Corp.* (1982) 436 N.E.2d 512.

[1565] *Dimson v. Elghanayan* (1967) 127 N.E.2d 10, 14.

Antragsgegner hatte die Zurückweisung des Antrags beantragt und dies, gestützt auf den Wortlaut des CPLR § 7601 und die Entscheidung *Clark v. Kraftco Corp.*,[1566] vor allem damit begründet, dass ein Gericht zur Vollstreckbarerklärung eines Schiedsgutachtens nur dann befugt sei, wenn es vor Erstattung des Schiedsgutachtens durch die Anordnung der „specific performance" des Schiedsgutachtenvertrags (CPLR § 7601 S. 1) oder die Anordnung der Durchführung des Schiedsgutachtenverfahrens als Schiedsverfahren (CPLR § 7601 S. 2) in das Schiedsgutachtenverfahren eingebunden worden sei und dadurch für die Parteien die Gewährung von „due process" sichergestellt habe.[1567] Darüber hinaus machte der Antragsgegner geltend, dass das Schiedsgutachten aus einer Reihe von Gründen aufzuheben sei.

Der Court of Appeals wies den Einwand des Antragsgegners, dass ein Gericht nach CPLR § 7601 zur Vollstreckbarerklärung eines Schiedsgutachtens nur bei einer vor Erstattung des Schiedsgutachtens erfolgten Einbindung befugt sei, mit der Begründung zurück, dass dieser Einwand auf der unzutreffenden Annahme basiere, dass der Gesetzgeber des CPLR § 7601 der gängigen, informellen Verfahrenspraxis eines Schiedsgutachtenverfahrens kritisch gegenübergestanden habe und die Vollstreckbarerklärung eines Schiedsgutachtens daher nur in den Fällen für statthaft erachtet habe, in denen ein Gericht das durchgeführte Verfahren überwacht und für die Einhaltung von „due process" Sorge getragen habe.[1568] Er führte aus, dass sich der Gesetzgebungsgeschichte keinerlei kritische Distanz des Gesetzgebers zu der gängigen Verfahrenspraxis in Schiedsgutachtenverfahren oder eine Bevorzugung des förmlichen Schiedsverfahrens entnehmen lasse, sondern ihr im Gegenteil gerade der Wille des Gesetzgebers zu entnehmen sei, die allgemein akzeptierte informelle Verfahrenspraxis in Schiedsgutachtenverfahren zu bewahren.[1569]

Mit Blick auf die vom Antragsgegner geltend gemachten Unverbindlichkeitsgründe stellte der Court of Appeals dann – unter ausdrücklicher Bezugnahme auf die Entscheidung *Dimson v. Elghanayan* – *dicta*[1570] fest, dass unter der Geltung des CPLR § 7601 eine Partei, die an der Bestellung eines unabhängigen Schiedsgutachters mitgewirkt habe, grundsätzlich („as a general rule") kein Recht zur Anfechtung des von diesem erstatteten Schiedsgutachtens habe, das über ihr Recht zur Anfechtung eines Schiedsspruchs hinausgehe, und stellte sich auf den Standpunkt, dass unter Zugrundelegung dieses Maßstabs

---

[1566] *Penn Cent. Corp. v. Consolidated Rail Corp.* (1982) 1982 N.Y.Lexis 3321 (S. 5 der Entscheidungsgründe).

[1567] *Penn Cent. Corp. v. Consolidated Rail Corp.* (1982) 436 N.E.2d 512, 517.

[1568] *Penn Cent. Corp. v. Consolidated Rail Corp.*, a.a.O.

[1569] *Penn Cent. Corp. v. Consolidated Rail Corp.*, a.a.O.

[1570] Die Tatsache, dass es sich hier lediglich um ein *dictum* handelte, ergibt sich daraus, dass der Court of Appeals auch unter Zugrundelegung der älteren zur Überprüfung eines Schiedsgutachtens ergangenen Entscheidungen zum selben Ergebnis (kein Vorliegen von Aufhebungsgründen) gekommen wäre.

keiner der geltend gemachten Unverbindlichkeitsgründe zur Unverbindlichkeit des Schiedsgutachtens führe.[1571]

(4) Application of Builtland Partners (1985)

Trotz der relativ eindeutigen Entscheidungsgründe wurde diese Entscheidung zunächst nicht als Grundsatzentscheidung angesehen, mit der der Court of Appeals die grundsätzliche Identität des Überprüfungsumfangs von Schiedsgutachten und Schiedssprüchen unter der Geltung des CPLR § 7601 festschreiben wollte. Insbesondere *Goldstein* stellte sich in zwei im Jahre 1983 erschienenen Artikeln[1572] auf den Standpunkt, dass der in der Entscheidung *Clark v. Kraftco Corp.* herausgearbeitete Grundsatz eines im Vergleich zu Schiedssprüchen erweiterten Überprüfungsumfangs von Schiedsgutachten weiterhin Gültigkeit habe[1573] und der Court of Appeals in der Entscheidung *Penn Cent. Corp. v. Consolidated Rail Corp.* lediglich über einen Ausnahmefall entschieden habe.[1574] *Goldstein* stellte in diesen beiden Artikeln weiterhin fest, dass die Gerichte in den Fällen eines Schiedsgutachtens grundsätzlich berechtigt seien, die Grundlagen des Schiedsgutachtens zu überprüfen, und zwar ausgehend von der Überlegung, dass die Parteien in einem Schiedsgutachtenverfahren nicht in demselben Umfang anzuhören seien wie in einem Schiedsverfahren.[1575] Zur Stützung dieser Aussage verwies er, zu Unrecht, insbesondere auf die Entscheidung des Court of Appeals in *Penn Cent. Corp. v. Consolidated Rail Corp.*[1576]

Dieses Verständnis der Entscheidung machte sich auch Presiding Judge Murphy in seinem Minderheitsvotum zu der Entscheidung *Application of Builtland Partners [Jack LaLane Biltmore Health Spa]*[1577] zu eigen.

In der dieser Entscheidung zugrunde liegenden Vereinbarung hatten Mieter und Vermieter eines Grundstücks mit Gebäude vereinbart, dass der Mieter

---

[1571] *Penn Cent. Corp. v. Consolidated Rail Corp.* (1982) 436 N.E.2d 512, 518.

[1572] *Goldstein*, N.Y.L.J., June 8, 1983, S. 2, Sp. 3 ff.; ders., 58 St. John's L. Rev. (1983), S. 68 ff.

[1573] *Goldstein*, 58 St. John's L. Rev. (1983), S. 81 f.

[1574] Vgl. dazu *Goldstein*, N.Y.L.J., June 8, 1983, S. 2, Sp. 3: „While in New York the provisions relative to arbitration are supposed to govern appraisal (CPLR, id.) the fact is that appraisal (except in extraordinary cases, as to which see *Matter of Penn Central* [*Consolidated Rail Corp.*] 56 NY 2d 120 [1982]) does not have the finality of an award in arbitration."

[1575] *Goldstein*, N.Y.L.J., June 8, 1983, S. 2, Sp. 3: „In appraisal, the court may inquire into the assumptions upon which the appraisers proceeded, this on the premise that appraisal, unlike arbitration, does not call for hearings with the opportunity to examine and cross-examine witnesses (see, *Matter of Penn Central*, above, and note also *Plaza Hotel Ass. v. Wellington*, 27 NY 2d 846 [1968] involving a land appraisal under a lease)."

[1576] *Goldstein*, a.a.O.

[1577] *Application of Builtland Partners [Jack LaLane Biltmore Health Spa]* (1st Dept. 1985) 486 N.Y.S.2d 728, *affd.*, (1985) 489 N.E.2d 1298.

vom Vermieter für seine Produktion auch Dampf und Strom beziehen und hierfür einen erhöhten Mietzins zahlen sollte. Hinsichtlich des für den gelieferten Dampf und Strom zu zahlenden Betrags hatten die Parteien vereinbart, dass dieser Betrag zunächst von einem von beiden Parteien übereinstimmend zu ernennenden Elektroingenieur im Wege eines „appraisal" ermittelt werden und alle fünf Jahre auf dieselbe Art und Weise neu festgelegt werden solle. Die Parteien konnten sich nach Ablauf des fünften Jahres des Mietvertrags nicht auf die Person des Elektroingenieurs einigen. Der Vermieter beantragte daraufhin die Ernennung eines Elektroingenieurs durch das Gericht. Das Gericht gab diesem Antrag statt, ernannte eine Ingenieurfirma und legte fest, dass der vom Mieter zu zahlende Betrag unter Zugrundelegung des Verbrauchs des Mieters im fünften Jahr der Laufzeit des Mietvertrags zu ermitteln sei.[1578] Aus Gründen der Verfahrenserleichterung legte das Gericht weiterhin fest, dass die ernannte Ingenieurfirma den Verbrauch des Vermieters an Dampf und Strom am letzten Tag des fünften Jahres der Laufzeit des Mietvertrags zu ermitteln habe.[1579] Die ernannte Ingenieurfirma ermittelte den Verbrauch des Mieters bezogen auf diesen Tag im Wege der Schätzung, ohne, so die eidesstattlich versicherte Behauptung des Mieters, durch Befragung der Mitarbeiter des Mieters versucht zu haben, den tatsächlichen Verbrauch zu ermitteln. Die von der Ingenieurfirma ermittelten Verbrauchswerte lagen nach den vorgetragenen und eidesstattlich versicherten Behauptungen des Mieters über den tatsächlichen Verbrauchswerten und auch über den Verbrauchswerten, die zuvor ein einseitig vom Vermieter beauftragter Ingenieur ermittelt hatte. Nach erfolgter Festlegung des für den zweiten Fünfjahresraum zu zahlenden Entgelts beantragte der Vermieter, den Ausspruch der Ingenieurfirma für vollstreckbar zu erklären. Der Mieter wandte hiergegen insbesondere ein, dass das Schiedsgutachten aufzuheben sei.

Eine Mehrheit der Richter der Appellate Division stellte unter Bezugnahme auf die vom Court of Appeals bestätigte Entscheidung des erkennenden Gerichts in *Rice v. Ritz Assoc.*[1580] fest, dass das Schiedsgutachten bindend und nicht aufzuheben sei. Zur Begründung führten sie aus, dass die ernannte Ingenieurfirma nicht von den Vorgaben, die das Gericht in dem Ernennungsbeschluss gemacht habe, abgewichen sei und sich darüber hinaus auch den vorgelegten eidesstattlichen Versicherungen keine Anhaltspunkte dafür entnehmen ließen, dass die Ingenieurfirma das ihr eingeräumte weite Ermessen hinsichtlich des einzuschlagenden Verfahrens und der heranzuziehenden Informationsquellen

---

[1578] *Matter of Builtland Partners* (1st Dept. 1983) 461 N.Y.S.2d 24, 25.

[1579] *Matter of Builtland Partners*, a.a.O.

[1580] *Rice v. Ritz Assoc.* (1st Dept. 1982) 450 N.Y.S.2d 7, *affd.*, (1983) 447 N.E.2d 58. In dieser Entscheidung hatte die Appellate Division festgestellt, dass Schiedsgutachter grundsätzlich ein weites Ermessen hinsichtlich des durchzuführenden Verfahrens und der heranzuziehenden Erkenntnisquellen hätten; *Rice v. Ritz Assoc.* (1st Dept. 1982) 450 N.Y.S.2d 7, 8. Der Court of Appeals bestätigte diese Entscheidung unter Hinweis auf die Entscheidungsgründe der Vorinstanz; *Rice v. Ritz Assoc.* (1983) 447 N.E.2d 58, 59.

nicht in ehrlicher Absicht und „in good faith“ ausgeübt habe.[1581] Damit entschied die Mehrheit der Richter im Ergebnis, dass das Schiedsgutachten auch unter Zugrundelegung des Sachvortrags des Mieters verbindlich sei.

Dagegen sprach sich der Vorsitzende des Gerichts, Presiding Judge Murphy, in einem Minderheitsvotum für die Aufhebung des von der Ingenieurfirma erstatteten Schiedsgutachtens aus.[1582] Er stellte sich zunächst auf den Standpunkt, dass die Ingenieurfirma von den ihr im Ernennungsbeschluss gemachten Vorgaben abgewichen sei.[1583] Sodann stellte er fest, dass die New Yorker Gerichte zwar in jüngerer Vergangenheit trotz der gravierenden Verfahrensunterschiede zwischen einem Schiedsverfahren und einem Schiedsgutachtenverfahren unter besonderen Umständen einen weitgehend identischen Überprüfungsumfang von Schiedsgutachten und Schiedssprüchen angenommen hätten. Diese Regel stelle aber keinen allgemeinen Grundsatz dar, sondern komme vielmehr nur dann zur Anwendung, wenn alle zwischen den Parteien bestehenden Streitfragen oder Meinungsverschiedenheiten durch das Schiedsgutachten gelöst werden könnten.[1584] Diese Voraussetzung der Beschränkung des gerichtlichen Überprüfungsumfangs sei in dem zu entscheidenden Fall aber nicht gegeben,[1585] sodass das erkennende Gericht berechtigt sei, das erstattete Schiedsgutachten in einem weiteren Umfang zu überprüfen als einen Schiedsspruch. Unter Zugrundelegung dieses Überprüfungsumfangs habe der Mieter mehr als ausreichende Gründe für die Aufhebung des Schiedsgutachtens vorgetragen.[1586] Darüber hinaus stellte Judge Murphy fest, dass die vom Vermieter zur Stützung seiner Auffassung der Verbindlichkeit des Schiedsgutachtens herangezogenen Entscheidungen *Penn Cent. Corp. v. Consolidated Rail Corp.*[1587] und *Rice v. Ritz*

[1581] *Application of Builtland Partners [Jack LaLane Biltmore Health Spa]* (1st Dept. 1985) 486 N.Y.S.2d 728, 729.

[1582] Murphy, P. J. (dissenting), *Application of Builtland Partners [Jack LaLane Biltmore Health Spa]* (1st Dept. 1985) 486 N.Y.S.2d 728, 729 f., *affd.*, (1985) 489 N.E.2d 1298.

[1583] Murphy, P. J. (dissenting), *Application of Builtland Partners [Jack LaLane Biltmore Health Spa]* (1st Dept. 1985) 486 N.Y.S.2d 728, 729, *affd.*, (1985) 489 N.E.2d 1298. Dieser Punkt ist unklar. In der ursprünglichen Vereinbarung hatten die Parteien nach Ablauf der ersten fünf Jahre des Mietvertrags ein „reappraisal“ des im Mietzins als Entgelt für den gelieferten Dampf und Strom anzusetzenden Betrags vereinbart; ein „appraisal“ bzw. „reappraisal“ impliziert aber nach seinem Wortsinn eine Schätzung. Dagegen hatte das Gericht die ernannte Ingenieurfirma in seinem Ernennungsbeschluss angewiesen, den anzusetzenden Betrag auf der Basis des Verbrauchs zu ermitteln, ohne festzulegen, dass der tatsächliche Verbrauch zu ermitteln war. Die Richtermehrheit und Presiding Judge Murphy legten also den Ernennungsbeschluss unterschiedlich aus.

[1584] Murphy, P. J. (dissenting), *Application of Builtland Partners [Jack LaLane Biltmore Health Spa]*, a.a.O.

[1585] Vermieter und Mieter stritten in einem anderen Rechtsstreit auch über Schäden, die am Grundstück des Vermieters durch die Renovierung eines vom Mieter auf dem Grundstück betriebenen Hotels entstanden waren.

[1586] Murphy, P. J. (dissenting), *Application of Builtland Partners [Jack LaLane Biltmore Health Spa]*, a.a.O.

[1587] *Penn Cent. Corp. v. Consolidated Rail Corp.* (1982) 436 N.E.2d 512.

Assoc.[1588] auf den zu entscheidenden Fall auch deshalb nicht anzuwenden seien, weil in beiden Fällen die Partei, die sich auf die Unverbindlichkeit des Schiedsgutachtens berief, der Durchführung des Schiedsgutachtenverfahrens in der durchgeführten Art und Weise vorbehaltlos zugestimmt habe. Dies sei in dem zu entscheidenden Sachverhalt jedoch nicht der Fall.[1589]

Trotz dieses ausführlich begründeten Minderheitenvotums bestätigte der Court of Appeals die Entscheidung der Mehrheit der Appellate Division unter Bezugnahme auf seine Entscheidungen in *Penn Cent. Corp. v. Consolidated Rail Corp.* und *Rice v. Ritz Assoc.*,[1590] also eben jene Entscheidungen, deren Anwendbarkeit auf den zu entscheidenden Fall Judge Murphy – gestützt auf die Verneinung der Übertragbarkeit der diesen Entscheidungen angeblich zugrunde liegenden *ratio decidendi*[1591] und eine Unterscheidung („distinguishing") der Sachverhalte – gerade verneint hatte. Der Court of Appeals verneinte damit die Aufhebbarkeit eines Schiedsgutachtens in einem Fall, der unter Zugrundelegung der vor Inkrafttreten des CPLR § 7601 ergangenen Präjudizien mit an Sicherheit grenzender Wahrscheinlichkeit anders entschieden worden wäre.[1592]

(5) Spätere Entscheidungen

Auch nach der Bestätigung der Entscheidung *Application of Builtland Partners [Jack LaLane Biltmore Health Spa]* durch den Court of Appeals wurde der vom Court of Appeals in *Penn Cent. Corp. v. Consolidated Rail Corp.* aufgestellte Grundsatz der gleichermaßen beschränkten Kontrolldichte eines Schiedsgutachtens und eines Schiedsspruchs noch nicht allgemein akzeptiert.[1593] Viel-

---

[1588] *Rice v. Ritz Assoc.* (1st Dept. 1982) 450 N.Y.S.2d 7, *affd.*, (1983) 447 N.E.2d 58.

[1589] Murphy, P. J. (dissenting), *Application of Builtland Partners [Jack LaLane Biltmore Health Spa]* (1st Dept. 1985) 486 N.Y.S.2d 728, 730, *affd.*, (1985) 489 N.E.2d 1298.

[1590] *Application of Builtland Partners [Jack LaLane Biltmore Health Spa]* (1985) 489 N.E.2d 1298.

[1591] Die *ratio decidendi* dieser beiden Entscheidungen erblickte Presiding Judge Murphy, wie dargelegt, darin, dass in beiden Fällen alle zwischen den Parteien bestehenden Streitpunkte durch das Schiedsgutachten gelöst werden konnten; Murphy, P. J. (dissenting), *Application of Builtland Partners [Jack LaLane Biltmore Health Spa]* (1st Dept. 1985) 486 N.Y.S.2d 728, 730, *affd.*, (1985) 489 N.E.2d 1298.

[1592] Siehe dazu die Entscheidung *Freeman v. Ralph Realty Corp.* (1st Dept. 1921) 191 N.Y.S. 72. In diesem Fall hatten die Parteien einen Kaufvertrag über ein Grundstück und die darauf am Übergangsstichtag lagernde Holzkohle geschlossen. Es war ein Festpreis pro Tonne Holzkohle vereinbart worden, die am Übergangsstichtag auf dem erworbenen Grundstück lagerte; die Menge der lagernden Kohle sollte durch ein „appraisal" ermittelt werden. Der Schiedsgutachter schätzte die Menge der Holzkohle; diese Schätzung wich erheblich zu Lasten des Käufers von der tatsächlichen Menge ab. Das Gericht hob das Schiedsgutachten mit der Begründung auf, dass der Schiedsgutachter unzulässigerweise trotz der Möglichkeit der präziseren Berechnung im Wege der Messung den unpräziseren Weg der Schätzung gewählt hatte.

[1593] Siehe dazu nur *McLaughlin*, Supplementary Practice Commentaries zu CPLR § 7601 (1990), S. 213, und ders., Supplementary Practice Commentaries zu CPLR § 7601

mehr folgten die Gerichte zunächst noch weiter den älteren zur Überprüfung eines Schiedsgutachtens ergangenen Präjudizien[1594] oder stellten sich, soweit sie dem Court of Appeals im Ergebnis folgten, zumindest der Sache nach auf den Standpunkt, dass der im Schiedsverfahrensrecht geltende strikte Grundsatz der „judicial non-interference" im Schiedsgutachtenrecht nicht gelte.[1595]

Seit Beginn der 90er-Jahre des letzten Jahrhunderts ist jedoch der Grundsatz der identischen Kontrolldichte ausdrücklich[1596] oder jedenfalls der Sache nach[1597] mehrfach bestätigt worden. Andererseits ist seither der noch in den Entscheidungen *Clark v. Kraftco Co.* und *European–American Banking Corp. v. Chock Full O'Nuts Corp.* formulierte allgemeine Grundsatz einer gegenüber Schiedssprüchen erweiterten gerichtlichen Kontrolldichte eines Schiedsgutachtens – mit einer Ausnahme[1598] – nur noch in Fällen diskutiert oder zugrunde gelegt worden, in denen es um Schiedsgutachten eines im Dienste des Bauherrn stehenden Architekten oder Ingenieurs[1599] oder um andere Fälle eines allein entscheidenden, aber nicht in dem gebotenen Maße (partei-)unabhängigen Schiedsgutachters ging, in denen den Parteien die Berufung auf die fehlende Unabhängigkeit abgeschnitten war.[1600] Wie lange diese Ausnahme von

---

(1996), S. 282, der bei seiner Kommentierung der Vorschrift des CPLR § 7601 weiterhin von der Richtigkeit der von *Goldstein* (oben Fußnoten 1574 und 1575) und Presiding Judge Murphy (oben S. 196 f.) geäußerten Auffassung ausging, dass der Court of Appeals in *Penn Cent. Corp. v. Consolidated Rail Corp.* nur über einen Ausnahmefall entschieden habe.

1594 Vgl. *Cities Serv. Co. v. Derby & Co.* (S.D.N.Y. 1987) 654 F. Supp. 492, 500 f., *affd.*, (2nd Cir. 1989) 835 F. 2d 1429; *Lear Siegler Aerospace Prod. Holding Corp. v. Smiths Indus., Inc.* (S.D.N.Y. 1990) 1990 WL 422417.

1595 Vgl. *Johnson v. Chemical Bank* (County Ct. 1990) 555 N.Y.S.2d 538, 541.

1596 So *Questrom v. Federated Dep't Stores, Inc.* (S.D.N.Y. 1999) 41 F. Supp. 2d 294, 302, Fußnote 55, und – im Grundsatz – *Estate of Walter R. Kaluta v. Trapani* (County Ct. 2002) N.Y.L.J. March 21st, 2002, S. 23 Sp. 6.

1597 In chronologischer Reihenfolge: *Winter Management Corp. v. Perlbinder* (1st Dept. 1992) 579 N.Y.S.2d 867; *Liberty Fabrics, Inc. v. Corporate Properties Assoc.* (1st Dept. 1996) 636 N.Y.S.2d 781; *Perlbinder v. Jakubovitz* (1st Dept. 1997) 658 N.Y.S.2d 267, 268; *Vitale v. Friedman* (1st Dept. 1997) 666 N.Y.S.2d 403; *Cendant Corp. v. Forbes* (2nd Cir. 2000) 2000 U.S. App. Lexis 1253; *Grey v. F.D.I.C.* (S.D.N.Y. 2002) 2002 W.L. 959564; *Creative Communication of America, Inc. v. Green Harbour Communications* (Sup. Ct. 2004) N.Y.L.J. May 20th, 2004, S. 19 Sp.1.

1598 So – *dicta* – *Sauer v. Xerox Corp.* (W.D.N.Y. 1998) 1998 U.S. Dist. Lexis 13427 unter Berufung auf die Entscheidungen *Clark v. Kraftco Co.* und *European-American Banking Corp. v. Chock Full O'Nuts Corp.*

1599 Vgl. *R.T.P. Inc. v. State* (3rd Dept. 1994) 607 N.Y.S.2d 168, 169; *Yonkers Contracting Co. v. Port Auth. Trans-Hudson Corp.* (1996) 640 N.E.2d 907, 909.

1600 Vgl. *Grey v. F.D.I.C.* (S.D.N.Y. 1998) 1998 WL 483460. – Diese Entscheidung und die in der vorangegangenen Fußnote zitierten Entscheidungen stehen mit den *dicta* der Entscheidungen *Dimson v. Elghanayan* und *Penn Cent. Corp. v. Consolidated Rail Corp.* im Einklang; denn der Court of Appeals hat in beiden Entscheidungen (sicherlich auch im Lichte älterer Entscheidungen wie z.B. *Gumbinsky Bros. Co. v. Smalley* (1st Dept. 1922) 197 N.Y.S. 530, *affd.*, (1923) 139 N.E. 758) den Grundsatz der identischen Kontrolldichdem Grundsatz der identischen Kontrolldichte noch Bestand haben wird, ist allerdings offen.[1601] Denn der Court of Appeals hat, vor dem Hintergrund der bereits an anderer Stelle erwähnten tendenziellen Wertungswidersprüche zwischen dieser Rechtsprechung und den im Schiedsverfahrensrecht geltenden Grundsätzen,[1602] mit Blick auf Schiedsgutachten eines im Dienste des Bauherrn stehenden Architekten in einer neueren Entscheidung nochmals[1603] die Frage ausdrücklich offengelassen, ob der Grundsatz der identischen Kontrolldichte nicht zukünftig auch auf solche Schiedsgutachten zu erstrecken sei.[1604]

Trotz dieses von den Gerichten inzwischen mehrfach bestätigten Grundsatzes haben die New Yorker Gerichte bisher für die gerichtliche Kontrolle eines Schiedsgutachtens allerdings nicht die für Schiedssprüche geltenden Überprüfungsmaßstäbe des CPLR § 7511 übernommen[1605] – auch wenn sie hierzu nach CPLR § 7601 S. 2 befugt wären.[1606] Vielmehr haben sie sich hierbei – im Anschluss an die vom Court of Appeals nach seiner Entscheidung in *Penn*

---

te bei einem allein entscheidenden Schiedsgutachter auf die Fälle des Tätigwerdens eines „independent appraiser" beschränkt.

1601 Vgl. dazu etwa *Skanska Tunneling, Inc. v. City of New York* (1st Dept. 1998) 669 N.Y.S.2d 212, *appeal dismissed*, (1998) 677 N.Y.S.2d 70, und *Greenwald v. Weisbaum* (Sup. Ct. 2004) 785 N.Y.S.2d 664, 670. Siehe hierzu auch die Entscheidung *Grey v. F.D.I.C.* (S.D.N.Y. 2002) 2002 WL 959564, in der das Gericht nach Durchsicht des relevanten neueren Fallrechts zu dem (in dieser Reichweite allerdings etwas zweifelhaften) Ergebnis kam, dass selbst in den Fällen, in denen als Schiedsgutachter eine Partei tätig wird, das Schiedsgutachten nur unter denselben Voraussetzungen aufzuheben sei wie ein Schiedsspruch: „Under the case law discussed above, the ADR determination of the [employer] should stand in the absence of complete irrationality, fraud, corruption or other misconduct." Vier Jahre zuvor hatte dasselbe Gericht in *Grey v. F.D.I.C.* (S.D.N.Y. 1998) 1998 WL 483460 noch genau den entgegengesetzten Standpunkt vertreten: „The Court also concludes that [employer] had the authority under the [ADR] provision to make binding determinations [...], provided that such determinations were not arbitrary, capricious or made in bad faith."

1602 Dazu oben S. 235.

1603 So zuvor bereits in *Ardsley Constr. Co. v. Port Auth. of N.Y. and N.J.* (1981) 429 N.E.2d 414, 415.

1604 So *Yonkers Contracting Co. v. Port Auth. Trans-Hudson Corp.* (1996) 640 N.E.2d 907, 909. Allerdings beschränkte der Court of Appeals diese Aussage ausdrücklich – ebenso wie schon in der Entscheidung *Ardsley Constr. Co. v. Port Auth. of N.Y. and N.J.* (1981) 429 N.E.2d 414 – auf diejenigen Fälle, in denen dem allein entscheidenden Schiedsgutachter die Entscheidung *aller* Streitpunkte übertragen worden ist. Ein Grund dafür, warum bei Schiedsgutachtenklauseln mit einem enger gefassten Aufgabenbereich nicht der gleiche Gedanke (Vermeidung von Wertungswidersprüchen zu den im Schiedsverfahrensrecht geltenden Regeln) greifen soll, ist nicht ersichtlich.

1605 Anders zum Teil – wenn auch nur *dicta* – die Bundesgerichte; vgl. dazu nur *Questrom v. Federated Dep't Stores, Inc.* (S.D.N.Y. 1999) 41 F. Supp. 2d 294, 303, Fußnote 55; *Cendant Corp. v. Forbes* (S.D.N.Y. 1999) 70 F. Supp. 2d 339, 345, *affd.*, (2nd Cir. 2000) 2000 U.S. App. Lexis 1253. Demgegenüber hat sich das Gericht in *Cities Serv. Co. v. Derby & Co.* (S.D.N.Y. 1987) 654 F. Supp. 492, 500 f., *affd.*, (2nd Cir. 1989) 835 F. 2d 1429, auf fallrechtliche Überprüfungsmaßstäbe gestützt.

1606 Zu der Auslegung dieser Vorschrift siehe oben S. 200.

Cent. Corp. v. Consolidated Rail Corp. bestätigte Entscheidung *Rice v. Ritz Assoc.*[1607] – auf fallrechtliche Überprüfungsmaßstäbe gestützt,[1608] die jedenfalls teilweise („bad faith") in der Vorschrift des CPLR § 7511 keine echte Entsprechung haben. Auch sehen die New Yorker Gerichte bisher, entgegen der Einschränkung des CPLR § 7511(b)(1)(ii),[1609] „bias" allgemein und ohne Einschränkung als Aufhebungsgrund an.[1610] Dies impliziert, dass dieser Aufhebungsgrund anders als im Schiedsverfahrensrecht weiterhin auch für Partei-Schiedsgutachter gilt. Weiterhin haben zwei Bundesgerichte – wenn auch nur *dicta* – ausgesprochen, dass ein Schiedsgutachten unter Zugrundelegung New Yorker Rechts dann aufzuheben sei, wenn die Schiedsgutachter vertragliche Vorgaben hinsichtlich der Art und Weise der Durchführung des Schiedsgutachtenverfahrens nicht beachtet haben[1611] – ein Grundsatz, der im Widerspruch zu den für Schiedssprüche geltenden Grundsätzen steht.[1612] Darüber hinaus haben die Gerichte den Zuständigkeitsbereich und Spielraum einer Schiedsgutachterstelle zwar vor dem Hintergrund der Entscheidungen des Court of Appeals in *Penn Cent. Corp. v. Consolidated Rail Corp.* und in *Application of Builtland Partners [Jack LaLane Biltmore Health Spa]* erheblich erweitert. Auch in diesen neueren Entscheidungen werden aber der Spielraum und Zuständigkeitsbereich einer Schiedsgutachterstelle jedenfalls *de facto* immer noch etwas enger gezogen als bei Schiedsgerichten mit vergleichbarer Aufgabenstellung.[1613]

bbb. Zusammenfassung

Der Court of Appeals hat in den zwei Entscheidungen *Dimson v. Elghanayan* und *Penn Cent. Corp. v. Consolidated Rail Corp.* – wenn auch nur *dicta* – den Grundsatz aufgestellt, dass unter der Geltung des CPLR § 7601 der Kreis der Aufhebungsgründe grundsätzlich nicht weiter gezogen werden dürfe als bei

---

1607 *Rice v. Ritz Assoc.* (1st Dept. 1982) 450 N.Y.S.2d 7, *affd.*, (1983) 447 N.E.2d 58.

1608 Die für Schiedsgutachten im Bereich des Grundsatzes der identischen Kontrolldichte geltenden „standards of judicial review" werden heute in ständiger Rechtsprechung mit „fraud, bias or bad faith" umschrieben; vgl. dazu in chronologischer Reihenfolge: *Winter Management Corp. v. Perlbinder* (1st Dept. 1992) 579 N.Y.S.2d 867; *Liberty Fabrics, Inc. v. Corporate Properties Assoc.* (1st Dept. 1996) 636 N.Y.S.2d 781; *Perlbinder v. Jakubovitz* (1st Dept. 1997) 658 N.Y.S.2d 267, 268; *Vitale v. Friedman* (1st Dept. 1997) 666 N.Y.S.2d 403; *Grosz v. Serge Sabarsky, Inc.* (1st Dept. 2005) 24 A.D.3d 264, 266.

1609 Nach dieser Vorschrift stellt „partiality" nur bei einem allein entscheidenden Schiedsrichter oder „umpire", nicht aber bei einem Partei-Schiedsrichter einen Aufhebungsgrund dar.

1610 Siehe dazu die Nachweise in der Fußnote 1608.

1611 *Cities Serv. Co. v. Derby & Co.* (S.D.N.Y. 1987) 654 F. Supp. 492, 500 f., *affd.*, (2nd Cir. 1989) 835 F. 2d 1429; *Lear Siegler Aerospace Prod. Holding Corp. v. Smiths Indus., Inc.* (S.D.N.Y. 1990) 1990 WL 422417.

1612 *Reale v. B. Healy N.Y. Corp.* (3rd Dept. 1976) 388 N.Y.S.2d 688, 691; *Jasper v. Royal Mink Corp.* (1st Dept. 1973) 341 N.Y.S.2d 867, 868.

1613 Vgl. *Casolaro*, 65 N.Y.St.B.J. (1993), Part II, S. 48.

einem Schiedsspruch. Die Argumentation, dass eine solch identische Kontrolldichte bei Schiedsgutachten und Schiedsspruch im Hinblick auf den Schutz der Parteien aufgrund der Unterschiede zwischen Schiedsverfahren und Schiedsgutachtenverfahren (keine Gewährung vollumfänglichen rechtlichen Gehörs im Schiedsgutachtenverfahren) aus Sicht des Schutzinteresses der Parteien nicht opportun sei,[1614] hat sich der Court of Appeals dabei nicht zu eigen gemacht. Er hat im Gegenteil betont, dass der Gesetzgeber des CPLR § 7601 die informelle Praxis in Schiedsgutachtenverfahren gerade habe erhalten und fördern wollen.[1615] Weiterhin hat er durch die Bestätigung der Entscheidung *Application of Builtland Partners [Jack LaLane Biltmore Health Spa]* entschieden, dass der Grundsatz des identischen Überprüfungsumfangs – entgegen der Auffassung von Presiding Judge Murphy – auch in solchen Fällen gilt, in denen das Schiedsgutachten nicht alle zwischen den Parteien bestehenden Streitpunkte entscheidet oder in denen keine Mängel des Verfahrens geltend gemacht werden. Zugleich hat er damit die frühere Entscheidung *Freeman v. Ralph Realty Corp.* „overruled“.

Die Gerichte sind dem Court of Appeals nach anfänglichem Zögern im Grundsatz gefolgt und haben die materielle Kontrolle eines Schiedsgutachtens abweichend von älteren Entscheidungen inzwischen sehr stark eingeschränkt. Heute kann danach die Art und Weise der Entscheidungsfindung innerhalb des Geltungsbereichs des Grundsatzes der identischen Kontrolldichte[1616] nur noch dann mit Erfolg gerügt werden, wenn die Schiedsgutachterstelle hierbei entweder ausdrückliche oder jedenfalls eindeutige und unzweifelhafte vertragliche Vorgaben missachtet hat oder der Schiedsgutachterstelle insoweit „bad faith“ zur Last fällt.[1617] Dennoch wird dieser Grundsatz von den Gerichten jedenfalls in der vom Court of Appeals formulierten Allgemeinheit und Absolutheit bisher noch nicht vollständig befolgt. Insoweit ist die von *Casolaro*[1618] gemachte Beobachtung zutreffend, dass jedenfalls rein tatsächlich der gerichtliche Kontrollumfang eines Schiedsgutachtens nach wie vor weiter ist als im Falle eines Schiedsspruchs.[1619]

[1614] Siehe dazu oben S. 259 und S. 263.

[1615] *Penn Cent. Corp. v. Consolidated Rail Corp.* (1982) 436 N.E.2d 512, 517.

[1616] Die in den Geltungsbereich dieses Grundsatzes fallenden Schiedsgutachten werden nachfolgend als „erste Fallgruppe“ bezeichnet.

[1617] Die Behauptung von *Borowsky*, S. 177, dass das New Yorker Recht seit der Entscheidung des Court of Appeals in *Penn Cent. Corp. v. Consolidated Rail Corp.* die inhaltliche Kontrolle eines Schiedsgutachtens ablehne, ist nur mit dieser Einschränkung zutreffend. Für diejenigen Fallgruppen, für die der Grundsatz der identischen Kontrolldichte nicht gilt, trifft diese Behauptung hingegen gar nicht zu.

[1618] *Casolaro*, 65 N.Y.St.B.J. (1993), Part II, S. 48.

[1619] Ursache hierfür dürfte – neben anderslautenden älteren Präjudizien, Billigkeitsüberlegungen und dem Grundsatz, dass *dicta* des Court of Appeals zwar maßgeblich zu beachten sind, aber für sich genommen noch kein neues Recht schaffen – nicht zuletzt die Unklarheit darüber sein, auf welche *ratio decidendi* der Court of Appeals diesen Grund-

cc. *Ergebnis*

Anders als noch vor Inkrafttreten des CPLR § 7601 gilt heute nicht der Grundsatz eines erweiterten Überprüfungsumfangs von Schiedsgutachten, sondern im Gegenteil der Grundsatz der identischen Kontrolldichte von Schiedsgutachten und Schiedsspruch. Dieser Grundsatz ist von den Gerichten trotz anders lautender älterer Entscheidungen zugrunde zu legen, da *dicta* des Court of Appeals zwar nicht unmittelbar Recht schaffen, aber von den Gerichten zu beachten sind. Dies insbesondere dann, wenn wie im Falle der bisher zur gerichtlichen Kontrolle eines Schiedsgutachtens ergangenen Entscheidungen echte Präjudizien relativ selten sind,[1620] die Rechtsprechung im Fluss ist[1621] und die *ratio decidendi* der Entscheidungen, die zu Schiedsgutachten eines im Dienste des Bauherrn stehenden Architekten bzw. Ingenieurs und zu Schiedsgutachten nach Maßgabe des N.Y. Ins. Law § 3404 ergangen sind, nicht ohne Probleme auf andere Fälle der Entscheidungen einer Schiedsgutachterstelle übertragbar ist.

Dieser Grundsatz gilt aber nicht ausnahmslos. So gilt er bisher – trotz nicht zu leugnender gegenläufiger Tendenz – noch nicht für Schiedsgutachten eines allein entscheidenden Schiedsgutachters, der nicht partei-unabhängig ist, bei dem der betroffenen Partei aber die Berufung auf diese Befangenheit abgeschnitten ist, weil sie dem Tätigwerden dieses Schiedsgutachters in Kenntnis der Umstände zugestimmt hat.[1622] Auch gilt dieser für die Rechtslage „under CPLR 7601" aufgestellte Grundsatz bisher[1623] nicht für solche Schiedsgutachten, die auf der Grundlage der New Yorker Standardpolice für die Brandschutzversicherung erstattet worden sind, denn diese Schiedsgutachten fallen nicht in den Anwendungsbereich des CPLR § 7601.[1624] Darüber hinaus erken-

---

satz gestützt hat und wie weit der formulierte Grundsatz und die ihm zugrunde liegende *ratio decidendi* trägt.

1620 *Clark v. Kraftco Corp.* (S.D.N.Y. 1971) 323 F. Supp. 358, 360, *appeal dismissed*, (2nd Cir.1971) 447 F. 2d 933; *Questrom v. Federated Dep't Stores, Inc.* (S.D.N.Y. 1999) 41 F. Supp. 2d 294, 300, Fußnote 55.

1621 Vgl. zur Bedeutung von „dicta" bei solchen Rahmenbedingungen *Fikentscher*, S. 93; *Blumenwitz*, S. 38.

1622 Dazu oben S. 265 f.

1623 Ein Wandel der Rechtsprechung ist auch hier keinesfalls ausgeschlossen. Der Court of Appeals hat mit seiner Feststellung, dass der Gesetzgeber des CPLR § 7601 das typische informelle Verfahren einer Schiedsgutachterstelle gerade habe erhalten und fördern wollen, auch Bestrebungen eine Absage erteilt, die Entscheidungen, die vor Inkrafttreten des CPLR § 7601 ergangen sind und die für Schiedsgutachten eine erweiterte gerichtliche Kontrolldichte vorsahen, unter Berufung auf das informelle Schiedsgutachtenverfahren und das daraus abgeleitete zusätzliche Schutzbedürfnis der Parteien fortzuführen.

1624 Die Schiedsgutachten eines im Dienste des Bauherrn stehenden Architekten oder Ingenieurs (oder anderer, in vergleichsweise ähnlicher Nähe zu einer Partei stehender allein entscheidender Schiedsgutachter) sollen nachfolgend als „zweite Fallgruppe", diejenigen Schiedsgutachten dagegen, die auf der Grundlage der New Yorker Standardpolice für die Brandschutzversicherung erstattet werden, als „dritte Fallgruppe" bezeichnet werden.

nen die Gerichte aber selbst bei der Überprüfung der in den Geltungsbereich dieses Grundsatzes fallenden Schiedsgutachten Ausnahmen und damit eine zum Teil gegenüber Schiedssprüchen erweiterte Kontrolldichte an.

b. Standards of judicial review

aa. Allgemein

Das New Yorker Recht kennt keine gesetzlich festgelegten Überprüfungsmaßstäbe für die gerichtliche Überprüfung eines Schiedsgutachtens. Auch die für Common-Law-Schiedssprüche geltenden Überprüfungsmaßstäbe finden als Ergebnis der rechtsgeschichtlichen Entwicklung der Unterscheidung zwischen Schiedsgutachten und Common-Law-Schiedssprüchen auf die gerichtliche Überprüfung eines Schiedsgutachtens keine Anwendung. Darüber hinaus finden auch die in CPLR § 7511(b) und (c) niedergelegten Maßstäbe für die gerichtliche Überprüfung eines Schiedsspruchs i.S.d. CPLR §§ 7501–7514 – trotz des oben dargelegten Grundsatzes des identischen Überprüfungsumfangs von Schiedsgutachten und Schiedsspruch – auf Schiedsgutachten grundsätzlich keine Anwendung.[1625] Die Gerichte sind im Anwendungsbereich der Vorschrift des CPLR § 7601 lediglich als befugt anzusehen, Schiedsgutachten unter Zugrundelegung derselben Maßstäbe zu überprüfen, die auch für Schiedssprüche gemäß CPLR § 7511 gelten.[1626] Von diesem Ermessen haben die New Yorker Gerichte aber bisher, wie oben dargelegt, keinen Gebrauch gemacht. Somit sind die Maßstäbe für die gerichtliche Überprüfung eines Schiedsgutachtens im Grundsatz allein den zu Schiedsgutachten ergangenen Entscheidungen und *dicta* der New Yorker Gerichte zu entnehmen.

Ausgangspunkt der gerichtlichen Kontrolle eines Schiedsgutachtens ist dabei – ebenso wie in der Common-Law-Schiedsgerichtsbarkeit – weder die Frage der Richtigkeit oder Zumutbarkeit des Ergebnisses noch die Art und Weise der Entscheidungsfindung der Schiedsgutachterstelle (d.h. die „merits" der getroffenen Entscheidung[1627]), sondern im Grundsatz allein die Frage, ob den Schiedsgutachtern ein Verstoß der sie treffenden Pflicht „to act in good faith as honest seekers of the truth" zur Last fällt[1628] und die den Rahmen für die Wirkungen des Schiedsgutachtens bildenden Bestimmungen des Schiedsgutachtenvertrags beachtet worden sind.[1629]

Diejenigen Präjudizien und *dicta*, die bisher zu der zweiten und dritten Fallgruppe ergangen sind, können für die gerichtliche Kontrolle eines Schiedsgutachtens der ersten Fallgruppe heute nur noch mit Einschränkungen herangezogen werden. Denn zum einen ist die ihnen jeweils zugrunde liegende *ratio*

[1625] So im Ergebnis auch *Johnson v. Chemical Bank* (County Ct. 1990) 555 N.Y.S.2d 538, 541.
[1626] Vgl. dazu oben S. 266.
[1627] Vgl. *Fudickar v. Guardian Mut. Ins. Co.* (1875) 62 N.Y. 392, 400.
[1628] Vgl. *Ice Serv. Co. v. Henry Phipps' Estates* (1927) 157 N.E. 506, 507 f.
[1629] Vgl. *Moore v. Eadie* (1927) 156 N.E. 653, 654.

decidendi nicht ohne Weiteres auf Schiedsgutachten der ersten Fallgruppe übertragbar. Zum anderen unterfallen beide Fallgruppen bisher nicht dem vom Court of Appeals aufgestellten Grundsatz der identischen Kontrolldichte von Schiedsgutachten und Schiedsspruch. Daher können diese Entscheidungen, ebenso wie die zu Schiedsgutachten der ersten Fallgruppe ergangenen, aber noch auf den Grundsatz der erweiterten gerichtlichen Kontrolldichte eines Schiedsgutachtens gestützten Entscheidungen, heute nur noch insoweit herangezogen werden, als sie dem Grundsatz der identischen Kontrolldichte von Schiedsgutachten und Schiedsspruch und den nach der Entscheidung des Court of Appeals in *Penn Cent. Corp. v. Consolidated Rail Corp.* ergangenen gerichtlichen Entscheidungen nicht widersprechen.

Weiterhin ist festzuhalten, dass die Art und Weise der Entscheidungsfindung innerhalb der ersten Fallgruppe nur noch dann zur Aufhebung des Schiedsgutachtens führen kann, wenn entweder ausdrückliche oder jedenfalls eindeutige und unzweifelhafte Vorgaben des Schiedsgutachtenvertrags missachtet worden sind[1630] oder wenn der Schiedsgutachterstelle insoweit „bad faith" zur Last fällt.[1631] Dementsprechend kann die Aufhebung eines solchen Schiedsgutachtens also nicht mehr allein auf einen „fundamental and apparent mistake" gestützt werden. Auch andere Überprüfungsmaßstäbe, die eine Pflichtverletzung der Schiedsgutachter voraussetzen, aber für die Aufhebung eines Schiedsgutachtens geringere Anforderungen festlegen als „bad faith", können die Aufhebung eines Schiedsgutachtens der ersten Fallgruppe nur dann rechtfertigen, wenn sie eine Entsprechung in der Vorschrift des CPLR § 7511 haben.

bb. Erste Fallgruppe

Unter Zugrundelegung der vorstehend skizzierten Rahmenbedingungen für die gerichtliche Kontrolle eines Schiedsgutachtens der ersten Fallgruppe kann ein solches Schiedsgutachten nur noch daraufhin überprüft werden, ob den Schiedsgutachtern (oder einer Partei) „corruption", „misconduct", „fraud"[1632] oder „bad faith"[1633] vorzuwerfen ist. Weiterhin kann ein solches Schiedsgutachten aber auch daraufhin überprüft werden, ob die Schiedsgutachter befangen waren („bias")[1634], ihre Befugnisse überschritten („excess of powers")[1635] oder klare und eindeutige rechtliche Rahmenbedingungen für das Schiedsgutachtenverfahren missachtet haben („legal misconduct").[1636] Darüber hinaus kann

---

1630 Vgl. *Vitale v. Friedman* (1st Dept. 1997) 666 N.Y.S.2d 403.

1631 Vgl. dazu die Nachweise in Fußnote 1608.

1632 CPLR § 7511(b)(1)(i).

1633 Z.B. *Rice v. Ritz Assoc.* (1st Dept. 1982) 450 N.Y.S.2d 7, 8, *affd.*, (1983) 447 N.E.2d 58.

1634 Z.B. *Rice v. Ritz Assoc.*, a.a.O.

1635 *Moore v. Eadie* (1927) 156 N.E. 653, 654.

1636 *Gervant v. New England Fire Ins. Co.* (1954) 118 N.E.2d 574, 575 f. Zwar sind die Voraussetzungen für die Bejahung von „legal misconduct" damit enger als die Voraussetzungen für die Bejahung von „bad faith". „Bad Faith" setzt nämlich einen willentlichen Pflichtverstoß voraus; vgl. Black's Law Dictionary, 6th Ed. 1990, unter „bad faith". Allerein solches Schiedsgutachten aber auch darauf überprüft werden, ob das Schiedsgutachten überhaupt bindende Wirkung entfaltet, anderweitige Vorgaben des Schiedsgutachtenverfahrens nicht beachtet worden sind („departure from submission")[1637] oder ein klarer Verstoß gegen „public policy"[1638] vorliegt. Soweit im Einzelfall auch Auslegungsfragen in die Zuständigkeit der Schiedsgutachter fallen, kann darüber hinaus aber die Auslegung des Haupt- oder Schiedsgutachtenvertrags durch die Schiedsgutachter auch darauf überprüft werden, ob diese Auslegung „completely irrational" ist.[1639]

cc. Zweite Fallgruppe

Ein Schiedsgutachten der zweiten Fallgruppe kann zunächst anhand all der Maßstäbe überprüft werden, die für Schiedsgutachten der ersten Fallgruppe gelten. An die Stelle des Überprüfungsmaßstabs „bias" tritt dabei allerdings der engere Überprüfungsmaßstab „partiality".[1640]

Darüber hinaus kann ein solches Schiedsgutachten aber auch darauf hin überprüft werden, ob das Schiedsgutachten auf einem „fundamental and apparent mistake"[1641] oder einem kollusiven Zusammenwirken zwischen Schiedsgutachter und einer Partei beruht,[1642] dem Schiedsgutachter ein „gross mistake" oder eine „clear misconception of duties"[1643] zur Last fällt und ob das Ergebnis des Schiedsgutachtens „unreasonable" ist.[1644]

Unklar ist dagegen, ob die Gerichte nicht über die an anderer Stelle dargelegten Grenzen hinaus das Ergebnis des Schiedsgutachtens zumindest in den Fällen auf „unreasonableness" überprüfen können, in denen als Schiedsgutachter eine der Parteien (oder eine Quasi-Partei) tätig geworden ist. Einige Gerichte[1645] haben in solchen Fällen bei der gerichtlichen Kontrolle des Schiedsgutachtens den „arbitrary and capricious" Standard zugrunde gelegt, der sonst nur bei der Überprüfung von Verwaltungsentscheidungen (CPLR Art.

---

dings kennt auch die Vorschrift des CPLR § 7511 neben „misconduct" den weiteren Aufhebungsgrund des Verstoßes gegen die in CPLR § 7506 niedergelegten Verfahrensgrundsätze, CPLR § 7511(1)(b)(iv); dieser Aufhebungsgrund entspricht dem für Schiedsgutachten geltenden Aufhebungsgrund „legal misconduct".

1637 Vgl. *Ice Serv. Co. v. Henry Phipps' Estates* (1927) 157 N.E. 506, 508; CPLR § 7511(b)(2)(iii).

1638 *Kirby v. West 37th Garage Corp.* (A.D. 1991) N.Y.L.J. April 8th, 1991, S. 25, Sp. 6.

1639 N.Y. Jur. 2d, Bd. 5, Arbitration & Award, § 210 m.w.N.

1640 Vgl. *Sweet v. Morrison* (1889) 116 N.Y. 19, 22 N.E. 276, 278; *Borowsky*, S. 165 f.

1641 *Ice Serv. Co. v. Henry Phipps' Estates* (1927) 157 N.E. 506, 508.

1642 Vgl. *Van Iderstine Co. v. Barnet Leather Co.* (1926) 152 N.E. 250, 252.

1643 *Ice Serv. Co. v. Henry Phipps' Estates* (1927) 157 N.E. 506, 508; *European-American Banking Corp. v. Chock Full O'Nuts Corp.* (App. T. 1981) 442 N.Y.S.2d 715, 718.

1644 Vgl. z.B. *Tufano Contracting Corp. v. Port of New York Auth.* (1963) 192 N.E.2d 270.

1645 So z.B. ausdrücklich *Gumbinsky Bros. Co. v. Smalley* (1st Dept. 1922) 197 N.Y.S. 530, 537, *affd.*, (1923) 139 N.E. 758.

78) und im Falle einer gesetzlich vorgesehen „compulsory arbitration" angewandt wird.[1646]

dd. Dritte Fallgruppe

Ein Schiedsgutachten der dritten Fallgruppe kann grundsätzlich anhand all der „standards of judicial review" überprüft werden, die für Schiedsgutachten der ersten und zweiten Fallgruppe gelten. Dabei tritt allerdings an die Stelle des in der ersten Fallgruppe geltenden Überprüfungsmaßstabs „bias" die Frage, ob der betreffende Schiedsgutachter „disinterested" war.[1647] Weiterhin kann ein solches Schiedsgutachten daraufhin überprüft werden, ob die Schiedsgutachter „competent" waren.[1648] Darüber hinaus kann ein solches Schiedsgutachten – anders als ein Schiedsgutachten der zweiten Fallgruppe – nicht daraufhin überprüft werden, ob das Ergebnis, zu dem die Schiedsgutachter gekommen sind, „unreasonable" ist.

c. Grounds to vacate / Grounds to set aside

Nachdem nunmehr der „scope of judicial review" und die jeweils zugrunde zu legenden „standards of judicial review" feststehen, sollen nachfolgend die in Betracht kommenden Aufhebungs- oder anderweitigen Gründe fehlender Bindungswirkung getrennt für alle drei Fallgruppen dargestellt werden. Dabei soll nachfolgend davon ausgegangen werden, dass die Regeln, die im Rahmen des CPLR § 7511(b) die Geltendmachung an und für sich statthafter Aufhebungsgründe beschränken, uneingeschränkt auch für Schiedsgutachten jedenfalls der ersten Fallgruppe gelten. Auch wenn der Grundsatz der identischen Kontrolldichte von den Gerichten bisher in dieser Allgemeinheit und Absolutheit nicht befolgt wird, entspricht der hinter diesen Regeln stehende Gedanke der Präklusion der Leitlinie älterer Entscheidungen, die bereits vor Inkrafttreten des CPLR § 7601 ergangen sind.[1649]

aa. Erste Fallgruppe

Die nachfolgende Darstellung beschränkt sich auf die in der Praxis bisher wichtigsten Aufhebungsgründe. Hinsichtlich der Aufhebungsgründe „corrupti-

---

[1646] Gegen die Zugrundelegung dieses Standards bei Erstattung des Schiedsgutachtens durch eine Partei oder eine Quasi-Partei haben sich im Ergebnis allerdings (wenn auch ohne wirkliche Begründung) ausgesprochen: *Lear Siegler Aerospace Prod. Holding Corp. v. Smiths Indus., Inc.* (S.D.N.Y. 1990) 1990 WL 422417; *Grey v. F.D.I.C.* (S.D.N.Y. 2002) 2002 WL 959564.

[1647] Vgl. *Coon v. National Fire Ins. Co. of Hartford* (Sup. Ct. 1925) 213 N.Y.S. 407, 410 f., *affd.*, (4th Dept. 1926) 218 N.Y.S. 722, *affd.*, (1927) 159 N.E. 665.

[1648] Vgl. *Gervant v. New England Fire Ins. Co.* (1954) 118 N.E.2d 574, 576.

[1649] Vgl. z.B. *In re 176–178 East Main St., Amsterdam, N.Y.* (County Ct. 1933) 263 N.Y.S. 162, 165, *affd.*, (3rd Dept. 1933) 264 N.Y.S. 717, *rev. on other grounds*, (1934) 188 N.E. 647.

on" und „misconduct", die ebenso auch für Schiedssprüche gelten (CPLR § 7511(b)(1)(i)), kann auf die entsprechenden Grundsätze im Schiedsverfahrensrecht verwiesen werden. Allerdings ist bei der Übertragung dieser Grundsätze auf Schiedsgutachter zu beachten, dass für diese gänzlich andere Verfahrensgrundsätze gelten als für Schiedsrichter. Ebenso kann für die Frage, wann eine von der Schiedsgutachterstelle innerhalb ihrer Zuständigkeit vorgenommene Auslegung des Schiedsgutachtenvertrags oder Hauptvertrags „completely irrational" ist, auf die im Schiedsverfahrensrecht geltenden Grundsätze verwiesen werden.

aaa. Bad faith

Ein Schiedsgutachten ist aufzuheben, wenn den Schiedsgutachtern „bad faith" vorzuwerfen ist.[1650] „Bad faith" liegt dabei vor, wenn die Schiedsgutachter, die das Schiedsgutachten erstattet haben, aus unlauteren Motiven („interested or sinister motive") gegen die sie treffenden Pflichten verstoßen haben.[1651] Dabei kommen als unlautere Motive sowohl eigennützige als auch fremdnützige Motive in Betracht.

Eine im Rahmen der Prüfung des Aufhebungsgrundes „bad faith" relevante Pflichtverletzung kann vorliegen, wenn die Schiedsgutachterstelle bei ihrer Entscheidungsfindung die mit Blick auf die konkrete Aufgabenstellung anerkannten Regeln des Fachs nicht beachtet (oder nicht richtig befolgt) oder die im Verkehrskreis der Parteien[1652] oder der mit Blick auf die konkrete Aufgabenstellung sachkundigen Personen[1653] handels-, verkehrsüblichen oder normalen Methoden nicht oder nicht richtig angewandt hat. Ebenso kann eine relevante Pflichtverletzung vorliegen, wenn eine Schiedsgutachterstelle, der eine Bewertung von Vermögensgegenständen übertragen worden ist, im Geltungsbereich der „duty to act fair and reasonable" der Bewertung eine unter Berücksichtigung der Umstände der konkreten Aufgabenstellung nicht angemessene („unreasonable") Bewertungsmethode zugrunde gelegt hat,[1654] aber auch dann,

---

[1650] *Rice v. Ritz Assoc.* (1st Dept. 1982) 450 N.Y.S.2d 7, 8, *affd.*, (1983) 447 N.E.2d 58; *Olympia & York 2 Broadway Co. v. Produce Exch. Realty Trust* (1st Dept. 1983) 462 N.Y.S.2d 456, 460; *Kirby v. West 37th Garage Corp.* (A.D. 1991) N.Y.L.J. April 8th, 1991, S. 25, Sp. 6; *Winter Management Corp. v. Perlbinder* (1st Dept. 1992) 579 N.Y.S.2d 867; *Liberty Fabrics, Inc. v. Corporate Properties Assoc.* (1st Dept. 1996) 636 N.Y.S.2d 781 (jeweils zu Schiedsgutachten nach Maßgabe eines Miet- oder Pachtvertrags); *Amoco Oil Co. v. H. Grunewald & Co.* (4th Cir. 1979) 592 F.2d 745, 748, Fußnote 7; *Cities Serv. Co. v. Derby & Co.* (S.D.N.Y. 1987) 654 F. Supp. 492, 500, *affd.*, (2nd Cir. 1989) 835 F. 2d 1429 (Feststellung der Quantität oder Qualität gelieferter Ware).

[1651] Black's Law Dictionary, 6th Ed. 1990, unter „bad faith"; Ballantine's Law Dictionary, 3rd Ed. 1969, unter „bad faith".

[1652] *Cities Serv. Co. v. Derby & Co.* (S.D.N.Y. 1987) 654 F. Supp. 492, 501, *affd.*, (2nd Cir. 1989) 835 F. 2d 1429.

[1653] *Cohen v. Atlas Assur. Co.* (1st Dept. 1914) 148 N.Y.S. 563, 566.

[1654] *Ice Serv. Co. v. Henry Phipps' Estates* (1927) 157 N.E. 506, 508.

wenn sie die für ihre Entscheidung maßgeblichen Tatsachen nicht mit der hinreichenden Vollständigkeit oder Sorgfalt ermittelt hat.[1655] Insoweit sind allerdings bei Schiedsgutachten der ersten Fallgruppe heute strenge Anforderungen an die Bejahung einer Pflichtverletzung zu stellen.[1656] Das ergibt sich nicht nur daraus, dass eine Schiedsgutachterstelle grundsätzlich ein weites Ermessen hinsichtlich der Art und Weise der Entscheidungsfindung hat,[1657] sondern auch daraus, dass bei der Ausfüllung des Aufhebungsgrundes „bad faith" der Grundsatz berücksichtigt werden muss, dass bei Schiedsgutachten der ersten Fallgruppe der Kreis der Aufhebungsgründe nicht weiter gezogen werden darf als bei einem Schiedsspruch nach Maßgabe des CPLR § 7511.

Ebenso sind bei Schiedsgutachten der ersten Fallgruppe auch an den Nachweis des „interested or sinister motive" grundsätzlich strenge Anforderungen zu stellen. Zwar kann der Nachweis, dass eine Pflichtverletzung der Schiedsgutachterstelle auf unlautere Motive zurückgeht, auch durch Indizien erbracht werden,[1658] also durch die Darlegung von Umständen, die einen Rückschluss auf ein Handeln aus unlauteren eigen- oder fremdnützigen Motiven rechtfertigen. Dabei sind allerdings sowohl an den Grad der erforderlichen Überzeugung des Gerichts vom Vorliegen der vorgetragenen Indizientatsachen[1659] als auch an den Grad der erforderlichen Überzeugung des erkennenden Gerichts,[1660] dass die vorgetragenen Tatsachen den Rückschluss auf ein Handeln aus unlauteren eigen- oder fremdnützigen Motiven erlauben, strenge Anforderungen zu stellen.[1661] Eine bloße „inference of bad faith" reicht dafür – anders

---

1655 *Cohen v. Atlas Assur. Co.* (1st Dept. 1914) 148 N.Y.S. 563, 566; *Clark v. Kraftco Corp.* (S.D.N.Y. 1971) 323 F. Supp. 358, 360, *appeal dismissed*, (2nd Cir. 1971) 447 F. 2d 933; *European-American Banking Corp. v. Chock Full O'Nuts Corp.* (App. T. 1981) 442 N.Y.S.2d 715, 718.

1656 Dem entspricht eine zunehmend restriktive Haltung der Gerichte, in den genannten Fällen überhaupt eine Pflichtverletzung zu bejahen; vgl. insoweit *Grosz v. Serge Sabarsky, Inc.* (1st Dept. 2005) 24 A.D.3d 264, 266.

1657 *Application of Builtland Partners [Jack LaLane Biltmore Health Spa]* (1st Dept. 1985) 486 N.Y.S.2d 728, 729, *affd.*, (1985) 489 N.E.2d 1298. Ist die Vorgehensweise der Schiedsgutachterstelle im konkreten Fall durch das dieser Schiedsgutachterstelle eingeräumte weite Ermessen gedeckt, so scheidet bereits eine Pflichtverletzung aus.

1658 Vgl. insoweit *Clark v. Kraftco Corp.* (S.D.N.Y. 1971) 323 F. Supp. 358, 360, *appeal dismissed*, (2nd Cir.1971) 447 F. 2d 933; *Amoco Oil Co. v. H. Grunewald & Co.* (4th Cir. 1979) 592 F.2d 745, 748, Fußnote 1; *Cities Serv. Co. v. Derby & Co.* (S.D.N.Y. 1987) 654 F. Supp. 492, 500 f., *affd.*, (2nd Cir. 1989) 835 F. 2d 1429.

1659 Vgl. *Gansevoort Holding Corp. v. Palatine Ins. Co.* (Sup. Ct. 1957) 170 N.Y.S.2d 171, 174, *affd.*, (1st Dept. 1958) 181 N.Y.S.2d 172, leave for appeal denied, (1st Dept. 1958) 159 N.E.2d 355.

1660 Insoweit genügt – anders als im deutschen Recht – eine überwiegende Wahrscheinlichkeit („preponderance of the evidence"); dazu *Schack*, S. 59 m.w.N.

1661 So im Ergebnis die neueren Entscheidungen der Gerichte des Staates New York; vgl. insoweit nur *Application of Builtland Partners [Jack LaLane Biltmore Health Spa]* (1st Dept. 1985) 486 N.Y.S.2d 728, 729, *affd.*, (1985) 489 N.E.2d 1298.

als in älteren und den zur zweiten Fallgruppe ergangenen Entscheidungen – nicht mehr aus.[1662]

Unter Zugrundelegung dieser Maßstäbe ist „bad faith" bei einem Schiedsgutachten der ersten Fallgruppe nicht schon allein deshalb zu bejahen, weil die Schiedsgutachter hierbei gegen die sie mit Blick auf die Entscheidungsfindung treffenden Pflichten verstoßen haben – und zwar auch dann nicht, wenn die Schiedsgutachter bei ihrer Entscheidungsfindung die im Verkehrskreis der Parteien oder der mit Blick auf die konkrete Aufgabenstellung sachkundigen Personen handels-, verkehrsüblichen bzw. normalen Methoden nicht oder nicht richtig angewandt haben.[1663] Für die Bejahung von „bad faith" genügt, wie dargelegt, eine „inference of bad faith" grundsätzlich nicht. Vielmehr müssen die Umstände des Falls unter Zugrundelegung strenger Anforderungen die Schlussfolgerung rechtfertigen, dass die Schiedsgutachterstelle bei der Verletzung ihrer Pflichten aus unlauteren Motiven gehandelt hat. Der bloße Umstand allein, dass eine Schiedsgutachterstelle im Hinblick auf die konkrete Aufgabenstellung übliche Methoden der Entscheidungsfindung nicht oder nicht richtig anwendet, kann diese Schlussfolgerung aber – bei Zugrundelegung der gebotenen strengen Anforderungen – auch unter Zugrundelegung des im Vergleich zum deutschen Recht geringeren Beweismaßes[1664] nicht tragen.[1665]

Ebenso wenig ist „bad faith" bei einem Schiedsgutachten der ersten Fallgruppe schon allein deshalb zu bejahen, weil das Ergebnis, zu dem die Schiedsgutachter gekommen sind, von demjenigen Ergebnis abweicht, das das über die Aufhebung des Schiedsgutachtens entscheidende Gericht[1666] oder andere sachverständige Personen[1667] für zutreffend erachten. Dies gilt im Prinzip[1668]

[1662] Die gegenteilige, *obiter dictum* geäußerte Auffassung des Gerichts in *Cities Serv. Co. v. Derby & Co.* (S.D.N.Y. 1987) 654 F. Supp. 492, 501, *affd.*, (2nd Cir. 1989) 835 F. 2d 1429 basierte ersichtlich auf der die heutige Rechtslage nicht mehr zutreffend wiedergebenden Entscheidung des Gerichts in *Clark v. Kraftco Corp.* (S.D.N.Y. 1971) 323 F. Supp. 358, *appeal dismissed*, (2nd Cir.1971) 447 F. 2d 933.

[1663] So in der Sache auch *Grosz v. Serge Sabarsky, Inc.* (1st Dept. 2005) 24 A.D.3d 264, 266. A.A. allerdings (*obiter dictum*) das Gericht in der Entscheidung *Cities Serv. Co. v. Derby & Co.* (S.D.N.Y. 1987) 654 F. Supp. 492, 501, *affd.*, (2nd Cir. 1989) 835 F. 2d 1429. Das Gericht (a.a.O.) stellte in dieser Entscheidung fest: „In New York, [...] bad faith [....] has been inferred where (1) customary practice or procedure is not followed when making the [appraisal award]".

[1664] Dazu oben Fußnote 1660.

[1665] Im Ergebnis dann ebenso *Cities Serv. Co. v. Derby & Co.* (S.D.N.Y. 1987) 654 F. Supp. 492, 503, *affd.*, (2nd Cir. 1989) 835 F. 2d 1429; vgl. dazu auch *Grosz v. Serge Sabarsky, Inc.* (1st Dept. 2005) 24 A.D.3d 264, 266.

[1666] *Moore v. Eadie* (1927) 156 N.E. 653, 655; *Ice Serv. Co. v. Henry Phipps' Estates* (1927) 157 N.E. 506, 508; *Cohen v. Atlas Assur. Co.* (1st Dept. 1914) 148 N.Y.S. 563, 565.

[1667] *Ice Serv. Co. v. Henry Phipps' Estates* (1927) 157 N.E. 506, 508.

[1668] In extremen Ausnahmefällen kann allerdings auch einmal der bloße Umstand einer ganz außerordentlichen Ergebnisabweichung des Schiedsgutachtens von dem vom Gericht für zutreffend erachteten Ergebnis den Rückschluss auf „bad faith" tragen; so mit Blick auf die vergleichbaren Aufhebungsgründe „corruption" und „misconduct" im Falle eines

selbst bei ganz außerordentlichen Ergebnisabweichungen.[1669] Allerdings kann eine erhebliche Differenz zwischen dem Ergebnis, zu dem die Schiedsgutachter gelangt sind, und dem Ergebnis, zu dem das über das Vorliegen von „bad faith“ entscheidende Gericht gekommen ist, im Rahmen einer Gesamtwürdigung mit anderen Umständen des konkreten Einzelfalls[1670] die Feststellung tragen, dass die Schiedsgutachter bei ihrer Entscheidungsfindung „in bad faith“ vorgegangen sind.[1671] Eine erhebliche Ergebnisdifferenz kann dabei nicht nur in den Fällen vorliegen, in denen die relative Ergebnisdifferenz (ausgedrückt in Prozent) hoch ist, sondern auch dann, wenn die Ergebnisdifferenz zwar relativ gesehen gering, absolut gesehen aber hoch ist.[1672] Eine relative Ergebnisdifferenz haben die Gerichte dabei als erheblich angesehen, wenn sie mehr als 20% betrug.[1673] Auch unter Zugrundelegung strenger Anforderungen kann daher im Einzelfall ein zulässiger Rückschluss auf „bad faith“ dann zu bejahen sein, wenn den Schiedsgutachtern eine besonders gravierende oder eindeutige Verletzung evidenter Pflichten bei der Entscheidungsfindung zur Last fällt und diese Pflichtverletzung zu einem erheblichen Abweichen des Schiedsgutachtens von dem Ergebnis führt, zu dem das erkennende Gericht auf der Grundlage einer tatsächlich mangelfreien Entscheidungsfindung ge-

---

Schiedsspruchs *Phillips v. American Casualty Co. of Reading, Pennsylvania* (1st Dept. 1960) 198 N.Y.S.2d 538, 539.

1669 Vgl. *Strome v. London Assur. Co.* (2nd Dept. 1897) 47 N.Y.S. 481, 483, *affd.*, (1898) 57 N.E. 1125 (Ergebnisdifferenz von über 400% für sich allein nicht ausreichend, um das Schiedsgutachten aufzuheben), *Schmitt Bros. v. Boston Ins. Co.* (1st Dept. 1903) 81 N.Y.S. 767, 769 (Ergebnisdifferenz von mehr als 300% für sich allein nicht ausreichend, um das Schiedsgutachten aufzuheben); *Cohen v. Atlas Assur. Co.* (1st Dept. 1914) 148 N.Y.S. 563, 565 f. (Ergebnisdifferenz von 50% für sich allein nicht ausreichend, um „bad faith“ zu bejahen); a.A. (*obiter dictum*) allerdings die Entscheidung *Cities Serv. Co. v. Derby & Co.* (S.D.N.Y. 1987) 654 F. Supp. 492, 501, *affd.*, (2nd Cir. 1989) 835 F. 2d 1429, in der das Gericht – wie dargelegt, zu Unrecht – feststellte, dass nach New Yorker Recht eine Schlussfolgerung auf „bad faith“ gerechtfertigt sei, wenn „the results of the [appraisal award] deviate significantly from the normal or reasonably expected results [....]“.

1670 *Strome v. London Assur. Co.* (2nd Dept. 1897) 47 N.Y.S. 481, 483, *affd.*, (1898) 57 N.E. 1125 (für den „bad faith“ vergleichbaren Aufhebungsgrund „misconduct“).

1671 Allgemeine Ansicht; vgl. dazu etwa *Ice Serv. Co. v. Henry Phipps' Estates* (1927) 157 N.E. 506, 508; *Strome v. London Assur. Co.* (2nd Dept. 1897) 47 N.Y.S. 481, 483, *affd.*, (1898) 57 N.E. 1125; *Schmitt Bros. v. Boston Ins. Co.* (1st Dept. 1903) 81 N.Y.S. 767, 769 f.; *Cohen v. Atlas Assur. Co.* (1st Dept. 1914) 148 N.Y.S. 563, 566 f.; *Cities Serv. Co. v. Derby & Co.* (S.D.N.Y. 1987) 654 F. Supp. 492, 501, *affd.*, (2nd Cir. 1989) 835 F. 2d 1429.

1672 Vgl. *Cities Serv. Co. v. Derby & Co.* (S.D.N.Y. 1987) 654 F. Supp. 492, 501, *affd.*, (2nd Cir. 1989) 835 F. 2d 1429 (absolute Ergebnisdifferenz von ca. US$ 375.000 ist erheblich, auch wenn relative Ergebnisdifferenz lediglich 2.4% beträgt).

1673 Vgl. *Kaiser v. Hamburg-Bremen Fire Ins. Co.* (4th Dept. 1901) 69 N.Y.S. 344, 348, *affd.*, (1902) 65 N.E. 1118 (Ergebnisabweichung um 22.9% erheblich); *New York Mut. Sav. & Loan Ass'n v. Manchester Fire Assur. Co.* (4th Dept. 1904) 87 N.Y.S. 1075, 1077 (Ergebnisabweichung um 20.6% erheblich).

kommen ist.[1674] Auch in diesen Fällen dürfte aber „bad faith" ohne echte Anhaltspunkte für ein „interested or sinister motive" heute regelmäßig verneint werden. Das zeigt die Entscheidung *Application of Builtland Partners [Jack LaLane Biltmore Health Spa]* mit hinreichender Deutlichkeit.

Bei Schiedsgutachten der ersten Fallgruppe liegt „bad faith" nicht schon dann vor, wenn die Schiedsgutachter gegen bestimmte Pflichten bei der Entscheidungsfindung verstoßen haben und dadurch zu einem Ergebnis gelangt sind, das erheblich von dem Ergebnis abweicht, zu dem das Gericht unter Zugrundelegung des Gutachtens eines fehlerfrei vorgehenden Sachverständigen gekommen ist.[1675] Ebenso wenig liegt „bad faith" vor, wenn die Parteien im Schiedsgutachtenvertrag das Ergehen einer Mehrheitsentscheidung vereinbart haben und einer der von den Parteien ernannten Schiedsgutachter von seiner ursprünglichen Bewertung abrückt, um sich mit dem Obmann im Wege eines Kompromisses zu einigen.[1676] Denn ein solches Abweichen von der ursprünglichen Bewertung ist in solchen Fällen regelmäßig notwendig, um zu einer Mehrheitsentscheidung zu kommen.[1677] „Bad faith" liegt auch dann nicht vor, wenn ein Schiedsgutachter, der an der Erstattung des Schiedsgutachtens mitgewirkt hat, über die gesamte Dauer des Verfahrens mit Nachdruck eine Position vertreten hat, die für die Partei, die ihn ernannt hat, günstig war.[1678]

Soweit im konkreten Fall „bad faith" trotz der insoweit in der neueren Rechtsprechung gestellten sehr strengen Anforderungen zu bejahen ist, führt dieser Aufhebungsgrund bei Schiedsgutachten der ersten Fallgruppe allerdings nur dann zur Aufhebung des Schiedsgutachtens, wenn das erkennende Gericht zu dem Ergebnis kommt, dass die Rechte derjenigen Partei, die sich gegen das Schiedsgutachten wendet, hierdurch beeinträchtigt werden, CPLR § 7511 (b)(1).

bbb. Fraud

Ein Schiedsgutachten ist wegen „fraud" aufzuheben, wenn es auf einem Betrug („actual fraud") oder der arglistigen Täuschung („constructive fraud") der

---

[1674] Vgl. dazu *Ice Serv. Co. v. Henry Phipps' Estates* (1927) 157 N.E. 506, 508; *Strome v. London Assur. Co.* (2nd Dept. 1897) 47 N.Y.S. 481, 482 ff., *affd.*, (1898) 57 N.E. 1125; *Schmitt Bros. v. Boston Ins. Co.* (1st Dept. 1903) 81 N.Y.S. 767, 769 f.

[1675] Vgl. *Application of Builtland Partners [Jack LaLane Biltmore Health Spa]* (1st Dept. 1985) 486 N.Y.S.2d 728, 729, *affd.*, (1985) 489 N.E.2d 1298.

[1676] *Olympia & York 2 Broadway Co. v. Produce Exch. Realty Trust* (1st Dept. 1983) 462 N.Y.S.2d 456, 460.

[1677] *Olympia & York 2 Broadway Co. v. Produce Exch. Realty Trust*, a.a.O.

[1678] *Gansevoort Holding Corp. v. Palatine Ins. Co.* (Sup. Ct. 1957) 170 N.Y.S.2d 171, 174, *affd.*, (1st Dept. 1958) 181 N.Y.S.2d 172, *leave for appeal denied*, (1st Dept. 1958) 182 N.Y.S.2d 330.

Schiedsgutachterstelle (oder eines ihrer Mitglieder) durch eine Partei[1679], einen Schiedsgutachter[1680] oder einen Dritten[1681] beruht.[1682]

„Actual Fraud" liegt vor, wenn diejenige Person, der „fraud" vorgeworfen wird, einen der Schiedsgutachter, die das Schiedsgutachten erstattet haben, in Betrugsabsicht („intention to defraud") über eine wesentliche Tatsache getäuscht hat („material false representation"), auf deren Vorliegen sich der betreffende Schiedsgutachter verlassen hat („reasonable reliance"). Darüber hinaus muss dadurch, dass sich der Schiedsgutachter auf die vorgespiegelte Tatsache verlassen hat, der Partei, die sich auf „fraud" beruft, ein Schaden (oder jedenfalls ein rechtlicher Nachteil) entstanden sein.[1683] Die Bejahung von „constructive fraud" verlangt dagegen nicht die Bejahung eines Handelns in Betrugsabsicht, sondern erfordert lediglich die Feststellung, dass der betreffende Schiedsgutachter über eine für die Erstattung des Schiedsgutachtens wesentliche Tatsache, auf deren Vorliegen er sich verlassen hat, getäuscht worden ist und der sich auf „fraud" berufenden Partei dadurch ein Schaden (oder ein rechtlicher Nachteil) entstanden ist. Hat diejenige Person, der „fraud" vorgeworfen wird, dem oder den Schiedsgutachtern eine für die Erstattung des Schiedsgutachtens wesentliche Tatsache lediglich verschwiegen, so kann „actual fraud" oder „constructive fraud" allerdings nur dann vorliegen, wenn die betreffende Person zur Offenlegung dieser Tatsache gegenüber dem oder den Schiedsgutachtern verpflichtet war.[1684]

Ein Schiedsgutachten ist wegen „fraud" aufzuheben, wenn eine Partei, die nach dem Schiedsgutachtenvertrag eine Pflicht zur Offenlegung bestimmter für die Erstattung des Schiedsgutachtens wesentlicher Tatsachen trifft, derartige Tatsachen verschweigt und die Schiedsgutachterstelle (oder eines ihrer Mitglieder) bei der Erstattung des Schiedsgutachtens von dem Nichtvorliegen dieser Tatsachen ausgeht.[1685] Eine Aufhebung wegen „fraud" scheidet in diesen Fällen allerdings aus, wenn diejenigen Tatsachen, die die betreffende Par-

---

[1679] *Liberty Fabrics, Inc. v. Corporate Properties Assoc. 5* (1st Dept. 1996) 636 N.Y.S.2d 781; *Sauer v. Xerox Corp.* (W.D.N.Y. 1998) 1998 U.S. Dist. Lexis 13427.

[1680] *In re 176–178 East Main St., Amsterdam, N.Y.* (1934) 188 N.E. 647, 648.

[1681] So für die Aufhebung eines Schiedsspruchs wegen „fraud" N.Y. Leg. Doc. (1960) No. 13, S. 145 f.: „The first ground [der jetzige CPLR § 7511(b)(1)(i), d. Verf.] includes corruption, fraud or other misconduct by a party, arbitrator or third person."

[1682] *Moore v. Eadie* (1927) 156 N.E. 653, 655; *Ice Serv. Co. v. Henry Phipps' Estates* (1927) 157 N.E. 506, 508; *Olympia & York 2 Broadway Co. v. Produce Exch. Realty Trust* (1st Dept. 1983) 462 N.Y.S.2d 456, 460; *Winter Management Corp. v. Perlbinder* (1st Dept. 1992) 579 N.Y.S.2d 867; *Liberty Fabrics, Inc. v. Corporate Properties Assoc.* (1st Dept. 1996) 636 N.Y.S.2d 781; ebenso: *Koretz*, Leg.Doc. No. 65 C (1958), S. 32; *Casolaro*, 65 N.Y.St.B.J. (1993), Part II, S. 47.

[1683] Dazu ausführlich *Sauer v. Xerox Corp.* (W.D.N.Y. 1998) 1998 U.S. Dist. Lexis 13427.

[1684] *Sauer v. Xerox Corp.* (W.D.N.Y. 1998) 1998 U.S. Dist. Lexis 13427.

[1685] *Liberty Fabrics, Inc. v. Corporate Properties Assoc.* (1st Dept. 1996) 636 N.Y.S.2d 781; *Sauer v. Xerox Corp.* (W.D.N.Y. 1998) 1998 U.S. Dist. Lexis 13427.

tei verschwiegen hat, Gegenstand einer Sachverhaltsermittlung der Schiedsgutachter waren und den Schiedsgutachtern dabei auch zugänglich waren.[1686]

„Fraud" liegt prinzipiell auch dann vor, wenn der Schiedsgutachtenvertrag eine Einigung der von den Parteien ernannten Schiedsgutachter auf einen unvoreingenommenen und unabhängigen Obmann vorsieht, und die Schiedsgutachter sich aufgrund einer arglistigen Täuschung eines der Schiedsgutachter durch den anderen Schiedsgutachter hinsichtlich der Unvoreingenommenheit des vorgeschlagenen Obmanns auf einen Obmann geeinigt haben, der diesen Anforderungen nicht genügt.[1687] Allerdings ist in einem solchen Fall das Schiedsgutachten wegen „fraud" nur dann aufzuheben, wenn zu dem Umstand der arglistigen Täuschung noch der weitere Umstand hinzutritt, dass unter Mitwirkung dieses Obmanns ein Schiedsgutachten erstattet worden ist, dessen Ergebnis erheblich von dem Ergebnis abweicht, das das erkennende Gericht für zutreffend erachtet.[1688]

Ist das Vorliegen von „fraud" im konkreten Fall zu bejahen, führt dies dennoch – entsprechend CPLR § 7511(b)(1)(i) – nur dann zur Aufhebung des Schiedsgutachtens, wenn die Rechte der Partei, die sich auf die fehlende Bindungswirkung des Schiedsgutachtens beruft, durch den „fraud" beeinträchtigt worden sind. Hieran fehlt es beispielsweise, wenn das Schiedsgutachten ohne den „fraud" für die betreffende Partei ungünstiger ausgefallen wäre.

ccc. Bias

Auch die Voreingenommenheit („bias") eines Schiedsgutachters, der an der Erstattung des Schiedsgutachtens mitgewirkt hat, kann zur Aufhebung des Schiedsgutachtens führen,[1689] „bias" umfasst dabei sowohl „actual bias" als auch „implied bias". Diese Auffassung hat sich heute allgemein durchge-

---

[1686] *Liberty Fabrics, Inc. v. Corporate Properties Assoc.* (1st Dept. 1996) 636 N.Y.S.2d 781; *Sauer v. Xerox Corp.* (W.D.N.Y. 1998) 1998 U.S. Dist. Lexis 13427. Es ist nicht ganz klar, ob diesem Grundsatz die Überlegung zugrunde liegt, dass eine arglistige Täuschung mangels Offenlegungspflicht ausscheidet (so *Sauer v. Xerox Corp.* (W.D.N.Y. 1998) 1998 U.S. Dist. Lexis 13427), die arglistige Täuschung nicht zu einem Irrtum geführt hat oder für den Irrtum nicht kausal war.

[1687] Vgl. *In re 176–178 East Main St., Amsterdam, N.Y.* (1934) 188 N.E. 647, 648.

[1688] Vgl. *In re 176–178 East Main St., Amsterdam, N.Y.* (1934) 188 N.E. 647, 648; der Court of Appeals verweist hier auf seine frühere Entscheidung *Bradshaw v. Agricultural Ins. Co.* (1893) 32 N.E. 1055, 1058, in der die arglistige Täuschung über die vorgebliche Unvoreingenommenheit eines Partei-Schiedsgutachters nur unter der weiteren Voraussetzung einer „gross inadequacy" des Schiedsgutachtens zur Aufhebung führte.

[1689] *Ice Serv. Co. v. Henry Phipps' Estates* (1927) 157 N.E. 506, 508; *Rice v. Ritz Assoc.* (1st Dept. 1982) 450 N.Y.S.2d 7, 8, *affd.*, (1983) 447 N.E.2d 58; Olympia & York 2 Broadway Co. v. Produce Exch. Realty Trust (1st Dept. 1983) 462 N.Y.S.2d 456, 460; *Winter Management Corp. v. Perlbinder* (1st Dept. 1992) 579 N.Y.S.2d 867; *Liberty Fabrics, Inc. v. Corporate Properties Assoc.* (1st Dept. 1996) 636 N.Y.S.2d 781; *Estate of Walter R. Kaluta v. Trapani* (County Ct. 2002) N.Y.L.J. March 21st, 2002, S. 23 Sp. 6.

setzt.[1690] Dagegen sahen ältere Entscheidungen „bias" zunächst noch nicht als selbstständigen Grund für die Aufhebung eines Schiedsgutachtens an, sondern verlangten insoweit das Hinzutreten weiterer Umstände, insbesondere eine erhebliche Abweichung des Ergebnisses des Schiedsgutachtens von dem für zutreffend erachteten Ergebnis.[1691]

Ein Schiedsgutachten ist daher aufzuheben, wenn in der Person des Schiedsgutachters (oder eines der Schiedsgutachter, die an der Erstattung des Schiedsgutachtens mitgewirkt haben) vor Erstattung des Schiedsgutachtens ein insoweit statthafter Ablehnungsgrund[1692] vorlag. Das gilt auch in den Fällen eines von einer Partei einseitig ernannten Schiedsgutachters – obwohl dieser Grundsatz im Ergebnis dazu führt, dass der Kreis der Aufhebungsgründe bei den hier in Rede stehenden Schiedsgutachten um einiges weiter gezogen wird als bei einem unter Zugrundelegung des CPLR § 7511 überprüften Schiedsspruch.[1693] Hierzu wird auf die Ausführungen an anderer Stelle verwiesen.

Eine Aufhebung eines Schiedsgutachtens der ersten Fallgruppe wegen „bias" scheidet jedoch aus, wenn eine Partei den Schiedsgutachter, in dessen Person ein statthafter Ablehnungsgrund vorliegt, in Kenntnis der relevanten Umstände ernannt[1694] oder dessen Ernennung in Kenntnis der maßgeblichen Umstände zugestimmt hat.[1695] Ebenso scheidet eine Aufhebung wegen „bias" – entsprechend den im Schiedsverfahrensrecht geltenden Grundsätzen[1696] – aus, wenn diejenige Partei, die sich auf das Vorliegen von „bias" beruft, in Kenntnis der maßgeblichen Umstände das Schiedsgutachtenverfahren fortgesetzt hat, ohne den Ablehnungsgrund innerhalb einer angemessenen Frist nach Kenntniserlangung dieser Umstände gerichtlich oder gegenüber dem betreffenden Schiedsgutachter geltend gemacht zu haben.[1697] Nicht eindeutig zu beantworten ist demgegenüber, inwieweit „bias" auch dann noch geltend

---

1690 *Ice Serv. Co. v. Henry Phipps' Estates* (1927) 157 N.E. 506, 508; *Rice v. Ritz Assoc.* (1st Dept. 1982) 450 N.Y.S.2d 7, 8, *affd.*, (1983) 447 N.E.2d 58; *Olympia & York 2 Broadway Co. v. Produce Exch. Realty Trust* (1st Dept. 1983) 462 N.Y.S.2d 456, 460; *Winter Management Corp. v. Perlbinder* (1st Dept. 1992) 579 N.Y.S.2d 867; *Liberty Fabrics, Inc. v. Corporate Properties Assoc.* (1st Dept. 1996) 636 N.Y.S.2d 781.

1691 Vgl. *Bradshaw v. Agricultural Ins. Co.* (1893) 32 N.E. 1055, 1058; *Kiernan v. Dutchess County Mut. Ins. Co.* (1896) 44 N.E. 698, 701; *Kaiser v. Hamburg-Bremen Fire Ins. Co.* (4th Dept. 1901) 69 N.Y.S. 344, 349, *affd.*, (1902) 65 N.E. 1118; *New York Mut. Sav. & Loan Ass'n v. Manchester Fire Assur. Co.* (4th Dept. 1904) 87 N.Y.S. 1075, 1077.

1692 Siehe dazu oben S. 230 f.

1693 Zu den Voraussetzungen, unter denen die Voreingenommenheit eines Partei-Schiedsrichters zur Aufhebung des Schiedsspruchs führen kann, siehe *Astoria Medical Group v. Health Ins. Pl. of Gr. N.Y.* (1962) 182 N.E.2d 85, 89.

1694 Vgl. *Syracuse Sav. Bank v. Yorkshire Ins. Co.* (1950) 94 N.E.2d 73, 78; *Estate of Walter R. Kaluta v. Trapani* (County Ct. 2002) N.Y.L.J. March 21st, 2002, S. 23 Sp. 6.

1695 *Sweet v. Morrison* (1889) 22 N.E. 276, 278.

1696 *J. P. Stevens & Co. v. Rytex Corp.* (1974) 312 N.E.2d 466, 469.

1697 *New York Restaurants Exch., Inc. v. Chase Manhattan Bank* (1st Dept. 1996) 642 N.Y.S.2d 626, 628.

gemacht werden kann, wenn die betreffende Partei zwar keine positive Kenntnis der maßgeblichen Umstände hatte, insoweit aber eine fahrlässige oder grob fahrlässige Unkenntnis zu bejahen ist. Hier ist aber davon auszugehen, dass die Parteien – ebenso wie im Schiedsverfahrensrecht[1698] – jedenfalls in gewissem Umfang eine Erkundigungspflicht trifft, sodass eine Berufung auf „bias“ auch schon bei grob fahrlässiger Unkenntnis der relevanten Umstände zu verneinen ist. Das gilt grundsätzlich auch, wenn – wie im Schiedsverfahrensrecht – die Schiedsgutachter insoweit eine Offenlegungspflicht treffen würde.[1699]

Darüber hinaus unterliegt die Aufhebung eines solchen Schiedsgutachtens einer weiteren Einschränkung, denn entsprechend der Bestimmung in CPLR § 7511(b)(1)(ii) führt „bias“ eines Schiedsgutachters nur dann zur Aufhebung des Schiedsgutachtens, wenn die Rechte der mit dem Ergebnis des Schiedsgutachtens unzufriedenen Partei durch die Voreingenommenheit des betreffenden Schiedsgutachters nachteilig berührt worden sind. Das ist jedenfalls dann der Fall, wenn nicht ausgeschlossen werden kann, dass das Schiedsgutachten ohne „bias“ für die betroffene Partei günstiger ausgefallen wäre.

ddd) Excess of Powers / Departure from submission

Ein Schiedsgutachten ist – ebenso wie ein Schiedsspruch, CPLR § 7511(b)(1)(iii) – grundsätzlich auch dann aufzuheben, wenn die Schiedsgutachter ihre Befugnisse überschritten haben („excess of powers“).[1700] Das ist nicht nur dann der Fall, wenn die Schiedsgutachter von einem unzutreffenden Aufgabenverständnis ausgegangen sind[1701] oder über Fragen entschieden haben, die außerhalb ihres Zuständigkeitsbereichs liegen,[1702] sondern auch dann, wenn die Schiedsgutachter von ausdrücklichen[1703] (oder dem Schiedsgutachtenvertrag jedenfalls eindeutig und unzweifelhaft zu entnehmenden[1704]) vertraglichen Vorgaben hinsichtlich der Art und Weise der Entscheidungsfindung[1705] oder der Art

---

1698 *J.P. Stevens & Co. v. Rytex Corp.* (1974) 312 N.E.2d 466, 469. Allgemein zu den Präklusionsregeln im New Yorker Schiedsverfahrensrecht siehe N.Y. Jur. 2d, Bd. 5, Arbitration & Award, § 149 m.w.N.

1699 Vgl. *J.P. Stevens & Co. v. Rytex Corp.*, a.a.O.

1700 *Moore v. Eadie* (1927) 156 N.E. 653, 655; *Ice Serv. Co. v. Henry Phipps' Estates* (1927) 157 N.E. 506, 508; *Lee v. Hamilton Fire Ins. Co.* (1929) 167 N.E. 426, 427; Breitel, J. (dissenting), *Plaza Hotel Assoc. v. Wellington Assoc.* (1968) 239 N.E.2d 736, 738; *United Boat Serv. Corp. v. Fulton Fire Ins. Co.* (Sup. Ct. 1955) 137 N.Y.S.2d 670, 671.

1701 Vgl. *Ice Serv. Co. v. Henry Phipps' Estates* (1927) 157 N.E. 506, 508 („mistaken authority").

1702 *Lee v. Hamilton Fire Ins. Co.* (1929) 167 N.E. 426, 427; *United Boat Serv. Corp. v. Fulton Fire Ins. Co.* (Sup. Ct. 1955) 137 N.Y.S.2d 670, 671.

1703 *Vitale v. Friedman* (1st Dept. 1997) 666 N.Y.S.2d 403.

1704 *New York Overnight Partners, LLP v. Gordon* (1996) 673 N.E.2d 123, 125 f.

1705 *Moore v. Eadie* (1927) 156 N.E. 653, 655; *Ice Serv. Co. v. Henry Phipps' Estates* (1927) 157 N.E. 506, 508; Breitel, J. (dissenting), *Plaza Hotel Assoc. v. Wellington Assoc.* (1968) 239 N.E.2d 736, 738 f.

und Weise der Durchführung des Verfahrens[1706] abgewichen sind.[1707] Darüber hinaus ist ein Schiedsgutachten aber auch – anders als ein Schiedsspruch, vgl. CPLR § 7511(b)(2)(iii) – grundsätzlich dann aufzuheben, wenn die Schiedsgutachter, Parteien oder Dritte gegen Bestimmungen des Schiedsgutachtenvertrags verstoßen haben, ohne dass ein „excess of powers" vorliegt („departure from submission"). Hier ist jedoch stets zu prüfen, ob und inwieweit die betreffende Partei sich auf diese Verletzung der Bestimmungen des Schiedsgutachtenvertrags noch berufen kann.

Dabei sind allerdings angesichts des Grundsatzes, dass bei einem Schiedsgutachten der ersten Fallgruppe der Überprüfungsumfang grundsätzlich nicht weiter gezogen werden darf als bei einem Schiedsspruch, und Schiedsgutachterstellen eine „wide discretion" sowohl bei der Art und Weise der Entscheidungsfindung als auch bei der Gestaltung des Schiedsgutachtenverfahrens haben, an die Bejahung eines „excess of powers" strenge Anforderungen zu stellen. Diese Richtschnur ist nicht nur bei der Bestimmung des Zuständigkeitsbereichs der Schiedsgutachterstelle zu beachten, sondern auch bei der Beantwortung der Frage, ob dem Schiedsgutachtenvertrag ausdrückliche (oder nach Auffassung des Gerichts jedenfalls eindeutige und unzweifelhafte) Vorgaben für die Art und Weise der Entscheidungsfindung oder die Art und Weise der Durchführung des Schiedsgutachtenverfahrens zu entnehmen sind.[1708]

Ein „excess of powers" ist aber auch unter Zugrundelegung strenger Anforderungen zu bejahen, wenn Schiedsgutachter, denen lediglich die Entscheidung über die Höhe eines (Zahlungs-)Anspruchs übertragen ist, auch (und sei es inzident) über Fragen entscheiden, die die Frage des Bestehens oder Nichtbestehens des Anspruchs dem Grunde nach betreffen.[1709] Ebenso liegt ein „excess of powers" in den Fällen vor, in denen die auf der Grundlage einer Versicherungspolice zur Ermittlung der Höhe des zu ersetzenden Schadens tätig werdenden Schiedsgutachter in das Schiedsgutachten Schadenspositionen einbezogen haben, zu deren Ersatz der Versicherer nach dem Versicherungsvertrag nicht verpflichtet ist,[1710] aber auch dann, wenn die Schiedsgutachter in einem solchen Fall als Schaden die Kosten zur Wiederherstellung eines abgebrannten Gebäudes festgesetzt haben, obwohl nach der getroffenen Vereinbarung der Versicherungsnehmer nur berechtigt ist, den „actual cash value"

[1706] *Cities Serv. Co. v. Derby & Co.* (S.D.N.Y. 1987) 654 F. Supp. 492, 501, *affd.*, (2nd Cir. 1989) 835 F. 2d 1429.

[1707] Vgl. *Moore v. Eadie* (1927) 156 N.E. 653, 655; Breitel, J. (dissenting), *Plaza Hotel Assoc. v. Wellington Assoc.* (1968) 239 N.E.2d 736, 738.

[1708] In diese Richtung gehen auch die neueren Entscheidungen *New York Overnight Partners, LLP v. Gordon* (1996) 673 N.E.2d 123, 125 f., und *Vitale v. Friedman* (1st Dept. 1997) 666 N.Y.S.2d 403; siehe insoweit auch *201–203 Lexington Ave. Corp. v. 205/215 Lexington LLP* (1st Dept. 1996) 637 N.Y.S.2d 125, *motion for leave to appeal denied*, (1996) 672 N.E.2d 606.

[1709] *Lee v. Hamilton Fire Ins. Co.* (1929) 167 N.E. 426, 427; *United Boat Serv. Corp. Fulton Fire Ins. Co.* (Sup. Ct. 1955) 137 N.Y.S.2d 670, 671.

[1710] *De Crescenzo v. Capital Mut. Ins. Co.* (3rd Dept. 1992) 589 N.Y.S.2d 669, 671.

des abgebrannten Gebäudes im Zeitpunkt des Versicherungsfalles oder die Kosten für die Wiederherstellung zu verlangen, und das entsprechende Wahlrecht nicht dem Versicherungsnehmer, sondern dem Versicherer zusteht.[1711] Ebenso ist ein Schiedsgutachten aufzuheben, wenn die Schiedsgutachter nicht all die Faktoren zugrunde gelegt haben, zu deren Heranziehung sie nach dem Schiedsgutachtenvertrag verpflichtet waren,[1712] aber auch dann, wenn sie dem Schiedsgutachten Faktoren zugrunde gelegt haben, zu deren Einbeziehung sie nach Maßgabe der vertraglichen Vorgaben im Schiedsgutachtenvertrag nicht berechtigt waren.[1713]

Ein Schiedsgutachten ist darüber hinaus grundsätzlich auch bei Missachtung sonstiger im Schiedsgutachtenvertrag vereinbarter vertraglicher Vorgaben („departure from submission") aufzuheben. Dies gilt beispielsweise dann, wenn als Schiedsgutachter Personen oder Stellen tätig geworden sind, die den im Schiedsgutachtenvertrag vereinbarten Anforderungen an ihre Sachkunde[1714] oder Neutralität[1715] nicht genügen.

Liegt nach Vorstehendem ein statthafter Aufhebungsgrund vor, kann ein Schiedsgutachten dennoch – entsprechend der für Schiedssprüche i.S.d. CPLR § 7511 geltenden Regel[1716] – wegen „excess of powers" oder „departure from submission" nur dann aufgehoben werden, wenn die Rechte der Partei, die sich gegen die bindende Wirkung des Schiedsgutachtens wendet, hierdurch nachteilig berührt worden sind. Auch ist das Schiedsgutachten im Falle einer echten Befugnisüberschreitung nicht stets zur Gänze aufzuheben. Lässt sich nämlich die Entscheidung der Fragestellungen, hinsichtlich derer die Schiedsgutachter ihre Befugnisse überschritten haben, von den Fragen trennen, hinsichtlich derer die Schiedsgutachter im Rahmen ihrer Befugnisse entschieden haben („severability"), so wird das Schiedsgutachten nur teilweise aufgehoben,[1717] wenn nicht schon eine Korrektur des Schiedsgutachtens nach Maßgabe des CPLR § 7511(c)(2) erfolgt. Im Übrigen kann sich eine Partei entsprechend den im Schiedsverfahrensrecht geltenden Grundsätzen[1718] auf den Aufhebungsgrund „excess of powers" oder „departure from submission" auch dann nicht mehr berufen, wenn sie in Kenntnis der Befugnisüberschreitung bzw. der Missachtung vertraglicher Vorgaben (oder der insoweit maßgeblichen Umstände) das Schiedsgutachtenverfahren rügelos fortgesetzt hat.

[1711] *Allstate Ins. Co. v. Kleveno* (2nd Dept. 1981) 438 N.Y.S.2d 384, 386.

[1712] *Gervant v. New England Fire Ins. Co.* (2nd Dept. 1953) 122 N.Y.S. 274, 275, *affd.*, (1954) 118 N.E.2d 574.

[1713] *201–203 Lexington Ave. Corp. v. 205/215 Lexington LLP* (1st Dept. 1996) 637 N.Y.S.2d 125, 126, *motion for leave to appeal denied*, (1996) 672 N.E.2d 606.

[1714] *Ice Serv. Co. v. Henry Phipps' Estates* (1927) 157 N.E. 506, 507.

[1715] *Ice Serv. Co. v. Henry Phipps' Estates* (1927) 157 N.E. 506, 507.

[1716] CPLR § 7511(b)(1)(iii).

[1717] So für Common-Law-Schiedssprüche: *Herbst v. Hagenaers* (1893) 33 N.E. 315, 316.

[1718] N.Y. Jur. 2d, Bd. 5, Arbitration & Award, §§ 149, 206, jeweils m.w.N.

eee) Legal Misconduct

Die Gerichte können ein Schiedsgutachten auch in den Fällen aufheben, in denen der Schiedsgutachterstelle insgesamt (oder einzelnen Schiedsgutachtern) „legal misconduct" zur Last fällt.[1719] „Legal Misconduct" liegt dabei immer dann vor, wenn die Schiedsgutachterstelle oder auch ein einzelner Schiedsgutachter bei der Art und Weise der Durchführung des Schiedsgutachtenverfahrens gegen klar und eindeutig festgelegte Verfahrenspflichten verstoßen hat.[1720]

Da die für das Schiedsverfahren im Sinne der gesetzlichen Bestimmungen geltenden Verfahrensgrundsätze (CPLR § 7506) für Schiedsgutachtenverfahren ebenso wenig gelten wie die für Common-Law-Schiedsverfahren bestehenden Verfahrensgrundsätze,[1721] und Schiedsgutachter im Übrigen hinsichtlich der Ausgestaltung des Schiedsgutachtenverfahrens auch ein weites Ermessen haben,[1722] begründet eine Tatsachenermittlung unter Ausschluss der Parteien grundsätzlich keinen Fall von „legal misconduct". Schiedsgutachter müssen während der von ihnen durchgeführten Tatsachenermittlungen auch grundsätzlich keine Parteiöffentlichkeit herstellen.[1723] Haben beide Parteien einmalig Gelegenheit erhalten, zu allen aus ihrer Sicht maßgeblichen Aspekten der konkreten Fragestellungen Stellung zu nehmen, und haben die Schiedsgutachter, die das Schiedsgutachten erstattet haben, diese Stellungnahmen zur Kenntnis genommen und bei ihrer Entscheidung berücksichtigt, so stellt der bloße Umstand, dass bei einer aus drei Personen bestehenden Schiedsgutachterstelle zwei der Schiedsgutachter in Abwesenheit des dritten Schiedsgutachters konferiert und sodann das Schiedsgutachten erstattet haben, keinen Fall von „legal misconduct" dar.[1724] Ebenso wenig führt in den Fällen, in denen die Parteien Gelegenheit zur einmaligen umfassenden Stellungnahme erhalten haben, die Versagung der Gewährung eines darüber hinausgehenden rechtlichen Gehörs zur Aufhebung des Schiedsgutachtens wegen „legal misconduct" – und zwar auch dann nicht, wenn eine der Parteien eine über diese Möglichkeit zur einmaligen Stellungnahme hinausgehende Gewährung rechtlichen Gehörs verlangt hat.[1725] Insbesondere stellt es keinen Fall von

---

[1719] *Gervant v. New England Fire Ins. Co.* (1954) 118 N.E.2d 574, 577; *Olympia & York 2 Broadway Co. v. Produce Exch. Realty Trust* (1st Dept. 1983) 462 N.Y.S.2d 456, 458 f.; *Strome v. London Assur. Co.* (2nd Dept. 1897) 47 N.Y.S. 481, 483, *affd.*, (1898) 57 N.E. 1125.

[1720] Demgegenüber verlangt „legal misconduct" – anders als „misconduct"; Black's Law Dictionary, 6th Ed. 1990, unter „misconduct"; Ballantine's Law Dictionary, 3rd Ed. 1969, unter „misconduct" – keinen Nachweis eines willentlichen oder zumindest bewussten Verstoßes gegen diese klar und eindeutig festgelegten (Verfahrens-)Pflichten.

[1721] S. 240.

[1722] Dazu S. 240.

[1723] Siehe dazu oben S. 241.

[1724] Vgl. *Olympia & York 2 Broadway Co. v. Produce Exch. Realty Trust* (Sup. Ct. 1982) 454 N.Y.S.2d 814, 816, *modified on other grounds*, (1st Dept. 1983) 462 N.Y.S.2d 456.

[1725] Vgl. *Olympia & York 2 Broadway Co. v. Produce Exch. Realty Trust* (1st Dept. 1983) 462 N.Y.S.2d 456, 459 f.

„legal misconduct" dar, wenn in den Fällen, in denen eine aus drei Personen bestehende Schiedsgutachterstelle tätig wird und zunächst jeder Partei-Schiedsgutachter ein Gutachten erstellt, den Parteien von der Schiedsgutachterstelle bzw. deren Obmann trotz einem entsprechenden Verlangen kein Einblick in das Gutachten des von der jeweils anderen Partei ernannten Schiedsgutachters gewährt wird.[1726]

Dagegen ist ein Schiedsgutachten wegen „legal misconduct" aufzuheben, wenn die Schiedsgutachter der betreffenden Partei nicht zumindest einmalig Gelegenheit zu einer umfassenden Stellungnahme hinsichtlich aller aus Sicht der Parteien relevanten Aspekte der konkreten Fragestellungen gegeben[1727] oder es ohne sachlichen Grund abgelehnt haben, entscheidungserheblichen Sachvortrag der Parteien zur Kenntnis zu nehmen und im Rahmen der Entscheidungsfindung zu berücksichtigen.[1728] Ebenso liegt „legal misconduct" vor, wenn die Schiedsgutachter in ihrer Gesamtheit im Hinblick auf die konkrete Aufgabenstellung eindeutig nicht über die notwendige Sachkunde verfügten und trotz dieser eindeutig fehlenden Sachkunde den Parteien nicht in dem gebotenen Umfang rechtliches Gehör gewährt haben.[1729] Auch ein Verstoß gegen das Gebot der Durchführung eines fairen Verfahrens kann grundsätzlich „legal misconduct" darstellen. Hierfür muss aber – mangels bisheriger Konkretisierung des Gebots eines fairen Verfahrens – ein Verstoß gegen Grundsätze (z.B. das Verbot der Anhörung lediglich einer Partei[1730]) vorliegen, deren Geltung in jedem als fair zu bezeichnenden Verfahren anzuerkennen ist, weil sonst nicht gesagt werden kann, dass die Schiedsgutachter gegen (relativ) klar und eindeutig festgelegte Pflichten bei der Ausgestaltung des Schiedsgutachtenverfahrens verstoßen haben.

Soweit nach dem Vorstehenden „legal misconduct" vorliegt, ist allerdings bei Schiedsgutachten der ersten Fallgruppe zu beachten, dass das Schiedsgutachten nur dann aufgehoben wird, wenn die Rechte der Partei, die sich gegen das Schiedsgutachten wendet, durch den fraglichen Verfahrensverstoß nachteilig berührt worden sind, vgl. CPLR § 7511(b)(1)(iv). Das ist nur dann der Fall, wenn nicht ausgeschlossen werden kann, dass das Schiedsgutachten ohne den Verfahrensverstoß für die betreffende Partei günstiger ausgefallen wäre. Darüber hinaus ist eine Aufhebung trotz des Vorliegens eines Verfahrensverstoßes dann ausgeschlossen, wenn diejenige Partei, die sich auf

---

1726 *Olympia & York 2 Broadway Co. v. Produce Exch. Realty Trust* (1st Dept. 1983) 462 N.Y.S.2d 456, 460.

1727 *Olympia & York 2 Broadway Co. v. Produce Exch. Realty Trust* (1st Dept. 1983) 462 N.Y.S.2d 456, 460.

1728 *Gervant v. New England Fire Ins. Co.* (1954) 118 N.E.2d 574, 577.

1729 Vgl. dazu die Entscheidung *Linde v. Republic Fire Ins. Co.* (1884) 50 N.Y. Super. Ct. 362, 364 f.

1730 Vgl. zur Geltung dieses Grundsatzes im New Yorker Schiedsgutachtenrecht *Strome v. London Assur. Co.* (2nd Dept. 1897) 47 N.Y.S. 481, 484, *affd.*, (1898) 57 N.E. 1125; *Schmitt Bros. v. Boston Ins. Co.* (1st Dept. 1903) 81 N.Y.S. 767, 769 f.; *New York Mut. Sav. & Loan Ass'n v. Manchester Fire Assur. Co.* (4th Dept. 1904) 87 N.Y.S. 1075, 1077.

die Aufhebbarkeit beruft, in Kenntnis des Verfahrensverstoßes das Schiedsverfahren rügelos fortgesetzt hat, vgl. CPLR §§ 7506(f), 7511(b)(1)(iv). Diejenige Partei, die mit dem Schiedsgutachten unzufrieden ist, kann sich daher nicht auf die Aufhebbarkeit des Schiedsgutachtens wegen „legal misconduct" berufen, wenn die Schiedsgutachterstelle ihr zwar keine Gelegenheit zur einmaligen umfassenden Stellungnahme gegeben hat, die Partei sich aber mit Hinweisen und Stellungnahmen am Schiedsgutachtenverfahren beteiligt hat, ohne diesen Verfahrensfehler zu rügen.

fff. Violation of public policy

Ein Schiedsgutachten ist – ebenso wie ein Schiedsspruch i.S.d. CPLR §§ 7501–7514[1731] – nicht unwirksam, sondern aufzuheben, wenn der Schiedsgutachtenvertrag selbst oder Inhalt, Form, Ergebnis oder Art und Weise des Zustandekommens des Schiedsgutachtens gegen „public policy" verstoßen.[1732]

Ein Verstoß gegen „public policy" ist zu bejahen, wenn der Schiedsgutachtenvertrag oder das Schiedsgutachten selbst gegen zwingende Gesetze oder zwingende im Rahmen des Fallrechts entwickelte Rechtsgrundsätze verstoßen.[1733] In allen anderen Fällen ist dagegen ein Verstoß gegen „public policy" nur unter strengen Voraussetzungen zu bejahen. Insoweit kommt – entsprechend den für Schiedssprüche im Anwendungsbereich der CPLR §§ 7501–7514 geltenden Grundsätzen – eine Aufhebung des Schiedsgutachtens nur bei einem Verstoß gegen eine „strong public policy" in Betracht.[1734] „Standards of professional conduct", die für die im konkreten Fall als Schiedsgutachter tätig werdenden Personen kraft ihrer Zugehörigkeit zu einem bestimmten Berufsstand gelten, sind dabei grundsätzlich nicht als Ausdruck einer „strong public policy" anzusehen.[1735]

Verstößt der Schiedsgutachtenvertrag selbst gegen „public policy", so kann die Geltendmachung dieses Aufhebungsgrundes nicht durch eine Mitwirkung der betreffenden Partei an dem Schiedsgutachtenverfahren präkludiert werden. Der Wortlaut der Vorschrift des CPLR § 7511(b)(2)(ii) ist insoweit missverständlich.

ggg. Sonstige Unwirksamkeits- oder Aufhebungsgründe

Wie bereits an anderer Stelle dargelegt, entfaltet ein Schiedsgutachten bindende Wirkung nur dann, wenn der Schiedsgutachtenvertrag wirksam ist, die Ernennung der Schiedsgutachter wirksam war und im Einklang mit den ver-

---

1731 *Psychoanalytic Ctr., Inc. v. Burns* (1st Dept. 1978) 404 N.Y.S.2d 106, 107.

1732 *Kirby v. West 37th Garage Corp.* (A.D. 1991) N.Y.L.J. April 8th, 1991, S. 25, Sp. 6; *Casolaro*, 65 N.Y.St.B.J. (1993), Part II, S. 49 ff.

1733 *Psychoanalytic Ctr., Inc. v. Burns* (1st Dept. 1978) 404 N.Y.S.2d 106, 107.

1734 *Kirby v. West 37th Garage Corp.* (App. T. 1991) N.Y.L.J. April 8th, 1991, S. 25, Sp. 6.

1735 Vgl. *Kirby v. West 37th Garage Corp.*, a.a.O.

traglichen Vorgaben erfolgte, die ernannten Schiedsgutachter als solche tätig werden durften, das Schiedsgutachten selbst wirksam erstattet worden ist und keiner der Schiedsgutachter, die an der Erstattung des Schiedsgutachtens mitgewirkt haben, seine Befugnisse *de facto* insgesamt auf eine andere Person übertragen hat.[1736]

Auf die Unwirksamkeit des Schiedsgutachtenvertrags kann sich eine Partei jedoch – entsprechend der Regelung in CPLR § 7511(b)(2)(ii)[1737] – nicht mehr berufen, wenn sie (z.B. durch Ernennung eines Schiedsgutachters) an dem Schiedsgutachtenverfahren mitgewirkt hat. Etwas anderes gilt nur bei einem Verstoß gegen „public policy". Auch auf die Unwirksamkeit der Ernennung der Schiedsgutachter,[1738] die Nichteinhaltung vertraglicher Vorgaben hinsichtlich des Ernennungsverfahrens und die Übertragung der Befugnisse eines Schiedsgutachters auf eine andere Person kann sich eine Partei – entsprechend den für Schiedssprüche geltenden Regeln[1739] – grundsätzlich nicht mehr berufen, wenn sie sich in Kenntnis dieses Mangels der Ernennung vor dem ernannten oder neuen Schiedsgutachter rügelos eingelassen hat. Eine Ausnahme gilt nur dann, wenn bei der Frage der Unwirksamkeit der Ernennung öffentliche Interessen berührt sind.[1740]

Unklar ist dagegen, ob die Aufhebung eines Schiedsgutachtens auch darauf gestützt werden kann, dass der Schiedsgutachter (oder einer der Schiedsgutachter, die an der Erstattung des Schiedsgutachtens mitgewirkt haben) nicht den von Rechts wegen bestehenden Mindestanforderungen an seine Sachkunde genügt und insoweit ein „lack of qualification" vorliegt. Der Grundsatz, dass eine eindeutig fehlende Sachkunde die Schiedsgutachter verpflichtet, den Parteien rechtliches Gehör in einem Umfang zu gewähren, der über das von Rechts wegen geforderte Mindestmaß hinausgeht, spricht dagegen.

1736 *McEntyre v. Tucker* (1st Dept. 1898) 55 N.Y.S. 153, 156.

1737 Die Präklusion der Geltendmachung dieses Aufhebungsgrundes kann dadurch vermieden werden, dass eine Partei – entsprechend dem in CPLR § 7503(b) geregelten „stay of arbitration" – bei Betreiben des Schiedsgutachtenverfahrens durch die eine Partei die Einstellung des Schiedsgutachtenverfahrens („stay of appraisal") beantragt; vgl. dazu die Entscheidung *Wallace v. 600 Partners Co.* (1st Dept. 1994) 618 N.Y.S.2d 298, *affd.*, (1995) 658 N.E.2d 715, sowie Murphy, J. (dissenting), *873 Third Ave. Corp. v. Madison Assoc.* (1st Dept. 1977) 391 N.Y.S.2d 1007.

1738 Vgl. dazu *Syracuse Sav. Bank v. Yorkshire Ins. Co.* (1950) 94 N.E.2d 73, 78.

1739 Vgl. CPLR § 7511(b)(2)(iii).

1740 Davon geht das Urteil *Davis v. Rochester Can Co.* (4th Dept. 1927) 221 N.Y.S. 666, 669, *affd.*, *Mellon v. Rochester Can Co.* (1928) 161 N.E. 166, ersichtlich aus. In dem diesem Urteil zugrunde liegenden Fall hatten die Parteien übereinstimmend die Interstate Commerce Commission als Schiedsrichter ernannt. Nach Ergehen des Schiedsspruchs machte die mit dem Schiedsspruch unzufriedene Partei geltend, dass die Ernennung der Interstate Commerce Commission unwirksam gewesen sei, weil eine Tätigkeit als Schiedsrichter nicht in ihre gesetzlich festgelegten Befugnisse (49 U.S.C.A. §§ 12–15) falle. Das Gericht hob den Schiedsspruch daraufhin auf.

hhh. Nicht statthafte Aufhebungsgründe

Neben den bereits an anderer Stelle genannten Umständen[1741] begründen auch bloße „errors of judgement" keinen statthaften Aufhebungsgrund. Das gilt sowohl für „errors of fact"[1742] (d.h. falsche tatsächliche Schlussfolgerungen) als auch grundsätzlich für sog. „errors of law"[1743] (z.B. die aus Sicht des Gerichts unzutreffende Beantwortung einer in den Zuständigkeitsbereich der Schiedsgutachterstelle fallenden Frage der Auslegung des Hauptvertrags oder des Schiedsgutachtenvertrags). Der für Schiedsgutachten der zweiten Fallgruppe geltende Grundsatz der Aufhebbarkeit des Schiedsgutachtens bei „misconstruction of contract",[1744] der im Ergebnis dem Gericht eine (wenn auch eingeschränkte) Möglichkeit zur Überprüfung der Vertragsauslegung selbst innerhalb des Zuständigkeitsbereichs der Schiedsgutachterstelle ermöglicht, gilt insoweit nicht. Eine von den hier in Rede stehenden Schiedsgutachtern innerhalb ihrer Zuständigkeit vorgenommene Vertragsauslegung ist entsprechend der für Schiedssprüche geltenden Regel nur dann aufzuheben, wenn die Vertragsauslegung aus Sicht des Gerichts „completely irrational" ist.[1745]

„Errors of law" sind allerdings nur unbeachtlich, wenn die Rechtsfragen in den Zuständigkeitsbereich der Schiedsgutachterstelle fallen. Hat die Schiedsgutachterstelle hingegen über Rechtsfragen entschieden, die außerhalb ihres Zuständigkeitsbereichs lagen, so liegt insoweit ein „excess of powers" vor, der dazu führt, dass das Schiedsgutachten insoweit aufzuheben ist und die Rechtsfrage dann vom zuständigen Gericht *de novo* entschieden wird.

bb. Zweite Fallgruppe

Ein Schiedsgutachten der zweiten Fallgruppe ist zunächst einmal in all den Fällen aufzuheben, in denen ein Schiedsgutachten der ersten Fallgruppe aufzuheben ist.[1746] Lediglich die Voreingenommenheit des allein entscheidenden Schiedsgutachters als solche kann in diesen Fällen nicht zur Aufhebung führen. Da die durch die Voreingenommenheit benachteiligte Partei den betreffenden Schiedsgutachter in Kenntnis seiner Voreingenommenheit mit ernannt hat, kann sie sich hierauf nicht mehr berufen. Auch das Schiedsgutachten eines solchen Schiedsgutachters kann aber bei erwiesener Parteilichkeit („partiality") aufgehoben werden. Dabei ist allerdings davon auszugehen, dass sich eine Partei auf „partiality" dann nicht berufen kann, wenn ihre Rechte hierdurch nicht nachteilig berührt worden sind, und ihr eine Berufung auf „partiali-

[1741] S. 271.

[1742] *Moore v. Eadie* (1927) 156 N.E. 653, 655.

[1743] *Moore v. Eadie* (1927) 156 N.E. 653, 655.

[1744] Dazu sogleich.

[1745] Dazu oben S. 272.

[1746] Vgl. *Tufano Contracting Corp. v. Port of New York Auth.* (1963) 192 N.E.2d 270; *Ardsley Constr. Co. v. Port Auth. of N.Y. and N.J.* (1981) 429 N.E.2d 414, 415; *Thomas Crimmins Contracting Co. v. City of New York* (1989) 542 N.E.2d 1097, 1099.

ty" auch dann verwehrt ist, wenn die betreffende Partei in Kenntnis der relevanten Umstände das Schiedsgutachtenverfahren rügelos fortgesetzt hat. Gründe dafür, warum die Rechtslage hier anders sein sollte als im Schiedsverfahrensrecht bzw. bei Schiedsgutachten der ersten und dritten Fallgruppe, sind nicht ersichtlich. Ob allerdings eine Berufung auf „partiality" auch dann ausgeschlossen ist, wenn der Partei lediglich grob fahrlässige Unkenntnis zur Last fällt, ist unklar. Diese Frage ist aber wohl zu bejahen, da Gründe für eine vom Schiedsverfahrensrecht abweichende Beantwortung dieser Frage nicht ersichtlich sind.

Allerdings ist der Kreis der Aufhebungsgründe bei einem Schiedsgutachten dieser Fallgruppe bisher noch[1747] weiter als in der ersten Fallgruppe. Insbesondere die Möglichkeit einer materiellen Kontrolle des Schiedsgutachtens ist in dieser Fallgruppe deutlich weiter gezogen als im Falle der ersten Fallgruppe.[1748]

Auch ein Schiedsgutachten der zweiten Fallgruppe ist grundsätzlich nicht immer schon dann aufzuheben, wenn dem allein entscheidenden Schiedsgutachter einfache Fehler („errors of judgement") unterlaufen sind,[1749] er also falsche Schlussfolgerungen gezogen hat. Demgegenüber ist ein solches Schiedsgutachten aber grundsätzlich immer dann aufzuheben, wenn es sich um „qualifizierte" Fehler handelt. Ein solcher qualifizierter Fehler liegt dabei nur vor, wenn das Schiedsgutachten entweder ganz oder teilweise auf einem Irrtum (und jedenfalls insoweit nicht auf einer willentlichen Entscheidung des Schiedsgutachters) beruht oder der Fehler von einer solchen Art oder einem solchen Gewicht ist, dass die Schlussfolgerung gerechtfertigt ist, dass das Schiedsgutachten nicht auf dem „honest judgement" des Schiedsgutachters beruht oder ihm „bad faith" zur Last fällt.

Ein grundsätzlich zur Aufhebung führender Irrtum kann – wie bei Common-Law-Schiedssprüchen – die Form eines Tatsachenirrtums („mistake of fact")[1750] oder eines Rechtsirrtums („mistake of law")[1751] annehmen. Typisches Beispiel

---

[1747] Zu der neueren, gegenläufigen Tendenz siehe die Ausführungen oben S. 265 f.

[1748] Allgemein zu den möglichen Aufhebungsgründen in dieser Fallgruppe: 53 A.L.R. (1927), S. 697 ff.; 110 A.L.R. (1937), S. 137 ff.; 137 A.L.R. (1942), S. 530 ff.

[1749] *Heidlinger v. Onward Const. Co.* (Sup. Ct. 1904) 90 N.Y.S. 115, 116, *affd.*, (2nd Dept. 1905) 95 N.Y.S. 1148, *affd.*, (1907) 80 N.E. 1114.

[1750] Ein „*mistake of fact*" liegt vor, wenn die Schiedsgutachterstelle von falschen tatsächlichen Voraussetzungen ausgegangen ist, also entscheidungserhebliche Tatsachen als gegeben angenommen hat, die tatsächlich nicht oder nicht so vorlagen, oder entscheidungserhebliche Tatsachen übersehen hat; vgl. dazu *Remington Paper Co. v. London Assur. Corp.* (4th Dept. 1896) 43 N.Y.S. 431, 434. Demgegenüber liegt ein (der gerichtlichen Kontrolle stets entzogener) „error of fact" vor, wenn die Schiedsgutachter auf der Grundlage der ihnen vorgelegten oder von ihnen ermittelten Tatsachen falsche tatsächliche Schlussfolgerungen gezogen haben.

[1751] Ein „mistake of law" liegt vor, wenn der Schiedsgutachter bestimmte in seinen Zuständigkeitsbereich fallende Rechtsfragen nach rechtlichen Maßstäben entscheiden wollte,

für einen „mistake of fact“ ist dabei ein Rechenfehler.[1752] Ein solcher Irrtum muss sich dabei entweder aus dem Schiedsgutachten selbst oder aus den Unterlagen entnehmen lassen, die den Parteien mit dem Schiedsgutachten zusammen übermittelt worden sind.[1753] Ob er darüber hinaus noch erheblich in dem Sinne sein muss, dass das Ergebnis des Schiedsgutachtens ohne den Irrtum für die betroffene Partei erheblich günstiger ausgefallen wäre, ist unklar, aber wohl zu verneinen. Ein solcher „palpable mistake“ oder „fundamental and apparent mistake“ kann jedoch, da die hier in Rede stehenden Schiedsgutachten in den Anwendungsbereich des CPLR § 7601 fallen, nach Ermessen des angegangenen Gerichts entsprechend der Vorschrift des CPLR § 7511(c) korrigiert und eine Aufhebung damit ggf. vermieden werden.

Weniger eindeutig beantworten lässt sich dagegen die Frage, in welchen Fällen die Gerichte davon ausgehen, dass das Schiedsgutachten nicht auf Grundlage ehrlicher Überzeugung und „in good faith“ erstattet wurde und daher aufzuheben ist. Fest steht allerdings, dass die Gerichte bisher in diesen Fällen an den Nachweis eines „dishonest judgement“ oder an den Nachweis von „bad faith“ deutlich geringere Anforderungen gestellt haben als in den Fällen, die in die erste oder dritte Fallgruppe fallen.[1754] Angesichts der in diesen Fällen regelmäßig bestehenden erheblichen Befangenheit des allein entscheidenden Schiedsgutachters verwundert dies nicht. Auszugehen ist demnach davon, dass in der zweiten Fallgruppe im Prinzip schon der bloße Umstand einer „clear misconception of duties“ oder eines „gross mistake“ bzw. der bloße Umstand einer erheblichen Unrichtigkeit und Unangemessenheit des Ergebnisses, zu dem der Schiedsgutachter gelangt ist[1755], zur Aufhebung des Schiedsgutachtens führen kann. Dabei ist allerdings bisher unklar, unter welchen Voraussetzungen eine „clear misconception of duties“ oder ein „gross mistake“ zu bejahen ist, insbesondere welche Anforderungen insoweit an die Evidenz und/oder Erheblichkeit der Pflichtverletzung oder des Fehlers zu stellen sind. Die Anforderungen sind aber tendenziell geringer als in der ersten und der dritten Fallgruppe. Dagegen wird es im Regelfall für die Aufhebung auch eines solchen Schiedsgutachtens nicht ausreichen, wenn das Gericht (oder andere Sachverständige) lediglich anderer Auffassung sind als der

---

das Recht aber unzutreffend angewendet hat; vgl. dazu *Fudickar v. Guardian Mut. Ins. Co.* (1875) 62 N.Y. 392, 400 f.

1752 *Fudickar v. Guardian Mut. Ins. Co.* (1875) 62 N.Y. 392, 400; *Molloy v. Briarcliff Manor* (2nd Dept. 1911) 129 N.Y.S. 929, 935.

1753 *Heidlinger v. Onward Const. Co.* (Sup. Ct. 1904) 90 N.Y.S. 115, 116, *affd.*, (2nd Dept. 1905) 95 N.Y.S. 1148, *affd.*, (1907) 80 N.E. 1114.

1754 Siehe dazu z.B. *Mahoney v. Oxford Realty Co.* (1st Dept. 1909) 118 N:Y.S. 216, 222 („certificate [is] conclusive in the absence of evidence from which an inference might fairly be drawn that [his] action was so fraudulent or so unreasonable and arbitrary as to indicate bad faith [...]").

1755 Vgl. Elisabeth Sash, *D. & S. Co. v. St. Vincent's Hosp.* (2nd Dept. 1934) 270 N.Y.S. 195, 196 („estimate so inaccurate and inadequate as to permit conclusion that it was not made in good faith").

Schiedsgutachter.[1756] Anders kann es dann sein, wenn als allein entscheidender Schiedsgutachter eine Partei oder eine Quasi-Partei tätig wird, da hier von einigen Gerichten der Kreis der Aufhebungsgründe noch weiter gezogen wird.[1757] Auch haben die Gerichte bisher, soweit ersichtlich, ein Schiedsgutachten der zweiten Fallgruppe wegen eines „gross mistake" oder einer „clear misconception of duties" nur in Fällen aufgehoben, in denen zur Überzeugung des Gerichts feststand, dass sich die Pflichtverletzung oder der Fehler zum Nachteil der betroffenen Partei ausgewirkt hatte.

Ein solches Schiedsgutachten kann aber auch dann aufgehoben werden, wenn es auf einer unzutreffenden Auslegung („erroneous construction") des Schiedsgutachtenvertrags oder des Hauptvertrags beruht[1758] – und zwar anscheinend (jedenfalls bisher) auch dann, wenn diese Vertragsauslegung ausnahmsweise in den Zuständigkeitsbereich des Schiedsgutachters fällt.[1759] Allerdings beanstanden die Gerichte in diesen Fällen die Auslegung des Schiedsgutachters regelmäßig dann nicht, wenn sie dem Gericht vertretbar erscheint.

Unklar ist, inwieweit ein Schiedsgutachten der zweiten Fallgruppe immer schon dann aufgehoben werden kann, wenn die „unreasonableness" des Ergebnisses zu bejahen ist, zu dem der Schiedsgutachter gekommen ist. Zwar finden sich eine Reihe von älteren Entscheidungen, die ein solches Schiedsgutachten wegen „unreasonableness" aufgehoben haben,[1760] und auch neuere Entscheidungen, die weiter von der Fortgeltung dieses Grundsatzes ausgehen.[1761] In all diesen Entscheidungen ging es aber sachlich um Fallgestaltungen, in denen die Parteien die Bescheinigung („certificate") der Vertragserfüllung des Bauunternehmers oder der „satisfaction" durch den im Dienste des Bauherrn stehenden Architekten oder Ingenieur als „condition precedent" für die Entstehung des Zahlungsanspruchs des Bauunternehmers vereinbart hatten. Die Gerichte stellten insoweit wohl zu Recht fest, dass der im Dienste des Bauherrn stehende Architekt oder Ingenieur die Bescheinigung der Vertragserfüllung in diesen Fallgestaltungen nicht willkürlich und ohne sachlichen Grund („reasonable basis") verweigern dürfe. Der Begriff der „unreasonableness" wurde in diesen Urteilen also lediglich herangezogen, um den Gerichten eine

---

[1756] Vgl. *Ice Serv. Co. v. Henry Phipps' Estates* (1927) 157 N.E. 506, 508.

[1757] Siehe dazu oben S. 272 f.

[1758] *E.H.Smith Contracting Co. v. City of New York* (1925) 148 N.E. 655, 656; *Heller v. Boylan* (Sup. Ct. 1941) 29 N.Y.S.2d 653, 681, *affd.*, (1st Dept. 1941) 32 N.Y.S.2d 131.

[1759] Vgl. dazu nur *Joseph Davis, Inc. v. Merritt-Chapmann & Scott Corp.* (4th Dept. 1967) 276 N.Y.S.2d 479, 483, *appeal after remand* (4th Dept. 1968) 291 N.Y.S.2d 839, *affd.*, (1969) 245 N.E.2d 809.

[1760] Beispielhaft seien nur die folgenden Entscheidungen des Court of Appeals genannt: *Crouch v. Gutmann* (1892) 31 N.E. 271; *E.H.Smith Contracting Co. v. City of New York* (1925) 148 N.E. 655. Zur Einordnung dieser Entscheidungen siehe *Van Iderstine Co. v. Barnet Leather Co.* (1926) 152 N.E. 250, 252.

[1761] *Tufano Contracting Corp. v. Port of New York Auth.* (1963) 192 N.E.2d 270; *Savin Brothers, Inc. v. State* (4th Dept. 1978) 405 N.Y.S.2d 516, 519.

Überprüfung der Auslegung des Hauptvertrags durch den Architekten oder Ingenieur zu ermöglichen – eine Befugnis, die die Gerichte in diesen Fällen bisher stets und mit unterschiedlichen Begründungen für sich in Anspruch genommen haben.[1762] Vor diesem Hintergrund ist davon auszugehen, dass – trotz teilweise entgegenstehender *dicta* – auch ein Schiedsgutachten der zweiten Fallgruppe nicht in allen Fällen allein wegen „unreasonableness" des Ergebnisses aufgehoben werden kann. Etwas anderes gilt aber möglicherweise dann, wenn als allein entscheidender Schiedsgutachter eine Partei oder eine Person tätig wird, die als Quasi-Partei anzusehen ist.

cc. Dritte Fallgruppe

Auch ein Schiedsgutachten der dritten Fallgruppe ist grundsätzlich in all den Fällen aufzuheben, in denen ein Schiedsgutachten der ersten Fallgruppe aufzuheben ist. Allerdings tritt an die Stelle des Aufhebungsgrundes „bias" die Frage, ob der fragliche Schiedsgutachter „disinterested" im Sinne der Bestimmungen der Standardpolice für die Brandschutzversicherung war.[1763] Hieraus resultieren aber bisher keine sachlichen Unterschiede im Kreis der Aufhebungsgründe; das gilt grundsätzlich auch im Hinblick auf die Frage einer etwaigen Präklusion der Geltendmachung statthafter Ablehnungsgründe.[1764] Nicht ganz eindeutig zu beantworten ist allerdings die Frage, ob bei einem Schiedsgutachten der dritten Fallgruppe – ebenso wie bei Schiedsgutachten der ersten Fallgruppe – neben der Bejahung eines statthaften Ablehnungsgrundes die weitere Feststellung hinzutreten muss, dass sich die Befangenheit möglicherweise zum Nachteil der betroffenen Partei auf das Schiedsgutachten ausgewirkt hat. Unter Zugrundelegung älterer Entscheidungen[1765] ist diese Frage aber wohl zu bejahen.[1766]

Darüber hinaus unterliegt ein Schiedsgutachten der hier in Rede stehenden Art aber auch – ebenso wie ein Schiedsgutachten der zweiten Fallgruppe, aber im Gegensatz zu Schiedsgutachten der ersten Fallgruppe – einer gewissen materiellen Kontrolle.

1762 Siehe dazu oben S. 232 ff.

1763 *Bradshaw v. Agricultural Ins. Co.* (1893) 32 N.E. 1055, 1058; *Coon v. National Fire Ins. Co. of Hartford* (Sup. Ct. 1925) 213 N.Y.S. 407, 410 f., *affd.*, (4th Dept. 1926) 218 N.Y.S. 722, *affd.*, (1927) 159 N.E. 665.

1764 Vgl. *Bradshaw v. Agricultural Ins. Co.* (1893) 32 N.E. 1055, 1057. – Ob allerdings – wie bei Schiedsgutachten der ersten Fallgruppe – bei einem Schiedsgutachten der dritten Fallgruppe auch grob fahrlässige Unkenntnis schadet, ist unklar.

1765 Vgl. *Bradshaw v. Agricultural Ins. Co.* (1893) 32 N.E. 1055, 1058; *Kiernan v. Dutchess County Mut. Ins. Co.* (1896) 44 N.E. 698, 701; *Kaiser v. Hamburg-Bremen Fire Ins. Co.* (4th Dept. 1901) 69 N.Y.S. 344, 348, *affd.*, (1902) 65 N.E. 1118.

1766 Im Ergebnis gehen die Gerichte also davon aus, dass die gesetzliche Festlegung rechtlicher Anforderungen an die Neutralität der Schiedsgutachter keine öffentlichen Interessen schützen soll, sondern lediglich dem Schutzinteresse der Parteien dient.

So ist ein solches Schiedsgutachten grundsätzlich aufzuheben, wenn ihm ein Irrtum tatsächlicher Art („fundamental and apparent mistake of fact"), etwa ein Rechenfehler, zugrunde liegt.[1767] Dieser muss sich allerdings, um eine Aufhebung zu rechtfertigen, aus dem Schiedsgutachten selbst oder zumindest aus den Unterlagen entnehmen lassen, die den Parteien mit dem Schiedsgutachten übermittelt worden sind.[1768] Lässt sich ein solcher Irrtum der Schiedsgutachter aus dem Schiedsgutachten entnehmen, kann allerdings – wie im Falle eines Common-Law-Schiedsspruchs – die Aufhebung dadurch vermieden werden, dass das erkennende Gericht diesen „mistake" auf Antrag der durch das Schiedsgutachten begünstigten Partei korrigiert.

Weiterhin ist ein solches Schiedsgutachten aber auch dann aufzuheben, wenn das Schiedsgutachten auf „bad faith" beruht. Ob dabei eine bloße „inference of bad faith"[1769] oder eine „clear misconception of duties"[1770] ausreicht oder insoweit strengere Anforderungen zugrunde zu legen sind, ist allerdings nicht ganz eindeutig. Ebenfalls unklar ist, ob insoweit die Entscheidungen, die zu der zweiten Fallgruppe ergangen sind, auf Schiedsgutachten der dritten Fallgruppe übertragbar sind. Beide Fragen sind jedoch wohl zu verneinen. So geht die deutliche Tendenz der Gerichte seit der Entscheidung des Court of Appeals in *Gervant v. New England Fire Ins. Co.*[1771] dahin, an eine Bejahung von „bad faith" heute wieder (wie auch schon in der älteren, noch stark von den für Common-Law-Schiedssprüche geltenden Grundsätzen beeinflussten Entscheidungen) relativ strenge Anforderungen zu stellen.[1772] Hinzu kommt, dass im Lichte der Entscheidung des Court of Appeals in *Penn Cent. Corp. v. Consolidated Rail Corp.* eine gegenüber Schiedssprüchen besonders stark erweiterte Kontrolldichte solcher Schiedsgutachten heute nicht mehr auf das informelle Verfahren der Schiedsgutachter gestützt werden kann,[1773] und die *ratio decidendi* der zur zweiten Fallgruppe ergangenen Entscheidungen[1774] auf Schiedsgutachten der dritten Fallgruppe nicht übertragbar sind.

[1767] *Ice Serv. Co. v. Henry Phipps' Estates* (1927) 157 N.E. 506, 508; *Remington Paper Co. v. London Assur. Corp.* (4th Dept. 1896) 43 N.Y.S. 431, 434.

[1768] *Remington Paper Co. v. London Assur. Corp.* (4th Dept. 1896) 43 N.Y.S. 431, 434.

[1769] So noch *Cohen v. Atlas Assur. Co.* (1st Dept. 1914) 148 N.Y.S. 563, 565; ebenso: *Cities Serv. Co. v. Derby & Co.* (S.D.N.Y. 1987) 654 F. Supp. 492, 500 f., *affd.*, (2nd Cir. 1989) 835 F. 2d 1429.

[1770] *Ice Serv. Co. v. Henry Phipps' Estates* (1927) 157 N.E. 506, 508; vgl. auch *Cohen v. Atlas Assur. Co.* (1st Dept. 1914) 148 N.Y.S. 563, 565.

[1771] *Gervant v. New England Fire Ins. Co.* (1954) 118 N.E.2d 574.

[1772] Siehe dazu die Entscheidung *Gansevoort Holding Corp. v. Palatine Ins. Co.* (Sup. Ct. 1957) 170 N.Y.S.2d 171, 174, *affd.*, (1st Dept. 1958) 181 N.Y.S.2d 172, *leave for appeal denied*, (1st Dept. 1958) 182 N.Y.S.2d 330, in der das Gericht insoweit „clear and strong proof" verlangte. In diesem Sinne auch: *Glicksmann v. North River Ins. Co.* (4th Dept. 1982) 448 N.Y.S.2d 77, 78; *Hemingway v. State Farm Fire & Cas. Co.* (3rd Dept. 1992) 589 N.Y.S.2d 956, 957.

[1773] Siehe dazu oben S. 268.

[1774] S. 253 f.

Demnach ist davon auszugehen, dass ein Schiedsgutachten der dritten Fallgruppe heute nicht schon immer dann aufzuheben ist, wenn die methodische Vorgehensweise nicht den Regeln des Fachs entsprach oder aus anderen Gründen sachwidrig war oder die Schiedsgutachter die relevanten Tatsachen nicht mit der gebotenen Sorgfalt und Vollständigkeit ermittelt haben („insufficient thoroughness").[1775] Ebenso wenig ist ein solches Schiedsgutachten schon deshalb aufzuheben, weil die Schiedsgutachterstelle zu einem Ergebnis gekommen ist, das erheblich von dem Ergebnis abweicht, das das erkennende Gericht oder andere Sachverständiger für zutreffend erachten.[1776] Selbst Ergebnisabweichungen von 300% und mehr rechtfertigen für sich allein grundsätzlich keine Aufhebung des Schiedsgutachtens – trotz des Grundsatzes, dass auch erhebliche Ergebnisdifferenzen einen Rückschluss auf „bad faith" tragen können. Vielmehr muss stets der weitere Nachweis geführt werden, dass die Schiedsgutachter auch die sie treffenden Pflichten verletzt haben. Darüber hinaus ist festzustellen, dass bisher in praktisch allen spezifisch zu Schiedsgutachten der dritten Fallgruppe ergangenen Entscheidungen, in denen das Schiedsgutachten aufgehoben wurde und eine Pflichtverletzung der Schiedsgutachter im Raume stand, zugleich feststand, dass das Ergebnis des Schiedsgutachtens zum Nachteil der betroffenen Partei erheblich von dem Ergebnis abwich, zu dem das erkennende Gericht gekommen war.[1777]

Andererseits ist ein solches Schiedsgutachten grundsätzlich auch dann aufzuheben, wenn den Schiedsgutachtern oder einem der Schiedsgutachter die von der Standardpolice für die Brandschutzversicherung geforderte Sachkunde („competence") fehlt.[1778] Bisher ist allerdings, soweit ersichtlich, kein Schiedsgutachten aus Gründen fehlender Sachkunde aufgehoben worden.[1779] Darüber hinaus kann sich eine Partei auch auf die unzureichende Sachkunde eines

---

[1775] Anders noch: *Cohen v. Atlas Assur. Co.* (1st Dept. 1914) 148 N.Y.S. 563, 565; *Clark v. Kraftco Corp.* (S.D.N.Y. 1971) 323 F. Supp. 358, 360, *appeal dismissed*, (2nd Cir.1971) 447 F. 2d 933; *European-American Banking Corp. v. Chock Full O'Nuts Corp.* (App. T. 1981) 442 N.Y.S.2d 715, 718; *Sauer v. Xerox Corp.* (W.D.N.Y. 1998) 1998 U.S. Dist. Lexis 13427.

[1776] *Ice Serv. Co. v. Henry Phipps' Estates* (1927) 157 N.E. 506, 507; *Strome v. London Assur. Co.* (2nd Dept. 1897) 47 N.Y.S. 481, 482 f., *affd.*, (1898) 57 N.E. 1125.

[1777] Vgl. *Strome v. London Assur. Co.* (2nd Dept. 1897) 47 N.Y.S. 481, 482 f., *affd.*, (1898) 57 N.E. 1125; *Kaiser v. Hamburg-Bremen Fire Ins. Co.* (4th Dept. 1901) 69 N.Y.S. 344, 348, *affd.*, (1902) 65 N.E. 1118; vgl. auch *Cities Serv. Co. v. Derby & Co.* (S.D.N.Y. 1987) 654 F. Supp. 492, 503, *affd.*, (2nd Cir. 1989) 835 F. 2d 1429; a.A. allerdings – zur alten Rechtslage – *Clark v. Kraftco Corp.* (S.D.N.Y. 1971) 323 F. Supp. 358, 363, *appeal dismissed*, (2nd Cir. 1971) 447 F. 2d 933.

[1778] Die New Yorker Standardpolice für die Brandschutzversicherung sieht vor, dass sowohl die von Versicherer und Versicherungsnehmer ernannten Partei-Schiedsgutachter als auch der Obmann der dreiköpfigen Schiedsgutachterkommission „competent" sein müssen; vgl. dazu oben S. 222.

[1779] Die Entscheidung *Linde v. Republic Fire Ins. Co.* (1884) 50 N.Y. Super. Ct. 362 (dazu oben S. 241 f.) ist vor Inkrafttreten der ersten New Yorker Standardpolice im Jahre 1886 ergangen.

Schiedsgutachters – ebenso wie auf dessen Befangenheit – dann nicht mehr berufen, wenn sie sich in Kenntnis der unzureichenden Sachkunde des betreffenden Schiedsgutachters auf ein Verfahren vor ihm eingelassen hat.[1780] Inwieweit eine Partei sich auf eine unzureichende Sachkunde auch dann berufen kann, wenn ihre Rechte hierdurch nicht nachteilig berührt worden sind oder ihr hinsichtlich der Unkenntnis der unzureichenden Sachkunde grobe Fahrlässigkeit vorzuwerfen ist, ist dagegen unklar.

c. Abdingbarkeit

An Entscheidungen zu der Frage, inwieweit die durch das Common Law für Schiedsgutachten entwickelten gerichtlichen Kontrollmaßstäbe und Aufhebungsgründe durch eine entsprechende vertragliche Vereinbarung abbedungen werden können, fehlt es bisher. Da allerdings weder die für Schiedsgutachten geltenden gerichtlichen Überprüfungsmaßstäbe noch die für Schiedsgutachten geltenden Aufhebungsgründe gesetzlich festgelegt sind, und sich darüber hinaus sowohl die gerichtlichen Kontrollmaßstäbe als auch die Aufhebungsgründe für Common-Law-Schiedssprüche und Schiedsgutachten[1781] aus einer der Sache nach verallgemeinerten Auslegung von Common-Law-Schiedsvereinbarungen und Schiedsgutachtenverträgen entwickelt haben, ist davon auszugehen, dass die gerichtlichen Kontrollmaßstäbe ebenso wie die Aufhebungsgründe grundsätzlich – innerhalb der allgemeinen Grenzen vertraglicher Gestaltungsfreiheit – abdingbar sind.

d. Beweisfragen

aa. Darlegungs- und Beweislast

Die Beweislast für das Vorliegen von Aufhebungsgründen trifft grundsätzlich diejenige Partei, die sich auf das Vorliegen von Aufhebungsgründen beruft.[1782] Dabei streitet eine Vermutung dafür, dass das Schiedsgutachten ordnungsgemäß erstattet worden ist,[1783] mithin keine Aufhebungsgründe vorliegen. Demzufolge sind

---

[1780] Vgl. *In re 176–178 East Main St., Amsterdam, N.Y.* (County Ct. 1933) 263 N.Y.S. 162, 165, *affd.*, (3rd Dept. 1933) 264 N.Y.S. 717, *rev. on other grounds*, (1934) 188 N.E. 647.

[1781] Siehe dazu *Ice Serv. Co. v. Henry Phipps' Estates* (1927) 157 N.E. 506, 507.

[1782] *Casolaro*, 65 N.Y.St.B.J. (1993), Part II, S. 48 m.w.N.

[1783] *Glicksmann v. North River Ins. Co.* (4th Dept. 1982) 448 N.Y.S.2d 77, 78; *Hemingway v. State Farm Fire & Casualty Co.* (3rd Dept. 1992) 589 N.Y.S.2d 956, 957; ebenso bereits *J. E. Davis Mfg. Co. v. Stuyvesant Ins. Co.* (3rd Dept. 1914) 145 N.Y.S. 192, 193; enger dagegen noch *Cohen v. Atlas Assur. Co.* (1st Dept. 1914) 148 N.Y.S. 563, 567 („every *reasonable* presumption"), und *Gansevoort Holding Corp. v. Palatine Ins. Co.* (Sup. Ct. 1957) 170 N.Y.S.2d 171, 174, *affd.*, (1st Dept. 1958) 181 N.Y.S.2d 172, *leave for appeal denied*, (1st Dept. 1958) 159 N.E.2d 355 („An appraisal proceeding, *such as this*, which indicates a sustained effort of considerable expense to determine scientifically the extent of damage, is entitled to every *reasonable* intendment and presumption of validity [...]") (Hervorhebungen durch den Verfasser).

an den Nachweis von Aufhebungsgründen tendenziell strenge Anforderungen („clear and convincing proof") zu stellen[1784], und Zweifel gehen zu Lasten derjenigen Partei, die sich auf das Vorliegen von Aufhebungsgründen beruft.

Nicht eindeutig geklärt ist demgegenüber bisher, ob die Beweislast für die Wirksamkeit des Schiedsgutachtenvertrags, die Wirksamkeit der Ernennung der Schiedsgutachter und die Wirksamkeit des Schiedsgutachtens entsprechend den für die Schiedsgerichtsbarkeit i.S.d. CPLR §§ 7501–7514 geltenden Grundsätzen[1785] diejenige Partei trifft, die sich gegen das Schiedsgutachten wendet, oder entsprechend den für die Common-Law-Schiedsgerichtsbarkeit geltenden Grundsätzen[1786] diejenige Partei, die sich auf das Schiedsgutachten beruft. Mindestens eine Entscheidung[1787] spricht jedoch dafür, dass zugunsten derjenigen Partei, die sich auf die bindende Wirkung des Schiedsgutachtens beruft, eine Vermutung der Wirksamkeit und der wirksamen Erstattung des Schiedsgutachtens streitet.

Diejenige Partei, die das Vorliegen von Aufhebungsgründen behauptet, muss dabei – gegebenenfalls im Anschluss an eine „pre-trial discovery" oder eine Zeugenvernehmung der Schiedsgutachter – die hierfür notwendigen Tatsachen schlüssig vortragen. Auch an diese Darlegungspflicht stellen die Gerichte (im Lichte der strengen Anforderungen an den Nachweis des Vorliegens von Umständen, die einen statthaften Aufhebungsgrund ausfüllen) strenge Anforderungen. Fehlt es an der Schlüssigkeit, kann die Aufhebungsklage oder der Aufhebungsantrag auf Antrag der sich auf das Schiedsgutachten berufenden Partei im Wege eines „summary judgement" abgewiesen werden. Ebenso kann unter diesen Voraussetzungen durch „summary judgement" entschieden werden, dass über einen im Wege der Einrede erhobenen Aufhebungsgrund nicht zu befinden ist.

bb. Einwendung oder Einrede

Das New Yorker Recht geht davon aus, dass Aufhebungsgründe beim Schiedsgutachten – ebenso wie bei Schiedssprüchen i.S.d. CPLR § 7511 und bei Common-Law-Schiedssprüchen – keine Einwendung darstellen, sondern nur auf Einrede einer Partei berücksichtigt werden.[1788]

1784 Beweismaß ist insoweit allerdings lediglich eine überwiegende Wahrscheinlichkeit („preponderance of the evidence"), vgl. *Schack*, S. 59 m.w.N.

1785 Nach CPLR § 7511(b)(2)(ii) und CPLR § 7511(b)(iii) stellen sowohl die Unwirksamkeit wie auch die Missachtung von Bestimmungen der Schiedsvereinbarung grundsätzlich nur einen Aufhebungsgrund dar.

1786 Dazu: N.Y. Jur. 2d, Bd. 5, Arbitration & Award, 1997, §§ 253, 254.

1787 *Gansevoort Holding Corp. v. Palatine Ins. Co.* (Sup. Ct. 1957) 170 N.Y.S.2d 171, 174, *affd.*, (1st Dept. 1958) 181 N.Y.S.2d 172, *leave for appeal denied*, (1st Dept. 1958) 159 N.E.2d 355 („An appraisal proceeding [....] is entitled to every reasonable intendment and presumption of validity, provided the appraisers and umpire have substantially complied with the terms of the submission).

1788 Vgl. z.B. *Gervant v. New England Fire Ins. Co.* (1954) 118 N.E.2d 574, 576 f.

cc. Zeugenvernehmung der Schiedsgutachter

Die Frage, ob und inwieweit Schiedsgutachter in dem Verfahren, in dem über die Frage der Aufhebbarkeit des Schiedsgutachtens zu entscheiden ist, zu den Grundlagen eines Schiedsgutachtens im Wege einer „deposition" vernommen werden können,[1789] ist bisher noch nicht abschließend geklärt. Es finden sich allerdings nicht wenige Entscheidungen, in denen eine Zeugenvernehmung der Schiedsgutachter im Wege der „deposition" erfolgte.[1790] In diesen Entscheidungen wurde die Frage der Zulässigkeit der „deposition" aber, soweit ersichtlich, nicht problematisiert. Nach den im Schiedsverfahrensrecht geltenden Grundsätzen sind dagegen Zeugenaussagen der Schiedsrichter als Beweismittel im Rahmen des Verfahrens über die Frage der Aufhebbarkeit des Schiedsspruchs grundsätzlich nicht zugelassen.[1791] Dieser Grundsatz gilt jedoch nicht ausnahmslos.[1792] Vor diesem Hintergrund ist davon auszugehen, dass Zeugenaussagen der Schiedsgutachter als Beweismittel jedenfalls dann zugelassen sind, wenn und insoweit es um den Nachweis der Aufhebungsgründe „bias", „bad faith", „fraud" und „excess of powers" geht, und dass demzufolge jedenfalls hinsichtlich dieser Aufhebungsgründe auch die Anordnung einer „deposition" zulässig ist.[1793]

Die Anordnung einer solchen „deposition" ist nicht nur im Rahmen eines normalen Klageverfahrens zulässig, sondern auch im Rahmen eines „special proceeding". Allerdings bedarf eine „deposition" in diesem Fall – abweichend vom Normalfall – nach CPLR § 408 der Zustimmung des erkennenden Gerichts.

[1789] Soweit über einen Antrag auf Bestätigung und Vollstreckbarerklärung des Schiedsgutachtens gemäß CPLR § 7601 S. 1 in einem „special proceeding" entschieden wird, bedarf eine „deposition" der Schiedsgutachter – anders als im normalen Klageverfahren (CPLR § 3101) – der vorherigen Zustimmung des Gerichts (CPLR § 408); insoweit kann also die Partei, die sich auf das Schiedsgutachten beruft, durch die Wahl des Verfahrens den Nachweis des Vorliegens von Aufhebungsgründen erschweren.

[1790] So etwa in der erstinstanzlichen Entscheidung in dem Fall *Kroboth v. Brent* (3rd Dept. 1999) 692 N.Y.S.2d 217; siehe dazu auch die bei *Casolaro*, 65 N.Y.St.B.J. (1993), Part II, S. 49, Fußnote 20, zitierte Entscheidung.

[1791] *Shirley Silk Co. v. American Silk Mills, Inc.* (1st Dept. 1939) 13 N.Y.S.2d 309, 311; *Martin Weiner Co. v. Fred Freund Co.* (1st Dept. 1956) 155 N.Y.S.2d 802, 805, *affd. without opinion*, (1957) 144 N.E.2d 647.

[1792] Zeugenaussagen der Schiedsrichter sind verwertbar, soweit (a) es um die Aufhebungsgründe „partiality", „misconduct" oder „excess of powers" geht, (b) es um die Aussage eines Schiedsrichters geht, der den Schiedsspruch nicht mitunterschrieben hat, oder (c) die Frage zu klären ist, welche Fragen die Parteien den Schiedsrichtern unterbreitet haben (und welche dieser unterbreiteten Fragen von den Schiedsrichtern bei der Entscheidungsfindung berücksichtigt worden sind); siehe dazu die Nachweise aus der New Yorker Rechtsprechung in Annotation, 80 A.L.R.3d (1977), S. 155 ff., zu §§ 6, 8(a), 9(a), 18(a).

[1793] Siehe dazu auch *Casolaro*, 65 N.Y.St.B.J. (1993), Part II, S. 49, Fußnote 20 (unter Bezugnahme auf eine Entscheidung, in der der Richter eine „deposition" eines Schiedsgutachters anordnete, um die Grundlagen des Schiedsgutachtens zu ergründen und zu klären, ob und inwieweit der Schiedsgutachter „in good faith" vorgegangen war).

Nicht erforderlich ist für eine Anordnung einer „deposition" allerdings, dass die beantragende Partei substantiiert Tatsachen vorträgt, über die die Schiedsgutachter vernommen werden sollen.

Gegenüber einer derartigen „deposition" kann sich ein Schiedsgutachter grundsätzlich nicht auf ein Zeugnisverweigerungsrecht berufen, denn die mögliche Gefahr der Haftung eines Schiedsgutachters aus *contract* und *tort* wegen einer Pflichtverletzung bei der Entscheidungsfindung[1794] gibt einem Schiedsgutachter grundsätzlich kein Zeugnisverweigerungsrecht.[1795]

Unklar ist demgegenüber, ob und inwieweit entsprechend den im Schiedsverfahrensrecht geltenden Grundsätzen[1796] das Sitzungsgeheimnis ein Verwertungsverbot für Zeugenaussagen von Schiedsgutachtern begründet. Im Schiedsverfahrensrecht wird ein solches Verwertungsverbot vor allem damit begründet, dass der Schiedsrichter als „quasi-judicial officer" tätig werde,[1797] er nicht zur Begründung des Schiedsspruchs verpflichtet sei[1798] und die Nichtrespektierung des Sitzungsgeheimnisses Angriffen gegen einen Schiedsspruch Tür und Tor öffnen würde.[1799] Diesem grundsätzlichen Verwertungsverbot liegen also im Wesentlichen öffentliche Interessen (Rechtsfrieden durch Verbindlichkeit des Schiedsspruchs und Förderung der Schiedsgerichtsbarkeit als Form alternativer Streitbeilegung) zugrunde. Derart starke öffentliche Interessen an der Förderung von Schiedsgutachtenverfahren als Form alternativer Streitbeilegung bestehen bisher noch nicht. Zwar geht die neuere Rechtsprechung auch bei Schiedsgutachten zunehmend in die Richtung einer „judicial non-interference". Bisher ist der gerichtliche Kontrollumfang eines Schiedsgutachtens aber jedenfalls *de facto* immer noch weiter als bei einem Schiedsspruch.[1800] Im Übrigen profitieren Schiedsgutachter auch bisher nicht von dem für Schiedsrichter geltenden[1801] Haftungsprivileg der „arbitral immunity".[1802] Da somit das öffentliche Interesse an der Förderung von Schiedsgutachtenverfahren bisher noch nicht die Intensität des Interesses an der Förderung der Schiedsgerichtsbarkeit erreicht hat, und mit der informellen Durchführung schiedsgutachterlicher Verfahren trotz der Entscheidung in *Penn Cent. Corp.*

[1794] Dazu: *Gilman v. Stevens* (Sup. Ct. 1877) 1877 WL 10622; *Perlbinder v. Jakubovitz* (1st Dept. 1997) 658 N.Y.S.2d 267, 268; Annotation, 43 A.L.R.2d (1955), S. 1227 ff.; *Casolaro*, 65 N.Y.St.B.J. (1993), Part II, S. 50; *Borowsky*, S. 179 ff.

[1795] Zu den in New York anerkannten Zeugnisverweigerungsrechten siehe CPLR Art. 45.

[1796] Im Falle von Schiedsrichtern kann das Gebot der Wahrung des Sitzungsgeheimnisses ein Zeugnisverweigerungsrecht begründen; *Shirley Silk Co. v. American Silk Mills, Inc.* (1st Dept. 1939) 13 N.Y.S.2d 309, 311.

[1797] *Shirley Silk Co. v. American Silk Mills, Inc.*, a.a.O.

[1798] *Shirley Silk Co. v. American Silk Mills, Inc.*, a.a.O.

[1799] *Martin Weiner Co. v. Fred Freund Co.* (1st Dept. 1956) 155 N.Y.S.2d 802, 805, *affd. without opinion*, (1957) 144 N.E.2d 647.

[1800] Siehe dazu oben S. 268.

[1801] Vgl. dazu nur N.Y. Jur.2d, Bd. 5, Arbitration & Award, 1997, § 131 m.w.N.; *Sponseller*, 44 Hastings L.J. (1993), S. 422 ff.

[1802] Siehe dazu die Nachweise in Fußnote 1794.

v. Consolidated Rail Corp. auch ein nicht völlig von der Hand zu weisender Grund für eine derartige Differenzierung besteht, ist davon auszugehen, dass ein derartiges Verwertungsverbot im New Yorker Schiedsgutachtenrecht jedenfalls bisher noch nicht besteht. Auch die bisherige gerichtliche Praxis[1803] spricht dafür.

e. Rechtsfolgen der Aufhebung bzw. Unwirksamkeit des Schiedsgutachtens

Nach Common Law führt die Aufhebung oder Unwirksamkeit des Schiedsgutachtens grundsätzlich dazu, dass die Vereinbarung der Parteien, wonach die Erstattung des Schiedsgutachtens eine „condition precedent" für das Entstehen oder die gerichtliche Geltendmachung des fraglichen Anspruchs sein soll, nunmehr hinfällig ist.[1804] Über die im Schiedsgutachtenvertrag festgelegten Fragen entscheidet nunmehr regelmäßig[1805] (wenn auch nur inzident im Rahmen der Entscheidung über den zugrunde liegenden Anspruch[1806]) das (staatliche oder Schieds-)Gericht.[1807] Dies gilt allerdings im Prinzip nur, wenn die Aufhebung oder Unwirksamkeit des Schiedsgutachtens auf Umständen beruht, die von dem Anspruchsgegner und/oder den Schiedsgutachtern zu vertreten sind. Beruht hingegen die Aufhebung oder die Unwirksamkeit des Schiedsgutachtens allein oder jedenfalls auch auf Umständen, die von der anspruchsberechtigten Partei zu vertreten sind, so wird der Nichteintritt der vereinbarten „condition precedent" von der Rechtsordnung nicht entschuldigt, sodass der Anspruchsberechtigte zunächst einmal zur Durchführung eines erneuten Schiedsgutachtenverfahrens verpflichtet bleibt.[1808] Dagegen ist das

---

[1803] Siehe dazu die Nachweise in Fußnote 1790.

[1804] *Gervant v. New England Fire Ins. Co.* (1954) 118 N.E.2d 574, 577; *Matter of Delmar Box Co.* (1955) 127 N.E.2d 808, 811. Diese Auffassung hat der Court of Appeals nicht näher begründet. Dem Urteil *Gervant v. New England Fire Ins. Co.* lässt sich jedoch entnehmen, dass er davon ausging, dass in diesem Fall der Anspruchsteller die sich für ihn aus dem Schiedsgutachtenvertrag ergebenden Pflichten erfüllt habe, und dass es – im Lichte der vor Inkrafttreten des CPLR § 7601 bestehenden Rechtslage – nicht sachgerecht sei, von dieser Partei die erneute Durchführung eines Schiedsgutachtenverfahrens zu verlangen. Dass der Court of Appeals in diesen Fällen nicht davon ausging, dass die Wirkungen des Schiedsgutachtenvertrags im eigentlichen Sinne entfallen waren, ergibt sich aus *Mizrahi v. National Ben Franklin Fire Ins. Co.* (City Ct. 1942) 37 N.Y.S.2d 698, 703.

[1805] Zu Ausnahmen von diesem Grundsatz siehe *Borowsky*, S. 151 ff.

[1806] Vgl. *Koretz*, N.Y. Leg. Doc. (1958) No. 65 C, S. 33 ff.; *Borowsky*, S. 151 ff.

[1807] Vgl. *Gervant v. New England Fire Ins. Co.* (1954) 118 N.E.2d 574, 577; *Matter of Delmar Box Co.* (1955) 127 N.E.2d 808, 811; *Mizrahi v. National Ben Franklin Fire Ins. Co.* (City Ct. 1942) 37 N.Y.S.2d 698, 703. Siehe dazu allgemein auch: *Hayes*, 1 Cornell L. Rev. (1916), S. 225 ff.; Annotation, 167 A.L.R. (1947), S. 727 ff.; 26 A.L.R.2d (1952), S. 744 ff.; *Borowsky*, S. 151 ff.

[1808] *Gervant v. New England Fire Ins. Co.* (1954) 118 N.E.2d 574, 577; *Mizrahi v. National Ben Franklin Fire Ins. Co.* (County Ct. 1942) 37 N.Y.S.2d 698, 703.

Gericht nach Common Law in keinem Fall zur Anordnung eines „rehearing" vor den alten Schiedsgutachtern oder vor neuen Schiedsgutachtern berechtigt.[1809]

Diese Grundsätze gelten weiterhin für Schiedsgutachten, die auf der Grundlage der New Yorker Standardpolice für die Brandschutzversicherung erstattet worden sind. Im Geltungsbereich des CPLR § 7601 sind diese Grundsätze hingegen nur noch modifiziert anwendbar. So kann das Gericht, anstatt selbst über die Fragestellungen zu entscheiden,[1810] entsprechend der Vorschrift des CPLR § 7511(d) nunmehr ein „rehearing" vor denselben Schiedsgutachtern[1811] oder vor neuen Schiedsgutachtern anordnen[1812] – sei es in Form eines Schiedsgutachtenverfahrens, sei es in Form eines Schiedsverfahrens nach Maßgabe der CPLR §§ 7501–7514.[1813] Bisher haben die Gerichte das ihnen eingeräumte Ermessen zumeist dahingehend ausgeübt, dass sie ein „rehearing" in Form eines Schiedsgutachtenverfahrens angeordnet haben.[1814] In einem Fall hat das Gericht aber auch die erneute Durchführung des Schiedsgutachtenverfahrens in Form eines Schiedsverfahrens nach Maßgabe der CPLR §§ 7501–7514 angeordnet.[1815]

6. Rechtsbehelfe

Im Anwendungsbereich der Vorschrift des CPLR § 7601 sind, wie bereits an anderer Stelle dargelegt, die Gerichte berechtigt, nach ihrem pflichtgemäßen

---

[1809] *Casolaro*, 65 N.Y.St.B.J. (1993), Part II, S. 49. Das ergibt sich daraus, dass (1) die Entscheidungsbefugnisse der ursprünglich ernannten Schiedsgutachter mit Ergehen des Schiedsgutachtens enden („*functus officio*"), (2) es zur Durchführung eines neuen Schiedsgutachtenverfahrens mit den ursprünglich ernannten Schiedsgutachtern daher einer neuen Vereinbarung der Parteien bedarf (vgl. *Eddy v. London Assur. Corp.* (Gen. T. 1892) 20 N.Y.S. 216, 222) und (3) ein Gericht nach Common Law nicht befugt ist, die Durchführung des Schiedsgutachtenverfahrens vor neu zu ernennenden Schiedsgutachtern anzuordnen, weil darin eine vor Inkrafttreten des CPLR § 7601 den Gerichten verwehrte „specific performance" des Schiedsgutachtenvertrags gelegen hätte.

[1810] Diese Möglichkeit besteht weiterhin, vgl. *Tonkery v. Martina* (4th Dept. 1990) 562 N.Y.S.2d 895, 896, *affd.* (1991) 577 N.E.2d 1042; *Johnson v. Chemical Bank* (County Ct. 1990) 555 N.Y.S.2d 538, 542; *Casolaro*, 65 N.Y.St.B.J. (1993), Part II, S. 49.

[1811] So in den Fällen *Plaza Hotel Assoc. v. Wellington Assoc.* (Sup. Ct. 1967) 285 N.Y.S.2d 941, 946, *affd.*, (1st Dept. 1967) 285 N.Y.S.2d 267, *affd.*, (1968) 239 N.E.2d 736, und *Matter of Builtland Partners* (1st Dept. 1983) 461 N.Y.S.2d 24, 25.

[1812] *Casolaro*, 65 N.Y.St.B.J. (1993), Part II, S. 49 m.w.N.

[1813] *Clark v. Kraftco Corp.* (S.D.N.Y. 1971) 323 F. Supp. 358, 363, *appeal dismissed*, (2nd Cir.1971) 447 F. 2d 933.

[1814] *Plaza Hotel Assoc. v. Wellington Assoc.* (Sup. Ct. 1967) 285 N.Y.S.2d 941, 946, *affd.*, (1st Dept. 1967) 285 N.Y.S.2d 267, *affd.*, (1968) 239 N.E.2d 736; *Matter of Builtland Partners* (1st Dept. 1983) 461 N.Y.S.2d 24, 25.

[1815] *Clark v. Kraftco Corp.* (S.D.N.Y. 1971) 323 F. Supp. 358, 363, *appeal dismissed*, (2nd Cir.1971) 447 F. 2d 933.

Ermessen[1816] eine „specific performance" der von den Parteien übernommenen Pflichten anzuordnen (CPLR § 7601 S. 1) oder den Schiedsgutachtenvertrag zum Zwecke seiner Durchsetzung als Schiedsvereinbarung zu behandeln (CPLR § 7601 S. 2). Darüber hinaus sind die Gerichte auf der Grundlage des CPLR § 7601 auch befugt, den Parteien – neben den bereits nach Common Law bestehenden „remedies" – Rechtsbehelfe zur Verfügung zu stellen, die in der Vorschrift des CPLR § 7601 nicht ausdrücklich genannt sind. Demgegenüber stehen den Parteien eines auf der Grundlage der New Yorker Standardpolice für die Brandschutzversicherung abgeschlossenen Schiedsgutachtenvertrags nur die Rechtsbehelfe des Common Law zur Seite.

a. Vor Erstattung des Schiedsgutachtens

aa. Ernennung eines Schiedsgutachters

Im Anwendungsbereich der Vorschrift des CPLR § 7601 sind die Gerichte – trotz des entgegenstehenden Grundsatzes des Common Law[1817] – nunmehr als befugt anzusehen, an Stelle der Partei, die entgegen ihrer vertraglichen Verpflichtung die Ernennung eines Schiedsgutachters verweigert oder dessen Ernennung ungebührlich verzögert,[1818] einen Schiedsgutachter zu ernennen.[1819] Ebenso sind die Gerichte nunmehr im Anwendungsbereich der Vorschrift des CPLR § 7601 – auch wenn es insoweit an einer ausdrücklichen Befugnis in der Vorschrift des CPLR § 7601 fehlt[1820] – als befugt anzusehen, im Rahmen eines „special proceeding" einen Schiedsgutachter auch in solchen Fällen zu ernennen, in denen nicht die Verletzung einer Ernennungspflicht in Rede steht, sondern in denen (beispielsweise) die Parteien eines Schiedsgutachtenvertrags (oder die von den Parteien ernannten Schiedsgutachter) sich nicht über die Person eines allein entscheidenden Schiedsgutachters oder die Person eines dritten Schiedsgutachters oder Obmanns einigen können, und ha-

---

1816 Zu den hierbei zugrunde zu legenden Kriterien kann auf die Ausführungen auf S. 201 verwiesen werden.

1817 *Greason v. Keteltas* (1858) 17 N.Y. 491, 496; *In re Fletcher* (1924) 143 N.E. 248, 249; *Koretz*, N.Y. Leg. Doc. (1958) No. 65 (C), S. 34; *Casolaro*, 65 N.Y.St.B.J. (1993), Part II, S. 46 f.

1818 *Karasch v. Empire Mut. Ins. Co.* (Sup. Ct. 1958) 175 N.Y.S.2d 690, 693.

1819 N.Y. Leg. Doc. (1960) No. 20, S. 62. Die Ernennung eines Schiedsgutachters an Stelle der die Ernennung entgegen ihrer vertraglichen Verpflichtung verweigernden Partei stellt eine „specific performance" des Schiedsgutachtenvertrags dar; *Greason v. Keteltas* (1858) 17 N.Y. 491, 496.

1820 Aus diesem Grunde wird die Befugnis der Gerichte zur Ernennung eines Schiedsgutachters in den Fällen, in denen nicht die Verletzung einer Ernennungspflicht in Rede steht, von *Casolaro*, 65 N.Y.St.B.J. (1993), Part II, S. 47 bezweifelt: „After reviewing CPLR 7601, one must wonder whether a party opposing appraisal won't one day argue that the courts have no power to appoint an appraiser. The power is not expressed in the statute and must be inferred from the power to „enforce" (vgl. CPLR § 7601 S. 2, d. Verf.) the appraisal agreement.

ben von dieser Befugnis auch Gebrauch gemacht.[1821] In beiden Fällen sind die Gerichte zur Ernennung eines Schiedsgutachters jedoch nicht verpflichtet. Vielmehr steht die Ernennung eines Schiedsgutachters in diesen Fällen im pflichtgemäßen Ermessen der Gerichte.[1822]

Demgegenüber sind die Gerichte im Falle eines Schiedsgutachtenvertrags, der auf der Grundlage der New Yorker Standardpolice für die Brandschutzversicherung abgeschlossen worden ist, in den oben genannten Fällen aufgrund des fortgeltenden Grundsatzes des Common Law, wonach die Anordnung einer „specific performance" des Schiedsgutachtenvertrags ausgeschlossen ist, grundsätzlich nicht berechtigt, einen Schiedsgutachter zu ernennen.[1823] Die Gerichte können sich hierzu auch nicht auf die Vorschriften der CPLR §§ 7501–7514 stützen.[1824] Allerdings sind die Gerichte auf der Grundlage der Sonderregelung in N.Y. Ins. Law § 3408[1825] auf Antrag einer Partei zur Ernennung des Obmanns berechtigt und verpflichtet, wenn sich die Partei-Schiedsgutachter auf diesen nicht einigen können.

bb. Durchsetzung von Mitwirkungspflichten der Parteien

Den Parteien eines auf der Grundlage der New Yorker Standardpolice für die Brandschutzversicherung abgeschlossenenen Schiedsgutachtenvertrags stehen zur Durchsetzung von Mitwirkungspflichten der jeweils anderen Partei nur die vom Common Law anerkannten Rechtsbehelfe zur Verfügung, nämlich zum einen – unter den oben dargelegten Voraussetzungen – die Erhebung der Einrede des Schiedsgutachtenvertrags und, soweit die Voraussetzungen für

---

1821 Vgl. *Arcy Paint Co. v. Resnick* (2nd Dept. 1987) 521 N.Y.S.2d 25, 26; *Marder's Nurseries, Inc. v. Hopping* (2nd Dept. 1991) 573 N.Y.S.2d 990, 996 (Ernennung eines „third appraiser"); *Matter of Builtland Partners* (1st Dept. 1983) 461 N.Y.S.2d 24, 25 (Ernennung eines allein entscheidenden Schiedsgutachters).

1822 *Penn Cent. Corp. v. Consolidated Rail Corp.* (1982) 436 N.E.2d 512, 517; N.Y. Leg. Doc. (1960) No. 20, S. 62. Siehe dazu auch die Entscheidung *Tonkery v. Martina* (4th Dept. 1990) 562 N.Y.S.2d 895, *affd.*, (1991) 577 N.E.2d 1042, in der das Gericht in einem Fall, in dem sich die von den Parteien ernannten Schiedsgutachter nicht auf einen dritten Schiedsgutachter einigen konnten, die den Schiedsgutachtern zur Entscheidung übertragenen Fragestellungen selbst entschied; dazu auch *Casolaro*, 65 N.Y.St.B.J. (1993), Part II, S. 46 f.

1823 *Greason v. Keteltas* (1858) 17 N.Y. 491, 496; *In re Fletcher* (1924) 143 N.E. 248, 249; *Koretz*, N.Y. Leg. Doc. (1958) No. 65 (C), S. 34; *Casolaro*, 65 N.Y.St.B.J. (1993), Part II, S. 46 f. – Die Ernennung eines Schiedsgutachters an Stelle der die Ernennung entgegen ihrer vertraglichen Verpflichtung verweigernden Partei stellt eine „specific performance" des Schiedsgutachtenvertrags dar; *Greason v. Keteltas* (1858) 17 N.Y. 491, 496.

1824 Vgl. *In re Fletcher* (1924) 143 N.E. 248, 249 ff. (zu der entsprechenden Frage unter der Geltung des Arbitration Statute).

1825 Nach N.Y. Ins. Law § 3408 ist das zuständige Gericht befugt, auf Antrag einer Partei einen Obmann zu ernennen, wenn sich die von den Parteien ernannten Schiedsgutachter auf einen solchen nicht innerhalb von 15 Tagen nach ihrer beiderseitigen Ernennung (N.Y. Ins. Law § 3404 (e)) einigen können.

einen „breach of contract“ vorliegen, die Möglichkeit der Geltendmachung von Schadensersatzansprüchen in Geld. Darüber hinaus kann sich der Anspruchsgegner im Falle der Verletzung seiner Mitwirkungspflichten gegenüber einer unter Verletzung des Schiedsgutachtenvertrags erhobenen Klage nicht (mehr) einredeweise auf den Schiedsgutachtenvertrag berufen, sodass der anspruchsberechtigten Partei in diesem Fall als weiterer „Rechtsbehelf“ die klageweise Geltendmachung ihres Anspruchs zur Seite steht. Die Anordnung der „specific performance“ der Mitwirkungspflichten ist demgegenüber nach wie vor ausgeschlossen.[1826]

Im Anwendungsbereich des CPLR § 7601 stehen den Parteien über diese Rechtsbehelfe hinaus nach pflichtgemäßem Ermessen des jeweiligen Gerichts die in CPLR § 7601 genannten und die in den CPLR §§ 7501–7514 vorgesehenen Rechtsbehelfe zur Verfügung. So sind die Gerichte hier zur Anordnung einer „specific performance“ der übernommenen Mitwirkungspflichten befugt, CPLR § 7601 S. 1.[1827] Kommt eine Partei einer entsprechenden Anordnung nicht nach, kann sie dafür wegen „contempt of court“ mit Zwangsgeld belegt oder im Extremfall in Haft genommen werden. Weiterhin sind die Gerichte nach CPLR § 7601 S. 2 – wenn auch nur als *ultima ratio*[1828] – befugt, die Fortsetzung des Schiedsgutachtenverfahrens als Schiedsverfahren anzuordnen.[1829] Die sodann als Schiedsrichter tätig werdenden Schiedsgutachter haben insbesondere die Möglichkeit, nach Maßgabe der Vorschrift des CPLR § 7505 das Erscheinen von Zeugen und die Vorlage von Dokumenten anzuordnen.[1830] Darüber hinaus sind die Gerichte auch befugt, die den Schiedsgutachtern zur Entscheidung übertragenen Fragestellungen bei Verletzung von Mitwirkungspflichten selbst zu entscheiden.[1831]

1826 So ausdrücklich *Scheer v. Nationwide Mut. Fire Ins. Co.* (4th Dept. 1991) 572 N.Y.S.2d 572, 573; *Fahrenholz v. Security Mut. Ins. Co.* (4th Dept. 2002) 738 N.Y.S.2d 623, 624; *Woodworth v. Erie Ins. Co.* (W.D.N.Y. 2006) 2006 WL 140708. Die dem entgegenstehende Entscheidung eines Bundesgerichts in *Zar Realty Management Corp. v. Allianz Ins. Co.* (S.D.N.Y. 2003) 2003 WL 1744288 überzeugt weder im Ergebnis noch in der Begründung und widerspricht auch den Präjudizien der New Yorker Gerichte, die die Bundesgerichte binden, da es insoweit um „state law“ geht. Ebenso: *Woodworth v. Erie Ins. Co.* (W.D.N.Y. 2006) 2006 WL 140708.

1827 Siehe hierzu beispielhaft aus neuerer Zeit: *Matter of Westmoreland Coal Co. v. Entech, Inc.* (2003) 100 N.Y.2d 352, 357 ff.; *Cargill, Inc. v. Bunge Foods, Ltd.* (1st Dept. 2003) 762 N.Y.S.2d 53; *Taunus Corp. v. Allianz Ins. Co.* (Sup. Ct. 2003) N.Y.L.J. November 24th, 2003, S. 18 Sp.1; *McGraw-Hill Companies, Inc. v. School Specialty, Inc.* (Sup.Ct. 2006) 2006 WL 16305; *SR International Bus. Ins. Co. Ltd. v. World Trade Center Properties LLC* (S.D.N.Y. 2002) 2002 WL 1905968.

1828 Dazu oben S. 201 f.

1829 *Penn Cent. Corp. v. Consolidated Rail Corp.* (1982) 436 N.E.2d 512, 517; N.Y. Leg. Doc. (1960) No. 20, S. 64.

1830 Vgl. dazu New York Law Revision Commission, N.Y. Leg. Doc. (1958) No. 65 (C), S. 13.

1831 N.Y. Leg. Doc. (1960) No. 20, S. 62; *Tonkery v. Martina* (4th Dept. 1990) 562 N.Y.S.2d 895, 896, *affd.*, (1991) 577 N.E.2d 1042.

cc. *Verzögerung des Schiedsgutachtenverfahrens durch Schiedsgutachter*

Den Parteien eines auf der Grundlage der New Yorker Standardpolice für die Brandschutzversicherung abgeschlossenen Schiedsgutachtenvertrags stehen im Falle der Verzögerung (oder der Verweigerung der Fortführung) des Schiedsgutachtenverfahrens durch einen Schiedsgutachter nur die Rechtsbehelfe des Common Law zur Verfügung. Nach Common Law ist allerdings die Pflicht einer Partei, an Stelle eines von ihr ernannten Schiedsgutachters, der den Fortgang des Schiedsgutachtenverfahrens über Gebühr verzögert oder verweigert, innerhalb angemessener Frist einen neuen Schiedsgutachter zu ernennen,[1832] mangels Möglichkeit der Anordnung einer „specific performance" gerichtlich nicht durchsetzbar. Im Falle einer Verzögerung seitens des Partei-Schiedsgutachters des Anspruchsgegners kann sich dieser aber gegenüber einer Klage des Anspruchstellers (dessen eigene Vertragstreue vorausgesetzt) nicht mehr auf den Schiedsgutachtenvertrag berufen, wenn er nicht innerhalb angemessener Frist an Stelle des das Verfahren verzögernden Schiedsgutachters einen neuen Schiedsgutachter ernannt hat. Dasselbe gilt, wenn der allein entscheidende Schiedsgutachter oder der Obmann der Schiedsgutachterkommission den Fortgang des Verfahrens über Gebühr verzögert. Dagegen ist ein Antrag an das Gericht, den betreffenden Schiedsgutachter zur Erstattung[1833] oder zur beschleunigten Erstattung des Schiedsgutachtens zu verpflichten, nicht statthaft. Auch die Erfolgsaussichten eines Schadensersatzanspruchs gegen den betreffenden Schiedsgutachter wegen „breach of contract" sind zu verneinen, da ein Schiedsgutachter grundsätzlich nicht zu einer beschleunigten Durchführung des Schiedsgutachtenverfahrens verpflichtet ist und im Übrigen sein Amt jederzeit vor Erstattung des Schiedsgutachtens niederlegen kann.[1834]

Im Anwendungsbereich des CPLR § 7601 sind die Gerichte hingegen entsprechend der Vorschrift des CPLR § 7504 nach pflichtgemäßem Ermessen befugt, auf Antrag einer Partei einen Schiedsgutachter, der die Durchführung oder den Fortgang des Schiedsgutachtenverfahrens verweigert, durch einen anderen Schiedsgutachter zu ersetzen. Dasselbe gilt, wenn ein Schiedsgutachter das Schiedsgutachtenverfahren so erheblich verzögert, dass die Verzögerung einem „failure to act" gleichkommt.

[1832] *In re 176–178 East Main St., Amsterdam, N.Y.* (County Ct. 1933) 263 N.Y.S. 162, 166, *affd.*, (3rd Dept. 1933) 264 N.Y.S. 717, *rev. on other grounds*, (1934) 188 N.E. 647.

[1833] So das Gericht in der Entscheidung *Dunnell v. Keteltas* (Sup. Ct. 1863) 16 Abb. Pr. 205.

[1834] *In re 176–178 East Main St., Amsterdam, N.Y.* (County Ct. 1933) 263 N.Y.S. 162, 166, *affd.*, (3rd Dept. 1933) 264 N.Y.S. 717, *rev. on other grounds*, (1934) 188 N.E. 647.

dd. Durchsetzung eines Ablehnungsrechts

Die Parteien eines auf der Grundlage der New Yorker Standardpolice für die Brandschutzversicherung abgeschlossenen Schiedsgutachtenvertrags können die Frage des Bestehens bzw. Nichtbestehens oder der Präklusion eines statthaften Ablehnungsgrundes bereits vor Erstattung des Schiedsgutachtens im Rahmen einer Feststellungsklage[1835] klären lassen. Das Schiedsgutachtenverfahren kann dabei auf Antrag für die Dauer des Feststellungsverfahrens ausgesetzt werden. Darüber hinaus ist die anspruchsberechtigte Partei befugt, ihre Rechte im Klagewege zu verfolgen, wenn die andere Partei entgegen ihrer sich aus der Standardpolice ergebenden vertraglichen Verpflichtung einen Schiedsgutachter ernannt hat, der nicht den festgelegten Anforderungen an seine Unvoreingenommenheit entspricht.

Im Geltungsbereich des CPLR § 7601 sind die Gerichte darüber hinaus befugt, auf Antrag einer Partei in einem „special proceeding"[1836] nach pflichtgemäßem Ermessen über das Bestehen oder die Präklusion eines statthaften Ablehnungsgrundes bereits vor Erstattung des Schiedsgutachtens zu entscheiden und ggf. – entsprechend dem für Schiedsrichter geltenden Grundsatz[1837] – einen Ersatzschiedsgutachter zu ernennen. In einer neueren Entscheidung hat ein Gericht einen entsprechenden Antrag allerdings mit der Begründung abgelehnt, dass zunächst das Ergebnis des Schiedsgutachtens abgewartet werden solle, da es nicht ausgeschlossen werden könne, dass die betroffene Partei mit dem Ergebnis des Schiedsgutachtens zufrieden sei. Das entspricht dem Charakter der Abberufung eines Schiedsgutachters als „extraordinary relief".[1838]

ee. Auslegung des Schiedsgutachtenvertrags

Ist der Schiedsgutachtenvertrag hinsichtlich der Aufgabenstellung oder der von den Schiedsgutachtern zugrunde zu legenden und heranzuziehenden Entscheidungsmaßstäbe und -kriterien nicht eindeutig, können die Parteien nach Common Law die sich aus dem Schiedsgutachtenvertrag ergebenden Entscheidungsmaßstäbe und -kriterien grundsätzlich im Wege einer Feststellungskla-

---

[1835] Vgl. *Jacobson v. Fireman's Fund Ins. Co.* (S.D.N.Y. 1996) 1996 U.S. Dist. Lexis 5532. – Da die Frage des Vorliegens eines statthaften Ablehnungsgrundes eine Tatfrage ist, die als solche grundsätzlich – nach entsprechender „pre-trial discovery" – im Rahmen eines Jury-Trial entschieden werden muss, ist dies kaum als effektiver Rechtsbehelf zur Durchsetzung eines etwaigen Ablehnungsrechts anzusehen.

[1836] Vgl. *W & HM Realty Co., LLC v. 853 Seventh Avenue Owners, LLC* (1st Dept. 2005) 789 N.Y.S.2d 32; *Jacobson v. Fireman's Fund Ins. Co.* (S.D.N.Y. 1996) 1996 U.S. Dist. Lexis 5532.

[1837] *Astoria Medical Group v. Health Ins. Pl. of Gr. N.Y.* (1962) 182 N.E.2d 85, 86; *Siegel v. Lewis* (1976) 358 N.E.2d 484, 487; Annotation, 65 A.L.R.2d (1959), S. 755 ff.

[1838] Dazu: *W & HM Realty Co., LLC v. 853 Seventh Avenue Owners, LLC* (1st Dept. 2005) 789 N.Y.S.2d 32.

ge[1839] (CPLR § 3001) mit für die Parteien, die Schiedsgutachter und andere Gerichte bindender Wirkung feststellen lassen.[1840] Das gilt jedoch nur dann, wenn entweder die den Gegenstand der Feststellungsklage bildenden Fragestellungen nicht in den Zuständigkeitsbereich der Schiedsgutachter fallen[1841] oder sie zwar in den Zuständigkeitsbereich der Schiedsgutachterstelle fallen, jedoch keine Partei die Einrede des Schiedsgutachtenvertrags erhebt.[1842]

Im Geltungsbereich der Vorschrift des CPLR § 7601 können die Parteien Unklarheiten hinsichtlich der Aufgabenstellung oder der von der Schiedsgutachterstelle heranzuziehenden Entscheidungsmaßstäbe und -kriterien demgegenüber nicht nur im Rahmen einer Feststellungsklage[1843], sondern auch mittelbar im Rahmen eines Antrags auf „specific performance“[1844] oder eines Antrags auf Ernennung eines Schiedsgutachters beseitigen lassen. Die Gerichte sind nach ihrem Ermessen befugt, einem solchen Antrag nur unter Auflagen (wie etwa der Berücksichtigung bestimmter Entscheidungsmaßstäbe oder -kriterien) zu entsprechen. Beruft sich allerdings eine Partei darauf, dass eine zum Gegenstand einer Feststellungsklage gemachte Fragestellung aufgrund des einer Schiedsgutachterstelle grundsätzlich eingeräumten weiten Ermessens bei der Entscheidungsfindung jedenfalls *de facto* in den Zuständigkeitsbereich der Schiedsgutachterstelle falle, darf das angegangene Gericht der Schiedsgutachterstelle nur solche Entscheidungsmaßstäbe und -kriterien vorgeben, die im Schiedsgutachtenvertrag ausdrücklich genannt sind oder sich dem Schiedsgutachtenvertrag jedenfalls unzweideutig entnehmen lassen.[1845]

1839 *Casolaro*, 65 N.Y.St.B.J. (1993), Part II, S. 47.

1840 *Ruth v. S.Z.B. Corp.* (Sup. Ct. 1956) 153 N.Y.S.2d 163, 168, *affd.*, (1st Dept. 1956) 158 N.Y.S.2d 754; *United Equities Inc. v. Mardordic Realty Co.* (1st Dept. 1959) 187 N.Y.S.2d 714, 719, *affd.*, (1960) 165 N.E.2d 426; *185 Lexington Holding Corp. v. Holman* (Sup. Ct. 1959) 189 N.Y.S.2d 269, 271, *affd.*, (1st Dept. 1960) 197 N.Y.S.2d 404, *affd.*, (1960) 169 N.E.2d 8; *Plaza Hotel Assoc. v. Wellington Assoc.* (Sup. Ct. 1967) 285 N.Y.S.2d 941, 946, *affd.*, (1st Dept. 1967) 285 N.Y.S.2d 267, *affd.* (1968) 239 N.E.2d 736; *Archdiocese of New York v. Amedo Hotels LLP* (1st Dept. 2002) 742 N.Y.S.2d 635, 636; 853 *Seventh Avenue Owners, LLC v. W & HM Realty Co., LLC* (1st Dept. 2005) 794 N.Y.S.2d 373, 373 f.; *McGraw-Hill Companies, Inc. v. School Specialty, Inc.* (Sup. Ct. 2006) 2006 WL 16305. Siehe hierzu allgemein (wenn auch bezogen auf die Frage der Zulässigkeit bei Schiedsvereinbarungen): Annotation, 12 A.L.R.3d (1967), S. 854 ff.

1841 In dem Urteil *140 Broadway Co. v. Dewey, Ballantine, Bushby, Palmer & Wood* (1st Dept. 1983) 465 N.Y.S.2d 193, 195, hat das Gericht eine solche Feststellungsklage bei einer Schiedsvereinbarung im Gegensatz zu der Vorinstanz mit der Begründung für zulässig erklärt, dass in diesem konkreten Fall die Entscheidung nicht in die Zuständigkeit der Schiedsrichter falle; vgl. hierzu auch *ITT Sheraton Corp. v. 801 Seventh Ave., Inc.* (1st Dept. 1992) 586 N.Y.S.2d 889.

1842 Siehe dazu Breitel, J. (dissenting), *United Equities Inc. v. Mardordic Realty Co.* (1st Dept. 1959) 187 N.Y.S.2d 714, 720, Fußnote 1; Hofstadter, J., *Ruth v. S.Z.B. Corp.* (Sup. Ct. 1956) 153 N.Y.S.2d 163, 166.

1843 *New York Overnight Partners, LLP v. Gordon* (1996) 673 N.E.2d 123, 125.

1844 Vgl. z.B. *Matter of Westmoreland Coal Co. v. Entech, Inc.* (2003) 100 N.Y.2d 352, 357 ff.

1845 *New York Overnight Partners, LLP v. Gordon* (1996) 673 N.E.2d 123, 125 f.

b. Nach Erstattung des Schiedsgutachtens

aa. Vacation

Im Falle eines Schiedsgutachtens, das auf der Grundlage der Standardpolice für die Brandschutzversicherung erstattet worden ist, können Aufhebungsgründe entweder als Einrede gegenüber einer auf das Schiedsgutachten gestützten Leistungsklage[1846] oder im Rahmen einer auf Aufhebung des Schiedsgutachtens gerichteten Gestaltungsklage („action to set aside")[1847] geltend gemacht werden. Liegen die Voraussetzungen für die Zulässigkeit eines „summary proceeding" vor, kann über die Frage der Aufhebbarkeit auch in einem „summary judgement" entschieden werden.[1848] Dagegen kann bei einem solchen Schiedsgutachten über die Frage der Aufhebbarkeit nicht in einem beschleunigten Antragsverfahren („motion to vacate") entschieden werden.

Dagegen können die Parteien eines in den Geltungsbereich des CPLR § 7601 fallenden Schiedsgutachtenvertrags die Frage der Aufhebbarkeit des Schiedsgutachtens grundsätzlich auch im Rahmen einer „motion to vacate" klären lassen,[1849] die Gerichte lassen einen solchen Antrag regelmäßig zu. Dabei sind die Parteien aber nicht an die in CPLR § 7511(a) enthaltene 90-Tagesfrist gebunden.[1850]

bb. Modification

Nach Common Law können etwaige Rechenfehler im Schiedsgutachten (oder Formfehler des Schiedsgutachtens) von den Schiedsgutachtern selbst nicht korrigiert werden, da ihr Amt – wie bei Common-Law-Schiedsrichtern – mit Erstattung des Schiedsgutachtens endet.[1851] Auch Unklarheiten des Schiedsgutachtens können von den Schiedsgutachtern nicht korrigiert werden. Allerdings ist ein Gericht nach den für Common-Law-Schiedssprüche geltenden Regeln befugt, auf Antrag einer Partei entweder in einem separaten Klageverfahren oder in dem über die bindende Wirkung des Schiedsgutachtens geführten Verfahren Rechenfehler oder sonstige Irrtümer der Schiedsgutachter zu korrigieren, soweit sich diese dem Schiedsgutachten selbst oder Unterlagen entneh-

---

[1846] *European-American Banking Corp. v. Chock Full O'Nuts Corp.* (App. T. 1981) 442 N.Y.S.2d 715, 718.

[1847] *Moore v. Eadie* (1927) 156 N.E. 653, 654.

[1848] *Plaza Hotel Assoc. v. Wellington Assoc.* (Sup. Ct. 1967) 285 N.Y.S.2d 941, 946, *affd.*, (1st Dept. 1967) 285 N.Y.S.2d 267, *affd.*, (1968) 239 N.E.2d 736.

[1849] *Matter of Builtland Partners* (1st Dept. 1983) 461 N.Y.S.2d 24, 25; *Winter Management Corp. v. Perlbinder* (1st Dept. 1992) 579 N.Y.S.2d 867.

[1850] *Johnson v. Chemical Bank* (County Ct. 1990) 555 N.Y.S.2d 538, 541.

[1851] *Herbst v. Hagenaers* (1893) 33 N.E. 315, 316: „It is unnecessary to make further reference to any action of the arbitrators subsequent to the delivery of the first paper because by that act they became *functus officio* and without any power to alter or modify the award or do any other act under the submission."

men lassen, die den Parteien mit dem Schiedsgutachten zusammen zur Verfügung gestellt worden sind.[1852] Unter diesen Voraussetzungen kann also von Seiten des Gerichts auch ein Schiedsgutachten korrigiert werden, das auf der Grundlage der New Yorker Standardpolice für die Brandschutzversicherung erstattet worden ist.[1853] Eine Klärung von Unklarheiten des Schiedsgutachtens ist den Gerichten dagegen verwehrt.

Im Falle eines in den Geltungsbereich der Vorschrift des CPLR § 7601 fallenden Schiedsgutachtens sind die Gerichte darüber hinaus befugt, Rechenfehler, andere Irrtümer der Schiedsgutachter und teilweise auch Formfehler entsprechend den für einen Schiedsspruch geltenden Regeln des CPLR § 7511(c) auf Antrag zu korrigieren oder zu modifizieren.[1854] Unklarheiten des Schiedsgutachtens können allerdings auch insoweit vom Gericht nicht korrigiert werden. Insoweit sind sie aber – ebenso wie bei Schiedssprüchen (CPLR § 7511(d)) – befugt, das Schiedsgutachten zur Klärung dieser Unklarheiten an die Schiedsgutachterstelle zurückzuverweisen.[1855]

Dagegen sind die New Yorker Gerichte außerhalb der oben genannten Grundsätze des Common Law, des CPLR § 7511(c) und den im Falle eines „excess of powers“ geltenden Grundsätzen nicht zu einer Korrektur des Schiedsgutachtens im Wege einer bloßen Teilaufhebung befugt.

cc. Confirmation

Schiedsgutachten, die auf Grundlage der New Yorker Standardpolice für die Brandschutzversicherung erstattet worden sind, können grundsätzlich nicht zum Gegenstand eines vollstreckungsfähigen Urteils („confirmation“) gemacht werden. Etwas anderes gilt nur dann, wenn die Parteien dies ausdrücklich vereinbart haben.[1856] Ohne eine solche Vereinbarung ist der Versicherungsnehmer nach Erstattung des Schiedsgutachtens darauf beschränkt, seine Rechte aus dem zugrunde liegenden Anspruch im Wege einer auf das Schiedsgutachten gestützten[1857] Leistungsklage zu verfolgen.[1858] Liegen die entsprechenden Voraussetzungen vor, kann aber in diesen Fällen auch eine Entscheidung über den dem Schiedsgutachten zugrunde liegenden Anspruch in einem (in etwa dem Ur-

---

[1852] N.Y. Jur. 2d, Bd. 5, Arbitration & Award, 1997, § 253.

[1853] Zu den Möglichkeiten einer Korrektur von Schiedssprüchen nach Common Law und Statute siehe Annotation, 36 A.L.R.3d (1971), S. 939 ff.; 37 A.L.R.3d (1971), S.200 ff.

[1854] *Matter of Builtland Partners* (1st Dept. 1983) 461 N.Y.S.2d 24, 25; *Johnson v. Chemical Bank* (County Ct. 1990) 555 N.Y.S.2d 538, 541.

[1855] Vgl. *Matter of Builtland Partners* (1st Dept. 1983) 461 N.Y.S.2d 24, 25; *Casolaro*, 65 N.Y.St.B.J. (1993), Part II, S. 49.

[1856] *Matter of Sigelman* (3rd Dept. 1951) 109 N.Y.S.2d 115, 116; *Schiller v. Cosmopolitan Mut. Cas. Co. of N.Y.* (Sup. Ct. 1959) 191 N.Y.S.2d 852, 856.

[1857] Mc Laughlin, Practice Commentaries zu CPLR § 7601 (1980),S. 661.

[1858] *Application of Hollander* (1st Dept. 1963) 243 N.Y.S.2d 979, 981, *affd.*, (1964) 203 N.E.2d 646.

kundsprozess des deutschen Rechts vergleichbaren) „summary proceeding" ergehen.[1859]

Dagegen kann ein in den Geltungsbereich des CPLR § 7601 fallendes Schiedsgutachten in einem „appropriate case"[1860]auf Antrag einer Partei auch ohne ausdrückliche Vereinbarung der Parteien zum Gegenstand eines vollstreckungsfähigen Urteils gemacht werden.[1861] Dabei kann ein solcher Antrag auch noch nach der in CPLR § 7510 für Schiedssprüche festgelegten Ein-Jahres-Frist gestellt werden.[1862] Die Gerichte geben einem solchen Antrag heute regelmäßig statt.[1863] Ein „appropriate case" wird von den Gerichten heute grundsätzlich nur noch dann verneint, wenn entweder neben der durch das Schiedsgutachten festgestellten Höhe eines Zahlungsanspruchs auch das Bestehen des Zahlungsanspruchs selbst noch streitig ist,[1864] oder wenn das Schiedsgutachten lediglich eine aufschiebende Bedingung zur Geltendmachung bestimmter vertraglicher Rechte darstellt.[1865]

[1859] *European-American Banking Corp. v. Chock Full O'Nuts Corp.* (App. T. 1981) 442 N.Y.S.2d 715, 718.

[1860] *Penn Cent. Corp. v. Consolidated Rail Corp.* (1982) 436 N.E.2d 512, 517.

[1861] Die New Yorker Gerichte sehen diese Möglichkeit der Vollstreckbarerklärung des Schiedsgutachtens als Ausfluss des Rechts auf „specific performance" des Schiedsgutachtenvertrags an; vgl. dazu Cardozo, Ch.J., *Finsilver, Still & Moss v. Goldberg* (1930) 171 N.E. 579, 582: „The motion to confirm is equivalent to carry into effect the terms of the agreement and the arbitration had thereunder."

[1862] *Casolaro*, 65 N.Y.St.B.J. (1993), Part II, S. 49.

[1863] Vgl. *Application of Builtland Partners [Jack LaLane Biltmore Health Spa]* (1st Dept. 1985) 486 N.Y.S.2d 728, 729, *affd.*, (1985) 489 N.E.2d 1298; *Brown v. Estate of Rosenstock* (1st Dept. 1990) 554 N.Y.S.2d 608; *Estate of Walter R. Kaluta v. Trapani* (County Ct. 2002) N.Y.L.J. March 21st, 2002, S. 23 Sp. 6; *Creative Communication of America, Inc. v. Green Harbour Communications* (Sup. Ct. 2004) N.Y.L.J. May 20th, 2004, S. 19 Sp. 1; *Grosz v. Serge Sabarsky, Inc.* (1st Dept. 2005) 24 A.D.264, 265; *Casolaro*, 65 N.Y.St.B.J. (1993), Part II, S. 48 f.

[1864] Anders noch *Penn Cent. Corp. v. Consolidated Rail Corp.* (1982) 436 N.E.2d 512, 517 f., in dem der Court of Appeals einen „appropriate case" immer dann verneinte, wenn nach Ergehen des Schiedsgutachtens noch weitere Punkte streitig waren. Aus der Entscheidung *Application of Builtland Partners [Jack LaLane Biltmore Health Spa]* (1st Dept. 1985) 486 N.Y.S.2d 728, 729, *affd.*, (1985) 489 N.E.2d 1298, ist aber zu entnehmen, dass ein „appropriate case" insoweit nur noch dann zu verneinen ist, wenn über den dem Schiedsgutachtenvertrag zugrunde liegenden Anspruch nach Ergehen des Schiedsgutachtens noch Streit besteht; eine fortbestehende Streitigkeit über irgendeinen anderen Anspruch hindert die Vollstreckbarerklärung dagegen nicht. Ebenso: *Grosz v. Serge Sabarsky, Inc.* (1st Dept. 2005) 24 A.D.264, 265.

[1865] *Penn Cent. Corp. v. Consolidated Rail Corp.* (1982) 436 N.E.2d 512, 517 f. Dies ist etwa der Fall, wenn in einem Gesellschaftsvertrag das Recht eines Gesellschafters zur Ausübung einer Kaufoption auf der Grundlage einer von Schiedsgutachtern vorgenommenen Wertermittlung vorgesehen ist; vgl. insoweit die Entscheidungen *Mutual Life Ins. Co. v. Stephens* (1915) 108 N.E. 856; *In re Fletcher* (1924) 143 N.E. 248; *Application of Hollander* (1st Dept. 1963) 243 N.Y.S.2d 979, *affd.*, (1964) 203 N.E.2d 646.

Dritter Teil

Vergleich und Bewertung des deutschen und des New Yorker Schiedsgutachtenrechts

Im Anschluss an die Darstellung der Rechtsfolgen eines Schiedsgutachtenvertrags nach deutschem und New Yorker Recht sollen nunmehr die Regeln des deutschen und des New Yorker Schiedsgutachtenrechts miteinander verglichen werden. Der Vergleich beschränkt sich dabei auf diejenigen Rechtsfolgen, deren Untersuchung Bedeutung für die Beantwortung der Frage hat, inwieweit das deutsche und das New Yorker Schiedsgutachtenrecht unter Berücksichtigung der in der Einleitung zitierten Stellungnahmen des deutschen Schrifttums und der deutschen rechtsberatenden Praxis jeweils als sach- und interessengerecht angesehen werden können.

Dabei sollen aus dem New Yorker Recht allerdings nur die Rechtsfolgen herangezogen werden, die dieses Recht an einen Schiedsgutachtenvertrag der ersten Fallgruppe knüpft. Lediglich beim Vergleich der gerichtlichen Kontrolle von Schiedsgutachten sollen auch die für Schiedsgutachten der zweiten und dritten Fallgruppe geltenden Regeln herangezogen werden. Diese Beschränkung des Vergleichs findet ihre Rechtfertigung darin, dass die Rechtsfolgen, die das New Yorker Recht an Schiedsgutachtenverträge der zweiten oder dritten Fallgruppe knüpft, sich entweder mit den Rechtsfolgen decken, die an die einbezogenen Schiedsgutachtenverträge geknüpft werden, oder im Wesentlichen den Rechtsfolgen entsprechen, die das deutsche Recht an Schiedsgutachtenverträge knüpft. Die Einbeziehung auch dieser Schiedsgutachtenverträge in den nachfolgenden Vergleich würde daher keinen wesentlichen zusätzlichen Erkenntnisgewinn bringen. Insoweit erscheint es ausreichend, festzustellen, dass der Gesetzgeber im Rahmen der New Yorker Standardpolice für die Brandschutzversicherung Schiedsgutachter gewissen Mindestanforderungen an ihre Sachkunde und strengen Anforderungen hinsichtlich ihrer Neutralität unterworfen hat.

I. Vergleich des deutschen und des New Yorker Schiedsgutachtenrechts

A. Schiedsgutachtenvertrag

1. Wirkungen

a. *Wirkungen im Prozess*

Das deutsche[1866] und das New Yorker Recht[1867] gehen übereinstimmend davon aus, dass in einem Gerichtsverfahren der Schiedsgutachtenvertrag nicht von Amts wegen, sondern nur auf Einrede zu berücksichtigen ist.

Nach deutschem Recht kann dabei allerdings grundsätzlich jeder wirksame Schiedsgutachtenvertrag einredeweise einer Leistungs- oder Feststellungsklage entgegengehalten werden, im Rahmen derer über Fragen zu entscheiden ist, deren Entscheidung in die Zuständigkeit der Schiedsgutachterstelle fällt. Dagegen kann nach New Yorker Recht ein Schiedsgutachtenvertrag einer Leistungs- oder Feststellungsklage einredeweise nur dann entgegengehalten werden, wenn die Parteien das Recht auf klageweise Geltendmachung des mit der Leistungsklage eingeklagten bzw. des der Feststellungsklage zugrunde liegenden Anspruchs unter die aufschiebende Bedingung der vorherigen Erstattung des Schiedsgutachtens gestellt haben.

Beruft sich der Anspruchsgegner gegenüber einer Leistungsklage zulässigerweise auf die Einrede des Schiedsgutachtenvertrags, so ist die Klage nach deutschem Recht nicht als unzulässig, sondern lediglich als „zur Zeit unbegründet" abzuweisen. Es steht jedoch im Ermessen des erkennenden Gerichts, der klagenden Partei zuvor in entsprechender Anwendung der Vorschriften der §§ 356, 431 ZPO eine Frist zur Beibringung des Schiedsgutachtens zu setzen. Nach New Yorker Recht ist dagegen eine Leistungsklage bei zulässiger Berufung auf die Einrede des Schiedsgutachtenvertrags als unbegründet („on the merits") abzuweisen. Allerdings hindert auch hier die Rechtskraft des klageabweisenden Urteils nicht die Erhebung einer erneuten Klage nach Erstattung des Schiedsgutachtens oder nach Entfallen der Wirkungen des Schiedsgutachtenvertrags.

Ist im Rahmen einer Feststellungsklage über Fragestellungen zu entscheiden, die in den Zuständigkeitsbereich der Schiedsgutachterstelle fallen, so ist die Feststellungsklage nach deutschem Recht bei Erhebung der Einrede des Schiedsgutachtenvertrags als ganz oder teilweise unbegründet abzuweisen.

1866 Zu den prozessualen Wirkungen eines Schiedsgutachtenvertrags im deutschen Recht siehe oben S. 65 ff.

1867 Zu den Wirkungen eines Schiedsgutachtenvertrags im Prozess nach New Yorker Recht siehe oben S. 213 ff.

Dagegen ist es im New Yorker Schiedsgutachtenrecht unklar, ob in diesem Fall die Feststellungsklage als teilweise unzulässig oder teilweise unbegründet abzuweisen ist.

Nach deutschem Recht ist das Gericht bei Erhebung der Einrede des Schiedsgutachtenvertrags nicht befugt, das Klageverfahren entsprechend § 148 ZPO bis zur Erstattung des Schiedsgutachtens auszusetzen. Demgegenüber kann in diesen Fällen nach New Yorker Recht das gerichtliche Verfahren auf Antrag einer Partei bis zur Erstattung des Schiedsgutachtens ausgesetzt werden („stay of action“). Das gilt auch dann, wenn der konkrete Schiedsgutachtenvertrag keine Einrede begründet.

b. Wirkungen zwischen den Parteien

Auch ohne ausdrückliche Vereinbarung sind die Parteien nach beiden Rechtsordnungen verpflichtet, alles Erforderliche zu tun, um dem Schiedsgutachtenverfahren zum Erfolg zu verhelfen, und alles zu unterlassen, was den Sinn und Zweck der getroffenen Vereinbarung gefährden könnte.[1868] Dabei treffen diese Pflichten nach deutschem Recht beide Parteien im gleichen Maße. Das gilt im Grundsatz auch im New Yorker Recht. Anders ist dies allerdings in den Fällen, in denen die Parteien das Recht des Anspruchstellers auf klageweise Geltendmachung seines Anspruchs unter die aufschiebende Bedingung der vorherigen Erstattung des Schiedsgutachtens gestellt haben. In diesen Fällen trifft den Anspruchsteller eine gesteigerte Pflicht, alles Erforderliche zu tun, um dem Schiedsgutachtenverfahren zum Erfolg zu verhelfen.

Der konkrete Umfang der Handlungs- und Unterlassungspflichten der Parteien bestimmt sich in beiden Rechtsordnungen nach der getroffenen Vereinbarung oder den Umständen des Einzelfalls. Eine generelle Beschleunigungspflicht trifft die Parteien allerdings nur nach deutschem Recht. Das New Yorker Recht bejaht eine solche Pflicht nur von Fall zu Fall. Im praktischen Ergebnis unterscheiden sich die beiden Rechtsordnungen aber nicht allzu sehr.

Übereinstimmung besteht zwischen beiden Rechtsordnungen auch darüber, dass keine Partei verpflichtet ist, bei Störungen für die Durchführung oder den weiteren Fortgang des Schiedsgutachtenverfahrens die ihr zur Verfügung gestellten Rechtsbehelfe auszuschöpfen. Das gilt im Geltungsbereich des New Yorker Rechts auch in den Fällen, in denen den Anspruchsteller eine gesteigerte Pflicht trifft, alles Erforderliche für seinen erfolgreichen Abschluss zu tun. Allerdings kann das angegangene Gericht hier den Anspruchsteller nach seinem Ermessen auf die vorherige Ausschöpfung der den Parteien im Anwendungsbereich des CPLR § 7601 zur Verfügung stehenden Rechtsbehelfe verweisen, und zwar grundsätzlich auch ohne einen diesbezüglichen Antrag der anderen Partei.

1868 Siehe hierzu sowie zum Folgenden oben S. 63 ff. und S. 210 ff.

2. Entfallen der Wirkungen

a. *Entfallen der Wirkungen im Prozess*

Nach deutschem Recht[1869] kann sich der Anspruchsgegner nicht länger auf die Einrede des Schiedsgutachtenvertrags berufen, wenn er auf sein Recht auf Durchführung des Schiedsgutachtenverfahrens verzichtet oder etwaige ihn treffende Mitwirkungspflichten nicht innerhalb einer im Einzelfall objektiv angemessenen Frist erfüllt hat. Auf demselben Standpunkt steht auch das New Yorker Recht.[1870] Da die Parteien nach New Yorker Recht aber keine generelle Beschleunigungspflicht trifft, entfällt das Einrederecht im Falle der Nichterfüllung einer Mitwirkungspflicht innerhalb angemessener Frist grundsätzlich nur dann, wenn im konkreten Fall eine Beschleunigungspflicht zu bejahen ist. Anderenfalls entfällt das Einrederecht erst dann, wenn die Verzögerung so lange währt, dass sie einer Verweigerung der Erfüllung der Mitwirkungspflicht gleichkommt.

Das deutsche und das New Yorker Recht stimmen im Grundsatz auch darin überein, dass sich der Anspruchsgegner auf eine Einrede des Schiedsgutachtenvertrags dann nicht mehr berufen kann, wenn ein Hindernis für die Durchführung oder den Fortgang des Schiedsgutachtenverfahrens eintritt, das weder der einen noch der anderen Partei zuzurechnen ist. Ebenso stimmen beide Rechtsordnungen im Grundsatz darin überein, dass auch eine Verzögerung des Schiedsgutachtenverfahrens durch einen Schiedsgutachter zum Wegfall des Einrederechts führen kann. Beide Rechtsordnungen unterscheiden sich aber in den Anforderungen, die sie an eine derartige Verzögerung stellen. Dies erklärt sich daraus, dass dem New Yorker Recht eine Pflicht der Schiedsgutachter zur beschleunigten Durchführung des Schiedsgutachtenverfahrens im Prinzip fremd ist. Im praktischen Ergebnis dürften das deutsche und das New Yorker Recht aber insoweit nicht allzu weit auseinander liegen. Weiterhin stimmen beide Rechtsordnungen auch darin überein, dass eine Verzögerung das Einrederecht des Anspruchsgegners nicht entfallen lässt, wenn diese von einem Partei-Schiedsgutachter ausgeht. Handelt es sich insoweit um den Partei-Schiedsgutachter des Anspruchsgegners, ist dieser verpflichtet, an Stelle seines bisherigen Schiedsgutachters einen neuen Schiedsgutachter zu ernennen. Erst wenn der Anspruchsgegner die Erfüllung dieser Pflicht verzögert, entfällt sein Einrederecht. Handelt es sich dagegen bei dem betreffenden Partei-Schiedsgutachter um den vom Anspruchsteller ernannten Schiedsgutachter, so ist dieser zur Ernennung eines neuen Schiedsgutachters verpflichtet. Das Einrederecht des Anspruchsgegners entfällt in diesem Fall grundsätzlich nicht.

[1869] Zu den Voraussetzungen, unter denen nach deutschem Recht die prozessualen Wirkungen eines Schiedsgutachtenvertrags entfallen, siehe oben S. 67 ff.

[1870] Zu den Umständen, unter denen nach New Yorker Recht die prozessualen Wirkungen eines Schiedsgutachtenvertrags entfallen, siehe S. 215 ff.

Kann sich nach dem Vorstehenden der Anspruchsgegner nicht mehr auf eine Einrede des Schiedsgutachtenvertrags berufen, zeigen sich allerdings deutliche Unterschiede zwischen dem deutschen und dem New Yorker Recht. Nach deutschem Recht ist der Anspruchsteller in diesen Fällen nunmehr frei (und mangels abweichender vertraglicher Vereinbarungen im Regelfall auch gezwungen), eine gerichtliche Entscheidung über die im Schiedsgutachtenvertrag festgelegten Fragestellungen herbeizuführen. Demgegenüber bleibt nach New Yorker Recht der Anspruchsgegner trotz Verlust seines Einrederechts im Prinzip berechtigt, Anträge auf Aussetzung des gerichtlichen Verfahrens oder eine gerichtliche Anweisung der anspruchsberechtigten Partei zur Durchführung oder Fortsetzung des Schiedsgutachtenverfahrens zu stellen. Über diese Anträge entscheidet das Gericht nach seinem pflichtgemäßen Ermessen. Darüber hinaus kann das angegangene Gericht den Anspruchsteller in diesen Fällen auch ohne einen diesbezüglichen Antrag des Anspruchsgegners auf die Rechtsbehelfe nach CPLR § 7601 verweisen.

b. Entfallen der Wirkungen zwischen den Parteien

Sowohl nach deutschem als auch nach New Yorker Recht[1871] entfällt das Recht einer Partei, von der anderen Partei die Durchführung des Schiedsgutachtenverfahrens zu verlangen, wenn die betreffende Partei auf dieses Recht verzichtet oder es verwirkt hat. Dasselbe gilt im Ergebnis, wenn eine Berufung auf dieses Recht als missbräuchlich anzusehen wäre. Dabei stellen die deutschen Gerichte allerdings an die Bejahung eines Verzichts, einer Verwirkung oder eines Missbrauchs geringere Anforderungen als die New Yorker Gerichte.[1872] Dies dürfte sich daraus erklären, dass das New Yorker Recht – anders als das deutsche Recht – den Parteien heute effektive Rechtsbehelfe zur Verfügung stellt.

Unterschiedlicher Auffassung sind das deutsche und das New Yorker Recht auch hinsichtlich der Frage des Außerkrafttretens des Schiedsgutachtenvertrags. Nach deutschem Recht tritt der Schiedsgutachtenvertrag immer dann außer Kraft, wenn ein Fall des „Nichtkönnens" der des „Nichtwollens" oder eine Verzögerung gemäß § 319 I 2 Halbs. 2 BGB, §§ 64 I 3, 184 I 3 VVG vorliegt und die Parteien – wie regelmäßig – nichts anderes vereinbart haben. Eine Partei kann sich daher in diesen Fällen nicht für die Durchsetzung der

---

[1871] Zu den Voraussetzungen, unter denen die Wirkungen eines Schiedsgutachtenvertrags zwischen den Parteien entfallen, siehe oben S. 71 f. und S. 219 f.

[1872] Allerdings sind die hier in Bezug genommenen Entscheidungen deutscher Gerichte praktisch alle zu der Frage ergangen, unter welchen Voraussetzungen das Verhalten des Versicherers als ein Verzicht auf sein Recht anzusehen ist, vom Versicherungsnehmer die Durchführung des Schiedsgutachtenverfahrens zu verlangen. Auch das New Yorker Recht stellt im Geltungsbereich der New Yorker Standardpolice für die Brandschutzversicherung im Grundsatz immer noch geringere Anforderungen an die Bejahung eines Verzichts des Versicherers auf sein Recht auf Durchführung des Schiedsgutachtenverfahrens. Siehe dazu oben S. 219.

Durchführung des Schiedsgutachtenverfahrens im Wege einer Klage gegen die andere Partei und/oder gegen den oder die Schiedsgutachter entscheiden, sondern ist gezwungen, eine gerichtliche Entscheidung über die maßgeblichen Fragestellungen herbeizuführen. Demgegenüber lässt das New Yorker Recht in allen diesen Fällen nur das Recht des Anspruchsgegners entfallen, sich weiterhin auf die Einrede des Schiedsgutachtenvertrags zu berufen. Dagegen bleiben die Parteien einander in diesen Fällen weiterhin zur Durchführung des Schiedsgutachtenvertrags verpflichtet.

B. Schiedsgutachter

1. Qualifikation

a. Sachkunde

Nach deutschem Recht müssen Schiedsgutachter gewissen Mindestanforderungen an ihre Sachkunde genügen.[1873] Dagegen unterwirft das New Yorker Recht Schiedsgutachter grundsätzlich keinen derartigen Mindestanforderungen. Eine eindeutig unzureichende Sachkunde verpflichtet die Schiedsgutachter allerdings, den Parteien über das rechtlich geforderte Mindestmaß hinaus rechtliches Gehör zu gewähren. Insoweit bestehen jedenfalls mittelbar gewisse Mindestanforderungen an die Sachkunde der Schiedsgutachter.

Dieses mittelbare Sachkundeerfordernis begründen die New Yorker Gerichte mit dem Parteiwillen. Auch das deutsche Recht stützt seine Mindestanforderungen auf eine ergänzende Auslegung des Schiedsgutachtenvertrags.

Beide Rechtsordnungen unterscheiden sich allerdings hinsichtlich der inhaltlichen Anforderungen. Nach New Yorker Recht ist unzureichende Sachkunde eines Schiedsgutachters grundsätzlich nur dann rechtlich erheblich, wenn diese eindeutig unzureichend ist. Dagegen begegnet nach deutschem Recht das Tätigwerden jedenfalls eines allein entscheidenden Schiedsgutachters schon dann rechtlichen Bedenken, wenn dieser nicht über die erforderliche Sachkunde verfügt. Die neuere Rechtsprechung stellt insoweit – anders als das New Yorker Recht – tendenziell strenge Anforderungen.

b. Neutralität

In beiden Rechtsordnungen[1874] besteht Übereinstimmung darüber, dass Schiedsgutachter von Rechts wegen gewissen Mindestanforderungen an ihre Neutralität unterliegen. Unterschiede bestehen jedoch bei der Begründung

---

[1873] Mit den Anforderungen an die Sachkunde eines Schiedsgutachters nach deutschem und New Yorker Recht befassen sich die S. 75 ff. und die S. 222 f.

[1874] Dazu und zum Folgenden: S. 77 ff. und S. 223 ff.

dieser Mindestanforderungen, aber auch teilweise bei ihrer inhaltlichen Ausgestaltung.

Das New Yorker Recht steht auf dem Standpunkt, dass Schiedsgutachter quasi-richterliche Funktionen ausüben und insoweit Schiedsrichtern vergleichbar sind. Es stützt deshalb die an Schiedsgutachter gestellten rechtlichen Mindestanforderungen auf diese Vergleichbarkeit der Funktionen von Schiedsgutachtern, Schiedsrichtern und Richtern. Demgegenüber steht die deutsche Rechtsprechung bisher im Grundsatz immer noch auf dem Standpunkt, dass Schiedsgutachter keine richterlichen Funktionen ausüben und auch mit Schiedsrichtern weder nach Aufgabe noch Funktion vergleichbar sind. Im deutschen Recht werden die für die Neutralität der Schiedsgutachter geltenden rechtlichen Mindestanforderungen damit begründet, dass der staatliche Richter Mindestanforderungen in Bezug auf seine Neutralität unterliegt und an das Schiedsgutachten gebunden ist. Der Sache nach begründet also das New Yorker Recht die Neutralitätsanforderungen vor allem mit dem Schutzinteresse der Parteien, das deutsche Recht hingegen stützt sich vor allem auf öffentliche Interessen.

Nach der bisherigen deutschen Rechtsprechung sind alle an die Neutralität eines Schiedsgutachters gestellten rechtlichen Mindestanforderungen verzichtbar. Dagegen ist die Frage der Verzichtbarkeit dieser Mindestanforderungen innerhalb der New Yorker Gerichte jedenfalls in Extremfällen umstritten. Unterschiede bestehen auch hinsichtlich der Anforderungen, die an die Neutralität eines Partei-Schiedsgutachters gestellt werden: Das New Yorker Recht stellt hier deutlich strengere Anforderungen als das deutsche Recht. Nach New Yorker Recht muss ein Partei-Schiedsgutachter grundsätzlich unvoreingenommen sein und darf insbesondere kein finanzielles Interesse am Ausgang des Schiedsgutachtenverfahrens haben oder zu der ihn ernennenden Partei in einem Anstellungsverhältnis stehen. Dagegen verlangt das deutsche Recht für einen Partei-Schiedsgutachter insoweit bisher höchstens, dass dieser nicht in einem ständigen festen Abhängigkeits- oder Unterordnungsverhältnis zu der ihn ernennenden Partei stehen darf. Dieser Grundsatz erfasst jedenfalls nicht alle Anstellungsverhältnisse und verlangt darüber hinaus auch nicht, dass der Partei-Schiedsgutachter kein finanzielles Interesse am Ausgang des Schiedsgutachtenverfahrens haben darf. Darüber hinaus unterwirft das New Yorker Recht bisher Partei-Schiedsgutachter deutlich strengeren Neutralitätsanforderungen als Partei-Schiedsrichter; im deutschen Recht ist es umgekehrt. Die Ursache für die unterschiedliche Ausgestaltung der an einen Partei-Schiedsgutachter zu stellenden Neutralitätsanforderungen dürfte darin zu suchen sein, dass die New Yorker Gerichte das in der Person eines Partei-Schiedsgutachters angelegte Spannungsverhältnis zwischen seiner Stellung als Mitglied einer über den Parteien stehenden Entscheidungsinstanz einerseits und seiner Stellung als Interessenwahrer der ihn ernennenden Partei andererseits bisher – anders als das deutsche Recht – zu Lasten der Stellung als Interessenwahrer der ernennenden Partei lösen. Die unterschiedlichen Auffassungen über die sachgerechte Lösung dieses Spannungsverhältnisses sind dabei vor allem durch zwei Faktoren beeinflusst. So hat der New Yorker Gesetzgeber in der Standardpolice für die Brandschutzversicherung strenge Neutralitätsanforderungen aufgestellt. Hingegen hat der deutsche Gesetzgeber in den §§ 317 ff. BGB, §§ 64, 184 VVG keinerlei Neutralitätsanforderungen festgelegt. Hinzu kommt, dass die New Yorker Gerichte im Gegensatz zu den deutschen Gerichten auf dem Standpunkt stehen, dass Schiedsgutachter eine „quasi-judicial function" ausüben.

Dagegen stimmen beide Rechtsordnungen darin überein, dass sowohl ein allein entscheidender Schiedsgutachter als auch der Obmann einer aus mehreren Schiedsgutachtern bestehenden Schiedsgutachterstelle vollkommen unabhängig und unparteiisch sein müssen. Übereinstimmung besteht zwischen dem deutschen und dem New Yorker Schiedsgutachtenrecht auch darüber, dass an die Neutralität eines solchen Obmanns grundsätzlich strengere Anforderungen zu stellen sind als an die Neutralität der Partei-Schiedsgutachter.

2. Ablehnung

a. *Bestehen eines Ablehnungsrechts*

Anders als das deutsche Recht gesteht das New Yorker Recht den Parteien grundsätzlich das Recht zu, einen Schiedsgutachter wegen Befangenheit abzulehnen.[1875] Die Zuerkennung eines solchen Ablehnungsrechts wird dabei von den New Yorker Gerichten nicht begründet, sondern für selbstverständlich erachtet. Grund hierfür sind wohl die vor allem zum Schutz der Parteien bestehenden Neutralitätsanforderungen, die prinzipielle „quasi-judicial function" des Schiedsgutachters und die insoweit gemeinsame rechtshistorische Wurzel von Schiedsgutachtern und Schiedsrichtern. Im deutschen Recht wird die Verneinung eines solchen Ablehnungsrechts mit dem Fehlen einer entsprechenden gesetzlichen Vorschrift, aber auch mit der Verneinung einer entsprechenden Anwendbarkeit der §§ 1036, 1037 ZPO auf Schiedsgutachter begründet.[1876] Diese Ablehnung einer entsprechenden Anwendbarkeit der §§ 1036, 1037 ZPO auf Schiedsgutachter wird dabei vor allem auf die angeblich unterschiedlichen Aufgaben und Funktionen von Schiedsrichtern und Schiedsgutachtern gestützt. Bei der Ablehnung eines solchen Ablehnungsrechts spielt aber auch die Auffassung eine Rolle, dass die Zuerkennung eines solchen Ablehnungsrechts wegen der Bestimmungen der §§ 317 II, 318 II, 319 I 1 BGB, §§ 64 I 1, 184 I 1 VVG in aller Regel auch zum Schutz der Parteien nicht erforderlich sei.[1877]

[1875] Siehe zur Frage des Bestehens oder Nichtbestehens eines Ablehnungsrechts wegen Befangenheit oder aus anderen Gründen oben S. 90 ff. und S. 227.

[1876] Vgl. RG vom 21.08.1936, RGZ 152, 201, 204 ff.; BGH vom 31.01.1957, VersR 1957, 122.

[1877] Vgl. RG vom 21.08.1936, RGZ 152, 201, 207 f.; BGH vom 31.01.1957, VersR 1957, 122.

Trotz der grundsätzlichen Verneinung eines solchen Ablehnungsrechts neigt die deutsche Rechtsprechung neuerdings wieder[1878] der Auffassung zu, ein solches Ablehnungsrecht unter Berufung auf eine entsprechende Anwendung des § 406 ZPO auch dann zu bejahen, wenn es an einer entsprechenden vertraglichen Vereinbarung fehlt. Dahinter dürfte nicht zuletzt die Vorstellung der funktionellen Ähnlichkeit von Schiedsgutachtern i.e.S. und gerichtlichen Sachverständigen stehen,[1879] aber auch das Ziel der Vermeidung von Wertungswidersprüchen zwischen den für Schiedsgutachter und gerichtliche Sachverständige geltenden Regelungen.[1880] Darüber hinaus besteht unter Zugrundelegung der Rechtsprechung des Bundesgerichtshofs heute jedenfalls gegenüber einem allein entscheidenden Schiedsgutachter ein Ablehnungsrecht wegen Befangenheit, dessen Grundlage eine stillschweigende Vereinbarung der Parteien sein soll.

Unterschiedlich beantworten beide Rechtsordnungen auch die Frage, inwieweit die unzureichende Sachkunde eines Schiedsgutachters ein Recht der Parteien zur Ablehnung des betreffenden Schiedsgutachters auslöst. Das deutsche Recht gesteht den Parteien ein solches Recht im Ergebnis zu, das New Yorker Recht hingegen grundsätzlich nicht.[1881]

b. Statthafte Ablehnungsgründe

aa. Unzureichende Sachkunde

Die unzureichende Sachkunde eines Schiedsgutachters stellt nur nach deutschem Recht einen statthaften Ablehnungsgrund dar. Dagegen führt nach New Yorker Recht die unzureichende Sachkunde grundsätzlich nur zu der Verpflichtung, den Parteien über das rechtliche Mindestmaß hinaus rechtliches Gehör zu gewähren.[1882]

bb. Befangenheit

Beide Rechtsordnungen stimmen darin überein, dass eine Partei einen allein entscheidenden Schiedsgutachter und einen Obmann ablehnen kann, wenn aus ihrer Sicht vernünftige Zweifel an seiner Unabhängigkeit oder Unvoreingenommenheit bestehen.[1883] Derartige Zweifel können sich nach der Auffas-

---

[1878] Dazu oben S. 50 und S. 90 ff.

[1879] Vgl. *Nicklisch*, BB 1971, S. 1205; ders., ZHR 136 (1972), S. 17; BGH vom 10.10.1991, BGHZ 115, 329, 331.

[1880] Dazu: *Rauscher*, S. 213; *Habscheid*, FS Laufke, S. 314; *Wittmann*, S. 105 ff.; *Theisinger*, AgrarR 1973, S. 38.

[1881] Anders ist dies allerdings bei der in der New Yorker Standardpolice für die Brandschutzversicherung enthaltenen Schiedsgutachtenklausel. Siehe dazu oben S. 228.

[1882] Dazu: S. 96 und S. 228.

[1883] Zu den statthaften Gründen für eine Ablehnung eines Schiedsgutachters wegen Befangenheit siehe S. 94 ff. und S. 228 ff.

sung beider Rechtsordnungen zum einen aus Umständen außerhalb des Schiedsgutachtenverfahrens ergeben, insbesondere aus der Stellung des betreffenden Schiedsgutachters zu einer der Parteien des Schiedsgutachtenvertrags. Zum anderen können solche Zweifel aber auch aus dem Verhalten des betreffenden Schiedsgutachters während des Schiedsgutachtenverfahrens entstehen, z.B. bei einer aus sachlichen Gründen nicht gerechtfertigten Ungleichbehandlung der Parteien.

Einigkeit besteht zwischen dem deutschen und dem New Yorker Recht auch darin, dass eine Partei den von der anderen Partei ernannten Partei-Schiedsgutachter nicht in jedem Fall schon dann ablehnen kann, wenn aus ihrer Sicht vernünftige Zweifel an der Unabhängigkeit des Partei-Schiedsgutachters von der ihn ernennenden Partei bestehen. Dabei besteht im Ergebnis auch Einigkeit darüber, dass bei der Bestimmung des Kreises statthafter Ablehnungsgründe sowohl der Funktion eines Partei-Schiedsgutachters als Interessenwahrer der ihn ernennenden Partei Rechnung zu tragen ist als auch den von Rechts wegen für Partei-Schiedsgutachter bestehenden Neutralitätsanforderungen.

Dagegen beantworten beide Rechtsordnungen die Frage unterschiedlich, welche Umstände eine Partei dazu berechtigen, einen von der Gegenpartei ernannten Partei-Schiedsgutachter wegen Befangenheit abzulehnen. Hier spiegelt sich wiederum die unterschiedliche Ausgangsposition wider hinsichtlich der sachgerechten Lösung des Problems der „Janusköpfigkeit“ eines Partei-Schiedsgutachters. Aus Sicht des New Yorker Rechts liegt ein statthafter Ablehnungsgrund jedenfalls immer dann vor, wenn der fragliche Partei-Schiedsgutachter ein finanzielles Interesse am Ausgang des Schiedsgutachtenverfahrens hat oder in einem Anstellungsverhältnis zu der ihn ernennenden Partei steht. Demgegenüber bejaht das deutsche Recht jedenfalls bisher einen statthaften Grund zur Ablehnung des von der Gegenpartei ernannten Partei-Schiedsgutachters höchstens dann, wenn der betreffende Schiedsgutachter in einem ständigen festen Abhängigkeits- oder Unterordnungsverhältnis zu der ihn ernennenden Partei steht. Teilweise werden die insoweit statthaften Ablehnungsgründe auch noch enger gefasst. Demzufolge stellt jedenfalls nicht jedes Anstellungsverhältnis eines Partei-Schiedsgutachters zu der ihn ernennenden Partei einen statthaften Ablehnungsgrund dar, und auch ein finanzielles Interesse eines Partei-Schiedsgutachters am Ausgang des Schiedsgutachtenverfahrens führt in aller Regel nicht zu einem statthaften Ablehnungsgrund.

c. *Offenlegungspflichten der Schiedsgutachter*

In beiden Rechtsordnungen ist unklar, ob und inwieweit Schiedsgutachter – den für Schiedsrichter geltenden Regeln entsprechend – zur Offenlegung aller Umstände verpflichtet sind, die einen statthaften Ablehnungsgrund begründen.[1884]

[1884] Oben S. 97 und S. 231.

d. *Präklusion statthafter Ablehnungsgründe*

Beide Rechtsordnungen stehen übereinstimmend auf dem Standpunkt, dass eine Partei sich auf das Vorliegen eines statthaften Ablehnungsgrundes nicht mehr berufen kann, wenn sie in Kenntnis der maßgeblichen Umstände an der Ernennung des betreffenden Schiedsgutachters mitgewirkt oder das Schiedsgutachtenverfahren fortgesetzt hat, ohne das Vorliegen eines Ablehnungsgrundes innerhalb angemessener Frist zu rügen.[1885] Das gilt im New Yorker Recht bei Schiedsgutachten der ersten und zweiten Fallgruppe auch dann, wenn der Partei, die sich auf einen statthaften Ablehnungsgrund beruft, der Vorwurf grob fahrlässiger Unkenntnis zu machen ist. Demgegenüber ist im deutschen Recht und bei Schiedsgutachten der dritten Fallgruppe unklar, ob eine grob fahrlässige Unkenntnis statthafter Ablehnungsgründe eine Partei daran hindert, sich auf diese zu berufen.

3. Zuständigkeitsbereich

Sowohl nach deutschem als auch nach New Yorker Recht ist eine Schiedsgutachterstelle grundsätzlich nicht zu einer eigenen Entscheidung darüber befugt, ob eine bestimmte Fragestellung in ihren Zuständigkeitsbereich fällt oder nicht.[1886] Vielmehr entscheidet nach beiden Rechtsordnungen über die Reichweite der Zuständigkeit der Schiedsgutachterstelle grundsätzlich das erkennende Gericht. Übereinstimmung besteht auch darüber, dass sich der Zuständigkeitsbereich einer Schiedsgutachterstelle im Prinzip weder auf die Auslegung des Schiedsgutachtenvertrags noch auf die Auslegung des Hauptvertrags erstreckt – und zwar selbst dann nicht, wenn eine solche Auslegung dem Tätigwerden der Schiedsgutachterstelle notwendig voranzugehen hat. Allerdings ist im New Yorker Recht die deutliche Tendenz erkennbar, den Zuständigkeitsbereich einer Schiedsgutachterstelle jedenfalls *de facto* auch auf die Auslegung derjenigen Punkte des Schiedsgutachtenvertrags zu erstrecken, die im Rahmen der konkreten Aufgabenstellung als notwendige Vorfragen anzusehen sind, sich aber aus dem Schiedsgutachtenvertrag nicht zweifelsfrei und eindeutig beantworten lassen.

Darüber hinaus unterscheiden sich das deutsche und das New Yorker Recht darin, dass nach deutschem Recht auch Fragen der Vertragsauslegung, die in den Zuständigkeitsbereich der Schiedsgutachterstelle fallen, einer gerichtlichen Kontrolle unterliegen, während es sich im New Yorker Recht insoweit um der gerichtlichen Kontrolle grundsätzlich entzogene „errors of law“ handelt. Nach New Yorker Recht sind die Entscheidungen solcher Auslegungsfragen durch Schiedsgutachter im Grundsatz nur dann nicht bindend, wenn die Auslegung „completely irrational“ war.

[1885] Siehe dazu oben S. 169 f. und S. 281 f.

[1886] Siehe zur Frage nach der Reichweite des Zuständigkeitsbereichs einer Schiedsgutachterstelle nach deutschem Recht: oben S. 97 f. Zum New Yorker Recht: S. 231 ff.

4. Spielraum und Pflichten bei der Entscheidungsfindung

Beide Rechtsordnungen stehen auf dem Standpunkt, dass jeder Schiedsgutachterstelle jedenfalls in gewissem Umfang ein Spielraum hinsichtlich der Art und Weise der Entscheidungsfindung zukommt. Allerdings sind Art und Reichweite des Spielraums in beiden Rechtsordnungen recht unterschiedlich.[1887]

Während das New Yorker Recht den Schiedsgutachterstellen (und zwar auch Schiedsgutachterstellen, die im deutschen Recht als sog. Schiedsgutachterstellen i.e.S. zu qualifizieren wären) einen echten Spielraum im Sinne einer Wahlfreiheit und darüber hinaus einen weiten Ermessensspielraum („wide discretion") einräumt, steht das deutsche Recht auf dem Standpunkt, dass lediglich einer Schiedsgutachterstelle i.w.S. ein echter Spielraum im Sinne einer Wahlfreiheit zukomme. Dagegen kommt nach deutschem Recht einer Schiedsgutachterstelle i.e.S. kein solcher Spielraum zu; ihr wird lediglich ein Beurteilungsspielraum innerhalb der als vertraglich vorgegeben aufgefassten Entscheidungsmaßstäbe zugestanden. Darüber hinaus steht das deutsche Recht auf dem Standpunkt, dass sowohl einer Schiedsgutachterstelle i.w.S. („billiges Ermessen" statt „wide discretion") als auch einer Schiedsgutachterstelle i.e.S. lediglich ein relativ eng begrenzter Spielraum bei der Entscheidungsfindung einzuräumen ist.[1888] Dass der Spielraum einer Schiedsgutachterstelle im deutschen und New Yorker Recht nicht nur *de iure*, sondern auch *de facto* unterschiedlich weit gezogen wird, zeigt sich vor allem darin, dass die deutschen Gerichte im Rahmen einer Feststellungsklage, deren Ziel eine Klärung der von der Schiedsgutachterstelle zu verwendenden Entscheidungsparameter ist, in einem weiteren Umfang als die New Yorker Gerichte berechtigt sind, den Schiedsgutachtern Vorgaben hinsichtlich der Entscheidungsfindung zu machen.

Ein weiterer, auch praktisch wichtiger Unterschied zwischen beiden Rechtsordnungen besteht darin, dass nach deutschem Recht bei den in der Praxis keinesfalls seltenen[1889] Zweifeln über die Qualifikation des konkreten Vertrags von der Rechtsprechung im Zweifel das Vorliegen eines Schiedsgutachtenvertrags i.e.S. bejaht wird. Nach New Yorker Recht hingegen greifen bei der Frage, ob den Schiedsgutachtern im konkreten Fall ein bestimmter Entscheidungsmaßstab vorgegeben ist, im Zweifel der Grundsatz des weiten Spielraums für Schiedsgutachter sowie der Grundsatz einer Entscheidung unter Berücksichtigung der Interessen beider Parteien.[1890]

1887 Dazu: S. 98 ff. und S. 236 ff.

1888 Konsequenterweise wird demzufolge von den deutschen Gerichten ein wirklich weites Ermessen einer Schiedsgutachterstelle i.w.S. denn auch nur dann bejaht, wenn der konkrete Schiedsgutachtenvertrag i.w.S. ausnahmsweise dahin auszulegen ist, dass der konkreten Schiedsgutachterstelle im Einzelfall ein solches weites Ermessen eingeräumt ist; vgl. oben S. 100 f. und BGH vom 05.02.1971, WM 1971, 356, 357 f.

1889 Dazu oben S. 44 f.

1890 Interessanterweise sind auch bei Schiedsrichtern die Zweifelsregeln beider Rechtsordnungen diametral entgegengesetzt. Während das deutsche Recht den Parteien im Grundsatz den Willen unterstellt, dass ein Schiedsgericht nach den Maßstäben des

Übereinstimmung besteht dagegen in beiden Rechtsordnungen im Grundsatz darin, dass der Spielraum jeder Schiedsgutachterstelle, der ein echter Spielraum im Sinne einer Freiheit der Wahl eingeräumt ist, begrenzt wird durch Vorgaben des Schiedsgutachtenvertrags. Begrenzungen ergeben sich ferner aus der Notwendigkeit der Berücksichtigung von Sinn und Zweck des konkreten Schiedsgutachtenvertrags und der Interessen beider Parteien.[1891] Auch einschlägige Regeln des Fachs, die im Hinblick auf die konkrete Aufgabenstellung möglicherweise bestehen, können den Spielraum der Schiedsgutachterstelle begrenzen. Die konkrete Aufgabenstellung kann ferner rechtlichen Regelungen, Vorgaben der staatlichen Gerichte oder im Verkehrskreis der Parteien weitgehend üblichen Vorgehensweisen unterliegen, die ebenfalls zu einer Begrenzung des Spielraums führen können. Ein wesentlicher Unterschied besteht aber zwischen beiden Rechtsordnungen wiederum darin, dass in New York Schiedsgutachterstellen einer „duty to act fair and reasonable" auch in denjenigen Fällen unterliegen, die aus Sicht des deutschen Rechts als Schiedsgutachtenverträge i.e.S. zu qualifizieren wären. Schiedsgutachter sind daher nach New Yorker Recht, anders als nach deutschem Recht, bei ihrer Entscheidungsfindung auch in diesen Fällen zur Berücksichtigung der Partei-Interessen verpflichtet.[1892] Ein weiterer wichtiger Unterschied besteht darin, dass Schiedsgutachterstellen nach New Yorker Recht[1893] im Gegensatz zum deutschen Recht keine impliziten, vom erkennenden Gericht aus dem Sinn und Zweck des Schiedsgutachtenvertrags abgeleiteten Vorgaben beachten müssen. Soweit es an ausdrücklichen, oder jedenfalls eindeutigen und unzweifelhaften, Vorgaben im Schiedsgutachtenvertrag fehlt, greift wieder der Grundsatz der „wide discretion" Platz. Darüber hinaus wirken sich, trotz der grundsätzlichen Übereinstimmung beider Rechtsordnungen über die den Spielraum von Schiedsgutachtern begrenzenden Faktoren, die deutlich unterschiedlichen Ausgangspunkte des deutschen und des New Yorker Rechts hinsichtlich Art und Reichweite dieses Spielraums auch bei der gerichtlichen Kontrolle eines Schiedsgutachtens aus.

Rechts entscheiden solle (§ 1051 III ZPO), geht das New Yorker Recht im Gegensatz dazu davon aus, dass Schiedsrichter nach dem Willen der Parteien im Regelfall gerade nicht nach Maßstäben des Rechts, sondern nach Billigkeit entscheiden sollen; *Fudickar v. Guardian Mut. Ins. Co.* (1875) 62 N.Y. 392, 400.

1891 Diese beiden Faktoren liegen der für Schiedsgutachter nach New Yorker Recht geltenden „duty to act fair and reasonable" zugrunde; dazu oben S. 236.

1892 Ähnlich („Der für beide Parteien verbindliche Schiedsspruchwert sollte eine Größe sein, die sowohl vom Käufer wie auch vom Verkäufer als fairer und angemessener Einigungswert angesehen wird.") für die Fälle der Ermittlung eines Kaufpreises für ein Unternehmen, aber auch für die Fälle des Tätigwerdens eines Schiedsgutachters im Rahmen eines Spruchstellenverfahrens *Ribbert*, DB 1978, S. 2085.

1893 Für Schiedsgutachter der zweiten und dritten Fallgruppe gelten aber teilweise abweichende Regelungen; siehe dazu oben S. 239.

C. Schiedsgutachtenverfahren

Beide Rechtsordnungen stimmen darin überein, dass ohne entsprechende vertragliche Vereinbarung weder die für das gerichtliche Verfahren noch die für das Schiedsverfahren geltenden Verfahrensgrundsätze und – prinzipien auf das Schiedsgutachtenverfahren Anwendung finden.[1894] Dabei unterscheiden sich aber die Begründungen hierfür erheblich. Während die deutsche Rechtsprechung diesen Grundsatz vor allem damit begründet, dass Schiedsgutachter keine richterlichen Funktionen ausüben und daher nicht an unabdingbare Grundsätze richterlicher Streitentscheidung gebunden sind,[1895] begründen die New Yorker Gerichte diesen Grundsatz mit der gänzlich anderen Verfahrenspraxis in Schiedsgutachtenverfahren und einem entsprechenden Parteiwillen.[1896]

Das deutsche und das New Yorker Recht ziehen jedoch aus diesem gemeinsamen Ausgangspunkt unterschiedliche Schlussfolgerungen. Während das deutsche Recht im Grundsatz auf dem Standpunkt steht, dass Schiedsgutachter bei der Ausgestaltung des Schiedsgutachtenverfahrens „völlig frei" seien, räumt das New Yorker Recht den Schiedsgutachtern bei der Ausgestaltung des Schiedsgutachtenverfahrens lediglich ein weites Ermessen („wide discretion") ein. Anders als das deutsche Recht schränkt das New Yorker Recht den verfahrensrechtlichen Freiraum der Schiedsgutachterstelle also bereits im Grundsatz ein. Ursache für diesen unterschiedlichen Ausgangspunkt dürfte nicht zuletzt der Umstand sein, dass die New Yorker Gerichte – anders als die deutschen Gerichte – auch ein Schiedsgutachtenverfahren als Streitentscheidung ansehen und hieraus die Konsequenz ziehen, dass den Parteien ein Mindestmaß an Verfahrensrechten gewährt werden muss.

Auch im Übrigen bestehen jedoch nicht unerhebliche Unterschiede in den Rahmenbedingungen, die in Deutschland und New York für die Art und Weise der Durchführung eines Schiedsgutachtenverfahrens gelten.

Übereinstimmung besteht allerdings darüber, dass eine Schiedsgutachterstelle den Parteien rechtliches Gehör nicht in demselben Umfang gewähren muss wie ein Schiedsgericht. So sind Schiedsgutachter nach beiden Rechtsordnungen grundsätzlich auch berechtigt, die für ihre Entscheidung maßgebliche Tatsachengrundlage ohne Hinzuziehung der Parteien zu ermitteln und dem Schiedsgutachten auch Tatsachen zugrunde zu legen, hinsichtlich derer den Parteien des Schiedsgutachtenvertrags keine Gelegenheit zur Stellungnahme gegeben worden ist.

Unterschiede bestehen jedoch wiederum hinsichtlich der Antwort auf die Frage, inwieweit Schiedsgutachter zur Sachaufklärung und zur Gewährung recht-

---

[1894] Zu den in beiden Rechtsordnungen geltenden Grundsätzen für die Durchführung des Schiedsgutachtenverfahrens siehe S. 103 ff. und S. 240 ff.

[1895] S. 103.

[1896] S. 240.

lichen Gehörs verpflichtet sind. Das deutsche Recht erlegt Schiedsgutachtern eine umfassende Sachaufklärungspflicht auf; demgegenüber gesteht das New Yorker Recht Schiedsgutachtern bei der Tatsachenermittlung einen weiten Spielraum zu, sodass entsprechend der Frühzeit des deutschen Schiedsgutachtenrechts[1897] sowohl die Art der zu ermittelnden Tatsachen als auch der Umfang der Tatsachen- und Sachverhaltsermittlung im Wesentlichen im Ermessen der Schiedsgutachter steht.[1898] Umgekehrt sind Schiedsgutachter nach New Yorker Recht verpflichtet, den Parteien mindestens einmal Gelegenheit zur umfassenden Stellungnahme hinsichtlich aller aus ihrer Sicht maßgeblichen Aspekte der konkreten Aufgabenstellung zu geben,[1899] diese Äußerungen der Parteien zur Kenntnis zu nehmen und bei ihrer Entscheidung zu berücksichtigen. Weiterhin gelten die Gebote der Durchführung eines fairen Verfahrens sowie der Gleichbehandlung der Parteien auch für Schiedsgutachter. Demgegenüber sind in Deutschland die Schiedsgutachter im Prinzip nicht zur Gewährung rechtlichen Gehörs verpflichtet, und auch die Gebote der Durchführung eines fairen Verfahrens und der Gleichbehandlung der Parteien beanspruchen im deutschen Recht grundsätzlich keine Geltung. Hinter diesen Unterschieden verbergen sich letztlich unterschiedliche Konzeptionen des deutschen und New Yorker Rechts, und zwar unterschiedliche Konzeptionen hinsichtlich der sachgerechten Art und Weise der Tatsachenermittlung und der Einbindung der Parteien, aber auch hinsichtlich des Schutzes der Parteien. Nach deutschem Recht sollen die relevanten Tatsachen von den Schiedsgutachtern ohne Einbindung der Parteien ermittelt werden. Es gilt im Ergebnis eine Untersuchungsmaxime, und der Schutz der Parteien wird dadurch gewährleistet, dass die Erfüllung der Sachaufklärungspflicht nach Erstattung des Schiedsgutachtens kontrolliert wird. Dagegen verteilt das New Yorker Recht die Ermittlung der relevanten Tatsachen auf Schiedsgutachter und Parteien; obwohl auch nach New Yorker Recht die Hauptverantwortung hierfür bei der Schiedsgutachterstelle liegt, werden die Parteien stärker einbezogen. Der Schutz der Parteien wird nicht durch die Normierung einer Sachaufklärungspflicht und die nachträgliche Kontrolle ihrer Einhaltung, sondern durch ein Mindestmaß an Gewährung rechtlichen Gehörs sowie die Geltung der Gebote der Durchführung eines fairen Verfahrens und der Gleichbehandlung der Parteien gewährleistet.

[1897] Vgl. RG vom 01.12.1903, VA 1904, 73 Nr. 2; vom 17.11.1905, JW 1906, 35 f.; vom 20.10.1908, SeuffA 65, 433, 434.

[1898] Zu den teilweise abweichenden Grundsätzen, die für Schiedsgutachter der zweiten und dritten Fallgruppe gelten, siehe oben S. 244 f.

[1899] Allerdings sind die Schiedsgutachter bei gänzlich fehlender Sachkunde im Hinblick auf die konkrete Aufgabenstellung verpflichtet, den Parteien in einem weitergehenden Umfang rechtliches Gehör zu gewähren; in einem solchen Fall müssen die Schiedsgutachter die Parteien von etwaigen Treffen oder Besichtigungen der Schiedsgutachter in Kenntnis setzen und diesen zusätzlich die Möglichkeit erhalten, bei dieser Gelegenheit mündliche Stellungnahmen gegenüber den Schiedsgutachtern abzugeben. Siehe dazu oben S. 241 f.

Andererseits besteht aber wiederum Einigkeit darüber, dass der rechtlich gebotene Umfang des den Parteien zu gewährenden rechtlichen Gehörs nicht durch ein einseitiges Verlangen einer Partei erweitert werden kann.

D. Schiedsgutachten

1. Quorum

Eine aus einer Mehrzahl von Schiedsgutachtern bestehende Schiedsgutachterstelle muss sowohl nach deutschem[1900] wie auch nach New Yorker Recht[1901] grundsätzlich einstimmig entscheiden. Nach beiden Rechtsordnungen ist es aber zulässig, andere Quoren vertraglich zu vereinbaren. Weder im New Yorker Recht noch im deutschen Recht gibt es aber einen Grundsatz des Inhalts, dass bei der Vereinbarung des Tätigwerdens einer ungeraden Zahl von Schiedsgutachtern im Regelfall von der konkludenten Vereinbarung einer Mehrheitsentscheidung oder eines zweistufigen Verfahrens auszugehen ist.

2. Begründungserfordernisse

Das deutsche und das New Yorker Recht beantworten die Frage, ob ein Schiedsgutachten begründet sein muss, unterschiedlich.[1902]

Nach New Yorker Recht sind Schiedsgutachter grundsätzlich ebenso wenig zur Begründung des Schiedsgutachtens verpflichtet wie Schiedsrichter zur Begründung ihres Schiedsspruchs. Vielmehr unterliegen Schiedsgutachter einer rechtlichen Begründungspflicht nur dann, wenn eine solche Begründungspflicht ausnahmsweise aufgrund einer „strong public policy" zu bejahen ist. Auch bei der Bejahung einer stillschweigend vereinbarten Begründungspflicht sind die New Yorker Gerichte sehr zurückhaltend.

Dagegen sind Schiedsgutachter nach deutschem Recht zur Begründung des Schiedsgutachtens ebenso verpflichtet wie Schiedsrichter zur Begründung ihres Schiedsspruchs. Die Schiedsgutachter sind dabei allerdings verpflichtet, das Schiedsgutachten so umfassend zu begründen, dass das Ergebnis, zu dem die Schiedsgutachterstelle gekommen ist, für einen Fachmann aus dem Schiedsgutachten selbst und ohne die Hinzuziehung externer Erkenntnisquellen heraus überprüfbar ist. Im Übrigen muss die Begründung aus sich heraus verständlich sein. Dabei geht die für Schiedsgutachter normierte Begründungspflicht in ihrer Reichweite weit über die für Schiedsrichter geltenden Begründungspflichten, aber auch weit über die Begründungspflichten hinaus, die jedenfalls verfassungsrechtlich für Gutachten gerichtlicher Sachverständiger geboten sind. Inwieweit eine unzureichende Begründung durch Nachreichung

---

[1900] S. 109.

[1901] S. 246 f.

[1902] Dazu: S. 110 ff. (zum deutschen Recht) und S. 249 f. (zum New Yorker Recht).

der Begründung zu einem späteren Zeitpunkt geheilt und so die Unverbindlichkeit des Schiedsgutachtens vermieden werden kann, ist unklar, aber wohl zu verneinen.

E. Gerichtliche Kontrolle des Schiedsgutachtens

1. Art, Ansatzpunkt, Umfang und Intensität

Art und Ansatzpunkt der gerichtlichen Kontrolle eines Schiedsgutachtens weisen in beiden Rechtsordnungen erhebliche Unterschiede, andererseits aber im praktischen Ergebnis auch gewisse Gemeinsamkeiten auf.[1903]
Bei der Art der gerichtlichen Kontrolle eines Schiedsgutachtens unterscheiden sich beide Rechtsordnungen darin, dass das New Yorker Recht jedenfalls Schiedsgutachten der ersten Fallgruppe heute praktisch lediglich einer formellen Kontrolle unterzieht, während das deutsche Recht im Grundsatz Schiedsgutachten nach wie vor allein einer materiellen Kontrolle unterzieht. Der Grund für diesen unterschiedlichen Ausgangspunkt liegt darin, dass der Court of Appeals für die Rechtslage „under CPLR 7601" den Grundsatz aufgestellt hat, dass der Kreis der Aufhebungsgründe bei einem Schiedsgutachten nicht weiter gezogen werden dürfe als bei einem Schiedsspruch.[1904] Demgegenüber steht die deutsche Rechtsprechung im Grundsatz immer noch auf dem Standpunkt, dass Schiedsgutachten und Schiedsspruch auch im Hinblick auf die gerichtliche Kontrolle „wesensverschieden" sind und der Schutz, den die Rechtsordnung gegen Fehler eines Schiedsgutachters und eines Schiedsrichters bietet, „völlig verschiedenartig begrenzt und völlig verschiedenartig gerichtet" ist.[1905] Allerdings werden heute jedenfalls Schiedsgutachten eines allein entscheidenden Schiedsgutachters im Ergebnis einer teils materiellen, teils formellen Kontrolle unterzogen. Diese Art der gerichtlichen Kontrolle entspricht der Kontrolle eines Schiedsgutachtens der zweiten und dritten Fallgruppe im New Yorker Recht.

Der unterschiedliche Ausgangspunkt hinsichtlich der Art der gerichtlichen Kontrolle führt auch zu unterschiedlichen Ansatzpunkten der gerichtlichen Kontrolle. Während Ansatzpunkt der gerichtlichen Kontrolle im New Yorker Recht die Frage der Integrität und des ehrlichen Urteils der Schiedsgutachter ist[1906], legen § 319 I 1 BGB, §§ 64 I 1, 184 I 1 VVG als Ansatzpunkt das Ergebnis fest, zu dem die Schiedsgutachter gelangt sind. Trotz dieser unterschiedlichen Ausgangsbasis stimmen beide Rechtsordnungen im Ergebnis darin überein,

---

[1903] Zur gerichtlichen Kontrolle eines Schiedsgutachtens im deutschen und im New Yorker Recht siehe oben S. 115 ff. und S. 251 ff.

[1904] *Dimson v. Elghanayan* (1967) 127 N.E.2d 10, 14; *Penn Cent. Corp. v. Consolidated Rail Corp.* (1982) 436 N.E.2d 512, 518.

[1905] BGH vom 14.06.1955, BGHZ 17, 366, 373.

[1906] Vgl. oben S. 270.

dass rein praktisch primärer Ansatzpunkt der gerichtlichen Kontrolle die Art und Weise der Entscheidungsfindung ist.

So können nach New Yorker Recht – anders als nach deutschem Recht – die Grundlagen des Schiedsgutachtens nicht daraufhin überprüft werden, ob den Schiedsgutachtern „errors of fact"[1907] oder „errors of law"[1908] unterlaufen sind. Auch sind die Gerichte nach New Yorker Recht bei Schiedsgutachten der ersten Fallgruppe nicht berechtigt, den Kreis der Aufhebungsgründe weiter zu ziehen als in den Fällen eines der Vorschrift des CPLR § 7511 unterfallenden Schiedsspruchs, andererseits aber bei solchen Schiedsgutachten nach ihrem Ermessen durchaus befugt, ein solches Schiedsgutachten allein unter Zugrundelegung der in CPLR § 7511 festgelegten Maßstäbe zu überprüfen. Demgegenüber sind aus Sicht des deutschen Rechts Schiedsgutachten und Schiedsspruch im Grundsatz hinsichtlich des Kontrollumfangs und des Grads ihrer Bindungswirkung „wesensverschieden".[1909] Demzufolge wird der Kontrollumfang bei einem Schiedsgutachten – vorbehaltlich einer (außerhalb der §§ 64, 184 VVG[1910] zulässigen) abweichenden Vereinbarung – deutlich weiter gezogen als bei einem Schiedsspruch, und eine Überprüfung eines Schiedsgutachtens unter Zugrundelegung allein der Maßstäbe des § 1059 ZPO scheidet auch bei Schiedsgutachten i.e.S. außerhalb des Anwendungsbereichs der §§ 64, 184 VVG aus. Vor diesem Hintergrund bejahen die deutschen Gerichte auch die Möglichkeit der Überprüfung der Grundlagen eines Schiedsgutachtens auf „errors of fact" und „errors of law".[1911]

Die unterschiedliche Intensität der gerichtlichen Kontrolle eines Schiedsgutachtens im deutschen und im New Yorker Recht zeigt sich nicht nur in den unterschiedlichen Ausgangspunkten hinsichtlich des Umfangs der gerichtlichen Kontrolle eines Schiedsgutachtens, sondern auch in der Tendenz der Rechtsprechung. Während bei den deutschen Gerichten in den letzten dreißig Jahren die Tendenz eindeutig dahin ging, die Kontrolle von Schiedsgutachten zu intensivieren (und, damit einhergehend, auch den Kreis der Gründe für eine

---

1907 Demzufolge sind die Gerichte nach New Yorker Recht – im Gegensatz zu deutschen Gerichten – nicht berechtigt, zu prüfen, inwieweit die von der Schiedsgutachterstelle gezogenen tatsächlichen Schlussfolgerungen „unzutreffend" sind.

1908 Wegen der Unzulässigkeit der Überprüfung des Schiedsgutachtens auf „errors of law" sind die Gerichte nach New Yorker Recht – wiederum im Gegensatz zu deutschen Gerichten – grundsätzlich nicht berechtigt, Fragen der Auslegung des Schiedsgutachtenvertrags und des Hauptvertrags, deren Entscheidung in die Zuständigkeit der Schiedsgutachterstelle fällt, daraufhin zu überprüfen, ob die Auslegung, die die Schiedsgutachterstelle vorgenommen hat, „unzutreffend", „falsch" oder „unvertretbar" ist. Etwas anderes gilt nur dann, wenn die Auslegung der Schiedsgutachterstelle „completely irrational" ist; siehe dazu oben S. 321. Dabei sind allerdings dieselben strengen Maßstäbe anzulegen wie bei Schiedssprüchen.

1909 Vgl. oben S. 46 f.

1910 §§ 64 III, 184 III VVG

1911 Vgl. z.B. oben S. 151 f.

Verneinung der Bindungswirkung deutlich auszuweiten),[1912] ist in der Rechtsprechung der New Yorker Gerichte seit der im Jahre 1982 ergangenen Grundlagenentscheidung *Penn Cent. Corp. v. Consolidated Rail Corp.* eine genau gegenläufige Tendenz festzustellen.[1913] Diese Tendenz hat dazu geführt, dass Schiedsgutachten der ersten Fallgruppe praktisch keiner materiellen Kontrolle mehr unterzogen werden und der Kreis der Aufhebungsgründe jedenfalls bei Schiedsgutachten der dritten Fallgruppe heute relativ eng gezogen wird. Darüber hinaus tendiert die Rechtsprechung aber auch bei Schiedsgutachten der zweiten Fallgruppe zu einer zunehmenden Einschränkung der gerichtlichen Kontrollintensität, um Wertungswidersprüche gegenüber den für Schiedsgerichte geltenden Regeln zu vermeiden.[1914]

2. Gründe für Versagung der Bindungswirkung

a. *Allgemein*

Beide Rechtsordnungen stehen übereinstimmend auf dem Standpunkt, dass der bloße Umstand, dass das Ergebnis des Schiedsgutachtens von dem Ergebnis abweicht, das das Gericht oder ein anderer Sachverständiger für zutreffend erachtet, nicht genügt, um die Bindungswirkung des Schiedsgutachtens zu verneinen. Ebenso stimmen beide Rechte im Grundsatz darin überein, dass im Einzelfall ausnahmsweise bereits der bloße Umstand einer ganz erheblichen Abweichung ausreichen kann, um dem Schiedsgutachten die bindende Wirkung zu versagen.[1915] In der Gerichtspraxis zeigen sich jedoch trotz dieser übereinstimmenden Ausgangspunkte erhebliche Unterschiede. So stellen die New Yorker Gerichte an die Bejahung einer ganz erheblichen Abweichung des Schiedsgutachtens von dem „zutreffenden" Ergebnis deutlich strengere Anforderungen als die deutschen Gerichte. Das zeigt sich darin, dass die New Yorker Gerichte mehrfach einem Schiedsgutachten die bindende Wirkung nicht schon allein deshalb abgesprochen haben, weil das Ergebnis des Schiedsgutachtens um mehrere 100% von dem Ergebnis abwich, das der Tatrichter für zutreffend erachtete. Vielmehr haben die Gerichte in diesen Fällen stets über die Feststellung der erheblichen Ergebnisdifferenz hinaus die Feststellung von Mängeln bei der Entscheidungsfindung verlangt.[1916] Eine tendenzielle Ausnahme besteht insoweit nur bei Schiedsgutachten der zweiten Fallgruppe. Demgegenüber haben deutsche Gerichte die bindende Wirkung eines Schiedsgutachtens schon bei wesentlich geringeren Ergebnisabweichungen und praktisch allein auf Grund des Umstands dieser Ergebnisdifferenz ver-

---

[1912] Vgl. oben S. 154.

[1913] Vgl. oben S. 267 f.

[1914] Siehe zu Letzterem oben S. 265 f.

[1915] Vgl. dazu oben S. 144 und S. 136 mit S. 133 (zum deutschen Recht) und S. 276 (zum New Yorker Recht).

[1916] Siehe dazu nur die Nachweise in Fußnote 1669.

neint.[1917] Daraus ergibt sich zugleich, dass nach New Yorker Recht – anders als im deutschen Recht außerhalb der §§ 64, 184 VVG – die Bejahung von Mängeln bei der Entscheidungsfindung jedenfalls *de facto* eine notwendige Voraussetzung für die Verneinung der bindenden Wirkung des Schiedsgutachtens darstellt.

Lässt man die Rechtslage im Anwendungsbereich der §§ 64, 184 VVG außer Betracht, stimmen das deutsche und das New Yorker Recht auch darin überein, dass bereits der bloße Umstand von besonders gravierenden Mängeln der Entscheidungsfindung genügen kann, um eine bindende Wirkung des Schiedsgutachtens zu verneinen. Allerdings zeigt auch hier ein Blick auf die gerichtliche Praxis erhebliche Unterschiede – und zwar unabhängig davon, ob man zum Vergleich mit dem deutschen Recht Schiedsgutachten der ersten oder der dritten Fallgruppe heranzieht. Bei Schiedsgutachten der ersten Fallgruppe erfolgt eine Aufhebung nicht schon dann, wenn – aus Sicht des deutschen Rechts – „schwerwiegende" Mängel der Entscheidungsfindung zu bejahen sind. Vielmehr entfällt hier die Bindungswirkung erst dann, wenn den Schiedsgutachtern der Vorwurf von „bad faith" zu machen ist.[1918] Aber auch bei Schiedsgutachten der dritten Fallgruppe erfolgt – jedenfalls *de facto* – eine Aufhebung nicht schon allein bei Vorliegen von „schwerwiegenden" Mängeln im Sinne des deutschen Rechts. Während im deutschen Recht ein „schwerwiegender" Mangel der Entscheidungsfindung teilweise auch schon in Fällen bejaht worden ist, in denen nicht feststand, ob sich der festgestellte Mangel zum Nachteil der betroffenen Partei erheblich auf das Ergebnis ausgewirkt hatte,[1919] haben die zu Schiedsgutachten der dritten Fallgruppe ergangenen Entscheidungen auch bei Vorliegen „schwerwiegender" Mängel Schiedsgutachten bisher nur in solchen Fällen aufgehoben, in denen feststand, dass das Ergebnis des Schiedsgutachtens von dem vom Gericht für zutreffend angesehenen Ergebnis erheblich abwich.[1920] Demzufolge entspricht das heutige New Yorker Recht dem deutschen Recht außerhalb der §§ 64, 184 VVG im Ergebnis nur in den Fällen, in denen als allein entscheidender Schiedsgutachter eine Partei, eine Quasi-Partei oder eine Person tätig wird, die in einem besonderen Näheverhältnis zu einer Partei steht.

Spürbare Unterschiede zwischen beiden Rechtsordnungen zeigen sich auch bei der Frage, ob und inwieweit an die Bejahung eines „Mangels" der Entscheidungsfindung strenge oder weniger strenge Anforderungen zu stellen sind. Unter Zugrundelegung des deutschen Rechts ist ein Mangel der Entscheidungsfindung bereits dann zu bejahen, wenn die Entscheidungsfindung aus Sicht des vom Gericht hinzugezogenen Sachverständigen (oder, bei eigener Sachkunde, aus Sicht des erkennenden Gerichts) in einem Punkt evident („offenbar") unrichtig oder lückenhaft ist oder die Schiedsgutachterstelle die

---

[1917] Oben S. 144 f..

[1918] S. 271.

[1919] Vgl. nur S. 131 und S. 135.

[1920] Vgl. oben S. 295.

maßgeblichen Tatsachen „offenbar" nicht mit der gebotenen Sorgfalt oder Vollständigkeit ermittelt hat. An die Bejahung der insoweit geforderten Evidenz werden dabei keine allzu strengen Anforderungen gestellt,[1921] trotz teilweise anderslautender rechtspolitischer Postulate.[1922] Demgegenüber werden im New Yorker Recht bei Schiedsgutachten der ersten und dritten Fallgruppe an eine im Rahmen der Prüfung von „bad faith" relevante Pflichtverletzung heute strenge Anforderungen gestellt und im Übrigen (zumindest bei der ersten Fallgruppe[1923]) Pflichtverletzungen der Schiedsgutachter nur dann bejaht, wenn die Schiedsgutachter die Grenzen ihres weiten Spielraums überschritten haben. Auch insoweit entsprechen die Rechtsfolgen eines Schiedsgutachtenvertrags in New York den Rechtsfolgen eines Schiedsgutachtenvertrags nach deutschem Recht letztlich nur in denjenigen Fällen, in denen als allein entscheidender Schiedsgutachter eine Partei, eine Quasi-Partei oder eine Person tätig wird, die in einem besonderen Näheverhältnis zu einer Partei steht.

b. Ausgewählte Gründe

aa. Überschreitung der Befugnisse

Trotz der erheblichen Unterschiede in der Ausgestaltung der gerichtlichen Kontrolle eines Schiedsgutachtens stehen das deutsche und das New Yorker Recht außerhalb der §§ 64, 184 VVG[1924] im Grundsatz auf dem übereinstimmenden Standpunkt, dass ein Schiedsgutachten, das auf einem unzutreffenden Verständnis der Schiedsgutachter von der maßgeblichen Aufgabenstellung beruht, für die Parteien keine Bindungswirkung entfaltet. Allerdings erscheint im Geltungsbereich des deutschen Rechts das Risiko der Verneinung der Bindungswirkung eines Schiedsgutachtens wegen des Ausgehens von einer unzutreffenden Aufgabenstellung größer als im Geltungsbereich des New Yorker Rechts. Dies ist darin begründet, dass die deutschen Gerichte bei Zweifeln über die Einordnung des konkreten Schiedsgutachtenvertrags nicht zur Annahme eines Schiedsgutachtenvertrags i.w.S., sondern zur Annahme eines Schiedsgutachtenvertrags i.e.S. tendieren.[1925] Demgegenüber greift im New Yorker Recht in Zweifelsfällen der Grundsatz ein, dass einer Schiedsgutachterstelle ein weiter Spielraum bei der Entscheidungsfindung zukommt und

---

[1921] S. 155.

[1922] Vgl. BGH vom 26.10.1972, BB 1973, 65; vom 30.11.1977, VersR 1978, 121, 124; vom 09.06.1983, NJW 1983, 2244, 2245; OLG Hamm vom 22.01.2001, NZG 2001, 652, 653.

[1923] Bei der dritten Fallgruppe wird der Spielraum der Schiedsgutachter in der Tendenz enger gezogen; siehe dazu oben S. 239.

[1924] Innerhalb des Geltungsbereichs der §§ 64, 184 VVG führt das Ausgehen von einem unzutreffenden Aufgabenverständnis nur dann zur Unverbindlichkeit des Schiedsgutachtens, wenn feststeht, dass das Ergebnis des Schiedsgutachtens zugleich „offenbar erheblich" von dem Ergebnis abweicht, zu dem das Gericht unter Zugrundelegung der zutreffenden Aufgabenstellung gelangt wäre; dazu oben S. 159 f.

[1925] Oben S. 45.

diese daher zur Ausrichtung ihrer Entscheidung an einem Maßstab nur dann verpflichtet ist, wenn dem Vertrag eine solche Einschränkung ihres Spielraums aufgrund ausdrücklicher oder jedenfalls eindeutiger und unzweifelhafter Vorgaben zu entnehmen ist.

Übereinstimmung besteht zwischen beiden Rechtsordnungen auch darin, dass eine Überschreitung der Befugnisse der Bindungswirkung des Schiedsgutachtens jedenfalls in dem Umfang entgegensteht, in dem die Schiedsgutachterstelle ihre Befugnisse überschritten hat. Allerdings bestehen insoweit auch Unterschiede. Während das New Yorker Recht im Grundsatz auf dem Standpunkt steht, dass ein Schiedsgutachten nur insoweit keine Bindungswirkung für die Parteien und das Gericht entfaltet, als die Schiedsgutachterstelle ihre Befugnisse überschritten hat,[1926] ist dieser Punkt im deutschen Recht innerhalb von Rechtsprechung und Schrifttum umstritten.[1927] Es ist demzufolge unklar, ob auch nach deutschem Recht im Extremfall auch nur eine einzige Feststellung bindende Wirkung entfalten kann.

Unterschiede bestehen auch insoweit, als nach New Yorker Recht jedenfalls bei Schiedsgutachten der ersten Fallgruppe eine Überschreitung der Befugnisse nur dann zu einer Versagung der Bindungswirkung führen kann, wenn durch diese Befugnisüberschreitung die Rechte der betreffenden Partei nachteilig berührt worden sind. Einen derartigen Grundsatz kennt das deutsche Recht nicht.

Dagegen besteht in beiden Rechtsordnungen Einigkeit darüber, dass sich eine Partei auf eine Verkennung der Aufgabenstellung oder eine Überschreitung der Befugnisse dann nicht mehr berufen kann, wenn sie in Kenntnis der maßgeblichen Umstände das Schiedsgutachtenverfahren rügelos fortgesetzt hat.

bb. Missachtung vertraglicher Vorgaben für die Entscheidungsfindung und die Durchführung des Schiedsgutachtenverfahrens

In beiden Rechtsordnungen besteht – sieht man von der Rechtslage im Anwendungsbereich der §§ 64, 184 VVG ab – Übereinstimmung darüber, dass bereits der bloße Umstand einer Missachtung ausdrücklicher oder jedenfalls dem Schiedsgutachtenvertrag eindeutig zu entnehmender Vorgaben für die Art und Weise der Entscheidungsfindung die Bindungswirkung des Schiedsgutachtens entfallen lässt.[1928] Im Geltungsbereich der §§ 64, 184 VVG gilt demgegenüber – im Einklang mit den älteren Entscheidungen des Bundesgerichtshofs – weiterhin der Grundsatz, dass der bloße Umstand der Missachtung derartiger vertraglicher Vorgaben noch nicht zu einer Versagung der Bindungswirkung führt. Vielmehr muss hier stets noch der weitere Umstand hinzutreten, dass das Ergebnis des Schiedsgutachtens „offenbar erheblich von

---

[1926] S. 284.
[1927] S. 161.
[1928] Dazu: S. 162 f. und S. 282 f.

der wirklichen Sachlage abweicht". Das ist nur dann der Fall, wenn das Ergebnis der Schiedsgutachterstelle „offenbar erheblich" von dem Ergebnis abweicht, zu dem die Schiedsgutachterstelle bei Beachtung der vertraglichen Vorgaben gekommen wäre.

Das deutsche und das New Yorker Recht stimmen im Grundsatz darin überein, dass die Missachtung vertraglicher Bestimmungen über die Art und Weise der Durchführung des Schiedsgutachtenverfahrens einen selbstständigen Grund für die Versagung der Bindungswirkung des Schiedsgutachtens darstellen kann. Allerdings bejaht der Bundesgerichtshof diese Rechtsfolge – anders als das New Yorker Recht – nur bei „wesentlichen" Verfahrensbestimmungen. Dagegen führt nach New Yorker Recht die Missachtung solcher Vertragsbestimmungen jedenfalls bei Schiedsgutachten der ersten Fallgruppe nur dann zur Aufhebung des Schiedsgutachtens, wenn die Rechte der betroffenen Partei hierdurch nachteilig berührt worden sind.[1929] Einen derartigen Grundsatz kennt das deutsche Recht nicht.

Übereinstimmung besteht zwischen beiden Rechtsordnungen auch insoweit, als sich eine Partei auf die Missachtung solcher vertraglicher Bestimmungen grundsätzlich nicht mehr berufen kann, wenn sie in Kenntnis der maßgeblichen Umstände das Schiedsgutachtenverfahren rügelos fortgesetzt hat.

Andererseits unterscheiden sich das deutsche und das New Yorker Recht darin, dass das potentielle Risiko der Aufhebung eines Schiedsgutachtens wegen der angeblichen Missachtung vertraglicher Vorgaben für die Entscheidungsfindung im deutschen Recht ungleich größer ist als im New Yorker Recht. Dies liegt daran, dass die deutschen Gerichte sowohl den Zuständigkeitsbereich als auch den Spielraum einer Schiedsgutachterstelle relativ eng ziehen[1930] und sich der Sache nach zur Vorgabe von Kriterien für die Entscheidungsfindung auch dann für befugt erachten, wenn diese zwar im Schiedsgutachtenvertrag weder ausdrücklich vorgesehen noch eindeutig enthalten, aber dem Schiedsgutachtenvertrag im Wege der Auslegung zu entnehmen sind.[1931] Von dieser Befugnis machen die deutschen Gerichte auch durchaus Gebrauch. Anders im New Yorker Recht: Hier lassen die Gerichte, soweit es im Schiedsgutachtenvertrag an ausdrücklichen oder jedenfalls eindeutigen und unzweifelhaften Vorgaben fehlt, den Grundsatz Platz greifen, dass der Schiedsgutachterstelle ein weiter Spielraum zukommt.[1932]

[1929] Oben S. 284.
[1930] Dazu: S. 322.
[1931] S. 182.
[1932] Vgl. dazu oben S. 237.

cc. Unzureichende Sachkunde

Beide Rechtsordnungen stimmen im Ergebnis darin überein, dass bereits der bloße Umstand unzureichender Sachkunde eines Schiedsgutachters zur Versagung der bindenden Wirkung des Schiedsgutachtens führen kann.[1933]

Das New Yorker Recht bejaht allerdings eine zur Aufhebung des Schiedsgutachtens führende „unzureichende" Sachkunde eines Schiedsgutachters in der Tendenz nur unter deutlich engeren Voraussetzungen als das deutsche Recht. Nach New Yorker Recht führt unzureichende Sachkunde nur dann zur Versagung der Bindungswirkung, wenn sie eindeutig nicht hinreichend ist und den Parteien auch kein über das rechtliche Mindestmaß hinausgehendes rechtliches Gehör gewährt wurde. Im Ergebnis kann also die unzureichende Sachkunde in New York durch ein Mehr an rechtlichem Gehör geheilt werden. Hinzu kommt, dass eine unzureichende Sachkunde nur dann zur Aufhebung führen kann, wenn die Rechte der mit dem Schiedsgutachten unzufriedenen Partei durch den Mangel an Sachkunde nachteilig berührt werden.[1934] Dagegen muss die unzureichende Sachkunde nach deutschem Recht nicht eindeutig gegeben sein, und nach deutschem Recht kann eine als unzureichend angesehene Sachkunde auch nicht durch ein Mehr an rechtlichem Gehör geheilt werden. Auch ist unklar, ob sich eine Partei nach deutschem Recht auf einen Mangel an Sachkunde nur dann berufen kann, wenn ihre Rechte hierdurch nachteilig berührt werden.

dd. Befangenheit

Unterschiedlich beantworten das deutsche und das New Yorker Recht auch die Frage, ob schon der bloße Umstand einer berechtigten Besorgnis der Befangenheit eines Schiedsgutachters die bindende Wirkung des Schiedsgutachtens entfallen lässt. Das New Yorker Recht[1935] bejaht diese Frage, das deutsche Recht verneint sie bisher grundsätzlich noch.[1936]

Hintergrund dieser unterschiedlichen Auffassung ist insoweit der bisher noch fortgeltende Standpunkt der älteren deutschen höchstrichterlichen Rechtsprechung, dass den Parteien grundsätzlich kein Recht zustehe, einen Schiedsgutachter wegen Befangenheit abzulehnen. Allerdings sieht das deutsche Recht nunmehr im Ergebnis zumindest die Befangenheit eines allein entscheidenden Schiedsgutachters als einen selbstständigen Grund für die Verneinung der Bindungswirkung des Schiedsgutachtens an.[1937] Auch bei allein entscheidenden Schiedsgutachtern unterscheiden sich das deutsche und das New Yorker Recht aber insoweit, als das New Yorker Recht im Gegensatz zum deut-

---

1933 Siehe dazu die Ausführungen auf S. 164 f. und S. 286.

1934 Vgl. dazu oben S. 286 f.

1935 S. 280 f.

1936 S. 166.

1937 Dazu: S. 168 f.

schen Recht das Vorliegen eines statthaften Ablehnungsgrundes für die Versagung der Bindungswirkung nur dann genügen lässt, wenn zumindest die Möglichkeit besteht, dass das Schiedsgutachten ohne diesen Ablehnungsgrund für die betroffene Partei günstiger ausgefallen wäre.

Im Wesentlichen Übereinstimmung besteht dagegen hinsichtlich der Frage, unter welchen Voraussetzungen sich eine Partei nicht mehr auf eine berechtigte Besorgnis der Befangenheit eines Schiedsgutachters berufen kann. Allerdings macht das deutsche Recht von diesen übereinstimmend anerkannten Grundsätzen jedenfalls im Ergebnis eine Ausnahme. Die neuere Rechtsprechung steht nämlich auf dem Standpunkt, dass der allein entscheidende Schiedsgutachter bei Eintreten eines statthaften Ablehnungsgrundes rechtlich nicht mehr geeignet ist, als Schiedsgutachter tätig zu werden, und daher der Schiedsgutachtenvertrag in diesem Fall entsprechend § 319 I 2 Alt. 2 BGB, §§ 64 I 2 Alt. 2, 184 I 2 Alt. 2 VVG außer Kraft tritt. Dieses Ergebnis können die Parteien nur dann vermeiden, wenn sie für diesen Fall im Schiedsgutachtenvertrag vertragliche Vorsorge getroffen haben; hieran fehlt es jedoch regelmäßig. Damit scheidet eine Präklusion der Geltendmachung eines statthaften Ablehnungsgrundes in diesen Fällen regelmäßig aus.[1938] Dies ist in der Sache konsequent, weil der Bundesgerichtshof die an die Neutralität eines Schiedsgutachters zu stellenden Mindestanforderungen im Ergebnis mit öffentlichen Interessen, nämlich der Bindung des staatlichen Gerichts an das Schiedsgutachten, begründet.[1939]

ee. Mängel des Schiedsgutachtenverfahrens

Die Frage, ob ein Mangel des Schiedsgutachtenverfahrens als ein selbstständiger Grund für die Verneinung der Bindungswirkung eines Schiedsgutachtens anzusehen ist, wird in beiden Rechtsordnungen unterschiedlich beantwortet. Während das New Yorker Recht diese Frage im Prinzip[1940] bejaht, wird diese Frage vom deutschen Recht[1941] bisher im Grundsatz verneint. Auch hinter dieser unterschiedlichen Auffassung steckt letztlich wieder der – von den New Yorker Gerichten nicht geteilte – Standpunkt der älteren deutschen höchstrichterlichen Rechtsprechung, dass Schiedsgutachter nicht streitentscheidend tätig werden, sie auch insbesondere keine richterlichen Funktionen ausüben und eine Kontrolle des Schiedsgutachtenverfahrens im Lichte eines Vergleichs der

---

[1938] Vgl. dazu oben S. 169.

[1939] Vgl. BGH vom 06.06.1994, NJW-RR 1994, 1314.

[1940] Dazu: S. 285 ff. – Das New Yorker Recht bejaht eine Aufhebung wegen Verfahrensmängeln allerdings nur dann, wenn es sich insoweit um klare und eindeutige (fall-)rechtliche Verfahrensgrundsätze handelt; dazu oben S. 285. Jedenfalls bei Schiedsgutachten der ersten Fallgruppe ist eine Aufhebung aber darüber hinaus nur dann zu bejahen, wenn zumindest die Möglichkeit besteht, dass das Schiedsgutachten ohne den Verfahrensverstoß für die betroffene Partei günstiger ausgefallen wäre.

[1941] Dazu: S. 171.

§§ 317 ff. BGB, §§ 64, 184 VVG mit der Vorschrift des § 1059 ZPO (§ 1041 ZPO a.F.) ausgeschlossen ist.[1942]

Übereinstimmung besteht dagegen im praktischen Ergebnis darüber, dass ein von einem allein entscheidenden Schiedsgutachter erstattetes Schiedsgutachten keine bindende Wirkung entfaltet, wenn der Schiedsgutachter nur einer Partei rechtliches Gehör gewährt hat. Ebenso stimmen beide Rechtsordnungen in vielen Fällen hinsichtlich des Kreises der Umstände überein, die nicht zu einer Versagung der bindenden Wirkung des Schiedsgutachtens wegen behaupteter Mängel des Schiedsgutachtenverfahrens führen.

Andererseits bestehen Unterschiede zwischen dem deutschen und dem New Yorker Recht wiederum insoweit, als nach New Yorker Recht bei Schiedsgutachten der ersten Fallgruppe ein Mangel des Schiedsgutachtenverfahrens nur dann eine Versagung der Bindungswirkung nach sich zieht, wenn insoweit wenigstens die Möglichkeit einer nachteiligen Auswirkung besteht. Dieses zusätzliche Erfordernis besteht nach deutschem Recht bei der Anhörung nur einer Partei durch den allein entscheidenden Schiedsgutachter nicht. Ein weiterer Unterschied besteht auch darin, dass nach New Yorker Recht jedenfalls bei Schiedsgutachten der ersten Fallgruppe die rügelose Fortsetzung des Schiedsgutachtenverfahrens in Kenntnis eines Mangels des Verfahrens die Berufung auf diesen Verfahrensmangel ausschließt. Im deutschen Recht ist dies hinsichtlich der Anhörung nur einer Partei durch den allein entscheidenden Schiedsgutachter dagegen nicht der Fall.

3. Arten fehlender Bindungswirkung

Sowohl das deutsche als auch das New Yorker Recht unterscheiden zwei Arten fehlender Bindungswirkung des Schiedsgutachtens, nämlich zum einen dessen Unwirksamkeit und zum anderen dessen Unverbindlichkeit bzw. Aufhebbarkeit. Ebenso decken sich weitgehend die Umstände, bei denen beide Rechtsordnungen eine Unwirksamkeit des Schiedsgutachtens bzw. das Vorliegen eines Unverbindlichkeits- oder Aufhebungsgrundes bejahen.

4. Prozessuales

Das deutsche und das New Yorker Recht unterscheiden sich in der prozessualen Behandlung der anerkannten Gründe für die Versagung der Bindungswirkung eines Schiedsgutachtens.[1943]

Zwar decken sich in beiden Rechtsordnungen die Regeln über die Darlegungs- und Beweislast weitgehend. Allerdings streitet nach deutschem Recht – anders als nach New Yorker Recht – keine Vermutung für die Wirksamkeit

---

[1942] Vgl. BGH vom 25.06.1952, BGHZ 6, 335, 340; vom 14.06.1955, BGHZ 17, 366, 373; vom 31.01.1957, VersR 1957, 122.

[1943] Vergleiche dazu und zu Folgendem oben S. 174 f. und S. 296 f.

und das ordnungsgemäße Zustandekommen des Schiedsgutachtens. Weiterhin stellt das deutsche Recht an die Darlegungspflicht derjenigen Partei, die mit dem Schiedsgutachten unzufrieden ist, deutlich geringere Anforderungen als das New Yorker Recht. Unterschiede bestehen auch insoweit, als nach deutschem Recht praktisch alle Gründe für eine Versagung der Bindungswirkung des Schiedsgutachtens Einwendungen darstellen, während nach New Yorker Recht die allermeisten dieser Gründe nur auf Einrede berücksichtigt werden. Das deutsche und das New Yorker Recht unterscheiden sich auch hinsichtlich des der gerichtlichen Überzeugung vom (Nicht-)Vorliegen bestimmter Tatsachen zugrunde zu legenden Beweismaßes. Während das New Yorker Recht insoweit grundsätzlich eine überwiegende Wahrscheinlichkeit genügen lässt, verlangt das deutsche Recht im Grundsatz eine an Sicherheit grenzende Wahrscheinlichkeit.

Bedeutsam sind auch die Unterschiede in den Möglichkeiten, die Schiedsgutachter als Zeugen über die Art und Weise des Zustandekommens des Schiedsgutachtens zu vernehmen. Nach deutschem Recht setzt eine Anordnung der Vernehmung der Schiedsgutachter als Zeugen die substantiierte Darlegung der Mängel der Entscheidungsfindung voraus, über die die Schiedsgutachter vernommen werden sollen. Nach New Yorker Recht kann eine „deposition" der Schiedsgutachter dagegen auch ohne eine substantiierte Darlegung von Mängeln der Grundlagen des Schiedsgutachtens angeordnet werden. Auch ist nach deutschem Recht eine Vernehmung der Schiedsgutachter als Zeugen in der ersten Phase des Urkundsverfahrens nicht zulässig. Dagegen ist nach New Yorker Recht eine „deposition" im Prinzip in jedem Verfahren ohne Einschränkungen zulässig, und zwar auch in einem über die bindende Wirkung des Schiedsgutachtens nach Maßgabe des CPLR § 7601 durchgeführten „special proceeding". Im Übrigen ist ein Schiedsgutachter nach deutschem Recht auch zur Verweigerung der Aussage über die Art und Weise der Entscheidungsfindung berechtigt, wenn seine Aussage die Gefahr begründen würde, dass die Parteien ihn für Mängel der Entscheidungsfindung haftbar machen. Dagegen begründet diese Gefahr nach New Yorker Recht grundsätzlich kein Zeugnisverweigerungsrecht der Schiedsgutachter.

5. Rechtsfolgen fehlender Bindungswirkung

Das deutsche und das New Yorker Recht unterscheiden sich erheblich hinsichtlich der Frage, welche Rechtsfolgen die fehlende Bindungswirkung des Schiedsgutachtens hat.[1944]

Sieht man von den praktisch wenig bedeutsamen Fällen der unwirksamen Ernennung eines Schiedsgutachters oder einer erfolgreichen Anfechtung des Schiedsgutachtens ab, tritt nach deutschem Recht in allen Fällen fehlender Bindungswirkung des Schiedsgutachtens der Schiedsgutachtenvertrag außer

[1944] Siehe dazu oben S. 172 ff. und S. 300 f.

Kraft – wenn auch vorbehaltlich einer (regelmäßig fehlenden) abweichenden Vereinbarung der Parteien. Damit entfällt zugleich das aus dem Schiedsgutachtenvertrag fließende Einrederecht des Anspruchsgegners, und zwar auch dann, wenn die fehlende Bindungswirkung des Schiedsgutachtens vom Anspruchsinhaber verursacht oder gar verschuldet worden ist. Das angegangene Gericht ist in all diesen Fällen verpflichtet, nunmehr selbst über die im Schiedsgutachtenvertrag festgelegten Fragestellungen zu entscheiden. Die Möglichkeit einer Rückverweisung an die Schiedsgutachterstelle besteht dagegen nicht.

Demgegenüber tritt nach New Yorker Recht im Falle der fehlenden Bindungswirkung des Schiedsgutachtenvertrags nicht sogleich der ganze Schiedsgutachtenvertrag außer Kraft; vielmehr entfällt grundsätzlich nur das Einrederecht des Anspruchsgegners. Ein an und für sich bestehendes Einrederecht des Anspruchsgegners bleibt jedoch bestehen, wenn die fehlende Bindungswirkung des Schiedsgutachtens allein oder jedenfalls überwiegend von dem Anspruchsinhaber verschuldet worden ist. Darüber hinaus ist das Gericht, das über die bindende Wirkung des Schiedsgutachtens entscheidet, im Falle der fehlenden Bindungswirkung des Schiedsgutachtens nach seinem Ermessen berechtigt, ein „rehearing" der maßgeblichen Fragestellungen anzuordnen. Das Gericht kann dabei das „rehearing" nach den Grundsätzen eines Schiedsgutachtenverfahrens, aber auch nach den Grundsätzen eines Schiedsverfahrens anordnen. Auch ist das Gericht befugt, ein „rehearing" entweder vor der alten oder vor einer neuen Schiedsgutachterstelle anzuordnen.

F. Rechtsbehelfe

1. Vor Erstattung des Schiedsgutachtens

a. Ernennung eines Schiedsgutachters

Anders als das deutsche Recht, das die Ernennung von Schiedsgutachtern durch ein Gericht in seiner amtlichen Funktion nur auf der Grundlage einer diesbezüglichen vertraglichen Vereinbarung (und auch dann im Prinzip nur im Anwendungsbereich der §§ 64, 184 VVG) gestattet,[1945] sind die Gerichte in New York nach ihrem Ermessen auch ohne eine solche Vereinbarung befugt, an Stelle einer Partei, aber auch in anderen Fällen auf Antrag einer Partei Schiedsgutachter zu ernennen.[1946]

[1945] S. 177 f.

[1946] S. 302 f.

b. Durchsetzung von Mitwirkungspflichen einer Partei

Die den Parteien nach deutschem und New Yorker Recht zur Durchsetzung von Mitwirkungspflichten zur Verfügung gestellten Rechtsbehelfe sind teils identisch, teils aber auch recht unterschiedlich.[1947]

Übereinstimmung besteht zwischen beiden Rechtsordnungen darin, dass jede Verletzung einer Mitwirkungspflicht im Prinzip einen Schadensersatzanspruch der anderen Partei begründen kann. Einigkeit besteht auch darüber, dass die Verletzung von Mitwirkungspflichten seitens des Anspruchsgegners sein Recht entfallen lässt, sich gegenüber einer Klage des Anspruchstellers auf die Einrede des Schiedsgutachtenvertrags zu berufen. Umgekehrt kann sich der Anspruchsgegner nach beiden Rechtsordnungen im Regelfall auf die Einrede des Schiedsgutachtenvertrags berufen, wenn der Anspruchsinhaber seinen Anspruch gerichtlich geltend machen will, obwohl er seine Mitwirkungspflichten noch nicht erfüllt hat.

Abgesehen von diesen gemeinsamen Grundzügen unterscheiden sich jedoch die den Parteien zur Verfügung stehenden Rechtsbehelfe nicht unwesentlich. So kann nach deutschem Recht jede Partei die andere Partei auf Erfüllung der sie treffenden Mitwirkungspflichten lediglich in einem normalen Klageverfahren verklagen; dabei steht die Entscheidung über diese Klage nicht im Ermessen des angegangenen Gerichts. Dagegen haben die Parteien nach New Yorker Recht im Prinzip nur die Möglichkeit, eine Verurteilung der jeweils anderen Partei zur Erfüllung ihrer Mitwirkungspflichten im Wege eines beschleunigten „special proceeding" zu erreichen, während die Erhebung einer Klage insoweit unzulässig ist. Die Entscheidung über den Antrag steht aber im Ermessen des angegangenen Gerichts.

Soweit es um die Erfüllung einer Ernennungspflicht geht, kann eine Partei nach deutschem Recht nicht die Ernennung eines Schiedsgutachters durch das Gericht an Stelle der vertragsbrüchigen Partei verlangen. Nach New Yorker Recht ist dagegen ein Gericht auf Antrag zur Ernennung eines Schiedsgutachters an Stelle der ihre vertraglichen Pflichten verletzenden Partei befugt; die Entscheidung hierüber steht aber in seinem Ermessen.

Nach deutschem Recht ist darüber hinaus die Schiedsgutachterstelle bei Nichterfüllung von Auskunfts- und Informationspflichten seitens der beweisbelasteten Partei berechtigt, nach Beweislastgrundsätzen die Fragen zu Lasten der beweisbelasteten Partei zu entscheiden, die sich aufgrund der Nichterfüllung der diese Partei treffenden Auskunfts- und Informationspflichten nicht aufklären lassen. Einen derartigen Grundsatz kennt das New Yorker Recht nicht. Allerdings sind die Gerichte nach New Yorker Recht in diesen Fällen befugt, auf Antrag einer Partei die weitere Durchführung des Schiedsgutachtenverfahrens nach den für das Schiedsverfahren geltenden Regeln anzuordnen und damit im Ergebnis den Schiedsgutachtern die Befugnisse von Schieds-

---

[1947] Vgl. dazu oben S. 178 f. und S. 303 f.

richtern einzuräumen – wozu auch das Recht gehört, die Vorlage bestimmter Unterlagen seitens der Parteien durch „subpoenas“ anzuordnen.

c. Verzögerung des Schiedsgutachtenverfahrens durch Schiedsgutachter

Das deutsche und das New Yorker Recht stellen den Parteien im Falle einer Verzögerung des Schiedsgutachtenverfahrens durch einen Schiedsgutachter teils identische, größtenteils aber unterschiedliche Rechtsbehelfe zur Verfügung.[1948]

Einigkeit besteht in beiden Rechtsordnungen darüber, dass eine übermäßige Verzögerung im Falle eines Partei-Schiedsgutachters die Pflicht der ernennenden Partei begründet, einen neuen Schiedsgutachter zu ernennen. Ebenso besteht Einigkeit darüber, dass eine übermäßige Verzögerung im Falle eines allein entscheidenden Schiedsgutachters oder eines Obmanns das Recht des Anspruchsgegners entfallen lässt, sich gegenüber einer Klage des Anspruchstellers auf die Einrede des Schiedsgutachtenvertrags zu berufen.

Dagegen ist es nach deutschem Recht den Parteien nicht möglich, im Falle einer übermäßigen Verzögerung durch einen Schiedsgutachter an seiner Stelle vom Gericht einen neuen Schiedsgutachter ernennen zu lassen. Demgegenüber sind nach New Yorker Recht die Gerichte nach ihrem Ermessen auf Antrag im Falle eines „failure to act“ des betreffenden Schiedsgutachters befugt, diesen abzusetzen und an seiner Stelle einen neuen Schiedsgutachter zu ernennen. Eine übermäßige Verzögerung steht dabei einem „failure to act“ gleich.

Andererseits sind die Parteien nach deutschem Recht grundsätzlich berechtigt, im Falle einer Verzögerung durch einen Schiedsgutachter gegen diesen gerichtlich vorzugehen. Allerdings tritt im Falle einer solchen Verzögerung regelmäßig der Schiedsgutachtenvertrag außer Kraft, sodass einer Klage gegen den Schiedsgutachter insoweit regelmäßig das Rechtsschutzbedürfnis fehlen wird. Darüber hinaus steht nach deutschem Recht beiden Parteien im Falle einer verschuldeten Verzögerung grundsätzlich ein Schadensersatzanspruch gegen den betreffenden Schiedsgutachter zu. Allerdings wird sich der liquidierbare Schaden regelmäßig auf Honorarzahlungen der Parteien an die anderen Schiedsgutachter beschränken. Dagegen ist nach New Yorker Recht eine Klage gegen den Schiedsgutachter jedenfalls praktisch ebenso ausgeschlossen wie die Geltendmachung eines Schadensersatzanspruchs. Denn die Schiedsgutachter trifft regelmäßig keine Beschleunigungspflicht, und sie sind im Grundsatz auch berechtigt, ihr Amt jederzeit vor Erstattung des Schiedsgutachtens niederzulegen.

[1948] Dazu: S. 179 f. und S. 305.

d. *Durchsetzung eines Ablehnungsrechts*

Nach deutschem Recht sind die Parteien auch bei bestehendem Ablehnungsrecht im Grundsatz nicht in der Lage, einen befangenen Schiedsgutachter an der Mitwirkung bei der Erstattung des Schiedsgutachtens zu hindern[1949] und vor Erstattung des Schiedsgutachtens eine zeitnahe gerichtliche Entscheidung über das Vorliegen eines statthaften Ablehnungsgrundes in der Person eines Schiedsgutachters herbeizuführen. Eine Entscheidung über diese Frage in einem Beschlussverfahren entsprechend den §§ 1036, 1037 ZPO ist ausgeschlossen. Lediglich die Möglichkeit einer vorgezogenen Feststellungsklage kommt in Betracht.[1950]

Demgegenüber besteht nach New Yorker Recht sowohl die Möglichkeit der Parteien, die Frage des Vorliegens eines statthaften Ablehnungsgrundes in der Person eines Schiedsgutachters im Rahmen einer Feststellungsklage klären zu lassen, als auch die Möglichkeit, eine zeitnahe Entscheidung hierüber in einem „special proceeding" herbeizuführen. In beiden Fällen steht die Entscheidung über die Zulassung eines solchen Verfahrens allerdings im Ermessen des Gerichts.[1951]

e. *Auslegung des Schiedsgutachtenvertrags*

Nach beiden Rechtsordnungen[1952] sind die Parteien grundsätzlich berechtigt, Fragen der Auslegung des Schiedsgutachten- oder des Hauptvertrags, die für die Entscheidung der Schiedsgutachter von Bedeutung sind, durch eine Feststellungsklage klären zu lassen. Darüber hinaus können solche Auslegungsfragen nach New Yorker Recht – und nach Ermessen des Gerichts – ggf. auch im Rahmen eines Antrags auf Ernennung eines Schiedsgutachters (und damit in einem „special proceeding") geklärt werden. Der Antrag auf gerichtliche Entscheidung ist dabei allerdings im Ergebnis nach Ansicht beider Rechtsordnungen abzuweisen, wenn die Auslegungsfragen ausnahmsweise in den Zuständigkeitsbereich der Schiedsgutachterstelle fallen.

Das deutsche und das New Yorker Recht unterscheiden sich aber nicht unerheblich hinsichtlich des Umfangs, in dem die Gerichte als berechtigt angese-

---

1949 Rein faktisch wird allerdings eine berechtigte Kündigung des Schiedsgutachtervertrags regelmäßig dazu führen, dass der betreffende Schiedsgutachter keine weiteren Tätigkeiten entfaltet, weil er insoweit keinen Honoraranspruch mehr hat. Allerdings stellt nicht jeder statthafte Ablehnungsgrund zwangsläufig einen Grund dar, der zur Kündigung des Schiedsgutachtervertrags berechtigt. Hinzu kommt, dass auch im Falle der Kündigung des Schiedsgutachtervertrags der betreffende Schiedsgutachter grundsätzlich zur Erstattung des Schiedsgutachtens berechtigt bleibt. Siehe dazu: S. 92.

1950 Vgl. dazu S. 181 f.

1951 Dazu: S. 306.

1952 Siehe zu den Rechtsbehelfen, die den Parteien nach deutschem und New Yorker Recht bei Zweifeln über die Auslegung des Schiedsgutachtenvertrags zur Verfügung gestellt werden, oben S. 182 f. und S. 306 f.

hen werden, den Schiedsgutachtern Vorgaben hinsichtlich ihrer Entscheidungsfindung zu machen. Hier spiegelt sich der unterschiedliche Ausgangspunkt hinsichtlich der Art und Weite des Spielraums einer Schiedsgutachterstelle sowie des Umfangs und der Intensität der gerichtlichen Kontrolle. Während die New Yorker Gerichte nur solche Vorgaben machen dürfen, die im Schiedsgutachtenvertrag eindeutig und unzweifelhaft vorgesehen sind,[1953] nehmen die deutschen Gerichte für sich die Befugnis in Anspruch, den Schiedsgutachtern durch Auslegung auch solche Vorgaben zu machen, die sich dem Schiedsgutachtenvertrag nicht eindeutig und unzweifelhaft entnehmen lassen.[1954] Die insoweit gemachte Einschränkung, dass den Schiedsgutachtern nur solche Aspekte vorgegeben werden dürfen, deren Nichtberücksichtigung denkgesetzlich zwingend zur Unverbindlichkeit des Schiedsgutachtens führt,[1955] schränkt die Möglichkeiten der Gerichte zur Einschränkung des Spielraums der Schiedsgutachter nicht wirklich ein. Denn unter Zugrundelegung der neueren Rechtsprechung zu Schiedsgutachten außerhalb des Anwendungsbereichs der §§ 64, 184 VVG ist die Unverbindlichkeit regelmäßig schon dann zu bejahen, wenn der Mangel der Entscheidungsgrundlagen „schwerwiegend" ist.[1956]

2. Nach Erstattung des Schiedsgutachtens

a. *Entscheidung über die bindende Wirkung des Schiedsgutachtens*

Sowohl nach deutschem als auch nach New Yorker Recht kann über die bindende Wirkung des Schiedsgutachtens[1957] inzident im Rahmen einer Leistungsklage entschieden werden, in der sich der Anspruchsteller oder der Anspruchsgegner auf das Schiedsgutachten stützt.

Über die bindende Wirkung des Schiedsgutachtens kann nach deutschem Recht darüber hinaus auch im Rahmen einer Gestaltungsklage entschieden werden, deren Rechtsschutzziel die Ersetzung des Schiedsgutachtens durch eine gerichtliche Entscheidung über die den Gegenstand des Schiedsgutachtenvertrags bildenden Fragestellungen ist. Dem New Yorker Recht ist eine derartige Gestaltungsklage dagegen fremd. Allerdings steht den Parteien hier eine Aufhebungsklage („action to set aside") zur Verfügung. Darüber hinaus besteht auch – nach Ermessen des angegangenen Gerichts – die Möglichkeit der Herbeiführung einer gerichtlichen Entscheidung über die bindende Wirkung des Schiedsgutachtens in einem als Beschlussverfahren ausgestalteten Aufhebungsverfahren („motion to vacate").

[1953] Dazu: S. 307.

[1954] S. 182.

[1955] Vgl. BGH vom 03.11.1995, NJW-RR 1996, 452, 454.

[1956] Vgl. dazu oben S. 156.

[1957] Zu den insoweit vom deutschen und New Yorker Recht zur Verfügung gestellten Rechtsbehelfen siehe oben S. 183 ff. und S. 308.

Eine Ausschlussfrist für die gerichtliche Geltendmachung der fehlenden Bindungswirkung eines Schiedsgutachtens gibt es im Grundsatz weder im deutschen noch im New Yorker Recht. Allerdings sieht § 318 II 2 BGB vor, dass ein Anfechtungsrecht unverzüglich nach Erlangung der Kenntnis vom Vorliegen eines Anfechtungsgrundes durch Mitteilung gegenüber der anderen Partei ausgeübt werden muss. Ebenso müssen nach deutschem Recht Umstände, die eine Unverbindlichkeit eines Schiedsgutachtens nach Maßgabe von § 319 I 1 BGB, §§ 64 I 1, 184 I 1 VVG begründen, grundsätzlich innerhalb bestimmter zeitlicher Grenzen geltend gemacht werden; welche dies sind, ist allerdings unklar. Demgegenüber kennt das New Yorker Recht derartige Regelungen nicht. Es ist allerdings nicht auszuschließen, dass die Gerichte zukünftig auch bei Schiedsgutachten die Geltendmachung von Gründen fehlender Bindungswirkung derselben Ausschlussfrist unterwerfen, die auch für Schiedssprüche gilt, nämlich einer Frist von 90 Tagen nach Zustellung (CPLR § 7511(a)).

b. *Korrektur des Schiedsgutachtens*

Beide Rechtsordnungen[1958] stimmen darin überein, dass Schiedsgutachter nicht befugt sind, das Schiedsgutachten nach seiner Erstattung zu korrigieren oder bestehende Unklarheiten zu beseitigen; das gilt auch im Hinblick auf offenkundige Schreib- und Rechenfehler. Ebenso stimmen beide Rechtsordnungen im Ergebnis darin überein, dass jedenfalls das über die bindende Wirkung des Schiedsgutachtens entscheidende Gericht befugt ist, offenkundige Schreib- und Rechenfehler der Schiedsgutachterstelle zu korrigieren.

Unterschiedlicher Auffassung sind beide Rechtsordnungen allerdings hinsichtlich der Frage, inwieweit Unklarheiten des Schiedsgutachtens von den Gerichten korrigiert werden können. Im deutschen Recht ist eine derartige Klärung inzident durch die Auslegung des Schiedsgutachtens möglich. Demgegenüber ist eine solche Klärung nach New Yorker Recht grundsätzlich ausgeschlossen. Die Gerichte sind im Falle von Unklarheiten des Schiedsgutachtens allerdings befugt, die Unklarheiten zur Klärung an die Schiedsgutachterstelle zurückzuverweisen; das deutsche Recht sieht eine derartige Möglichkeit dagegen nicht vor.

Ebenfalls bestehen unterschiedliche Auffassungen über die Möglichkeiten einer (Teil-)Korrektur des Schiedsgutachtens durch das Gericht. Nach deutschem Recht sind die Gerichte jedenfalls im Falle eines Schiedsgutachtens i.e.S. außerhalb des Anwendungsbereichs der §§ 64, 184 VVG befugt, einzelne „offenbare Unrichtigkeiten“ des erstatteten Schiedsgutachtens zu korrigieren. Das New Yorker Recht sieht eine derartige Möglichkeit einer Teilaufhebbarkeit des Schiedsgutachtens dagegen nicht vor.

[1958] Siehe dazu S. 185 f. und S. 308 f.

c. Vollstreckbarkeit des Schiedsgutachtens

Das deutsche und das New Yorker Recht[1959] stimmen darin überein, dass ein Schiedsgutachten, das sich über die Höhe eines Zahlungsanspruchs ausgesprochen hat, durch eine Leistungsklage durchgesetzt werden kann, die sich auf den dem Schiedsgutachten zugrunde liegenden Anspruch stützt. Nach deutschem Recht kann ein Schiedsgutachten über die Höhe eines Zahlungsanspruchs auch zum Gegenstand eines Urkundsprozesses gemacht werden. Korrespondierend hierzu kann im New Yorker Recht ein Schiedsgutachten bei Vorliegen der entsprechenden Voraussetzungen zum Gegenstand eines „summary proceeding“ gemacht werden.

Dagegen kann nach deutschem Recht ein Schiedsgutachten nicht wie ein Schiedsspruch für vollstreckbar erklärt werden, da die für Schiedssprüche geltende Vorschrift des § 1042 ZPO a.F. (§§ 1060, 1061 ZPO) auf Schiedsgutachten keine entsprechende Anwendung findet. Dagegen sind die Gerichte nach New Yorker Recht grundsätzlich berechtigt, ein Schiedsgutachten über die Höhe eines Zahlungsanspruchs in einem „appropriate case“ auf Antrag für vollstreckbar zu erklären. Ein solcher „appropriate case“ liegt dabei immer dann vor, wenn die Parteien nur hinsichtlich der von der Schiedsgutachterstelle festgelegten Höhe des Zahlungsanspruchs im Streit waren. Dagegen ist ein „appropriate case“ regelmäßig zu verneinen, wenn die Parteien nicht nur über die Höhe eines Zahlungsanspruchs, sondern auch um dessen Bestehen streiten.

II. Bewertung des deutschen und des New Yorker Schiedsgutachtenrechts

Der Vergleich des deutschen und des New Yorker Schiedsgutachtenrechts hat gezeigt, dass sich beide Rechtsordnungen in wesentlichen Punkten unterscheiden. So haben präventiv wirkende Schutzmechanismen im New Yorker Recht bisher eine wesentlich größere Bedeutung als im deutschen Recht – auch wenn die Bedeutung dieser Schutzmechanismen in der neueren deutschen Rechtsprechung zugenommen hat. Diese größere Bedeutung zeigt sich nicht nur darin, dass eine Schiedsgutachterstelle nach New Yorker Recht in der Ausgestaltung des Schiedsgutachtenverfahrens deutlich weniger frei ist als nach deutschem Recht. Sie wird auch darin erkennbar, dass das New Yorker Recht erheblich strengere Anforderungen an die Neutralität der Partei-Schiedsgutachter stellt als das deutsche Recht. Auch der Umstand, dass nach New Yorker Recht das Vorliegen statthafter Ablehnungsgründe grundsätzlich einen selbstständigen Grund für die Aufhebung eines Schiedsgutachtens darstellt, weist auf die größere Bedeutung präventiver Schutzmechanismen hin.

[1959] Zu den Möglichkeiten der Durchsetzung eines Schiedsgutachtens nach deutschem und New Yorker Recht siehe oben S. 186 und S. 309.

Andererseits ist im New Yorker Recht die inhaltliche Kontrolle von Schiedsgutachten jedenfalls in der ersten und dritten Fallgruppe stärker eingeschränkt als im deutschen Recht, und der Schiedsgutachterstelle kommt im Regelfall ein im Vergleich zum deutschen Recht deutlich größerer Spielraum zu. Darüber hinaus stellt das New Yorker Recht den Parteien bei der Flankierung des Schiedsgutachtenverfahrens durch Rechtsbehelfe eine größere Auswahl von Rechtsbehelfen zur Verfügung als das deutsche Recht. Insgesamt betrachtet hat der Staat New York das Schiedsgutachtenrecht also sehr viel stärker an den für Schiedsvereinbarungen geltenden Regelungen ausgerichtet als das deutsche Recht.

Vor dem Hintergrund der doch recht unterschiedlichen Ausgestaltung der in der vorliegenden Arbeit untersuchten Aspekte des Schiedsgutachtenrechts in Deutschland und New York sollen nunmehr beide Rechtsordnungen einer Bewertung hinsichtlich der Sach- und Interessengerechtigkeit der von ihnen vorgenommenen Ausgestaltung unterzogen werden. Hierzu müssen zunächst die für die Bewertung heranzuziehenden Kriterien herausgearbeitet werden.

A. Grundlagen der Bewertung

1. Aspekte der sachgerechten Ausgestaltung eines Schiedsgutachtenrechts

Die Ausgestaltung der an einen bestimmten Lebenssachverhalt geknüpften Rechtsfolgen kann nur dann als sachgerecht angesehen werden, wenn sie der Eigenart, der besonderen Struktur und den tatsächlichen Gegebenheiten des zu regelnden Lebensbereichs hinreichend Rechnung trägt.[1960] Eine sachgerechte Ausgestaltung der Rechtsfolgen eines aus Sicht des deutschen Rechts zivilrechtlich zu qualifizierenden Schiedsgutachtenvertrags setzt deshalb insbesondere voraus, dass die Ausgestaltung dem typischen Sinn und Zweck eines Schiedsgutachtenvertrags hinreichend Rechnung trägt. Sie muss darüber hinaus die Eigenarten der als typisch zu bezeichnenden schiedsgutachterlichen Aufgabenstellungen berücksichtigen, ferner die Funktion und Stellung einer Schiedsgutachterstelle als Ganzes wie auch der einzelnen Schiedsgutachter, die Verfahrenswirklichkeit schiedsgutachterlicher Verfahren sowie andere, auch rechtliche, Gegebenheiten. Diese allgemeine Aussage bedarf der Konkretisierung.

a. *Sinn und Zweck eines Schiedsgutachtenvertrags*

Hauptmotiv für den Abschluss eines jeden Schiedsgutachtenvertrags ist, wie beim Abschluss einer Schiedsvereinbarung, die Vermeidung eines gerichtlichen Verfahrens über die den Gegenstand des Schiedsgutachtenvertrags bil-

---

[1960] Vgl. hierzu *Larenz/Canaris*, S. 153 ff.

denden Fragestellungen und die bindende Entscheidung dieser Fragestellungen durch die vorgesehene Schiedsgutachterstelle.[1961] Dieses Hauptmotiv kann sich – je nach den Umständen des Einzelfalls – aus einer Reihe von unterschiedlichen Motiven speisen. Im Vordergrund steht insoweit regelmäßig der Wunsch der Parteien nach Zeit- und Kostenersparnis.[1962] Dieses Motiv wird noch dadurch verstärkt, dass bei typischen Aufgabenstellungen eines Schiedsgutachters sich im Regelfall weder die Höhe der Kosten eines gerichtlichen Verfahrens[1963] noch das Kostentragungsrisiko vorab abschätzen lassen.[1964] Die Motivation für den Abschluss eines Schiedsgutachtenvertrags beschränkt sich aber in aller Regel nicht auf das Motiv der erwarteten Zeit- und Kostenersparnis. Vielmehr speist sich diese Motivation häufig auch aus dem Vertrauen auf die im Vergleich zum staatlichen Gericht regelmäßig größere Sachkunde der tätig werdenden Schiedsgutachter.[1965] Auch der Wunsch der Parteien, über die Möglichkeiten im staatlichen Gerichtsverfahren hinaus auf den Verfahrenablauf Einfluss nehmen zu können, kann zum Abschluss eines Schiedgutachtenvertrags motivieren.[1966] Ein weiteres denkbares Motiv ist die Erkenntnis, dass ein kontradiktorisches Verfahren bei wirtschaftlicher Betrachtungsweise zur Erledigung einer Vielzahl von typischen schiedsgutachterlichen Aufgabenstellungen ungeeignet ist.[1967] Auch der Wunsch nach Vermeidung der Öffentlichkeit des Gerichtsverfahrens, der bei Parteien mit gleicher oder annähernd gleicher Verhandlungsmacht grundsätzlich legitim ist, wird bei der Entscheidung für ein Schiedsgutachtenverfahren regelmäßig eine Rolle spielen.[1968]

[1961] *Rauscher*, S. 28; *Moser*, AgrarR 1984, S. 273.

[1962] So: BGH vom 03.10.1957, NJW 1957, 1834 (Anm. *Fischer*, LM BGB § 319 Nr. 7); vom 01.04.1987, VersR 1987, 601 f.; vom 21.09.1983, NJW 1984, 43, 44; *Rauscher*, S. 27 f.; *Moore v. Eadie* (1927) 156 N.E. 653, 655; *Ice Serv. Co. v. Henry Phipps' Estates* (1927) 157 N.E. 506, 507; vgl. auch *Wagner*, NZBau 2001, S. 173.

[1963] Siehe zu diesen Kosten beispielhaft *Asmus*, ZVersWiss 1962, S. 199; *Bühring-Uhle*, S. 62 f.

[1964] Das gilt jedenfalls für das deutsche Recht, wo die Kostentragungspflicht – anders als in den Vereinigten Staaten – regelmäßig davon abhängt, inwieweit eine Partei mit ihren Anträgen obsiegt. Diese Prognose ist bei den typischen Aufgabenstellungen eines Schiedsgutachters nur schwer möglich; vgl. *Gross*, DStR 2000, S. 1962.

[1965] *Rauscher*, S. 28 m.w.N.; vgl. insoweit auch *Clasen*, JRfPrV 1927, S. 327; *Kisch*, S. 1; *Asmus*, ZVersWiss 1962, S. 200. Zu dem entsprechenden Motiv für den Abschluss von Schiedsvereinbarungen siehe *Schmidt-Diemitz*, DB 1999, S. 370; *Lachmann/König*, S. 11 f.; *Hobeck*, DRiZ 2005, S. 177.

[1966] So – bezogen auf die Motive für den Abschluss von Schiedsvereinbarungen – *Lachmann/König*, S. 13. Siehe dazu auch *Asmus*, ZVersWiss 1962, S. 199; *Bühring-Uhle*, S. 60; *Hobeck*, DRiZ 2005, S. 178.

[1967] So: BGH vom 03.10.1957, NJW 1957, 1834 (bezogen auf eine Unternehmensbewertung); *Straatmann*, FS Stödter, S. 111 (bezogen auf die Qualitätsarbitrage). – Zur Ungeeignetheit eines kontradiktorischen Verfahrens für die Zwecke der Durchführung einer Unternehmensbewertung in zeitlicher Hinsicht siehe beispielhaft *Timm*, ZIP 1994, S. 331.

[1968] Vgl. *Bühring-Uhle*, S. 62; *Wagner*, NZBau 2001, S. 173. Zu diesem Motiv beim Abschluss von Schiedsvereinbarungen siehe beispielhaft *Lachmann/König*, S. 14 f.; *Schmidt-Diemitz*, DB 1999, S. 370; *Hobeck*, DRiZ 2005, S.177.

Darüber hinaus wird auch das Ziel der Vermeidung eines gespannten Verhältnisses der Parteien, das bei einem Gerichtsverfahren wahrscheinlich ist, aber zukünftige Geschäftsbeziehungen der Parteien belastet, häufig eine Rolle spielen.[1969]

Sinn und Zweck eines Schiedsgutachtenvertrags ist demnach in erster Linie die Vermeidung eines Gerichtsverfahrens und die bindende Entscheidung der betreffenden Fragen durch die Schiedsgutachterstelle, und zwar nicht nur aus Gründen der Zeit- und Kostenersparnis.[1970] Allerdings spielt das Ziel der Zeit- und Kostenersparnis gegenüber einem ggf. über mehrere Instanzen gehenden gerichtlichen Verfahren regelmäßig eine wichtige Rolle.

b. *Funktion und Stellung von Schiedsgutachtern*

Nach dem vorstehend dargelegten Sinn und Zweck eines Schiedsgutachtenvertrags hat eine Schiedsgutachterstelle die Funktion, über die maßgeblichen Fragestellungen mit bindender Wirkung zu entscheiden. Ihre Stellung gegenüber den Parteien des Schiedsgutachtenvertrags ist deshalb die einer neutralen, über den Parteien stehenden Entscheidungsinstanz.[1971] Diese Aussage gilt auch für die Funktion und Stellung eines allein entscheidenden Schiedsgutachters sowie für die einzelnen Mitglieder einer aus mehreren Personen bestehenden Schiedsgutachterstelle, bei der keiner der Schiedsgutachter von den Parteien ernannt worden ist.[1972] Zu differenzieren ist hingegen bei der Frage nach der Funktion und Stellung der einzelnen Schiedsgutachter, wenn und soweit sich die konkrete Schiedsgutachterstelle entweder allein aus Partei-Schiedsgutachtern zusammensetzt oder aus einem Obmann sowie im Übrigen aus Partei-Schiedsgutachtern besteht. Anders als ein allein entscheidender Schiedsgutachter, aber auch anders als der Obmann einer Schiedsgutachterstelle, haben Partei-Schiedsgutachter nicht nur die Funktion, an einer bindenden Entscheidung mitzuwirken, sondern zugleich auch die Aufgabe, die Interessen der sie jeweils ernennenden Partei zu wahren und dafür Sorge zu tragen, dass diese Interessen bei der Entscheidungsfindung berücksichtigt werden.[1973] Insoweit kommt dem Partei-Schiedsgutachter auch in gewissem Umfang die Aufgabe zu, die Parteiöffentlichkeit zugunsten der ernennenden Partei herzustellen.[1974]

[1969] Dazu: *Rauscher*, S. 28; vgl. hierzu auch *Bühring-Uhle*, S. 62.

[1970] BGH vom 01.04.1987, VersR 1987, 601 f.; OLG Hamm vom 22.01.2001, NZG 2001, 652, 653; *Wagner*, NZBau 2001, S. 173; *Moore v. Eadie* (1927) 156 N.E. 653, 655; *European-American Banking Corp. v. Chock Full O'Nuts Corp.* (App. T. 1981) 442 N.Y.S.2d 715, 718.

[1971] BGH vom 11.06.1976, VersR 1976, 821, 823; *Bradshaw v. Agricultural Ins. Co.* (1893) 32 N.E. 1055, 1058; *Döbereiner*, VersR 1983, S. 714.

[1972] Soweit ersichtlich allgemeine Auffassung sowohl im Bereich des deutschen wie auch im Bereich des New Yorker Rechts. Siehe dazu die Nachweise in der vorigen Fußnote.

[1973] Vgl. dazu oben S. 320.

[1974] Vgl. *Townsend v. Greenwich Ins. Co.* (2nd Dept. 1903) 83 N.Y.S. 909, 912, *affd. mem.*, (1904) 71 N.E. 1140.

Daraus ergibt sich zugleich, dass sich die Stellung eines Partei-Schiedsgutachters in gewisser Weise von der Stellung des allein entscheidenden Schiedsgutachters oder eines Obmanns unterscheidet. Während letztere ausschließlich die Stellung einer neutralen Entscheidungsinstanz einnehmen, haben die Partei-Schiedsgutachter eine Zwitterstellung: sie sind einerseits Mitglieder einer in ihrer Gesamtheit prinzipiell neutralen Entscheidungsinstanz, andererseits aber auch Interessenwahrer der sie ernennenden Partei.

Die Beantwortung der Frage, wie den dargelegten Funktionen und Stellungen bei der Ausgestaltung der einzelnen Rechtsfolgen eines Schiedsgutachtenvertrags angemessen Rechnung getragen werden kann, setzt einen Blick auf die Erwartungen der Parteien voraus. Betrachtet man den allein entscheidenden Schiedsgutachter, aber auch den Obmann einer Schiedsgutachterstelle, so muss man angesichts des typischen Verfahrens zur Ernennung dieser Schiedsgutachter davon ausgehen, dass die Parteien von den in diesen Funktionen tätig werdenden Personen strikte Neutralität gegenüber allen Parteien sowie darüber hinaus strikte Unvoreingenommenheit gegenüber den im konkreten Fall zu entscheidenden Fragestellungen erwarten.[1975] Dies deshalb, weil solche Schiedsgutachter in der Praxis entweder übereinstimmend von den Parteien, von den Partei-Schiedsgutachtern oder von neutralen Dritten ernannt werden. Auch im Hinblick auf eine mehrgliedrige Schiedsgutachterstelle in ihrer Gesamtheit spricht die Ausgestaltung des Ernennungsverfahrens in der Vertragspraxis,[1976] aber auch die allgemeine Lebenserfahrung dafür, dass die Parteien von einer mehrgliedrigen Schiedsgutachterstelle regelmäßig eine insgesamt neutrale und unvoreingenommene Haltung erwarten. Vor diesem Hintergrund muss man weiterhin davon ausgehen, dass die Parteien im Normalfall eine ausgewogene Besetzung der Schiedsgutachterstelle erwarten, bei der weder einer Partei noch den Interessen einer Partei ein Übergewicht zukommt. Hinsichtlich der Partei-Schiedsgutachter muss man hingegen differenzieren. Während jede Partei von ihrem Partei-Schiedsgutachter typischerweise erwartet, dass er für die Wahrung ihrer Interessen Sorge trägt, erwartet sie zugleich von dem Partei-Schiedsgutachter der Gegenpartei, dass dieser sich bei der Wahrung der Interessen der Gegenpartei im Rahmen des sachlich Vertretbaren hält.

c. *Eigenart der typischen Aufgabenstellungen*

Legt man die bisherige Vertragspraxis sowohl im Bereich des deutschen als auch des New Yorker Rechts zugrunde, so sind die typischen schiedsgutachterlichen Aufgabenstellungen dadurch gekennzeichnet, dass die Entscheidung der im Schiedsgutachtenvertrag festgelegten Fragestellungen nicht nur die Entscheidung von Tatfragen, sondern auch die Entscheidung von Rechtsfra-

---

[1975] Vgl. BGH vom 14.02.2005, WM 2005, 886, 887.

[1976] Siehe dazu nur *Rauscher*, S. 218 ff.; *Heinrich*, S. 87.

gen (insbesondere von Fragen der Auslegung des Schiedsgutachtenvertrags und/oder des Hauptvertrags) erforderlich macht.[1977]

Ebenfalls kennzeichnend für diese typischen Aufgabenstellungen ist die Tatsache, dass zu einer sachgerechten Entscheidung der von den Parteien im Schiedsgutachtenvertrag festgelegten Fragestellungen regelmäßig eine gewisse Sachkunde erforderlich ist, die deutlich über bloßes Alltagswissen hinausgeht.[1978] Dabei kommt es allerdings nicht selten vor, dass bei der konkreten Aufgabenstellung so viele Aspekte zu beachten sind, dass praktisch kein Sachverständiger zur Verfügung steht, der hinsichtlich aller entscheidungserheblicher Aspekte über eine solche Sachkunde verfügt.[1979]

Weiterhin sind typische schiedsgutachterliche Aufgabenstellungen dadurch gekennzeichnet, dass die bei der Erfüllung der Aufgabe aufkommenden Fragen nur ausgesprochen selten eindeutig mit „ja" oder „nein" zu beantworten sind.[1980] Vielmehr können sehr häufig verschiedene Sachverständige hinsichtlich der Beantwortung der relevanten Fragestellungen unterschiedlicher Auffassung sein,[1981] ohne dass deshalb die eine oder andere Sicht der Dinge als eindeutig „falsch" anzusehen wäre.[1982] Das gilt regelmäßig nicht nur für die im Rahmen dieser Aufgabenstellungen entscheidungserheblichen Tatfragen, sondern auch für die insoweit entscheidungserheblichen Rechtsfragen.[1983]

d. Verfahrenswirklichkeit

Die Lebenswirklichkeit bei der Art und Weise der Durchführung schiedsgutachterlicher Verfahren zeigt sich vor allem in den Regelungen des Massenverkehrs und den Regelwerken institutionalisierter Schiedsgutachterstellen,[1984]

1977 Vgl. dazu oben S. 97 f. (zum deutschen Recht) und S. 231 ff. (zum New Yorker Recht).

1978 Z.B. BGH vom 03.10.1957, NJW 1957, 1834 (Unternehmensbewertungen setzen Kenntnisse eines Wirtschaftsprüfers voraus); vgl. dazu auch *Rauscher*, S. 27.

1979 Das wird insbesondere bei Schadensermittlungen im Bereich der Brandschutzversicherung häufig der Fall sein. Wenn z.B. bei einem Brand eine Fabrik abbrennt, werden so viele verschiedene Gegenstände beschädigt, dass es kaum vorstellbar ist, dass ein Sachverständiger hinsichtlich der Bewertung all dieser Gegenstände über die erforderliche Sachkunde verfügt.

1980 Dazu: *Reichsgraf von Thun und Hohenstein*, S. 246 ff.

1981 Z.B. BGH vom 01.04.1987, VersR 1987, 601 f.

1982 Siehe dazu nur *Straatmann*, FS Stödter, S. 120: „Wer [...] im gerichtlichen Verfahren mit Gutachtern zu arbeiten hat, weiß, dass auch die höchstqualifizierten Sachverständigen nicht immer zu einem materiell unanfechtbaren Ergebnis kommen und oft in derselben Sache sehr unterschiedliche Meinungen vertreten werden."

1983 Siehe dazu nur die Urteile BGH vom 13.05.1974, NJW 1974, 1235, und KG vom 28.01.1985, ZMR 1986, 194, sowie die Anmerkungen zu diesen Entscheidungen von *Bulla*, JuS 1976, S. 21, und *Schultz*, ZMR 1986, S. 196 f.

1984 Siehe dazu z.B. *Sieg*, ZVersWiss 1941, S. 43 f.; *Rauscher*, S. 253 ff.; ders., BB 1974, S. 630; *Glossner*, BB 1977, S. 678 ff.; *Nicklisch*, RIW 1978, S. 636 ff.; *Straatmann*, FS Stödter, S. 114 und S. 124 f.

aber auch in der Verfahrenspraxis derjenigen Lebensbereiche, in denen Schiedsgutachtenverträge üblicherweise oder jedenfalls häufig abgeschlossen werden.[1985]

Betrachtet man diese Lebenswirklichkeit, so stellt man zunächst fest, dass Schiedsgutachtenverfahren in aller Regel in einer eher informellen Art und Weise ablaufen. Ein Schiedsgutachtenverfahren wird typischerweise nicht als quasi-gerichtliches Verfahren mit vollumfänglicher Gewährung rechtlichen Gehörs und Herstellung von Parteiöffentlichkeit bei der Ermittlung der entscheidungserheblichen Tatsachen durchgeführt. Eine Ausnahme bilden die Verfahren, die auf der Grundlage einer in AGB enthaltenen Schiedsgutachtenklausel mit Verbraucherbeteiligung durchgeführt werden.[1986] Dabei sind treibende Kraft bei der Ermittlung der entscheidungserheblichen Tatsachen regelmäßig die Schiedsgutachter und nicht so sehr die Parteien selbst. Andererseits gibt es, soweit ersichtlich, in der Praxis kaum ein Schiedsgutachtenverfahren, in dem die Parteien nicht in der einen oder anderen Form den Wunsch äußern, mit Hinweisen, Vorschlägen und Stellungnahmen gehört zu werden. Auch werden die Parteien von der Schiedsgutachterstelle im Regelfall auf die eine oder andere Weise in die Ermittlung der entscheidungserheblichen Tatsachen eingebunden.[1987] Mithin wird den Parteien seitens der Schiedsgutachterstelle regelmäßig jedenfalls ein gewisses Maß an rechtlichem Gehör gewährt. Zugleich zeigt aber ein Blick auf die Verfahrenspraxis, dass sich bisher noch keine Verfahrensausgestaltung herausgebildet hat, die man als für Schiedsgutachtenverfahren generell typisch bezeichnen könnte.[1988] Vielmehr haben sich lediglich im Hinblick auf konkrete Aufgabenstellungen Verfahrensabläufe herausgebildet, die man als allgemein oder doch als weitgehend üblich bezeichnen kann.

Andererseits gehört es aber auch zur Verfahrenswirklichkeit, dass Parteien als Partei-Schiedsgutachter regelmäßig Personen ihres Vertrauens benennen. Ebenso gehört es zur Verfahrenswirklichkeit vieler Schiedsgutachtenverfahren, dass die als Schiedsgutachter tätig werdenden Personen regelmäßig eine gewisse Erfahrung in der relevanten Branche haben und daher sehr häufig auch die in dieser Branche bei ihrer Aufgabenstellung regelmäßig auftretenden Probleme der Auslegung des Haupt- und des Schiedsgutachtenvertrags kennen.[1989]

[1985] Siehe dazu z.B. *Raiser*, § 16 AFB, Rdn. 24; *Asmus*, ZVersWiss 1962, S. 204; *Klocke*, ZfV 1977, S. 678.

[1986] Siehe dazu z.B. *Nicklisch*, FS Bülow, S. 167; *Gottwald/Reichenberger/Wagner*, NZV 2000, S. 8.

[1987] Z.B. *Rauscher*, S. 249 ff.; *Altschwager*, BauR 1991, S. 159; *Asmus*, ZVersWiss. 62, S. 213 ff.

[1988] Die Ursache hierfür dürfte nicht zuletzt darin liegen, dass die typischen Aufgaben einer Schiedsgutachterstelle deutlich vielgestaltiger sind als die typischen Aufgaben eines Schiedsgerichts (vgl. *Sieg*, VersR 1965, S. 629) und eine Verfahrensausgestaltung, die sich im Hinblick auf eine bestimmte Aufgabenstellung seit Jahrzehnten als brauchbar erwiesen hat, sich nicht auch unbedingt in einem anderen Zusammenhang als brauchbar erweist.

[1989] Vgl. z.B. *Nicklisch*, BB 2001, S. 793 (für die Auslegung der FIDIC-Regeln). Solche Kenntnisse der als Schiedsgutachter tätig werdenden Personen dürften aber regelmäßig

e. *Berücksichtigung weiterer Gegebenheiten*

Neben den bereits genannten Punkten sind insbesondere[1990] auch die folgenden Aspekte bei einer sachgerechten Ausgestaltung der Rechtsfolgen eines Schiedsgutachtenvertrags angemessen zu berücksichtigen.

aa. *Bewusste Entscheidung für Abschluss eines Schiedsgutachtenvertrags*

Im Normalfall sind die Parteien eines Schiedsgutachtenvertrags in aller Regel in geschäftlichen Dingen erfahren und kennen die prinzipielle Bedeutung einer Schiedsgutachtenklausel, nämlich die bindende Wirkung des Schiedsgutachtens. Schließen derartige Parteien einen Schiedsgutachtenvertrag, so liegt darin eine ganz bewusste Entscheidung gegen die Durchführung eines streitigen gerichtlichen Verfahrens über die maßgeblichen Fragestellungen und für die Durchführung des Schiedsgutachtenverfahrens. Der Grund ist einfach: Die Parteien versprechen sich hiervon bestimmte wirtschaftliche Vorteile. Bei einer solch bewussten Entscheidung ist aber davon auszugehen, dass die Parteien die möglichen Risiken eines Schiedsgutachtenverfahrens gegen die wirtschaftlichen Vorteile eines Schiedsgutachtenverfahrens abgewogen und diese Risiken jedenfalls in gewissem Umfang in Kauf genommen haben. Das gilt nicht nur hinsichtlich der Risiken, die sich aus einer im Vergleich zu einem gerichtlichen Verfahren lediglich eingeschränkten Gewährung rechtlichen Gehörs ergeben, sondern auch hinsichtlich des Risikos etwaiger Fehler der Schiedsgutachter und des Risikos eines aus Sicht eines später entscheidenden Gerichts unzutreffenden oder „unangemessenen" Ergebnisses.

Entsprechendes gilt in den Fällen, in denen die konkrete Schiedsgutachtenklausel zwar in AGB enthalten ist, die Interessenlage der Parteien aber der im Normalfall bestehenden Interessenlage im Wesentlichen vergleichbar ist.[1991] Entspricht eine in AGB enthaltene Schiedsgutachtenklausel einem Handelsbrauch oder doch zumindest einer Handelsübung, dann hat sich im Laufe mehrerer Jahrzehnte eine ganze Branche bewusst für die Entscheidung bestimmter Fragestellungen durch Schiedsgutachter entschieden, weil ihr dies für beide Parteien angemessen erschien. Sieht eine in AGB enthaltene Schiedsgutachtenklausel ein Wahlrecht des Vertragspartners des Verwenders vor und entscheidet sich der Vertragspartner für die Durchführung des Schiedsgutachtenverfahrens, so hat er sich ebenfalls ganz bewusst unter Abwägung der möglichen Vor- und Nachteile eines Schiedsgutachtenverfahrens und eines gerichtlichen Verfahrens für ersteres entschieden. Aber auch im Falle eines gesetzlich vorgeschriebenen oder behördlich genehmigten Inhalts einer Schieds-

---

auch z.B. in Fällen der Qualitätsarbitrage und, wie der Verfasser aus eigener beruflicher Erfahrung meint beurteilen zu können, bei Tätigwerden von Wirtschaftsprüfern bei Unternehmenskäufen bestehen.

1990 Zu weiteren Aspekten, die bei einer sachgerechten Ausgestaltung zu berücksichtigen sind, siehe z.B. *Sachs*, FS Schlosser, S. 810.

1991 Siehe dazu die Ausführungen im ersten Teil auf S. 38.

gutachtenklausel ist die Sachlage im Wesentlichen vergleichbar. Zwar entscheidet sich in diesen Fällen der Vertragspartner des Verwenders regelmäßig nicht bewusst für die Durchführung eines Schiedsgutachtenverfahrens. Die Entscheidung für eine konkrete Schiedsgutachtenklausel wird aber vom Gesetzgeber oder einer Behörde nach umfassender Abwägung der Vor- und Nachteile dieser Klausel für den Vertragspartner getroffen. Im Rahmen dieses Abwägungsprozesses werden regelmäßig auch Verbände angehört, die die Interessen der späteren Vertragspartner repräsentieren. Wenn sich der Gesetzgeber oder eine Behörde auf dieser Grundlage für die Durchführung eines Schiedsgutachtenverfahrens über die maßgeblichen Fragestellungen entschieden hat, dann kann die Ausgestaltung der an eine solche Schiedsgutachtenklausel geknüpften Rechtsfolgen an diesem Abwägungsergebnis nicht achtlos vorbeigehen. Vielmehr muss diesem Abwägungsergebnis das gleiche Gewicht zuerkannt werden wie einer bewussten Entscheidung des Vertragspartners gegen die Entscheidung der maßgeblichen Fragestellungen in einem gerichtlichen Verfahren.

bb. Keine Kompensationsmöglichkeit bei Befangenheit eines Schiedsgutachters

Eine sachgerechte Ausgestaltung der Rechtsfolgen eines Schiedsgutachtenvertrags muss dem Umstand angemessen Rechnung tragen, dass die Befangenheit eines Schiedsgutachters erhebliche Auswirkungen auf die Art und Weise der Entscheidungsfindung haben kann.[1992] Eine solche Auswirkung ist aber regelmäßig gar nicht oder jedenfalls nur schwer nachweisbar. Auch durch eine noch so engmaschige gerichtliche Kontrolle des Schiedsgutachtens kann daher nicht verhindert werden, dass die Parteien an ein Schiedsgutachten gebunden werden, das im Falle der Unbefangenheit des betreffenden Schiedsgutachters möglicherweise anders ausgefallen wäre. Das gilt jedenfalls dann, wenn von der Funktion und Stellung der Schiedsgutachterstelle als einer Entscheidungsinstanz und dem notwendigen Spielraum einer Schiedsgutachterstelle noch irgendetwas übrig bleiben soll.[1993]

Als illustrierendes Beispiel sei hier nur die einer Schiedsgutachterstelle übertragene Bewertung eines Vermögensgegenstands oder eines Unternehmens genannt. Derartige Bewertungen erfordern regelmäßig das In-Beziehung-Setzen, die Gewichtung und die Abwägung einer Reihe unterschiedlicher Bewertungsfaktoren. Dies ist ein Prozess, bei dem naturgemäß dem mit der Bewertung Betrauten ein nicht unerheblicher Beurteilungsspielraum zukommt. Im Rahmen dieses Spielraums kann sich eine Befangenheit des die Bewertung Vornehmenden in einer Art und Weise auswirken, die der gerichtlichen Kontrolle bei Anerkennung eines „echten" Spielraums entzogen ist. Die in diesen Fällen aus einer Befangenheit resultierenden Gefahren können durch eine ge-

[1992] *Prange*, DÖffVers. 1934, S. 289.
[1993] Vgl. *Wittmann*, S. 104 f.

richtliche Kontrolle nur dann zur Gänze ausgeschlossen werden, wenn diese Kontrolle allumfassend ist und eine volle Überprüfung des Schiedsgutachtens auf die Angemessenheit der Wertansätze ermöglicht. Eine derartige Kontrolle würde aber dem Sinn und Zweck des Schiedsgutachtenvertrags diametral entgegenlaufen. Die Schiedsgutachterstelle würde hierdurch auf eine Rolle reduziert, die mit ihrer Funktion und Stellung und der bindenden Wirkung des Schiedsgutachtens schlechterdings nicht vereinbar wäre.

cc. Ungeeignetheit kontradiktorischer Verfahren bei Vielzahl typischer Aufgabenstellungen

Die Durchführung eines kontradiktorischen Verfahrens mit vollumfänglicher Gewährung rechtlichen Gehörs nach Maßgabe des in Gerichts- oder Schiedsgerichtsverfahren Üblichen ist, wie auch von Rechtsprechung[1994] und Schrifttum[1995] vereinzelt anerkannt worden ist, zur Erledigung einer Vielzahl von typischen schiedsgutachterlichen Aufgabenstellungen ungeeignet. Die fehlende Eignung kann sich etwa daraus ergeben, dass ein solches Verfahren schon aufgrund der Eigenart der konkreten Aufgabenstellung nicht in Betracht kommt,[1996] aber auch daraus, dass ein solches Verfahren jedenfalls bei Zugrundelegung wirtschaftlicher Kriterien (Verhältnis von Zeit- und Kostenaufwand zum Ertrag) nicht zu überzeugen vermag.[1997]

dd. Vertragspraxis bei der Ausgestaltung des Quorums

Ist als Schiedsgutachterstelle eine Mehrzahl von Schiedsgutachtern berufen, stellt sich die Frage, ob das Schiedsgutachten einstimmig erstattet werden muss. Die Vertragspraxis sowohl im Geltungsbereich des deutschen wie auch des New Yorker Rechts wählt diesen Weg üblicherweise nicht. In dem Hauptanwendungsfall einer aus einem Obmann und zwei Partei-Schiedsgutachtern

---

1994 So besonders deutlich BGH vom 03.10.1957, NJW 1957, 1834: „Ein [...] schutzwertes Anliegen der Beteiligten besteht in einem besonderen Maß bei der Auseinandersetzung von Personalgesellschaften und bei der Berechnung von Abfindungsguthaben ausscheidender Gesellschafter, weil die hierbei zu entscheidenden Fragen solche der sachverständigen Bewertung und außerdem der Erfahrung auf dem Gebiet der Wirtschaftsprüfung sind, die nicht selten für eine kontradiktorische Auseinandersetzung in einem ordentlichen Gerichtsverfahren ungeeignet sind oder die in einem solchen Verfahren unwirtschaftlich viel Zeit in Anspruch nehmen."

1995 Siehe dazu z.B. *Straatmann*, FS Stödter, S. 109 ff., und *Nicklisch*, FS Habscheid, S. 221 ff.

1996 So insbesondere im Falle der Qualitätsarbitrage, aber auch im Rahmen von Bau- und Anlagenbauverträgen. Siehe dazu die Nachweise in der vorhergehenden Fußnote.

1997 Dies ist beispielsweise bei Anpassungen des Kaufpreises im Rahmen von Unternehmenskaufverträgen der Fall. Hier stehen regelmäßig bilanzielle Fragen im Vordergrund, die im gerichtlichen Verfahren nur mit erheblichem Zeit- und Kostenaufwand entschieden werden können. So auch (allgemein für Unternehmensbewertungen): BGH vom 03.10.1957, NJW 1957, 1834.

zusammengesetzten Schiedsgutachterstelle wird praktisch ausnahmslos entweder eine Mehrheitsentscheidung[1998] oder ein der Sache nach zweistufiges Verfahren vereinbart. Ist ein zweistufiges Verfahren vereinbart, so entscheidet auf der zweiten Stufe entweder der Obmann allein[1999] oder eine Mehrheit der Schiedsgutachter.[2000] Aber auch in anderen Fällen, in denen das Tätigwerden einer aus einer ungeraden Zahl von Personen bestehenden Schiedsgutachterstelle vereinbart wird, sehen die vertraglichen Regelungen regelmäßig keine einstimmige Entscheidung, sondern eine Mehrheitsentscheidung vor.[2001]

ee. *Implikationen einer zu weitreichenden Begründungspflicht*

Sinn und Zweck der Normierung einer Begründungspflicht ist regelmäßig die Ermöglichung oder jedenfalls Erleichterung der Kontrolle der betreffenden Entscheidung. Eine Begründungspflicht hat daher vor allem eine Rechtsschutz- und Kontrollfunktion.[2002] Die Normierung einer Begründungspflicht führt dabei regelmäßig – jedenfalls in der Tendenz – dazu, dass von der Kontrollinstanz nicht nur geprüft wird, ob die gegebene Begründung hinreichend war, sondern auch, ob und inwieweit die Begründung zutreffend war.[2003] Im Ergebnis führt daher die Normierung einer Begründungspflicht regelmäßig zu einer Ausweitung der Kontrollintensität. Je weiter und umfassender dabei die Begründungspflicht gezogen wird, desto weiter wird der Kontrollumfang und desto intensiver die Kontrolle. Eine solche Ausweitung des gerichtlichen Kontrollumfangs und der gerichtlichen Kontrollintensität führt aber im Ergebnis zu Konflikten mit dem Sinn und Zweck des Schiedsgutachtenvertrags und der Funktion und Stellung der Schiedsgutachterstelle.[2004]

1998 Siehe nur die AUB 61 in der bis zum Oktober 1987 geltenden Fassung (dazu: *Heinrich*, S. 204).

1999 So z.B. in §§ 15 IV AFB 87 und 14 III AKB.

2000 So z.B. die New Yorker Standardpolice für die Brandschutzversicherung. Der Hintergrund dieser Regelungen ist klar: Wegen der regelmäßig gegebenen divergierenden Interessen der Parteien dürfte eine einstimmige Entscheidung regelmäßig nicht zustande kommen – mit der Konsequenz, dass dann (mangels abweichender vertraglicher Vereinbarung oder bestehender Rechtsbehelfe) das staatliche Gericht entscheidet. In jedem Fall ist der Versuch, eine einstimmige Entscheidung herbeizuführen, regelmäßig sehr zeitraubend.

2001 Siehe dazu nur *Rauscher*, S. 264 m.w.N. Weitere Beispiele finden sich in den Verfahrensordnungen für KFZ-Schiedsstellen, z.B. in § 7 I der Verfahrensordnung der Schiedsstelle im Landesverband des Kraftfahrzeuggewerbes Niedersachsen-Bremen e.V. für den Gebrauchtwagenhandel.

2002 Siehe dazu beispielhaft – bezogen auf das Begründungsgebot im Verwaltungsrecht – *Dolzer*, DÖV 1985, S. 9 ff., und die rechtlichen Überlegungen, auf die die deutsche Rechtsprechung die Pflicht zur Begründung von Schiedsgutachten gestützt hat (dazu oben S. 79 f.).

2003 *Casolaro*, 65 N.Y.St.B.J. (1993), Part II, S. 49 ff.

2004 So zutreffend die Ausführungen des Reichsgerichts in RG vom 06.12. 1904, JW 1905, 90, 91 f.: „Wollte man derartige Gutachten wegen unzureichender oder nicht zutreffen-

ff. Fehlen geeigneter Maßstäbe für eine reine Ergebniskontrolle

Eine sachgerechte Ausgestaltung der Rechtsfolgen eines Schiedsgutachtenvertrags muss auch dem Umstand angemessen Rechnung tragen, dass es für eine reine Kontrolle des Ergebnisses eines Schiedsgutachtens regelmäßig an geeigneten Kontrollmaßstäben fehlt.[2005]

Bereits an anderer Stelle wurde darauf hingewiesen, dass in der Praxis unterschiedliche Sachverständige in den typischen schiedsgutachterlichen Aufgabenstellungen häufig (wenn nicht sogar regelmäßig) auch dann zu erheblich divergierenden Ergebnissen kommen, wenn ihr methodisches Vorgehen identisch war und sie ihr Gutachten auf einer identischen Tatsachengrundlage erstattet haben.[2006] Demzufolge kann auch der Umstand allein, dass das Ergebnis des Schiedsgutachtens ggf. erheblich von dem aus Sicht des Gerichts oder anderer Sachverständiger zutreffenden Ergebnis abweicht, nicht genügen, um die Bindungswirkung des Schiedsgutachtens zu verneinen.[2007] Umgekehrt folgt aus dieser Tatsache aber auch, dass der bloße Umstand einer erheblichen Differenz zwischen dem Ergebnis des Schiedsgutachtens und dem als zutreffend angesehenen Ergebnis nicht den Rückschluss tragen kann, dass die Entscheidungsfindung der Schiedsgutachterstelle mit Mängeln behaftet ist.

Eine Kontrolle des Ergebnisses am Maßstab der „(Un-)Richtigkeit", der „erheblichen" Unrichtigkeit[2008] oder der „(Un-)Billigkeit" scheidet aber auch schon deshalb aus, weil diese Maßstäbe auf rein fiktiven und – bezogen auf die allermeisten typischen schiedsgutachterlichen Aufgabenstellungen – unzutreffenden Prämissen beruhen.[2009] So beruht der Maßstab der „(Un-)Richtigkeit" auf der Prämisse, dass es in dem jeweiligen Fall nur ein richtiges Ergebnis

---

der Begründung für ungültig erklären, so würde im Endergebnis die Ansicht des Gerichts und das Gutachten der von diesem gehörten Sachverständigen für die Beantwortung der der Schiedskommission unterbreiteten Fragen maßgeblich sein. Das aber widerstreitet dem Sinn und Zweck der über die Schiedskommission getroffenen Vertragsbestimmung und würde diese in zahlreichen Fällen überflüssig machen."

[2005] Siehe zu Nachfolgendem die Ausführungen von *Reichsgraf von Thun und Hohenstein* auf S. 129 ff. und S. 246 ff.

[2006] Dazu oben S. 349.

[2007] Vgl. RG vom 02.04.1909, Warn. 1909 Nr. 395; *Ice Serv. Co. v. Henry Phipps' Estates* (1927) 157 N.E. 506, 508.

[2008] Diesen Maßstab sehen im Ergebnis die §§ 64, 184 VVG vor. Er nötigt dazu, das vom erkennenden Gericht für zutreffend erachtete Ergebnis als „richtig" oder der „wirklichen Sachlage" entsprechend anzusehen, zugleich aber der Schiedsgutachterstelle einen (ausgehend von einer rechnerischen Mitte zu bestimmenden) „Streubereich" oder „Toleranzbereich" zuzubilligen. Rechnerische Mitte ist dabei regelmäßig das vom Gericht für zutreffend erachtete Ergebnis; exemplarisch sei insoweit nur auf die Entscheidung BGH vom 01.04.1987, VersR 1987, 601 verwiesen. Warum aber gerade das vom Gericht für zutreffend erachtete Ergebnis die rechnerische Mitte des der Schiedsgutachterstelle eingeräumten „Toleranzbereichs" darstellen soll, ist nicht nachvollziehbar und kann nur auf eine Fiktion gestützt werden.

[2009] Dazu *Reichsgraf von Thun und Hohenstein*, S. 125 ff.

gibt. Diese Prämisse ist in aller Regel unzutreffend. Dies zeigt sich vor allem in den Fällen, die den Schwerpunkt der bisherigen Rechtsprechung zu Schiedsgutachtenverträgen i.e.S. außerhalb der §§ 64, 184 VVG gebildet haben. Bei der Ermittlung der „ortsüblichen Vergleichsmiete", der Bewertung eines Grundstücks nach Vergleichswerten oder der Bewertung eines Unternehmens gibt es nicht nur ein richtiges Ergebnis. Die Unrichtigkeit dieser Prämisse zeigt sich aber auch darin, dass der Gesetzgeber selbst im Rahmen der §§ 64, 184 VVG eine „erhebliche" Abweichung von der wirklichen Sachlage fordert. Gäbe es nur ein richtiges Ergebnis, würde diese Einschränkung keinen Sinn ergeben.

Beim Überprüfungsmaßstab der „(Un-)Billigkeit" kommen dagegen zwei denkbare Prämissen in Betracht. Eine mögliche Prämisse ist die, dass die „offenbare" oder „erhebliche" Unbilligkeit des Ergebnisses des Schiedsgutachtens die äußerste Grenze darstellt, bis zu der die Rechtsordnung die Vereinbarung der bindenden Wirkung des Schiedsgutachtens anerkennt.[2010] Die andere denkbare Prämisse geht dahin, dass der Wille der Parteien beim Abschluss des Schiedsgutachtenvertrags auf ein Schiedsgutachten gerichtet ist, dessen Ergebnis der Billigkeit entspricht oder jedenfalls nicht als „offenbar" oder in erheblichem Maße unbillig anzusehen ist. Beide Prämissen sind jedoch nicht haltbar. Hinsichtlich der ersten Prämisse ist nicht einzusehen, warum eine Rechtsordnung die Privatautonomie – jedenfalls in den hier untersuchten Fällen – derart beschränken sollte. Dementsprechend geht auch die deutsche Rechtsprechung allgemein davon aus, dass die Vorschrift des § 319 I 1 BGB abdingbar ist.[2011] Aber auch die zweite Prämisse trifft nicht zu. Selbst wenn Parteien ausdrücklich vereinbaren, dass die Schiedsgutachterstelle nach „billigem Ermessen" entscheiden solle, ist dieser Vereinbarung bei verständiger Würdigung nicht zu entnehmen, dass die Parteien die Entscheidungsmöglichkeiten der Schiedsgutachterstelle auf solche Ergebnisse beschränken wollten, die aus Sicht eines später über die bindende Wirkung des Schiedsgutachtens entscheidenden Gerichts noch als dem „billigen Ermessen" entsprechend (oder jedenfalls nicht grob widersprechend) anzusehen sind. Damit würde im Ergebnis der Spielraum der Schiedsgutachterstelle durch eine Bezugnahme auf einen externen Maßstab, dessen Inhalt im Zeitpunkt des Abschlusses des Vertrags noch gar nicht feststeht, begrenzt. Dass eine derartige Auslegung des Schiedsgutachtenvertrags weder dem oben dargelegten Sinn und Zweck eines Schiedsgutachtenvertrags noch der Funktion und Stellung der Schiedsgutachter (und damit auch nicht dem typischen Parteiwillen) entspricht, ist offensichtlich.[2012]

2010 In diesem Sinne BGH vom 03.10.1957, MDR 1957, 84, 85.

2011 Vgl. dazu oben S. 156.

2012 Siehe dazu auch die Zusammenfassung der möglichen Gründe für eine Verneinung der Bindungswirkung in der Entscheidung des Court of Appeals in *Ice Serv. Co. v. Henry Phipps' Estates* (1927) 157 N.E. 506, 508 (wiedergegeben oben auf S. 190).

Sind die genannten Prämissen aber unzutreffend, läuft die Ergebniskontrolle praktisch auf einen Vergleich des Schiedsgutachtens mit dem Ergebnis heraus, das der Tatrichter für „zutreffend" oder „angemessen" erachtet oder als „wirkliche Sachlage" fingiert. Ein solcher Ergebnisvergleich ist aber als Kontrollmaßstab nicht nur deshalb ungeeignet, weil die hierbei als Prämisse unterstellte größere Richtigkeitsgewähr des vom Gericht ermittelten Ergebnisses Zweifeln begegnet,[2013] sondern auch – und vor allem – deshalb, weil ein solcher Maßstab mit der Funktion und Stellung einer Schiedsgutachterstelle nicht zu vereinbaren ist.

2. Aspekte interessengerechter Ausgestaltung eines Schiedsgutachtenrechts

Nachdem im vorstehenden Abschnitt die wesentlichen Kriterien für eine sachgerechte Ausgestaltung der Rechtsfolgen eines Schiedsgutachtenvertrags herausgearbeitet worden sind, sollen nunmehr die Kriterien erarbeitet werden, anhand derer sich die Interessengerechtigkeit der Ausgestaltung beider Schiedsgutachtenrechte beurteilen lässt.

Allgemein lässt sich insoweit sagen, dass die Ausgestaltung eines Schiedsgutachtenrechts dann als interessengerecht anzusehen ist, wenn diese Ausgestaltung alle berührten Interessen angemessen berücksichtigt und etwaige auftretende Interessenkonflikte so löst, wie es eine sachgemäße Gewichtung und Abwägung der berührten Interessen gebietet. Die Erarbeitung der Grundlagen für die Bewertung der Interessengerechtigkeit der Ausgestaltung des deutschen und des New Yorker Schiedsgutachtenrechts erfordert daher Klarheit über die berührten Interessen (a.), über etwaige Spannungsverhältnisse zwischen diesen Interessen (b.) und über die interessengerechte Lösung derartiger Spannungsverhältnisse (c.).

a. *Berührte Interessen*

aa. *Allgemein*

Berührt werden durch die Ausgestaltung der Rechtsfolgen eines Schiedsgutachtenvertrags zunächst einmal nur die Interessen der jeweiligen Parteien. Darüber hinaus werden durch die Ausgestaltung der Rechtsfolgen eines Schiedsgutachtenvertrags in jeder Rechtsordnung aber auch öffentliche Interessen berührt.[2014]

Die nachfolgende Erarbeitung der Grundlagen für die Bewertung der Interessengerechtigkeit der rechtsvergleichend untersuchten Aspekte des deutschen und des New Yorker Schiedsgutachtenrechts berücksichtigt jedoch ausschließ-

---

[2013] Vgl. *Bruck*, HansRGZ A 1935, S. 24 f.; *Sturmberg*, BauR 1992, S. 694.
[2014] Vgl. dazu nur oben S. 317.

lich die Interessen der Parteien eines Schiedsgutachtenvertrags. Diese Ausklammerung öffentlicher Interessen ist schon deshalb geboten, weil die in einer Rechtsordnung definierten und geschützten öffentlichen Interessen sich in anderen Rechtsordnungen häufig gar nicht oder nur in abgewandelter Form wiederfinden und sich öffentliche Interessen im Rahmen einer rechtsvergleichenden Arbeit daher nicht als Grundlage der Bewertung der Interessengerechtigkeit der untersuchten Rechtsordnungen eignen. Die Richtigkeit dieser allgemeinen Überlegung zeigt sich auch im konkreten Fall. Während beispielsweise in New York ein starkes öffentliches Interesse an der Förderung von Formen alternativer Streitbeilegung besteht[2015] und die New Yorker Gerichte vor diesem Hintergrund dem im Schiedsverfahrensrecht geltenden strikten Grundsatz der „judicial non-interference" zunehmend auch im Schiedsgutachtenrecht Geltung verschaffen,[2016] ist ein derartiges öffentliches Interesse im Bereich des deutschen Rechts jedenfalls in dieser Allgemeinheit (und jedenfalls für Schiedsgutachtenverträge) bisher nicht anerkannt.[2017]

bb. Interessen der Parteien eines Schiedsgutachtenvertrags

Aus den bereits an anderer Stelle gemachten Ausführungen zu dem Sinn und Zweck eines jeden Schiedsgutachtenvertrags ergibt sich, dass durch die Ausgestaltung der Rechtsfolgen eines Schiedsgutachtenvertrags stets jedenfalls drei Partei-Interessen berührt werden. Hierbei handelt es sich zum Ersten um das Interesse der Parteien an der Vermeidung der Durchführung eines gerichtlichen Verfahrens über die maßgeblichen Fragestellungen (das Prozessvermeidungsinteresse),[2018] zum Zweiten um das Interesse der Parteien an der beschleunigten Entscheidung dieser Fragestellungen (das Beschleunigungsinteresse),[2019] und zum Dritten um das Interesse der Parteien an der bindenden Wirkung des erstatteten Schiedsgutachtens (das Bindungswirkungsinteresse).[2020]

Der Kreis der berührten Partei-Interessen erschöpft sich jedoch nicht in diesen drei Interessen, sondern ist deutlich weiter zu ziehen. So liegt den genannten

---

[2015] *Westinghouse Elec. Corp. v. New York City Transit Auth.* (1993) 623 N.E.2d 531, 534.

[2016] Siehe dazu oben S. 202.

[2017] Die Frage, inwieweit im deutschen Recht überhaupt öffentliche Interessen anzuerkennen sind, die bei der Ausgestaltung des deutschen Schiedsgutachtenrechts im Bereich des Zivilrechts Beachtung beanspruchen, soll im Rahmen der Vorschläge für eine verbesserte Ausgestaltung des deutschen Schiedsgutachtenrechts erörtert werden.

[2018] Siehe dazu die Ausführungen zum Sinn und Zweck eines Schiedsgutachtenvertrags oben auf S. 345 f.

[2019] Siehe dazu *Volmer*, BB 1984, S. 1014, und die Ausführungen zum Sinn und Zweck eines Schiedsgutachtenvertrags oben auf S. 346. – Ein solches Beschleunigungsinteresse hat im Bereich des Versicherungsrechts auch und gerade der Versicherungsnehmer; vgl. *Asmus*, ZVersWiss 1962, S. 206; *Klocke*, ZfV 1984, S. 508.

[2020] Vgl. RG vom 23.05.1919, RGZ 96, 57, 61; OGHBrZ vom 25.05.1950, NJW 1950, 781, 782; BGH vom 03.10.1957, NJW 1957, 1834.

Interessen wiederum eine Vielzahl unterschiedlicher Interessen zugrunde. Auch haben die Parteien eines Schiedsgutachtenvertrags nicht nur ein Prozessvermeidungs-, Beschleunigungs- und Bindungswirkungsinteresse, sondern selbstverständlich zugleich auch ein Interesse daran, jedenfalls in gewissem Umfang vor einer mit Fehlern behafteten Entscheidung der Schiedsgutachterstelle geschützt zu werden.[2021] Diesem Schutzinteresse liegt wiederum eine Vielzahl unterschiedlicher Interessen zugrunde. Hinzu kommt, dass durch die Ausgestaltung der Rechtsfolgen eines Schiedsgutachtenvertrags auch Partei-Interessen berührt werden, die sich keinem dieser vier Hauptinteressen eindeutig zuordnen lassen oder nur unter bestimmten Voraussetzungen tangiert werden.

Vor diesem Hintergrund soll nachfolgend in der gebotenen Kürze ein zusammenfassender Überblick über die durch die Ausgestaltung eines jeden Schiedsgutachtenrechts berührten Partei-Interessen gegeben werden. Dabei werden diejenigen Interessen, die sich eindeutig einem der genannten Interessen zuordnen lassen, unter diesen Stichworten erörtert. Alle anderen berührten Partei-Interessen werden dagegen unter dem Oberbegriff der „sonstigen Interessen" zusammengefasst.

aaa. Prozessvermeidungsinteresse

Das Prozessvermeidungsinteresse der Parteien eines Schiedsgutachtenvertrags speist sich im Regelfall aus einer Mehrzahl unterschiedlicher Interessen. Diese erschöpfen sich – entgegen der häufig anzutreffenden gegenteiligen Annahme in der Rechtsprechung der deutschen und der New Yorker Gerichte[2022] – nicht nur in dem Interesse an einer im Vergleich zur Durchführung eines gerichtlichen Verfahrens relativen Zeit- und Kostenersparnis. Vielmehr schließt das Prozessvermeidungsinteresse auch das mit dem Interesse der Kostenersparnis nicht notwendig identische Interesse der Parteien ein, das für sie anderenfalls kaum zu kalkulierende Kosten- und – bezogen vor allem auf das deutsche Recht – Kostentragungsrisiko zu begrenzen. Nicht selten liegt dem Prozessvermeidungsinteresse der Parteien beispielsweise auch ein – im Regelfall vollkommen legitimes – Interesse zugrunde, die Öffentlichkeit eines gerichtlichen Verfahrens zu vermeiden. Neben den genannten Interessen wird sich das Prozessvermeidungsinteresse der Parteien aber häufig auch aus weiteren Interessen speisen. Zu nennen sind insoweit etwa das Interesse an der Vermeidung eines im konkreten Fall als ungeeignet erscheinenden kontradiktorischen Verfahrens, aber auch das Interesse an einer Entscheidung der maßgeblichen Fragestellungen durch eine sachkundige Stelle, die mit den Ei-

---

[2021] Vgl. RG vom 23.05.1919, RGZ 96, 57, 61; OGHBrZ vom 25.05.1950, NJW 1950, 781, 782; *Ice Serv. Co. v. Henry Phipps' Estates* (1927) 157 N.E. 506, 507 f.

[2022] Vgl. z.B. BGH vom 03.10.1957, NJW 1957, 1834; vom 09.06.1983, NJW 1983, 2244, 2245; *Moore v. Eadie* (1927) 156 N.E. 653, 655; *Ice Serv. Co. v. Henry Phipps' Estates* (1927) 157 N.E. 506, 507.

genarten der konkreten Aufgabenstellung besser vertraut ist als der staatliche Richter. Auch das – insbesondere bei Dauerschuldverhältnissen zu unterstellende – Interesse an einer Vermeidung der Verschärfung des Verhältnisses der Parteien[2023] wird häufig eine wichtige Rolle spielen. Dasselbe gilt für das Interesse der Parteien, durch entsprechende vertragliche Festlegungen im Schiedsgutachtenvertrag auf den Ablauf des Verfahrens der Schiedsgutachterstelle Einfluss nehmen zu können.[2024]

bbb. Beschleunigungsinteresse

Das Beschleunigungsinteresse der Parteien speist sich im Wesentlichen aus dem Interesse der Parteien, durch Abschluss eines Schiedsgutachtenvertrags im Vergleich zur Entscheidung derselben Fragestellungen in einem gerichtlichen Verfahren Zeit und damit sowohl externe wie auch interne Kosten zu sparen.[2025] Weiterhin hat jede anspruchsberechtigte Partei aufgrund des Unterschieds zwischen den Verzugszinsen und dem bei anderem Einsatz des Geldes erzielbaren Verzinsungseffekt regelmäßig ein Interesse daran, möglichst schnell einen Geldbetrag zu erhalten, mag dieser auch etwas unter dem Betrag liegen, den ein staatliches Gericht am Ende für angemessen erachten würde. Darüber hinaus haben Kaufleute – also die typischen Parteien eines Schiedsgutachtenvertrags – regelmäßig ein Interesse daran, möglichst bald zu wissen, woran sie bei einem bestimmten Geschäft sind und wie sie weiter zu disponieren haben.[2026]

ccc. Bindungswirkungsinteresse

Wendet man sich nunmehr der Frage zu, aus welchen Interessen sich das Bindungswirkungsinteresse der Parteien speist, so ist festzustellen, dass sich dieses letztlich aus denselben Interessen speist, die dem Prozessvermeidungs- und Beschleunigungsinteresse der Parteien zugrunde liegen. Insoweit wird auf die obigen Ausführungen verwiesen. In den Fällen, in denen es sich bei den Vertragsparteien um Kaufleute handelt, tritt zu diesen Interessen noch das Interesse des Kaufmanns hinzu, möglichst schnell zu wissen, woran er bei dem fraglichen Geschäft ist und wie er weiter zu disponieren hat.

2023 *Rauscher*, S. 28 m.w.N.

2024 Siehe dazu oben die Ausführungen und Nachweise zum Sinn und Zweck eines Schiedsgutachtenvertrags und den insoweit zugrunde liegenden Motiven der Parteien auf S. 346.

2025 Siehe dazu *Volmer*, BB 1984, S. 1014, und oben S. 346.

2026 *Rauscher*, S. 29.

ddd. Schutzinteresse

Auch dem Schutzinteresse der Parteien eines Schiedsgutachtenvertrags liegen verschiedene Interessen zugrunde.

So ist bei verständiger Würdigung davon auszugehen, dass die Parteien von der Schiedsgutachterstelle in ihrer Gesamtheit im Regelfall nicht nur die Beachtung der einschlägigen Regeln des Fachs, sondern auch eine ausschließlichen Orientierung ihrer Entscheidung an sachlichen Kriterien erwarten. Die Parteien erwarten von der Schiedsgutachterstelle aber auch den Ausschluss sachfremder Kriterien und darüber hinaus eine sachgerechte Entscheidung der maßgeblichen Fragestellungen.[2027] Auszugehen ist auch davon, dass die Parteien von der Schiedsgutachterstelle eine Ermittlung des Sachverhalts und der relevanten Tatsachen in einem Umfang erwarten, der im Hinblick auf die konkrete Aufgabenstellung und die Umstände des konkreten Falls als hinreichend sorgfältig und vollständig anzusehen ist. Weiterhin wird man davon ausgehen müssen, dass die Parteien im Regelfall ein Interesse daran haben, jedenfalls in gewissem Umfang vor einem Schiedsgutachten geschützt zu werden, das auf einem Irrtum oder einer arglistigen Täuschung beruht. Darüber hinaus haben die Parteien selbstverständlich auch ein Interesse an der Einhaltung derjenigen vertraglichen Vorgaben, die sie hinsichtlich der konkreten Aufgabenstellung und zu ihrem Schutz vereinbart haben. Dies sind insbesondere Bestimmungen betreffend die Art und Weise der Entscheidungsfindung, aber auch Bestimmungen hinsichtlich der Art und Weise der Durchführung des Schiedsgutachtenverfahrens.

Dagegen wird man nicht davon ausgehen können, dass die Parteien ein eigenständiges, von den dargelegten Interessen losgelöstes Interesse an der Sachkunde und Neutralität der Schiedsgutachterstelle und einer Gewährung eines Mindestmaßes an rechtlichem Gehör haben. Zwar ist nicht zu verkennen, dass die Parteien von jeder Schiedsgutachterstelle regelmäßig eine hinreichende Sachkunde, Neutralität und die Gewährung eines Mindestmaßes rechtlichen Gehörs erwarten. Sachkunde und Neutralität der Schiedsgutachterstelle sowie Gewährung eines Mindestmaßes an rechtlichem Gehör durch die Schiedsgutachterstelle sind aber kein Selbstzweck, sondern Mittel zum Zweck; sie dienen der Durchsetzung und Absicherung der vorgenannten Interessen.

Ebenso wenig wird man bei verständiger Würdigung davon ausgehen können, dass die Parteien von der Schiedsgutachterstelle ein Schiedsgutachten erwarten, dessen Ergebnis innerhalb eines „Streubereichs“ des vom Gericht für zu-

---

[2027] Eine Entscheidung ist als sachgerecht anzusehen, wenn sie sowohl die konkrete Aufgabenstellung und den Sinn und Zweck des konkreten Schiedsgutachtenvertrags (dazu schon auf S. 345) als auch die (vorbehaltlich entgegenstehender Vereinbarungen) Interessen beider Parteien, die in vergleichbaren Fällen üblichen Ergebnisse und die konkreten Umstände des Einzelfalls angemessen berücksichtigt.

treffend erachteten Ergebnisses liegt.[2028] Zum einen steht die Reichweite dieses „Streubereichs" im Zeitpunkt des Vertragsschlusses noch in den Sternen. Zum anderen aber würde sich eine derartige Erwartungshaltung kaum mit der von den Parteien gewollten Stellung der Schiedsgutachterstelle vereinbaren lassen.[2029] Aus eben diesen Gründen wird man den Parteien bei verständiger Würdigung auch nicht unterstellen dürfen, diese würden von der Schiedsgutachterstelle ein „richtiges" oder „billiges" Ergebnis erwarten.[2030] Denn auch hier entscheidet über die „Richtigkeit" oder „Billigkeit" des Ergebnisses letztendlich das Gericht, da es ein „richtiges" oder „billiges" Ergebnis praktisch nicht gibt.[2031] Festzuhalten ist daher, dass sich das Schutzinteresse der Parteien nicht auf das Ergebnis bezieht, zu dem die Schiedsgutachter gekommen sind, sondern auf die Art und Weise der Ergebnisfindung.[2032]

eee. Sonstige Interessen

Abschließend soll nun noch kurz auf zwei andere durch die Ausgestaltung der Rechtsfolgen eines Schiedsgutachtenvertrags berührte Interessen der Parteien eingegangen werden, die sich nicht eindeutig einem der genannten Interessen zuordnen lassen.

Zu nennen ist insoweit zum einen das Interesse einer jeden Partei daran, dass der von ihr ernannte Partei-Schiedsgutachter im Rahmen des Schiedsgutachtenverfahrens ihre Interessen wahren werde und auch wahren kann.[2033] Andererseits tut man dem Parteiwillen sicherlich keine Gewalt an, wenn man davon ausgeht, dass jede Partei von dem Partei-Schiedsgutachter der anderen Partei erwartet, dass dieser sich bei der Wahrung der Interessen der ihn ernennenden Partei an sachlichen Kriterien orientieren wird und sich zwar als Interessenwahrer, nicht aber als Interessenvertreter gerieren wird.

Das zweite Partei-Interesse, das sich nicht eindeutig einem der vier oben genannten Interessen zuordnen lässt, ist das Interesse der Parteien an der Einhaltung derjenigen Bestimmungen des Schiedsgutachtenvertrags, die nicht

---

[2028] So aber im Ergebnis BGH vom 01.04.1987, NJW-RR 1987, 917 f.

[2029] *Reichsgraf von Thun und Hohenstein*, S. 252.

[2030] So aber (ausdrücklich oder jedenfalls im Ergebnis): RG vom 21.08.1936, JW 1936, 219, 220; *Rauscher*, S. 144; *Kornblum*, KTS 1970, S. 247; *Wittmann*, S. 103; *Bleutge*, GewA 1978, S. 147 f.

[2031] Dazu oben S. 355 ff.

[2032] So RG vom 23.05.1919, RGZ 96, 57, 61; OGHBrZ vom 25.05.1950, NJW 1950, 781, 782; *Reichsgraf von Thun und Hohenstein*, S. 253. So auch – einhellig – die zum New Yorker Recht ergangenen Entscheidungen, die das Schutzinteresse der Parteien nur darin sehen, vor einem Schiedsgutachten geschützt zu sein, das nicht auf der ehrlichen Überzeugung der Schiedsgutachter beruht oder nicht „in good faith" erstattet worden ist; vgl. dazu oben S. 270. Diese Richtung des Schutzinteresses zeigt sich auch bei der Frage nach dem Inhalt der Leistungspflicht der Schiedsgutachter unter dem Schiedsgutachtervertrag; siehe dazu nur *Bleutge*, GewA 1978, S. 149.

[2033] Siehe dazu nur oben S. 347.

unmittelbar dem Schutz der Parteien dienen. Zu nennen sind insoweit insbesondere Bestimmungen über die Voraussetzungen des Übergangs des Rechts zur Ernennung eines Schiedsgutachters auf eine dritte Stelle.

b. Bestehende Spannungsverhältnisse

Stellt man sich die Frage, inwieweit die verschiedenen durch die Ausgestaltung der Rechtsfolgen eines Schiedsgutachtenvertrags berührten Interessen der Parteien miteinander kollidieren können, so springt als erstes das Spannungsverhältnis zwischen dem allgemeinen, ggf. vertraglich konkretisierten, Schutzinteresse der Parteien einerseits und ihrem Interesse an der bindenden Wirkung des Schiedsgutachtens andererseits ins Auge.[2034] Denn während das Schutzinteresse der Parteien *a priori* für eine relativ umfassende nachträgliche gerichtliche Kontrolle des Ergebnisses des Schiedsgutachtens und der zugrunde liegenden Entscheidungsfindung streitet, spricht das Bindungswirkungsinteresse der Parteien gegen eine derart umfassende Kontrolle. Insoweit besteht zugleich auch ein Spannungsverhältnis zwischen dem Schutz- und dem Prozessvermeidungsinteresse der Parteien, denn das Interesse der Parteien an der Bindungswirkung des Schiedsgutachtens speist sich in erster Linie aus dem Interesse der Parteien, die Durchführung eines gerichtlichen Verfahrens über die den Gegenstand des Schiedsgutachtenvertrags bildenden Fragestellungen zu vermeiden.

Ein weiteres Spannungsverhältnis besteht zwischen dem Schutz- und dem Beschleunigungsinteresse der Parteien. Während das Beschleunigungsinteresse dafür spricht, den Schiedsgutachtern möglichst wenig rechtliche Vorgaben hinsichtlich der Art und Weise ihres Vorgehens und der Einbeziehung der Parteien zu machen, spricht das Schutzinteresse der Parteien insoweit eher für relativ strenge rechtliche Vorgaben.

Darüber hinaus sind Spannungsverhältnisse zwischen divergierenden Interessen auch bei der Beantwortung der Frage zu lösen, welche Anforderungen an die Neutralität und Unabhängigkeit eines Partei-Schiedsgutachters zu stellen sind. Auf Seiten der ernennenden Partei besteht das Interesse, ihre Interessen in der Schiedsgutachterstelle durch eine Person ihres Vertrauens wahren lassen zu können. Dem steht zum einen das Interesse beider Parteien an der Neutralität der Schiedsgutachterstelle als Ganzes gegenüber. Zum anderen aber haben die Parteien auch ein Interesse daran, dass sich die Schiedsgutachterstelle bei ihrer Entscheidung ausschließlich an sachlichen Kriterien orientiert und im Übrigen bei Fehlen abweichender vertraglicher Vorgaben die Interessen aller Parteien berücksichtigt.

[2034] Vgl. RG vom 23.05.1919, RGZ 96, 57, 61; OGHBrZ vom 25.05.1950, NJW 1950, 781, 782.

c. Lösung der Spannungsverhältnisse

aa. Maßgeblicher Zeitpunkt für Bestimmung des jeweiligen Gewichts der Interessen

Bei der Bestimmung des jeweiligen Gewichts der Partei-Interessen kann man auf drei mögliche Zeitpunkte abstellen. In Betracht kommen der Zeitpunkt des Abschlusses des Schiedsgutachtenvertrags, der Zeitpunkt der tatsächlichen Durchführung des vereinbarten Schiedsgutachtenverfahrens und der Zeitpunkt nach erfolgter Erstattung des Schiedsgutachtens. Für die Frage der sachgemäßen Gewichtung und Abwägung der genannten divergierenden Partei-Interessen kann es dabei nur auf die Interessenlage im Zeitpunkt des Vertragsschlusses ankommen, da etwaige Änderungen der Interessenlage zu einem späteren Zeitpunkt grundsätzlich unbeachtlich sind.[2035] Etwas anderes gilt nur in den Fällen, in denen der Schiedsgutachtenvertrag durch die Einbeziehung einer in AGB enthaltenen Schiedsgutachtenklausel zustandegekommen ist, die dem Vertragspartner des Verwenders ein Wahlrecht zwischen der Durchführung eines Schiedsgutachtenverfahrens und der Durchführung eines gerichtlichen Verfahrens gibt. In diesem Fall kommt es für die Frage nach der sachgemäßen Gewichtung und Abwägung auf den Zeitpunkt der Ausübung des Wahlrechts zugunsten der Durchführung eines Schiedsgutachtenverfahrens an.

bb. Gewichtung und Abwägung der divergierenden Interessen

aaa. Schutzinteresse und Bindungswirkungsinteresse

Im Normalfall ist das Bindungswirkungsinteresse bei den Parteien im Zeitpunkt des Vertragsschlusses gleich stark ausgeprägt; das gilt auch für das Schutzinteresse. Zweifel hieran können sich zwar in den Fällen ergeben, in denen sich die Parteien individualvertraglich darauf einigen, dass als allein entscheidender Schiedsgutachter eine Person tätig werden soll, die in einem Näheverhältnis zu einer der Parteien steht. Wenn sich aber die durch ein solches Näheverhältnis tendenziell benachteiligte Partei in Kenntnis der Risiken auf eine

---

[2035] Es leuchtet ohne Weiteres ein, dass für eine auf die Interessen der jeweiligen Parteien abgestellte Ausgestaltung der Rechtsfolgen eines bestimmten Vertragstypus allein auf die Interessenlage im Zeitpunkt des Vertragsschlusses abzustellen ist und spätere Änderungen der Interessenlage bei den Vertragsparteien unberücksichtigt bleiben müssen. Anderenfalls müsste man konsequenterweise den Parteien eines Vertrags bei einer späteren Änderung ihrer Interessenlage ein allgemeines Rücktritts- oder Kündigungsrecht einräumen. Ein solches Rücktritts- oder Kündigungsrecht bei veränderter Interessenlage wird aber – im Bereich des deutschen Rechts – den Parteien eines Vertrags nur unter den strengen Voraussetzungen eines Wegfalls der Geschäftsgrundlage (und auch dann nur als *ultima ratio*) eingeräumt. Diese Rechtslage dürfte sich mit der Rechtslage in anderen Ländern decken.

solche Schiedsgutachtenklausel einlässt, ohne vertraglich für ihren Schutz Sorge zu tragen, so kann sie sich jedenfalls bei annähernd gleich starker Verhandlungsmacht später nicht mehr darauf berufen, dass ihr Bindungswirkungs- und Schutzinteresse bei Vertragsschluss weniger stark ausgeprägt gewesen sei als das korrespondierende Interesse der anderen Partei.

Im Regelfall ist das Bindungswirkungsinteresse im Zeitpunkt des Vertragsschlusses stärker zu gewichten als das Schutzinteresse. Dies folgt zunächst daraus, dass das Bindungswirkungsinteresse der Parteien im Schiedsgutachtenvertrag regelmäßig einen sehr viel stärkeren Niederschlag findet als ihr Schutzinteresse. Diese Interessengewichtung ergibt sich aber auch daraus, dass die Parteien (bzw. der Gesetzgeber, eine Behörde oder die betreffende Branche) in den hier diskutierten Fällen bestimmte Risiken mit dem Abschluss des Schiedsgutachtenvertrags bewusst in Kauf genommen und unter Abwägung der Vor- und Nachteile eines Schiedsgutachtenverfahrens als angemessen erachtet haben. Über diesen Grundsatz herrscht denn auch, soweit ersichtlich, in beiden Rechtsordnungen Einigkeit.[2036]

Ebenfalls besteht Einigkeit darüber, dass – als Ausnahme von der Regel – das Schutzinteresse der Parteien im Prinzip dann stärker zu gewichten ist als ihr Bindungswirkungsinteresse, wenn ihr Schutzinteresse Eingang in den Schiedsgutachtenvertrag gefunden hat und durch vertragliche Bestimmungen (etwa durch Bestimmungen hinsichtlich der Art und Weise der Durchführung des Schiedsgutachtenverfahrens) konkretisiert worden ist.[2037] Dies findet seine Rechtfertigung darin, dass der Schiedsgutachtenvertrag die Grundlage und den Rahmen für die Bindungswirkung des Schiedsgutachtens bildet und die Parteien ihren Bindungswillen grundsätzlich beliebig einschränken und modifizieren können.

Keine Einigkeit besteht hingegen bei der Frage, um wie viel stärker das Bindungswirkungsinteresse gegenüber einem vertraglich nicht konkretisierten Schutzinteresse zu gewichten ist. Hier werden, wenn man sich die Rechtsprechung der deutschen und New Yorker Gerichte der letzten einhundert Jahre anschaut, auf einer Skala von „ebenso starke Gewichtung des Bindungswirkungsinteresses wie im Falle einer Schiedsvereinbarung“ bis zu „lediglich etwas stärkere Gewichtung des Bindungswirkungsinteresses“ alle denkbaren graduellen Abstufungen vertreten.

Richtigerweise wird man davon ausgehen müssen, dass das Bindungswirkungsinteresse der Parteien jedenfalls auf der Ebene der inhaltlichen Kontrolle des Schiedsgutachtens umso stärker zu gewichten ist, je mehr dem Schutzinteresse der Parteien bereits im Vorfeld der Erstattung des Schiedsgutachtens

---

2036 Z.B. RG vom 23.05.1919, RGZ 96, 57, 61; OGHBrZ vom 25.05.1950, NJW 1950, 781, 782; BGH vom 01.04.1987, VersR 1987, 601 f.; OLG Braunschweig vom 26.03.1982, AgrarR 1982, 220, 221; *Moore v. Eadie* (1927) 156 N.E. 653, 655; *Ice Serv. Co. v. Henry Phipps' Estates* (1927) 157 N.E. 506, 508.

2037 Siehe dazu oben S. 332 f.

durch präventiv wirkende Schutzmechanismen Rechnung getragen wird. Das gilt jedenfalls dann, wenn diese präventiven Schutzmechanismen qualitativ als ausreichend zu bewerten sind und ihre Nichteinhaltung durch selbstständige Aufhebungsgründe sanktioniert wird. Jedenfalls unter diesen Voraussetzungen ist die stärkere Gewichtung des Schutzinteresses auf Ebene der *ex post* durchgeführten inhaltlichen Kontrolle nicht interessengerecht. Sie unterstellt nämlich, dass die Parteien typischerweise ein Interesse daran haben, vor „Fehlern" einer Schiedsgutachterstelle in demselben Maße geschützt zu werden, das für das gerichtliche Verfahren kennzeichnend ist. Diese Prämisse widerspricht jedoch dem typischen Sinn und Zweck eines Schiedsgutachtenvertrags. Sie berücksichtigt auch nicht hinreichend die Tatsache, dass die Parteien mit dem Abschluss eines Schiedsgutachtenvertrags im Austausch gegen gewichtige wirtschaftliche Vorteile bestimmte, dem Schutzinteresse zuzuordnende Risiken bewusst eingehen. Ein solches gesteigertes oder präziser: übersteigertes Schutzinteresse kann den Parteien nur in den Fällen unterstellt werden, in denen sie entsprechende vertragliche Regelungen getroffen haben. In allen anderen Fällen muss unter den genannten Voraussetzungen hingegen davon ausgegangen werden, dass das Bindungswirkungsinteresse der Parteien, das sich aus ihrem Prozessvermeidungsinteresse speist, auf Ebene der inhaltlichen Kontrolle des Schiedsgutachtens deutlich stärker zu gewichten ist als ihr Schutzinteresse.

bbb. Schutzinteresse und Beschleunigungsinteresse

Aber nicht nur das Bindungswirkungsinteresse der Parteien ist grundsätzlich stärker zu gewichten als ihr Schutzinteresse, sondern auch ihr Beschleunigungsinteresse. Das ergibt sich wiederum daraus, dass das mit dem Abschluss eines Schiedsgutachtenvertrags deutlich zu Tage tretende Beschleunigungsinteresse im Schiedsgutachtenvertrag regelmäßig sehr viel deutlicher zum Ausdruck kommt als das Schutzinteresse. Hinzu kommt, dass die Parteien die typischen Risiken, die sich aus der zeitsparenden Entscheidung der maßgeblichen Fragestellungen in einem informellen Verfahren ergeben können, jedenfalls in gewissem Umfang den sich aus dem Abschluss eines Schiedsgutachtenvertrags ergebenden wirtschaftlichen Vorteilen gegenübergestellt und sich bewusst für den Abschluss eines Schiedsgutachtenvertrags entschieden haben.

Umgekehrt ist das Schutzinteresse der Parteien aber wiederum grundsätzlich stärker zu gewichten als ihr Beschleunigungsinteresse, soweit bestimmte Aspekte ihres Schutzinteresses Eingang in vertragliche Bestimmungen des Schiedsgutachtenvertrags gefunden haben.

ccc. Divergierende Interessen hinsichtlich der Unabhängigkeit eines Partei-Schiedsgutachters

Sowohl das Interesse der ernennenden Partei, als Partei-Schiedsgutachter eine Person ihres Vertrauens ernennen zu können, als auch das Interesse der anderen Partei, hinreichend vor den potentiell negativen Auswirkungen der Ernennung eines in erheblichem Maße befangenen Partei-Schiedsgutachters der Gegenpartei geschützt zu werden, sind grundsätzlich legitim.[2038] Dennoch muss man bei verständiger Würdigung zu dem Ergebnis kommen, dass in diesem Spannungsverhältnis das Schutzinteresse der Gegenpartei stärker zu gewichten ist als das Interesse der ernennenden Partei, eine Person ihres Vertrauens ernennen zu können. Das letztgenannte Interesse ist nur insoweit legitim, als es der ernennenden Partei allein darum geht, sicherzustellen, dass alle ihr günstigen Umstände bei der Entscheidungsfindung berücksichtigt werden. Es ist jedoch illegitim, sobald und soweit es der betreffenden Partei vor allem oder weitergehend darum geht, dass die maßgeblichen Fragestellungen auf jeden Fall in ihrem Sinne entschieden werden.[2039] Ein derart gravierender Versuch der Einflussnahme auf die Entscheidungsfindung der Schiedsgutachterstelle steht in eindeutigem Widerspruch zu der Funktion und Stellung der Schiedsgutachterstelle, die die Parteien im Schiedsgutachtenvertrag festgelegt haben.

cc. Interessengerechte Lösung der Spannungsverhältnisse

Nachdem nunmehr Klarheit darüber herrscht, wie die divergierenden Partei-Interessen zu gewichten und gegeneinander abzuwägen sind, ist nun noch die Frage zu klären, wie die hieraus resultierenden Spannungsverhältnisse interessengerecht zu lösen sind.

aaa. Schutzinteresse und Bindungswirkungsinteresse

Eine als interessengerecht anzusehende Lösung des Spannungsverhältnisses zwischen dem Bindungswirkungsinteresse und dem vertraglich nicht konkretisierten Schutzinteresse erfordert im Prinzip eine Art und Weise der Lösung, die einerseits beide Interessen angemessen berücksichtigt, andererseits aber auch dem Grundsatz hinreichend Rechnung trägt, dass dem Bindungswirkungsinteresse der Parteien gegenüber ihrem Schutzinteresse ein prinzipiell stärkeres Gewicht zukommt.

Konzeptionell kann dem Schutzinteresse der Parteien auf dreierlei Weise Rechnung getragen werden, nämlich zum einen über ausschließlich präventiv

---

[2038] Zur Legitimität des erstgenannten Interesses siehe nur die Ausführungen des Court of Appeals in *Astoria Medical Group v. Health Ins. Pl. of Gr. N.Y.* (1962) 182 N.E.2d 85, 88, und des BGH in seiner Entscheidung vom 28.02.1972, KTS 1972, 191, 193.

[2039] Vgl. *Bradshaw v. Agricultural Ins. Co.* (1893) 32 N.E. 1055, 1058.

wirkende Schutzmechanismen, zum zweiten über eine ausschließlich inhaltliche Kontrolle des erstatteten Schiedsgutachtens, und zum dritten durch eine Kombination beider Mechanismen.[2040] Gegen die erste Lösung spricht, dass sie – unter Berücksichtigung des informellen Charakters schiedsgutachterlicher Verfahren – dem Schutzinteresse der Parteien nicht hinreichend Rechnung trägt.[2041] Auch die zweite Lösung erscheint nicht interessengerecht, da sie – je nach Intensität der vom Gericht ausgeübten inhaltlichen Kontrolle – dazu führt, dass entweder dem Schutzinteresse der Parteien oder ihrem Bindungswirkungsinteresse übermäßige Bedeutung beigemessen und so dem jeweils anderen Interesse regelmäßig nicht hinreichend Rechnung getragen wird. Interessengerecht erscheint daher allein die dritte Lösung.[2042]

Berücksichtigt man darüber hinaus den Umstand, dass das Spannungsverhältnis zwischen Schutzinteresse und Bindungswirkungsinteresse in einer Art und Weise gelöst werden sollte, die dem Grundsatz der stärkeren Berücksichtigung des Bindungswirkungsinteresses hinreichend Rechnung trägt, so folgt daraus, dass der Schwerpunkt des Schutzes der Parteien nicht auf der Ebene der inhaltlichen Kontrolle des Schiedsgutachtens, sondern im Vorfeld der Schiedsgutachtenerstattung auf der Ebene der präventiv wirkenden Schutzmechanismen anzusiedeln ist. Wollte man den Schwerpunkt des Schutzes der Parteien auf die inhaltliche Kontrolle des Schiedsgutachtens legen, so würde diese tendenziell dem Bindungswirkungsinteresse der Parteien zuwiderlaufen. Demgegenüber bringt eine Verlagerung des primären Schutzes der Parteien auf präventiv wirkende Schutzmechanismen beide Interessen besser in Einklang. Denn da präventive Schutzmechanismen bereits im Vorfeld der Schiedsgutachtenerstattung mögliche Fehlerquellen oder jedenfalls die Gefahr von Fehlern reduzieren, reduzieren sie gleichzeitig auch das Risiko einer fehlenden Bindungswirkung des Schiedsgutachtens.

bbb. Schutzinteresse und Beschleunigungsinteresse

Eine interessengerechte Lösung dieses Spannungsverhältnisses erfordert eine konzeptionelle Lösung, die präventiv wirkende Schutzmechanismen mit einer gewissen inhaltlichen Kontrolle des Schiedsgutachtens kombiniert. Dies ergibt sich daraus, dass eine Berücksichtigung des Schutzinteresses der Parteien ausschließlich über präventiv wirkende Schutzmechanismen – wie oben dargelegt – dem Schutzinteresse der Parteien nicht hinreichend Rechnung tragen und im Übrigen tendenziell auch dem Beschleunigungsinteresse der

---

2040 *Rauscher*, S. 244 f.; *Kornblum*, KTS 1970, S. 247 f.; *Heinrich*, S. 230 ff.

2041 Breitel, J. (dissenting), *Plaza Hotel Assoc. v. Wellington Assoc.* (1968) 239 N.E.2d 736, 737; *Clark v. Kraftco Corp.* (S.D.N.Y. 1971) 323 F. Supp. 358, 361 f., *appeal dismissed*, (2nd Cir. 1971) 447 F. 2d 933; Murphy, P.J. (dissenting), *Application of Builtland Partners [Jack LaLane Biltmore Health Spa]* (1st Dept. 1985) 486 N.Y.S.2d 728, 729, *affd.*, (1985) 489 N.E.2d 1298. Im Ergebnis ebenso: *Kornblum*, KTS 1970, S. 248; *Bleutge*, GewA 1978, S. 151.

2042 Im Ergebnis ebenso: *Kornblum*, KTS 1970, S. 248; *Wittmann*, S. 26 ff., 84 ff. und 95 ff.; *Heinrich*, S. 235.

Parteien zuwiderlaufen würde. Andererseits wäre auch eine konzeptionelle Lösung dieses Spannungsverhältnisses nicht als interessengerecht anzusehen, im Rahmen derer der Schiedsgutachterstelle aus Gründen der Beschleunigung im Vorfeld des Schiedsgutachtens völlig freie Hand gelassen und dem Schutzinteresse der Parteien erst auf der Ebene der inhaltlichen Kontrolle des Schiedsgutachtens Rechnung getragen würde. Eine solche Konzeption würde entweder dem Schutzinteresse oder dem Bindungswirkungsinteresse der Parteien unzureichend Rechnung tragen.

ccc. Divergierende Interessen hinsichtlich der Unabhängigkeit eines Partei-Schiedsgutachters

Bei der interessengerechten Lösung dieses Spannungsverhältnisses kommen unterschiedliche konzeptionelle Lösungen nicht wirklich in Betracht,[2043] vielmehr geht es insoweit allein um die Frage der Ausgestaltung des Kreises der statthaften Ablehnungsgründe.

Bereits oben wurde dargelegt, dass dieses Spannungsverhältnis im Prinzip zu Lasten des Interesses der ernennenden Partei zu lösen ist, als ihren Partei-Schiedsgutachter eine Person ihres Vertrauens zu ernennen. Unbeantwortet geblieben ist insoweit allerdings noch die Frage, in welchem Maße dieses Interesse der ernennenden Partei hinter das Schutzinteresse der anderen Partei zurücktreten muss. Insoweit ist bei verständiger Würdigung davon auszugehen, dass das Schutzinteresse der Gegenpartei jedenfalls im Regelfall deutlich stärker zu gewichten ist. Anderes gilt nur bei einer eindeutig abweichenden Vereinbarung der Parteien. Für eine stärkere Betonung des Schutzinteresses der jeweiligen Gegenpartei spricht zum einen, dass – wie oben dargelegt – die Befangenheit eines Schiedsgutachters durch eine gerichtliche Kontrolle der Grundlagen des Schiedsgutachtens nur in sachwidriger Weise kompensiert werden kann. Zum anderen aber spricht hierfür auch der Umstand, dass die fehlende Normierung strenger Neutralitätsanforderungen im Falle eines Partei-Schiedsgutachters und die damit einhergehende Verengung des Kreises statthafter Ablehnungsgründe in der Tendenz auch dem Beschleunigungs- und

---

[2043] Die von der älteren deutschen höchstrichterlichen Rechtsprechung (RG vom 21.08.1936, RGZ 152, 201, 207 f.; BGH vom 31.01.1957, VersR 1957, 122) vertretene Auffassung, dass dem Schutzinteresse einer Partei selbst bei erklärter Parteilichkeit des von der Gegenseite ernannten Schiedsgutachters durch ein Einstimmigkeitserfordernis Rechnung getragen werden kann, überzeugt nicht; so auch *Wittmann*, S. 104. Zum einen müsste man dafür die Regelungen der Praxis, die regelmäßig gerade keine Einstimmigkeit vorsehen, für unzulässig erachten. Hinzu kommt aber auch, dass selbst bei Einstimmigkeit kein hinreichender Schutz gegenüber der Parteilichkeit eines Schiedsgutachters besteht – insbesondere dann nicht, wenn diese Parteilichkeit kombiniert ist mit einem größeren Renommee und einer größeren Erfahrung des betreffenden Schiedsgutachters und einer möglicherweise gewissen Bequemlichkeit des anderen Schiedsgutachters. Zu dem letztgenannten Aspekt der Bequemlichkeit mancher Schiedsgutachter siehe nur *Prange*, DÖffV 1934, S. 289. An der von *Prange* (a.a.O.) geschilderten Sachlage dürfte sich auch heute wenig geändert haben.

Bindungswirkungsinteresse der Parteien zuwiderläuft. Haben die Gerichte nämlich erst einmal die Erkenntnis verinnerlicht, dass sich die Befangenheit auch eines Partei-Schiedsgutachters durchaus erheblich auf das Ergebnis auswirken kann, wird bei einer zu starken Verengung des Kreises statthafter Ablehnungsgründe die Neigung der Gerichte zu einer Intensivierung der inhaltlichen Kontrolle des Schiedsgutachtens und einer Verengung des Spielraums der Schiedsgutachterstelle zunehmen, um so die sich aus einer erheblichen Befangenheit eines Partei-Schiedsgutachters ergebenden Risiken für die Gegenpartei zu minimieren. Die Verengung des Spielraums einer Schiedsgutachterstelle bei der Tatsachenermittlung läuft aber dem Beschleunigungsinteresse zuwider, während eine Intensivierung der inhaltlichen Kontrolle des Schiedsgutachtens dem Bindungswirkungsinteresse der Parteien zuwiderläuft.

B. Bewertung der Sachgerechtigkeit der Ausgestaltung

1. Wirkungen des Schiedsgutachtenvertrags

Die Ausgestaltung des deutschen und des New Yorker Rechts ist insoweit als sachgerecht zu bewerten, als beide Rechtsordnungen dem Schiedsgutachtenvertrag in einem unter Missachtung der getroffenen Vereinbarung angestrengten gerichtlichen Verfahren auf Einrede prozessuale Wirkungen beimessen, die eine gerichtliche Entscheidung der maßgeblichen Fragestellungen verhindern. Sachgerecht ist es auch, dass beide Rechtsordnungen den Parteien umfassende Mitwirkungspflichten unter Einschluss von Auskunfts- und Informationspflichten auferlegen. Die Sachgerechtigkeit einer derartigen Ausgestaltung der Rechtsfolgen eines Schiedsgutachtenvertrags ergibt sich zum einen aus dem Sinn und Zweck des Schiedsgutachtenvertrags, zum anderen aber auch aus dem Umstand, dass die Schiedsgutachter für ihre Aufgabenerfüllung und den reibungslosen Ablauf des Schiedsgutachtenverfahrens regelmäßig der Mitwirkung zumindest einer der Parteien bedürfen.

Dagegen ist es nicht als sachgerecht anzusehen, dass das New Yorker Recht – anders als das deutsche Recht – im Grundsatz weder den Parteien noch den Schiedsgutachtern eine Beschleunigungspflicht auferlegt. Sinn und Zweck eines Schiedsgutachtenvertrags ist auch die beschleunigte Entscheidung der maßgeblichen Fragestellungen. Diesem Sinn und Zweck entspricht es, sowohl die Parteien als auch die Schiedsgutachter einer Beschleunigungspflicht zu unterwerfen.

Ebenso wenig entspricht es sachgerechter Ausgestaltung der Rechtsfolgen eines Schiedsgutachtenvertrags, dass nach deutschem Recht der Schiedsgutachtenvertrag immer schon dann außer Kraft tritt, wenn eine Partei ihre Mitwirkungspflichten verletzt oder ein Schiedsgutachter das Schiedsgutachtenverfahren verzögert.[2044] Auch der Grundsatz des Außerkrafttretens des Schiedsgutach-

[2044] Die nach beiden Rechtsordnungen insoweit gemachte Ausnahme für Partei-Schiedsgutachter ist demgegenüber sachgerecht.

tenvertrags für den Fall, dass ein Schiedsgutachter die (weitere) Durchführung des Schiedsgutachtenverfahrens verweigert oder aus rechtlichen oder tatsächlichen Gründen an der Fortführung des Schiedsgutachtenverfahrens gehindert ist, ist nicht sachgerecht. Ein derartiger Grundsatz entspricht nicht dem Sinn und Zweck eines Schiedsgutachtenvertrags, ein gerichtliches Verfahren gerade zu vermeiden. Denn er hindert im Ergebnis eine Partei daran, im Falle des Auftretens von Hindernissen für den Fortgang des Schiedsgutachtenverfahrens zwischen der gerichtlichen Klärung der maßgeblichen Fragestellungen und einer Ausnutzung der bestehenden Rechtsbehelfe zur Erzwingung der Durchführung des Schiedsgutachtenverfahrens zu wählen. Aber selbst wenn die Parteien bei Auftreten derartiger Hindernisse für den Fortgang des Schiedsgutachtenverfahrens ein Wahlrecht zwischen der Durchführung eines gerichtlichen Verfahrens und der Erzwingung des Schiedsgutachtenverfahrens hätten, wäre eine derartige Ausgestaltung der Rechtsfolgen eines Schiedsgutachtenvertrags immer noch nicht die sachgerechteste Lösung. Vielmehr entspricht nur eine solche Regelung voll und ganz dem Sinn und Zweck des Schiedsgutachtenvertrags, die die Parteien auch in derartigen Fällen an dem vereinbarten Schiedsgutachtenvertrag festhält. Dies setzt allerdings das Bestehen effektiver Rechtsbehelfe voraus, um Hindernisse für den Fortgang des Verfahrens zu beseitigen. Anderenfalls ist das Festhalten des Anspruchstellers am Schiedsgutachtenvertrag für diesen unzumutbar und daher nicht sachgerecht. Insoweit ist die Ausgestaltung des New Yorker Rechts deutlich sachgerechter als das deutsche Recht.

Nur mit Einschränkungen als sachgerecht anzusehen ist auch der Standpunkt des deutschen und des New Yorker Rechts, dass die Parteien nicht verpflichtet sind, bei Auftreten von Hindernissen für den Fortgang des Schiedsgutachtenverfahrens die ihnen zur Verfügung gestellten Rechtsbehelfe auszuschöpfen. Diese Auffassung widerspricht dem Sinn und Zweck eines Schiedsgutachtenvertrags und ist daher grundsätzlich als sachwidrig anzusehen. Sie ist in beiden Rechtsordnungen nur deshalb als insgesamt sachgerecht anzusehen, weil das deutsche Recht den Parteien keine effektiven Rechtsbehelfe zur Verfügung stellt und das New Yorker Recht das Gewähren effektiver Rechtsbehelfe in das Ermessen der Gerichte stellt. Vor diesem Hintergrund ist es den Parteien nicht zuzumuten – und daher sachwidrig –, diese zur Ausschöpfung bestehender Rechtsbehelfe zu verpflichten.

Auch im New Yorker Recht besteht jedoch noch Verbesserungsbedarf. So ist der Standpunkt des New Yorker Rechts, bei Auftreten von Hindernissen für den Fortgang des Schiedsgutachtenverfahrens das Schicksal der unter Missachtung des Schiedsgutachtenvertrags erhobenen Klage von einer Ermessenentscheidung des Gerichts abhängig zu machen, nicht sachgerecht. Ein solcher Grundsatz entspricht nicht dem Sinn und Zweck eines Schiedsgutachtenvertrags.

2. Schiedsgutachter

a. *Qualifikation*

aa. *Sachkunde*

Der Grundsatz des deutschen Rechts, dass Schiedsgutachter gewissen Mindestanforderungen hinsichtlich ihrer Sachkunde unterliegen, ist ebenso sachgerecht wie der Standpunkt des New Yorker Rechts, wonach Schiedsgutachter jedenfalls mittelbar Anforderungen an ihre Sachkunde unterliegen. Forderungen nach einer gewissen Sachkunde entsprechen sowohl den typischen Erwartungen der Parteien als auch der Eigenart typischer schiedsgutachterlicher Aufgabenstellungen.

Sachwidrig ist es dagegen, dass das deutsche Recht in der Tendenz übermäßig strenge Anforderungen an die hinreichende Sachkunde jedenfalls eines allein entscheidenden Schiedsgutachters stellt. Dies ergibt sich zum einen daraus, dass allzu strenge Anforderungen an die Sachkunde eines Schiedsgutachters der Tatsache nicht hinreichend Rechnung tragen, dass in der Praxis nicht selten Situationen vorkommen, in denen es eine hinsichtlich aller maßgeblichen Fragestellungen gleichermaßen sachkundige Person nicht gibt.[2045] Hinzu kommt, dass allzu strenge Anforderungen in bestimmten Branchen zu einem Zielkonflikt mit dem grundsätzlichen Neutralitätserfordernis führen können. Denn es gibt einige Branchen, in denen die wenigen Personen, die strengen Anforderungen an ihre Sachkunde genügen würden, aufgrund bestehender Geschäftsbeziehungen strengen Anforderungen an ihre Neutralität nicht genügen würden. Dagegen ist das New Yorker Recht insoweit als sachgerechter anzusehen, da hiernach ein Mangel an Sachkunde nur dann rechtlich erheblich ist, wenn dieser eindeutig ist.

bb. *Neutralität*

Auch der übereinstimmende Grundsatz beider Rechtsordnungen, Schiedsgutachter gewissen Mindestanforderungen an ihre Neutralität zu unterwerfen, ist sachgerecht, denn die Forderung nach einem Mindestmaß an Neutralität entspricht der Funktion und Stellung der Schiedsgutachter, berücksichtigt aber auch den Umstand, dass die Befangenheit eines Schiedsgutachters durch andere Mechanismen nicht sachgerecht kompensiert werden kann.

Dagegen können die Mindestanforderungen, die das deutsche Recht an die Neutralität von Schiedsgutachtern stellt, nur mit Einschränkungen als sachgerecht bezeichnet werden. So ist es zwar sachgerecht, dass das deutsche – ebenso wie das New Yorker – Recht den allein entscheidenden Schiedsgutachter, aber auch einen Obmann im Prinzip denselben strengen Neutralitäts-

---

[2045] Siehe dazu oben S. 349.

anforderungen unterwirft, die für einen staatlichen Richter oder einen Alleinschiedsrichter gelten. Allein die Normierung derart strenger Anforderungen entspricht der Funktion und Stellung eines Obmanns und eines allein entscheidenden Schiedsgutachters, aber auch den Erwartungen der Parteien und den sich für die Parteien aus der Befangenheit eines solchen Schiedsgutachters ergebenden Gefahren. Als sachwidrig anzusehen ist es dagegen, dass das deutsche Recht an Partei-Schiedsgutachter nur relativ geringe Neutralitätsanforderungen stellt. Derart geringe Neutralitätsanforderungen tragen nicht nur dem Umstand unzureichend Rechnung, dass auch ein Partei-Schiedsgutachter in erster Linie Mitglied einer neutralen, über den Parteien stehenden Entscheidungsinstanz und erst in zweiter Linie Interessenwahrer der ernennenden Partei ist.[2046] Sie berücksichtigen auch zu wenig, dass die sich aus einer erheblichen Befangenheit eines Partei-Schiedsgutachters ergebenden Gefahren sich in den typischen schiedsgutachterlichen Aufgabenstellungen durch andere Schutzmechanismen nicht sachgerecht kompensieren lassen. Beide Problemkreise löst das New Yorker Recht sachgerechter.

b. *Ablehnung*

aa. *Bestehen eines Ablehnungsrechts*

Ebenso wenig erscheint es sachgerecht, dass das deutsche Recht im Grundsatz auch heute noch auf dem Standpunkt steht, dass die Parteien ohne eine diesbezügliche Vereinbarung kein Recht haben, einen Schiedsgutachter wegen Befangenheit abzulehnen. Ein derartiger Grundsatz lässt sich weder mit der Funktion und Stellung eines Schiedsgutachters noch mit den Erwartungen der Parteien und der Erkenntnis in Einklang bringen, dass die aus der Befangenheit eines Schiedsgutachters resultierenden Risiken für die Parteien durch andere Schutzmechanismen nicht sachgerecht kompensiert werden können. Darüber hinaus erscheint es wenig überzeugend, zwar einerseits Mindestanforderungen hinsichtlich der Neutralität von Schiedsgutachtern festzulegen, den Parteien aber andererseits kein Recht zur Seite zu stellen, einen Schiedsgutachter bei Nichterfüllung dieser Mindestanforderungen abzulehnen. Dies wäre nur dann nachvollziehbar, wenn den Neutralitätsanforderungen im Wesentlichen nicht das Schutzinteresse der Parteien, sondern öffentliche Interessen zugrunde lägen.[2047] Allerdings erscheint es nicht sachgerecht, den Schwerpunkt rechtlicher Mindestanforderungen an die Neutralität eines Schiedsgutachters beim Schutz öffentlicher Interessen zu sehen. Selbst wenn man davon ausgeht, dass insoweit gewisse öffentliche Interessen anzuerkennen sind,[2048]

[2046] So im Ergebnis auch *Theisinger*, AgrarR 1973, S. 37; *Straatmann*, FS Stödter, S. 122.

[2047] So tendenziell BGH vom 06.06.1994, NJW-RR 1994, 1314.

[2048] So z.B. *Clasen*, JRfPrV 1927, S. 338; ebenso: *Habscheid*, FS Laufke, S. 315; *Nicklisch*, BB 1971, S. 1207; *Wittmann*, S. 125 f.

liegt der Schwerpunkt solcher Neutralitätsanforderungen bei verständiger Würdigung doch eindeutig auf dem Schutz der Parteien.[2049]

Auch insoweit ist die Ausgestaltung des New Yorker Rechts als sachgerechter zu bewerten. Sachgerecht ist aber insoweit auch die Tendenz in der neueren deutschen Rechtsprechung, ein Ablehnungsrecht bereits von Rechts wegen oder – bei einem allein entscheidenden Schiedsgutachter – von Vertrags wegen zu bejahen.

Sachgerecht ist das deutsche Recht andererseits auch insoweit, als es den Parteien im Falle einer unzureichenden Sachkunde eines Schiedsgutachters grundsätzlich das Recht zugesteht, diesen abzulehnen. Ein solches Ablehnungsrecht entspricht der Eigenart typischer schiedsgutachterlicher Aufgabenstellungen, den Erwartungen der Parteien hinsichtlich der Sachkunde der Schiedsgutachter und dem Zweck, eine beschleunigte Entscheidung herbeizuführen. Insoweit kann der gegenteilige Standpunkt des New Yorker Rechts nicht als sachgerecht angesehen werden.[2050]

bb. Statthafte Ablehnungsgründe

Auch der Kreis der Gründe, die unter Zugrundelegung des deutschen Rechts die Ablehnung eines Schiedsgutachters rechtfertigen können, kann nur mit Einschränkungen als sachgerecht angesehen werden.

Sachgerecht ausgestaltet ist zwar – ebenso wie im New Yorker Recht – der Kreis der Gründe, die zur Ablehnung eines allein entscheidenden Schiedsgutachters oder eines Obmanns wegen Befangenheit berechtigen; zur Begründung wird auf die obigen Ausführungen verwiesen. Nicht sachgerecht ausgestaltet worden ist dagegen – im Gegensatz zum New Yorker Recht – der Kreis der Gründe, die zur Ablehnung eines Partei-Schiedsgutachters wegen Befangenheit berechtigen; auch insoweit wird auf die obigen Ausführungen Bezug genommen. Ebenso wenig sachgerecht ist das deutsche Recht aus den oben genannten Gründen hinsichtlich der Voraussetzungen, die die Ablehnung eines allein entscheidenden Schiedsgutachters wegen unzureichender Sachkunde rechtfertigen. Allerdings ist das deutsche Recht hier insoweit sachgerechter als das New Yorker Recht, als es im Gegensatz zum New Yorker Recht die unzureichende Sachkunde grundsätzlich als statthaften Ablehnungsgrund ansieht.

2049 Dies ist auch der Standpunkt der New Yorker Gerichte, und zwar auch im Anwendungsbereich des N.Y. Ins. Law § 3404 – obwohl der New Yorker Gesetzgeber hier ausdrücklich rechtliche Mindestanforderungen für Schiedsgutachter normiert hat. Vgl. dazu oben S. 223.

2050 Sachgerecht ist dagegen die Rechtslage im Rahmen des N.Y. Ins. Law § 3404.

cc. Offenlegungspflichten der Schiedsgutachter

Die bisherige, in beiden Rechtsordnungen bestehende Unklarheit, ob und inwieweit Schiedsgutachter zur Offenlegung aller Umstände verpflichtet sind, die Zweifel an ihrer Neutralität, Unabhängigkeit oder Sachkunde begründen können, ist nicht sachgerecht. Eine derartige Offenlegungspflicht entspricht nicht nur der Funktion und Stellung einer Schiedsgutachterstelle, sondern auch dem Sinn und Zweck des Schiedsgutachtenvertrags, da sie das Risiko einer späteren Versagung der Bindungswirkung reduziert.

dd. Präklusion statthafter Ablehnungsgründe

In beiden Rechtsordnungen sind die Regeln über die Präklusion der Geltendmachung des Vorliegens eines statthaften Ablehnungsgrundes im Wesentlichen als sachgerecht anzusehen.

Die prinzipielle Sachgerechtigkeit von Regeln über die Präklusion der Geltendmachung statthafter Ablehnungsgründe ergibt sich daraus, dass es dem Sinn und Zweck des Schiedsgutachtenvertrags widersprechen würde, wenn man den Parteien ohne zeitliche Begrenzung die Möglichkeit zur Geltendmachung statthafter Ablehnungsgründe geben würde. Das New Yorker Recht löst diese Problematik allerdings sachgerechter als das deutsche Recht. Denn jedenfalls bei Schiedsgutachten der ersten und zweiten Fallgruppe versagt es einer Partei die Berufung auf statthafte Ablehnungsgründe nicht nur bei rügeloser Fortsetzung des Schiedsgutachtenverfahrens in Kenntnis der relevanten Umstände, sondern auch im Falle ihrer grob fahrlässigen Unkenntnis. Eine solche Ausgestaltung der Präklusionsregeln entspricht nicht nur dem Sinn und Zweck eines Schiedsgutachtenvertrags, sondern trägt auch dem Umstand Rechnung, dass es schon die Sorgfalt in eigenen Angelegenheiten gebietet, klaren und eindeutigen Anhaltspunkten für das Vorliegen statthafter Ablehnungsgründe nachzugehen.

c. Zuständigkeitsbereich

Die bisherige Ausgestaltung der Regeln über die Reichweite des Zuständigkeitsbereichs einer Schiedsgutachterstelle ist im deutschen Recht als nicht sachgerecht, im New Yorker Recht hingegen als nur eingeschränkt sachgerecht anzusehen.

Die bisher noch in beiden Rechtsordnungen vorherrschende enge Fassung des Zuständigkeitsbereichs trägt der Eigenart typischer schiedsgutachterlicher Aufgabenstellungen, aber auch der Funktion und Stellung einer Schiedsgutachterstelle und – jedenfalls in der Tendenz – dem Sinn und Zweck des Schiedsgutachtenvertrags nicht angemessen Rechnung. Der grundsätzliche Standpunkt beider Rechtsordnungen, dass der Zuständigkeitsbereich der Schiedsgutachterstelle sich im Prinzip auch dann nicht auf Fragen der Auslegung des Hauptvertrags und/oder des Schiedsgutachtenvertrags erstreckt, wenn es sich bei den maßgeblichen Auslegungsfragen um notwendige Vorfragen für die Erfüllung der der Schiedsgutachterstelle übertragenen Aufgabenstellung handelt, führt im Ergebnis dazu, dass die Zuständigkeit für die Entscheidung einer einheitlichen Fragestellung auf Instanzen aufgespalten wird. Dies erhöht nicht nur das Risiko der fehlenden Bindungswirkung des Schiedsgutachtens, sondern kann sich auch als Hindernis für den reibungslosen Ablauf des Schiedsgutachtenverfahrens erweisen. Hinzu kommt, dass die in beiden Rechtsordnungen für die Begrenzung des Zuständigkeitsbereichs ins Feld geführte unzureichende Sachkunde der zumeist „technischen" Sachverständigen für Fragen der Vertragsauslegung[2051] mit zunehmender Erfahrung der Schiedsgutachter in der maßgeblichen Branche an Gewicht verliert. Insofern ist die Tendenz des New Yorker Rechts zu begrüßen, den Zuständigkeitsbereich einer Schiedsgutachterstelle jedenfalls *de facto* auf alle Auslegungsfragen zu erweitern, die notwendige Vorfragen für die Aufgabenerfüllung darstellen und sich aus dem Hauptvertrag und/oder dem Schiedsgutachtenvertrag nicht eindeutig beantworten lassen.

d. Spielraum und Pflichten der Schiedsgutachter bei der Entscheidungsfindung

Angesichts der Eigenart typischer schiedsgutachterlicher Aufgabenstellungen und der Funktion und Stellung einer Schiedsgutachterstelle erscheint es sachgerecht, dass sowohl das deutsche als auch das New Yorker Recht einer Schiedsgutachterstelle im Grundsatz einen Spielraum bei der Entscheidungsfindung zuerkennen.

Als sachwidrig angesehen werden muss es allerdings, dass das deutsche Recht grundsätzlich nur einem Schiedsgutachter i.w.S., nicht aber auch einem Schiedsgutachter i.e.S. einen echten Spielraum im Sinne einer „Freiheit der Wahl" zuerkennt. Dieser Grundsatz geht von der unzutreffenden Vorstellung aus, dass einer Schiedsgutachterstelle i.e.S. die Art und Weise der Entscheidungsfindung bereits durch den Schiedsgutachtenvertrag und/oder die einschlägigen Regeln des Fachs vorgegeben ist. Diese Vorstellung ist häufig schon deshalb unzutreffend, weil es durchaus nicht selten vorkommt, dass es für bestimmte Fragestellungen an einer einschlägigen Regel des Fachs fehlt. Aber selbst wenn es einschlägige Regeln des Fachs gibt, übersieht das deutsche Recht, dass einer Schiedsgutachterstelle i.e.S. praktisch immer (und nicht nur ausnahmsweise) ein gewisser Beurteilungsspielraum zukommt. Dieser ist nicht nur als eine „Freiheit vor der Kontrollinstanz" anzusehen, sondern gibt der Schiedsgutachterstelle in der Sache eine echte „Freiheit der Wahl". Darüber hinaus widerspricht es der Funktion und Stellung einer Schiedsgutachterstelle, aber tendenziell auch dem Sinn und Zweck eines Schiedsgutach-

---

[2051] Siehe dazu BGH vom 10.10.1991, BGHZ 115, 329, 331, und *Joseph Davis, Inc., v. Merritt-Chapman & Scott Corp.* (4th Dept. 1967) 276 N.Y.S.2d 479, 483, *appeal after remand* (4th Dept. 1968) 291 N.Y.S.2d 839, *affd.*, (1969) 245 N.E.2d 809.

tenvertrags, einer Schiedsgutachterstelle i.e.S. nur eine „Freiheit vor der Kontrollinstanz" zuzuerkennen. Die Ausgestaltung des New Yorker Schiedsgutachtenrechts ist insoweit sachgerechter.

Ebenso wenig sachgerecht ist es, dass das deutsche Recht einer Schiedsgutachterstelle – anders als das New Yorker Recht – im Grundsatz keinen weiten, sondern nur einen relativ engen Spielraum bei der Entscheidungsfindung einräumt. Die Zuerkennung eines relativ weiten Spielraums bei der Entscheidungsfindung entspricht nicht nur dem Sinn und Zweck des Schiedsgutachtenvertrags, sondern trägt auch der Funktion und Stellung der Schiedsgutachterstelle besser Rechnung als ein eng begrenzter Spielraum. Eine enge Begrenzung des Spielraums der Schiedsgutachterstelle trägt auch dem Umstand unzureichend Rechnung, dass die Parteien sich mit Abschluss des Schiedsgutachtenvertrags nach Abwägung der Vor- und Nachteile bewusst gegen die Durchführung eines gerichtlichen Verfahrens entschieden haben. Hinzu kommt, dass bei Fehlen ausdrücklicher Vorgaben des Schiedsgutachtenvertrags hinsichtlich der Art und Weise der Entscheidungsfindung im Lichte seines typischen Sinns und Zwecks davon auszugehen ist, dass die Parteien den Schiedsgutachtern einen weiten Spielraum einräumen wollten.

Weiterhin erscheint es wenig sachgerecht, dass das deutsche Recht bei Zweifeln über die Frage der Qualifikation eines Schiedsgutachtenvertrags den Parteien den Willen zum Abschluss eines Schiedsgutachtenvertrags i.e.S. unterstellt – mit dem erklärten Ziel, auf diese Art und Weise das Schiedsgutachten einer intensiveren gerichtlichen Kontrolle unterziehen zu können.[2052] Eine solche Auslegungsregel lässt sich nur schwer mit dem Sinn und Zweck eines Schiedsgutachtenvertrags vereinbaren. Sie überzeugt aber auch deshalb nicht, weil damit den Parteien der Wille unterstellt wird, dass sie im Zweifel eine Leistungsbestimmung nach rein objektiven Maßstäben einer Leistungsbestimmung vorziehen, bei der dem Aspekt des Ausgleichs der divergierenden Partei-Interessen stärker Rechnung getragen wird. Dies überzeugt nicht. Auch insoweit ist die Ausgestaltung des New Yorker Rechts sachgerechter.

Als im Grundsatz sachgerecht zu bewerten sind demgegenüber die Grenzen, die beide Rechtsordnungen dem Spielraum einer Schiedsgutachterstelle bei der Entscheidungsfindung ziehen. Diese Grenzen entsprechen regelmäßig den Erwartungen der Parteien, aber auch den Eigenarten typisch schiedsgutachterlicher Aufgaben. Allerdings muss im Hinblick auf das deutsche Recht auch hier eine wichtige Einschränkung gemacht werden. So sind Schiedsgutachter – anders als im New Yorker Recht – auch an Vorgaben gebunden, die im Schiedsgutachtenvertrag weder ausdrücklich genannt noch diesem eindeutig und zweifelsfrei zu entnehmen sind, sondern dem Vertrag lediglich durch das erkennende Gericht im Wege der Auslegung entnommen werden.[2053] Die-

---

[2052] Siehe dazu *Gelhaar*, BB 1968, S. 744.

[2053] Vgl. dazu beispielhaft die Entscheidung des KG vom 28.01.1985, ZMR 1986, 194, 195 (mit kritischer Anm. *Schultz*, ZMR 1986, S. 196 f.).

se Auffassung steht im Widerspruch zu der richtigerweise zu machenden Grundannahme, dass den Schiedsgutachtern bei Fehlen ausdrücklicher oder jedenfalls zweifelsfreier vertraglicher Vorgaben ein weiter Spielraum zukommt. Machen die Parteien trotz Möglichkeit hierzu der Schiedsgutachterstelle keine Vorgaben bei der Entscheidungsfindung, so kann bei verständiger Würdigung nicht davon ausgegangen werden, dass die Schiedsgutachter nach dem Willen der Parteien auch an solche „Vorgaben" gebunden sein sollten, die ein Gericht dem Schiedsgutachtenvertrag erst nachträglich durch eine Auslegung unklarer Bestimmungen entnimmt. Eine derartige Auslegung würde dem Sinn und Zweck eines Schiedsgutachtenvertrags widersprechen.

3. Schiedsgutachtenverfahren

Die Ausgestaltung der Grundsätze des Schiedsgutachtenverfahrens im deutschen Recht ist in wesentlichen Aspekten als sachgerecht anzusehen. So erscheint es sachgerecht, dass das deutsche Recht – ebenso wie das New Yorker Recht – das Schiedsgutachtenverfahren nicht denselben Grundsätzen unterwirft, die für das gerichtliche und schiedsgerichtliche Verfahren gelten, und der Schiedsgutachterstelle im Grundsatz einen weiten Spielraum bei seiner Ausgestaltung einräumt. Beide Grundsätze stehen im Einklang mit der üblichen, seit Jahrzehnten geübten Verfahrenspraxis und tragen auch dem Umstand angemessen Rechnung, dass die Durchführung eines kontradiktorischen Verfahrens in einer Vielzahl typischer schiedsgutachterlicher Aufgabenstellungen unter Zugrundelegung wirtschaftlicher Gesichtspunkte ungeeignet ist. Auch ist es sachgerecht, dass in beiden Rechtsordnungen der Umfang des zu gewährenden rechtlichen Gehörs im Grundsatz durch die Schiedsgutachter und nicht durch die Parteien bestimmt wird. Anderenfalls könnte eine Partei die Erstattung des Schiedsgutachtens entgegen dem Sinn und Zweck des Schiedsgutachtenverfahrens praktisch beliebig verzögern.

Es gibt jedoch auch wesentliche Aspekte des deutschen Rechts, die als sachwidrig anzusehen sind. Hierbei handelt es sich durchgehend um Grundsätze, die von den im New Yorker Recht geltenden Regeln abweichen.

So ist es nicht sachgerecht, dass das deutsche Recht eine Schiedsgutachterstelle im Grundsatz verfahrensrechtlich völlig frei stellt und – abweichend vom New Yorker Recht – in keiner Weise als zur Gewährung rechtlichen Gehörs verpflichtet ansieht. Diese Grundsätze stehen im eindeutigen Widerspruch zu der gelebten Verfahrenspraxis in Schiedsgutachtenverfahren.

Ebenso wenig sachgerecht ist es, dass das deutsche Recht – anders als das New Yorker Recht – Schiedsgutachtern weder die Pflicht zur Durchführung eines fairen Verfahrens noch die Pflicht zur Gleichbehandlung der Parteien auferlegt. Auch diese Grundsätze stehen im Widerspruch zur gelebten Verfahrenspraxis. Vor diesem Hintergrund ist es allerdings im Grundsatz als sachgerecht anzusehen, dass das deutsche Recht neuerdings jedenfalls einen allein entscheidenden Schiedsgutachter für verpflichtet erachtet, bei Gewährung rechtlichen Gehörs beide Parteien anzuhören.

Darüber hinaus erscheint die Ausgestaltung des deutschen Rechts auch insoweit als sachwidrig, als es Schiedsgutachterstellen eine umfassende Sachaufklärungspflicht auferlegt, sie aber – im Gegensatz zum New Yorker Recht – nicht für verpflichtet erachtet, den Parteien einmalig Gelegenheit zu einer umfassenden Stellungnahme zu allen maßgeblichen Fragestellungen zu geben. Eine derartige Pflicht der Gewährung einer Möglichkeit zur umfassenden Stellungnahme erscheint schon deshalb sachgerechter als die Normierung einer umfassenden Sachaufklärungspflicht, weil umfassende Stellungnahmen der Parteien ohnehin der Praxis der meisten Schiedsgutachtenverfahren entsprechen. Sie ist aber auch deshalb sachgerecht, weil eine solche Pflicht dem Ziel einer beschleunigten Entscheidung der maßgeblichen Fragestellungen besser entspricht als eine umfassende Sachaufklärungspflicht.[2054] Hinzu kommt, dass eine umfassende Sachaufklärungspflicht sich nur schwer mit der Funktion und Stellung einer Schiedsgutachterstelle als einer echten Entscheidungsinstanz vereinbaren lässt. Die Ausgestaltung des New Yorker Rechts ist insoweit deutlich sachgerechter.

4. Schiedsgutachten

a. *Quorum*

Das grundsätzliche Einstimmigkeitserfordernis im deutschen und New Yorker Recht ist nicht sachgerecht. Diese Regel steht nicht nur im Widerspruch zu der gelebten Vertragspraxis, sondern trägt auch dem Sinn und Zweck des Schiedsgutachtenvertrags nicht hinreichend Rechnung. Dieser geht – wie dargelegt – dahin, einen Prozess über die maßgeblichen Fragestellungen möglichst zu vermeiden.

b. *Begründungserfordernisse*

Die Grundsätze des deutschen und des New Yorker Rechts über das Bestehen und die Reichweite einer Begründungspflicht sind als im Wesentlichen sachgerecht zu bewerten – wenn auch aus unterschiedlichen Gründen.

Der Standpunkt des deutschen Rechts, dass Schiedsgutachten zu begründen sind, erscheint deshalb sachgerecht, weil – im Gegensatz zum New Yorker Recht – die Sicherstellung der tatsächlichen Möglichkeit einer gerichtlichen Kontrolle des Schiedsgutachtens und der Entscheidungsfindung durch Zeu-

---

[2054] Regelmäßig werden die Parteien ein Schiedsgutachtenverfahren erst dann durchführen, wenn sie sich über die maßgeblichen Fragestellungen nicht geeinigt haben. Haben die Parteien aber die maßgeblichen Fragestellungen bereits diskutiert, ohne sich geeinigt zu haben, so sind ihnen die wesentlichen Aspekte, die von den Schiedsgutachtern zu berücksichtigen sind, bereits bekannt, und eine Zusammenfassung dieser Aspekte in Stellungnahmen der Parteien ist daher regelmäßig zeitsparender als die komplett neue Ermittlung der maßgeblichen Aspekte seitens der Schiedsgutachter.

genvernehmung der Schiedsgutachter wegen des Zeugnisverweigerungsrechts der Schiedsgutachter nach § 384 Nr. 1 ZPO ausscheidet. Auch kann der mit dem Schiedsgutachten unzufriedenen Partei nicht zugemutet werden, sich die zur gerichtlichen Kontrolle des Schiedsgutachtens notwendigen Tatsachen durch Auskunftsklage gegen die Schiedsgutachter oder die andere Partei besorgen zu müssen. Andererseits erscheint aber auch der gegenteilige Standpunkt des New Yorker Rechts vor dessen Hintergrund als sachgerecht. In dieser Rechtsordnung ist die tatsächliche Möglichkeit einer gerichtlichen Kontrolle auf andere Weise sichergestellt. Hinzu kommt, dass die Normierung eines Begründungserfordernisses regelmäßig (wie das deutsche Recht zeigt) dazu führt, dass die Begründungserfordernisse immer strenger gehandhabt und die Gerichte dazu verleitet werden, die „Richtigkeit" der Begründung und der sich aus der Begründung ergebenden Erwägungen zu überprüfen. Dieses aber würde im Ergebnis dem Sinn und Zweck des Schiedsgutachtenvertrags zuwiderlaufen.[2055]

Als teilweise nicht sachgerecht zu bewerten ist allerdings die in der neueren Rechtsprechung normierte Reichweite der Begründungspflicht. Zwar erscheint es aus den oben genannten Gründen als sachgerecht, dass die Schiedsgutachterstelle das Schiedsgutachten im Hinblick auf konkrete Befundtatsachen, die entweder nur der nicht beweisbelasteten Partei[2056] oder keiner der Parteien bekannt sind,[2057] so umfassend begründen muss, dass einem Sachverständigen eine Überprüfung des (Gesamt-)Ergebnisses des Schiedsgutachtens aus dem Schiedsgutachten oder Anlagen hierzu möglich ist. Durch den Sinn und Zweck des Begründungserfordernisses (Rechtsschutz- und Kontrollfunktion)

2055 Siehe dazu oben S. 354.

2056 Typisches Beispiel sind die Informationen, derer ein Wirtschaftsprüfer bedarf, um die Bilanzansätze einer Abschichtungs- oder Auseinandersetzungsbilanz zu überprüfen; vgl. dazu instruktiv OGHBrZ vom 25.05.1950, NJW 1950, 781 f., und BGH vom 24.09.1990, NJW-RR 1991, 228 f. Diese auch für ein Schiedsgutachten zur Frage der Höhe des Abfindungsanspruchs eines ausscheidenden Gesellschafters erforderlichen Informationen ergeben sich aus den Geschäftsbüchern der fraglichen Gesellschaft und aus Gesprächen mit den Mitarbeitern dieser Gesellschaften (insbesondere im Hinblick auf die zu bilanzierende Höhe angesetzter Forderungen). Hier stellt sich häufig das Problem, dass der ausgeschiedene Gesellschafter mit dem von der Schiedsgutachterstelle ermittelten Abfindungsguthaben (so es eines gibt) nicht einverstanden ist, aber keinen Zugriff auf die zur Überprüfung der Grundlagen des Schiedsgutachtens erforderlichen Informationen hat.

2057 Typisches Beispiel sind hier Informationen zu Vergleichsobjekten und deren für die Vergleichbarkeit wesentlichen Faktoren, die von der Schiedsgutachterstelle zur Ermittlung der ortsüblichen Miete (vgl. z.B. BGH vom 21.10.1964, WM 1964, 1239 ff.) oder des Werts eines Grundstücks im Wege des Vergleichsverfahrens (vgl. z.B. BGH vom 23.11.1984, WM 1985, 174) herangezogen worden sind. In diesen Fällen sind zwar regelmäßig beiden Parteien die für die Frage der Vergleichbarkeit wesentlichen Faktoren bekannt, nicht aber die für die Frage der Vergleichbarkeit der von der Schiedsgutachterstelle herangezogenen Vergleichsobjekte maßgebenden Faktoren. Im Regelfall sind diese Informationen auch nicht öffentlich zugänglich.

nicht geboten ist es allerdings, diesen Grundsatz auch auf allgemein zugängliche Tatsachen, wirtschaftliche Einsichten oder konkrete Befundtatsachen zu erstrecken, die beiden Parteien bekannt sind.[2058] In diesen Fällen kann die beweisbelastete Partei ihrer Darlegungspflicht auch ohne vorhergehende Auskunftsklage gegen die Schiedsgutachter oder die andere Partei genügen, sodass in diesen Fällen auch eine gerichtliche Kontrolle der Entscheidungsgrundlagen ohne Weiteres möglich ist. Die Rechtsschutzfunktion der Begründungspflicht wird hierdurch nicht übermäßig negativ berührt.

Ebenfalls als sachwidrig zu bewerten ist es, dass unter Zugrundelegung der bisherigen Rechtsprechung des Bundesgerichtshofs Begründungsdefizite nicht durch das Nachreichen einer Begründung geheilt werden können. Eine solche Heilungsmöglichkeit entspricht dem Sinn und Zweck des Schiedsgutachtenvertrags, ohne der Rechtsschutz- und Kontrollfunktion der Begründungspflicht zu widersprechen.

5. Gerichtliche Kontrolle des Schiedsgutachtens

a. Art, Ansatzpunkt, Umfang und Intensität

Die Ausgestaltung der Art, der Ansatzpunkte, des Umfangs und der Intensität der gerichtlichen Kontrolle eines Schiedsgutachtens im deutschen Recht muss – im weitgehenden Gegensatz zur Ausgestaltung des New Yorker Rechts – in praktisch allen wesentlichen Aspekten als sachwidrig angesehen werden.

Sachwidrig ist es zunächst, dass Schiedsgutachten im Grundsatz auch heute noch allein einer rein materiellen Kontrolle unterzogen werden. Eine solche Kontrolle widerspricht nicht nur tendenziell der Funktion und Stellung einer Schiedsgutachterstelle, sondern trägt auch dem Umstand nicht hinreichend Rechnung, dass sich die Befangenheit eines Schiedsgutachters durch eine materielle Kontrolle nicht sachgerecht kompensieren lässt. Allerdings sind auch die Rechtsfolgen nicht sachgerecht, die im New Yorker Recht an ein Schiedsgutachten der ersten Fallgruppe geknüpft werden. Solche Schiedsgutachten unterliegen heute im Ergebnis – ebenso wie Schiedssprüche – einer rein formellen Kontrolle. Auch wenn eine formelle Kontrolle den Bedenken gegen eine rein materielle Kontrolle Rechnung trägt, berücksichtigt sie nicht hinreichend den Umstand, dass eine Schiedsgutachterstelle im Gegensatz zu einem Schiedsgericht nicht zu einer vollumfänglichen Gewährung rechtlichen Gehörs verpflichtet ist. Der sich daraus ergebenden größeren Wahrscheinlich-

---

[2058] Typische Beispiele für konkrete Befundtatsachen, die regelmäßig beiden Parteien bekannt sind, sind die wertbildenden Faktoren eines zu bewertenden Grundstücks, aber auch die wesentlichen wertbildenden Faktoren versicherter Gegenstände, deren Beschädigung über eine Schadensversicherung abgerechnet werden soll; in den letztgenannten Fällen wird der Versicherungsnehmer dem Versicherer bereits vor Zusammentritt einer Schiedsgutachterkommission regelmäßig eine umfassende Schadensaufstellung unter Beifügung aller wesentlichen Unterlagen übermittelt haben.

keit der Möglichkeit eines Fehlers wird nur dann hinreichend Rechnung getragen, wenn zu der formellen Kontrolle jedenfalls in gewissem Umfang auch eine materielle Kontrolle tritt. Insoweit ist die Tendenz der neueren deutschen Rechtsprechung, Schiedsgutachten eines allein entscheidenden Schiedsgutachters sowohl einer formellen als auch einer materiellen Kontrolle zu unterziehen, sachgerechter. Das gilt entsprechend für die Art der gerichtlichen Kontrolle eines Schiedsgutachtens der zweiten und dritten Fallgruppe im New Yorker Recht.

Ebenfalls sachwidrig ist der Ausgangspunkt des deutschen Rechts, Schiedsgutachten primär einer Kontrolle des Ergebnisses anhand der Maßstäbe der „offenbaren Unbilligkeit", der „offenbaren Unrichtigkeit" und des „offenbar erheblichen Abweichens von der wirklichen Sachlage" zu unterwerfen. Die Sachwidrigkeit ergibt sich bereits daraus, dass es an geeigneten Maßstäben für eine (reine) Ergebniskontrolle fehlt und auch die drei genannten Maßstäbe hierfür ungeeignet sind.[2059] Eine solche Kontrolle des Ergebnisses lässt sich aber auch nur schwer mit der Funktion und Stellung einer Schiedsgutachterstelle vereinbaren. Demgegenüber ist der Ausgangspunkt des New Yorker Rechts, Schiedsgutachten darauf zu überprüfen, ob sie auf der ehrlichen Überzeugung der Schiedsgutachter beruhen und die Schiedsgutachter bei ihrer Entscheidungsfindung „in good faith" vorgegangen sind, sachgerechter. Dieser Ausgangspunkt der gerichtlichen Kontrolle eines Schiedsgutachtens entspricht der Funktion und Stellung einer Schiedsgutachterstelle, aber auch den Erwartungen der Parteien besser.

Auch Umfang und Intensität der außerhalb der §§ 64, 184 VVG ausgeübten inhaltlichen Kontrolle eines Schiedsgutachtens erscheinen in wesentlichen Punkten als nicht sachgerecht. Der im deutschen Recht praktizierte Umfang der inhaltlichen Kontrolle eines Schiedsgutachtens fußt letztlich auf der Prämisse, dass die Parteien eine grundlegend andere Form der gerichtlichen Kontrolle als im Falle eines Schiedsvertrags vereinbart haben und daher – anders als im Falle eines Schiedsspruchs – der gesamte Prozess der Entscheidungsfindung der gerichtlichen Kontrolle unterliegt. Diese Prämisse stimmt jedoch mit der gängigen Vertragspraxis und den gängigen Erwartungen der Parteien nicht überein. Vielmehr zeigt die Ausgestaltung von Schiedsgutachtenklauseln in der Vertragspraxis, dass die Parteien sich der genauen rechtlichen Unterschiede zwischen einer Schiedsklausel und einer Schiedsgutachtenklausel oft gar nicht bewusst sind, sondern schlicht und einfach eine „bindende Entscheidung" der maßgeblichen Fragestellungen vereinbaren wollten.[2060] Hinzu kommt, dass eine vollumfängliche Kontrolle der Entscheidungsfindung sowohl dem Sinn und Zweck des Schiedsgutachtenvertrags als auch Funktion und Stellung der Schiedsgutachterstelle widerspricht. Diese ist nicht nur im Verhältnis zu den Parteien, sondern auch im Verhältnis zum staatlichen Gericht als Entscheidungsinstanz anzusehen. Vor diesem Hintergrund ist der

---

[2059] Siehe dazu oben S. 355 ff.

[2060] So zutreffend *Lindacher*, KTS 1964, S. 36.

Umfang der gerichtlichen Kontrolle im deutschen Recht jedenfalls insoweit sachwidrig, als auch „errors of judgement" (etwa die „(Un-)Richtigkeit" der von der Schiedsgutachterstelle herangezogenen Vergleichsmaßstäbe) einer gerichtlichen Kontrolle unterliegen. Aber auch die in der neueren deutschen Rechtsprechung zu beobachtende Tendenz, den Kreis der zur Versagung der Bindungswirkung führenden Umstände deutlich zu erweitern, ist nach Sinn und Zweck eines Schiedsgutachtenvertrags und angesichts der Funktion und Stellung einer Schiedsgutachterstelle nicht sachgerecht. Darüber hinaus berücksichtigt diese Ausgestaltung der Intensität der gerichtlichen Kontrolle nicht hinreichend den Umstand, dass sich die Parteien (bzw. der Gesetzgeber, die betreffende Behörde oder die betreffende Branche) nach Abwägung der Vor- und Nachteile aus nachvollziehbaren und legitimen Gründen gegen die Durchführung eines gerichtlichen Verfahrens entschieden haben.

Demgegenüber sind Umfang und Intensität der gerichtlichen Kontrolle eines Schiedsgutachtens im New Yorker Recht im Lichte der vorstehenden Ausführungen als sachgerecht zu bewerten. Das gilt für die gerichtliche Kontrolle eines Schiedsgutachtens der zweiten Fallgruppe allerdings nur mit Einschränkungen. So berücksichtigt die bei solchen Schiedsgutachten gegenüber dem Normalfall erweiterte Kontrollintensität nicht hinreichend, dass sich die Parteien auch bei einem solchen Schiedsgutachtenvertrag unter Abwägung der Vor- und Nachteile bewusst für die Benennung eines nicht wirklich partei-unabhängigen und unvoreingenommenen Schiedsgutachters entschieden haben, und die fehlende Neutralität eines allein entscheidenden Schiedsgutachters durch eine stark erweiterte gerichtliche Kontrolle nicht sachgerecht kompensiert werden kann. Andererseits erscheint es sachgerecht, den Spielraum einer solchen Schiedsgutachterstelle eher eng zu fassen. Denn aus der fehlenden Partei-Unabhängigkeit ergeben sich bei Zugrundelegung eines weiten Spielraums jedenfalls für eine der Parteien erhebliche Gefahren.

b. Gründe für Versagung der Bindungswirkung

aa. Allgemein

Der Standpunkt beider Rechtsordnungen, dass die Bindungswirkung eines Schiedsgutachtens im Grundsatz schon dann verneint werden kann, wenn das Ergebnis der Schiedsgutachter erheblich von dem Ergebnis abweicht, das das erkennende Gericht für zutreffend erachtet, ist sachwidrig; insoweit wird auf die Ausführungen an anderer Stelle verwiesen.

Diese Beurteilung gilt auch für Schiedsgutachten der zweiten Fallgruppe, denn den Gefahren, die sich aus der fehlenden Partei-Unabhängigkeit und Unvoreingenommenheit des Schiedsgutachters jedenfalls für eine der Parteien ergeben, kann – unter Berücksichtigung des Sinns und Zwecks eines Schiedsgutachtenvertrags, der Funktion und Stellung einer Schiedsgutachterstelle und der anderen bereits oben genannten Aspekte – sachgerecht nur dadurch begegnet werden, dass man den Kreis statthafter Ablehnungsgründe weit fasst und den Spielraum einer solchen Schiedsgutachterstelle einschränkt. Allerdings ist das New Yorker Recht insoweit sachgerechter als die deutsche Rechtslage,[2061] als es bei Schiedsgutachten der ersten und dritten Fallgruppe jedenfalls *de facto* Mängel in der Entscheidungsfindung als notwendige Voraussetzung für die Verneinung der Bindungswirkung ansieht.

Ebenfalls als nicht sachgerecht angesehen werden kann der allerdings in beiden Rechtsordnungen nur für bestimmte Fallgruppen geltende Grundsatz, dass bereits der bloße Umstand von Mängeln der Entscheidungsfindung zur Verneinung der Bindungswirkung des Schiedsgutachtens führen kann – und zwar auch in Fällen, in denen keineswegs feststeht, dass das Schiedsgutachten bei fehlerfreiem Vorgehen für die betroffene Partei günstiger ausgefallen wäre. Dieser Grundsatz widerspricht nicht nur dem Sinn und Zweck eines Schiedsgutachtenvertrags, sondern berücksichtigt auch nicht hinreichend, dass sich die Parteien mit Abschluss des Schiedsgutachtenvertrags bewusst gegen die Durchführung eines gerichtlichen Verfahrens entschieden haben. Er ist auch in den Fällen nicht sachgerecht, in denen die Parteien das Tätigwerden eines allein entscheidenden, aber nicht wirklich partei-unabhängigen Schiedsgutachters vereinbart haben. Auch in diesen Fällen muss aus den oben genannten Gründen gefordert werden, dass dem Schiedsgutachten die bindende Wirkung nur unter zwei Voraussetzungen versagt werden darf: Entweder es steht fest, dass in der Person des betreffenden Schiedsgutachters aufgrund seiner Vorgehensweise ein statthafter Ablehnungsgrund vorliegt, oder es steht fest, dass das Ergebnis des Schiedsgutachtens ohne den fraglichen Mangel der Entscheidungsfindung für die betroffene Partei günstiger ausgefallen wäre. An der Bewertung der Sachwidrigkeit dieses Grundsatzes ändert sich auch dann nichts, wenn man für eine Versagung der Bindungswirkung das Vorliegen eines „schwerwiegenden" Mangels der Entscheidungsfindung verlangt. Denn auch dieser Begriff ermöglicht es, dem Schiedsgutachten die Bindungswirkung unabhängig davon zu versagen, ob und inwieweit das Schiedsgutachten bei fehlerfreier Entscheidungsfindung für die mit dem Schiedsgutachten unzufriedene Partei günstiger ausgefallen wäre. Die Ausgestaltung des New Yorker Rechts im Übrigen ist demgegenüber sachgerechter.[2062] Es stellt nämlich bei Schiedsgutachten der ersten Fallgruppe sehr strenge Anforderungen an die Bejahung von „bad faith". Im Übrigen führen Mängel der Entscheidungsfindung sowohl in der ersten wie auch der dritten Fallgruppe jedenfalls *de facto* zu einer Versagung der Bindungswirkung nur dann, wenn diese sich erheblich zum Nachteil der betreffenden Partei ausgewirkt haben. Aus diesen

---

[2061] Hier geht es nur um die Rechtslage außerhalb des Anwendungsbereichs der §§ 64, 184 VVG. Die Ausgestaltung der Rechtsfolgen eines in den Anwendungsbereich dieser Vorschriften fallenden Schiedsgutachtens ist dagegen sachgerecht, da nach der auch heute noch gültigen Entscheidung des RG vom 02.04.1909, Warn. 1909 Nr. 395, der bloße Umstand einer erheblichen Ergebnisabweichung zwischen Schiedsgutachten und dem aus Sicht des Gerichts zutreffenden Ergebnis nicht genügt, um dem Schiedsgutachten die Bindungswirkung zu versagen.

[2062] Das gilt auch für die Rechtslage im Anwendungsbereich der §§ 64, 184 VVG.

Gründen ist auch die bisherige Rechtslage im Anwendungsbereich der §§ 64, 184 VVG sachgerecht.

Sachgerecht ist auch der Standpunkt des New Yorker Rechts, bei Schiedsgutachten der ersten Fallgruppe einen rechtlich erheblichen Mangel der Entscheidungsfindung nur bei Überschreitung der Grenzen des weiten Spielraums der Schiedsgutachter zu bejahen und insoweit strenge Anforderungen zu stellen. Dieser Grundsatz entspricht dem Sinn und Zweck eines Schiedsgutachtenvertrags, die Durchführung eines gerichtlichen Verfahrens über die maßgeblichen Fragestellungen zu vermeiden. Er berücksichtigt aber auch angemessen die Funktion und Stellung einer Schiedsgutachterstelle sowie die Eigenart typischer schiedsgutachterlicher Aufgabenstellungen. Auch die Ausgestaltung der an ein Schiedsgutachten der dritten Fallgruppe geknüpften Rechtsfolgen erscheint vor diesem Hintergrund – wenn auch mit Einschränkungen – als im Wesentlichen sachgerecht. Auch wenn solchen Schiedsgutachtern kein weiter, sondern nur ein relativ enger Spielraum eingeräumt wird, bejahen die New Yorker Gerichte eine rechtlich erhebliche Pflichtverletzung heute tendenziell nur noch bei klaren und eindeutigen Pflichtverletzungen. Dabei werden an die geforderte Evidenz tendenziell strenge Anforderungen gestellt. Demgegenüber können die korrespondierenden Grundsätze des deutschen Rechts nicht als sachgerecht angesehen werden. Das deutsche Recht bejaht einen rechtlich erheblichen Mangel der Entscheidungsfindung im Ergebnis schon dann, wenn die Entscheidungsfindung aus Sicht des erkennenden Gerichts oder des gerichtlichen Sachverständigen „offenbar unrichtig" ist, stellt aber sehr geringe Anforderungen an die Bejahung einer solchen Evidenz. Diese Grundsätze tragen weder der Funktion und Stellung einer Schiedsgutachterstelle noch der Eigenart typischer Aufgaben einer Schiedsgutachterstelle und dem Sinn und Zweck eines Schiedsgutachtenvertrags hinreichend Rechnung. Dagegen sind die gleichen, für Schiedsgutachten der zweiten Fallgruppe geltenden Grundsätze im New Yorker Recht als im Prinzip sachgerecht anzusehen; insoweit wird auf die obigen Ausführungen verwiesen.

bb. Ausgewählte Gründe

aaa. Missachtung von Bestimmungen des Schiedsgutachtenvertrags

Der auf den Anwendungsbereich der §§ 64, 184 VVG beschränkte Standpunkt des deutschen Rechts, dass das Ausgehen von einem unzutreffenden Aufgabenverständnis und die Nichtbeachtung ausdrücklicher vertraglicher Vorgaben für die Entscheidungsfindung grundsätzlich keinen selbstständigen Grund für die Versagung der Bindungswirkung darstellt, muss als sachwidrig bezeichnet werden. Dieser Grundsatz beruht auf der Prämisse, dass die Missachtung der Aufgabenstellung oder anderer Vorgaben hinsichtlich der Entscheidungsfindung die Bindungswirkung nur dann entfallen lässt, wenn die Schiedsgutachterstelle erheblich von dem Ergebnis abweicht, das das erkennende Gericht unter Beachtung vertraglichen Vorgaben für zutreffend erachtet. Eine derartige

Auslegung des Schiedsgutachtenvertrags erscheint unzutreffend; auf die obigen Ausführungen zu den Erwartungen der Parteien wird verwiesen. Sie ist auch vor dem Hintergrund der Funktion und Stellung der Schiedsgutachter und der an anderer Stelle vorgetragenen Argumente gegen einen Ergebnisvergleich nicht sachgerecht. Vielmehr liegt, wie auch in allen anderen Fällen vertraglicher Vorgaben, die Auslegung näher, dass die Parteien die bindende Wirkung des Schiedsgutachtens von der Beachtung dieser Vorgaben „bedingt" wissen wollten – anderenfalls hätten sie sie nicht vereinbart. Vor diesem Hintergrund ist die Ausgestaltung des New Yorker Rechts, aber auch die Ausgestaltung des deutschen Rechts außerhalb des Anwendungsbereichs der §§ 64, 184 VVG als sachgerechter anzusehen.

Auch der Standpunkt des deutschen Rechts, dass bei Zweifeln über die Qualifikation des konkreten Schiedsgutachtenvertrags nicht ein Schiedsgutachtenvertrag i.w.S., sondern ein Schiedsgutachtenvertrag i.e.S. als vereinbart anzusehen ist, erscheint nicht sachgerecht. Dieser dem Standpunkt des New Yorker Rechts diametral entgegengesetzte Grundsatz führt im Ergebnis dazu, dass das Risiko einer Versagung der Bindungswirkung wegen Ausgehens von einer unzutreffenden Aufgabenstellung im deutschen Recht deutlich höher ist als im New Yorker Recht. Dies widerspricht im Ergebnis dem Sinn und Zweck eines Schiedsgutachtenvertrags. Aus denselben Gründen ist es auch als sachwidrig anzusehen, dass im deutschen Recht das Risiko einer Versagung der Bindungswirkung unter Berufung auf eine Missachtung vertraglicher Vorgaben höher ist als in den Fällen eines Schiedsgutachtens der ersten Fallgruppe.

Ebenfalls nicht sachgerecht ist es, dass im deutschen Recht Zweifel darüber bestehen, ob eine Überschreitung der Befugnisse die bindende Wirkung des Schiedsgutachtens insgesamt oder nur zum Teil entfallen lässt. Ein Grundsatz, der in diesen Fällen stets die Bindungswirkung zur Gänze entfallen lässt, widerspricht dem Sinn und Zweck eines Schiedsgutachtenvertrags. Insoweit ist die Ausgestaltung des New Yorker Rechts sachgerechter, da hiernach die Bindungswirkung grundsätzlich nur in dem Umfang entfällt, in dem die Schiedsgutachter ihre Befugnisse überschritten haben. Sachgerechter ist das New Yorker Recht auch insoweit, als es den Parteien die Berufung auf eine Überschreitung des Zuständigkeitsbereichs jedenfalls bei Schiedsgutachten der ersten Fallgruppe nur dann untersagt, wenn hierdurch die Rechte der betreffenden Partei nicht nachteilig berührt worden sind. Ein solcher Grundsatz entspricht dem Sinn und Zweck des Schiedsgutachtenvertrags.

Nicht ganz sachgerecht ist das deutsche Recht auch insoweit, als es dem Schiedsgutachten die Bindungswirkung nur bei Missachtung von „wesentlichen" Verfahrensvorschriften im Schiedsgutachtenvertrag versagt, andererseits aber – im Gegensatz zum New Yorker Recht bei Schiedsgutachten der ersten Fallgruppe – insoweit nicht den weiteren Nachweis zumindest der Möglichkeit verlangt, dass das Schiedsgutachten für die betroffene Partei bei Beachtung der Vorgaben günstiger ausgefallen wäre.

Dagegen ist es sachgerecht, dass die betreffende Partei sich in beiden Rechtsordnungen auf die Missachtung vertraglicher Bestimmungen nicht mehr berufen kann, wenn sie das Schiedsgutachtenverfahren in Kenntnis der maßgeblichen Umstände rügelos fortgesetzt hat.

bbb. Unzureichende Sachkunde

Der Standpunkt des deutschen und des New Yorker Rechts, dass im Prinzip die unzureichende Sachkunde des oder eines Schiedsgutachters einen selbstständigen Grund für die Versagung der Bindungswirkung des Schiedsgutachtens darstellen kann, erscheint grundsätzlich sachgerecht. Das Erfordernis einer im Hinblick auf die konkrete Aufgabenstellung hinreichenden Sachkunde entspricht der Eigenart der typischen schiedsgutachterlichen Aufgabenstellungen, aber auch den üblichen Erwartungen der Parteien. Hinzu kommt, dass sich die unzureichende Sachkunde jedenfalls der gesamten Schiedsgutachterstelle regelmäßig auch im Ergebnis des Schiedsgutachtens niederschlagen wird.

Sachgerechter ist das New Yorker Recht allerdings insoweit, als es – im Gegensatz zum deutschen Recht – einem Schiedsgutachten die Bindungswirkung wegen unzureichender Sachkunde nur dann versagt, wenn den Parteien nicht in dem gebotenen Umfang rechtliches Gehör gewährt worden ist. Ein solches Gebot der erweiterten Gewährung rechtlichen Gehörs kann den Gefahren entgegenwirken, die sich aus einer Kombination eines informellen Verfahrens und einer unzureichenden Sachkunde ergeben. Es kann eine unzureichende Sachkunde auch regelmäßig – wie sich in Schiedsverfahren oder gerichtlichen Verfahren zeigt – kompensieren. Diese Möglichkeit der Kompensation einer abstrakt betrachtet unzureichenden Sachkunde trägt dem Sinn und Zweck des Schiedsgutachtenvertrags besser Rechnung als die Normierung eines selbstständigen Aufhebungsgrundes ohne diese zusätzlichen Voraussetzungen. Hinzu kommt, dass die hinreichende Sachkunde kein Selbstzweck, sondern – angesichts der Eigenart typischer schiedsgutachterlicher Aufgabenstellungen – Mittel zum Zweck ist und der gleiche Zweck auch dadurch erreicht werden kann, dass den Parteien rechtliches Gehör über das Normalmass hinaus gewährt wird.

Hinsichtlich der Frage der Sachgerechtigkeit der Ausgestaltung der Grundsätze über die Präklusion einer unzureichenden Sachkunde kann auf die obigen Ausführungen verwiesen werden.

ccc. Befangenheit

Der dem New Yorker Recht widersprechende Grundsatz des deutschen Rechts, wonach die Befangenheit eines Schiedsgutachters keinen selbstständigen Grund für die Versagung der Bindungswirkung darstellt, muss als sachwidrig bezeichnet werden. Das ergibt sich daraus, dass eine Auswirkung einer solchen Befangenheit auf das Ergebnis praktisch nie ausgeschlossen werden kann, andererseits aber die fehlende Neutralitätskontrolle durch andere Schutzmechanismen nicht sachgerecht kompensiert werden kann. Hinzu kommt, dass es nicht sachgerecht erscheint, das Fehlen rechtlicher Mindestanforderungen hinsichtlich der Qualifikation eines Schiedsgutachters sanktionslos zu lassen. Vor diesem Hintergrund erscheint das deutsche Recht aber insoweit als sachgerecht, als es jedenfalls im Falle eines allein entscheidenden Schiedsgutachters dessen Befangenheit als selbstständigen Grund für die Versagung der Bindungswirkung anerkennt. Andererseits ist es wiederum nicht sachgerecht, dass in diesen Fällen – anders als bei Schiedsgutachten der ersten und dritten Fallgruppe im New Yorker Recht – eine mögliche Befangenheit zur Versagung der Bindungswirkung des Schiedsgutachtens auch in Fällen führen kann, in denen feststeht, dass das Schiedsgutachten für die mit seinem Ergebnis unzufriedene Partei nicht günstiger ausgefallen wäre.

Dagegen sind die Grundsätze über die Beschränkung der Möglichkeit, die Bindungswirkung durch Geltendmachung eines statthaften Ablehnungsgrundes zu beseitigen, in beiden Rechtsordnungen als im Grundsatz sachgerecht zu bezeichnen. Das gilt im deutschen Recht allerdings nur mit der oben gemachten Ausnahme.

ddd. Mängel des Schiedsgutachtenverfahrens

Der im Widerspruch zum New Yorker Recht stehende Grundsatz des deutschen Rechts, dass Verstöße gegen die für das Schiedsgutachtenverfahren geltenden Grundsätze keinen selbstständigen Grund für eine Versagung der Bindungswirkung darstellen, erscheint nicht sachgerecht. Die Sachwidrigkeit dieses Grundsatzes ergibt sich bereits daraus, dass es nicht sachgerecht ist, rechtliche Vorgaben für die Durchführung des Schiedsgutachtenverfahrens sanktionslos zu lassen. Darüber hinaus erscheint eine Verneinung eines selbstständigen Grundes fehlender Bindungswirkung aber auch deshalb als nicht sachgerecht, weil im Regelfall nicht auszuschließen ist, dass das Schiedsgutachten bei Beachtung der verletzten Verfahrensgrundsätze anders ausgefallen wäre, ihre Missachtung sich also nicht nachträglich durch andere Mechanismen unter Berücksichtigung der Funktion und Stellung der Schiedsgutachter sachgerecht kompensieren lässt.

Vor diesem Hintergrund erscheint es demgegenüber sachgerecht, dass die neuere deutsche Rechtsprechung jedenfalls bei einem allein entscheidenden Schiedsgutachter dem Schiedsgutachten bei Anhörung nur einer Partei die Bindungswirkung versagt. Nicht sachgerecht ist es demgegenüber, dass nach deutschem Recht die Anhörung lediglich einer Partei zur Versagung der Bindungswirkung auch in solchen Fällen führen kann, in denen feststeht, dass das Ergebnis für die betroffene Partei nicht günstiger ausgefallen wäre. Das New Yorker Recht ist hier sachgerechter.

Als sachgerecht anzusehen ist es dagegen, dass beide Rechtsordnungen einer Partei die Berufung auf Mängel des Schiedsgutachtenverfahrens grundsätzlich versagen, wenn die den Verfahrensmangel rügende Partei das Schiedsgutachtenverfahren in Kenntnis des Mangels rügelos fortgesetzt hat. Eine solche Präklusion entspricht dem Sinn und Zweck eines Schiedsgutachtenvertrags. Nicht sachgerecht ist es insoweit allerdings, dass nach deutschem Recht ein Verfahrensmangel, der zugleich einen statthaften Ablehnungsgrund begründet, jedenfalls bei einem allein entscheidenden Schiedsgutachter nicht präkludiert werden kann.

c. *Arten fehlender Bindungswirkung*

Der Standpunkt beider Rechtsordnungen, in bestimmten Fällen nicht eine Unverbindlichkeit bzw. Aufhebbarkeit, sondern eine Unwirksamkeit des Schiedsgutachtens anzunehmen, kann nicht als sachgerecht angesehen werden. Dem typischen Sinn und Zweck eines Schiedsgutachtenvertrags entspricht die Annahme eines Unverbindlichkeits- oder Aufhebungsgrundes besser, denn die Beweislast bei Unverbindlichkeits- und Aufhebungsgründen trägt nicht diejenige Partei, die sich auf das Schiedsgutachten beruft, sondern diejenige Partei, die mit dem Schiedsgutachten unzufrieden ist. Hinzu kommt, dass eine Unwirksamkeit grundsätzlich immer von Amts wegen zu berücksichtigen ist.

d. *Prozessuales*

Die prozessuale Behandlung von Gründen fehlender Bindungswirkung ist im New Yorker Recht sachgerechter als im deutschen Recht.

So streitet nach New Yorker Recht eine Vermutung für die Wirksamkeit und die ordnungsgemäße Durchführung des Schiedsgutachtens. Damit trägt die Beweislast stets die Partei, die mit dem Schiedsgutachten unzufrieden ist. Dies trägt dem Sinn und Zweck des Schiedsgutachtenvertrags besser Rechnung als das deutsche Recht.

Weiterhin sieht das New Yorker Recht Gründe fehlender Bindungswirkung im Gegensatz zum deutschen Recht ganz überwiegend nicht als Einwendung an, sondern – entsprechend den bei Schiedssprüchen geltenden Grundsätzen – als Einrede. Auch dieser Grundsatz entspricht dem Sinn und Zweck eines Schiedsgutachtenvertrags eher als das deutsche Recht.

Die Ausgestaltung des deutschen Rechts ist aber auch insoweit weniger sachgerecht als das New Yorker Recht, als es nur sehr geringe Anforderungen an die Darlegungspflicht derjenigen Partei stellt, die mit dem Schiedsgutachten unzufrieden ist – jedenfalls dann, wenn es um Lücken der Grundlagen des Schiedsgutachtens geht. Derart geringe Anforderungen an die Darlegungspflicht laufen dem Ziel der Prozessvermeidung zuwider und widersprechen daher dem Sinn und Zweck eines Schiedsgutachtenvertrags.

e. Rechtsfolgen fehlender Bindungswirkung

Auch hinsichtlich der Rechtsfolgen einer fehlenden Bindungswirkung ist die Ausgestaltung des New Yorker Rechts als sachgerechter zu bewerten als das deutsche Recht. Nach deutschem Recht greift im Falle einer fehlenden Bindungswirkung des Schiedsgutachtens in praktisch allen Fällen – mangels einer regelmäßig fehlenden abweichenden Vereinbarung – das gerichtliche Verfahren Platz. Demgegenüber haben die Gerichte nach New Yorker Recht ein Ermessen, hinsichtlich der maßgeblichen Fragestellungen ein erneutes Schiedsgutachtenverfahren anzuordnen – was sie bisher im Regelfall auch dahingehend ausgeübt haben. Diese Ausgestaltung der Rechtsfolgen einer fehlenden Bindungswirkung ist unter Zugrundelegung der oben dargelegten Kriterien sachgerechter, weil das New Yorker Recht nicht nur dem Sinn und Zweck des Schiedsgutachtenvertrags, sondern auch dem Umstand besser Rechnung trägt, dass sich die Parteien regelmäßig bewusst und aus guten Gründen gegen die Durchführung eines gerichtlichen Verfahrens entschieden haben.

6. Rechtsbehelfe

Ein Vergleich der Ausgestaltung der Rechtsbehelfe nötigt zu der Schlussfolgerung, dass die Ausgestaltung des deutschen Rechts jedenfalls im Vorfeld der Erstattung des Schiedsgutachtens als schlechterdings sachwidrig bezeichnet werden muss – im Gegensatz zum New Yorker Recht.

Diese Beurteilung ergibt sich daraus, dass dem Willen der Parteien nach Beschleunigung und Prozessvermeidung durch das deutsche Recht im Rahmen der den Parteien zur Verfügung stehenden Rechtsbehelfe in keiner Weise Rechnung getragen wird. So sind deutsche Gerichte – anders als Gerichte unter Zugrundelegung des New Yorker Rechts – außerhalb der §§ 64 II, 184 II VVG nicht zur Ernennung von Schiedsgutachtern befugt. Das gilt selbst dann, wenn eine Partei ihre Ernennungspflicht verletzt. Ebenso wenig stehen den Parteien, anders als im New Yorker Recht, effektive Rechtsbehelfe zur Durchsetzung der Mitwirkungspflichten einer Partei zur Verfügung. Die Möglichkeit der Parteien, Mitwirkungspflichten im normalen Klagewege durchzusetzen, kann ebenso wenig als ein effektiver Rechtsbehelf angesehen werden wie die Möglichkeit der Schiedsgutachterstelle, notfalls nach Beweislastgrundsätzen entscheiden zu können. Auch die Möglichkeit der Geltendmachung von Schadensersatzansprüchen kann nicht als effektiver Rechtsbehelf angesehen werden. Weiterhin haben die Parteien nach deutschem Recht auch keine wirksame Möglichkeit, die Verzögerung des Schiedsgutachtenverfahrens durch einen Schiedsgutachter zu unterbinden. Demgegenüber kann nach New Yorker Recht ein Schiedsgutachter – wenn auch nach Ermessen des Gerichts – bei übermäßiger Verzögerung ausgetauscht werden. Darüber hinaus kann nach deutschem Recht – wiederum abweichend vom New Yorker Recht – über das Vorliegen statthafter Ablehnungsgründe in der Person eines Schiedsgutachters vor Erstattung des Schiedsgutachtens keine zeitnahe gerichtliche Entscheidung durchgeführt werden, und die Gerichte sind auch nicht zur Auswechselung eines Schiedsgutachters befugt, in dessen Person statthafte Ablehnungsgründe vorliegen. Mithin kann eine Partei auch bei Kenntnis eines Ablehnungsgrundes vor Erstattung des Schiedsgutachtens nicht verhindern, dass dem Schiedsgutachten – bei unterstelltem rechtlichem oder vertraglich vereinbartem Ablehnungsrecht – die Bindungswirkung wegen der Befangenheit eines Schiedsgutachters abgesprochen wird.

Im Lichte des Sinns und Zwecks eines Schiedsgutachtenvertrags als im Wesentlichen sachgerecht zu bewerten sind beide Rechtsordnungen dagegen hinsichtlich der Rechtsbehelfe, die sie den Parteien nach Erstattung des Schiedsgutachtens zur Verfügung stellen. Allerdings ist das New Yorker Recht insoweit als sachgerechter anzusehen, als es – wenn auch nur nach Ermessen des Gerichts – jedenfalls zur Klärung von Unklarheiten die Möglichkeit einer Ergänzung des Schiedsgutachtens durch die Schiedsgutachter zulässt. Sachgerechter ist es auch, dass das New Yorker Recht die Vollstreckbarerklärung eines Schiedsgutachtens jedenfalls in den Fällen ermöglicht, in denen nach Erstattung des Schiedsgutachtens kein Streit mehr über das Bestehen des zugrunde liegenden Anspruchs dem Grunde nach besteht. Die Möglichkeit der Korrektur des Schiedsgutachtens durch die Schiedsgutachter selbst entspricht der Funktion und Stellung der Schiedsgutachter, aber auch dem Sinn und Zweck eines Schiedsgutachtenvertrags, besser als eine Korrektur durch das Gericht. Auch die Vollstreckbarerklärung des Schiedsgutachtens entspricht diesem Sinn und Zweck jedenfalls in den Fällen besser als eine Durchsetzung des zugrunde liegenden Anspruchs im Wege einer Leistungsklage, in denen nach Erstattung des Schiedsgutachtens Grund und Höhe des Anspruchs feststehen. Aber auch das New Yorker Recht würde dem Sinn und Zweck eines Schiedsgutachtenvertrags noch besser entsprechen, wenn das Ermessen der Gerichte ein gebundenes Ermessen wäre.

Nicht sachgerecht ist es dagegen, dass beide Rechtsordnungen – im Gegensatz zum deutschen und New Yorker Schiedsverfahrensrecht – im Grundsatz keine Ausschlussfrist für die Geltendmachung der fehlenden Bindungswirkung vorsehen. Auch dieses Fehlen einer Ausschlussfrist läuft dem Sinn und Zweck eines Schiedsgutachtenvertrags zuwider, innerhalb einer verkürzten Zeitspanne eine bindende Entscheidung der maßgeblichen Fragestellungen herbeizuführen. Allerdings ist die Ausgestaltung des deutschen Rechts insoweit sachgerechter als das New Yorker Recht, als Anfechtungsgründe nur unverzüglich nach Erlangung der Kenntnis vom Vorliegen eines Anfechtungsgrundes geltend gemacht werden können, und eine neuere Entscheidung sich jedenfalls gegen eine unbefristete Möglichkeit der Geltendmachung einer fehlenden Bindungswirkung ausgesprochen hat. Darüber hinaus ist das New Yorker Recht auch insoweit noch verbesserungsbedürftig, als die den Parteien zur Verfügung gestellten Rechtsbehelfe im Ermessen der Gerichte stehen. Dem Sinn und Zweck eines Schiedsgutachtenvertrags würde ein strikter Grundsatz der „judicial non-interference“ insoweit besser entsprechen.

C. Bewertung der Interessengerechtigkeit der Ausgestaltung

1. Wirkungen des Schiedsgutachtenvertrags

Die Ausgestaltung der Wirkungen eines Schiedsgutachtenvertrags im Prozess und zwischen den Parteien ist sowohl unter Zugrundelegung des deutschen als auch des New Yorker Rechts im Wesentlichen als interessengerecht zu bewerten.

Der Standpunkt beider Rechtsordnungen, dass dem Schiedsgutachtenvertrag bei Erhebung der Einrede des Schiedsgutachtenvertrags prozessuale Wirkungen beizumessen sind, die eine gerichtliche Entscheidung über die im Schiedsgutachtenvertrag vorgesehenen Fragestellungen verhindern, entspricht dem Prozessvermeidungsinteresse der Parteien. Andererseits entspricht es ihrem Interesse an einem beschleunigten und reibungslosen Ablauf des Schiedsgutachtenverfahrens, dass beide Rechtsordnungen den Parteien umfassende Mitwirkungspflichten unter Einschluss von Auskunfts- und Informationspflichten auferlegen.

Nicht im Einklang mit der Interessenlage der Parteien steht es dagegen, dass das New Yorker Recht im Grundsatz weder den Parteien noch den Schiedsgutachtern eine Beschleunigungspflicht auferlegt. Dies widerspricht dem Beschleunigungsinteresse der Parteien, ohne durch ihr Schutzinteresse geboten zu sein. Insoweit entspricht das deutsche Recht der Interessenlage der Parteien besser.

Ebenso widerspricht es den Interessen der Parteien, dass nach deutschem Recht der Schiedsgutachtenvertrag immer schon dann außer Kraft tritt, wenn der Anspruchsgegner seine Mitwirkungspflichten verletzt oder ein Schiedsgutachter das Schiedsgutachtenverfahren verzögert hat, bei dem es sich nicht um einen Partei-Schiedsgutachter handelt. Dasselbe gilt für den Grundsatz des deutschen Rechts, dass alle Wirkungen des Schiedsgutachtenvertrags entfallen, wenn ein Schiedsgutachter die weitere Durchführung des Verfahrens verweigert oder aus rechtlichen oder tatsächlichen Gründen an seiner Fortführung gehindert ist. Dieser Grundsatz hindert eine Partei, bei Auftreten von Hindernissen für den Fortgang des Verfahrens zwischen der gerichtlichen Klärung der maßgeblichen Fragestellungen und einer Erzwingung seiner Durchführung unter Ausnutzung der bestehenden Rechtsbehelfe zu wählen. Dass eine solche Ausgestaltung des Schiedsgutachtenrechts nicht dem Prozessvermeidungsinteresse der Parteien entspricht, ist offensichtlich. Aber auch die Zuerkennung eines derartigen Wahlrechts entspricht nicht dem Prozessvermeidungsinteresse. Diesem wird nur dann angemessen Rechnung getragen, wenn die Parteien in allen Fällen eines Auftretens von Störungen für den weiteren Fortgang des Schiedsgutachtenverfahrens an dem Schiedsgutachtenvertrag festgehalten werden. Allerdings ist nicht zu verkennen, dass ein solches Festhalten dem Beschleunigungsinteresse der Parteien nur dann entspricht, wenn die Rechtsordnung den Parteien effektive Rechtsbehelfe zur Beseitigung derartiger Hindernisse zur Verfügung stellt. Dies ist nur im New Yorker, nicht dagegen im deutschen Recht der Fall. Dementsprechend ist die Ausgestaltung des New Yorker Rechts insoweit interessengerechter als das deutsche Recht.

Auch das New Yorker Recht genügt aber nicht in vollem Umfang den Interessen der Parteien. So entspricht der Grundsatz, dass bei Auftreten von Hindernissen die Entscheidung zwischen der Durchführung eines gerichtlichen Verfahrens und der Fortführung des Schiedsgutachtenverfahrens im Ergebnis bei dem erkennenden Gericht liegt, weder dem Beschleunigungs- noch dem Prozessvermeidungsinteresse der Parteien. Beiden Interessen würde es sehr viel besser entsprechen, die Parteien grundsätzlich in allen Fällen des Auftretens von Hindernissen für den zügigen Fortgang des Verfahrens auf die bestehenden (und grundsätzlich als effektiv anzusehenden) Rechtsbehelfe zu verweisen. Andererseits würde es der Interessenlage noch besser entsprechen, wenn die den Parteien zur Verfügung gestellten Rechtsbehelfe nicht im Ermessen der Gerichte stehen würden, sondern insoweit ein Anspruch der Parteien Platz greifen würde.

2. Schiedsgutachter

a. Qualifikation

aa. Sachkunde

Der Standpunkt beider Rechtsordnungen, dass Schiedsgutachter unmittelbar oder mittelbar gewissen Mindestanforderungen hinsichtlich ihrer Sachkunde unterliegen, ist interessengerecht. Derartige Mindestanforderungen entsprechen nicht nur dem Schutzinteresse, sondern mittelbar auch dem Beschleunigungsinteresse und dem Bindungswirkungsinteresse der Parteien.

Dagegen entspricht es nicht der Interessenlage der Parteien, dass das deutsche Recht jedenfalls bei allein entscheidenden Schiedsgutachtern neuerdings Anforderungen an die gebotene Sachkunde stellt, die in der Praxis tendenziell schwierig zu erfüllen sind. Strenge Anforderungen dienen zwar dem Schutzinteresse der Parteien. Übermäßig strenge Anforderungen, die in der Praxis kaum oder nur schwer zu erfüllen sind, laufen jedoch dem Beschleunigungsinteresse, dem Prozessvermeidungsinteresse und – wegen der Versagung der Bindungswirkung bei unzureichender Sachkunde – im Ergebnis auch dem Bindungswirkungsinteresse der Parteien zuwider. Die Vorgabe derart strenger Anforderungen überdehnt insoweit das Schutzinteresse. Das New Yorker Recht steht insoweit mit der Interessenlage der Parteien besser im Einklang.

bb. Neutralität

Die Auffassung beider Rechtsordnungen, dass Schiedsgutachter rechtlichen Mindestanforderungen hinsichtlich ihrer Neutralität unterliegen, ist interessengerecht. Derartige Neutralitätsanforderungen entsprechen dem Schutzinteresse der Parteien, aber auch den Anforderungen an eine interessengerechte Lösung des Spannungsverhältnisses zwischen dem Schutzinteresse und dem Bindungswirkungsinteresse.

Die konkreten Mindestanforderungen, die das deutsche Recht insoweit stellt, können aber nur mit Einschränkungen als interessengerecht bewertet werden. So entspricht es zwar dem Schutzinteresse der Parteien, dass das deutsche Recht – ebenso wie das New Yorker Recht – sowohl einen allein entscheidenden Schiedsgutachter als auch einen Obmann denselben strengen Neutralitätsanforderungen unterwirft, die für einen staatlichen Richter oder einen Alleinschiedsrichter gelten. Nicht interessengerecht ist es dagegen, dass das deutsche Recht Partei-Schiedsgutachter nur relativ geringen Neutralitätsanforderungen unterwirft. Diese geringen Neutralitätsanforderungen verkennen, dass in dem Spannungsverhältnis zwischen dem Interesse der ernennenden Partei, als Partei-Schiedsgutachter eine Person ihres Vertrauens zu ernennen, und dem Schutzinteresse der jeweiligen Gegenpartei dem letztgenannten Interesse ein wesentlich stärkeres Gewicht zukommt.[2063] Die aus der erheblichen Befangenheit eines Partei-Schiedsgutachters resultierenden Risiken können auch – entgegen teilweise anderslautenden Auffassungen in älteren deutschen höchstrichterlichen Entscheidungen[2064] – sachgerecht weder durch die inhaltliche Kontrolle des Schiedsgutachtens noch durch das grundsätzliche Erfordernis einer einstimmigen Entscheidung der Schiedsgutachterstelle kompensiert werden. Letzteres ergibt sich schon daraus, dass in der Praxis regelmäßig eine Mehrheitsentscheidung oder die Alleinentscheidung des Obmanns – ggf. innerhalb der durch die Partei-Schiedsgutachter vorgegebenen Grenzen – vereinbart wird. Aber selbst wenn im Einzelfall ein Einstimmigkeitserfordernis besteht,[2065] kann regelmäßig nicht ausgeschlossen werden, dass sich eine erhebliche Voreingenommenheit eines der Partei-Schiedsgutachter auch im Ergebnis niederschlagen wird. Das ist trotz der gegenseitigen Kontrolle insbesondere dann zu befürchten, wenn der befangene Partei-Schiedsgutachter über die größere Berufserfahrung und größeres Renommee verfügt; dies dürfte vor allem im Bereich des Versicherungsrechts nicht gerade selten vorkommen.[2066] Die Problematik der an einen Partei-Schiedsgutachter zu stellenden Neutralitätsanforderungen löst das New Yorker Recht unter Zugrundelegung der vorangegangenen Ausführungen interessengerechter.

[2063] Vgl. dazu oben S. 369 f.

[2064] RG vom 21.08.1936, RGZ 152, 201, 207 f.; BGH vom 31.01.1957, VersR 1957, 122.

[2065] Das ist etwa regelmäßig in der ersten Phase einer versicherungsrechtlichen Feststellung des zu ersetzenden Schadens der Fall.

[2066] Zum allgemeinen Problem der „Waffengleichheit" von Versicherer und Versicherungsnehmer bei der Ernennung von Schiedsgutachtern siehe *Asmus*, VersR 1962, S. 317.

b. Ablehnung

aa. Bestehen eines Ablehnungsrechts

Entgegen anders lautenden Aussagen des Reichsgerichts[2067] und des Bundesgerichtshofs[2068] entspricht es nicht der Interessenlage der Parteien, diesen bei Fehlen einer diesbezüglichen vertraglichen Vereinbarung das Recht abzusprechen, einen Schiedsgutachter wegen Befangenheit abzulehnen. Dieser bisherige, dem New Yorker Recht widersprechende Grundsatz des deutschen Rechts widerspricht dem Schutzinteresse der Parteien, da die Befangenheit eines Schiedsgutachters stets die Gefahr begründet, dass sich diese Befangenheit bei der Entscheidungsfindung auswirkt. Entgegen der Ansicht des Reichsgerichts und des Bundesgerichtshofs genügt dabei die inhaltliche Kontrolle des Schiedsgutachtens nach Maßgabe der §§ 318 II, 319 I 1 BGB, §§ 64 I 1, 184 I 1 VVG dem Schutzinteresse nicht[2069] – und zwar weder unter Zugrundelegung der damaligen zurückhaltenden Kontrolle eines Schiedsgutachtens noch unter Zugrundelegung der heutigen intensiveren gerichtlichen Kontrolle. Dies ergibt sich zunächst daraus, dass die möglichen Risiken der Befangenheit eines Schiedsgutachters sich auch durch eine noch so intensive gerichtliche Kontrolle der Entscheidungsfindung nicht kompensieren lassen, wenn man – wie die deutsche Rechtsprechung im Falle eines Schiedsgutachters i.w.S. – der Schiedsgutachterstelle einen Spielraum im Sinne einer „Freiheit der Wahl" einräumt. Aber auch in den Fällen eines Schiedsgutachtens i.e.S., bei denen die Rechtsprechung den Schiedsgutachtern nur eine „Freiheit vor der Kontrollinstanz" einräumt, entspricht die Verneinung eines Ablehnungsrechts nicht der Interessenlage der Parteien. Auch in diesen Fällen kann eine fehlende Neutralitätskontrolle durch eine inhaltliche Kontrolle des Schiedsgutachtens nur dann kompensiert werden, wenn diese vollumfassend ist und eine Überprüfung „bis ins letzte Detail" ermöglicht. Eine derart intensive gerichtliche Kontrolle würde jedoch dem Prozessvermeidungs- und Bindungswirkungsinteresse der Parteien klar zuwiderlaufen. Eine derartige Lösung des Spannungsverhältnisses zwischen Schutz-, Bindungswirkungs- und Prozessvermeidungsinteresse ist aber auch in konzeptioneller Hinsicht nicht interessengerecht.[2070]

Interessengerecht ist es demgegenüber, dass die neuere deutsche Rechtsprechung den Parteien heute jedenfalls bei einem allein entscheidenden Schiedsgutachter ein Ablehnungsrecht wegen Befangenheit einräumt und auch sonst zur Bejahung eines solchen Ablehnungsrechts tendiert.

Als im Wesentlichen interessengerecht zu bewerten ist das deutsche Recht auch insoweit, als es den Parteien ein Recht zur Ablehnung eines Schiedsgut-

---

[2067] RG vom 21.08.1936, RGZ 152, 201, 207 f.

[2068] BGH vom 31.01.1957, VersR 1957, 122.

[2069] Ebenso *Wittmann*, S. 104; *Theisinger*, AgrarR 1973, S. 38; *Straatmann*, FS Stödter, S. 123 f.

[2070] S. 367 f.

achters wegen unzureichender Sachkunde zugesteht. Ein solches Ablehnungsrecht entspricht nicht nur dem Schutzinteresse der Parteien, sondern grundsätzlich auch ihrem Beschleunigungsinteresse sowie – bei sachgerechter Ausgestaltung des Kreises der statthaften Ablehnungsgründe – im Ergebnis auch ihrem Bindungswirkungsinteresse. Vor diesem Hintergrund ist der entgegengesetzte Grundsatz des New Yorker Rechts nicht als interessengerecht anzusehen. Andererseits ist es nicht interessengerecht, dass das deutsche Recht den Parteien keine Möglichkeit gibt, einen nicht hinreichend sachkundigen Schiedsgutachter auszuwechseln. Ein Ablehnungsrecht ohne korrespondierendes Auswechselungsrecht widerspricht dem Bindungswirkungsinteresse der Parteien, ohne durch ihr Schutzinteresse geboten zu sein. Das Fehlen eines Auswechselungsrechts widerspricht aber auch dem Beschleunigungsinteresse der Parteien, denn ein Mangel an Sachkunde wird regelmäßig dazu führen, dass die Schiedsgutachter mehr Zeit für die Entscheidungsfindung benötigen.

bb. Statthafte Ablehnungsgründe

Die Ausgestaltung des Kreises statthafter Ablehnungsgründe im deutschen Recht kann nur mit Einschränkungen als interessengerecht bewertet werden. So entspricht es zwar dem Schutzinteresse der Parteien (und ist daher als interessengerecht anzusehen), dass – ebenso wie im New Yorker Recht – der Kreis der Gründe, die die Ablehnung eines allein entscheidenden Schiedsgutachters oder eines Obmanns wegen Befangenheit rechtfertigen, dem Kreis statthafter Ablehnungsgründe bei einem staatlichen Richter oder einem als neutral ernannten Schiedsrichter entspricht. Nicht interessengerecht ist dagegen die Ausgestaltung der Gründe, die zur Ablehnung eines Partei-Schiedsgutachters wegen Befangenheit oder eines allein entscheidenden Schiedsgutachters wegen unzureichender Sachkunde berechtigen; auf die obigen Ausführungen[2071] wird verwiesen.

Dagegen ist der in New York geltende Kreis statthafter Ablehnungsgründe bei Partei-Schiedsgutachtern aus den oben genannten Gründen als interessengerecht zu bewerten. Nicht interessengerecht ist es allerdings, dass das New Yorker Recht die unzureichende Sachkunde eines Schiedsgutachters grundsätzlich nicht als statthaften Ablehnungsgrund ansieht, sondern ihr nur im Rahmen der Ausgestaltung des Verfahrens rechtliche Bedeutung beimisst. Auch wenn aus Sicht der Parteien sowohl die Zuerkennung eines statthaften Ablehnungsgrundes als auch ein Gebot der erweiterten Gewährung rechtlichen Gehörs ihrem Schutzinteresse hinreichend Rechnung trägt, entspricht doch die Möglichkeit der Ablehnung und Auswechselung vor Erstattung des Schiedsgutachtens dem Beschleunigungsinteresse der Parteien grundsätzlich besser als eine erweiterte Gewährung rechtlichen Gehörs. Insgesamt interessengerecht wäre der Grundsatz des New Yorker Rechts nur dann, wenn – wie im deutschen

[2071] S. 393.

Recht – vor Erstattung des Schiedsgutachtens keine Möglichkeit der Auswechselung eines abgelehnten Schiedsgutachters besteht. In einem solchen Fall würde die Ausgestaltung des New Yorker Rechts zwar nicht dem Beschleunigungsinteresse, wohl aber – durch die Möglichkeit der Heilung der mangelnden Sachkunde – dem Bindungswirkungsinteresse entsprechen.

cc. Offenlegungspflichten der Schiedsgutachter

Soweit das deutsche und das New Yorker Recht Schiedsgutachter bisher noch keiner Offenlegungspflicht hinsichtlich solcher Umstände unterwerfen, die Zweifel an ihrer Unabhängigkeit und Sachkunde begründen, ist dies nicht interessengerecht. Eine solche Offenlegungspflicht entspricht nicht nur dem Schutzinteresse der Parteien, sondern mittelbar auch ihrem Bindungswirkungsinteresse, denn sie gibt den Parteien die Möglichkeit, die Schiedsgutachter ggf. auszutauschen und so eine Versagung der Bindungswirkung zu vermeiden. Darüber hinaus erleichtert eine solche Offenlegungspflicht auch die Präklusion statthafter Ablehnungsgründe.

dd. Präklusion statthafter Ablehnungsgründe

Demgegenüber sind in beiden Rechtsordnungen die Regeln über die Präklusion der Geltendmachung des Vorliegens eines statthaften Ablehnungsgrundes als im Wesentlichen interessengerecht zu bewerten.

Dem Schutzinteresse einer Partei ist Genüge getan, wenn sie die Gelegenheit hat, nach Kenntniserlangung von Umständen, die einen statthaften Ablehnungsgrund begründen, den betreffenden Schiedsgutachter abzulehnen. Tut sie dies nicht, wird das Schutzinteresse der betreffenden Partei durch das Beschleunigungs- und Bindungswirkungsinteresse der anderen Partei überlagert. Außerdem ist das Interesse einer Partei, selbst über den Zeitpunkt der Geltendmachung eines Ablehnungsrechts zu entscheiden, nicht schützenswert.

Nicht interessengerecht ist allerdings der Standpunkt des deutschen Rechts, dass eine Präklusion der Geltendmachung eines statthaften Ablehnungsgrundes bei einem allein entscheidenden Schiedsgutachter im Ergebnis ausgeschlossen ist. Dieser Standpunkt widerspricht dem Bindungswirkungsinteresse, ohne – wie dargelegt – durch das Schutzinteresse geboten zu sein. Ebenfalls interessenwidrig ist es, dass nach deutschem Recht eine grob fahrlässige Unkenntnis statthafter Ablehnungsgründe ihrer Geltendmachung nicht notwendig entgegensteht. Eine Präklusion auch im Falle grob fahrlässiger Unkenntnis entspricht dem Bindungswirkungsinteresse der Parteien; ihr Schutzinteresse wird hingegen bei sachgerechter Ausgestaltung der Anforderungen an die Bejahung einer „groben Fahrlässigkeit“ nicht berührt. Insoweit ist der jedenfalls bei Schiedsgutachten der ersten und zweiten Fallgruppe entgegengesetzte Standpunkt des New Yorker Rechts interessengerechter.

c. *Zuständigkeitsbereich*

Nicht interessengerecht ist auch die Ausgestaltung der Regeln über die Reichweite des Zuständigkeitsbereichs einer Schiedsgutachterstelle im deutschen Recht. Der Standpunkt, dass der Zuständigkeitsbereich der Schiedsgutachterstelle sich auch dann nicht auf Fragen der Auslegung des Hauptvertrags und/oder des Schiedsgutachtenvertrags erstreckt, wenn es sich bei diesen Fragen um notwendige Vorfragen für die Erfüllung der übertragenen Aufgabe handelt, ist nicht durch das Schutzinteresse der Parteien geboten. Denn die von den Schiedsgutachtern vorgenommene Auslegung kann immer noch vom Gericht auf das Vorliegen einer „offenbaren Unrichtigkeit" der Auslegung überprüft werden. Er widerspricht aber andererseits dem Bindungswirkungs- und Prozessvermeidungsinteresse der Parteien, weil dieser Grundsatz im Ergebnis dazu führt, dass sich das Risiko einer Versagung der Bindungswirkung erhöht. Darüber kann dieser Standpunkt im Ergebnis auch dem Beschleunigungsinteresse der Parteien zuwiderlaufen – nämlich dann, wenn die Schiedsgutachterstelle zur Vermeidung einer Haftung die Entscheidung über eine Auslegungsfrage mit der Begründung verweigert, dass diese nicht in ihren Zuständigkeitsbereich falle.[2072] In einem solchen Fall ist auch das Prozessvermeidungsinteresse der Parteien negativ berührt, weil über die Auslegungsfrage nunmehr das staatliche Gericht entscheiden muss. Interessengerechter wäre daher unter den Rahmenbedingungen des deutschen Rechts die Tendenz des New Yorker Rechts, den Zuständigkeitsbereich einer Schiedsgutachterstelle jedenfalls auf alle Auslegungsfragen zu erweitern, die notwendige Vorfragen für die Aufgabenerfüllung darstellen und sich aus dem Hauptvertrag und/oder dem Schiedsgutachtenvertrag nicht eindeutig beantworten lassen.

Dagegen muss derselbe Grundsatz, der im deutschen Recht als interessenwidrig anzusehen ist, im New Yorker Recht vor dem Hintergrund dieser Rechtsordnung als insgesamt interessengerecht bewertet werden. Der wesentliche Unterschied zwischen beiden Rechtsordnungen liegt insoweit darin, dass nach New Yorker Recht fehlerhafte Entscheidungen von Auslegungsfragen, die in die Zuständigkeit der Schiedsgutachter fallen, im Grundsatz keiner gerichtlichen Kontrolle unterliegen und gerichtlich nur dann korrigiert werden können, wenn die Auslegung „completely irrational" war.[2073] Auch bei verständiger Würdigung des Bindungswirkungsinteresses und des Prozessvermeidungsinteresses der Parteien wäre es im Lichte ihres Schutzinteresses nicht interessengerecht, wenn technische Sachverständige ohne juristische Ausbildung in einem informellen Verfahren ohne vollumfängliche Gewährung rechtlichen Gehörs bindend und ohne echte gerichtliche Kontrollmöglichkeit über Fragen der Vertragsauslegung entscheiden. Ein derartiger Wille kann den Parteien nur im Falle einer entsprechenden ausdrücklichen Vereinbarung unter-

---

[2072] So z.B. in dem der Entscheidung *Blue Tee Corp. v. Koehring Co.* (S.D.N.Y. 1990) 754 F. Supp.2d 26 zugrunde liegenden Fall.

[2073] Oben S. 289.

stellt werden. Vor diesem Hintergrund ist daher die neuere Tendenz der New Yorker Gerichte, die Zuständigkeit einer Schiedsgutachterstelle auch ohne ausdrückliche Vereinbarung auf solche Fragen der Vertragsauslegung zu erstrecken, nicht interessengerecht.

d. *Spielraum und Pflichten der Schiedsgutachter bei der Entscheidungsfindung*

Der übereinstimmende Standpunkt beider Rechtsordnungen, dass einer Schiedsgutachterstelle im Grundsatz ein Spielraum bei der Entscheidungsfindung zukommt, ist interessengerecht. Die Zuerkennung eines solchen Spielraums entspricht sowohl dem Beschleunigungs- als auch dem Bindungswirkungs- und Prozessvermeidungsinteresse der Parteien. Alle diese Interessen sind grundsätzlich stärker zu gewichten als das Schutzinteresse der Parteien. Auch wird dieses Schutzinteresse bei sachgerechter Ausgestaltung der Grenzen des Spielraums nicht wesentlich berührt.

Dagegen kann es nicht als interessengerecht angesehen werden, dass das deutsche Recht grundsätzlich nur einem Schiedsgutachter i.w.S., nicht aber auch einem Schiedsgutachter i.e.S. eine „Freiheit der Wahl" zuerkennt. Eine „Freiheit der Wahl" gewährt der Schiedsgutachterstelle einen originären Freiraum bei der Entscheidungsfindung. Demgegenüber gewährt eine „Freiheit vor der Kontrollinstanz" den Schiedsgutachtern keinen solchen Freiraum. Eine Beschränkung des Spielraums auf eine „Freiheit vor der Kontrollinstanz" trägt daher weder dem Beschleunigungsinteresse noch dem Bindungswirkungs- und Prozessvermeidungsinteresse der Parteien angemessen Rechnung. Andererseits ist eine solche Beschränkung des Spielraums einer Schiedsgutachterstelle i.e.S. auch nicht durch das Schutzinteresse der Parteien geboten. Denn auch die einer Schiedsgutachterstelle eingeräumte „Freiheit der Wahl" wird durch Rahmenbedingungen begrenzt, die bei sachgerechter Ausgestaltung dem Schutzinteresse der Parteien angemessen Rechnung tragen. Insoweit ist die Ausgestaltung des New Yorker Rechts interessengerechter.

Ebenso wenig ist es als interessengerecht zu bewerten, dass das deutsche Recht einer Schiedsgutachterstelle nur einen relativ engen Spielraum bei der Entscheidungsfindung einräumt. Dem Beschleunigungsinteresse, aber auch dem Bindungswirkungs- und Prozessvermeidungsinteresse der Parteien entspricht ein relativ weiter Spielraum besser. Alle drei Interessen sind grundsätzlich stärker zu gewichten als das Schutzinteresse der Parteien. Andererseits ist diese Begrenzung des Spielraums durch das Schutzinteresse nicht geboten. Dem Schutzinteresse der Parteien kann nämlich auch bei einem weiten Spielraum dadurch angemessen Rechnung getragen werden, dass Schiedsgutachter Mindestanforderungen an ihre Sachkunde sowie strengen Neutralitätsanforderungen unterworfen werden, und sowohl die Art und Weise der Durchführung des Schiedsgutachtenverfahrens als auch die Einhaltung der Grenzen des Spielraums einer gewissen Kontrolle unterliegen. Nach deutschem Recht greift aber der Grundsatz des engen Spielraums der Schiedsgutachterstelle auch im Falle eines allein entscheidenden Schiedsgutachters ein – also in Fällen, in denen der Schiedsgutachter strengen Anforderungen an seine Sachkunde und Neutralität unterliegt, der Schiedsgutachter bei Gewährung rechtlichen Gehörs verpflichtet ist, beide Parteien anzuhören, und die Gerichte berechtigt sind, die Grundlagen des Schiedsgutachtens umfassend zu kontrollieren. Jedenfalls in diesen Fällen ist die im deutschen Recht vorgesehene enge Begrenzung des Spielraums einer Schiedsgutachterstelle nicht interessengerecht. Auch insoweit ist die Ausgestaltung des New Yorker Rechts interessengerechter.

Interessenwidrig ist es auch, dass das deutsche Recht bei Zweifeln über die Frage des Vorliegens eines Schiedsgutachtenvertrags i.w.S. oder eines Schiedsgutachtenvertrags i.e.S. den Parteien den Willen zum Abschluss eines Schiedsgutachtenvertrags i.e.S. unterstellt. Diese Auslegungsregel widerspricht tendenziell sowohl dem Bindungswirkungsinteresse der Parteien als auch ihrem Prozessvermeidungsinteresse. Auch überzeugt es nicht, dass den Parteien durch diese Auslegungsregel in Zweifelsfällen der Wille zu einer Leistungsbestimmung ohne angemessene Berücksichtigung des Ziels des Ausgleichs der divergierenden Partei-Interessen unterstellt wird. Umgekehrt ist eine derartige Auslegungsregel aber auch nicht durch das Schutzinteresse der Parteien geboten. Das Schutzinteresse der Parteien wird nicht negativ berührt, wenn die Schiedsgutachter im Zweifel die Leistungsbestimmung nicht anhand eines einzigen „objektiven" Leistungsbestimmungsmaßstabs, sondern nach „billigem Ermessen" vornehmen müssen, also unter Berücksichtigung der Interessen beider Parteien, des in vergleichbaren Fällen Üblichen und des Sinns und Zwecks des konkreten Schiedsgutachtenvertrags.[2074] Die Ausgestaltung des New Yorker Rechts ist insoweit als interessengerechter zu bewerten.

Als im Grundsatz interessengerecht zu bewerten sind demgegenüber die Grenzen, die beide Rechtsordnungen dem Spielraum einer Schiedsgutachterstelle bei der Entscheidungsfindung ziehen. Allerdings muss für das deutsche Recht auch hier wieder eine wichtige Einschränkung gemacht werden. Im Gegensatz zum New Yorker Recht sind Schiedsgutachter nämlich auch an Vorgaben gebunden, die sich dem Schiedsgutachtenvertrag weder eindeutig entnehmen lassen noch in diesem ausdrücklich vorgesehen sind, sondern dem Schiedsgutachtenvertrag nachträglich im Wege der Auslegung entnommen werden. Dieser Grundsatz widerspricht nicht nur dem Bindungswirkungsinteresse der Parteien, sondern auch ihrem Prozessvermeidungsinteresse. Andererseits ist dieser Standpunkt des deutschen Rechts bei verständiger Würdigung der Interessenlage der Parteien auch nicht durch das Schutzinteresse der Parteien geboten. Sehen die Parteien trotz Möglichkeit hierzu im Schiedsgutachtenvertrag keine ausdrücklichen Vorgaben hinsichtlich der Art und Weise der Entscheidungsfindung vor, dann kann ihnen nicht unterstellt werden, dass sie ein Interesse daran haben, vor einer Auslegung unklarer Bestimmun-

[2074] Dazu oben S. 100.

gen des Schiedsgutachtenvertrags geschützt zu werden, die der späteren Auslegung durch das Gericht widerspricht. Vielmehr ist in einem solchen Falle davon auszugehen, dass die Parteien der Schiedsgutachterstelle insoweit einen nicht zu eng bemessenen Spielraum einräumen wollten. Aber auch für das New Yorker Schiedsgutachtenrecht muss insoweit eine Einschränkung gemacht werden. Hier wird jedenfalls bei Schiedsgutachten der ersten Fallgruppe eine Überschreitung der Grenzen des weiten Spielraums heute nur noch in Extremfällen bejaht. Diese Ausgestaltung der Rahmenbedingungen des Spielraums einer Schiedsgutachterstelle kann im Lichte des Schutzinteresses der Parteien und des typischerweise ohne vollumfängliche Gewährung rechtlichen Gehörs durchgeführten Schiedsgutachtenverfahrens nicht mehr als rundum interessengerecht bewertet werden. Dies gilt unabhängig davon, dass die Zuerkennung eines weiten Spielraums grundsätzlich interessengerecht ist, und das New Yorker Recht als Gegenstück zu dem Schiedsgutachtern eingeräumten weiten Spielraum letztere strengen Neutralitätsanforderungen und mittelbaren Mindestanforderungen an ihre Sachkunde unterwirft sowie klare Rahmenbedingungen für die Durchführung des Schiedsgutachtenverfahrens vorgibt.

3. Schiedsgutachtenverfahren

Die Ausgestaltung der Grundsätze des Schiedsgutachtenverfahrens im deutschen Recht ist in wesentlichen Aspekten als interessengerecht anzusehen.

Interessengerecht ist insbesondere der übereinstimmende Standpunkt beider Rechtsordnungen, dass die Grundsätze für das gerichtliche und schiedsgerichtliche Verfahren im Schiedsgutachtenverfahren nicht gelten und der Schiedsgutachterstelle bei der Ausgestaltung des Schiedsgutachtenverfahrens ein grundsätzlich weiter Spielraum eingeräumt wird. Diese Grundsätze entsprechen dem Beschleunigungsinteresse der Parteien, das, wie dargelegt, grundsätzlich stärker zu gewichten ist als das Schutzinteresse der Parteien. Andererseits kann nicht gesagt werden, dass diese Grundsätze dem Schutzinteresse der Parteien diametral entgegenstehen, denn die Nichtdurchführung eines quasi-gerichtlichen Verfahrens entspricht einer seit Jahrzehnten geübten Verfahrenspraxis, die von den Beteiligten offensichtlich als fair und angemessen angesehen wird. Ebenfalls entspricht es dem Beschleunigungsinteresse, aber – mittelbar – auch dem Bindungswirkungsinteresse der Parteien, dass der Umfang des zu gewährenden rechtlichen Gehörs in beiden Rechtsordnungen grundsätzlich durch die Schiedsgutachter und nicht durch die Parteien bestimmt wird. Auch das Schutzinteresse der Parteien ist hier nicht wirklich negativ berührt. Den Parteien kann bei Schweigen des Schiedsgutachtenvertrags nicht unterstellt werden, dass sie ein Interesse an einem derart umfassenden rechtlichen Gehör haben. Hätten die Parteien ein Interesse an der Möglichkeit der Gewährung eines derart umfassenden und der üblichen Verfahrenspraxis widersprechenden rechtlichen Gehörs gehabt, hätten sie dies ohne Weiteres vereinbaren können. Das gilt entsprechend für die hier einbezogenen Fälle einer in AGB enthaltenen Schiedsgutachtenklausel. Hätte der Vertragspartner des Verwenders ein derartiges Interesse, wären entsprechende Regelungen – im Falle des Handelsbrauchs, der Handelsübung oder des gesetzlich vorgeschriebenen bzw. behördlich genehmigten Inhalts – entweder in die Schiedsgutachtenklausel aufgenommen oder – im Falle einer Schiedsgutachtenklausel mit Wahlrecht des Vertragspartners – zwischen den Parteien als Voraussetzung der Entscheidung des Vertragspartners für die Durchführung des Schiedsgutachtenverfahrens vereinbart worden. Mithin ist auch dieser Grundsatz des deutschen und des New Yorker Rechts als interessengerecht anzusehen.

Es gibt jedoch auch wesentliche Aspekte der Ausgestaltung des deutschen Rechts, die nicht als interessengerecht anzusehen sind. Hierbei handelt es sich um diejenigen Grundsätze, die von den im New Yorker Recht geltenden Regeln abweichen.

So ist es bei verständiger Würdigung nicht interessengerecht, dass das deutsche Recht – anders als das New Yorker Recht – eine Schiedsgutachterstelle im Grundsatz verfahrensrechtlich völlig frei stellt und rechtlich in keiner Weise als verpflichtet ansieht, den Parteien rechtliches Gehör zu gewähren. Dieser Standpunkt widerspricht dem Schutzinteresse der Parteien. Das zeigt sich darin, dass diese Grundsätze im Widerspruch zur gelebten Verfahrenspraxis in Schiedsgutachtenverfahren stehen. Andererseits stehen diese Verfahrensgrundsätze auch in einem tendenziellen Widerspruch zum Bindungswirkungsinteresse der Parteien. Denn die Gewährung eines gewissen Maßes an rechtlichem Gehör reduziert das Risiko von Mängeln der Entscheidungsfindung, die später möglicherweise zur Versagung der Bindungswirkung des Schiedsgutachtens führen. Darüber hinaus entspricht auch die konzeptionelle Lösung des Spannungsverhältnisses zwischen Schutz- und Bindungswirkungsinteresse der Parteien, die diesen Verfahrensgrundsätzen zugrunde liegt, bei vernünftiger Würdigung nicht der Interessenlage der Parteien; auf die obigen Ausführungen wird verwiesen.[2075] Diese Verfahrensgrundsätze sind auch nicht durch das Beschleunigungsinteresse der Parteien geboten. Dieses Interesse wird auch im Falle einer Beschränkung des Spielraums der Schiedsgutachterstelle bei der Ausgestaltung des Schiedsgutachtenverfahrens grundsätzlich nur marginal berührt. Etwas anderes gilt nur dann, wenn die Grenzen des Spielraums sachwidrig ausgestaltet werden. Hinzu kommt, dass das Beschleunigungsinteresse bei Gewährung eines Mindestmaßes an rechtlichem Gehör regelmäßig sogar gefördert wird. Regelmäßig werden nämlich die Parteien ein Schiedsgutachtenverfahren erst dann durchführen, wenn sie sich über die maßgeblichen Fragestellungen nicht geeinigt haben. Haben die Parteien aber die maßgeblichen Fragestellungen bereits diskutiert, ohne sich geeinigt zu haben, so sind ihnen die wesentlichen Aspekte, die von den Schiedsgutachtern zu berücksichtigen sind, bereits bekannt. Die Gewährung eines gewissen Ma-

[2075] S. 367 f.

ßes rechtlichen Gehörs ist daher regelmäßig zeitsparender als die komplett neue Ermittlung der maßgeblichen Aspekte seitens der Schiedsgutachter ohne Gewährung rechtlichen Gehörs.

Nicht interessengerecht ist es auch, dass Schiedsgutachter nach deutschem Recht weder zur Durchführung eines fairen Verfahrens noch zur Gleichbehandlung der Parteien verpflichtet sind. Auch diese Grundsätze widersprechen der Verfahrenspraxis und, demzufolge, dem Schutzinteresse der Parteien. Andererseits wird deren Beschleunigungsinteresse nicht übermäßig stark berührt, wenn man das Gebot der Durchführung eines fairen Verfahrens inhaltlich darauf beschränkt, das Verfahren unter maßgeblicher Beachtung des in vergleichbaren Fällen üblichen Verfahrensablaufs und unter Berücksichtigung der Umstände des Einzelfalls auszugestalten. Darüber hinaus entspricht das Gebot der Gleichbehandlung der Parteien bei sachgerechter Ausgestaltung dieses Grundsatzes[2076] mittelbar auch dem Bindungswirkungsinteresse der Parteien, da eine Gleichbehandlung der Parteien bei der Gewährung rechtlichen Gehörs das Risiko von Mängeln der Entscheidungsfindung nicht unwesentlich reduziert. Insoweit ist die Ausgestaltung des New Yorker Rechts interessengerechter. Aber auch das deutsche Recht ist insoweit als interessengerecht anzusehen, als heute zumindest ein allein entscheidender Schiedsgutachter verpflichtet ist, bei Gewährung rechtlichen Gehörs beide Parteien anzuhören.

Darüber hinaus ist es interessenwidrig, dass das deutsche Recht – anders als das New Yorker Recht – Schiedsgutachterstellen zwar eine umfassende Sachaufklärungspflicht auferlegt, sie aber nicht für verpflichtet erachtet, den Parteien einmalig Gelegenheit zu einer umfassenden Stellungnahme hinsichtlich aller aus ihrer Sicht maßgeblichen Fragestellungen zu geben. Zwar dient sowohl die Normierung einer Sachaufklärungspflicht wie auch die Normierung des Gebots, den Parteien mindestens einmal Gelegenheit zur umfassenden Stellungnahme zu geben, dem Schutzinteresse der Parteien. Die Ersetzung der Sachaufklärungspflicht durch die Gelegenheit zur Stellungnahme, die im New Yorker Recht noch durch die Pflicht zur Kenntnisnahme und Berücksichtigung der Stellungnahmen flankiert wird, trägt jedoch dem Beschleunigungsinteresse der Parteien besser Rechnung als eine Sachaufklärungspflicht; auf die obigen Ausführungen wird verwiesen. Hinzu kommt, dass eine Sachaufklärungspflicht in der Tendenz dem Bindungswirkungsinteresse der Parteien zuwiderläuft, weil naturgemäß die Erfüllung der Sachaufklärungspflicht überprüft

---

[2076] Nicht als sachgerecht anzusehen wäre es beispielsweise, zu postulieren, dass beiden Parteien im gleichen Umfang rechtliches Gehör zu gewähren ist. Das Gebot der Gleichbehandlung muss immer im Lichte der bisher üblichen Verfahrenspraxis und des in vergleichbaren Fällen Üblichen ausgelegt und ausgestaltet werden. So kann es etwa grundsätzlich keinen Verstoß gegen das Gebot der Gleichbehandlung darstellen, wenn die Schiedsgutachterstelle entscheidungserhebliche Tatsachen bei einer Partei ohne Hinzuziehung der anderen Partei ermittelt, soweit sich diese Vorgehensweise im Rahmen des üblichen Verfahrensablaufs in identischen (oder vergleichbaren) Fällen hält.

wird, eine Verletzung der Sachaufklärungspflicht aber mangels Kenntnis der Parteien hiervon vor Erstattung des Schiedsgutachtens regelmäßig nicht präkludierbar ist.[2077]

Andererseits ist es interessengerecht, dass das New Yorker Recht den Parteien nur das Recht auf eine einmalige umfassende Stellungnahme gewährt. Würde man Schiedsgutachter unbegrenzt verpflichten, den Parteien Stellungnahmen zu den entscheidungserheblichen Tatsachen und Fragestellungen zu ermöglichen, so würde dies zwar dem Schutzinteresse der Parteien entsprechen, ihrem Beschleunigungsinteresse aber diametral entgegenstehen. In diesem Spannungsverhältnis kommt aber dem erstgenannten Interesse das größere Gewicht zu.[2078] Daher wäre es nicht interessengerecht, eine Schiedsgutachterstelle zu verpflichten, den Parteien mehrfach die Möglichkeit zur Stellungnahme zu geben. Das gilt jedenfalls dann, wenn die Schiedsgutachter wie im New Yorker Recht zugleich zur Durchführung eines fairen Verfahrens verpflichtet sind.

Nur mit Einschränkungen kann dagegen der Standpunkt des New Yorker Rechts als interessengerecht angesehen werden, dass den Parteien rechtliches Gehör in einem über das normale Maß hinausgehenden Umfang zu gewähren ist, wenn die Schiedsgutachter eindeutig nicht hinreichend sachkundig sind. Dieser Grundsatz entspricht zwar durchaus dem Schutzinteresse der Parteien, da die Sachkunde der Schiedsgutachter aus Sicht der Parteien kein Selbstzweck, sondern Mittel zum Zweck ist und dem Schutzinteresse der Parteien durch die erweiterte Gewährung rechtlichen Gehörs hinreichend Rechnung getragen wird. Ebenso entspricht er dem Bindungswirkungs- und Prozessvermeidungsinteresse der Parteien, da durch diese umfassendere Gewährung rechtlichen Gehörs eine unzureichende Sachkunde der Schiedsgutachter „geheilt" und die Aufhebung des Schiedsgutachtens so vermieden werden kann. Er widerspricht aber dem Beschleunigungsinteresse. Diesem Beschleunigungsinteresse würde es besser entsprechen, wenn ein nicht hinreichend sachkundiger Schiedsgutachter vor Erstattung des Schiedsgutachtens ausgewechselt werden könnte.

4. Schiedsgutachten

a. Quorum

Das bei Tätigwerden einer Mehrzahl von Schiedsgutachtern in beiden Rechtsordnungen grundsätzlich bestehende Einstimmigkeitserfordernis ist nicht inte-

---

[2077] Die Möglichkeit zu einer einmaligen umfassenden Stellungnahme trägt im Übrigen regelmäßig auch dem Schutzinteresse der Parteien besser Rechnung als eine Kompensation fehlender Möglichkeiten zur Stellungnahme durch eine umfassende Sachaufklärungspflicht; denn die Parteien werden ihren Interessen (und den für sie günstigeren Aspekten) regelmäßig mehr Aufmerksamkeit schenken als die Schiedsgutachterstelle.

[2078] Siehe dazu S. 366.

ressengerecht. Diese Regel widerspricht nicht nur dem Beschleunigungsinteresse der Parteien,[2079] sondern auch ihrem Prozessvermeidungsinteresse. Der Grundsatz der Einstimmigkeit ist auch durch das Schutzinteresse der Parteien nicht geboten. So wird in der Vertragspraxis regelmäßig gerade keine Einstimmigkeit vereinbart. Hinzu kommt, dass ein Einstimmigkeitserfordernis zum Schutz der Parteien nur dann als erforderlich angesehen werden könnte, wenn es an einer effektiven Kontrolle der Neutralität der Schiedsgutachterstelle fehlt. Eine fehlende effektive Neutralitätskontrolle wäre aber wiederum nicht interessengerecht. Denn dem Schutzinteresse der Parteien ist stets in einer Art und Weise Rechnung zu tragen, die dem Beschleunigungs- und Prozessvermeidungsinteresse so weit als möglich Rechnung trägt. Bei der Wahl zwischen einer strengen Neutralitätskontrolle und einem grundsätzlichen Einstimmigkeitserfordernis trägt erstere den genannten Interessen aber besser Rechnung als ein Einstimmigkeitserfordernis.

b. Begründungserfordernisse

Die Grundsätze des deutschen und des New Yorker Rechts zur Frage des Bestehens und der Reichweite einer Begründungspflicht sind in wesentlichen Punkten als interessengerecht zu bewerten. Der Standpunkt des deutschen Rechts, wonach Schiedsgutachten grundsätzlich umfassend zu begründen sind, ist vor dem Hintergrund des deutschen Rechts im Prinzip interessengerecht, weil er durch das Schutzinteresse der Parteien geboten ist und bei sachgerechter Ausgestaltung des Begründungsumfangs und der Rechtsfolgen etwaiger Begründungsdefizite auch ihrem Bindungswirkungsinteresse nicht widerspricht. Aber auch der gegenteilige Standpunkt des New Yorker Rechts ist im Lichte des New Yorker Rechts interessengerecht. Die grundsätzliche Verneinung eines Begründungserfordernisses entspricht dem Bindungswirkungsinteresse der Parteien; andererseits wird dem Schutzinteresse der Parteien durch andere Mechanismen hinreichend Rechnung getragen.

Nicht interessengerecht ist es allerdings, dass die deutsche Rechtsprechung den Grundsatz, wonach das Schiedsgutachten aus sich heraus nachprüfbar sein muss, auch auf statistisch erfasste Tatsachen, sonst allgemein zugängliche Tatsachen, wirtschaftliche Einsichten oder konkrete Befundtatsachen erstreckt, die beiden Parteien bekannt sind. Dieser Umfang der Begründungspflicht läuft dem Bindungswirkungsinteresse der Parteien zuwider, ohne durch ihr Schutzinteresse geboten zu sein. Im Ergebnis führt diese Rechtsprechung dazu, dass die Darlegungspflicht der Parteien für Mängel der Entscheidungsfindung noch über das Maß hinaus abgesenkt wird, das bei Gutachten gerichtlicher Sachverständiger gilt. Dies ist nicht gerechtfertigt – vor allem nicht im Lichte des Gebots, auf der Ebene der gerichtlichen Kontrolle des Schiedsgutachtens das Bindungswirkungsinteresse der Parteien stärker zu gewichten als

[2079] Erfahrungsgemäß dauert die Herbeiführung einer einstimmigen Entscheidung regelmäßig um einiges länger als die Herbeiführung einer Mehrheitsentscheidung.

ihr Schutzinteresse. Auch der Umstand, dass ein Schiedsgutachten zum Gegenstand eines Urkundsverfahrens gemacht werden kann, rechtfertigt diese weite Absenkung der Darlegungspflicht der mit dem Schiedsgutachten unzufriedenen Partei nicht. Auch wenn es wünschenswert sein mag, den Gerichten eine Kontrolle des Schiedsgutachtens schon in der ersten Phase des Urkundsverfahrens zu ermöglichen, so ist doch die betreffende Partei – aus Sicht des Gesetzgebers – durch das Nachverfahren hinreichend geschützt. Die Vorschriften der §§ 592 ff. ZPO nehmen bewusst in Kauf, dass das Urteil in der ersten Phase möglicherweise anders ausfällt als in der zweiten Phase. Über diese Wertung des Gesetzgebers sollte sich die Rechtsprechung nicht hinwegsetzen.

Ebenso wenig ist es interessengerecht, dass unter Zugrundelegung der Rechtsprechung des Bundesgerichtshofs eine Heilung von Begründungsdefiziten durch Nachholen der Begründung ausgeschlossen ist. Dieser Grundsatz widerspricht nicht nur dem Bindungswirkungsinteresse, sondern auch dem Prozessvermeidungsinteresse der Parteien, ohne durch ihr Schutzinteresse geboten zu sein. Das gilt auch vor dem Hintergrund, dass das Schiedsgutachten nach deutschem Recht zum Gegenstand eines Urkundsverfahrens gemacht werden kann. Selbst wenn eine nachgereichte Begründung der Schiedsgutachter nicht in das Urkundsverfahren eingeführt werden könnte, wären die Parteien durch die Möglichkeit des Nachverfahrens immer noch hinreichend geschützt.

5. Gerichtliche Kontrolle des Schiedsgutachtens

a. Art, Ansatzpunkte, Umfang und Intensität

Art, Ansatzpunkte, Umfang und Intensität der gerichtlichen Kontrolle eines Schiedsgutachtens im deutschen Recht müssen in praktisch allen wesentlichen Aspekten als nicht interessengerecht bewertet werden. Demgegenüber ist die Ausgestaltung des New Yorker Rechts – wenn auch mit gewissen Einschränkungen – als im Wesentlichen interessengerecht zu bewerten.

Nicht interessengerecht ist es etwa, dass Schiedsgutachten – im Gegensatz zu Schiedssprüchen – im Grundsatz weiterhin lediglich einer materiellen, nicht aber auch einer formellen Kontrolle unterliegen. Diese konzeptionelle Lösung des Spannungsverhältnisses zwischen Bindungswirkungs-, Prozessvermeidungs- und Schutzinteresse ist bei verständiger Würdigung nicht interessengerecht; auf die obigen Ausführungen wird verwiesen.[2080] Andererseits kann auch die rein formelle Kontrolle, der Schiedsgutachten der ersten Fallgruppe heute jedenfalls *de facto* unterworfen werden, bei verständiger Würdigung nicht als interessengerecht angesehen werden; auch insoweit wird auf die Ausführungen an anderer Stelle verwiesen.[2081] Interessengerecht ist es dage-

---

[2080] S. 367 f.
[2081] S. 367 f.

gen, dass das deutsche Recht Schiedsgutachten eines allein entscheidenden Schiedsgutachters und das New Yorker Recht Schiedsgutachten der zweiten und dritten Fallgruppe einer teils formellen, teils materiellen Kontrolle unterzieht.

Als interessenwidrig zu bewerten ist auch der Ausgangspunkt des deutschen Rechts, Schiedsgutachten im Prinzip allein einer Kontrolle des Ergebnisses anhand der Maßstäbe der „offenbaren Unbilligkeit", der „offenbaren Unrichtigkeit" und des „offenbar erheblichen Abweichens von der wirklichen Sachlage" zu unterwerfen. Diese Überprüfungsmaßstäbe gehen, streng genommen, am Schutzinteresse der Parteien vorbei. Dieses geht bei verständiger Würdigung gerade nicht auf ein vom erkennenden Gericht als „billig", „richtig" oder „der wirklichen Sachlage entsprechend" angesehenes Ergebnis, sondern auf einen Schutz vor Fehlern oder Mängeln bei der Entscheidungsfindung.[2082] Eine Ausgestaltung der gerichtlichen Kontrolle, die am Kern des Schutzinteresses der Parteien vorbeigeht, andererseits aber dem Bindungswirkungsinteresse der Parteien widerspricht, entspricht nicht der Interessenlage der Parteien. Der entsprechende Ausgangspunkt des New Yorker Rechts, ein Schiedsgutachten daraufhin zu überprüfen, ob es auf der ehrlichen Überzeugung der Schiedsgutachter beruht und diese „in good faith" vorgegangen sind, ist dagegen interessengerecht, da er an dem richtigen Kern des Schutzinteresses der Parteien ansetzt. Auch das deutsche Recht ist aber insoweit interessengerecht, als primärer Ansatzpunkt jedenfalls in der Gerichtspraxis nicht das Ergebnis, sondern die Ergebnisfindung ist.

Auch der Umfang der nach deutschem Recht ausgeübten inhaltlichen Kontrolle eines Schiedsgutachtens entspricht in wesentlichen Punkten nicht der Interessenlage der Parteien. Der bisher allumfassende Umfang der inhaltlichen Kontrolle eines Schiedsgutachtens fußt auf der Prämisse, dass die Parteien sich vor dem Hintergrund der Unterschiede der §§ 317 ff. BGB, §§ 64, 184 VVG und der §§ 1025 ff. ZPO bewusst für die gegenüber einem Schiedsspruch erweiterte Kontrollmöglichkeit eines Schiedsgutachtens entschieden haben. Hieraus wird die Schlussfolgerung gezogen, dass das Schutzinteresse der Parteien im Falle eines Schiedsgutachtenvertrags daher in eine völlig andere Richtung gehe als im Falle einer Schiedsvereinbarung. Sowohl die zugrunde liegende Prämisse als auch die hieraus gezogene Schlussfolgerung sind jedoch unzutreffend. Das ergibt sich zunächst daraus, dass die meisten Aufgabenstellungen, die einem Schiedsgutachter in der Vertragspraxis übertragen werden, nach h.M. nicht zum Gegenstand einer Schiedsvereinbarung gemacht werden können. Hier besteht also gar kein Wahlrecht der Parteien. Hinzu kommt, dass sich die Parteien in aller Regel bei Vertragsschluss keine präzisen Gedanken über den Grad der Bindungswirkung des Schiedsgutachtens machen; sie wollen einfach nur eine „bindende Entscheidung".[2083] Daher entspricht auch die Zielrichtung des Schutzinteresses der Parteien eines

[2082] Siehe dazu oben S. 362 f.

[2083] Siehe dazu oben S. 382.

Schiedsgutachtenvertrags regelmäßig im Wesentlichen der Zielrichtung des Schutzinteresses der Parteien einer Schiedsvereinbarung.[2084] Geht aber die Ausgestaltung des Umfangs der inhaltlichen Kontrolle des Schiedsgutachtens am Kern des Schutzinteresses der Parteien vorbei, so kann sie angesichts des Bindungswirkungs- und Prozessvermeidungsinteresses der Parteien nicht als interessengerecht bewertet werden. Jedenfalls die Kontrolle der Entscheidungsfindung der Schiedsgutachter auch auf „errors of judgement" (also z.B. die Zugrundelegung eines „(un-)zutreffenden" Vergleichsmaßstabs) ist nicht interessengerecht. Dieser sehr weit gezogene Umfang der inhaltlichen Kontrolle des Schiedsgutachtens widerspricht dem aus dem Beschleunigungs- und Prozessvermeidungsinteresse der Parteien gespeisten Interesse an einem weiten Spielraum der Schiedsgutachterstelle bei der Entscheidungsfindung. Er ist aber in dieser Reichweite bei verständiger Würdigung auch nicht durch das Schutzinteresse der Parteien geboten. Hinzu kommt, dass dem Bindungswirkungs- und Prozessvermeidungsinteresse der Parteien auf der Ebene der gerichtlichen Kontrolle eines Schiedsgutachtens jedenfalls dann ein deutlich stärkeres Gewicht zukommt als ihrem Schutzinteresse, wenn diesem bereits durch präventive Schutzmechanismen Rechnung getragen wird, die als angemessen zu bewerten sind. Dieser Grundsatz gilt nicht nur im Hinblick auf die Intensität der inhaltlichen Kontrolle des Schiedsgutachtens, sondern muss auch schon auf die Bestimmung des Kontrollumfangs ausstrahlen. Im Falle des Tätigwerdens eines allein entscheidenden Schiedsgutachters unterliegt der Schiedsgutachter nach deutschem Recht nicht nur strengen Anforderungen an seine Sachkunde und Neutralität, sondern ist bei Gewährung rechtlichen Gehörs auch zur Anhörung beider Parteien verpflichtet. Diese präventiven Schutzmechanismen sind im Wesentlichen als angemessen zu bewerten. Dennoch wird der Umfang der gerichtlichen Kontrolle auch in diesem Falle ebenso weit gezogen wie in den Fällen, in denen es bisher an zwei dieser Schutzmechanismen (strenge Neutralitätsanforderungen und Nichtgeltung des Grundsatzes der Gleichbehandlung der Parteien) fehlt. Damit unterstellt die deutsche Rechtsprechung den Parteien eine Intensität des Schutzinteresses, die bei verständiger Würdigung unzutreffend ist.[2085]

Aus den genannten Gründen ist auch die Intensität der inhaltlichen Kontrolle eines deutschem Recht unterfallenden Schiedsgutachtens nicht interessengerecht. Dasselbe gilt für den Grundsatz des New Yorker Rechts, dass Schiedsgutachten der zweiten Fallgruppe einer intensiveren gerichtlichen Kontrolle unterzogen werden als Schiedsgutachten der ersten und dritten Fallgruppe. Auch in diesen Fällen gebührt dem Bindungswirkungsinteresse der Parteien der Vorrang. Zwar fehlt es in diesen Fällen an der Möglichkeit einer effektiven Neutralitätskontrolle, da die Partei-Unabhängigkeit und Unvoreingenommenheit des allein entscheidenden Schiedsgutachters von vornherein nicht gegeben ist. Diese fehlende Neutralitätskontrolle beruht aber nicht auf rechtlichen Defiziten,

2084 Ebenso zu Recht Lindacher, KTS 1964, S. 36.
2085 Dazu oben S. 367 f.

sondern auf dem Willen der Parteien, der bei bestehender Abschlussfreiheit und annähernd gleicher Verhandlungsmacht zu respektieren ist.

Demgegenüber ist die Tendenz des New Yorker Rechts, die Kontrolldichte bei Schiedsgutachten der ersten und dritten Fallgruppe zunehmend eng zu ziehen, vor dem Hintergrund der in New York bestehenden präventiven Schutzmechanismen interessengerecht.

b. Gründe für Versagung der Bindungswirkung

aa. Allgemein

Der übereinstimmende Standpunkt beider Rechtsordnungen, dass es für die Versagung der Bindungswirkung genügt, wenn das Ergebnis, zu dem die Schiedsgutachter gekommen sind, erheblich von dem aus Sicht des Gerichts zutreffenden Ergebnis abweicht, muss als interessenwidrig bewertet werden. Diese Auffassung widerspricht dem Bindungswirkungs- und Prozessvermeidungsinteresse der Parteien und geht am Kern ihres Schutzinteresses vorbei. Das gilt auch bei Schiedsgutachten der zweiten Fallgruppe. Das Schutzinteresse der Parteien geht auch hier allein dahin, unter Beachtung der Funktion und Stellung des Schiedsgutachters vor unlauteren Einflüssen der fehlenden Partei-Unabhängigkeit des Schiedsgutachters auf die Art und Weise der Entscheidungsfindung geschützt zu werden. Diesem Interesse kann aber sachgerecht nur durch eine weite Fassung des Kreises statthafter Ablehnungsgründe und die Einengung des Spielraums, nicht aber durch einen reinen Ergebnisvergleich Rechnung getragen werden. Interessengerecht ist es dagegen, dass das New Yorker Recht bei Schiedsgutachten der ersten und dritten Fallgruppe jedenfalls *de facto* den bloßen Umstand einer erheblichen Ergebnisdifferenz nicht als hinreichend erachtet, um die Bindungswirkung des Schiedsgutachtens zu verneinen, sondern zusätzlich die Feststellung von Mängeln in der Entscheidungsfindung verlangt. Vor diesem Hintergrund ist auch die bisher noch geltende höchstrichterliche Rechtsprechung im Anwendungsbereich der §§ 64, 184 VVG interessengerecht.

Ebenfalls nicht interessengerecht ist der Grundsatz des deutschen Rechts, dass bereits der bloße Nachweis von Mängeln der Entscheidungsfindung zur Verneinung der Bindungswirkung führen kann. Dieser Grundsatz widerspricht dem Bindungswirkungs- und Prozessvermeidungsinteresse der Parteien und gibt dem Schutzinteresse der Parteien ein Gewicht, das ihm aus Sicht der Interessenlage der Parteien im Zeitpunkt des Vertragsschlusses nicht zukommt. Ausgehend von der Interessenlage der Parteien in diesem Zeitpunkt ist das Schutzinteresse der Parteien bei Fehlen einer ausdrücklich abweichenden Vereinbarung auf Ebene der gerichtlichen Kontrolle des Schiedsgutachtens grundsätzlich weniger stark zu gewichten als das Bindungswirkungsinteresse der Parteien. Mit diesem Prinzip ist es unvereinbar, den Gerichten die Möglichkeit zu eröffnen, einem Schiedsgutachten wegen Mängeln in der Entscheidungsfindung unabhängig davon die Bindungswirkung zu versagen, ob sich diese Mängel erheblich und zum Nachteil der betreffenden Partei auf sein Ergebnis ausgewirkt haben. An dieser Bewertung ändert sich auch dann nichts, wenn man insoweit weitergehend das Vorliegen eines „schwerwiegenden" Mangels der Entscheidungsfindung verlangt. Denn auch dieser Begriff ermöglicht es, dem Schiedsgutachten die Bindungswirkung in Fällen zu versagen, in denen überhaupt nicht feststeht, ob das Schiedsgutachten bei fehlerfreier Entscheidungsfindung für die mit dem Schiedsgutachten unzufriedene Partei ungünstiger ausgefallen wäre. Vor diesem Hintergrund kann grundsätzlich auch die Ausgestaltung der gerichtlichen Kontrolle eines Schiedsgutachtens der zweiten Fallgruppe nicht als interessengerecht angesehen werden. Auch in diesen Fällen muss bei verständiger Würdigung der Interessenlage der Parteien gefordert werden, dass dem Schiedsgutachten die bindende Wirkung nur dann versagt werden darf, wenn entweder feststeht, dass in der Person des betreffenden Schiedsgutachters aufgrund seiner Vorgehensweise ein statthafter Ablehnungsgrund vorliegt oder das Ergebnis des Schiedsgutachtens ohne den Mangel für die betroffene Partei günstiger ausgefallen wäre. Aus den genannten Gründen interessengerecht ist es dagegen, dass bei einem Schiedsgutachten der ersten und dritten Fallgruppe Mängel der Entscheidungsfindung jedenfalls *de facto* nur dann zu einer Versagung der Bindungswirkung führen, wenn diese sich im Ergebnis erheblich zum Nachteil derjenigen Partei ausgewirkt haben, die sich auf die fehlende Bindungswirkung des Schiedsgutachtens beruft. Auch die Rechtslage im Anwendungsbereich der §§ 64, 184 VVG ist aus diesen Gründen interessengerecht.

Interessengerecht ist es auch, dass das New Yorker Recht bei einem Schiedsgutachten der ersten Fallgruppe einen rechtlich erheblichen Mangel der Entscheidungsfindung nur dann bejaht, wenn die Schiedsgutachter – unter Zugrundelegung strenger Anforderungen – aus Sicht des erkennenden Gerichts die Grenzen ihres weiten Spielraums überschritten haben. Diese Ausgestaltung der Rechtsfolgen eines Schiedsgutachtenvertrags entspricht dem Bindungswirkungsinteresse der Parteien. Andererseits wird ihrem Schutzinteresse dadurch angemessen Rechnung getragen, dass präventive Schutzmechanismen eingreifen, die als im Wesentlichen angemessen anzusehen sind. Insoweit erscheint auch die Ausgestaltung der an ein Schiedsgutachten der dritten Fallgruppe geknüpften Rechtsfolgen als im Wesentlichen interessengerecht. Auch wenn solchen Schiedsgutachtern kein weiter, sondern nur ein relativ enger Spielraum eingeräumt wird, bejahen die New Yorker Gerichte einen rechtlich erheblichen Mangel der Entscheidungsfindung heute tendenziell nur noch bei klaren und eindeutigen Pflichtverletzungen. Dabei werden an die geforderte Evidenz tendenziell strenge Anforderungen gestellt. Demgegenüber können die korrespondierenden Grundsätze des deutschen Rechts nicht als interessengerecht angesehen werden. Dieses bejaht einen rechtlich erheblichen Mangel der Entscheidungsfindung nämlich im Ergebnis schon dann, wenn diese aus Sicht des erkennenden Gerichts oder des von diesem beauftragten gerichtlichen Sachverständigen „offenbar unrichtig" ist. Da das deutsche Recht insoweit sehr geringe Anforderungen an die Bejahung einer solchen Evidenz stellt, widersprechen diese Grundsätze dem Bindungswirkungsinteresse der Parteien und gestehen dem Schutzinteresse der Parteien ein Gewicht zu, das ihm nicht zukommt. Aus denselben Gründen können auch die für Schiedsgutachten der zweiten Fallgruppe geltenden Grundsätze im New Yorker Recht im Lichte der obigen Ausführungen nicht als interessengerecht angesehen werden.

bb. Ausgewählte Gründe

aaa. Missachtung von Bestimmungen des Schiedsgutachtenvertrags

Der Standpunkt des deutschen Rechts, dass im Anwendungsbereich der §§ 64, 184 VVG das Ausgehen von einem unzutreffenden Aufgabenverständnis und die Nichtbeachtung ausdrücklicher vertraglicher Vorgaben für die Entscheidungsfindung keinen selbstständigen Grund für eine Versagung der Bindungswirkung darstellt, kann nicht als interessengerecht angesehen werden. Hier handelt es sich um einen Fall, wo sich das Schutzinteresse der Parteien gegen das Bindungswirkungsinteresse durchsetzt, denn die Parteien machen durch derartige Vorgaben deutlich, dass die bindende Wirkung des Schiedsgutachtens durch die Einhaltung dieser Vorgaben grundsätzlich „bedingt" sein soll. Der Schiedsgutachtenvertrag kann in diesen Fällen bei verständiger Würdigung nicht dahin ausgelegt werden, dass dem Schiedsgutachten seine Bindungswirkung nur dann abgesprochen werden kann, wenn das Ergebnis, zu dem die Schiedsgutachterstelle gekommen ist, aus Sicht des Gerichts nicht den vertraglichen Vorgaben entsprach. Die gegenteilige Auffassung der älteren Rechtsprechung übersieht, dass die Frage, wie das Schiedsgutachten bei Ausgehen von der richtigen Aufgabenstellung oder bei Beachtung der vertraglichen Vorgaben ausgefallen wäre, häufig nur auf der Grundlage eines Gutachtens eines anderen Sachverständigen beurteilt werden kann, der von der richtigen Aufgabenstellung ausgegangen ist oder die vertraglichen Vorgaben beachtet hat. Damit würde aber im Ergebnis die Missachtung vertraglicher Vorgaben nur dann zur Versagung der Bindungswirkung führen, wenn die Schiedsgutachterstelle zu einem anderen Ergebnis gekommen ist als das unter Beachtung der vertraglichen Vorgaben vorgehende Gericht. Eine derartige Auslegung des Schiedsgutachtenvertrags steht aber im Widerspruch zu der Funktion und Stellung einer Schiedsgutachterstelle und kann daher nicht überzeugen.[2086] Aus den genannten Gründen ist die Ausgestaltung des New Yorker

---

[2086] Für die Anerkennung der Missachtung vertraglicher Vorgaben hinsichtlich der Art und Weise der Entscheidungsfindung als eines selbstständigen Grundes für die Versagung der Bindungswirkung sprechen auch die folgenden Gründe: Der Schiedsgutachtenvertrag bildet den Rahmen für die Rechtsmacht der Schiedsgutachter; die Einhaltung dieses Rahmens muss daher jedenfalls bei ausdrücklichen Vorgaben streng kontrolliert werden. Im Übrigen müssen sich die Parteien darauf verlassen können, dass die von ihnen vorgesehenen (Rahmen-)Bedingungen strikt beachtet werden.

Rechts dagegen als interessengerecht anzusehen. Das gleiche gilt für die Rechtslage außerhalb des Anwendungsbereichs der §§ 64, 184 VVG.

Auch der Standpunkt des deutschen Rechts, dass bei Zweifeln über die Qualifikation des konkreten Schiedsgutachtenvertrags nicht ein Schiedsgutachtenvertrag i.w.S., sondern ein Schiedsgutachtenvertrag i.e.S. als vereinbart anzusehen ist, ist nicht interessengerecht. Dieser dem New Yorker Recht widersprechende Grundsatz erhöht das Risiko einer Versagung der Bindungswirkung wegen Ausgehens von einer unzutreffenden Aufgabenstellung. Eine solche Zweifelsregel widerspricht dem Bindungswirkungs- und Prozessvermeidungsinteresse der Parteien, ohne durch das Schutzinteresse der Parteien geboten zu sein. Aus denselben Gründen ist es auch nicht interessengerecht, dass das Risiko fehlender Bindungswirkung wegen angeblicher Missachtung vertraglicher Vorgaben für die Entscheidungsfindung im deutschen Recht höher ist als in den Fällen eines Schiedsgutachtens der ersten Fallgruppe.

Im Widerspruch zur Interessenlage der Parteien steht auch die Unklarheit des deutschen Rechts hinsichtlich der Frage, ob eine Überschreitung der Befugnisse seitens der Schiedsgutachter stets zur Versagung der Bindungswirkung des Schiedsgutachtens insgesamt führt. Ein Grundsatz, wonach dem Schiedsgutachten in diesen Fällen die Bindungswirkung stets zur Gänze zu versagen ist, widerspricht dem Bindungswirkungs- und Prozessvermeidungsinteresse, ohne durch das Schutzinteresse geboten zu sein. Insoweit ist die Ausgestaltung des New Yorker Rechts interessengerechter. Interessengerechter ist das New Yorker Recht aber auch darin, dass eine Partei sich auf eine Überschreitung der Zuständigkeit nur dann berufen kann, wenn ihre Rechte hierdurch nachteilig berührt worden sind. Dies entspricht dem Prozessvermeidungs- und Bindungswirkungsinteresse der Parteien; dagegen wird ihr Schutzinteresse hierdurch nicht nachteilig berührt.

Ebenfalls nicht ganz interessengerecht ist die Auffassung des deutschen Rechts, dass nur die Missachtung „wesentlicher" im Schiedsgutachtenvertrag festgelegter Verfahrensvorschriften zu einer Versagung der Bindungswirkung führt. Dieser Grundsatz widerspricht dem Schutzinteresse der Parteien, das bei vertraglicher Konkretisierung stärker zu gewichten ist als ihr Bindungswirkungsinteresse. Das deutsche Recht trägt der Interessenlage der Parteien aber auch dadurch unzureichend Rechnung, dass es – im Gegensatz zum New Yorker Recht – nicht den Nachweis verlangt, dass das Schiedsgutachten für die betroffene Partei bei Beachtung der Vorgaben möglicherweise günstiger ausgefallen wäre. Dieser Standpunkt widerspricht dem Bindungswirkungsinteresse, ohne bei verständiger Würdigung durch das Schutzinteresse geboten zu sein.

Dagegen ist es interessengerecht, dass beide Rechtsordnungen einer Partei die Berufung auf die Missachtung vertraglicher Bestimmungen versagen, wenn diese das Schiedsgutachtenverfahren in Kenntnis der maßgeblichen Umstände rügelos fortgesetzt hat. Dem Schutzinteresse der Parteien genügt die Rügemöglichkeit. Wird diese nicht genutzt, greift wieder der Grundsatz

Platz, dass Prozessvermeidungs- und Bindungswirkungsinteresse stärker zu gewichten sind als das Schutzinteresse.

bbb. Unzureichende Sachkunde

Der übereinstimmende Grundsatz beider Rechtsordnungen, dass die unzureichende Sachkunde eines Schiedsgutachters einen selbstständigen Grund für die Versagung der Bindungswirkung darstellen kann, ist interessengerecht. Wie oben dargelegt entspricht das Erfordernis einer im Hinblick auf die konkrete Aufgabenstellung hinreichenden Sachkunde der Interessenlage der Parteien. Ist aber das Erfordernis einer hinreichenden Sachkunde interessengerecht, dann ist es aus Sicht der Interessenlage der Parteien nur folgerichtig, die unzureichende Sachkunde eines Schiedsgutachters auch als selbstständigen Grund fehlender Bindungswirkung anzuerkennen. Dem Bindungswirkungs- und Prozessvermeidungsinteresse der Parteien kann insoweit angemessen durch die sach- und interessengerechte Ausgestaltung der Anforderungen an die Sachkunde, das Erfordernis einer jedenfalls möglichen nachteiligen Auswirkung des Mangels an Sachkunde, relativ strenge Präklusionsregeln und auch Heilungsmöglichkeiten Rechnung getragen werden.

Nicht interessengerecht ist es dagegen, dass das deutsche Recht – anders als das New Yorker Recht – jedenfalls bei einem allein entscheidenden Schiedsgutachter tendenziell besonders strenge Mindestanforderungen an dessen Sachkunde stellt.[2087] Interessengerechter ausgestaltet ist das New Yorker Recht auch insoweit, als es bei einer völlig unzureichenden Sachkunde der Schiedsgutachterstelle die Schiedsgutachter zu einer über das Normalmaß hinausgehenden Gewährung rechtlichen Gehörs verpflichtet, die unzureichende Sachkunde andererseits aber auch nach einer solchen Gewährung rechtlichen Gehörs als „geheilt" ansieht. Dieser Grundsatz ermöglicht eine interessengerechtere Lösung des Spannungsverhältnisses zwischen Schutz- und Bindungswirkungsinteresse der Parteien als eine spätere Versagung der Bindungswirkung wegen unzureichender Sachkunde. Denn einerseits wird dem Schutzinteresse durch das Gebot der Gewährung eines erheblich erweiterten rechtlichen Gehörs angemessen Rechnung getragen, andererseits aber auch eine dem Bindungswirkungsinteresse widersprechende Versagung der Bindungswirkung verhindert. An dieser Beurteilung ändert es nichts, dass eine solche erweiterte Gewährung rechtlichen Gehörs aus Sicht des Beschleunigungsinteresses der Parteien gegenüber einer Möglichkeit der Auswechselung nur die zweitbeste Lösung ist.

Hinsichtlich der Frage der Interessengerechtigkeit der Ausgestaltung der Grundsätze über die Präklusion einer unzureichenden Sachkunde bzw. die Nichtbeachtung von Verfahrensvorschriften kann auf die oben gemachten Ausführungen verwiesen werden.

[2087] Siehe dazu oben S. 393.

ccc. Befangenheit

Das deutsche Recht kann – anders als das New Yorker Recht – insoweit nicht als interessengerecht angesehen werden, als es im Grundsatz die Befangenheit eines Schiedsgutachters nicht als einen selbstständigen Grund für die Versagung der Bindungswirkung des Schiedsgutachtens anerkennt. Dieser Grundsatz trägt – entgegen der Auffassung des Reichsgerichts und des Bundesgerichtshofs – weder dem Schutzinteresse noch den anderen berührten Interessen der Parteien hinreichend Rechnung. Die Auffassung des Reichsgerichts und des Bundesgerichtshofs, dass dem Schutzinteresse der Parteien im Regelfall angemessen bereits durch § 317 II BGB (Einstimmigkeitserfordernis), § 318 II BGB (Anfechtungmöglichkeit), § 319 I 1 BGB, §§ 64 I 1, 184 I 1 VVG (Unverbindlichkeit) Rechnung getragen werde, ist unzutreffend. Es kann insoweit nicht ausgeschlossen werden, dass das Ergebnis des Schiedsgutachtens bei Unbefangenheit des betreffenden Schiedsgutachters für die mit dem Schiedsgutachten unzufriedene Partei günstiger ausgefallen wäre, und eine Neutralitätskontrolle kann insoweit auch durch eine inhaltliche, *ex post* durchgeführte Kontrolle des Schiedsgutachtens nicht sachgerecht kompensiert werden. Eine solche Kompensation ist nur in einer Art und Weise möglich, die dem Bindungswirkungs- und Prozessvermeidungsinteresse diametral entgegenläuft. Sie setzt nämlich eine allumfassende Kontrolle der Entscheidungsfindung und eine erhebliche Kontrollintensität voraus. Auch die Kompensation einer fehlenden Neutralitätskontrolle durch ein grundsätzliches Einstimmigkeitserfordernis ist, wie oben dargelegt, nicht interessengerecht. Im Übrigen würde diese Kompensationsidee auch in der Praxis praktisch immer leerlaufen, weil in der Praxis in aller Regel entweder das Tätigwerden eines allein entscheidenden Schiedsgutachters oder einer nicht einstimmig entscheidenden Schiedsgutachterstelle vereinbart wird.

Hinzu kommt, dass eine konzeptionelle Lösung des Spannungsverhältnisses zwischen Schutzinteresse und Bindungswirkungsinteresse nach Maßgabe der §§ 317 II, 318 II, 319 I 1 BGB, §§ 64 I 1, 184 I 1 VVG, aber ohne Neutralitäts- und Verfahrenskontrolle nicht der Interessenlage der Parteien entspricht. Berücksichtigt man nämlich den Umstand, dass das Spannungsverhältnis zwischen dem Bindungswirkungsinteresse und dem Schutzinteresse in einer Art und Weise gelöst werden sollte, die dem Grundsatz der stärkeren Berücksichtigung des Bindungswirkungsinteresses hinreichend Rechnung trägt, so folgt daraus, dass der Schwerpunkt des Schutzes der Parteien nicht auf der Ebene der inhaltlichen Kontrolle des Schiedsgutachtens, sondern im Vorfeld der Schiedsgutachtenerstattung auf der Ebene der präventiv wirkenden Schutzmechanismen anzusiedeln ist. Würde der Schwerpunkt des Schutzes der Parteien bei der inhaltlichen Kontrolle des Schiedsgutachtens angesiedelt, so würde diese tendenziell dem Bindungswirkungsinteresse der Parteien zuwiderlaufen. Demgegenüber bringt eine Verlagerung des primären Schutzes der Parteien auf präventiv wirkende Schutzmechanismen beide Interessen besser in Einklang. Da präventive Schutzmechanismen bereits im Vorfeld der Schiedsgutachtenerstattung mögliche Fehlerquellen oder jedenfalls die Gefahr von Fehlern reduzieren, verringern sie gleichzeitig auch das Risiko einer fehlenden Bindungswirkung des Schiedsgutachtens.

Vor diesem Hintergrund ist es allerdings interessengerecht, dass das deutsche Recht die Befangenheit eines allein entscheidenden Schiedsgutachtens heute als selbstständigen Grund für die Versagung der Bindungswirkung anerkennt. Nicht interessengerecht ist es dagegen, dass in diesen Fällen eine Befangenheit zur Versagung der Bindungswirkung auch dann führen kann, wenn das Schiedsgutachten für die betreffende Partei ohne Befangenheit nicht günstiger ausgefallen wäre. Das New Yorker Recht ist insoweit interessengerechter.

Auch die Grundsätze über die Beschränkung der Möglichkeit, die Versagung der Bindungswirkung durch Geltendmachung eines statthaften Ablehnungsgrundes zu erreichen, sind in beiden Rechtsordnungen im Grundsatz als interessengerecht zu bezeichnen.[2088]

ddd. Mängel des Schiedsgutachtenverfahrens

Das deutsche Recht kann auch insoweit nicht als interessengerecht bewertet werden, als Verstöße gegen Verfahrensgrundsätze grundsätzlich keinen selbstständigen Grund für die Versagung der Bindungswirkung darstellen. Zunächst wird hier dem Schutzinteresse der Parteien nicht hinreichend Rechnung getragen, denn es kann nicht ausgeschlossen werden, dass bei Beachtung bestehender Verfahrensregeln das Schiedsgutachten für die betreffende Partei günstiger ausgefallen wäre. Diese Missachtung verfahrensrechtlicher Vorgaben lässt sich durch eine inhaltliche Kontrolle des Schiedsgutachtens nicht kompensieren[2089] – jedenfalls dann nicht, wenn die inhaltliche Kontrolle nicht dem Bindungswirkungs- und Prozessvermeidungsinteresse der Parteien zuwiderlaufen soll. Die Interessenwidrigkeit dieses Grundsatzes beruht aber auch darauf, dass das Spannungsverhältnis zwischen Bindungswirkungs- und Schutzinteresse primär durch eine Stärkung präventiver Schutzmechanismen zu lösen ist. Der genannte Grundsatz läuft aber im Ergebnis einer Stärkung präventiver Schutzmechanismen zuwider. Die Ausgestaltung des New Yorker Rechts in diesem Punkt ist dagegen interessengerecht.

Interessengerecht ist es auch, dass neuerdings jedenfalls bei einem allein entscheidenden Schiedsgutachter die Anhörung nur einer Partei zur Versagung der Bindungswirkung des Schiedsgutachtens führt. Im Widerspruch zur Interessenlage der Parteien steht es dagegen, dass die Anhörung lediglich einer Partei zur Versagung der Bindungswirkung auch dann führen kann, wenn feststeht, dass das Ergebnis für die betroffene Partei bei Anhörung beider Parteien nicht günstiger ausgefallen wäre.

[2088] Siehe dazu oben S. 397, auch mit der für das deutsche Recht geltenden Ausnahme.

[2089] So zu Recht *Wittmann*, S. 132.

Der Interessenlage der Parteien entspricht es dagegen, dass beide Rechtsordnungen einer Partei die Berufung auf Mängel des Schiedsgutachtenverfahrens grundsätzlich versagen, wenn diese Partei das Schiedsgutachtenverfahren in Kenntnis des Mangels rügelos fortgesetzt hat. Eine solche Präklusion entspricht dem Bindungswirkungs- und Prozessvermeidungsinteresse der Parteien, ohne dass ihr Schutzinteresse negativ berührt wird. Vor diesem Hintergrund ist es dagegen interessenwidrig, dass ein Verfahrensmangel, der zugleich eine Besorgnis der Befangenheit begründet, nach deutschem Recht jedenfalls bei einem allein entscheidenden Schiedsgutachter nicht präkludiert werden kann.

c. *Arten fehlender Bindungswirkung*

Der übereinstimmende Standpunkt des deutschen und des New Yorker Rechts, dass bestimmte Umstände nicht nur zu einer Unverbindlichkeit oder einer Aufhebung, sondern zu einer Unwirksamkeit des Schiedsgutachtens führen, ist nicht interessengerecht. Er ist bei verständiger Würdigung durch das Schutzinteresse der Parteien nicht geboten, schadet aber dem Prozessvermeidungs- und Bindungswirkungsinteresse der Parteien. Dies ergibt sich daraus, dass die Beweislast für die Wirksamkeit des Schiedsgutachtens – anders als im Falle der Unverbindlichkeit bzw. Aufhebbarkeit – grundsätzlich derjenige trägt, der sich auf das Schiedsgutachten beruft, nicht hingegen diejenige Partei, die mit dem Schiedsgutachten unzufrieden ist. Hinzu kommt, dass die Unwirksamkeit des Schiedsgutachtens immer von Amts wegen geprüft wird.

d. *Prozessuales*

Die prozessuale Behandlung, die das New Yorker Recht Gründen fehlender Bindungswirkung angedeihen lässt, ist als interessengerechter zu bewerten als die Ausgestaltung der entsprechenden prozessualen Regeln des deutschen Rechts.

Das gilt zunächst insoweit, als nach New Yorker Recht – im Gegensatz zum deutschen Recht – eine Vermutung für die Wirksamkeit und die ordnungsgemäße Durchführung des Schiedsgutachtens streitet. Im Ergebnis trägt die Beweislast daher stets die Partei, die mit dem Schiedsgutachten unzufrieden ist. Dies trägt dem Prozessvermeidungs- und Bindungswirkungsinteresse der Parteien besser Rechnung als das deutsche Recht. Andererseits wird das Schutzinteresse der Parteien hierdurch nicht übermäßig berührt. Im Übrigen ist das Prozessvermeidungsinteresse auf der Ebene der gerichtlichen Kontrolle des Schiedsgutachtens (und hierzu gehören auch die Grundsätze über die Darlegungs- und Beweislast und die Darlegungspflicht) stärker zu gewichten als das Schutzinteresse.

Weiterhin sieht das New Yorker Recht Gründe fehlender Bindungswirkung ganz überwiegend nicht als Einwendung, sondern – entsprechend den bei Schiedssprüchen geltenden Grundsätzen – als Einrede an. Auch dieser Grundsatz entspricht dem Prozessvermeidungsinteresse weit eher als der entgegengesetzte Grundsatz des deutschen Rechts. Im Übrigen ist nicht ersichtlich, warum es das Schutzinteresse der Parteien gebieten sollte, Gründe fehlender Bindungswirkung als Einwendung und nicht als Einrede auszugestalten.

Die Ausgestaltung des deutschen Rechts ist aber auch deshalb weniger interessengerecht als das New Yorker Recht, weil es nur sehr geringe Anforderungen an die Darlegungspflicht derjenigen Partei stellt, die mit dem Schiedsgutachten unzufrieden ist. Dies gilt jedenfalls dann, wenn es um Lücken der Grundlagen des Schiedsgutachtens geht. Derart geringe Anforderungen an die Darlegungspflicht widersprechen dem Prozessvermeidungsinteresse, ohne durch das Schutzinteresse der Parteien geboten zu sein. Es ist nicht einzusehen, warum eine Partei nicht auch bei aus Sicht des erkennenden Gerichts schwerwiegenden Lücken der Entscheidungsfindung verpflichtet werden sollte, sich darüber Gedanken zu machen (und entsprechende Auskünfte einzuholen), wie das Schiedsgutachten voraussichtlich bei fehlerfreiem Vorgehen ausgefallen wäre. Anderenfalls würde im Ergebnis bereits der bloße Umstand der erheblichen Lückenhaftigkeit der Grundlagen als ein „schwerwiegender" Mangel der Grundlagen des Schiedsgutachtens angesehen, aufgrund dessen dem Schiedsgutachten die bindende Wirkung zu versagen ist. Ein solcher Grundsatz wäre aber aus den oben dargelegten Gründen nicht interessengerecht.

e. *Rechtsfolgen fehlender Bindungswirkung*

Auch hinsichtlich der Rechtsfolgen einer fehlenden Bindungswirkung ist die Ausgestaltung des New Yorker Rechts als interessengerechter zu bewerten als das deutsche Recht. Während letzteres im Falle fehlender Bindungswirkung in praktisch allen Fällen mangels einer regelmäßig fehlenden abweichenden Vereinbarung das gerichtliche Verfahren Platz greifen lässt, können die Gerichte nach New Yorker Recht hinsichtlich der maßgeblichen Fragestellungen ein erneutes Schiedsgutachtenverfahren anordnen. Diese Ausgestaltung ist interessengerechter, da sie dem Prozessvermeidungsinteresse der Parteien besser Rechnung trägt als das deutsche Recht.[2090] Allerdings würde es dem Interesse der Parteien an einer Prozessvermeidung noch besser entsprechen, wenn das Ermessen der New Yorker Gerichte insoweit gebunden wäre.

6. **Rechtsbehelfe**

Vergleicht man die Ausgestaltung der Rechtsbehelfe, die den Parteien eines Schiedsgutachtenvertrags zur Sicherstellung eines reibungslosen Ablaufs des Schiedsgutachtenverfahrens in beiden Rechtsordnungen zur Verfügung ge-

---

2090 Im Ergebnis ebenso (Ausgestaltung des deutschen Schiedsgutachtenrechts in diesem Punkt widerspricht der Interessenlage der Parteien): *Straatmann*, FS Stödter, S. 127.

stellt werden, so muss man zu der Schlussfolgerung kommen, dass das deutsche Recht dem Beschleunigungs- und Prozessvermeidungsinteresse der Parteien praktisch überhaupt keine Rechnung trägt[2091] – ganz im Gegensatz zum New Yorker Recht. Dem Willen der Parteien nach Beschleunigung und Prozessvermeidung wird durch das deutsche Recht in keiner Weise Rechnung getragen.[2092]

Als im Wesentlichen interessengerecht zu bewerten sind beide Rechtsordnungen dagegen hinsichtlich der Rechtsbehelfe, die sie den Parteien nach Erstattung des Schiedsgutachtens zur Verfügung stellen. Diese Rechtsbehelfe tragen dem Beschleunigungsinteresse, aber auch dem Bindungswirkungs- und dem Prozessvermeidungsinteresse im Wesentlichen Rechnung. Dennoch ist das New Yorker Recht im Vergleich zum deutschen Recht auch insoweit wieder als interessengerechter anzusehen. So entspricht die den Gerichten eingeräumte Möglichkeit, eine Korrektur des Schiedsgutachtens durch die Schiedsgutachter selbst anordnen zu können, dem Bindungswirkungs-, aber auch dem Prozessvermeidungsinteresse besser als eine Korrektur durch das Gericht. Auch die Vollstreckbarerklärung des Schiedsgutachtens entspricht dem Beschleunigungs- und Prozessvermeidungsinteresse der Parteien grundsätzlich besser als eine Durchsetzung des Schiedsgutachtens im Wege einer Leistungsklage. Andererseits wird auch das Schutzinteresse der Parteien nicht negativ berührt, wenn man eine Vollstreckbarerklärung nur in den Fällen zulässt, in denen nach Erstattung des Schiedsgutachtens Grund und Höhe des Anspruchs feststehen und das Verfahren über die Vollstreckbarerklärung sachgerecht ausgestaltet ist.

Nicht im Einklang mit der Interessenlage der Parteien steht es dagegen, dass beide Rechtsordnungen – im Gegensatz zum deutschen und New Yorker Schiedsverfahrensrecht – im Grundsatz keine Ausschlussfrist für die Geltendmachung der fehlenden Bindungswirkung vorsehen. Dieses Fehlen einer Ausschlussfrist läuft dem Bindungswirkungs- und Prozessvermeidungsinteresse, aber auch dem Beschleunigungsinteresse der Parteien zuwider. Andererseits ist ihr Fehlen bei verständiger Würdigung auch nicht durch das Schutzinteresse geboten. Allerdings entspricht die Ausgestaltung des deutschen Rechts der Interessenlage insoweit besser als das New Yorker Recht, als Anfechtungsgründe nur unverzüglich nach Kenntniserlangung geltend gemacht werden können und eine neuere Entscheidung sich jedenfalls gegen eine unbefristete Möglichkeit der Geltendmachung einer fehlenden Bindungswirkung ausgesprochen hat.

Darüber hinaus ist das New Yorker Recht auch insoweit noch verbesserungsbedürftig, als die den Parteien zur Verfügung gestellten Rechtsbehelfe im Ermessen der Gerichte stehen. Dem Prozessvermeidungs-, aber auch dem Be-

---

[2091] Vgl. hierzu auch *Wangner*, S. 48 f., der allerdings eine analoge Anwendung der §§ 1025 ff. ZPO für möglich erachtet.

[2092] Siehe dazu oben S. 390.

schleunigungsinteresse würde ein strikter Grundsatz der „judicial non-interference“ noch besser entsprechen.

III. Ergebnis

Der Vergleich des deutschen und des New Yorker Schiedsgutachtenrechts hat gezeigt, dass sich das deutsche und das New Yorker Recht in vielfacher Hinsicht unterscheiden. Am deutlichsten treten diese Unterschiede bei der konzeptionellen Lösung des Spannungsverhältnisses zwischen dem Schutz- und dem Bindungswirkungsinteresse der Parteien, aber auch bei der relativen Gewichtung beider Interessen und bei der Ausgestaltung der den Parteien zur Sicherstellung eines reibungslosen Ablaufs des Schiedsgutachtenverfahrens zur Verfügung stehenden Rechtsbehelfe zu Tage. Die Beurteilung der Sach- und Interessengerechtigkeit der Ausgestaltung beider Rechtsordnungen hat dabei ergeben, dass das New Yorker Recht in allen wesentlichen Aspekten sach- und interessengerechter ausgestaltet ist als das deutsche Recht. Mithin haben sich die in der Einleitung zitierten Hinweise der Praxis auf die fehlende Sach- und Interessengerechtigkeit der bisherigen Ausgestaltung des deutschen Rechts als zutreffend erwiesen. Dieser Befund gibt Anlass, über Vorschläge zur Verbesserung der Ausgestaltung des deutschen Schiedsgutachtenrechts nachzudenken.

Vierter Teil

Vorschläge zur Verbesserung des deutschen Schiedsgutachtenrechts

I. Änderungsvorschläge für das deutsche Schiedsgutachtenrecht

Angesichts des Befunds, dass das deutsche Schiedsgutachtenrecht in seiner bisherigen Ausgestaltung in praktisch allen wesentlichen Aspekten nicht als sach- und, aus Sicht jedenfalls der Parteien eines Schiedsgutachtenvertrags, interessengerecht anzusehen ist, stellt sich die Frage, wie die erkannten Defizite beseitigt werden können.

In Betracht kommt zunächst – wie in Kalifornien geschehen[2093] – eine Abschaffung des Schiedsgutachtenvertrags und ein Aufgehen des Schiedsgutachtenrechts im Schiedsverfahrensrecht.[2094] Dagegen spricht jedoch der zwingende Charakter des § 1042 I ZPO, dessen Grundsätze über die Art und Weise der Durchführung eines Schiedsverfahrens der bisherigen informellen Praxis in Schiedsgutachtenverfahren widersprechen.[2095] Hinzu kommt, dass keine überzeugenden Gründe ersichtlich sind, warum man die Kautelarpraxis der Gestaltungsmöglichkeit des Schiedsgutachtenvertrags berauben sollte. Die Beseitigung der festgestellten Defizite der geltenden Rechtslage muss daher im Rahmen des bestehenden Schiedsgutachtenrechts erfolgen.

Das führt zu der Frage, was genau im deutschen Schiedsgutachtenrecht geändert werden sollte. Hierzu sollen zunächst noch einmal die Defizite der bisherigen Ausgestaltung des deutschen Schiedsgutachtenrechts zusammengefasst werden. Im Anschluss hieran muss die Frage beantwortet werden, ob und inwieweit überhaupt ein rechtliches Bedürfnis zur Beseitigung der festgestellten Defizite des deutschen Rechts anzuerkennen ist. Nach der Beantwortung dieser Frage sollen sodann kurz die Ziele und Grundzüge der Verbesserungsvorschläge des Verfassers skizziert werden – gefolgt von einer Prüfung, inwieweit diese Grundzüge der Verbesserungsvorschläge verfassungsrechtlichen Bedenken begegnen oder geltenden Gesetzen widersprechen. Auf dieser Grundlage sollen sodann die konkreten Verbesserungsvorschläge formuliert werden.

2093 Dazu oben S. 194.

2094 In diese Richtung tendierte z.B. *Bruck*, HansRGZ A 1935, S. 25 f., der sich im Rahmen einer kritischen Auseinandersetzung mit den §§ 64, 184 VVG für eine Ersetzung des Schiedsgutachtenverfahrens durch ein Schiedsverfahren aussprach.

2095 Aus vergleichbaren Gründen hat auch der New Yorker Gesetzgeber von einer Abschaffung des Schiedsgutachtenvertrags abgesehen; siehe dazu oben, S. 194 f.

A. Defizite des deutschen Schiedsgutachtenrechts

Die wesentlichen Kritikpunkte an der bisherigen Ausgestaltung des deutschen Schiedsgutachtenrechts lassen sich schlagwortartig wie folgt zusammenfassen:

- Jede Störung des Schiedsgutachtenverfahrens führt früher oder später (aber eher früher) zur Überleitung in das gerichtliche Verfahren. Das widerspricht dem Willen der Parteien, ein gerichtliches Verfahren über die maßgeblichen Fragestellungen zu vermeiden.
- Es fehlt praktisch überall an effektiven Rechtsbehelfen, die einen reibungslosen Ablauf des Schiedsgutachtenverfahrens auch in den in der Praxis primär vorkommenden Fällen sog. „textarmer“ Schiedsgutachtenklauseln sicherstellen.[2096]
- Präventive Schutzmechanismen (insbesondere strenge Neutralitätsanforderungen und gewisse Mindestgrundsätze für das Schiedsgutachtenverfahren) spielen im deutschen Recht immer noch eine viel zu geringe Rolle – trotz der Tendenz der neueren Rechtsprechung, die formelle Kontrolle von Schiedsgutachten allein entscheidender Schiedsgutachter deutlich zu verstärken. Die Rechtsprechung versucht im Grundsatz immer noch, dem Schutzinteresse der Parteien vor allem durch (a) Begrenzung des Spielraums der Schiedsgutachterstelle, (b) Normierung einer umfassenden Sachaufklärungspflicht, (c) Normierung einer umfassenden Begründungspflicht (die über die verfassungsrechtlich gebotene Begründungspflicht im Falle eines gerichtlichen Sachverständigen weit hinausgeht), und (d) Vornahme einer umfassenden und intensiven gerichtlichen Kontrolle der Grundlagen des Schiedsgutachtens Rechnung zu tragen. Dieser konzeptionelle Ansatz führt zu erheblichen Friktionen mit dem Prozessvermeidungs- und Bindungswirkungsinteresse der Parteien, wie die Bewertung des deutschen Rechts gezeigt hat. Darüber hinaus widerspricht dieser konzeptionelle Ansatz zur Lösung des Spannungsverhältnisses zwischen Schutz-, Beschleunigungs- und Bindungswirkungsinteresse der Funktion und Stellung einer Schiedsgutachterstelle.
- Die deutschen Gerichte binden Schiedsgutachter im Anwendungsbereich der §§ 64, 184 VVG immer noch in deutlich zu geringem Maße an Vorgaben des Schiedsgutachtenvertrags, insbesondere an etwaige Vorgaben hinsichtlich der Art und Weise der Entscheidungsfindung.
- Das Schutzinteresse der Parteien wird außerhalb des Anwendungsbereichs der §§ 64, 184 VVG von der Rechtsprechung viel zu stark betont – und das in einem Bereich, der – anders als das Versicherungsrecht – durch regelmäßig annähernd gleich starke Parteien geprägt ist, sodass die Betonung

---

[2096] So auch schon die Kritik von *Wangner*, S. 48 f., der allerdings (S. 49 ff.) eine entsprechende Anwendung der §§ 1025 ff. ZPO für möglich hält, um diese Lücken zu schließen.

des Schutzinteresses der Parteien gerade in diesem Bereich widersinnig erscheint. Die zu starke Betonung des Schutzinteresses zeigt sich darin, dass bei einem allein entscheidenden Schiedsgutachter (a) strenge Anforderungen an dessen Sachkunde und Neutralität, aber auch an die Gleichbehandlung der Parteien bei der Gewährung rechtlichen Gehörs gestellt werden und (b) dennoch eine umfassende, „bis ins kleinste Detail" gehende und intensive inhaltliche Kontrolle des Schiedsgutachtens und eine sehr enge Fassung des Spielraums[2097] der Schiedsgutachterstelle beibehalten wird. Sie zeigt sich aber auch durchaus darin, dass bei der Frage, ob im konkreten Fall ein Schiedsgutachtenvertrag i.w.S. oder ein Schiedsgutachtenvertrag i.e.S. vorliegt, im Zweifel von den Gerichten ein Schiedsgutachtenvertrag i.e.S. bejaht wird. Weiterhin wird (verstärkt durch den Umstand, dass Gründe fehlender Bindungswirkung stets Einwendungen und keine Einreden darstellen) die Reichweite der Begründungspflicht der Schiedsgutachter so umfassend gezogen, dass von einer Darlegungspflicht der mit dem Schiedsgutachten unzufriedenen Partei nicht mehr allzu viel übrig bleibt und die Gerichte in die Lage versetzt werden, die Entscheidungsfindung der Schiedsgutachterstelle „bis ins kleinste Detail" zu überprüfen – wovon sie auch durchaus Gebrauch machen.

– Abgesehen von den vorstehend genannten Punkten, die sich im Rahmen der Bewertung des deutschen und des New Yorker Rechts als die wesentlichen Kritikpunkte an der bisherigen Ausgestaltung des deutschen Schiedsgutachtenrechts herauskristallisiert haben, gibt es aber noch zwei weitere wesentliche Kritikpunkte. Hier ist zum einen die in Rechtsprechung und Schrifttum vorgenommene Differenzierung zwischen verschiedenen Arten von Schiedsgutachtenverträgen zu nennen, die sich auch in unterschiedlichen Rechtsfolgen niederschlägt. Auch wenn zwischen der Aufgabenstellung einer Schiedsgutachterstelle i.w.S. und einer Schiedsgutachterstelle i.e.S. gewisse Unterschiede bestehen mögen,[2098] ist die Interessenlage der Parteien im Zeitpunkt des Abschlusses des Schiedsgutachtenvertrags in beiden Fällen identisch. Diese identische Interessenlage muss im Hinblick auf den gerichtlichen Kontrollumfang, die gerichtliche Kontrollintensität und den Kreis der zur Versagung der Bindungswirkung führenden Gründe zu übereinstimmenden Rechtsfolgen führen.[2099] Der zweite wesentliche Kritikpunkt, der sich nicht in der Bewertung der Sach- und Interessengerechtigkeit des deutschen Rechts niedergeschlagen hat, ist die erhebliche Rechtsunsicherheit hinsichtlich der genauen Voraussetzungen, unter denen eine

[2097] Insbesondere durch extensive Bindung an implizite vertragliche Vorgaben, statt den Grundsatz des § 317 I BGB (mit der Betonung des „Ermessens") Platz greifen zu lassen.

[2098] Dazu: *Heinrich*, S. 81.

[2099] Dafür spricht im Übrigen auch, dass die Schiedsgutachter häufig vor der schwer zu beantwortenden (dazu: *Bleutge*, GewA 1978, S. 147) Frage stehen, ob im konkreten Fall ein Schiedsgutachtenvertrag i.w.S. oder ein Schiedsgutachtenvertrag i.e.S. vereinbart worden ist. Folglich besteht auch insoweit eine für die Kautelarpraxis missliche Rechtsunsicherheit.

„offenbare Unbilligkeit", eine „offenbare Unrichtigkeit" bzw. ein „offenbar erhebliches Abweichen von der wirklichen Sachlage" bejaht wird.[2100] Diese Rechtsunsicherheit hat für die Praxis stark negative Auswirkungen, sodass Aufrufe der rechtsberatenden Praxis verständlich werden, von Schiedsgutachtenverträgen entweder ganz Abstand zu nehmen oder jedenfalls den üblichen gerichtlichen Kontrollumfang vertraglich zu begrenzen.

B. Notwendigkeit rechtlicher Regelungen zur Beseitigung der Defizite

Nachdem nunmehr Klarheit über die wesentlichen Regelungsdefizite des deutschen Schiedsgutachtenrechts herrscht, ist zunächst die Frage zu klären, ob der Forderung nach einer Reform des deutschen Schiedsgutachtenrechts der Einwand entgegengehalten werden kann, dass die erkannten Defizite sich nur dann auswirken, wenn die Parteien keine vertraglichen Regelungen zur Kompensation der bestehenden Defizite getroffen haben. So könnte die Auffassung vertreten werden, dass eine Reform schon deshalb entbehrlich sei, weil die Parteien im Prinzip die Möglichkeit haben, die erkannten Defizite durch vertragliche Regelungen zu „überspielen", und kein Anlass besteht, Änderungen des Schiedsgutachtenrechts für die Fälle vorzusehen, in denen die jeweiligen Parteien es versäumt haben, für ihren konkreten Fall entsprechende Vereinbarungen zu treffen.

Dieser denkbare Einwand kann jedoch nicht überzeugen. Diesem Einwand liegen zwei Prämissen zugrunde, nämlich zum einen die Prämisse, dass der Staat kein Eigeninteresse an einer sach- und interessengerechten Ausgestaltung des Schiedsgutachtenrechts hat, und zum anderen die Prämisse, dass die Beibehaltung sach- und interessenwidriger Regelungen so lange unbedenklich ist, wie der Rechtsverkehr die Möglichkeit hat, sich vertraglich auf diese Regelungsdefizite einzustellen. Schon die erste Prämisse ist unzutreffend. Der Staat hat – ebenso wie im Bereich des Schiedsverfahrensrechts – sehr wohl ein Eigeninteresse an einer sach- und interessengerechten Ausgestaltung des Schiedsgutachtenrechts auch in den praktisch häufigsten Fällen „textarmer" Klauseln. So hat denn auch der Gesetzgeber bei der Neufassung der §§ 1025 ff. ZPO der Forderung nach einer benutzerfreundlicheren Ausgestaltung des Schiedsverfahrensrechts entsprochen und sich nicht auf den Einwand zurückgezogen, dass der Rechtsverkehr sich auf die erkannten Defizite einstellen könne. Der Grund dafür ist im Wesentlichen darauf zurückzufüh-

[2100] Vgl. dazu *Gross*, DStR 2000, S. 1962: „Eine Prognose über den Ausgang eines gerichtlichen Rechtsstreits, welcher die Frage der offenbaren Unrichtigkeit eines Schiedsgutachtens hat, ist nur schwer möglich. Denn zum einen ist schwer zu prognostizieren, wie das jeweilige Gericht den unbestimmten Rechtsbegriff der offenbaren Unrichtigkeit anwenden wird. Zum anderen ist schwer zu prognostizieren, zu welchen Ergebnissen ein anderer, vom zuständigen Gericht gegebenenfalls zu bestellender Sachverständiger [...] kommen wird. Gerichtliche Auseinandersetzungen sind hier häufig ein Sprung ins Dunkle."

ren, dass – angesichts der erheblichen wirtschaftlichen Bedeutung von Schiedsvereinbarungen und des möglichen Beitrags von Schiedsvereinbarungen zur Entlastung der staatlichen Justiz – eine benutzerfreundlichere rechtliche Ausgestaltung des Schiedsverfahrensrechts im ureigenen staatlichen Interesse lag und liegt. Ein derartiges ureigenes staatliches Interesse besteht aber auch an einer sach- und interessengerechten und damit benutzerfreundlicheren Ausgestaltung des Schiedsgutachtenrechts. Auch Schiedsgutachtenverträge spielen, wie bereits in der Einleitung dargelegt, im Wirtschaftsleben eine wichtige Rolle, und können bei sach- und interessengerechter Ausgestaltung ihrer Rechtsfolgen durchaus zur Entlastung der staatlichen Justiz beitragen.[2101] Aber auch die zweite Prämisse ist angreifbar, denn einem Rechtsstaat, der sich als Dienstleister seiner Bürger versteht, steht es nicht gut an, erkannte Regelungsdefizite in einem für den Rechtsverkehr so wichtigen Bereich wie dem Schiedsgutachtenrecht einfach mit einem Achselzucken hinzunehmen. Der deutsche Gesetzgeber und die Rechtsprechung sollten sich insoweit den New Yorker Gesetzgeber und die New Yorker Gerichte zum Vorbild nehmen. Der New Yorker Gesetzgeber hat der Kritik der Benutzer an der Ausgestaltung des damaligen New Yorker Rechts durch die Vorschrift des CPLR § 7601 Rechnung getragen, und die Rechtsprechung hat auf dieser Grundlage das New Yorker Recht so ausgestaltet, dass es heute eindeutig sach- und interessengerechter ausgestaltet ist als das deutsche Recht.

Nur am Rande und der Vollständigkeit halber sei erwähnt, dass der Umstand textarmer Schiedsgutachtenklauseln in Individualverträgen auch bei anwaltlicher Beratung nicht primär, wie der Verfasser aus eigener beruflicher Anschauung meint beurteilen zu können, auf Nachlässigkeit der anwaltlichen Berater der Parteien zurückzuführen, sondern vielmehr psychologisch zu erklären ist. Die Parteien wollen sich, wenn sie sich auf einen Vertrag geeinigt haben, keine umfassenden Gedanken darüber machen, was im Falle des im Zeitpunkt des Vertragsschlusses subjektiv sehr unwahrscheinlichen Streits zwischen den Parteien passieren wird. Der Versuch einer ausführlichen Regelung des Schiedsgutachtenverfahrens und der Art und Weise der Entscheidungsfindung würden daher verhandlungspsychologisch häufig in eine Sackgasse führen oder jedenfalls die Atmosphäre der Verhandlungen nicht unerheblich belasten. Dies muss man vor Augen haben, wenn man Parteien einer Individualvereinbarung vorwirft, dass sie keine umfassende Ausgestaltung der Schiedsgutachtenklausel vorgenommen haben.

[2101] Vgl. insoweit nur *Asmus*, ZVersWiss 1962, S. 200 f.; *Volmer*, BB 1984, S. 1014; *Sturmberg*, BauR 1992, S. 695.

C. Verbesserungsvorschläge

1. Ziele und Leitlinien der Verbesserungsvorschläge

a. Ziele

Die Ziele der Verbesserungsvorschläge ergeben sich größtenteils aus der Bestandsaufnahme über die bisherigen Regelungsdefizite des deutschen Schiedsgutachtenrechts. Dennoch sollen die Ziele der Verbesserungsvorschläge zur Verdeutlichung noch einmal kurz zusammengefasst werden.

aa. Sach- und Interessengerechtigkeit der Ausgestaltung

Primäres Ziel der Verbesserungsvorschläge ist es, die im Rahmen der Bewertung des deutschen und des New Yorker Schiedsgutachtenrechts gewonnenen Erkenntnisse über die in wesentlichen Teilen fehlende Sach- und Interessengerechtigkeit des deutschen Schiedsgutachtenrechts und die weit größere Sach- und Interessengerechtigkeit des New Yorker Schiedsgutachtenrechts in das deutsche Schiedsgutachtenrecht umzusetzen.

bb. Einheitlichkeit der Ausgestaltung

Das zweite wesentliche Ziel, das der Verfasser mit seinen Verbesserungsvorschlägen verfolgt, ist die Wiedereinführung des Grundsatzes der einheitlichen Ausgestaltung des Schiedsgutachtenrechts.

cc. Verbesserung der Rechtssicherheit

Das dritte und letzte wesentliche Ziel ist die Verbesserung der Rechtssicherheit bei der Ausgestaltung des Schiedsgutachtenrechts, da hier – wie bereits erwähnt – bisher nicht unerhebliche Defizite bestehen, die die an einen konkreten Schiedsgutachtenvertrag geknüpften Rechtsfolgen schwer kalkulierbar machen.

b. Leitlinien

aa. Leitlinien zur Verbesserung der Sach- und Interessengerechtigkeit der Ausgestaltung

Da sich die Ausgestaltung des New Yorker Schiedsgutachtenrechts im Rahmen der Bewertung der Sach- und Interessengerechtigkeit der Ausgestaltung des deutschen und des New Yorker Rechts als deutlich sach- und interessengerechter erwiesen hat als die Ausgestaltung des deutschen Schiedsgutachtenrechts, liegt es nahe, die wesentlichen Grundzüge der Vorschläge zur Verbesserung der Sach- und Interessengerechtigkeit des deutschen Rechts dem

New Yorker Recht zu entnehmen. Allerdings soll das New Yorker Recht insoweit auch nicht zur Gänze übernommen werden, da einige Aspekte der Ausgestaltung des New Yorker Rechts als nicht sach- und interessengerecht bewertet wurden und bestimmte Grundsätze des New Yorker Rechts eine so große Umwälzung des bisherigen deutschen Rechts bedeuten würden, dass von ihrer Übernahme Abstand genommen werden soll.

Übernommen werden soll aus dem New Yorker Recht auf jeden Fall der konzeptionelle Ansatz der Lösung des Spannungsverhältnisses zwischen dem Schutzinteresse, dem Beschleunigungsinteresse und dem Bindungswirkungsinteresse der Parteien. Dieser konzeptionelle Ansatz ist dadurch gekennzeichnet, dass (a) dem Schutzinteresse der Parteien vor allem durch präventive Schutzmechanismen Rechnung getragen wird, (b) der Schiedsgutachterstelle grundsätzlich ein weiter Spielraum eingeräumt und (c) grundsätzlich nur eine sehr eingeschränkte inhaltliche Kontrolle des Schiedsgutachtens stattfindet, im Gegenzug dafür aber die bestehenden präventiven Schutzmechanismen durch das Vorsehen selbstständiger Aufhebungsgründe bei Verletzung oder Missachtung dieser präventiven Schutzmechanismen sanktioniert werden.

Ebenfalls übernommen werden soll der außerhalb der §§ 64, 184 VVG auch von der neueren deutschen Rechtsprechung befürwortete Grundsatz, dass Schiedsgutachter strikt an etwaige Partei-Vorgaben im Schiedsgutachtenvertrag gebunden sind und eine Missachtung dieser Vorgaben grundsätzlich einen selbstständigen Aufhebungsgrund darstellt.

Weiterhin sollen aus dem New Yorker Recht die Grundsätze über die prozessuale Behandlung der Gründe fehlender Bindungswirkung eines Schiedsgutachtens übernommen werden.

Ebenso sollen aus dem New Yorker Recht im Wesentlichen die Grundsätze über die Rechtsfolgen der fehlenden Bindungswirkung eines Schiedsgutachtens übernommen werden. Da aber der Grundsatz der Möglichkeit der Anordnung der erneuten Durchführung eines Schiedsgutachtenverfahrens als Schiedsverfahren dem deutschen Recht fremd ist und selbst die §§ 1025 ff. ZPO nicht die Möglichkeit der Gerichte vorsehen, die erneute Durchführung des Schiedsverfahrens vor einem anderen Schiedsgericht anzuordnen, sollen diese beiden Punkte nicht übernommen werden.

Darüber hinaus sollen – allerdings etwas modifiziert – aus dem New Yorker Recht im Grundsatz die Rechtsbehelfe übernommen werden, die das New Yorker Recht den Parteien eines Schiedsgutachtenvertrags zur Sicherstellung eines reibungslosen des Schiedsgutachtenverfahrens zur Verfügung stellt.

Nicht übernommen werden soll insoweit allerdings die Möglichkeit der Gerichte, die Durchführung des Schiedsgutachtenverfahrens als Schiedsverfahren anzuordnen. Eine derartige Möglichkeit ist dem deutschen Recht gänzlich fremd.

Ebenfalls nicht übernommen werden soll die Möglichkeit eines „special proceeding" zur Durchsetzung von Mitwirkungspflichten, da dem deutschen Recht außer bei Ernennungspflichten auch die Durchsetzung von Mitwirkungspflichten in einem Beschlussverfahren fremd ist. Vielmehr sollen die Möglichkeiten der Parteien zur Durchsetzung von Mitwirkungspflichten, bei denen es sich nicht um Ernennungspflichten handelt, entsprechend den im Rahmen der §§ 1025 ff. ZPO geltenden Grundsätzen ausgestaltet werden.

Nicht übernommen werden soll auch der Grundsatz des New Yorker Rechts, wonach die Zurverfügungstellung von Rechtsbehelfen im Ermessen der Gerichte steht. Vielmehr sollte insoweit ein gebundenes Ermessen Platz greifen, wonach die Gerichte grundsätzlich verpflichtet sind, entsprechenden Anträgen der Parteien stattzugeben.

Ebenfalls nicht übernommen werden soll der für Schiedsgutachten der ersten Fallgruppe geltende Grundsatz des New Yorker Rechts, wonach der Kreis der Gründe für eine Versagung der Bindungswirkung des Schiedsgutachtens grundsätzlich nicht weiter gezogen werden darf als bei einem Schiedsspruch. Dasselbe gilt für die Beschränkung der gerichtlichen Kontrolle eines Schiedsgutachtens der ersten Fallgruppe auf eine jedenfalls *de facto* rein formelle Kontrolle. Beide Aspekte sind zwar im Grundsatz durchaus sachgerecht, tragen dem Schutzinteresse der Parteien aber – jedenfalls bei Beibehaltung einer informellen Verfahrenspraxis – nicht hinreichend Rechnung. Hinzu kommt, dass sich bei einer derart starken Beschränkung der gerichtlichen Kontrolle trotz Beibehaltung des informellen Verfahrens die Frage stellt, ob nicht die – verfassungsrechtlich gebotene – Möglichkeit der staatlichen Gerichte zur Durchführung einer Missbrauchskontrolle[2102] zu stark eingeschränkt wird.

Nicht übernommen werden soll auch der Grundsatz des New Yorker Rechts, dass Schiedsgutachten nicht zu begründen sind. Insoweit unterscheidet sich die Art und Weise der Sicherstellung der Möglichkeit der gerichtlichen Kontrolle im deutschen und im New Yorker Recht zu grundlegend.

bb. Leitlinien zur Verbesserung der Einheitlichkeit und Rechtssicherheit der Ausgestaltung

Die Leitlinien zur Verbesserung der Einheitlichkeit und Rechtssicherheit der Ausgestaltung des deutschen Schiedsgutachtenrechts sind im Unterschied zu den Grundzügen der Vorschläge zur Verbesserung der Sach- und Interessengerechtigkeit der Ausgestaltung des deutschen Rechts schnell skizziert. Die im Rahmen der Verbesserungsvorschläge entwickelten Maßstäbe für die gerichtliche Kontrolle eines Schiedsgutachtens sollen so ausgestaltet werden, dass sie einerseits der Überprüfung aller Arten von Schiedsgutachten zugrunde gelegt werden können und andererseits dem Rechtsverkehr so weit als möglich die notwendige Rechtssicherheit gewähren, das Ergebnis eines über die Bindungswirkung des Schiedsgutachtens geführten Prozesses voraussehen zu können.

2102 Siehe dazu oben S. 55.

c. *Vereinbarkeit der Leitlinien der Verbesserungsvorschläge mit verfassungsrechtlichen Vorgaben*

Die oben dargelegten Leitlinien der Verbesserungsvorschläge und die Orientierung dieser Verbesserungsvorschläge an den Regelungen des New Yorker Schiedsgutachtenrechts könnten insoweit verfassungsrechtlichen Bedenken begegnen, als das New Yorker Recht das Spannungsverhältnis zwischen Schutzinteresse, Beschleunigungsinteresse und Bindungswirkungsinteresse grundsätzlich in einer Art und Weise löst, die einerseits einen weiten Spielraum der Schiedsgutachterstelle und eine stark eingeschränkte inhaltliche Kontrolle des Schiedsgutachtens vorsieht, andererseits aber die Schiedsgutachter nicht zu einer Durchführung des Schiedsgutachtenverfahrens entsprechend den für das Schiedsverfahren geltenden Grundsätzen verpflichtet. Gegen eine ähnliche Ausgestaltung der Rechtsfolgen eines Schiedsgutachtenvertrags, nämlich die von der älteren Rechtsprechung des Bundesgerichtshofs vorgenommene Ausgestaltung der Rechtsfolgen eines Schiedsgutachtenvertrags, hat seinerzeit *Dütz* verfassungsrechtliche Bedenken geltend gemacht, die sich vor allem gegen die Kombination von relativ geringen Anforderungen an die Art und Weise der Durchführung des Schiedsgutachtenverfahrens und (stark) eingeschränkter gerichtlicher Kontrolle des Schiedsgutachtens richteten. *Dütz* hat sich dabei auf den Standpunkt gestellt, dass ein Gericht bei einer informellen Durchführung des Schiedsgutachtenverfahrens ohne vollumfängliche Gewährung rechtlichen Gehörs aus verfassungsrechtlichen Gründen zu einer vollumfänglichen inhaltlichen Kontrolle des Schiedsgutachtens verpflichtet sei.[2103] Auch *Habscheid* hat verfassungsrechtliche Bedenken gegen eine derartige Ausgestaltung der Rechtsfolgen eines Schiedsgutachtenvertrags geltend gemacht und sich auf den Standpunkt gestellt, dass Art. 103 I GG es gebiete, jedenfalls bei einer stark eingeschränkten inhaltlichen Kontrolle des Schiedsgutachtens entsprechend den Grundsätzen der älteren Rechtsprechung des Bundesgerichtshofs die für das schiedsgutachterliche Verfahren geltenden Grundsätze entsprechend den für das gerichtliche (oder das schiedsgerichtliche) Verfahren geltenden Grundsätzen auszugestalten.[2104]

Es ist daher zu prüfen, ob und inwieweit die oben dargelegten Grundzüge der Verbesserungsvorschläge tatsächlich den von *Dütz* und *Habscheid* geltend gemachten verfassungsrechtlichen Bedenken begegnen.

aa. *Kein Gebot vollumfänglicher inhaltlicher Kontrolle eines Schiedsgutachtens*

Entgegen der Auffassung von *Dütz* lässt sich dem Grundgesetz kein Gebot vollumfänglicher inhaltlicher Kontrolle des Schiedsgutachtens bei informeller

---

[2103] *Dütz*, S. 268.

[2104] *Habscheid*, FS Laufke, S. 316 ff.

Durchführung des Schiedsgutachtenverfahrens ohne vollumfängliche Gewährung rechtlichen Gehörs entnehmen.

Das zeigt sich bereits darin, dass das verfassungsrechtliche Gebot wirkungsvollen Rechtsschutzes, auf das sich *Dütz* beruft, Schiedsgutachtenverträgen zwischen Parteien mit annähernd gleich starker Verhandlungsmacht auch dann nicht entgegensteht, wenn diese ausdrücklich eine eingeschränkte gerichtliche Kontrolle des Schiedsgutachtens entsprechend der älteren Rechtsprechung des Bundesgerichtshofs (und ein Verbot jeglicher Neutralitäts- und Verfahrenskontrolle) vereinbaren.[2105] Eine solche Vereinbarung ist als durch den Grundsatz der Privatautonomie gedeckt anzusehen. Die insoweit vom Grundgesetz lediglich geforderte Missbrauchskontrolle[2106] bezieht sich in allererster Linie auf die Ebene der Abschlussfreiheit. Ist im konkreten Fall die Abschlussfreiheit der Parteien zu bejahen, hindert das Grundgesetz diese nicht, einen Schiedsgutachtenvertrag mit dem dargelegten Inhalt zu schließen.[2107]

Weiterhin ergibt sich eine Pflicht des staatlichen Gerichts zur umfassenden inhaltlichen Kontrolle des Schiedsgutachtens bei Durchführung des Schiedsgutachtenverfahrens in einer relativ informellen Weise auch nicht daraus, dass anderenfalls der Anspruch des Bürgers auf Rechtskontrolle eine unzumutbare, aus Sachgründen nicht mehr zu rechtfertigende Einschränkung erfährt.[2108] Die Sachgründe, die eine eingeschränkte gerichtliche Kontrolle des Schiedsgutachtens entsprechend § 319 I 1 BGB, §§ 64 I 1, 184 I 1 VVG rechtfertigen, sind zum einen darin zu erblicken, dass die Durchführung eines kontradiktorischen Verfahrens in Fällen typischer schiedsgutachterlicher Aufgabenstellungen regelmäßig unter wirtschaftlichen Gesichtspunkten ungeeignet ist, dass dem Willen der Parteien nach Prozessvermeidung jedenfalls in den hier untersuchten Fällen legitime Interessen zugrunde liegen, und dass die Parteien sich auf diese beschränkte Kontrolle – bei bestehender Abschlussfreiheit – geeinigt haben.

Eine Pflicht des staatlichen Gerichts zu einer umfassenden inhaltlichen Kontrolle des Schiedsgutachtens bei Nichtgewährung vollumfänglichen rechtlichen Gehörs im Schiedsgutachtenverfahren ergibt sich auch nicht aus Art. 103 I GG. Zwar normiert diese Vorschrift die Pflicht der staatlichen Gerichte, den Parteien in einem gerichtlichen Verfahren umfassend rechtliches Gehör zu allen dem Urteil zugrunde zu legenden Tatsachen und Rechtsansichten zu gewähren. Hieraus folgt aber nicht, dass die Gerichte im Falle eines Schiedsgutachtens, an das die Gerichte grundsätzlich gebunden sind, verpflichtet sind,

---

[2105] Vgl. dazu nur Ausführungen oben auf S. 55 und die Nachweise zur Abdingbarkeit des § 319 I 1 BGB in Fußnote 893; im Ergebnis ebenso: Soergel-*Wolf*, § 319 Rdn. 1; siehe insoweit auch *Preibisch*, S. 100.

[2106] Dazu oben S. 55.

[2107] Vgl. dazu – für das Schiedsverfahren – BGH vom 03.04.2000, BGHZ 144, 146, 148 f.

[2108] Zu dieser äußersten Grenze für die Ausgestaltung des Gebots effektiven Rechtsschutzes durch Gesetzgeber und Rechtsprechung siehe beispielsweise BVerfG vom 29.11.1989, BVerfGE 81, 123, 129; vom 12.02.1992, BVerfGE 85, 337, 347.

den Parteien umfassendes rechtliches Gehör auch zu den Punkten zu gewähren, die von der Schiedsgutachterstelle entschieden worden sind – und zwar auch dann nicht, wenn das Verfahren, das der Entscheidung vorausgegangen ist, nicht den Anforderungen des Art. 103 I GG genügte. Zunächst einmal können die Parteien auf die Gewährung des ihnen durch Art. 103 I GG garantierten Mindestmaßes an rechtlichem Gehör verzichten.[2109] Im Übrigen beschränkt Art. 103 I GG aber auch den Spielraum des Gesetzgebers und der Rechtsprechung bei der Ausgestaltung des Schiedsgutachtenrechts nicht darauf, entweder das Schiedsgutachtenverfahren wie ein gerichtliches Verfahren auszugestalten oder eine umfassende inhaltliche Kontrolle des Schiedsgutachtens (etwa entsprechend der gerichtlichen Kontrolle des Gutachtens eines gerichtlichen Sachverständigen) vorzusehen. Ein Grundsatz, wonach Formen alternativer Streitbeilegung, die in einen grundsätzlich sowohl für die Parteien wie auch das Gericht bindenden Ausspruch münden, stets in den Formen des gerichtlichen Verfahrens ablaufen oder aber einer umfassenden gerichtlichen Kontrolle unterzogen werden müssen, ist dem Grundgesetz nicht zu entnehmen. Die offensichtlich gegenteilige Auffassung[2110] von *Habscheid* vermag nicht zu überzeugen. Art. 103 I GG hindert die Parteien nicht, Vereinbarungen zu treffen, die die Gewährung rechtlichen Gehörs vor dem staatlichen Richter einschränken. Anderenfalls wären auch viele Prozessverträge, deren Zulässigkeit heute nicht mehr bestritten wird, unzulässig. Demzufolge stellt es auch keinen Verstoß gegen Art. 103 I GG dar, wenn die Parteien die Bindung des Richters an das Ergebnis des Schiedsgutachtens vereinbaren, obwohl dieses in einem Verfahren ergangen ist, das den Anforderungen des Art. 103 I GG nicht genügt. Ebenso wenig, wie der Richter in seiner Parteiunabhängigkeit betroffen wird, wenn die Parteien ihn an das Schiedsgutachten eines parteiischen Schiedsgutachters binden,[2111] wird der Art. 103 I GG in seinem Gehalt verletzt, wenn die Parteien die Bindung des Richters an ein Schiedsgutachten vereinbaren, das auf der Grundlage eines informellen Verfahrens erstattet worden ist. Hinzu kommt, dass dem Art. 103 I GG Gewalt angetan wird, wollte man ihm entnehmen, dass Parteien auch gegen ihren erklärten Willen vollumfängliches rechtliches Gehör zu gewähren ist – entweder im Schiedsgutachtenverfahren oder in dem über die bindende Wirkung des Schiedsgutachtens geführten gerichtlichen Verfahren.

bb. Kein Gebot der Ausgestaltung des Schiedsgutachtenverfahrens nach den für ein Schiedsverfahren geltenden Grundsätzen

Es wurde soeben dargelegt, dass sich dem Grundgesetz bei verständiger Würdigung nicht der Grundsatz entnehmen lässt, dass Gesetzgeber und Rechtsprechung bei der Ausgestaltung des Schiedsgutachtenrechts nur die

---

2109 Maunz/Dürig-*Schmidt-Aßmann*, Art. 103 Rdn. 82.

2110 *Habscheid*, FS Laufke, S. 316 ff.

2111 *Wittmann*, S. 124.

Wahl haben, entweder die für das Schiedsgutachtenverfahren geltenden Verfahrensgrundsätze entsprechend den für das gerichtliche Verfahren geltenden Grundsätzen auszugestalten oder das Schiedsgutachten einer vollumfänglichen inhaltlichen Kontrolle zu unterziehen. Demzufolge ist auch kein verfassungsrechtliches Gebot anzuerkennen, das Schiedsgutachtenverfahren entsprechend den Grundsätzen des gerichtlichen oder des schiedsgerichtlichen Verfahrens auszugestalten. Auch wenn es zutrifft, dass Art. 103 I GG einen objektiven Rechtsgrundsatz beinhaltet, der aus Gründen der Rechtsstaatlichkeit über das gerichtliche Verfahren hinaus auch auf das Privatrecht ausstrahlt, so wird doch Art. 103 I GG seinem vollen Gehalte nach im Regelfall nur auf die Tätigkeit von Stellen erstreckt, deren Tätigkeit als „nicht-staatliche Gerichtsbarkeit" anzusehen ist.[2112] Als „nicht-staatliche Gerichtsbarkeit" ist aber nur die Tätigkeit solcher Stellen anzusehen, die Rechtsprechung im materiellen Sinne ausüben,[2113] also Aufgaben erfüllen, die auch von staatlichen Gerichten wahrgenommen werden können. Die hier untersuchten Schiedsgutachtenverträge betreffen aber gerade Aufgabenstellungen, hinsichtlich derer der Rechtsweg zu den staatlichen Gerichten nicht eröffnet ist. Hinzu kommt, dass Art. 103 I GG auch bei Tätigwerden von Stellen, die „nicht-staatliche Gerichtsbarkeit" ausüben, keinen unverzichtbaren Verfahrensgrundsatz darstellt, wenn und insoweit die getroffene Vereinbarung einer Missbrauchskontrolle standhält. So werden etwa Schiedssprüche, die im Rahmen einer Qualitätsarbitrage ergangen sind, nicht schon dann als aufhebbar angesehen, wenn das Verfahren der Qualitätsarbitrage den Anforderungen des Art. 103 I GG nicht genügt. Demnach gebietet es Art. 103 I GG nicht, die den Gegenstand der vorliegenden Untersuchung bildenden Schiedsgutachtenverfahren wie ein gerichtliches Verfahren (oder ein Schiedsverfahren) auszugestalten.

Soweit sich aus der „Ausstrahlungswirkung" des Art. 103 I GG gewisse Mindestanforderungen an die Ausgestaltung des Schiedsgutachtenverfahrens ergeben,[2114] werden die Verbesserungsvorschläge diesen Anforderungen in jedem Fall gerecht, denn sie sehen nicht nur ein Mindestmaß an Gewährung rechtlichen Gehörs vor, sondern auch die Geltung des Grundsatzes der Durchführung eines fairen Verfahrens und der Gleichbehandlung der Parteien.

cc. Ergebnis

Festzuhalten ist demnach, dass Gesetzgeber und Rechtsprechung auch im Lichte des Gebots wirkungsvollen Rechtsschutzes und des Bedeutungsgehalts des Art. 103 I GG einen nicht zu engen Spielraum bei der Ausgestaltung des Schiedsgutachtenrechts haben. Insoweit ist davon auszugehen, dass auch im Lichte des verfassungsrechtlichen Gebots wirkungsvollen Rechts-

---

[2112] Vgl. Maunz/Dürig-*Schmidt-Aßmann*, Art. 103 GG, Rdn. 50; BK-*Rüping*, Art. 103 Rdn. 87 f.

[2113] Vgl. Maunz/Dürig-*Herzog*, Art. 92, Rdn. 148.

[2114] Vgl. insoweit AK-*Wassermann*, Art. 103 Rdn. 23; BK-*Rüping*, Art. 103 Rdn. 82, die eine Ausstrahlung des Art. 103 I GG auf jedes „rechtlich geregelte Verfahren" bejahen.

schutzes und des Art. 103 I GG in jedem Fall eine Ausgestaltung des Schiedsgutachtenrechts von dem Gesetzgeber und Rechtsprechung eingeräumten Spielraum gedeckt ist, die durch (a) strenge (und streng sanktionierte) Neutralitätsanforderungen und (b) strengere (und auch streng sanktionierte) Rahmenbedingungen für die Durchführung des schiedsgutachterlichen Verfahrens unter gleichzeitiger (c) Erweiterung des der gerichtlichen Kontrolle entzogenen Spielraums der Schiedsgutachterstelle und (d) Einschränkung des Umfangs und der Intensität der inhaltlichen Kontrolle des Schiedsgutachtens gekennzeichnet ist. Zur Begründung kann auf die obigen Ausführungen verwiesen werden.

d. Vereinbarkeit der Leitlinien mit geltenden Gesetzen

Die oben dargelegten Leitlinien der Verbesserungsvorschläge sind zum allergrößten Teil mit den geltenden Gesetzen vereinbar und prinzipiell schon *de lege lata* umsetzbar.

Eine Ausnahme gilt insoweit nur hinsichtlich der vorgeschlagenen Erweiterung der Rechtsbehelfe der Parteien und der Möglichkeit der Gerichte, im Falle fehlender Bindungswirkung des Schiedsgutachtens ein erneutes Schiedsgutachtenverfahren anzuordnen. Die Möglichkeit der Anordnung der Durchführung eines erneuten Schiedsgutachtenverfahrens im Falle fehlender Bindungswirkung des Schiedsgutachtens scheitert in den praktisch wichtigsten Fällen an § 319 I 2 BGB, §§ 64 I 2, 184 I 2 VVG. Sowohl Wortlaut wie auch Historie sprechen gegen eine Auslegung, die dem Gericht insoweit ein Ermessen gibt. Aber auch eine teleologische Auslegung kann so lange nicht zu einer anderen Auslegung führen, wie den Parteien keine effektiven Rechtsbehelfe zur Seite stehen. Solche Rechtsbehelfe können den Parteien aber *de lege lata* nicht zur Verfügung gestellt werden. Die vorgeschlagene Erweiterung der Rechtsbehelfe würde *de lege lata* nur möglich sein, wenn die entsprechenden Vorschriften der §§ 1025 ff. ZPO analog angewendet werden könnten. Die Möglichkeit einer solchen analogen Anwendung wird denn auch häufig vertreten.[2115] Zuzugeben ist diesen Stimmen im Schrifttum, dass Schiedsgutachtenverträge und Schiedsvereinbarungen, wie nicht zuletzt die rechtsgeschichtliche Entwicklung des New Yorker Rechts zeigt, keinesfalls von Natur aus „wesensverschieden" sind, sodass die von der Rechtsprechung behauptete „Wesensverschiedenheit" einer analogen Anwendung nicht entgegensteht. Aber im vorliegenden Fall fehlt es schon an einer Gesetzeslücke. Aus dem Umstand, dass der Gesetzgeber in Kenntnis der Unterscheidung zwischen Schiedsgutachtenvertrag und Schiedsvereinbarung die §§ 1025 ff. ZPO neu gefasst hat, muss geschlossen werden, dass es sich insoweit um ein „beredtes Schweigen" handelt und er die dort vorgesehenen Rechtsbehelfe einer analogen Anwendung

[2115] *Wangner*, S. 49 ff.; *Wittmann*, S. 115 f.; *Straatmann*, FS Stödter, S. 123; MüKo-*Gottwald*, § 317 Rdn. 43.

gerade nicht öffnen wollte.[2116] Gegen eine analoge Anwendung sprechen jedoch auch noch andere Erwägungen. Wesentliche Fragen bedürfen einer gesetzlichen Regelung („Vorbehalt des Gesetzes"). Die Zulassung einer Vielzahl von bisher nicht vorgesehenen Rechtsbehelfen wirft aber eine Reihe von Folgefragen (insbesondere hinsichtlich der Kosten) auf, die als so wesentlich angesehen werden müssen, dass sie aus Gründen der Gewaltenteilung einer gesetzlichen Grundlage bedürfen. Mithin liegen die Voraussetzungen für eine Analogie nicht vor.

Die vorgeschlagene Kombination von formeller und materieller Kontrolle ist dagegen mit den bestehenden Regeln vereinbar. Die Ansicht der älteren Rechtsprechung, die einem Vergleich von § 319 BGB, §§ 64, 184 VVG mit den §§ 1025 ff. ZPO entnahm, dass im Falle eines Schiedsgutachtens eine formelle Kontrolle unzulässig ist,[2117] überzeugt nicht. Insoweit fehlt es an einem „beredten Schweigen" des Gesetzgebers. Auch ein Umkehrschluss kann nur in die Richtung gezogen werden, dass ein Schiedsspruch nicht anhand von § 319 BGB, §§ 64, 184 VVG überprüfbar ist – nicht aber in die umgekehrte Richtung. Hinzu kommt, dass die §§ 318 II, 319 I 1 BGB, §§ 64 I 1, 184 I 1 VVG keine abschließende Regelung über die Kontrolle des Schiedsgutachtens enthalten, sondern insoweit nur einen „Mindestschutz" vorsehen.[2118] Im Übrigen wird eine derartige kombinierte formelle und materielle Kontrolle heute auch von Rechtsprechung[2119] und Schrifttum[2120] allgemein für zulässig erachtet.

Auch die vorgeschlagene starke Einschränkung der materiellen Kontrolle des Schiedsgutachtens im Vergleich zur neueren Rechtsprechung des Bundesgerichtshofs ist mit den bestehenden gesetzlichen Regelungen vereinbar. Trotz teilweise abweichender Ansichten in der Rechtsprechung[2121] liegen § 319 I 1 BGB, §§ 64 I 1, 184 I 1 VVG keine eigenen staatlichen Interessen zugrunde, die über das Schutzinteresse der Parteien und die Sicherstellung der Möglichkeit einer Missbrauchskontrolle hinausgehen. Da aber die Verbesserungsvorschläge mit dem Schutzinteresse der Parteien im Einklang stehen und auch keinen Bedenken unter dem Gesichtspunkt der Sicherstellung der Missbrauchskontrolle begegnen, stehen § 319 I 1 BGB, §§ 64 I 1, 184 I 1 VVG der vorgeschlagenen Einschränkung der inhaltlichen Kontrolle nicht entgegen. Vielmehr halten sich diese Vorschläge in dem Rahmen der in den letzten hundert Jahren ergangenen höchstrichterlichen Entscheidungen. Hinzu kommt,

---

[2116] Vgl. RG vom 28.11.1918, RGZ 94, 172, 175.

[2117] BGH vom 25.06.1952, BGHZ 6, 335, 340 f. (Anm. *Benkard*, LM Nr. 1 zu § 319 BGB); vom 14.06.1955, BGHZ 17, 366, 373; vom 31.01.1957, VersR 1957, 122; *Gleiss/Bechthold*, BB 1973, S. 871.

[2118] Vgl. dazu BVerwG vom 22.11.1960, VersR 1961, S. 147.

[2119] Vgl. hierzu beispielhaft nur die Entscheidungen BGH vom 16.11.1987, NJW-RR 1988, 506, 506 f., und BGH vom 03.11.1995, NJW 1996, 452, 453 f.

[2120] *Kornblum*, KTS 1970, S. 247 f.; *Nicklisch*, BB 1971, S. 1206 f.; *Wittmann*, S. 26 ff., 84 ff., 120 ff.; *Heinrich*, S. 230 ff.

[2121] Vgl. BGH vom 03.10.1957, NJW 1957, 1834.

dass der Gesetzgeber der § 319 I 1 BGB, §§ 64 I 1, 184 I 1 VVG gerade eine relativ weitgehende Bindungswirkung der Schiedsgutachten erreichen wollte.[2122]

Die immer wieder in den Vordergrund gestellten Unterschiede zwischen den einzelnen Fallgruppen eines Schiedsgutachtens sowie dem § 319 I 1 BGB einerseits und den §§ 64 I 1, 184 I 1 VVG andererseits stehen dem Verbesserungsvorschlag einer Vereinheitlichung der Rechtsfolgen eines Schiedsgutachtenvertrags ebenfalls nicht entgegen. Festzustellen ist insoweit zunächst, dass der Gesetzgeber der §§ 64, 184 VVG keine inhaltliche Abweichung von der Vorschrift des § 319 I 1 BGB bezweckte. Das ergibt sich nicht nur daraus, dass Schiedsgutachten i.S.d. §§ 64, 184 VVG vor dem Inkrafttreten des VVG ebenfalls anhand des Maßstabs der „offenbaren Unbilligkeit" überprüft wurde,[2123] sondern vor allem auch aus dem Gesetzgebungsprozess[2124] und der Gesetzesbegründung.[2125] Festzuhalten ist weiterhin, dass der Kontrollumfang eines Schiedsgutachtens i.e.S. ggü. dem Kontrollumfang eines Schiedsgutachtens i.w.S. nicht eingeschränkt werden kann, denn bei einer entsprechenden Anwendung des § 319 I 1 BGB müssen die zugrunde liegenden Wertungen, insbesondere die Gewichtung der berührten Interessen der Parteien, beibehalten werden. Hinzu kommt, dass die Analyse der Rechtsprechung und der Vergleich mit dem New Yorker Recht erhellt hat, dass trotz der im deutschen Schrifttum, aber auch in der Rechtsprechung immer in den Vordergrund gestellten Unterschiede in der Aufgabenstellung bei verständiger Betrachtung die Gemeinsamkeiten (insbesondere mögliche Fehlerquellen und gleiche Interessen der Parteien) deutlich überwiegen.

2. Konkrete Verbesserungsvorschläge

Nachdem feststeht, dass die oben umrissenen Leitlinien der Verbesserungsvorschläge keinen verfassungsrechtlichen Bedenken begegnen und auch den geltenden Gesetzen im Wesentlichen nicht widersprechen, sollen nunmehr –

2122 Siehe dazu *Jakobs/Schubert*, S. 438 (die Anforderungen an eine Versagung der Bindungswirkung wurden durch die Vorkommission des Reichsjustizamts verschärft und diese nur noch bei „offenbarer" Unbilligkeit für zulässig erachtet) und den Bericht der VII. Kommission, RT-Drs. Nr. 602, 11. Legislaturperiode, II. Session 1905/1907, zu § 64 VVG. Aus diesem (S. 64) ergibt sich, dass die Kommission gegen die vorgeschlagene Streichung des Tatbestandsmerkmals „offenbar" in § 64 I 1 VVG votierte. Hierfür dürften die Ausführungen des Regierungsvertreters (a.a.O.) entscheidend gewesen sein, der betonte, dass das Schiedsgutachtenverfahren ein geordnetes Verfahren darstelle, sich im Allgemeinen in den in §§ 64, 184 VVG vorgesehenen Fällen auch bewährt habe und bei Streichung der Einschränkung „offenbar" seines Werts beraubt werde.

2123 Siehe dazu nur *Rau*, ZVersWiss 1905, S. 279 ff.

2124 Vgl. Bericht der VII. Kommission, RT-Drs. Nr. 602, 11. Legislaturperiode, II. Session 1905/1907, S. 63: „[§ 64] gestatte[t] die Anfechtung bei offenbarer Unbilligkeit und schließ[t] sich also in dieser Beziehung schon den bisher geltenden Grundsätzen über die sog. *manifiesta iniquitas* an." (Hervorhebung durch den Verfasser).

2125 Vgl. RT-Drs. Nr. 364, 12. Legislaturperiode, I. Session 1907, S. 79.

als Abschluss – die konkreten Verbesserungsvorschläge zusammenfassend dargestellt werden. Soweit dabei aus den oben genannten Gründen die Regelungen des New Yorker Rechts nicht übernommen werden, hat sich der Verfasser bemüht, die Vorschläge zwar einerseits an den Leitgedanken der Regelungen des New Yorker Rechts zu orientieren, andererseits aber auch den Rahmenbedingungen des deutschen Rechts anzupassen. Das gilt insbesondere für die Vorschläge zur verbesserten Ausgestaltung der inhaltlichen Kontrolle eines Schiedsgutachtens.

a. Schiedsgutachter

aa. Sachkunde

Die für Schiedsgutachter in neueren Entscheidungen aufgestellten Anforderungen an die Sachkunde sollten wieder heruntergeschraubt und eine unzureichende Sachkunde eines Schiedsgutachters nur in wirklichen Extremfällen bejaht werden. Auch im deutschen Recht sollte die Möglichkeit der Heilung einer unzureichenden Sachkunde durch einen erweiterten Umfang der Gewährung rechtlichen Gehörs vorgesehen werden. Weiterhin sollte auch im deutschen Recht der Grundsatz gelten, dass sich eine Partei auf die unzureichende Sachkunde eines Schiedsgutachters nur dann berufen kann, wenn ihre Rechte hierdurch nachteilig berührt werden. Darüber hinaus sollten Schiedsgutachter verpflichtet werden, etwaige Zweifel an ihrer Sachkunde gegenüber den Parteien offenzulegen. Im Übrigen sollte den Parteien auch eine Berufung auf eine unzureichende Sachkunde bei grob fahrlässiger Unkenntnis der maßgeblichen Umstände versagt werden.

bb. Neutralitätsanforderungen

Die für Schiedsgutachter geltenden Neutralitätsanforderungen sollten den für Schiedsrichter geltenden Anforderungen entsprechen – ebenso wie die hieraus im Schiedsverfahrensrecht gezogenen Konsequenzen. Weiterhin sollte den Parteien ein Ablehnungsrecht zur Ablehnung eines befangenen Schiedsgutachters in all den Fällen zugestanden werden, in denen die Ablehnung eines Schiedsrichters gerechtfertigt ist. Darüber hinaus sollten Schiedsgutachter ebenso wie Schiedsrichter rechtlich verpflichtet werden, den Parteien statthafte Ablehnungsgründe zu offenbaren. Für den Fall der Verletzung dieser Offenlegungspflicht sollten dieselben Rechtsfolgen greifen, die im Schiedsverfahrensrecht greifen. Im Übrigen sollte ein statthafter Ablehnungsgrund grundsätzlich einen selbstständigen Grund fehlender Bindungswirkung darstellen.

Allerdings müsste die Rechtsprechung dahingehend modifiziert werden, dass die Befangenheit eines Schiedsgutachters nur dann zur Versagung der Bindungswirkung führen kann, wenn zumindest die Möglichkeit besteht, dass das Schiedsgutachten ohne diese Befangenheit für die betreffende Partei günstiger ausgefallen wäre. Ebenso müsste vorgesehen werden, dass eine Befangenheit nicht mehr geltend gemacht werden kann, wenn die betreffende Partei sie nicht unverzüglich nach Kenntniserlangung gerügt hat oder ihr insoweit eine grob fahrlässige Unkenntnis vorzuwerfen ist.

cc. Zuständigkeitsbereich und Spielraum der Schiedsgutachterstelle

Der Zuständigkeitsbereich der Schiedsgutachterstelle sollte sich auch auf Fragen der Auslegung des Hauptvertrags oder des Schiedsgutachtenvertrags erstrecken, wenn die Erfüllung der konkreten Aufgabenstellung ohne vorherige Auslegung des Hauptvertrags und/oder des Schiedsgutachtenvertrags nicht möglich ist.[2126] Weiterhin sollte der Spielraum einer (und zwar jeder!) Schiedsgutachterstelle erweitert werden[2127] hinsichtlich (a) der Auswahl und Gewichtung der Entscheidungskriterien, (b) des methodischen Vorgehens sowie (c) Art und Umfang der zu ermittelnden Tatsachen. Vorgaben unter Bezugnahme auf den Sinn und Zweck des Schiedsgutachtenvertrags sollten den Schiedsgutachtern dabei nur noch dann gemacht werden, wenn derartige in dem Schiedsgutachtenvertrag ausdrücklich vorgesehen sind oder sich aus dem Schiedsgutachtenvertrag unzweideutig ergeben. Darüber hinaus sollte an die Stelle der Zweifelsregel, wonach im Zweifel ein Schiedsgutachtenvertrag i.e.S. als vereinbart anzusehen ist, die Zweifelsregel treten, wonach im Zweifel die Vereinbarung eines Schiedsgutachtenvertrags i.w.S. (also eine Entscheidung nach „billigem Ermessen") als vereinbart anzusehen ist.

dd. Bindung an Vorgaben des Schiedsgutachtenvertrags

Auch im Anwendungsbereich der §§ 64, 184 VVG sollte dem Grundsatz zur Durchsetzung verholfen werden, dass das Schiedsgutachten bei Verkennung der vereinbarten Aufgabenstellung der bindenden Wirkung ohne Hinzutreten irgendwelcher Umstände entbehrt. Dasselbe muss gelten, wenn die Schiedsgutachterstelle vertragliche Vorgaben hinsichtlich der Art und Weise der Entscheidungsfindung nicht oder nicht hinreichend beachtet. Insoweit wäre aber darauf zu achten, dass eine „Vorgabe" des Vertrags nur dann bejaht werden kann, wenn sie im Vertrag ausdrücklich vorgesehen ist oder sich dem Schiedsgutachtenvertrag eindeutig entnehmen lässt. Fehlt es hieran, sind also die Bestimmungen des Schiedsgutachtenvertrags unklar, muss insoweit entweder der Zuständigkeitsbereich der Schiedsgutachterstelle oder jedenfalls die Zweifelsregel des § 317 I BGB Platz greifen. Anderenfalls kann nämlich das erkennende Gericht durch eine *de facto* häufig ergänzende Auslegung des Schiedsgutachtenvertrags Vorgaben in den Schiedsgutachtenvertrag „hi-

---

[2126] Die Parteien werden hierdurch nicht schutzlos gestellt, da die Gerichte stets überprüfen könnten, ob die vorgenommene Auslegung „offenbar unrichtig" (sprich: unvertretbar) ist.

[2127] Der Sache nach ebenso: *Bulla*, JUS 1976, S. 21.

neinlesen" und das Schiedsgutachten wegen der Nichtbeachtung dieser Vorgaben für nicht bindend erklären.[2128]

Zugleich sollte aber vorgesehen werden, dass sich eine Partei auf eine Missachtung vertraglicher Vorgaben nur dann berufen kann, wenn ihre Rechte hierdurch nachteilig berührt worden sind.

b. *Schiedsgutachtenverfahren*

Die für das Schiedsgutachtenverfahren geltenden Grundsätze sollten insoweit modifiziert werden, als den Parteien zukünftig zumindest einmalig Gelegenheit zu einer umfassenden Stellungnahme zu geben ist. Diese Pflicht sollte durch eine Pflicht der Schiedsgutachter flankiert werden, diese Stellungnahmen zur Kenntnis zu nehmen und sie auch, vorbehaltlich eines sachlichen Grundes für die Nichtberücksichtigung, bei der Entscheidungsfindung zu berücksichtigen. Zugleich wäre der Grundsatz der umfassenden Sachaufklärungspflicht durch den Grundsatz eines weiten Spielraums der Schiedsgutachterstelle bei der Tatsachenermittlung zu ersetzen.

Weiterhin sollten die Schiedsgutachter zur Durchführung eines fairen Verfahrens verpflichtet werden, also eines Verfahrens, das dem in vergleichbaren Fällen üblichen Verfahrensablauf entspricht und der konkreten Aufgabenstellung angemessen ist. Andererseits sollte festgeschrieben werden, dass sich die Ausgestaltung des Gebots der Durchführung eines fairen Verfahrens nicht an den für das gerichtliche Verfahren geltenden Wertungen orientieren darf, weil diese Wertungen der bisher üblichen Verfahrenspraxis zuwiderlaufen und sich im Übrigen aufgrund der Vielzahl der möglichen Aufgabenstellungen bisher noch kein für alle denkbaren Aufgabenstellungen als „typisch" zu bezeichnendes Verfahren herausgebildet hat.

Darüber hinaus sollten die Schiedsgutachter zur Gleichbehandlung der Parteien verpflichtet werden. Auch hier wäre allerdings festzuschreiben, dass die Frage, ob eine sachlich ungerechtfertigte Ungleichbehandlung vorliegt, nicht anhand der für das gerichtliche Verfahren geltenden Kriterien zu entscheiden ist, sondern anhand der bisherigen Verfahrenspraxis in vergleichbaren Fällen. Demzufolge wäre etwa ein Gebot der Gewährung eines identischen Umfangs an rechtlichem Gehör zu verneinen, soweit dieses Gebot mit der bisherigen Verfahrenspraxis in Widerspruch stehen würde.

Im Übrigen sollten Verfahrensmängel einen selbstständigen Grund fehlender Bindungswirkung darstellen. Andererseits sollte eine Partei an der Geltendmachung eines Verfahrensmangels in den Fällen gehindert sein, in denen das Schiedsverfahrensrecht eine Geltendmachung ausschließt, also insbesondere

---

[2128] Das verkennt *Habscheid*, FS Laufke, S. 307 (Auslegung der Vereinbarung der „angemessenen Miete" kann durchaus im konkreten Einzelfall ergeben, dass als „angemessene Miete" das für den Mieter „wirtschaftlich tragbare Entgelt" vereinbart worden war – auch wenn dies in dem genannten Fall durchaus zweifelhaft war).

dann, wenn der Verfahrensverstoß für das Ergebnis des Schiedsgutachtens nicht kausal geworden ist.[2129]

c. Schiedsgutachten

aa. Grundsatz: Mehrheitsentscheidung

Die bei Tätigwerden einer Mehrzahl von Schiedsgutachtern für das erforderliche Quorum geltende Zweifelsregel sollte durch die Zweifelsregel des § 1052 I ZPO ersetzt werden.

bb. Beschränkung des Begründungsumfangs und Heilung von Defiziten

Das Erfordernis zur Begründung eines Schiedsgutachtens sollte nicht weiter gehen als die Begründungserfordernisse, die das Bundesverfassungsgericht bei Gutachten eines gerichtlichen Sachverständigen für verfassungsrechtlich geboten erachtet hat. Darüber hinaus sollte die Möglichkeit der Heilung von Begründungsdefiziten durch die Nachreichung einer erforderlichen Begründung vorgesehen werden.

d. Gerichtliche Kontrolle des Schiedsgutachtens

aa. Gründe für Versagung der Bindungswirkung

Die Ausgestaltung der inhaltlichen Kontrolle eines Schiedsgutachtens sollte umfassend reformiert werden.

So sollte die fehlende Bindungswirkung notwendig von der Feststellung eines Mangels der Entscheidungsfindung abhängig gemacht werden. Bei der Beantwortung der Frage, ob die Entscheidungsfindung tatsächlich mit Mängeln behaftet ist, sollte stets an eine Pflichtverletzung der Schiedsgutachter angeknüpft werden, wobei bei der Frage der Bejahung einer Pflichtverletzung dem Umstand angemessen Rechnung zu tragen wäre, dass einer Schiedsgutachterstelle unter Zugrundelegung der obigen Verbesserungsvorschläge im Grundsatz ein weiter Spielraum bei der Entscheidungsfindung zukommt. Eine Pflichtverletzung wäre dabei zu verneinen, wenn sich die Schiedsgutachterstelle innerhalb des ihr eingeräumten Spielraums gehalten hat. Ebenso wäre eine Pflichtverletzung zu verneinen, wenn bei einer in den Zuständigkeitsbereich der Schiedsgutachterstelle fallenden Auslegung des Haupt- oder des Schiedsgutachtenvertrags die von der Schiedsgutachterstelle vorgenommene Auslegung nicht als „offenbar" unvertretbar anzusehen wäre.

Weiterhin sollten an die Evidenz der Überschreitung der Grenzen des der Schiedsgutachterstelle eingeräumten Spielraums strengere Anforderungen als bisher gestellt werden, und zwar sowohl an die (Un-)Vertretbarkeit einer von

---

[2129] Dazu: *Schlosser*, 50 Jahre BGH, S. 416.

der Schiedsgutachterstelle vorgenommenen Vertragsauslegung als auch an die Bejahung von Mängeln im Bereich des Tatsächlichen. Hierzu sollte festgelegt werden, dass ein Mangel der Entscheidungsfindung (also eine Überschreitung der Grenzen des Spielraums) nur dann zu bejahen ist, wenn dieser für jeden durchschnittlichen Sachverständigen (oder jeden durchschnittlichen Richter) evident ist, nicht nur für den vom Gericht nach Zufallskriterien ausgesuchten Sachverständigen und/oder das erkennende Gericht.

Darüber hinaus sollte festgeschrieben werden, dass jeder unter Zugrundelegung der obigen Kriterien evidente Mangel zugleich „erheblich" oder „schwerwiegend" sein muss. Hierzu wäre vorzusehen, dass diese Voraussetzungen nur dann erfüllt sind, wenn der festgestellte Mangel der Entscheidungsfindung sich „offenbar erheblich" auf das Ergebnis ausgewirkt hat, zu dem die Schiedsgutachter gekommen sind, und zwar offenbar erheblich zum Nachteil derjenigen Partei, die sich auf Mängel des Schiedsgutachtens beruft. Die Frage der „erheblichen" Auswirkung auf das Ergebnis müsste dabei aus Sicht der Parteien im Zeitpunkt des Vertragsschlusses (und nicht aus Sicht der Zumutbarkeit für eine Partei im Zeitpunkt der gerichtlichen Kontrolle des Schiedsgutachtens) beurteilt werden, also nach denselben Kriterien, nach denen eine ergänzende Vertragsauslegung erfolgt. Insoweit wäre auch dem Gebot der Rechtssicherheit angemessen Rechnung zu tragen. Vor diesem Hintergrund wäre eine „Erheblichkeit" der Auswirkung nur dann zu bejahen, wenn das Schiedsgutachten für die betreffende Partei ohne den festgestellten Mangel um mindestens 15% (oder um einen „erheblichen" absoluten Betrag) günstiger ausgefallen wäre.

Im Übrigen sollten alle Gründe fehlender Bindungswirkung nicht mehr als Einwendung, sondern durchgehend als Einrede ausgestaltet sein. Weiterhin sollten alle Umstände, die bisher noch eine Unwirksamkeit des Schiedsgutachtens begründen, nur noch eine Unverbindlichkeit des Schiedsgutachtens begründen. Die Darlegungspflicht der mit dem Schiedsgutachten unzufriedenen Partei sollte mindestens der Darlegungspflicht entsprechen, die die unzufriedene Partei im Falle des Gutachtens eines gerichtlichen Sachverständigen trifft. Auch sollte eine Ausschlussfrist für die Geltendmachung von Gründen fehlender Bindungswirkung entsprechend § 1059 III ZPO vorgesehen werden.

bb. Rechtsfolgen fehlender Bindungswirkung

In den Fällen des „Nichtkönnens", „Nichtwollens" und der Verzögerung des Schiedsgutachtenverfahrens sollte festgelegt werden, dass nicht der Schiedsgutachtenvertrag außer Kraft tritt, sondern jede Partei stattdessen auf ihre den §§ 1035 III-V, 1038, 1039 ZPO entsprechenden Rechtsbehelfe zu verweisen ist. Im Falle der fehlenden Bindungswirkung des Schiedsgutachtens sollte ein Ermessen des Gerichts zur Zurückverweisung der maßgeblichen Fragestellungen an die alte Schiedsgutachterstelle entsprechend §§ 1056 III, 1059 IV ZPO vorgesehen werden. Darüber hinaus sollte entsprechend § 1059 V ZPO im Falle fehlender Bindungswirkung des Schiedsgutachtens im Zweifel das Wiederaufleben des Schiedsgutachtenvertrags angeordnet werden.

e. *Rechtsbehelfe*

Die Rechtsbehelfe der Parteien zur Sicherstellung eines reibungslosen Ablaufs des Schiedsgutachtenverfahrens sollten entsprechend den §§ 1025 ff. ZPO ausgestaltet werden. Die Regeln über die Ernennung von Schiedsgutachtern sollten den § 1035 III-V ZPO entsprechen. Bei Verletzung von Mitwirkungspflichten sollten den Parteien und den Schiedsgutachtern Rechte entsprechend § 1050 ZPO eingeräumt werden. Weiterhin sollten die Regeln über die Möglichkeit einer Ablehnung eines Schiedsgutachters den §§ 1036, 1037 ZPO entsprechen. Darüber hinaus sollten die Regeln über die Möglichkeit der Auswechselung eines Schiedsgutachters den §§ 1038, 1039 ZPO entsprechen.

Ebenso sollten aber die den Parteien zur Korrektur des Schiedsgutachtens zur Verfügung stehenden Rechtsbehelfe entsprechend den §§ 1058, 1059 IV ZPO erweitert und den Parteien die Möglichkeit der Vollstreckbarerklärung des Schiedsgutachtens jedenfalls in den Fällen gegeben werden, in denen nach Erstattung des Schiedsgutachtens Grund und Höhe des Zahlungsanspruchs feststehen.

II. Ergebnis

Die Untersuchung hat ergeben, dass das deutsche Schiedsgutachtenrecht in vielen Aspekten als nicht sach- und interessengerecht angesehen werden muss – auch wenn die neuere Rechtsprechung zu präventiv wirkenden Schutzmechanismen grundsätzlich positiv zu bewerten ist.

Fragt man nach den Ursachen der weitgehenden Sach- und Interessenwidrigkeit der bisherigen Ausgestaltung, so muss man feststellen, dass hier drei Faktoren zusammengewirkt haben, nämlich die lediglich kursorische Regelung der Rechtsfolgen eines Schiedsgutachtenvertrags in den §§ 317 ff. BGB, §§ 64, 184 VVG, der von der Rechtsprechung aufgestellte Grundsatz der „Wesensverschiedenheit" von Schiedsgutachtertätigkeit und schiedsgerichtlicher Tätigkeit, und die Überbetonung des Schutzinteresses der Parteien in der neueren Rechtsprechung.

Die weitgehende Untätigkeit des Gesetzgebers bei der Regelung der Rechtsfolgen eines Schiedsgutachtenvertrags hat zur Folge, dass den Parteien eines Schiedsgutachtenvertrags bisher beim Auftreten von Störungen für den Fortgang des Schiedsgutachtenverfahrens keine effektiven Rechtsbehelfe zur Verfügung stehen.

Der von der älteren Rechtsprechung aufgestellte, aber auch heute weiterhin befolgte Grundsatz der „Wesensverschiedenheit" von Schiedsgutachtenvertrag und Schiedsvereinbarung, Schiedsrichter und Schiedsgutachter sowie Schiedsgutachten und Schiedsspruch verstellt den Blick darauf, dass Schiedsgutachtenvertrag und Schiedsvereinbarung aus Sicht der Parteien im Zeitpunkt des Abschlusses des Schiedsgutachtenvertrags nach Sinn und

Zweck mehr Gemeinsamkeiten als Unterschiede aufweisen. Dieser Umstand muss sich in der Ausgestaltung der Rechtsfolgen eines Schiedsgutachtenvertrags niederschlagen, insbesondere bei der konzeptionellen Lösung des Spannungsverhältnisses zwischen Bindungswirkungs- und Schutzinteresse sowie zwischen Beschleunigungs- und Schutzinteresse. Das gilt umso mehr, als dieser Grundsatz letztlich nur rechtsgeschichtlich zu erklären ist und im Lichte der Entwicklung des New Yorker Rechts, aber auch im Lichte des jedenfalls teilweise identischen Aufgabenbereichs von Schiedsgutachter und Schiedsgericht, einer übereinstimmend streitentscheidenden Funktion von Schiedsgutachter und Schiedsrichter und einer aus Sicht der Parteien im Zeitpunkt des Abschlusses des Schiedsgutachtenvertrags vergleichbaren Bindungswirkung von Schiedsgutachten und Schiedsspruch als unzutreffend angesehen werden muss.

Was die Überbetonung des Schutzinteresses der Parteien in der neueren Rechtsprechung anbetrifft, so hat die Rechtsprechung sich insoweit unreflektiert die Kritik von *Dütz* und *Habscheid* an der älteren höchstrichterlichen Rechtsprechung zu eigen gemacht. Die Kritik von *Habscheid* und *Dütz* setzte an dem fehlenden Schutz der Parteien aber vor allem im Lichte des damals aufkommenden Gebrauchs von Schiedsgutachtenklauseln in AGB und an damals noch fehlenden präventiv wirkenden Schutzmechanismen an. Dennoch hat die neuere Rechtsprechung, obwohl sie heute in AGB enthaltene Schiedsgutachtenklauseln einer strengen Missbrauchskontrolle unterwirft und zunehmend auch Anforderungen an die Sachkunde und Neutralität der Schiedsgutachter sowie deren Verfahren stellt, eine sehr weite gerichtliche Kontrolle eines Schiedsgutachtens beibehalten. Diese Rechtsprechung ist weder verfassungsrechtlich noch durch das Schutzinteresse der Parteien geboten. Letztlich steht hinter dieser Rechtsprechung wohl eine Skepsis gegenüber Schiedsgutachtenverträgen, die vor allem von *Dütz* und *Habscheid* geschürt wurde und ihre Ursache in der Nichtdurchführung eines Schiedsgutachtenverfahrens nach den Grundsätzen eines (schieds-)gerichtlichen Verfahrens hat. Diese Skepsis ist aber unangebracht. Die seit Jahrzehnten nicht nur in Deutschland, sondern auch in New York und anderen Ländern geübte Verfahrenspraxis zeigt, dass die informelle Art der Durchführung des Schiedsgutachtenverfahrens Bedürfnissen der Praxis entspricht, die – bei effektiver Ausgestaltung einer Missbrauchskontrolle auf Ebene der Abschlussfreiheit – auch legitim sind. Dies war auch der zutreffende Standpunkt der älteren höchstrichterlichen Rechtsprechung.

Gesetzgeber und Rechtsprechung sind vor diesem Hintergrund aufgefordert, ihren Teil zu einer sach- und interessengerechteren Ausgestaltung des deutschen Schiedsgutachtenrechts zu leisten und die gemachten Verbesserungsvorschläge baldmöglichst umzusetzen. Dabei sollten sie auch berücksichtigen, dass das Schiedsgutachtenrecht bei sach- und interessengerechter Ausgestaltung einen noch stärkeren Beitrag zur Entlastung der Zivilgerichtsbarkeit leisten könnte als bisher und insoweit auch ein öffentliches Interesse an einer verbesserten Ausgestaltung besteht – wenn man nicht ohnehin wie der New

Yorker Court of Appeals der Meinung ist, dass schon rechtspolitische Erwägungen allgemeiner Art für eine aktive Förderung von Schiedsgutachtenverträgen sprechen. Bis zu einer Umsetzung dieser Vorschläge bleibt es allerdings der Kautelarpraxis überlassen, durch größere Sorgfalt bei der Formulierung von Schiedsgutachtenklauseln[2130] die in vielen Bereichen bestehende Sach- und Interessenwidrigkeit der bisherigen Ausgestaltung zu überspielen.

[2130] Siehe dazu beispielhaft *Kraus*, ZfBR 2004, S. 122 f.; *Sachs*, FS Schlosser, S. 813 f.

Literaturverzeichnis

Ahrens, Martin, Anmerkung zu BAG vom 22.01.1997, EzA TVG § 4 Nr. 1, in: EzA TVG § 4 Nr. 1

Albers, Stephan, Der parteibestellte Schiedsrichter im schiedsrichterlichen Verfahren der ZPO und das Gebot überparteilicher Rechtspflege, Dissertation Münster 1995

Alexander, Vincent C., Practice Commentaries to CPLR § 7601, McKinney's Consolidated Laws of New York, Book 7 B, CPLR 7001–7700, S. 932 ff. (1998)

Altschwager, Eckart, Das Schiedsgutachtenverfahren nach § 18 Nr. 3 VOB/B – ein vergessenes Verfahren?, BauR 1991, S. 157 ff.

André, W., Gemeinrechtliche Grundzüge I. der Schiedsgerichte II. Des Wasserrechts im Anschluß an das hannoversche Gesetz vom 22. August 1847, Jena 1860

Arens, Fritz, Arbitri (Schiedsrichter) und Arbitratores (Schiedsmänner) nach heutigem Reichsrecht, Dissertation Gießen 1911

Asmus, Werner, Das Sachverständigenverfahren, Dissertation Hamburg 1962

— Sachverständigenverfahren oder Gerichtsverfahren?, VersR 1962, S. 316 f.

— Sachverständigenverfahren und Sachverständigenfeststellung, ZVersWiss 1962, S. 197 ff.

Ballantine's Law Dictionary, 3. Aufl. 1969

Benkard, Anmerkung zu BGH vom 25.06.1952, BGHZ 6, 335, in: LM Nr. 1 zu § 319 BGB

Black's Law Dictionary, 6. Aufl. 1990

Bleutge, Peter, Der Sachverständige als Schiedsgutachter, GewA 1978, S. 145 ff.

Blociszewski, Thaddäus von, Die Bestimmung des Leistungsinhaltes eines Schuldverhältnisses (§§ 315–319 BGB), Dissertation Leipzig 1908

Blumenwitz, Dieter, Einführung in das anglo-amerikanische Recht, 6. Aufl., München 1998

Bodenheimer, Edgar, Präjudizienverwertung und Gesetzesauslegung im amerikanischen Recht, AcP 61 (1961), S. 1 ff.

Bongartz, Theo, Die §§ 317 bis 319 BGB in ihrer Bedeutung für den Schiedsgutachtervertrag, Dissertation Erlangen 1935

Borowsky, Martin, Das Schiedsgutachten im Common Law. Ein rechtsvergleichender Beitrag zum Begriff der Schiedsgerichtsbarkeit, München 2001

Bruck, Ernst, Die Revisionsbedürftigkeit des versicherungsrechtlichen Sachverständigenverfahrens, HansRGZ A 1935, S. 19 ff.

Bruck, *Ernst* / *Möller*, *Hans*, Kommentar zum Versicherungsvertragsgesetz und zu den Allgemeinen Versicherungsbedingungen unter Einschluss des Versicherungsvermittlerrechts, Band 2, §§ 49–80 VVG, 8. Aufl., Berlin/ New York 1980

Bruns, *Hermann*, Der Schätzungsausschuß im landwirtschaftlichen Pachtwesen. Ablehnung eines Schätzers, RdL 1966, S. 66 ff.

Bruski, Johannes, Kaufpreisbemessung und Kaufpreisanpassung im Unternehmenskaufvertrag, BB 2005, Beilage Nr. 17, S. 19 ff.

Buchdahl, *Walter*, Die Rechtsnatur der Schiedsgutachterklausel und des Schiedsgutachtens, Dissertation Erlangen 1931

Bühring-Uhle, *Christian*, Alternative Streitbeilegung in Handelsstreitigkeiten, in: *Gottwald*, *Walther* / *Strempel*, *Dieter* (Hrsg.), Streitschlichtung. Rechtsvergleichende Beiträge zur außergerichtlichen Streitbeilegung, Bonn 1995

Bulla, *Werner*, Wertsicherungsklauseln in Miet- und Pachtverträgen, DB 1975, S. 945 ff.

— Neufestsetzung des Mietzinses durch Schiedsgutachter, JuS 1976, S. 19 ff.

— Schiedsgutachtenklauseln in Wertsicherungsabreden, BB 1976, S. 389 ff.

— Gerichtliche Nachprüfbarkeit von Schiedsgutachten, NJW 1978, S. 397 ff.

Carmody-Wait, Civil Practice Law and Rules, Encyclopedia, Volume 23, §§ 140:1–141:279, 2nd Ed., Rochester, New York 1991 (mit Ergänzungen Stand Dezember 2005)

Casolaro, *John R.*, A primer on appraisal to resolve valuation disputes – Part I, 65 New York State Bar Journal 1993, S. 10 –16 [zitiert als: *Casolaro*, 65 N.Y.St.B.J. (1993), Part I]

— A primer on appraisal to resolve valuation disputes – Part II, 65 New York State Bar Journal 1993, S. 46–51 [zitiert als: *Casolaro*, 65 N.Y.St.B.J. (1993), Part II]

Clasen, Die Schiedsgutachterklausel in Versicherungsverträgen, JRfPrV 1927, S. 326 ff., 337 ff., 353 ff.

— Die Unverbindlichkeit des Schiedsgutachtens. Die Möglichkeit der Leistungsklage, JRfPrV 1928, S. 49 ff.

Cohen, *Julius Henry*, The law of commercial arbitration and the New York statute, 31 Yale Law Journal (1921–22), S. 147 ff.

De Vries, *Henry P.*, International commercial arbitration: A contractual substitute for national courts.", 57 Tul. L. Rev. (1982), S. 42 ff.

Denninger, *Erhard* / *Hoffmann-Riem*, *Wolfgang* / *Schneider*, *Hans-Peter* / *Stein*, *Ekkehart*, Kommentar zum Grundgesetz für die Bundesrepublik Deutschland, 3. Aufl., Neuwied/Kriftel 2001 [zitiert als: AK-*Bearbeiter*]

Dern, *Joseph*, Anmerkung zu OLG Hamm vom 25.06.1951, VersR 1951, 258, in: VersR 1951, 259

Do., Ablehnung des Obmanns und der Kommissionsmitglieder in der Ärztekommission der Unfallversicherung, JRfPrV 1935, S. 198 ff.

— Unfallversicherung – Ärztliche Sachverständigenkommission. Kann eine Partei den vom Gegner benannten Vertreter für die ärztliche Sachverständigenkommission wg. Befangenheit mit Erfolg ablehnen?, JRfPrV 1940, S. 185 ff.

Döbereiner, *Walter*, Anfechtung und Geltendmachung der Unwirksamkeit eines Schiedsgutachtens durch den/die Schiedsgutachter, VersR 1983, S. 712 ff.

Dolzer, *Rudolf*, Zum Begründungsgebot im geltenden Verwaltungshandeln, DÖV 1985, S. 9 ff.

Dolzer, *Rudolf* / *Vogel*, *Klaus* / *Grasshof*, *Karin*, Bonner Kommentar zum Grundgesetz, Heidelberg, Stand: Dezember 2005 [zitiert als: BK-*Bearbeiter*]

Dreier, *Horst* (Hrsg.), Grundgesetz. Kommentar, Band II, Art. 20–82, Tübingen 2006 [zitiert: Dreier-*Bearbeiter*]

Dütz, *Wilhelm*, Rechtsstaatlicher Gerichtsschutz im Privatrecht. Zum sachlichen Umfang der Zivilgerichtsbarkeit, Bad Homburg v.d.H./Berlin/Zürich 1970

— Vertragliche Spruchstellen für Arbeitsrechtsstreitigkeiten. Zum Verhältnis von Schiedsgericht, Schiedsgutachten und außergerichtlichem Vorverfahren in der Rechtsprechung des Bundesarbeitsgerichts, in: *Ritterspach*, *Theo* / *Geiger*, *Willi* (Hrsg.), Festschrift für Gebhard Müller: Zum 70. Geburtstag des Präsidenten des Bundesverfassungsgerichts, Tübingen 1970, S. 129 ff.

Duve, *Christian*, Was ist eigentlich Alternative Dispute Resolution (ADR)? Überblick über die außergerichtliche Streitbeilegung in den USA, BB 1998, Beil. 9, S. 15 ff.

Eager, *Samuel W.*, The arbitration contract and proceedings, Buffalo, New York 1971

Echterhölter, *Rudolf*, Verfassungsrechtliche Klärung, BArbBl. 11/1992, S. 9 ff.

Eckert, *Herbert*, Der Schiedsgutachter (§§ 317 ff. BGB), insbesondere sein Verhältnis zum Schiedsrichter, Dissertation Göttingen 1928

Erman, Bürgerliches Gesetzbuch. Handkommentar mit EGBGB, ErbbauVO, HausratsVO, LPartG, ProdHaftG, UKLaG, VAHRG und WEG, 11. Aufl., Köln 2004 [zitiert als: Erman-*Bearbeiter*]

Fikentscher, *Wolfgang*, Die Methoden des Rechts, Band II, Tübingen 1975

Fischer, Anmerkung zu BGH vom 03.10.1957, NJW 1957, 1834, in: LM BGB § 319 Nr. 7

Foster, *James F.* / *Lipton*, *Ira J.*, The effects of Westinghouse on construction industry suits, New York Law Journal, October 12, 1993, S. 1 Sp. 1 ff.

Funke, Zur Kritik des Schiedsgutachtenvertrags im Arbeitsgerichtsgesetz, LZ 1926, S.81 ff.

Gehrlein, *Markus*, Wirksamkeitsmängel von Schiedsgutachten, VersR 1994, S. 1009 ff.

Gelhaar, Wolfgang, Die gerichtliche Nachprüfung von Schiedsgutachten, BB 1968, S. 743 f.

— Anmerkung zu BGH vom 27.01.1971, LM § 317 BGB Nr. 12, in: LM § 317 BGB Nr. 12

Gervins, Richard A., Practice Commentaries to N.Y. Gen. Bus. Law § 399 – c, McKinney's Consolidated Laws of New York, Book 19, Gen. Bus. Law §§ 352 to 399-m, S. 771 ff. (1996)

Gleiss, Alfred / Bechtold, Rainer, Schätzorganisationen – 'Organisationen nichtstaatlicher Gerichtsbarkeit'?, BB 1973, S. 368 ff.

Glossner, Ottoarndt, Technisches Sachverständigen-Gutachten, BB 1977, S. 678 ff.

Glück, Christian Friedrich, Ausführliche Erläuterung der Pandekten nach Hellfeld. Ein Kommentar, Sechster Teil, Erste Abteilung, Erlangen 1800

Goldstein, Bernard H., Alternatives for resolving business transaction disputes, 58 St. John's Law Review (1983), S. 69 ff.

— Real Property Appraisal v. Arbitration, New York Law Journal, June 8, 1983, S. 2 Sp. 3 f.

Gottwald, Peter / Reichenberger, Klaus / Wagner, Petra, Die Bindungswirkung der Entscheidung von KFZ-Schiedsstellen, NZV 2000, S. 6 ff.

Gottwald, Walther, Streitbeilegung ohne Urteil. Vermittelnde Konfliktregelung alltäglicher Streitigkeiten in den Vereinigten Staaten aus rechtsvergleichender Sicht, Tübingen 1981

Gross, Detlev, Rechtliche Anforderungen an Schiedsgutachten am Beispiel von Unternehmensbewertungen, DStR 2000, S. 1959 ff.

Habscheid, Walther, Behörden als Schiedsgutachter, MDR 1954, S. 392 ff.

— Das Schiedsgutachten. Ein Grenzgebiet zwischen materiellem Recht und Prozeßrecht, in: *Nipperdey, Hans Carl*, Das deutsche Privatrecht in der Mitte des 20. Jahrhunderts, Festschrift für Heinrich Lehmann zum 80. Geburtstag, Berlin/Frankfurt a.M./Tübingen 1956, S. 789 – 811

— Schiedsvertrag und Schiedsgutachtenvereinbarung, KTS 1957, S. 129–136

— Das Problem der Unabhängigkeit der Schiedsgerichte, NJW 1962, S. 5 ff.

— Aus der höchstrichterlichen Rechtsprechung zur Schiedsgerichtsbarkeit, KTS 1963, S. 1 ff.

— Aus der höchstrichterlichen Rechtsprechung zur Schiedsgerichtsbarkeit, KTS 1964, S. 79 ff.

— L'expertise-arbitrage. Etude de droit comparé, in: *Sanders, Pieter* (Ed.), International Arbitration. Liber Amicorum for Martin Domke, The Hague 1967, S. 103 ff.

— Zur neueren Entwicklung im Recht des Schiedswesens, KTS 1970, S. 132 ff.

— Zur Frage der rechtsstaatlichen Ausgestaltung des Schiedsgutachtenverfahrens, in: Ius et Commercium, Festschrift für Laufke, 1971, S. 303 ff.

– Aus der höchstrichterlichen Rechtsprechung zur Schiedsgerichtsbarkeit, KTS 1971, S. 131 ff.

– Aus der höchstrichterlichen Rechtsprechung zur Schiedsgerichtsbarkeit, KTS 1972, S. 209 ff.

– Das Schiedsgutachten als Mittel der Streitentscheidung und Streitvorbeugung. Eine rechtsvergleichende Untersuchung, in: Festschrift für Winfried Kralik, Wien 1986, S. 189 ff.

Haidinger, Oskar, Anmerkung zu BGH vom 09.12.1951, VersR 1952, 35, in: VersR 1952, 35

Hannes, Martin, Die Ablehnung eines zur Feststellung des Schadens bestimmten Sachverständigen wegen Besorgnis der Befangenheit, JRfPrV 1928, S. 241–242

Hartl, Martin, Das Schiedsgutachten im italienischen Recht, Dissertation München 1992

Hayes, Alfred, Specific performance of contracts for arbitration or valuation, 1 Cornell Law Quarterly (1916), S. 225 ff.

Heinrich, Wiebke, Das Sachverständigenverfahren im Privatversicherungsrecht, Dissertation Hamburg 1996

Hicken, Joanne Robbins, Real estate appraisals: Changes mandated by FIRREA, 20 Real Estate Law Journal (1991), S. 157 ff.

Hobeck, Paul, Flucht aus der deutschen Gerichtsbarkeit bei wirtschaftsrechtlichen Streitigkeiten – warum?, DRiZ 2005, S. 177 ff.

Honsell, H. (Hrsg.), Berliner Kommentar zum Versicherungsvertragsgesetz, Heidelberg 1999 [zitiert als: Honsell-*Bearbeiter*]

Horn, Norbert, Die Anpassung langfristiger Verträge im internationalen Wirtschaftsverkehr. Vertragsklauseln und Schiedspraxis, in: *Kötz, Hein / Marschall v. Bieberstein, Wolfgang Frhr. von*, Die Anpassung langfristiger Verträge. Vertragsklauseln und Schiedspraxis. Verhandlungen der Vereinigten Fachgruppen für Zivilrechtsvergleichung und für vergleichendes Handels- und Wirtschaftsrecht anläßlich der Tagung für Rechtsvergleichung in Bonn vom 21. bis zum 24.09.1983, Frankfurt a.M. 1984

Jacobi, Ernst, Kann der Kaskoversicherte im Schiedsgutachterverfahren einen angestellten Sachverständigen des Versicherers wegen Besorgnis der Befangenheit ablehnen?, VersR 1959, S. 405 f.

Jakobs, Horst Heinrich / Schubert, Werner, Die Beratung des Bürgerlichen Gesetzbuches im systematischen Zusammenhang der unveröffentlichten Quellen, Recht der Schuldverhältnisse I, §§ 241–432, Berlin/New York 1978

Jarass, Hans D. / Pieroth, Bodo, Grundgesetz für die Bundesrepublik Deutschland. Kommentar, 8. Aufl., München 2006

Jonas, Anmerkung zu RG vom 28.11.1935, JW 1936, 820, in: JW 1936, S. 820 f.

– Anmerkung zu RG vom 21.08.1936, JW 1937, 219, in: JW 1937, S. 221 f.

– Anmerkung zu RG vom 22.12.1936, JW 1937, 530, in: JW 1937, S. 532 f.

Jones, Sabra A., Historical development of commercial arbitration in the United States, 12 Minnesota Law Review (1927–28), S. 240 ff.

Josef, Eugen, Die 'Ablehnung' der Schiedsgutachter bei der Unfallversicherung, ZVersWiss 1911, S. 801 ff.

Jost, Bodo Dieter, Das Schiedsgutachten, Dissertation Köln 1956

Kahn, Oscar, Der Schiedsgutachter und die rechtliche Bedeutung seiner Entscheidung, Dissertation Köln 1934

Kallfelz, W., Zur Frage der Ablehnung eines Sachverständigen im Verfahren nach § 14 AKB, VersR 1959, S. 585 f.

Kautz, Timothy J., Schiedsverfahren in den Vereinigten Staaten – eine Alternative zu kostspieligen Prozessen, in: Der Syndicus 1999, S. 61 ff.

Kisch, Wilhelm, Der Schiedsmann im Versicherungsrecht, Mannheim 1924

Klocke, Wilhelm, Vorteile des Sachverständigenverfahrens, ZfV 1977, S. 677 ff.

— Sachverständigenverfahren in der Praxis der Sachversicherung, ZfV 1984, S. 508 ff.

Kohler, J., Über prozeßrechtliche Verträge und Kreationen, Gruch. 31 (1887), S. 276 ff.

Kohte, Wolfhard, Die vertrackte Namensliste, BB 1998, S. 946 ff.

Koretz, Robert F., Specific Enforcement of Agreements for Appraisal, in: New York Law Revision Commission, State of New York, Acts, Recommendation and Study relating to Enforcement of Agreements for Appraisal or Valuation and to Arbitration of Certain Non-Justiciable Issues, Leg.Doc. No. 65 C (1958), S. 12 ff.

Kornblum, Udo, Die Rechtsnatur der Bestimmung der Leistung in den §§ 315–319 BGB, AcP 168 (1968), S. 450 ff.

— Probleme der schiedsrichterlichen Unabhängigkeit, München 1968

— Besprechung von *Bert Rauscher*, Das Schiedsgutachtenrecht unter besonderer Berücksichtigung der Regelungen des Massenverkehrs, Frankfurt a. M. 1969, KTS 1970, S. 244 ff.

Kötz, Hein, Der Bundesgerichtshof und die Rechtsvergleichung, in: Heldrich, Andreas / Hopt, Klaus J. (Hrsg.), 50 Jahre Bundesgerichtshof. Festgabe der Wissenschaft, Bd. 2, Handels- und Wirtschaftsrecht, Europäisches und Internationales Recht, München 2000, S. 825 ff. [Zitiert als: *Kötz*, 50 Jahre BGH]

Kraus, Steffen, Gestaltung von Schiedsgutachtenabreden bei Nachträgen, ZfBR 2004, S. 118 ff.

Krebs, Ottomar, Zur offenbaren Unrichtigkeit im Sinne von § 184 VVG, VersR 1966, S. 411 ff.

Kreindler, Richard / Zuber, George / Kautz, Timothy / Inglis, Will, Cross-Border Purchase Price Adjustment Provisions, 8 Journal of Private Equity (2005), S. 82 ff.

Kröll, Stefan, Ergänzung und Anpassung von Verträgen durch Schiedsgerichte, Köln/Berlin/Bonn/München 1998

Kupfer, Milton P. / Danziger, Frederick S., Appraisals under Arbitration Laws, 1 Arbitration Journal (1937), S. 92 ff.

Kurth, Jürgen, Zur Kompetenz von Schiedsrichtern und Schiedsgutachtern, NJW 1990, S. 2038 ff.

Lachmann, Jens-Peter / König, Wolfgang, Handbuch für die Schiedsgerichtspraxis, Köln 1998

Larenz, Karl / Canaris, Claus-Wilhelm, Methodenlehre der Rechtswissenschaft, 3. Aufl., Berlin/Heidelberg/New York/Barcelona/Budapest/Hong Kong/London/Mailand/Paris/Tokyo 1995

Laule, Gerhard, Zur Bestimmung einer Summe durch mehrere Dritte nach billigem Ermessen, DB 1966, S. 769 ff.

Leo, Ulrich, Mietgestaltung im Gewerberaummietvertrag, MDR 2004, S. 259 ff.

Lindacher, Walter, Schiedsgutachten und rechtliches Gehör, KTS 1964, S. 35 ff.

Loewenheim, Ulrich, Arbitrage als Verfahren zur Vertragsrevision, in: Max-Planck-Institut für ausländisches und internationales Privatrecht, Hamburg (Hrsg.), Deutsche zivil-, kollisions- und wirtschaftsrechtliche Beiträge zum X. Internationalen Kongreß für Rechtsvergleichung in Budapest 1978, Tübingen 1978, S. 72 ff.

MacNeil, Ian R. / Speidel, Richard E. / Stipanowich, Thomas J., Federal Arbitration Law. Agreements, Awards and Remedies under the Federal Arbitration Act, Band 1, 1995 (Loseblattsammlung)

Marsilius, Georg, Schiedsgerichtsvertrag oder Schiedsgutachtervertrag?, BB 1959, S. 1015 f.

Maunz, Theodor / Dürig, Günter, Grundgesetz. Kommentar, Band II, Art. 12–21, München, Stand: August 2005 [zitiert als: Maunz/Dürig-*Bearbeiter*]

— Grundgesetz. Kommentar, Band V, Art. 92–146, München, Stand: Februar 2003 [zitiert als: Maunz/Dürig-*Bearbeiter*]

Mclaughlin, Joseph M., Practice Commentaries to CPLR § 7601, McKinney's Consolidated Laws of New York, Book 7 B, CPLR 7001–7700, S. 659 ff. (1980)

— Supplementary Practice Commentaries to CPLR § 7601, McKinney's Consolidated Laws of New York, Book 7 B, CPLR 7001–7700, S. 213 f. (1990)

— Supplementary Practice Commentaries, McKinney's Consolidated Laws of New York, Book 7 B, CPLR 7001–7700, S. 282 (1996)

Meyer, Bettina, Der Schiedsgutachtervertrag. Eine Untersuchung des rechtlichen Verhältnisses zwischen Schiedsgutachtern und Parteien mit vergleichenden Ausführungen zum Schiedsrichtervertrag, Dissertation München 1995

Michalski, Lutz, Feststellung des Abfindungsguthabens des aus einer OHG ausgeschiedenen Gesellschafters durch einen Sachverständigen, ZIP 1991, S. 914 ff.

Moser, *Dierk-Wilfried*, Zur Frage der Unrichtigkeit einer Schätzung (Schiedsgutachten) – zugleich als Besprechung des Urteils des OLG Schleswig-Holstein in AgrarR 1984, 275, AgrarR 1984, S. 272 f.

Müller, *Welf*, Qualifizierung von Ausgleichszahlungen im Jahresabschluss als außerordentliche Erträge – Der Prüfungsbericht als Schiedsgutachten. Anmerkung zu BGH vom 21.01.2004 (VIII ZR 74/03), in: LMK 2004, S. 110 f.

Münchner Kommentar zum Bürgerlichen Gesetzbuch, Band 2, Schuldrecht Allgemeiner Teil, §§ 241–432, 4. Aufl., München 2001 [zitiert als: MüKo-*Bearbeiter*]

Munz, *Martin*, Allgemeine Geschäftsbedingungen in den USA und Deutschland im Handelsverkehr. Eine rechtsvergleichende Untersuchung der richterlichen Kontrolle vorformulierter Vertragsklauseln, Dissertation Hamburg 1992

Nemia, *Frank A.*, Arbitration or Appraisement?, 2 Syracuse Law Review (1957), S. 205 ff.

Nicklisch, *Fritz*, Rechtsschutz durch private Organisationen – Hilfe oder Gefahr für den Bürger?, BB 1971, S. 1205 ff.

— Schätzorganisationen, ZHR 136 (1972), S. 1 ff., 97 ff.

— Instrumente der Internationalen Handelsschiedsgerichtsbarkeit zur Konfliktregelung bei Langzeitverträgen, RIW 1978, S. 633 ff.

— Gutachter-, Schieds- und Schlichtungsstellen – rechtliche Einordnung und erforderliche Verfahrensgarantien, in: *Böckstiegel*, *Karl-Heinz* / *Glossner*, *Ottoarndt* (Hrsg.), Festschrift für Arthur Bülow zum 80. Geburtstag, Köln 1981, S. 159 ff.

— Der Ingenieur als Schiedsgutachter und Quasi-Schiedsrichter bei internationalen Bau- und Anlageprojekten, in: *Lindacher*, *Walter F.* / *Pfaff*, *Dieter* / *Roth*, *Günther H.* / *Schlosser*, *Peter* / *Wieser*, *Eberhard* (Hrsg.), Festschrift für Walter Habscheid zum 65. Geburtstag, Bielefeld 1989, S. 217 ff.

— Aktuelle Entwicklungen der internationalen Schiedsgerichtsbarkeit für Bau-, Anlagenbau- und Konsortialverträge, BB 2001, S. 789 ff.

Note, Arbitration and award – Appraisal and arbitration contrasted, 34 Yale Law Journal (1924), S. 98

— Arbitration and award – Insurance policy – Agreement for determination of damage not agreement to arbitrate, 34 Yale Law Journal (1924), S. 109

— Arbitration and award: Commercial arbitration in California, 17 California Law Review (1928–29), S. 643 ff.

— Scope of the New York Arbitration Law, 43 Harvard Law Review (1930), S. 809 ff.

— Important amendment to the New York Arbitration Law passed, 5 Arbitration Journal (1941), S. 237

— Arbitration and award – Agreement to submit future disputes concerning maintenance payments, 46 Columbia Law Review (1946), S. 841 ff.

— Amendments of New York Arbitration Statute, 7 Arbitration Journal (N.S.) (1952), S. 87 f.

— Insurance – Appraisal agreement in standard fire insurance policy not subject to arbitration, 25 Fordham Law Review (1956), S. 160 ff.

— Insurance – Power of appraisers, 28 Fordham Law Review (1959–60), S. 846 ff.

Oberhauser, *Iris*, Anmerkung zu OLG Brandenburg vom 13.11.2003, BauR 2005, 605, in: IBR 2005, S. 76

Oppler, Schiedsvertrag und Schiedsmännervertrag, Das Recht 1906, S. 433 ff.

Palandt, Bürgerliches Gesetzbuch, 65. Aufl., München 2006 [zitiert als: Palandt-*Bearbeiter*]

Pohle, *R.*, Anmerkung zu BGH vom 03.10.1957, NJW 1957, 1834, in: MDR 1958, S. 84

Prange, *Otto*, Einige Anregungen zur Änderung des § 64 VVG, DÖffVers 1934, S. 287 ff.

Preibisch, *Wolfgang*, Außergerichtliche Vorverfahren in Streitigkeiten der Zivilgerichtsbarkeit, Dissertation Berlin 1980

Prölss, *Erich*, Anmerkungen zu OLG Köln vom 27.01.1933, JW 1933, 2158, in: JW 1933, 2158

— Formelle Mängel des Sachverständigenverfahrens, VersPrax 1935, S. 119 f., 134 f.

Prölss / Martin, Versicherungsvertragsgesetz. Kommentar zu VVG und EGVVG sowie Kommentierung wichtiger Versicherungsbedingungen – unter Berücksichtigung des ÖVVG und österreichischer Rechtsprechung, 27. Aufl., München 2004 [zitiert als: Prölss/Martin-*Bearbeiter*]

Raeschke-Kessler, *Hilmar*, Die deutsche Rechtsprechung zur Schiedsgerichtsbarkeit von 1991 und die neuere Rechtsprechung zu Schiedsgutachten, Teil 2, BB 1993, Beilage Nr. 17, S. 19 f.

Raiser, *Rolf*, Kommentar der Allgemeinen Feuerversicherungsbedingungen, 2. Aufl., Berlin 1937

Rathmann, *Detlef*, Ausschluß staatlicher Gerichtszuständigkeit. Eine rechtsvergleichende Untersuchung des Rechts der Gerichtsstands- und Schiedsvereinbarungen in der Bundesrepublik Deutschland und den USA, Dissertation Köln 1984

Rau, *Heinrich*, Die Schiedsgerichtsklausel in Versicherungsverträgen nach der bisherigen Rechtsprechung und dem Gesetzentwurf über den Versicherungsvertrag sowie dem Bürgerlichen Gesetzbuch, ZVersWiss 1905, S. 275 ff.

Rauscher, *Bert*, Das Schiedsgutachtenrecht unter besonderer Berücksichtigung des Massenverkehrs, Dissertation Frankfurt a.M. 1969

– DAT-Schätzungen – Schiedsgutachten auf unzureichender Grundlage, BB 1974, S. 628 ff.

RGRK, Das Bürgerliche Gesetzbuch mit besonderer Berücksichtigung der Rechtsprechung des Reichsgerichts und des Bundesgerichtshofs, Band II, 1. Teil, Berlin/New York 1976 [zitiert als: RGRK-*Bearbeiter*]

Ribbert, Bernd, Unternehmensbewertung durch einen Schiedsgutachter, DB 1978, S. 2085 ff.

Sachs, Klaus, Die rechtliche Abgrenzung des Schiedsgutachtens vom Schiedsverfahren am Beispiel des Unternehmenskaufvertrages – Zugleich ein deutsch-französischer Rechtsvergleich, in: *Bachmann, Birgit / Breidenbach, Stephan / Coester-Waltjen, Dagmar / Heß, Burkhard / Nelle, Andreas / Wolf, Christian* (Hrsg.), Grenzüberschreitungen. Beiträge zum Internationalen Verfahrensrecht und zur Schiedsgerichtsbarkeit. Festschrift für Peter Schlosser zum 70. Geburtstag, Tübingen 2005 [zitiert als: *Sachs*, FS Schlosser]

Sander, Frank E. A., Gerichtliche und außergerichtliche Streitbeilegung. Überblick über die Erfahrung in den USA, in: *Gottwald, Walther / Strempel, Dieter* (Hrsg.), Streitschlichtung. Rechtsvergleichende Beiträge zur außergerichtlichen Streitbeilegung, Bonn 1995

Sayre, Paul L., Development of commercial arbitration law, 37 Yale Law Journal (1927–28), S. 595 ff.

Schack, Haimo, Einführung in das U.S.-amerikanische Zivilprozeßrecht, 1. Aufl., München 1988

Schlosser, Peter, Das Recht der internationalen Schiedsgerichtsbarkeit, 2. Aufl. Tübingen 1990

– Rechtsvergleichende Schlaglichter auf die BGH-Rechtsprechung zu Zentralfragen der rechtsstaatlichen Integrität der Schiedsgerichtsbarkeit, in: Heldrich, Andreas / Hopt, Klaus J. (Hrsg.), 50 Jahre Bundesgerichtshof. Festgabe der Wissenschaft, Bd. 2, Handels- und Wirtschaftsrecht, Europäisches und Internationales Recht, München 2000, S. 399 ff. [zitiert als: *Schlosser*, 50 Jahre BGH]

Schmidt-Diemitz, Rolf, Internationale Schiedsgerichtsbarkeit – eine empirische Untersuchung, DB 1999, S. 369 ff.

Schmitz, Amy J., Ending a mud bowl: Defining arbitration's finality through functional analysis, 37 Georgia Law Review (2002), S. 123 ff.

Schnapp, Friedrich E., Parteiöffentlichkeit bei Tatsachenfeststellungen durch den Sachverständigen?, in: *Erichsen, Hans-Uwe / Hoppe, Werner / von Mutius, Albert*, System des verwaltungsrechtlichen Rechtsschutzes. Festschrift für Christian-Friedrich Menger zum 70. Geburtstag, Köln/Berlin/Bonn/München 1985

Schneider, K., Der Schiedsgutachtervertrag nach § 64 VVG, LZ 1909, S. 903 ff.

Schultz, Michael, Anmerkung zu KG vom 28.01.1985, ZMR 1986, 194, in: ZMR 1986, S. 196 f.

Schulze-Hagen, *Alfons*, Schiedsgutachterklausel in Bauverträgen unwirksam? Anmerkung zu BGH vom 27.11.2003, NJW 2004, 502, in: IBR 2004, 239

Schwab, *Karl-Heinz* / *Walter*, *Gerhard*, Schiedsgerichtsbarkeit. Systematischer Kommentar zu den Vorschriften der Zivilprozeßordnung, des Arbeitsgerichtsgesetzes, der Staatsverträge und der Kostengesetze über das privatrechtliche Schiedsgerichtsverfahren, 6. Aufl., München 2000

Schweighäuser, *Franz*, Unter welchen Voraussetzungen ist in der Privatunfallversicherung der Spruch der Ärztekommission gemäß § 184 des Versicherungsvertragsgesetzes unverbindlich?, VersN 1953, S. 99 f.

Scott Rau, *Alan*, The culture of American arbitration and the lessons of ADR, 40 Texas International Law Journal (2005), S. 449 ff.

Sieben, *Günter*, Anmerkung zu BGH vom 14.07.1986, NJW-RR 1987, 21, in: EWiR § 318 BGB 1/87, S. 227 f.

Sieg, *Karl*, Das Verfahren der Ärztekommission in der Unfallversicherung und die Folgen von Verfahrensmängeln, ZVersWiss 1942, S. 41 ff.

— Prozeßhindernde Einreden im arbeitsgerichtlichen Verfahren, in: *Nipperdey*, *Hans Carl* (Hrsg.), Festschrift für Erich Molitor zum 75. Geburtstag, München/Berlin 1962, S. 348 ff.

— Die feststellenden Schiedsgutachter im Privatversicherungsrecht, VersR 1965, S. 629 ff.

Siegel, *David*, New York Practice, 3rd Edition, St. Paul, Minnesota, 1999

Soergel, Bürgerliches Gesetzbuch mit Einführungsgesetz und Nebengesetzen, Band 2, Schuldrecht I (§§ 241–432), 12. Aufl., Stuttgart/Berlin/Köln 1990 [zitiert als: Soergel-*Bearbeiter*]

Sponseller, *Mark A.*, Redefining arbitral immunity: A proposed qualified immunity statute for arbitrators, 44 Hastings L.J. (1993), S. 421 ff.

Staudinger, Kommentar zum Bürgerlichen Gesetzbuch mit Einführungsgesetz und Nebengesetzen, Zweites Buch, Recht der Schuldverhältnisse, §§ 315–326, Neubearbeitung 2004 [zitiert als: Staudinger-*Bearbeiter*]

Stipanowich, *Thomas J.*, Contract and Conflict Management, 2001 Wisconsin Law Review, S. 831 ff.

Stober, *Rolf*, Staatsgerichtsbarkeit und Schiedsgerichtsbarkeit, NJW 1979, S. 2001 ff.

Straatmann, *Kuno*, Bemerkungen zur Hamburger freundschaftlichen Arbitrage, in: *Ackermann*, *Heinrich* / *Albers*, *Jan* / *Bettermann*, *Karl-August* (Hrsg.), Aus dem Hamburger Rechtsleben. Festschrift für Walter Reimers zum 65. Geburtstag, Berlin 1979, S. 199 ff.

— Die Qualitätsarbitrage – eine Rechtsschöpfung des Überseehandels, in: *Ipsen*, *Hans-Peter* / *Necker*, *Karl-Hartmann*, Recht über See, Festschrift für Rolf Stödter zum 70. Geburtstag am 22. April 1979, Hamburg 1979, S. 109 ff.

Sturges, *Wesley A.*, Arbitration under the Pennsylvania arbitration statute, 76 University of Pennsylvania Law Review (1928), S. 345 ff.

— A treatise on commercial arbitrations and awards, Kansas City, Mo. 1930

Sturges, Wesley A. / Sturges, William W., Appraisals of loss and damage under insurance policies – I, 11 University of Miami Law Review (1956), S. 1 ff.

— Appraisals of loss and damage under insurance policies – II, 11 University of Miami Law Review (1956), S. 323 ff.

— Appraisals of loss and damage under insurance policies – III, 13 University of Miami Law Review (1958), S. 1 ff.

Sturmberg, Georg, Gehört das Schiedsgutachten der Vergangenheit an?, BauR 1992, S. 693 ff.

Stutson, Contracts: Agreements for appraisals and arbitrations: New York Arbitration Law, 8 Cornell Law Review (1922), S. 53 ff.

Swoboda, Michael, Schiedsgerichtsbarkeit und Schiedsgutachten, WiVerw 1987, S. 207 ff.

Tanneberger, Jürgen, Schlichtungs- und Schiedsverfahren im Produkthaftungsrecht. Eine Studie unter Berücksichtigung neuerer Rechtsentwicklungen in den Vereinigten Staaten von Amerika, Dissertation Kiel 1985

Theisinger, Kurt, Der Sachverständige als Schiedsgutachter, AgrarR 1973, S. 36 ff.

Thomas, Heinz / Putzo, Hans / Reichold, Klaus / Hüsstege, Rainer, Kommentar zur Zivilprozessordnung, 27. Aufl., München 2005 [zitiert als: Thomas/Putzo]

Thorens, Justin, Schiedsgutachten und rechtliches Gehör im schweizerischen und deutschen Recht, KTS 1968, S. 193 ff.

Thun und Hohenstein, Peter Reichsgraf von, Der Begriff 'offenbar unbillig' in § 319 I 1 BGB, Dissertation Hamburg 1988

Timm, Wolfram, Das Kochs Adler-Schiedsgutachten, ZIP 1994, S. 331 ff.

Trappe, Johannes, Anmerkung zu LG Hamburg vom 22.02.1995, RIW 1995, 770, in: RIW 1995, S. 771 f.

Volmer, Dirk, Das Schiedsgutachtenrecht – Bestandsaufnahme und Fragen der Praxis, BB 1984, S. 1010 ff.

Volze, Harald, Unverbindlichkeit des Sachverständigengutachtens und Befangenheit im Sachverständigenverfahren, VersR 1985, S. 223 f.

— Rechtsfragen zur Stellung und Funktion des Bausachverständigen in versicherungsvertraglichen Streitigkeiten, VersR 1996, S. 1337 ff.

Wagner, Klaus-R., Schiedsgutachterregelungen in Bauträgerverträgen?, BTR 2004, S. 69 ff.

Wagner, Volker, Schiedsgerichtsbarkeit, Schiedsgutachten, Schlichtung, Dispute Adjudication, Mediation – Möglichkeiten der alternativen Konfliktlösung im Baurecht, NZBau 2001, S. 169 ff.

Waitz, Johannes, Gerichtliche Überprüfbarkeit des Einigungsstellenspruchs gem. § 109 BetrVG 1972, Dissertation, Frankfurt a.M./Berlin/Bern/Brüssel/New York/Oxford/Wien 2002

Walchshöfer, Alfred, Die Abweisung einer Klage als zur Zeit unzulässig oder unbegründet, in: *Gottwald, Peter / Prütting, Hans*, Festschrift für Karl Heinz Schwab zum 70. Geburtstag, München 1990, S. 521 ff.

Walter, Gerhard, Anmerkung zu BGH vom 08.06.1988, JZ 1988, 1080, in: JZ 1988, S. 1083 ff.

Wangner, Fritz, Der Schiedsgutachter. Ein Beitrag zu dessen Begriffsbestimmung, Dissertation Freiburg 1908

Wedemeyer, Ulrich, Zum Leistungsvorbehalt und zur Schiedsgutachterklausel, insbesondere in Mietverträgen, DB 1969, S. 1925 ff.

Wedemeyer, Werner, Von der Schiedsgutachterklausel und vom Rücktritt eines Schiedsgutachters, WRV 1913, S. 100 ff.

Weick, Günther, Vorbeugung und Beilegung von Konflikten, in: *Horn, Norbert*, Europäisches Rechtsdenken in Geschichte und Gegenwart. Festschrift für Helmut Coing, Band II, 1982, S. 543 ff.

Weismann, Das Schiedsgutachten, AcP 72 (1888), S. 269 ff.

– Die §§ 355–357 des Entwurfes eines bürgerlichen Gesetzbuches (Leistung nach Ermessen eines Dritten 'Arbitrator'), AcP 74 (1889), S. 422 ff.

Wenger, Werner, Zum obligationenrechtlichen Schiedsverfahren im schweizerischen Recht, Dissertation Basel 1968

Westphalen, Friedrich Graf von, Anmerkung zu LG vom 25.07.1988, EWiR § 9 AGBG 16/88, EWiR § 9 AGBG 16/88, S. 843 f.

Wiesel, Franz W., Schiedsgutachterklauseln in Bauträgerverträgen zulässig?, IBR 2004, S. 427

Williston, Samuel, A Treatise on the Law of Contracts, Bd. 21, 4. Aufl. 2000 (mit Ergänzungen Stand Dezember 2005)

Winter, Hans-Joachim, Die Bestimmung der Leistung durch die Vertragspartner oder Dritte (§§ 315–319 BGB) unter besonderer Berücksichtigung der Rechtsprechung und Lehre des 19. Jahrhunderts. Zugleich eine historische und rechtsvergleichende Studie zur Standortbestimmung des Schiedsgutachtenrechts und zur Unterscheidung zwischen Schiedsgutachter und Schiedsrichter, Dissertation Frankfurt a.M. 1979

Wittmann, Arno, Struktur und Grundprobleme des Schiedsgutachtenvertrags, Köln/Berlin/Bonn/München 1978

Wolf, Eckhard, Wertsicherungs-, Kostenelements- und Schiedsgutachtenklauseln in der neueren Rechtsprechung des Bundesgerichtshofes, ZIP 1981, S. 235 ff.

Zöller, Richard, Zivilprozessordnung mit Gerichtsverfassungsgesetz und den Einführungsgesetzen, mit Internationalem Zivilprozessrecht, Kostenanmerkungen, 25. Aufl., Köln 2005 [zitiert als: Zöller/*Bearbeiter*]

Gesetzgebung / Rechtsprechung

Annotation, Conclusiveness of appraisal of buildings or other improvements under provision of lease for compensation to tenant on termination of lease, 53 A.L.R. (1927), S. 697 ff.

– Conclusiveness of certificate or decision of architect or engineer under building or construction contract, 54 A.L.R. (1928), S. 1255 ff.

– Failure of attempted appraisal under policy of insurance as affecting rights and remedies of parties, 94 A.L.R. (1933), S. 499 ff.

– Appraiser's award in insurance cases as subject to attack because appraiser had previously acted for party naming him, 104 A.L.R. (1936), S. 563 ff.

– Conclusiveness of certificate or decision of architect or engineer under building or construction contract, 110 A.L.R. (1937), S. 137 ff.

– Right of architect or engineer to construe building or construction contract, 137 A.L.R. (1942), S. 530 ff.

– Specific performance of contract or option as affected by unexecuted provision for determination of price by arbitrators or appraisers, 167 A.L.R. (1947), S. 727 ff.

– Equity jurisdiction to determine valuation, where arbitration or appraisal has failed, under long-term lease providing for appraisal of premises and fixing rental value at stated intervals, 26 A.L.R.2d (1952), S. 744 ff.

– Liability of architect or engineer for improper issuance of certificate, 43 A.L.R.2d (1955), S. 1227 ff.

– Conclusiveness of statement or decision of accountant or similar third person under contract between others requiring property to be valued by him, 50 A.L.R. 2d (1956), S. 1268 ff.

– Disqualification of arbitrator by court or stay of arbitration proceedings prior to award, on ground of interest, bias, prejudice, collusion, or fraud of arbitrators, 65 A.L.R.2d (1959), S. 755 ff.

– Necessity that arbitrators, in making award, make specific or detailed findings of fact or conclusions of law, 82 A.L.R.2d (1962), S. 969 ff.

– Conclusiveness of determination of third party whose approval is provided for by contract for sale of goods, 7 A.L.R.3d (1966), S. 555 ff.

– Availability and scope of declaratory judgement actions in determining rights of parties, or powers and exercise thereof by arbitrators, under arbitration agreements, 12 A.L.R.3d (1967), S. 854 ff.

– Insurance: Necessity and sufficiency of notice of and hearing in proceedings before appraisers and arbitrators appointed to determine amount of loss, 25 A.L.R.3d (1970), S. 680 ff.

– Power of arbitrator to correct, or power of court to correct or resubmit, nonlabor award because of incompleteness or failure to pass on all matters submitted, 36 A.L.R.3d (1971), S. 939 ff.
– Power of court to resubmit matter to arbitrators for correction or clarification, because of ambiguity or error in, or omission from, arbitration award, 37 A.L.R.3d (1971), S. 200 ff.
– Setting aside arbitration awards on ground of interest or bias of arbitrators, 56 A.L.R. 3d (1974), S. 687 ff.
– Admissibility of affidavit or testimony of arbitrator to impeach or explain award, 80 A.L.R.3d (1977), S. 155 ff.
– Validity and effect under state law of arbitration agreement provision for alternative method of appointment of arbitrator where one party fails or refuses to follow appointment procedure specified in agreement, 75 A.L.R. 5th (1995), S. 595 ff.

California Law Revision Commission, Recommendation of the California Law Revision Commission Relating to Arbitration, in: California Law Revision Commission, State of California, Recommendation and Study Relating to Arbitration, 3 California Law Revision Commission Reports 1960–61, S. G-5 ff. (1960)

Fifth Preliminary Report of the Advisory Committe on Practice and Procedure, N.Y. Leg.Doc. (1961) No. 15, S. 178 ff.

Fourth Preliminary Report of the Advisory Committe on Practice and Procedure, N.Y. Leg. Doc. (1960) No.20, S. 61 ff., S. 77 ff.

New York Jurisprudence 2d, Bd. 5, Arbitration & Award, 1997
– Bd. 22, Contracts, 1996
– Bd. 70 A, Insurance, 1998
– Bd. 74, Landlord and Tenant, 1999

New York Law Revision Commission, Recommendation of the Law Revision Commission to the Legislature Relating to Enforcement of Agreements of Appraisal or Valuation and to Arbitration of Certain Non-Justiciable Issues, in: New York Law Revision Commission, State of New York, Acts, Recommendation and Study relating to Enforcement of Agreements for Appraisal or Valuation and to Arbitration of Certain Non-Justiciable Issues, Leg.Doc. No. 65 C (1958), S. 11 ff.

Second Preliminary Report of the Advisory Committe on Practice and Procedure, N.Y. Leg. Doc. (1958) No. 13, S. 130 ff.

Sixth Preliminary Report of the Advisory Committe on Practice and Procedure, N.Y. Leg.Doc. (1962) No. 8, S. 645 ff.

Augsburger Studien zum Internationalen Recht

Herausgegeben von Volker Behr, Jörg Tenkhoff und Christoph Vedder

Band 1 Ramon Sieveking: Schiedsgutachtenverträge nach deutschem und New Yorker Recht. Eine rechtsvergleichende Untersuchung der Sach- und Interessengerechtigkeit der Ausgestaltung des deutschen Schiedsgutachtenrechts. 2007.

www.peterlang.de

Kolibri 360 GmbH
Ferdinand-Jühlke-Straße 7
99095 Erfurt, Deutschland
produktsicherheit@kolibri360.de

Druck:
CPI Druckdienstleistungen GmbH
im Auftrag der
Kolibri 360 GmbH
Ferdinand-Jühlke-Str. 7
99095 Erfurt